Georg Simonis · Helmut Elbers (Hrsg.)

Externe EU-Governance

Governance
Band 8

Herausgegeben von

Arthur Benz
Susanne Lütz
Uwe Schimank
Georg Simonis

Georg Simonis
Helmut Elbers (Hrsg.)

# Externe
# EU-Governance

**VS VERLAG**

Bibliografische Information der Deutschen Nationalbibliothek
Die Deutsche Nationalbibliothek verzeichnet diese Publikation in der
Deutschen Nationalbibliografie; detaillierte bibliografische Daten sind im Internet über
<http://dnb.d-nb.de> abrufbar.

1. Auflage 2011

Alle Rechte vorbehalten
© VS Verlag für Sozialwissenschaften | Springer Fachmedien Wiesbaden GmbH 2011

Lektorat: Frank Schindler / Verena Metzger

VS Verlag für Sozialwissenschaften ist eine Marke von Springer Fachmedien.
Springer Fachmedien ist Teil der Fachverlagsgruppe Springer Science+Business Media.
www.vs-verlag.de

Umschlaggestaltung: KünkelLopka Medienentwicklung, Heidelberg
Satz: Stefan Thomas
Druck und buchbinderische Verarbeitung: Ten Brink, Meppel
Gedruckt auf säurefreiem und chlorfrei gebleichtem Papier
Printed in the Netherlands

ISBN 978-3-531-17941-4

# Inhalt

# Abbildungsverzeichnis

# Tabellenverzeichnis

# Vorwort der Herausgeber

Die Außenbeziehungen der Europäischen Union werden immer komplexer und unübersichtlicher. Mit dem Ende des Ost-West-Konflikts, der Erweiterung der Union von zwölf in den 1980iger Jahren auf heute bereits 27 Staaten und der parallelen Vertiefung und Ausdifferenzierung der Binnenintegration haben sich die Außenbeziehungen der Union vervielfältigt und beträchtlich verändert. Neuartig ist insbesondere die territoriale Komponente ihrer externen Beziehungen. Im Verhältnis zu den Nachbarstaaten und -regionen entwickelten sich neue Politikstrukturen, wie das Grenzregime FRONTEX, die Verfahren der Heranführungspolitik für potentielle Mitglieder, die im Rahmen der Nachbarschaftspolitik vertraglich geregelten Nachbarschaftsbeziehungen oder die Union für das Mittelmeer. Gleichzeitig wandeln sich alte und etablieren sich neue funktionale Beziehungen zur internationalen Umwelt, zu internationalen Organisationen und Drittstaaten in Politikfeldern wie der Handels- Wirtschafts- und Währungspolitik, der Entwicklungspolitik, der Umwelt- und Klimapolitik, der Energiepolitik. Schließlich hat der Vertrag von Lissabon die Bestrebungen, die Handlungsfähigkeit der Europäischen Union nach Außen durch den Ausbau der Gemeinsamen Außen- und Sicherheitspolitik zu stärken, zu einem vorläufigen Abschluss gebracht. Sichtbar wird dies am Doppelhut des Hohen Vertreters für Außen- uns Sicherheitspolitik und dem Aufbau eines diplomatischen Dienstes der EU.

Für die Politikwissenschaft stellen Analyse und Erklärung sowohl der Entstehung der neuen externen Politikstrukturen als auch der durch sie ermöglichten Kooperationsformen und Problemlösungsfähigkeit eine große Herausforderung dar. Die Europäische Union ist bislang ein Unikat, ein politisches System sui generis, das in diesem Band als Governanceregime begriffen wird, dessen Außenbeziehungen ebenfalls neuartige Strukturmerkmale besitzen. Das Konzept der externen Governance, das dem Buch seinen Titel verliehen hat, scheint geeignet zu sein, diese strukturellen Besonderheiten der Außenbeziehungen des EU-Governanceregimes, das einen Staatenverbund darstellt, zu erfassen. Verwendung findet das Konzept der externen Governance, weil es auf institutionell geregelte Formen der Handlungskoordination abstellt und somit eine besondere Eigenart der EU-Außenbeziehungen angemessen zu analysieren erlaubt. Im Normalfall arbeitet die Union mit Drittstaaten und internationalen Organisationen im Rahmen von vereinbarten Institutionen zusammen, um den Mitgliedern wie den Partnern Verhaltenssicherheit zu gewährleisten. Der Band möchte mit dazu beitragen, die vielfältigen Formen externer EU-Governance für die Lehre aufzuarbeiten.

Um zu erklären, in welcher Weise die EU im Rahmen der Politikfelder agiert, die sie in institutionalisierten Formen mit der internationalen Umwelt verbindet, muss auf die innere Verfasstheit der Union Bezug genommen werden. Dabei muss vor allem deren Wertebasis Berücksichtigung finden, die in drei Kapiteln mit unterschiedlichem Fokus beleuchtet wird. Aus dieser handlungstheoretischen Perspektive halten es die Autoren des Bandes für geboten, bei der

Untersuchung der externen EU-Governance die analytisch-deskriptive mit der normativ-konstruktiven Ebene systematisch zu verbinden. Die Europäische Union versteht sich als Friedens- und Zivilmacht. Daher ist immer wieder kritisch danach zu fragen, ob sie diesem selbst gesetzten Anspruch in der täglichen Praxis gerecht wird. Hierzu dienen acht Fallstudien, vier zu den Nachbarschaftsbeziehungen und vier zu unterschiedlichen Politikfeldern der EU-Außenbeziehungen. Den fortgeschrittenen Studierenden soll die Möglichkeit eröffnet werden, sich mit den normativen Grundlagen des europäischen Integrationsprojektes zu befassen, damit sie einen Maßstab zur Beurteilung der externen Handlungsprogramme gewinnen können. Die Governanceperspektive soll aber darüber hinaus zu untersuchen ermöglichen, in welcher Weise die innerhalb eines Politikfeldes etablierten Normen das Handeln der Akteure, die für die Außenbeziehungen verantwortlich sind, steuern.

Allen Autorinnen und Autoren, die zu dem Band beigetragen haben, sei für die gute Zusammenarbeit an dieser Stelle nochmals gedankt. Das gilt insbesondere auch für Frank Lorenz, der die Beiträge lektorierte und das Erscheinungsbild vereinheitlichte, und für Helmut Elbers, der neben seinen inhaltlichen Beiträgen den Herausgeber vielfältig unterstützte.

Hagen, im August 2010                                    Arthur Benz
                                                        Helmut Breitmeier
                                                        Uwe Schimank
                                                        Georg Simonis

# Teil 1: Einführung

# Kapitel 1: Die Analyse der externen Beziehungen der Europäischen Union – eine Annäherung

*Georg Simonis*

Der Gegenstand dieses Buches ist neueren Datums. Er hat sich im Kern gleichzeitig mit der Entwicklung des europäischen Integrationsprojekts herausgebildet. Gemeint ist der Außenbezug des Vergemeinschaftungsprozesses. Die zunehmende Marktintegration, wie bspw. die Schaffung eines Gemeinsamen Agrarmarkts, wurde von den unmittelbar beteiligten Staaten und Gesellschaften primär als eine nur sie betreffende Angelegenheit betrachtet. Der Integrationsprozess hatte allerdings auch unmittelbare Auswirkungen auf die internationale Umwelt, also auf die Drittstaaten, die an der Vergemeinschaftung nicht teilnahmen. So sah sich die Gemeinschaft gezwungen, ihre Beziehungen mit den betroffenen Staaten neu zu regeln, um auf diese Weise mögliche negative Folgen des Integrationsprojektes wenigstens teilweise zu kompensieren.

Es waren die wirtschaftsnahen Politikfelder: Handel, Kapital, Dienstleistungen sowie Entwicklung und Umwelt, in denen die heutige Europäische Union unter der Ägide und mit weitgehender Zuständigkeit der Europäischen Kommission feste Beziehungen zu internationalen Organisationen (z. B. dem GATT, heute WTO) und Drittstaaten (z. B. den ehemaligen Kolonien) institutionalisierte. Erst nach einer längeren Vorbereitungsphase, die über die in der Einheitlichen Europäischen Akte (1987)[1] formalisierte Europäische Politische Zusammenarbeit (EPZ) führte, wurde in den Verträgen von Maastricht (1993) Amsterdam (1997) und Nizza (2003) und jüngst im Vertrag von Lissabon, der am 1. Dezember 2009 in Kraft trat, eine intergouvernemental angelegte Gemeinsame Außen- und Sicherheitspolitik (GASP) der Mitgliedstaaten der Europäischen Union vereinbart. Dieses Politikfeld, zu dem auch die Gemeinsame Sicherheits- und Verteidigungspolitik gehört, ist allerdings nur ein Politikbereich unter anderen, in denen die Union ihre Außenbeziehungen reguliert. Im Rahmen der GASP, die darauf orientiert ist, internationale Krisen und Bedrohungen mit diplomatischen, zivilen und militärischen Mitteln zu bearbeiten, entwickeln sich lediglich in sehr speziellen Situationen, die eine sicherheitspolitische Präsenz (wie. z. B. in Bosnien-Herzegowina oder dem Kosovo) verlangen, längerfristig institutionalisierte Beziehungen, wie sie in diesem Band im Zentrum des Interesses stehen.

Der Vertiefungsprozess mit seinen sukzessiven Verrechtlichungsschritten ist allerdings nur ein Faktor, der die Genese des Gegenstandsbereichs dieses Bandes beeinflusst hat. Neben der Vertiefung der Integration hat als zweiter Faktor die Erweiterung der Union, insbesondere nach dem Ende des Ost-West-Konflikts, die Entstehung immer komplexer werdender EU-Außenbeziehungen begünstigt. Die Union institutionalisierte Regelwerke für die Aufnahme neuer Staaten und für die Ausgestaltung der Beziehungen zu den Staaten in ihrer

---

[1] Alle Jahreszahlen bei Verträgen beziehen sich in diesem Kapitel auf das Jahr deren Inkrafttretens.

Nachbarschaft, deren Aufnahme in die Union, zumindest kurzfristig, EU-seitig nicht vorgesehen ist. Außerdem wurden die Grenzkontrollen an den Binnengrenzen (mit Ausnahme des Vereinigten Königreichs und Irlands sowie von Ländern, für die Übergangsregelungen gelten wie Bulgarien und Rumänien) abgeschafft und ein vereinheitlichtes Regime der Kontrolle der Außengrenze sowie eine spezielle Agentur (FRONTEX, seit 2004) zu deren Überwachung geschaffen. Insgesamt haben Erweiterung und Vertiefung der Integration ein ausdifferenziertes System externer Beziehungen entstehen lassen und dazu geführt, dass sich die wissenschaftliche Aufarbeitung des europäischen Integrationsprozesses zunehmend für die Ausgestaltung der Außenbeziehungen der Union interessiert.

**Ziele des Bandes**

**Wertebasis**

Vor diesem Hintergrund, der noch kein kanonisierbares Wissen zulässt, werden in diesem Buch drei Ziele verfolgt: Es möchte *erstens* vermitteln, auf welcher Wertebasis die Europäische Union gegründet ist und agiert. Damit wird gleichzeitig ein normativer Bezugsrahmen zur Beurteilung der politischen Strategien und Programme, die die Union gegenüber Drittstaaten verfolgt, aufgespannt. *Zweitens* soll ein Überblick über die sehr unterschiedlich strukturierten Politikfelder, die die Union mit ihrem internationalen Umfeld unterhält, gegeben werden, ohne dass dabei Vollständigkeit angestrebt wird. Es geht eher darum, ein vertieftes Verständnis für die hohe sachliche wie institutionelle Diversität der externen Beziehungen der Union, die sich als unmittelbare Folge des primär nach Innen gerichteten Integrationsprozesses ergeben hat, zu fördern. Der Band interessiert sich für die institutionalisierten Beziehungen der EU mit Drittstaaten. Die Instrumente der externen Politik, mögen sie auch institutionalisiert sein, wie die Gemeinsame Außen- und Sicherheitspolitik (GASP) und die Gemeinsame Sicherheits- und Verteidigungspolitik (GSVP), stehen daher hier nicht im Blickpunkt. *Drittens* soll ein analytisches Instrumentarium – wenigstens ansatzweise – vorgestellt werden, mit dem sich die externen Beziehungen der Union sowohl differenziert, als auch aus einer kritischen Distanz untersuchen lassen und das auch evaluative Fragestellungen, wie die Ermittlung und Bewertung der Leistungsfähigkeit politischer Institutionen und Handlungsprogramme, ermöglicht. Als Analysekonzept soll der Governanceansatz (vgl. Benz/Lütz/Schimank/Simonis 2007, Schuppert 2008) fruchtbar gemacht werden, der in den letzten Jahren immer stärkeres Interesse in der Wissenschaft bei der Untersuchung der politischen Strukturen und Prozesse der Europäischen Union findet, ohne dass sich dabei bereits eine klare Lehrmeinung herausgebildet hat (vgl. Kohler-Koch 2003, Tömmel 2007, Peters/Pierre 2009, Tömmel/Verdun 2009). Dies gilt insbesondere für den Bereich der externen Beziehungen der Union.

**Überblick über externe Politikfelder**

**Analytisches Instrumentarium: Governanceansatz**

**Aufbau dieses Kapitels**

Das in den Band einführende Kapitel ist in sechs Abschnitte untergliedert. Es beginnt mit einem Überblick über den Aufbau des Bandes (Abschnitt 1.1). Anschließend folgt eine begriffliche Klärung des Konzepts der externen EU-Governance (Abschnitt 1.2), das als analytische Leitidee das Buch strukturiert. Im dritten Abschnitt wird die Wertebasis der Union dargestellt. Die Union muss nicht nur als eine Wertegemeinschaft begriffen werden, sondern es ist davon auszugehen, dass die EU-Wertebasis ihre externe Governance prägt. Allerdings würde eine Darstellung der externen EU-Governance, die alleine auf deren normative Macht abstellt, die realen Verhältnisse stark überzeichnen (vgl. den Beitrag von Niemann/Junne). Daher wird in diesem Abschnitt (1.3) gleichfalls darauf hingewiesen, dass für den europäischen Integrationsprozess die Absicherung und die Förderung nationaler ökonomischer Interessen konstitutiv gewesen sind und dass die Mitgliedstaaten auch weiterhin von der Union die Pflege ihrer Wirtschaftsinteressen erwarten. Im vierten Abschnitt wendet sich das Kapitel der Frage zu, ob die EU als eine in der Entstehung begriffene Super(Wirtschafts)macht, als ein neo-mittelalterliches Reich oder als ein sanfter regionaler Hegemon zu begreifen ist (Abschnitt 1.4). Auf diese Frage wird keine definitive Antwort gegeben, wie wohl das Konzept des regionalen Hegemon die Verhältnisse angemessen zu erfassen scheint. Am Ende des Abschnitts wird der Baustellencharakter der Union als eines ihrer Strukturmerkmale hervorgehoben. Als Fazit ergibt sich, dass die Analyse der externen Governance der Union in einer Weise zu erfolgen hat, dass der schnelle Wandel ihres internen und externen Beziehungsgeflechts Berücksichtigung finden kann. Schließlich werden nochmals die wichtigsten Strukturmerkmale des Konzepts der externen EU-Governance zusammengefasst (Abschnitt 1.5).

# 1 Überblick und Aufbau des Bandes

Nach dem oben vorgestellten einleitenden Kapitel (= Teil 1) erwarten die Leserinnen und Leser drei weitere Teile zur Wertebasis der EU, zu den externen Beziehungen mit den Nachbarländern und zu vier Policyfeldern mit globaler Bedeutung. In den ersten drei Kapiteln (= Teil 2) wird aus unterschiedlichen theoretischen Perspektiven dargestellt, in welcher Weise zivilgesellschaftliche Normen für die Europäische Union, die Duchêne bereits Anfang der 1970er Jahre (1972, 1973) als „Zivilmacht" bezeichnete, handlungsleitend sind. *Heinz-Günter Stobbe* beleuchtet in gebotener Kürze einige der geistigen und politisch-normativen Strömungen, die für das europäische Projekt von Bedeutung waren, bevor er am Beispiel der Verfassungs- und Identitätsdebatte verdeutlicht, dass der „unbedingte Vorrang der Freiheit" die Norm ist, die das ganze Haus zusammenhält. Nachfolgend untersucht *Hajo Schmidt* einerseits unter Rückbezug auf Kants Theorem vom „ewigen Frieden" und andererseits unter Verwendung des Governancekonzepts, was es mit der Rede von „Europa als Friedensmacht" auf sich hat. Dabei gelangt er zu dem Ergebnis, dass European Governance als eine zwar defizitäre, aber legitime Umsetzung des kantschen Modells begriffen werden kann. Der Governanceansatz erweise sich als anschlussfähig an normative Theorien, die als Referenzsysteme zur Beurteilung von Friedensordnungen erforderlich seien. Gemessen an den kantschen Prämissen sei Europa allerdings erst auf dem Wege, eine Friedensmacht zu werden. Die dritte Analyse zur Klärung der normativen Grundlagen von European Governance beschäftigt sich mit dem Konzept und Theorem der „normativen Macht", die Europas externe Politik gemäß dem Verständnis von Manners (2002) heute auszeichnet. *Arne Niemann und Gerd Junne* gelangen jedoch zu einer kritischen Einschätzung des Theorems der „normativen Macht" Europa und begreifen die Union eher als eine sanfte Hegemonialmacht, die ihre Interessenpolitik gerne in ein normatives Mäntelchen hüllt. Die Europäische Union als eine normative Macht zu zeichnen, sei ein schönes Leitbild, das aber der Realität oft nicht entspräche.

Teil 2:
Zivilmacht Europa

Teil 3:
Nachbarschafts-
beziehungen

Vor dem Hintergrund der normativen Bezüge der Europäischen Union gibt der Band im Weiteren einen Überblick über die vielfältigen zivilen Beziehungen, die die Union mit ihrem internationalen Umfeld unterhält. Wir unterscheiden zwischen den externen Beziehungen zu Staaten in der europäischen Nachbarschaft und funktional ausdifferenzierten Politikfeldern mit globaler Reichweite. Jede der beiden Politikformen ist mit vier Kapiteln vertreten. Als Kriterium zur Systematisierung der Beiträge mit einem territorialen und geopolitischen Fokus wird auf die Beitrittschance bzw. auf die Beitrittswilligkeit abgestellt. Der Abschnitt beginnt mit einer Analyse von *Camelia E. Ratiu zur* Balkangovernance den Initiativen und Programmen der EU, den Westbalkan zu stabilisieren. Die Südosterweiterung der Union, so wird argumentiert, liege in ihrem unmittelbaren außen- und sicherheitspolitischen Interesse und sei das einzig wirksame Mittel zur nachhaltigen Stabilisierung der Westbalkanregion. Daran schließt sich ein Vergleich der Beziehungen der EU zur Türkei und zur Ukraine an. *Georg Simonis* und *Helmut Elbers* erklären, warum mit der Türkei ein im Ergebnis offenes Beitrittsverfahren eröffnet wurde, der Ukraine aber seitens der Mitgliedstaaten und der Brüsseler Behörden keine Beitrittsperspektive in einem überschaubaren Zeitraum eingeräumt wird. Anhand der beiden Fälle wird die Frage zu klären versucht, auf welche Weise die Europäische Union ihre Außengrenzen definiert. Im dritten Unterkapitel werden von *Helmut Elbers* und *Carina Fiebich-Dinkel* unter dem Stichwort der Mittelmeergovernance die Institutionen dargestellt, die die Beziehungen der Union zu den südlichen und östlichen Mittelmeeranrainern (Euro-Mediterrane Partnerschaft, Union für das Mittelmeer) koordinieren. Trotz institutioneller Innovationen ist es der Union bislang nicht gelungen, eine intensivere regionale Kooperation im Mittelmeerraum zu befördern oder gar die Werte der Union (Demokratie, Menschenrechte, Rechtsstaatlichkeit) zu externalisieren. Die Analysen der Nachbarschaftsbeziehungen werden mit dem Beitrag von *Martin List* abgeschlossen, der sich mit der Governance der EU-Russland-Beziehungen beschäftigt. Herausgearbeitet werden die Institutionalisierung der EU-Russland-Beziehungen, ihre Funktionsweise und Probleme. Bislang sei es allenfalls zu einer schwachen Institutionalisierung von Gesprächskanälen und -foren gekommen. Der insgesamt bescheidene Erfolg europäisch-russischer Governance dürfe aber nicht als Argument gegen die Governanceperspektive und als Plädoyer für einen realistischen Ansatz missverstanden werden, sondern als Bestandsaufnahme zur Verbesserung der Governance der EU-Russland-Beziehungen.

Teil 4:
Politikfelder

Der letzte Block von Beiträgen beschäftigt sich mit den Governancestrukturen und -mechanismen in vier funktionalen Subsystemen der EU-Außenbeziehungen. In jedem dieser Funktionssysteme bestehen besondere institutionelle Konfigurationen, in deren Rahmen die Union ihre Interessen gegenüber der internationalen Umwelt wahrnimmt und gleichzeitig ihre Werte und handlungsleitenden Normen zu externalisieren bestrebt ist. Als Systematisierungskriterium, das in diesem Kapitel die Reihung der Texte leitet, dient die Zeitdimension, also das Alter des jeweiligen Politikfeldes und seiner Governancestruktur. Behandelt werden die Außenwirtschafts-, Entwicklungs-, Migrations- und Klimapolitik der Union. In ihrer Studie zur EU-Außenwirtschaftspolitik fragt *Maria Behrens,* in wie weit das Konzept der normativen Macht von Manners (2002) die Verhältnisse in diesem Politikfeld angemessen beschreibt. Sie gelangt über einen Vergleich der Governanceformen der europäischen und der us-amerikanischen Außenwirtschaftspolitik zu einer recht skeptischen Einschätzung. In beiden Fällen ist eine Tendenz zur Bilateralisierung der Handelspolitik erkennbar. Die multilaterale Ausrichtung der Handelspolitik, die mit der EU-Freihandelsnorm korrespondieren würde, wird den europäischen Wirtschaftsinteressen, denen es darum geht, gegenüber dem amerikanischen Konkurrenten Märkte zu behaupten, untergeordnet. Auch in dem von *Wolfgang Hein und Sören Tunn* verfassten Kapitel „Entwicklungsgovernance" zeigt sich, dass das Konzept der normativen Macht die komplexen Verhältnisse der EU-Entwicklungspolitik nicht erfasst. Zum Einen prägt die EU-Mehrebenenstruktur auch deren Entwicklungspolitik mit Folgen für deren Kohärenz, Effektivität und Effizienz. Zum Anderen ermöglicht die mit dem Cotonou-Abkommen vorgesehene Vereinbarung von WTO-konformen Economic Partnership Agreements, die ebenfalls die Bilateralisierung der Kooperationsbeziehungen unterstützen, nicht alleine die Sicherung von ökonomischen Interessen der Gemeinschaft, sondern auch von Steuerungsmacht der Brüsseler Bürokratie gegenüber den schwächeren Partnern. Im Verhältnis zu den Entwicklungsländern wird mit diesem Befund eher die Hypothese des sanften Hegemons als die der normativen Macht bestätigt. Die Analyse von *Franz Nuscheler* zur Einwanderungspolitik der Union gelangt für dieses sensible Politikfeld zu einem noch skeptischeren Ergebnis, was die Orientierung der EU-Außenbeziehungen an den intern geltenden Normen anbelangt. In der Union konkurrieren unterschiedliche Formen der kollektiven Regelung migrationspolitischer Probleme. Im EU-Mehrebenensystem konnte noch kein Konsens über eine kohärente Governancestruktur im Bereich der Migrationspolitik gefunden werden. Nuscheler spricht von einer „bürokratisch strangulierten Governance", vor allem aber weise die EU-Migrationsgovernance ein beträchtliches ethisches Defizit auf. Um die Grenzen der „Festung Europa" vor unerwünschter Zuwanderung zu schützen, habe die Union ein Grenzregime etabliert, dessen Funktionsmechanismen mit den in der EU geltenden Normen nur schwer in Einklang zu bringen seien. Der letzte Beitrag des Bandes untersucht gleichfalls ein noch im Aufbau begriffenes Politikfeld, die EU-Klimapolitik. Im Verhältnis zur internationalen Umwelt begann die Institutionalisierung dieses Subsystems mit der Verabschiedung der Rio-Rahmenkonvention. *Judith Kuhn* und *Jenny Tröltzsch* gelangen zu dem Ergebnis, dass die Union innerhalb des Klimaregimes die selbst beanspruchte Vorreiterrolle übernommen hat und GHG[2]-Reduktionsziele und -programme formuliert, an denen sich andere Staaten orientieren. Im Bereich der Klimapolitik agiert die EU als Zivilmacht wie auch als normative Macht. Allerdings ist ihre Prägekraft, wie aus dem Scheitern des Kopenhagener Klimagipfels geschlossen werden muss, gegenüber den USA und der neuen Großmacht China recht bescheiden.

---

[2] GHG = Greenhouse Gas; Treibhausgase.

## 2   Externe EU-Governance – Hinweise zur Begrifflichkeit

Die Texte dieses Buchs, die in sich geschlossene Einheiten bilden, beschäftigen sich mit der externen Politik der Europäischen Union, wie sie sich im ersten Jahrzehnt des 21. Jahrhunderts, also nach der großen Erweiterungsrunde auf 27 Mitgliedstaaten und in Erwartung der Ratifizierung des am 1. Dezember 2009 in Kraft getretenen Vertrags von Lissabon entwickelt hat[3]. Zur Charakterisierung der sich an Drittstaaten richtenden Politik der Gemeinschaft wird der Begriff der Außenpolitik hier allerdings vermieden. Das Konzept der Außenpolitik, auch wenn es zur Beschreibung und Analyse der externen Politik der EU häufig herangezogen wird (vgl. Fröhlich 2008, Jopp/Schlotter 2007), befördert falsche Assoziationen, da es sich in der Regel auf Staaten bezieht. Die Europäische Union ist aber kein Staat, auch kein Quasi-Staat, der feste Grenzen besitzt, innerhalb dessen ein Staatsvolk existiert und der Souveränität nach Innen und Außen beanspruchen kann. Mit dem Bundesverfassungsgericht lässt sich die Union völkerrechtlich als ein „Staatenverbund" (Leitsatz 1 der Urteils des BverfG. vom 30.06.2009 zum Vertrag von Lissabon[4]) begreifen, der in seinem Außenverhältnis, also gegenüber Drittstaaten, von diesem Verbund institutionalisierte Außenbeziehungen unterhält, die mit seiner inneren Verfasstheit korrespondieren und mit deren Unterstützung er die Interessen seiner Mitglieder zur Geltung bringt.

*EU: als Staatenverbund*

Bei einer Übersetzung des Begriffs des Staatenverbunds in die heute gängige politikwissenschaftliche Sprachpraxis bietet sich das Konzept des Governanceregimes an. Governanceregime besitzen eine Governancestruktur, die aus unterschiedlichen, miteinander institutionell verbundenen, Governanceformen besteht, wobei als Governanceform eine Institution[5] verstanden wird, die mehr oder weniger erfolgreich das Handeln (vor allem) politischer Akteure koordiniert, um gemeinsame Probleme zu lösen (vgl. auch Simonis/List/Fiebich/ Elbers 2008). Da das Governancekonzept[6] letztlich auf die Analyse von Problembewältigung durch institutionell koordiniertes Handeln weitgehend unabhängiger politischer Akteure abstellt (Mayntz 1998, 2001), lässt es sich trotz und gerade wegen seiner Affinität zu einer Problemlösungsperspektive für die Untersuchung der externen Beziehungen der Europäischen Union fruchtbar machen. Wie zu zeigen sein wird, hat die Union ein enges Netz von Institutionen aufgebaut, unter deren Dach und Regelwerk sie zusammen mit kooperationswilligen Drittstaaten gemeinsame Probleme bearbeitet. Die Attraktion der Union für Drittstaaten, insbesondere für Staaten in ihrer Nachbarschaft, basiert auf der Problemlösungsfähigkeit der Gemeinschaft und deren Strategie, diese Fähigkeit im gegenseitigen Interesse einzusetzen. Diese Governancestrategie scheint höchst effektiv zu sein und könnte eine neue Form regionaler Hegemonie, die nicht auf der Gewalt von Waffen beruht, begründen.

*als Governance-regime*

*Problemlösungs-perspektive*

*Neue Form einer regionalen Hegemonie*

---

[3] Einen knappen Überblick über die „EU-Außenbeziehungen nach Lissabon" gibt Dembinski (2010)
[4] BVG 2 BvE 2/08, vgl. auch Müller-Graff 2010.
[5] Hier werden mit Fritz W. Scharpf (2000, 77) Institutionen als „Regelsysteme" begriffen, „die einer Gruppe von Akteuren offenstehende Handlungsverläufe strukturieren".
[6] Zum Governancekonzept vgl. Benz/Dose 2010 sowie Benz/Lütz/Schimank/Simonis 1997.

Wird die Union als ein Governanceregime verstanden, lassen sich, wie Tanja Börzel jüngst gezeigt hat, strukturelle Besonderheiten dieses Regimes erkennen: Die Union ist ein stark hierarchisch aufgebautes Mehrebenenverhandlungssystem, in dem öffentliche (politische) Akteure die politischen Prozesse dominieren und in dem die Mitgliedstaaten durch inter- und transgouvernementale Verhandlungen sowie vor allem durch Wettbewerb ihr Handeln koordinieren (Börzel, 2010: 209 10). Diese auf die hierarchische Governancestruktur der Union abstellende Charakterisierung von Börzel thematisiert den vergemeinschafteten Politiksektor, also den sogenannten ersten Pfeiler der Union, und nimmt in erster Linie die internen Verhältnisse der EU in den Blick. Sie gilt nicht für die beiden anderen Säulen (Sektoren) der Union: die Gemeinsame Außen- und Sicherheitspolitik sowie die polizeiliche und justizielle Zusammenarbeit. Obgleich der Vertrag von Lissabon die Pfeilerstruktur des Vertrages von Maastricht formell aufgelöst hat, besteht für das Politikfeld der GASP der Regelungsansatz der Verträge der 1990er Jahre weiter. Unter der neuen Vertragsverhältnissen wurde entgegen mancher Hoffnungen die institutionelle Struktur der externen Politikbeziehungen der Union nicht vereinfacht. Im Gegenteil: Ihre institutionelle Diversität hat weiter zugenommen. Die Außenbeziehungen der Union werden weiterhin nach Sektoren differenziert und in unterschiedlichen Governanceformen reguliert[7]. Zu unterscheiden sind:

*Hierarchisches Mehrebenenverhandlungssystem*

*mit institutioneller Diversität*

- die externen Beziehungen der supranational strukturierten Politikfelder mit in der Regel qualifizierten Mehrheitsentscheidungen (vgl. Dritter Teil, Titel I–XXIV, VAEU[8] ),
- die im Wesentlichen intergouvernemental ausgerichtete Gemeinsame Außen- und Sicherheitspolitik (GASP) mit dem Teilbereich der Gemeinsamen Sicherheits- und Verteidigungspolitik (GSVP[9]),
- die Europäische Nachbarschaftspolitik (ENP), die im Vertrag von Lissabon in Titel I, Art. 8, VEU eigenständig verrechtlicht wurde,
- die verfahrensmäßig jetzt klar geregelte Beitritts- und Austrittspolitik (Art. 49 und 50 VEU),
- sowie komplexe Mischformen, in denen mehrere Instrumente zum Einsatz kommen (wie z. B. im Falle der Union für das Mittelmeer).

Zu den Mischformen externer EU-Governance ist auch das Grenzregime der Union zu rechnen. Die Union besitzt keine festen territorialen Außengrenzen, da sowohl weiterhin neue Mitglieder aufgenommen werden, als auch Mitglieder austreten können, was bislang allerdings noch nicht vorgekommen ist. Auch

*Mischformen*

---

[7] Der Vertrag von Lissabon besteht aus zwei Vertragsteilen, dem Vertrag über die Europäische Union (VEU) sowie dem Vertrag über die Änderung der Arbeitsweise der Europäischen Union (VAEU). Vgl. http://eur-lex.europa.eu/LexUriServ/LexUriServ.do?uri =OJ:C:2008:115: 0013:0045:DE:PDF (01.04.2010).
[8] Bspw. sind im Titel XX, Art. 191, VAEU die „Maßnahmen auf internationaler Ebene" zur Bekämpfung des Klimawandels geregelt.
[9] Aus der ESVP (Europäische Sicherheits- und Verteidigungspolitik) wurde im Vertrag von Lissabon die CSDP (Common Security and Defence Policy), also die GSVP (Gemeinsame Sicherheits- und Verteidigungspolitik)

kennt sie keine klaren funktionalen Grenzen. Einige der Mitgliedstaaten gehören beispielsweise nicht der Währungsunion an. Und schließlich gibt es Drittstaaten, wie z. B. Norwegen, Island und die Schweiz, die in je eigenen Formen interne EU-Regeln mehr oder weniger automatisch übernehmen. Mit der Erweiterung des Schengener Abkommens von 1985 (Schengen I), das für den Personenverkehr eine gemeinsame Außengrenze mit gemeinsamen Visabestimmungen (mit der Ausnahme von Großbritannien und Irland) vorsieht und das in modifizierter Form Bestandteil des Vertrages von Lissabon geworden ist, hat sich allerdings die EU-Außengrenze für viele Angehörige von Drittstaaten stetig und insbesondere für Flüchtlinge, Asylbewerber und Migranten deutlich verfestigt.

Zwei Varianten des Konzepts Mit dem Konzept „externe EU-Governance" lassen sich für die IB-Analyse zwei unterschiedliche Bedeutungsinhalte erfassen. Es kann verwendet werden:

1. um die Externalisierung von internen EU-Regeln und Verfahren sowie deren Aneignung und Implementation durch Drittstaaten zu beleuchten,
2. um die Bearbeitung der zwischen Drittstaaten und der Europäischen Union bestehenden Probleme im Rahmen der für diese Aufgaben etablierten Institutionen zu untersuchen.

Die erste Version des Konzepts der externen Governance (vgl. die Arbeiten von Lavenex 2004, Schimmelfennig/Sedelmeier 2004, Lavenex/Lehmkuhl/ Wichmann 2007, Lavenex/Schimmelfennig 2009) hat den Vorteil, dass sie sich auf einen eng begrenzten Sachverhalt bezieht, der sich gut empirisch erforschen lässt. Die Engführung des Konzepts hat aber den Nachteil, dass es für die Analyse anderer Governanceformen im Bereich der externen Beziehungen nicht zu verwenden ist, da Missverständnisse vorprogrammiert sind, sofern das gleiche Konzept für die Bezeichnung unterschiedlicher Sachverhalte herangezogen wird.

Steuerungsperspektive Gemäß der zweiten Definition externer Governance steuern und regeln internationale Institutionen in einem gewissen Umfang das Handeln ihrer Mitglieder. Um diese Leistung erbringen zu können, müssen sie von den beteiligten Staaten und internationalen Organisationen, wie beispielsweise in dem hier behandelten Falle von dem „Governanceregime" der EU sowie ihren Partnerländern, anerkannt werden. In welchem Ausmaß eine internationale Institution das Handeln der in sie integrierten korporativen Akteure zu lenken vermag, hängt von der jeweiligen Institution, den beteiligten Akteuren, der Problemsituation und Kontextfaktoren ab. Diese zweite Sichtweise externer EU-Governance folgt der institutionalistischen Theorietradition (Schmidt 2010), die hier auf die Existenz internationaler Institutionen abstellt und nach deren Wirksamkeit und Effizienz fragt. Sie ist analytisch umfassender und schließt den ersten Fall mit ein, da bezüglich internationaler Institutionen sich die Externalisierung von internen EU-Normen gemäß der institutionalistischen Sichtweise bei der Bewältigung gemeinsamer Problemlagen in Situationen einstellt, in denen Drittstaaten das Normangebot akzeptieren und zu übernehmen bereit sind (Schimmelfennig/Sedelmeier 2004, Nugent 2004, Lippert 2004, Grabbe 2005). Drittstaaten besitzen im Verhältnis zur Union die Freiheit der Wahl, EU-Normen zu übernehmen, auch wenn die Union sie mit verlockenden Angeboten zu überzeugen versucht oder deren Annahme zur Bedingung von Gegenleistungen macht (Strategie der Konditionalität). Selbst das Angebot einer vollen Mitgliedschaft konnte die Elektorate der Schweiz und Norwegens nicht davon überzeugen, ihre Souveränität in Politikbereichen, die für das nationale Interesse höchste Priorität genießen, der EU-Regelungskompetenz zu unterwerfen (Preston 1997, Lippert 2004). Die südlichen Anrainer des Mittelmeers, die im Rahmen des Barcelonaprozesses und heute der Mittelmeerunion mit der EU kooperieren, lassen sich bislang nicht darauf ein, die Kopenhagener Kriterien der Union (vor allem Demokratie, Menschenrechte, Rechtsstaatlichkeit) zu übernehmen, wenn sie für dieses Entgegenkommen ohne eine größere Gegenleistung, wie sie die EU-Mitgliedschaft darstellen würde, die Stabilität ihrer Herrschaftssysteme gefährdeten (vgl. Schlotter 2007).

Wir unterscheiden also zwischen Formen der Kooperation der EU mit Drittstaaten, die zur Übernahme und damit der Ausdehnung der Geltung (Externalisierung) von EU-Normen führen und solchen Formen, bei denen dies nicht der Fall ist, aber trotzdem, wie beispielsweise mit Israel, eng zusammen gearbeitet wird. Die EU besitzt eine breite Palette von Instrumenten, um ihre Hegemonie mit sanfter Gewalt, Nye (1990, 2002)[10] spricht von „soft power", zu erweitern oder zu verstärken. Das Angebot von Problemlösungskompetenz, von dem Drittstaaten Gebrauch machen können aber nicht müssen, steht dabei im Mittelpunkt. Im Rahmen der institutionalisierten Kooperationen werden freilich auch EU-Normen externalisiert, was aber nur unter bestimmten politischen und gesellschaftlichen Bedingungen innerhalb der kooperierenden Staaten real erfolgt.

*Soft Power*

*Angebot von Problemlösungskompetenz*

Die Europäische Union nimmt im europäischen und den angrenzenden Räumen eine hegemoniale Position ein[11]. Diese beruht primär auf der im Verhältnis zu den Nachbarstaaten hohen Leistungsfähigkeit des integrierten Produktionssystems, der Attraktivität des westeuropäischen Sozialmodells sowie des geschützten Raumes der Freiheit, der Rechtsstaatlichkeit und des Friedens. In wie weit sich die hegemoniale Stellung der Union auch auf militärische Mittel und ihre letztlich von der NATO, also den Vereinigten Staaten, garantierten Verteidigungsfähigkeit stützt, ist umstritten. Völlig unstrittig ist allerdings, dass die Europäische Union keine traditionelle Großmacht ist (Beck/Grande 2004), die mit dem Einsatz von Gewaltmitteln ihre Interessen durchsetzt. Stattdessen verlässt sie sich auf ihre Instrumente als Zivilmacht (wirtschaftliche Macht und weiche Macht wie Diplomatie, Kooperation, positive Anreize). Über die freiwillige Übernahme von internen Regeln durch Drittstaaten (Lavenex/Lehmkuhl/ Wichmann 2008) weitet sie ihr „Herrschaftsgebiet" aus. Ihre hohe Problemlösungskapazität, die den Staaten in der Nachbarschaft die Chance bietet, Unterstützung bei der Lösung eigener drängender Probleme zu finden, ermöglicht der Union, sich einen „ring of friends"[12] zuzulegen, dessen Staaten nicht wie im Falle eines Beitritts gezwungen sind, die EU-Normen zu übernehmen, die aber von ihren Potenzialen profitieren wollen.

*Weiche Hegemonie*

---

[10] „Weiche Macht beruht auf dem Vermögen, die politische Tagesordnung auf eine Weise zu bestimmen, welche die Präferenzen anderer formt." (Nye 2002: 30).
[11] Vgl. zum hier verwendeten Hegemoniekonzept Overbeek (2008: 127-186).
[12] Gemäß einer Formulierung des ehemaligen Kommissionspräsidenten Romano Prodi (2003).

Zu dem Handlungsfeld der externen EU-Governance gehören gleichfalls die Entscheidungen über die Errichtung und den Aufbau neuer internationaler Institutionen, deren Funktionsbedingungen sich die Union selbst unterwirft, um auf diese Weise Drittstaaten Verhaltenssicherheit zu garantieren. Für die Europäische Union scheint charakteristisch zu sein, dass sie ihre Interessen im Rahmen von Institutionen durchsetzt, die den Partnern umfangreiche Mitwirkungsmöglichkeiten bei der Bewältigung gemeinsamer Probleme einräumen. Der Grund, warum die Europäische Union diesem Politikmodus verpflichtet ist, liegt in ihrer internen Verfassung als Governanceregime. Die Mitgliedstaaten der EU haben sich auf gemeinsame Institutionen verständigt, die ihnen wechselseitig Verhaltenssicherheit garantieren (vgl. Moravcsik 1998: 67-77). Im Verkehr mit Drittstaaten kann die Union nicht auf die Mitwirkung dieser Institutionen verzichten. Ihre Handlungsfähigkeit als Staatenverbund oder Regime ist eng an die Funktionsfähigkeit ihrer Institutionen gebunden. Gegenüber der internationalen Umwelt tritt die Union nicht als traditioneller politischer Akteur auf, der einem Staat ähnelte und sich wie ein Staat verhielte. Ihr internationales Handeln ist abhängig von ihrem Charakter als Governanceregime, dessen Mitglieder Staaten sind. Zur Etablierung stabiler externer Beziehungen ist diese Politikstruktur auf die Errichtung von Institutionen, die von allen Mitgliedstaaten als legitimer Teil der Union anerkannt sind, angewiesen. Mit dieser Betrachtungsweise der externen EU-Politik stehen erstens die Etablierung von Institutionen, zweitens deren Leistungsfähigkeit und Funktionsbedingungen und drittens die Frage, welcher der beteiligten Akteure in dem institutionell verregelten Politikfeld seine Interessen mit welchen Folgen, Mitteln und Kosten durchzusetzen vermag, im Zentrum des Untersuchungsinteresses.

Bei der Analyse der externen Politik der Europäischen Union muss also zwischen einerseits der Entstehung und dem Aufbau von Institutionen, in denen die Union mit externen politischen Akteuren zusammenwirkt, und andererseits der alltäglichen, weitgehend routinemäßigen Arbeitsweise dieser Institutionen, wenn sie denn einmal etabliert sind, unterschieden werden. Nach der Gründungsphase von Institutionen lassen sich jedoch in manchen Fällen die beiden Aspekte: Innovation und Routine nicht klar von einander abgrenzen. In der täglichen Praxis verwischen sich die pragmatische Weiterentwicklung und Umgestaltung von Institutionen mit deren normaler Governanceleistung, die sich auf der Grundlage der institutionellen Anforderungen sowie der Handlungsstrategien und Situationsdeutungen der involvierten Akteure einstellt.[13] Die historische Entstehung der Institutionen externer EU-Governance steht nicht im Zentrum dieses Lehrbuchs, das sich auf die Analyse der normalen Funktionsbedingungen der in den behandelten Handlungsfeldern existierenden institutionellen Strukturen konzentriert.

*Mitwirkungsmöglichkeiten der Partner*

*EU-Governanceregime als unabhängige Variable*

*Divergenz zwischen Genese und Arbeitsweise von Institutionen*

---

[13] Vgl. Streeck 2009: 121-135.

# 3   Die Europäische Union – eine Wertegemeinschaft

Ein Schwerpunkt des Bandes besteht also in der beispielhaften Analyse fest etablierter (institutionalisierter) Handlungsfelder externer EU-Governance. Dies geschieht mit dem Ziel, die große Diversität der externen Beziehungen und der mit ihnen verbundenen Formen externer Governance, die sich gleichzeitig mit der Vertiefung und der Erweiterung des EU-Integrationsprozesses entwickelt haben, darzustellen und ihre Funktionslogiken zu analysieren. Die zweite Zielsetzung des Bandes bezieht sich auf die normative Basis des europäischen Integrationsprozesses und deren die externe EU-Governance in einem bestimmten, aber immer wieder neu zu analysierenden, Umfang strukturierende und prägende Wirkung. Mit den verschiedenen Verträgen, die der Europäischen Union ihre heutige institutionelle Gestalt gaben, haben die Mitgliedstaaten eine Werteordnung etabliert, die dem Schutz der Menschenrechte, der Demokratie und der Rechtsstaatlichkeit, dem Wohlstand der beteiligten Völker sowie der friedlichen Beilegung interner Konflikte dienen soll, und dies bei gleichzeitiger Erhaltung, genauer: Schonung, der nationalen Souveränität der Mitgliedstaaten. Auf die mit dem Lissaboner Vertrag verbundene Werteordnung wird in seiner Präambel verwiesen:

> „In Bestätigung ihres Bekenntnisses zu den Grundsätzen der Freiheit, der Demokratie und der Achtung der Menschenrechte und Grundfreiheiten und der Rechtsstaatlichkeit" (Lissaboner Vertrag, Präambel) schließen sich die unterzeichnenden Staaten zur Europäischen Union zusammen, deren Ziel es ist, „den Frieden, ihre Werte und das Wohlergehen ihrer Völker zu fördern" (Art. 3, Abs. 1, VEU).

In vielen gängigen politikwissenschaftlichen Lehrtexten wird zwar auf die normativen Bezüge der Europäischen Union hingewiesen, aber sie werden nur randständig analysiert (bspw. Tömmel 2003, Kohler-Koch/Conzelmann/Knodt 2004 Wallace/Wallace 2005, Holzinger u. a. 2005, Bieling/Lerch 2006). Im Zentrum der politikwissenschaftlichen Forschung im Bereich der Internationalen Beziehungen stehen eher realistische und institutionell-funktionalistische Theorien, die sich stärker mit den Interessen der Staaten, der Herausbildung von Institutionen und Organisationen und deren Leistungsfähigkeit befassen als mit der Evolution von Werteordnungen. Die Erklärung der Reproduktion von normativen Ordnungsmustern wird gerne der politischen Philosophie, den Religionswissenschaften oder der Jurisprudenz überlassen. Die Friedensforschung, die sich nicht nur analytisch am Leitwert des Friedens orientiert, sondern die gerade ihre wissenschaftliche Arbeit als wichtiges Element der Sicherung von Frieden begreift, stellt hier eine Ausnahme dar.

Die gängigen Theorien, mit deren Hilfe die Außenpolitik von Staaten zu erklären versucht wird, sind für die Analyse der externen Governance der Europäischen Union weitgehend ungeeignet. Die Union muss als ein kollektiver Akteur (Jopp/Schlotter 2007b) begriffen werden, dessen externes Handeln von dem Zusammenwirken zweier integrierter Handlungsebenen, die über je spezifische Zuständigkeiten, Identitäten, Institutionen und Willensbildungsprozesse verfügen, bestimmt wird. Zudem hat sich diese Mehrebenenkonstellation (Knodt/

Diversität der Handlungsfelder

Normative Basis

Präambel

Traditionelle Außenpolitiktheorien analytisch ungeeignet

Hüttmann 2006, Benz 2007 und 2008, Tömmel 2008 und 2009, Jachtenfuchs 2008) infolge der vertikalen Vertiefung und der horizontalen Erweiterung der Union im vergangenen halben Jahrhunderts seit der Gründung der EWG (1. Januar 1958) teils kontinuierlich, teils in Sprüngen verändert. Immer noch bilden die Mitglieder der Union souveräne Staaten und Völker, wenn sich auch die Vorstellungen über die Bestimmungsfaktoren staatlicher Souveränität geändert haben mögen. Die bislang einzigartige Mehrebenenkonstellation des Governanceregimes der Union stelle für die Politikwissenschaft und insbesondere für das Teilgebiet der Internationalen Beziehungen immer noch eine große Herausforderung dar. Im Zentrum der IB-Forschung zu Europa standen lange Zeit zwei Fragenkomplexe, die jeweils mit unterschiedlichen Theorieansätzen bearbeitet wurden:

1.   Wie lässt sich die zunehmende Integration der jahrhundertelang verfeindeten europäischen Staaten erklären?
2.   Wie verändern sich die zwischenstaatlichen Beziehungen der in den Vergemeinschaftungsprozess eingebetteten Staaten?

Integrationsforschung   Bezogen auf den ersten Untersuchungskomplex entwickelte sich die Integrationsforschung mit zwei breiten Strömungen, dem Neo-Funktionalismus und dem Intergouvernementalismus (vgl. Rittberger/Schimmelfennig 2005, Bieling/Lerch 2006, Wiener/Diez 2009). Vor allem die zweite Problematik stellte einen Kontrapunkt zu dem in der IB-Forschung der Vereinigten Staaten vorherrschenden Neo-Realismus dar, der die Außenpolitik der Staaten als von Machtinteressen bestimmt sieht, die auf die angeblich anarchische Struktur des internationalen Staatensystems reagieren[14]. Das außenpolitische Handeln der Migliedstaaten der EU wird jedoch weniger von einem als herschaftsfrei und als permanent bedrohlich wahrgenommenen internationalen System denn von einer institutionalisierten Ordnung bestimmt, die gewaltsames Handeln der Staaten hat unwahrscheinlich werden lassen. Mit dieser Erkenntnis erwies sich die Erforschung des außenpolitischen Handelns der EU-Mitgliedstaaten als anschlussfähig an den liberalen Intergouvernementalismus (Moravscik 2003, Steinhilber 2006), den liberalen und akteurzentrierten Institutionalismus (Keohane 1989, Mayntz/Scharpf 1995, Scharpf 2000), die Interdependenztheorie (Keohane/Nye 2000), die Friedensforschung, die sich mit dem Konfliktverhalten demokratischer Staaten befasst (Schrader 2010), und an den IB-Konstruktivismus, der Wahrnehmungsmuster, Ordnungsvorstellungen und die Konstruktion von Realität durch außenpolitische Akteure im Rahmen internationaler Institutionen untersucht (Wendt 1999, Ulbert/Weller 2005, Risse 2009, Rittberger/Kruck/Romund 2010).

---

[14] Zur Kritik des Neo-Realismus vgl. u.a. Buzan/Jones/Little 1993, Wendt 1999, Wilhelm 2006.

Das externe Handeln der sich langsam herausschälenden Europäischen Union war lange Zeit kein prominentes Untersuchungsfeld der IB-Forschung. Es bildete einen Gegenstandsbereich für Spezialisten, die sich für die Außenhandelspolitik der Gemeinschaft, ihre Entwicklungspolitik oder die zaghaften Bemühungen zu einer besseren Koordination der mitgliedstaatlichen Außenpolitiken interessierten. Erst mit dem Maastricht-Vertrag von 1993, der in das institutionelle Gefüge der Gemeinschaft die Drei-Säulen-Struktur einbaute und damit den institutionellen Rahmen für die Gemeinsame Außen- und Sicherheitspolitik (GASP) schuf, begann sich das Forschungsinteresse verstärkt der externen Dimension der Union zuzuwenden. Dabei stellte sich keinesfalls überraschend heraus, dass die verschiedenen Formen der externen Politik der Europäischen Union nicht mit einem neo-realistischen Theorieansatz in den Griff zu bekommen sind.[15] In dem für den außenpolitischen Realismus letztlich entscheidenden Handlungsfeld der Sicherheits- und Verteidigungspolitik ist die EU selbst nach dem Inkrafttreten des Lissabon-Vertrages immer noch eine *quantité négligeable*, da die politischen und institutionellen Voraussetzungen nur in ersten Ansätzen vorhanden sind, einen belastungsfähigen gemeinsamen Willen im Bereich der Sicherheitspolitik zu formulieren und diesen mit militärischen Ressourcen zur Geltung zu bringen (Ehrhart 2002, Biscop 2005, Kirchner/Sperling 2007, Diedrichs 2007, Peters/Wagner 2008). Die militärische Sicherheit des weiterhin flexiblen Territoriums[16] wird letztlich nicht von der Union gewährleistet, sondern von den alten, immer noch im Bereich der Sicherheits- und Verteidigungspolitik souveränen, Nationalstaaten und in erster Linie vom Atlantischen Bündnis, also der NATO und den Vereinigten Staaten, aber auch von der Organisation für Sicherheit und Zusammenarbeit in Europa (OSZE).

*Neo-Realismus analytisch ungeeignet*

Unbestreitbar haben (realistische) Sicherheitsinteressen bei der Gründung der EGKS 1954, der EWG 1960 und später bei den verschiedenen Erweiterungsrunden sowie der Vertiefung der europäischen Integration eine Rolle gespielt (Preston 1997, Kohler-Koch/Conzelmann/Knodt 2004: 34-39). Mittels der Aufnahme in die Gemeinschaft sollten und konnten demokratische und marktwirtschaftliche politische Regime stabilisiert und dem Einfluss des Sowjet-Sozialismus oder autokratischer Herrschaftseliten entzogen werden. Bemerkenswerter Weise hat diese sicherheitspolitische Agenda eher die zivilen Kräfte der sich entwickelnden Union gestärkt, da die Problematik der militärischen Sicherung der Union von der Beitrittsagenda abgetrennt und in der Regel[17] durch die vorherige Aufnahme in das Atlantische Bündnis gelöst wurde. Der Druck von außen hat nicht zu einer Verstärkung der militärischen Zusammenarbeit innerhalb der Union geführt, wie eine realistische Interpretation vermuten müsste, sondern hat wegen der Ausdifferenzierung der Handlungsfelder Sicherheit (NATO) und Wohlfahrt (Europäische Gemeinschaft) eher deren wirtschaftliche und zivile Integration befördert.

*Organisatorische Trennung zwischen Sicherheit und Wohlfahrt*

---

[15] Vgl. Wagner 2001, Rittberger/Schimmelfennig 2005, Peters/Wagner 2005, Diedrichs 2007, Dembinski 2010.
[16] Zielonka (2006, 144) spricht von „Soft border zones in flux".
[17] Die Ausnahme bilden die neutralen Mitgliedstaaten der Union.

Der „Zivilmacht"-Charakter der Europäischen Union, um das von Duchêne (1973) geprägte Konzept wieder aufzugreifen, ist daher nicht das Ergebnis einer die gesamte Außenpolitik durchdringenden neuen Friedfertigkeit der europäischen Staaten. Dennoch ist der politische Wille, die Phase zerstörerischer europäischer Kriege mit Hilfe funktionaler Kooperation zu beenden, für das europäische Integrationsprojekt von großer Bedeutung gewesen. Die Integration Europas konzentrierte sich auf die Funktionsbereiche der Wirtschaft (Kohle und Stahl, Atomenergie, Landwirtschaft, Binnenmarkt) und vollzog sich entlastet von sicherheitspolitischen Zwängen und Ängsten, nachdem Frankreich das Projekt einer Europäischen Verteidigungsgemeinschaft (EVG) bereits 1954 hatte platzen lassen. Deutschlands Wiederbewaffnung erfolgte im Rahmen und unter der Kontrolle der Atlantischen Gemeinschaft. Frankreich und später Großbritannien optierten, trotz friedlicher und ziviler Kooperation im Rahmen des europäischen Vergemeinschaftungsprojektes, für ihre Aufrüstung mit Nuklearwaffen und verfolgten eine unabhängige, allerdings multilateral eingebettete und von den USA abgesicherte, Sicherheits- und Verteidigungspolitik, die sich weiterhin primär am nationalen Eigeninteresse orientierte.

Neue Gefährdungen

Heute haben sich diese Verhältnisse in Europa mit dem Ende des Ost-West-Konflikts, der großen EU-Erweiterungsrunde (2004/2007), der Vertiefung der Europäischen Integration, die mit dem Inkrafttreten des Vertrags von Lissabon einen vorläufigen Abschluss gefunden hat, und der Entstehung neuer Gefährdungslagen (Balkankriege, Asyl- und Flüchtlingsströme, kriminelle Vereinigungen, internationaler Terrorismus, Destabilisierung von Handelswegen, Ressourcenabhängigkeit, Klimaerwärmung, etc.) erheblich verändert (Biscop 2005). In Reaktion auf die neuen Herausforderungen, deren Bewältigung zumindest nicht primär in den Zuständigkeitsbereich der NATO fallen, hat die europäische Staatengemeinschaft die Kompetenzen und Fähigkeiten der Union für eine eigenständige Europäische Außen- und Sicherheitspolitik seit dem Maastrichter Vertrag (1993) beträchtlich erweitert. Der Vertrag von Lissabon sieht nicht nur die Gründung eines europäischen diplomatischen Dienstes und einer koordinierenden Rüstungsagentur vor, sondern ermöglicht auch die Ausarbeitung einer Gemeinsamen Sicherheits- und Verteidigungspolitik sowie die strukturierte verteidigungspolitische Kooperation von Mitgliedstaaten, die eine engere Zusammenarbeit eingehen wollen (Dembinski 2010). Infolge dieser Rückkehr der militärischen Dimension in die externe EU-Governance stellt sich die Frage, ob und in welcher Weise das zivile EU-Projekt unter den neuen politischen und europarechtlichen Verhältnissen reformuliert wird. Um diese Thematik angemessen angehen zu können, wird in den ersten Kapiteln dieses Bandes an die grundlegende Wertstruktur des Vergemeinschaftungsprojektes erinnert. Die nachfolgenden Analysen externer EU-Governance stehen vor dem Hintergrund des normativen Erbes der Union.

Die Charakterisierung der Europäischen Union als Zivilmacht lässt sich analytisch-deskriptiv wie auch analytisch-normativ begründen. Beide Dimensionen können im Prinzip unabhängig voneinander betrachtet werden, was aber in der Forschungspraxis nicht ganz einfach ist, da in die beschreibende Analyse normative Momente, z. B. bei der Auswahl der Variablen und der Abschätzung ihrer politischen Relevanz, mit einfließen. Wir gehen dezidiert einen anderen Weg und verbinden die analytisch-deskriptive mit der analytisch-normativen Vorgehensweise, zumal die Politikstrukturen, die es erlauben, die EU als Zivilmacht zu bezeichnen, auch einen gewichtigen Einflussfaktor zur Erklärung der externen EU-Governance bilden. Die Werteordnung der Union (Zivilmacht) prägt mehr oder weniger deren externe Governance (Peters/Wagner 2005, 2008). Aus der Perspektive der Friedensforschung interessieren in diesem Zusammenhang vier Fragen:

*EU als Zivilmacht*

*Berücksichtigung der normativen Dimension*

- Wie ist die Zivilmachtstruktur der EU entstanden und welches sind ihre konstituierenden Bedingungen?
- Stellt die Zivilmachtstruktur der EU ein dauerhaftes politisches Projekt dar oder verändert sie sich mit den sich wandelnden Rahmenbedingungen und den völkerrechtlichen Regelungen des Lissabon-Vertrages?
- In welcher Weise beeinflussen die Normen, die den zivilen Umgang der Mitgliedstaaten in ihrem Binnenverhältnis bestimmen, das Verhalten der Union gegenüber Drittstaaten?
- Kann sich die Europäische Union als Zivilmacht im Konzert der Großmächte und anderer internationaler Akteure, den internationalen und transnationalen Organisationen, behaupten oder könnte sie sich verstärkt gezwungen sehen, militärische Potenziale zu entwickeln und zum Einsatz zu bringen?

Die liberalen wie die gesellschaftstheoretisch basierten Außenpolitiktheorien nehmen an, dass die innergesellschaftlichen Verhältnisse die Außenpolitik eines Landes entscheidend prägen. Wird dieses Theorem auf die Union übertragen, dann sollte die externe Politik der Europäischen Union ein Spiegelbild ihrer internen Verfassung, ihrer Institutionen, Prinzipien und grundlegenden Werte, sein. Dirk Peters und Wolfgang Wagner (2005) kommen denn auch zu dem Ergebnis, dass sich mit dem liberalen Theorem der Innen-Außen-Analogie (orientiert an Kittel/Rittberger/Schimmelfennig 1995: 68) die

*Theorem der Innen-Außen-Analogie*

> „Substanz bzw. die Inhalte europäischer Außenbeziehungen" erfassen lassen (S. 218). Allerdings gebe es zwei Ausnahmen: *Einerseits* würde „die Aussicht darauf, ökonomische Gewinne für die Union und ihre Mitgliedstaaten zu realisieren, immer wieder Anlass, dafür (sein, GS) vom Ziel der äußeren Verwirklichung des im Innern umgesetzten Werte und Prinzipien abzurücken" *und andererseits* „stellt die Schaffung der militärischen Komponente in der ESVP das Konzept der Zivilmacht ... in Frage, weil damit eben nicht-zivile Mittel des Konfliktaustrags in die Außenbeziehungen der Union eingeführt werden, die für die Beziehungen im Innern längst ausgeschlossen sind." (S. 270–271)

Erfasst keine
Kausalbeziehungen

Das Theorem der Innen-Außen-Analogie hat wegen der hohen Diversität der externen Beziehungen der Union einen breiten Anwendungsbereich. So ist für jedes Politikfeld mit einer Vielzahl von Handlungsprogrammen die Korrespondenz zwischen einerseits den in dem Politikfeld intern geltenden Werten, Prinzipien und institutionalisierten Normen und andererseits dem realen Außenverhalten abzuklären, um mögliche Diskrepanzen zwischen den intern geltenden Werten und der externen Governance festzustellen. Dabei gilt es zu beachten, dass das Theorem der Innen-Außen-Analogie keine Kausalbeziehungen erfasst. Es stellt im ersten Untersuchungsschritt nur eine vermutete, enge Korrelation und Korrespondenz zwischen den internen Verhältnissen und den im externen Handeln zur Geltung gebrachten Werten, Normen und Prinzipien fest. Um externe Governance auch kausal mit den intern herrschenden Verhältnissen zu verknüpfen, ist im zweiten Schritt eine handlungstheoretische Analyse der externen Akteure erforderlich.

Governanceansatz:

Institutionalismus

plus

Handlungstheorie

Mit dem hier vertretenen governancetheoretischen (institutionalistischen) Ansatz wird angenommen, dass das externe Handeln der EU-Akteure einerseits von den internationalen Institutionen, die die EU errichtet hat und die von der Union sowie ihren externen Partnern als Handlungsrahmen anerkannt werden, strukturiert (koordiniert) wird, und andererseits von internen politischen Programmen, strategischen Vorgaben des Rates oder der Kommission und den Situationsdeutungen politischer Debatten gesteuert wird. Nur vermittelt über das aktive Handeln von Akteuren können die internen Werte und Normen der EU nach außen projiziert werden. Die Institutionen, die von den Mitgliedern der Union zur Erzeugung und Stabilisierung von Verhaltenssicherheit errichtet wurden, dienen dabei als intervenierende Faktoren (Rahmenbedingungen), die die Wahrscheinlichkeit vergrößern, dass sich ein EU-Akteur gemäß der intern geltenden Werte, Prinzipien und Normen verhält. Die Korrespondenz stellt sich also nicht zwangsläufig ein. Sofern ein EU-Akteur, der extern handelt, prozedural legale Handlungsvorgaben, z. B. vom Europäischen Rat oder der Kommission, erhält, die aber von der Wertebasis und den institutionalisierten Normen abweichen, wird er sich mit hoher Wahrscheinlichkeit an diese Vorgaben halten und dem Theorem der Innen-Außen-Analogie zuwider handeln.

Werte gebundenes
Handeln

Bislang konnte die Europäische Union zu Recht als Zivilmacht charakterisiert werden, da die Sicherheitsproblematik vom UN-Sicherheitsrat, der NATO und auf einzelstaatlicher Ebene bearbeitet wird. Mit dem Inkrafttreten des Vertrags von Lissabon wurden die außen-, sicherheits- und verteidigungspolitischen Handlungsmöglichkeiten der Union jedoch beträchtlich erweitert. Darüber, wie die neuen Dispositive zukünftig genutzt werden könnten, hat sich eine politische Debatte ergeben (Schlotter 2003, Dembinski 2003, Müller-Brandeck-Bocquet 2006, 2008), deren Ausgang offen ist. Bereits in den vergangenen zehn Jahren hat die Union mehr als zwanzig Mal von den Instrumenten der Europäischen Sicherheits- und Verteidigungspolitik (ESVP) Gebrauch gemacht (Regelsberger 2007). Die Mehrzahl dieser Interventionen war ziviler Natur; aber der Anteil und das Gewicht von Kriseneinsätzen, bei denen militärische Mittel zum Einsatz gelangen, könnte steigen. Um sich an dieser Debatte über die künftige Ausrichtung der Antikrisenpolitik der Union beteiligen zu können, müssen das Zivilmachtkonzept und die normative Basis der Union bekannt sein. Mit dem vorlie-

Wandel der EU-
Zivilmacht?

genden Band sollen die für diese Diskussion erforderlichen Grundkenntnisse gelegt werden.

Die Verknüpfung des Zivilmachtmodells mit dem Theorem der Innen-Außen-Analogie könnte zu der Hypothese Anlass sein, dass die Europäische Union vor allem damit beschäftigt ist, gegenüber Drittstaaten die Normen von Demokratie und Freiheit, der Menschenrechte und des Friedens zu vertreten und zu verbreiten (Jünnemann/Knodt 2007). Diese Sichtweise der Union würde ein Idealbild darstellen, das zwar nicht ganz falsch, aber doch nur die Schokoladenseite zeigen würde. Die Union ist nicht nur eine sich wandelnde Zivilmacht. Sie ist gleichzeitig auch eine marktwirtschaftlich ausgerichtete Wirtschaftsmacht, die, um sich als Wirtschaftsmacht zu behaupten, ihre aus den inneren Verhältnissen entspringenden, vielfältigen ökonomischen Interessen nach außen politisch zu vertreten hat.

Entsprechend dieser Konstellation muss zur Erklärung des Außenverhaltens der Union auch auf deren politisch-ökonomischen Interessen gegenüber Drittstaaten abgestellt werden (Cafruny/Ryner 2009). Diese Interessen formieren sich politisch in erster Linie in Abhängigkeit der Prägewirkung interner Institutionen und in Reaktion auf die innergesellschaftlichen Machtverhältnisse der Union, aber auch als Ergebnis der Wirkmächtigkeit der jeweiligen Umfeldbeziehungen (Interdependenzen) in den unterschiedlich vergemeinschafteten Politikbereichen. Dabei ist davon auszugehen, dass die EU bei der Verfolgung ihrer politisch-ökonomischen Interessen diese in der Regel mit normativen Erwägungen und Begründungen aufs Engste verknüpft. Die in der Union institutionalisierten Werte der Freiheit, der Demokratie und der Rechtsstaatlichkeit beanspruchen einen hohen Eigenwert und werden immer wieder auch um ihrer selbst willen verfolgt. Gleichzeitig besitzen sie aber auch eine funktionale Seite: Sofern sie stabil institutionalisiert sind, fördern sie die Wohlfahrt und sind hilfreich für die Legitimation und Absicherung der Herrschaft demokratischer Eliten. Die Geschichte des europäischen Vergemeinschaftungsprozesses lässt sich als eine geglückte, jeweils historisch spezifische, Verbindung von nationalen ökonomischen und politischen Interessen mit universalen Werten begreifen. Beide Seiten – Interessen und Werte – bilden eine komplexe, bisweilen spannungsreiche Einheit. Es macht daher wenig Sinn, die am schnöden Eigeninteresse klebende Wirtschaftsmacht gegen die alte Gräben überwindende Friedensmacht Europa in Stellung zu bringen.

*EU als Wirtschaftsmacht*

*Funktionaler Aspekt der Grundwerte*

## 4  Die Union als sanfter regionaler Hegemon

Auf den oben skizzierten Werten basiert die friedliche Expansionspolitik der Europäischen Union und ihrer Vorgängerorganisationen. Die Gründe für das Wachsen von sechs auf 27 Mitgliedstaaten sind häufig analysiert worden (s. Vorbruba 2005, Smith 2005, Schimmelfennig/Sedelmeier 2006). Im hiesigen Zusammenhang interessiert vielmehr die Funktionsweise, mit der die EU sich ausdehnt, und damit eng zusammenhängend, die Form, die sich die EU gibt, da diese die Sichtweise von außen auf sie beeinflusst. Drei Analyseansätze hierzu möchte ich vorstellen: 1. den liberalen Intergouvernementalismus, 2. das neo-mittelalterliche Reich und 3. den Neo-Funktionalismus. Insgesamt geben alle drei Ansätze wichtige Anhaltspunkte, wie die EU nach außen als sanfter Hegemon wirkt und wo Drittstaaten Möglichkeiten und Restriktionen für eine Kooperation sehen.

**Der liberale Inter-gouvernementalismus**

In seinem breit rezipierten (Caporaso 1999, Scharpf 1999, Wallace 1999) Buch „The Choice for Europe. Social Purpose & State Power from Messina to Maastricht" hat Andrew Moravcsik (1998) die Grundlagen für einen theoretischen Erklärungsansatz des europäischen Integrationsprozesses ausgearbeitet, den er als liberalen Intergouvernementalismus bezeichnet. Moravcsik erklärt die Integrationsdynamik innerhalb der europäischen Staatenwelt in drei Schritten. Im ersten Schritt interessieren die externen Kooperationsinteressen der innerstaatlich

**Rationale Akteure**

dominierenden Wirtschaftssektoren und ihrer Akteure. Die als rational handelnde Akteure modellierten Regierungen versuchen die innergesellschaftlich definierten nationalen Präferenzen auf der internationalen Ebene durchzusetzen. Es entsteht damit eine komplexe Verhandlunssituation zwischen den integrationswilligen Staaten, die ein Beziehungsmuster verbindet, das mit Keohane/Nye (2000)

**Interdependenz**

als „asymmetrische Interdependenz" bezeichnet wird. Zur Förderung ihrer „nationalen" (allerdings interessenspezifisch) definierten Wohlfahrt sind die Staaten auf Ressourcen (u.A. Exportmärkte, Rohstoffe, Kapital, Wissen) anderer Staaten angewiesen, jedoch jeweils in sehr unterschiedlichem Umfang. Sie befinden sich daher in asymmetrischen Beziehungen zueinander.

**Ungleiche Kooperationsgewinne**

Im zweiten Schritt ermitteln die strategisch-rational agierenden Staaten Kompromisslösungen in zwischenstaatlichen (intergouvernementalen) Verhandlungen Kompromisslösungen, die davon bestimmt sind, dass die Kooperationsgewinne entsprechend der ungleichen Machtverteilung, die sich als Folge und proportional der asymmetrischen Interdependenz ergibt, höchst ungleich verteilt sind. Jedoch muss auch der schwächste Partner den Kompromiss als Erfolg, d. h.

**Einstimmigkeit**

als zusätzlichen Gewinn, verbuchen können. Da das Souveränitäts- und damit das Einstimmigkeitsprinzip gilt, kommt ein intergouvernementaler Vertrag nur zustande, wenn auch der schwächste Staat den Kompromiss, der auch Kompensationen für mögliche Verluste und Risiken beinhalten kann, als Verbesserung seiner Lage begreift.

**Ergebnissicherung**

Der dritte Schritt in der Erklärung der Genese des europäischen Integrationsprozesses ergibt sich aus dem Interesse der staatlichen Verhandlungspartner, die Verhandlungsergebnisse zu fixieren. Im Prinzip existieren drei Möglichkeiten der Ergebnissicherung: die Selbst-Implementation, die Übertragung von Befugnissen und deren Bündelung bei einer gemeinsamen (intergouvernementalen) Einrichtung (Institution) oder die Delegation von Kontroll- und Regulierungsrechten an eine supranationale Behörde. Den Grund für die Etablierung einer zweiten Entscheidungsebene, sei es die intergouvernementale (Pooling) oder die supranationale (Delegation) Variante, sieht Moravcsik in der sich dadurch ergebenden Möglichkeit, mit zukünftiger Unsicherheit umzugehen. In Verhandlungen lassen sich zukünftige Problemlagen nur ansatzweise antizipieren. Durch Institutionenbildung können Regelungen festgelegt werden, mit denen die aktuell noch nicht entscheidbaren Probleme bewältigbar erscheinen:

> „Pooling and delegation can be viewed as solutions to the problem of 'incomplete contracting', which arises when member governments share broad goals but find it too costly or technically impossible to specify all future contingencies involved in legislating or enforcing those goals ... Bargaining continues among national governments but under new institutional circumstances designed to assure a particular level of agreement." (Moravcsik 1998: 73–74)

Institutionenbildung, so führt Moravcsik weiter aus, hat die Funktion, die zwischen souveränen Staaten bestehende Glaubwürdigkeitslücke zu schließen. Die Etablierung gemeinsamer Institutionen macht unilaterales Handeln von Staaten eher unwahrscheinlich. Staaten gehen Selbstbindungen ein, um glaubhaft zu signalisieren, dass sie sich an zukünftige Regelungen, die aus gemeinsamen Vertragsverhandlungen resultieren, die allerdings nur allgemeine Ziele, Verfahren und Prinzipien festlegen, halten wollen:

*Institutionenbildung*

> „... the credibility explanation generates precise predictions concerning the nature of support for pooling and delegation. Where the major institutional objective of those who support cooperation is to facilitate future legislation, pooling is more likely; where the concern is to assure implementation of and compliance with laws, delegation is more likely. The reason is clear. Legislation is, at least potentially, a more open-ended function, so tighter control is maintained. Adjudication, implementation, and enforcement are narrower functions so governments can afford looser control and greater efficiency " (ebd.: 76–77)

*Bündelung oder Delegation*

Moravcsiks Modell zur Erklärung der Entstehung supranationaler oder intergouvernementaler Institutionen der Union kann plausibel machen, dass hierbei einerseits substaatliche ökonomische Interessen eine dominante Rolle gespielt haben und sich andererseits plausible strukturelle Gründe (asymmetrische Interdependenz, Glaubwürdigkeitslücke bei „incomplete contracting") – im Gegensatz zu normativ-politischen (Frieden, Freiheit, Demokratie, Menschenrechte) Zielen – für die Etablierung der Gemeinschaftsinstitutionen angeben lassen. Obwohl Moravcsik meint, mit seiner Studie „The Choice for Europe" gezeigt zu haben, dass sein Modell den Vergemeinschaftungsprozess der europäischen Staatenwelt empirisch unabweisbar erklärt, muss doch auf die handlungstheoretischen sowie legitimatorischen Defizite seines Erklärungsmodells hingewiesen werden. Staatliches Handeln lässt sich nicht umstandslos auf ökonomische Präferenzen zurückführen. Diese mögen zwar einen bedeutenden Einfluss haben, können sich aber nur vermittelt über politisches Handeln und politische Diskurse, aus denen legitimationsfähige Strategien und Handlungsprogramme hervorgehen, erfolgreich durchsetzen. Ohne eine breit geteilte Europaideologie wäre es daher kaum möglich gewesen, in beachtlichem Umfang Entscheidungskompetenzen auf die europäischen Institutionen zu übertragen. Ideologie und Interesse bilden zwei Seiten eines Prozesses. Die Interessen lassen sich im politischen Prozess nicht ohne Bezug auf akzeptierte Werte legitimieren. Ohne die Förderung und Absicherung von Interessen verkommen die Werte zu substanzloser Ideologie.

*Defizite des Erklärungsansatzes*

Zur Erklärung des europäischen Integrationsprozesses ist eine weitere Einflussgröße, die von Moravcsik allerdings nur beiläufig erwähnt wird (vgl. 1998: 472 ff), von beachtlicher Bedeutung. Gemeint ist die Erweiterung der Union. In vielen Analysen zum europäischen Integrationsprozess wird explizit oder meistens implizit angenommen, dass die Erweiterung der Union, die sogenannte horizontale Integration, keinen größeren Einfluss auf deren Vertiefung, die vertikale Integration, habe. Moravcsik untersucht in seinen Fallstudien (u .a. Entstehung der Römischen Verträge, Konsolidierung der Zollunion und des Gemeinsamen Agrarmarktes, Etablierung des Europäischen Währungssystems, Schaffung des einheitlichen Binnenmarktes, Vereinbarung des Reformvertrags von Maastricht) ausschließlich Prozesse der vertikalen Integration, ohne sie mit der horizontalen Integration in Verbindung zu bringen. Die Aufnahme neuer Mitglieder in die Gemeinschaft bleibt jedoch nicht ohne Folgen für das Institutionengefüge, die Governanceformen sowie die Handlungsprogramme und bewirkt somit auch Modifikationen der vertikalen Integration (Schmitter 2002, Niemann/Schmitter 2009, Moravcsik/Schimmelfennig 2009). Die Erweiterung der Union, z. B. um kleine Länder wie zukünftig Island, muss freilich nicht zwingend zu einer Vertiefung der vertikalen Integration führen. Allerdings war dies in der Vergangenheit regelmäßig der Fall. Durch die große Erweiterungsrunde (2004, 2007) könnte sich die EU sogar überdehnt haben. Es kann nicht ausgeschlossen werden, dass von ihr desintegrierende Effekte ausgehen werden.[18] Wie dem auch sei: Die Integrationstheorien, welcher Provenienz auch immer, haben lange Zeit nicht beachtet, dass die Erweiterung der Union eine wichtige Triebkraft für ihre Veränderung ist. Tatsächlich ist dieser Einflussfaktor seit der Aufnahme Großbritanniens (1973) in die Gemeinschaft erkennbar (Preston 1997).

Die Integration von immer neuen Staaten in den Verbund der europäischen Gemeinschaft war mal stärker, mal weniger offen artikuliert von dem Motiv geleitet, die eigenen Herrschaftsverhältnisse, insbesondere die typisch westeuropäische Kombination von sozialer Marktwirtschaft und liberaler Demokratie, in den Nachbarstaaten zu fördern. Dieser herrschaftspolitische Faktor stellt eine notwendige Randbedingung zur Erklärung des europäischen Integrationsprojektes dar. Soweit gefestigte marktwirtschaftliche Demokratien in die Gemeinschaft aufgenommen wurden, bestand kein Grund, ihn zu thematisieren. Erst im Falle instabiler Verhältnisse, so vor allem im Falle der Transitionsgesellschaften Südeuropas[19], später Ost-Mitteleuropas und des Balkanraumes, deren gesellschaftliche Verhältnisse durch eine konditionierte Aufnahme in die Union gesichert werden sollen, wird das Interesse der etablierten demokratischen Marktwirtschaften an korrespondierenden Herrschaftsverhältnissen offener artikuliert. Zahlreiche Studien zur Osterweiterung der Union haben deren Interesse an erfolgreicher Transformation und Demokratisierung durch Integration nachge-

*Einflussgröße: Erweiterung*

*Das herrschaftspolitische Interesse*

*Konditionierte Aufnahme*

---

[18] So warnt z. B. Klaus Hänsch (2010: 72) vor der Aufnahme weiterer Mitglieder, da schon jetzt die Versuche zunähmen, „aus dem gemeinsamen Recht, auf dem die Union fußt ... auszubrechen".

[19] Griechenland wurde 1983, Spanien und Portugal wurden 1986 in die Europäische Gemeinschaft aufgenommen, nachdem sie in den Jahren 1975/76 die autokratischen Herrschaftssysteme beseitigen und demokratische Herrschaftsformen etablieren konnten.

zeichnet (Nugent 2004, Mather 2004, Schimmelfennig/Sedelmeier 2005, Goetz/ Dimitrov/Wollmann 2005, Knodt/Jünnemann 2007, Ridder/Schrijvers/ Vos 2008).

Sowohl das Theorem der Innen-Außen-Analogie als auch das Theorem der externen Governance von Lavenex und Schimmelfennig (Lavenex/Lehmkuhl/ Wichmann 2008, Lavenex/Schimmelfennig 2009), das die Externalisierung von EU-Regeln untersucht, lassen sich herrschaftspolitisch deuten. Ausgehend von dem deutsch-französischen Integrationskern – einer wechselseitig äußerst funktionalen Symbiose – und der 1957 mit den Römischen Verträgen formierten Sechsergemeinschaft versuchen die Mitgliedstaaten der stufenförmig wachsenden Gemeinschaft, durch Erweiterung Wohlfahrts- und Sicherheitsgewinne zu erzielen. Das kann auf zweierlei Weise geschehen: Entweder wird ein Nachbarstaat durch seine Aufnahme in die Gemeinschaft internalisiert, woran vor allem die unmittelbaren Nachbarstaaten ein großes Interesse haben (Vobruba 2005), oder die Gemeinschaft bietet Drittstaaten eine besondere Form der Nachbarschaft mit besserem Marktzugang, finanziellen Anreizen und integrativen Institutionen an.

Die verschiedenen Erweiterungsrunden der Europäischen Gemeinschaft (vgl. Preston 1997, Nugent 2004, Lippert 2004) stellen einen friedlichen und insgesamt äußerst erfolgreichen Expansionsprozess der demokratisch-kapitalistischen europäischen Kernstaaten, geschützt und unterstützt von den Vereinigten Staaten und seit 1990 beflügelt vom Zusammenbruch des sowjetischen Herrschaftssystems, dar (vgl. Weidenfeld 1995). Basierend auf einem erfolgreichen Akkumulations- und Herrschaftsregime, das mit der Erweiterung der Integrationsbeziehungen, vor allem durch den Zugewinn von Märkten und deren regulative Durchdringung, an Dynamik und zunehmend an Attraktivität gewann, konnte die Union von 6 auf 27 Mitgliedstaaten wachsen. Heute muss sie sogar befürchten, dass die weitere horizontale Integration durch Staaten, die formell (Türkei, Kroatien, Mazedonien, Island) oder informell (westliche Balkanstaaten, Ukraine, Georgien) um Aufnahme ersuchen, die erreichte Integrationstiefe und soziale Kohäsion der Union gefährdet. Spätestens mit der großen Erweiterungsrunde 2004/07 hat die Europäische Union innerhalb der Region Europas sowie angrenzender Gebiete (Mittelmeerraum, Nordafrika, Naher Osten, Kaukasus, Osteuropa) in einem Umfang an politischer, ökonomischer und kultureller Prägewirkung gewonnen, dass diese Projektion von Gestaltungsmacht auf die Nachbarstaaten als hegemoniale Stellung bezeichnet werden kann[20]. Gemessen an ihrem wirtschaftlichen Einfluss (Handel, Kapital, Finanzen), der Leistungsfähigkeit des Produktionsapparates, der Attraktivität des Lebensstils und der inneren Stabilität der demokratischen Herrschaftsordnung ist die Union zu einem regionalen Hegemon herangewachsen, den im historischen Vergleich ein bemerkenswertes Merkmal auszeichnet: ein nur schwach entwickeltes Droh- und Gewaltpotenzial. Für überzeugte Realisten, wie John J. Mearsheimer, ist die Union daher bestenfalls ein Scheinhegemon, der es sich zu Lasten des einzig weltweit verbliebenen Hegemons, den Vereinigten Staaten, gut gehen lässt (Mearsheimer 1990, 2009).

*Friedliche Expansion*

*Attraktivität der EU*

*Prägewirkung*

*Regionaler Hegemon*

---

[20] Zu dem hier verwendeten Hegemoniekonzept vgl. Overbeek 2010.

Zweite globale
Supermacht?

Moravcsik (2009), der hervorragendste Vertreter des liberalen Intergouvernementalismus, vertritt gegen den Neo-Realismus die These, dass Europa unbestreitbar nach den Vereinigten Staaten die zweite globale Supermacht sei und diese Stellung in der Welt, trotz des viel diskutierten ökonomischen und politischen Aufstiegs Chinas (vgl. Overbeek 2008: 209-220, Ikenberry 2008, Pei 2009), auch in der überschaubaren Zukunft des 21. Jahrhunderts behalten werde. Nach den Angaben von Moravcsik würden von Europa 21 Prozent der globalen Militärausgaben getätigt (China 5 Prozent); zusammen würden alleine Frankreich und England für den Verteidigungssektor mehr als 60 Prozent der chinesischen Militärausgaben aufwenden, und die europäischen Staaten hätten während der letzten beiden Jahrzehnte durchschnittlich zwischen 50000 und 100000 Soldaten in Drittländern stationiert gehabt. Im Rahmen der „Operation Enduring Freedom" in Afghanistan entfielen etwa 30 Prozent der Todesopfer der „Koalition der Willigen" auf Angehörige der europäischen Streitkräfte. Neben dieser militärischen Komponente verweist Moravcsik zur Begründung seiner These auf die überragende Zivilmacht der Union in den Bereichen Handel, Kapital, Finanzen, Entwicklungshilfe, politische Attraktivität (Erweiterung der EU), der Diplomatie (Nachbarschaftspolitik der Union) und des Multilateralismus (Moravcsik 2009: 408 ff.).

Entgegen den Analysen realistischer Theoretiker (Mearsheimer 1990, Waltz 2000, Kagan 2008) gelangt also Moravcsiks liberaler Intergouvernementalismus zu der Behauptung, dass die Union schon heute als europäische Supermacht einzustufen sei. Zu dieser Einschätzung kann nur gelangen, wer im Bereich der Sicherheits- und Verteidigungspolitik nicht mehr zwischen den Fähigkeiten der einzelnen Mitgliedstaaten, insbesondere denjenigen der beiden Atommächte, und den militärischen Kapazitäten der Gemeinschaft, die aus der immer noch nicht voll einsatzfähigen schnellen Eingreiftruppe von 60000 Mann bestehen, unterscheidet. Mit dieser Sichtweise, die die nationale und die vergemeinschaftete Ebene zusammenführt, verlässt der Intergouvernementalismus allerdings seine eigene theoretische Basis und auch die in der Union bestehenden Rechtsverhältnisse. Im Vertrag von Lissabon bleibt die Außen-, Sicherheits- und Verteidigungspolitik der Union intergouvernemental verfasst (Bendieck 2010, Jacqué 2010) und unterliegt langwierigen und voraussetzungsvollen Abstimmungs- und Verfahrensbedingungen (Einstimmigkeitsprinzip). Gerade im Politikfeld der Sicherheits- und Verteidigungspolitik (Biscop 2005, Kirchner/Sperling 2007, Peters/Wagner 2008) muss die Union als ein Mehrebenensystem betrachtet werden, in dem sowohl vertikal, also zwischen den Ebenen, unterschiedliche Handlungslogiken, als auch zwischen den Staaten der Gemeinschaft immer wieder erhebliche Interessendivergenzen bestehen (Müller-Brandeck-Bocquet 2006).

Interessen
divergenzen

Zielonka: „Europe as
Empire"

In seinem Buch „Europe as Empire. The Nature of the Enlarged European Union" hat Jan Zielonka (2006) eine mit dem von Andrew Moravcsik gezeichneten Bild stark kontrastierende Analyse der Machtstatur Europas vorgelegt. Er kann nicht erkennen, dass sich die Europäische Union zu einem „neo-westfälischen" Staat entwickelt, sondern begreift sie als „neo-mittelalterliches" Reich. Hinter den beiden Konzepten „neo-westfälisch" und „neo-mittelalterlich" verbergen sich zwei divergierende Analysen des europäischen Integrationsprozesses. Der von Zielonka verwendete Begriff des neo-westfälischen Staates verweist auf die Organisationsprinzipien des nach dem Frieden von Münster und Osnabrück am Ende des Dreißigjährigen Krieges (1648) entstandenen „westfälischen" Staatensystems. In diesem Mächtesystem konkurrierten souveräne Staaten miteinander, die territorial fixierte und funktional kompakte (harte) Grenzen gegenüber der Außenwelt besaßen und die in ihrem Innern eine relativ hohe sozio-ökonomische und kulturelle Homogenität sowie eine hierarische politische Entscheidungsstruktur aufwiesen[21]. Würde sich die Europäische Union in Richtung eines neo-westfälischen Staates entwickeln, wäre nach Zielonka (2006) mit der Herausbildung der folgenden Strukturmerkmale zu rechnen (vgl. S. 12):

- harte und fixierte Außengrenzen,
- relativ hohe sozio-ökonomische Homogenität,
- europaweite kulturelle Identität,
- kongruente (sich überlappende) rechtliche, administrative,
- ökonomische und militärische Regime,
- hierarchische Struktur mit einem autoritativen Entscheidungszentrum,
- deutliche Trennung zwischen EU-Mitgliedern und Nichtmitgliedern,
- zentral regulierte Umverteilung,
- nur eine Form der Staatsangehörigkeit,
- einheitliche Armee und Polizei und
- absolute Souveränität gegenüber Drittstaaten.

Tatsächlich meint Zielonka ein gänzlich anderes Strukturmuster der Entwicklung der Europäischen Union erkennen zu können. Die Union erinnere mehr an mittelalterliche Herrschaftsformen denn an einen neuzeitlichen souveränen Staat. Dem Modell des neo-westfälischen Superstaats wird daher das Strukturmodell des neo-mittelalterlichen Reichs (Empire) gegenüber gestellt, für das folgende Merkmale charakteristisch seien (vgl. Zielonka 2006: 12):

*Merkmale eines neo-mittelalterlichen Reiches*

- weiche und bewegliche Grenzzonen gegenüber der Außenwelt,
- sozio-ökonomische Entwicklungsunterschiede ohne ein vorherrschendes Strukturmuster,
- multiple kulturelle Identitäten,
- Trennung zwischen obrigkeitlicher Entscheidungsgewalt, funktionalen Zuständigkeiten und Gebietskörperschaften,
- Interpenetration verschiedener Typen politischer Organisationseinheiten und Loyalitäten,
- unscharfe Trennung zwischen Zentrum und Peripherie, Umverteilung beruht auf unterschiedlichen Formen der Solidarität
- mehrere Formen der Staatsangehörigkeit mit unterschiedlichen Rechten und Pflichten,
- vielfältige und sich überlagernde militärische und politische Institutionen,
- entlang funktionaler und territorialer Grenzen aufgeteilte Hoheitsrechte.

---

[21] Hierbei handelt es sich um ein theoretisches Modell. Dass die Realität sehr viel komplexer war, zeigt Benno Teschke (2003).

Zielonkas Einschätzung, dass das Governanceregime der EU eher dem Modell eines neo-mittelalterlichen Reiches als dem Modell eines neo-westfälischen Superstaats entspricht, bleibt für die externe Governance der Union nicht folgenlos: Als internationaler Akteur besitzt das *neo-medieval empire* weiche und variable Grenzen. Die Mitgliedstaaten gehören einer Vielzahl von sich überschneidenden militärischen und polizeilichen Einrichtungen an. Die gegenüber der Außenwelt verfolgten Ziele bestehen im Abbau der internen Spannungen der Drittstaaten und in der Befriedung der internationalen Umwelt. Die von der Union eingesetzten Instrumente sind zivil-militärischer Natur. Die Externalisierung der intern geltenden Normen motiviert und legitimiert das externe Handeln (Zielonka 2006, 140-150). Auch im Bereich der Außen- und Sicherheitspolitik sei das neo-mittelalterliche Politikmuster leicht zu erkennen:

Folgen für die
Außen- und
Sicherheitspolitik

„Foreign and security policy is largely in the hands of member states. They are not only helplessly divided on some crucial issues, but tend to use other than European frameworks for meeting international objectives. Not only NATO and the UN, but also various formal or informal coalitions of the willing represent the means of European foreign policy." (ebd. S. 169)

Folgt die Europäische Union den Spielregeln eines neo-mittelaterlichen Reiches, ergeben sich somit von dessen Struktur einerseits ermöglichte und andererseits beförderte Formen und Strategien seiner externen Governance. Die in das Reich (Empire) eingebetteten Nationalstaaten bestimmen trotz der Abgabe von Souveränitätsrechten an die vergemeinschafteten Institutionen letztlich das politische Geschehen, wie z. B. bei der Aufnahme neuer Mitgliedstaaten oder beim Abschluss völkerrechtlicher Verträge. Insbesondere die Außen-, Sicherheits- und Verteidigungspolitik verbleibt auch nach den neuen Regelungen des Lissabon-Vertrags (trotz Doppelhut des Hohen Repräsentanten und Aufbau eines diplomatischen Dienstes der Union) in der Zuständigkeit der einzelnen Mitgliedstaaten.

Transformierte
Handlungslogik

Allerdings agieren die Mitglieder des EU-"Reiches", wenn sie alleine oder gemeinsam tätig werden, nicht mehr wie traditionelle westfälische Staaten, die gemäß der realistischen Theorie der Außenpolitik ihre relative Machtstellung im internationalen System verbessern wollen. Das nach Handlungsfeldern ausdifferenzierte Institutionengefüge der Union wie auch die in ihr geltenden zivilgesellschaftlichen Normen wirken auf die Kalküle der Mitgliedstaaten ein und sind insofern wichtige Determinanten von deren Politik. Und auf der EU-Ebene unterliegen Entscheidungen und Handlungsprogramme selbst in den Bereichen qualifizierter Mehrheitsentscheidungen im Ministerrat (doppelte Mehrheit gemäß Lissabon-Vertrag) Kompromissbildungsprozessen, die eine Missachtung vitaler Interessen von Mitgliedern höchst unwahrscheinlich machen.

Analytisch-
deskriptiver Theorie-
ansatz

Zu diesem Ergebnis gelangt Zielonka nicht auf der Grundlage einer der klassischen Integrationstheorien oder normativen Überlegungen. Sein analytisch-deskriptiver Theorieansatz ist weniger ambitioniert. Er konstruiert vor dem Hintergrund der theoretischen Debatten zur Erklärung des europäischen Integrationsprozesses und zahlreicher empirischer Studien, die sich mit diesem Prozess befassen, zwei Extremmodelle der möglichen Zukünfte der Union nach der letzten großen Erweiterungsrunde und ordnet die empirischen Befunde den beiden Modellen zu. Mit diesem analytisch-vergleichenden Verfahren, das sich auf theoretisch konstruierte Modelle bezieht, gelangt er dann zu der Aussage, dass die Union eher dem neo-mittelalterlichen Reichsmodell als dem neo-westfälischen Staatsmodell ähnelt. Diese Aussage enthält sich einer Bewertung und versteht sich als eine Feststellung über empirische Tatsachen. Allerdings sympathisiert Zielonka mit seinem Forschungsresultat:

> „Neo-medievalism is not a synonym of anarchy and chaos. Indeed I would argue that diversity, called by another name, 'pluralism', is Europe's greatest historical and cultural treasure. Diversity is also a prerequisite of modernity, ..." (Zielonka 2006: 18).

Mit diesem Plädoyer für die Anerkennung von Diversität als kulturellem Schatz stellt sich Zielonka gegen die neo-funktionalistischen Strömungen der Europaforschung. Der Neo-Funktionalismus hat zwar nicht so starke normative Wurzeln wie die Theorie des Europäischen Föderalismus (Große Hüttmann/Fischer 2006), gleichwohl sind normative wie auch politisch-strategische Bezüge erkennbar (Haas 1968, 1970, Wolf 2006). Die positiven Erfahrungen aus der Gründungsphase der EWG mit der „Jean-Monnet-Methode", die darauf abzielte in einem Bereich der „low politics" mit der Kooperation zu beginnen und diese dann langsam auf Bereiche mit höherem Konsensbedarf auszudehnen, wurde theoretisch verallgemeinert. So wurde behauptet, dass Integrationsvereinbarungen zwischen (europäischen) Staaten in einem Politikfeld, in dem sich ein Konsens über die Errichtung einer gemeinsamen (supranationalen) Governancestruktur herstellen lässt, zwangsläufig auf benachbarte Politikfelder ausstrahlen und überspringen. Dieser spill-over-Effekt führe zu einer Integrationsdynamik, die ein supranationales Staatsgebilde entstehen lasse (Lindberg 1963, Haas 1964). Unterstützt von äußeren Zwängen (sowjetische Bedrohung, Herausforderungen des Weltmarktes und der Globalisierung, Druck der Vereinigten Staaten, neue Sicherheitslagen nach dem Endes des Ost-West-Konfliktes, etc.) und dem politischen Willen, die schrecklichen Erfahrungen des „Zeitalters der Extreme" (Hobsbawm 1995) konstruktiv zu wenden, würde sich, wenn sich der Integrationszug in Bewegung gesetzt hat, wegen des spill-over-Effekts eine Integrationsdynamik einstellen. Welche genaue Gestalt dieses neue supranationale Staatswesen annehmen werde, ließe sich nicht auf theoretischem Wege ermitteln. Die Finalität des Integrationsprozesses könne nicht vorherbestimmt werden, sondern sei das Ergebnis eines zwar gerichteten (zunehmende Integration), aber letztlich offenen historischen Prozesses. Dabei werden als die den Integrationsprozess entscheidend determinierenden Akteure die Kommission mit ihrem Initiativrecht, das Europäische Parlament und der Europäische Gerichtshof eingestuft. Es sind diese supranationalen Institutionen und die in ihnen handelnde, das europäische Projekt unterstützende administrative Funktionselite, die den Integrationsprozess aktiv vorantreiben und zu verantworten haben.

*Anerkennung von Diversität*

*Der Neo-Funktionalismus*

Dieses, hier auf seine wesentlichen Elemente reduzierte, neo-funktionalistische Theoriegebäude hat heute in der Wissenschaft nur noch wenige Anhänger, da es beträchtliche Schwachpunkte aufweist.[22]. Aus der Sicht des liberalen Intergouvernementalismus (Moravcsik) wird die zentrale Triebkraft des Integrationsprozesses, die Durchsetzung nationaler ökonomischer Präferenzen, unterschätzt. Aus der Perspektive des analytisch-empirischen Ansatzes Zielonkas ergibt sich als Kritikpunkt, dass der Integrationsprozess als tendenzieller Staatsbildungsprozess gedeutet wird, ohne andere Entwicklungsmöglichkeiten, wie die Reichsbildung, zu erwägen. Wiederum andere heben hervor, dass der Ansatz der komplexen Mehrebenenstruktur der Union nicht gerecht werden kann. Trotz dieser theoretischen Defizite sollte der Neo-Funktionalismus nicht gänzlich verworfen werden. Zwei Gründe sprechen für seine Deutung des Integrationsprozesses: Zum einen scheinen viele politische Akteure wie auch beratende Wissenschaftler, den europäischen Vergemeinschaftungsprozess neo-funktionalistisch zu deuten. Diese Weltsicht ist ein Teil der politischen Realität Europas und muss insofern von der politikwissenschaftlichen Analyse als empirisches Faktum anerkannt werden. Je mehr gewichtige politische Akteure den europäischen Integrationsprozess neo-funktionalistisch deuten („framen"), um so realitätsmächtiger ist diese Konstruktion der europäischen Dynamik. Empirische Studien zeigen, dass Europapolitiker zu einer neo-funktionalistischen Situationsdeutung neigen (Venesson 2007). Sie haben sich die Wertebasis (Überwindung der politischen Gräben zwischen den europäischen Staaten, Europa als Raum des Friedens, der freiheitlichen Demokratie und der Rechtsstaatlichkeit) des auf Europa zentrierten Neo-Funktionalismus zu eigen gemacht und begreifen den Integrationsprozess, für den sie sich engagieren, als die mühevolle, aber erfolgreiche Etablierung eines neuen politischen Akteurs, eines noch unfertigen Quasi-Staates, aus dem eines Tages ein veritabler Bundesstaat entstehen könnte. Zum anderen lässt sich aus einer Ex-post-Perspektive der EU-Integrationsprozess unter Verwendung des neo-funktionslistischen Theorems überzeugend verstehen, wenn auch die Erklärung aus einer sozialwissenschaftlichen Perspektive unbefriedigend bleiben mag[23]. Die stufenförmig verlaufende vertikale Vertiefung und horizontale Erweiterung der europäischen Integration sind unbestreitbare Tatsachen. Und wie die Motive, Interessen und Handlungsstrategien der politischen Entscheider im einzelnen auch beschaffen gewesen sein mögen, fest steht, dass neue Integrationsvereinbarungen in der Regel von einem erheblichen sachlichen Problemdruck, der sich als spill-over-Tendenz interpretieren lässt, begleitet waren, und dass sie, ganz im Sinne des Neo-Funktionalismus, als weitere Schritte in Richtung auf ein sich immer enger zusammenschließendes Europa in den europäischen Parlamenten und in der europäischen Öffentlichkeit begrüßt und legitimiert wurden (Niemann/Schmitter 2009).

*Argumente für den Neo-Funktionalismus*

---

[22] Vgl. den Überblicksartikel von Wolf 2006 sowie Niemann/Schmitter 2009.
[23] Vgl. zu dieser Thematik die wichtige Arbeit von Schmitter (2002).

Die Analyse der externen Governance der Europäischen Union ist untrennbar mit der Frage nach deren Akteursqualität verbunden. Die Vertreter des (supranationalen) Neo-Funktionalismus wie auch des (institutionalistischen) liberalen Intergouvernementalismus deuten die Union als einen Staat, der zwar gegenwärtig erst in Ansätzen existiert, der aber mal schneller, mal langsamer im Entstehen ist und der daher als politisches Gebilde eigener Art (sui generis) oder als Quasi-Staat charakterisiert wird (Jopp/Schlotter 2007, Fröhlich 2008). Aktuelle Ereignisse, wie z. B. das Scheitern des Verfassungsprojektes, die Konflikte über die Anerkennung des Kosovo als unabhängigen Staat (22 Staaten der EU haben ihn anerkannt, fünf nicht[24]) oder der Streit über die Etablierung einer strikteren globalen Finanzgovernance (insbesondere Großbritannien ist dagegen) werden dann vorrangig mit Blick auf die Frage untersucht, ob sie das europäische Integrationsprojekt gefährden oder vorantreiben. Dies gilt ganz besonders für den Politikbereich der europäischen Außen-, Sicherheits- und Verteidigungspolitik. Es besteht die Meinung (Rüger 2006, Katsioulis 2009, Witney 2009, Riecke 2010, Schmidt 2010), dass die Außen- und Sicherheitspolitik der Union ein Politikfeld ist, das einen hohen integrationspolitischen Nachholbedarf hat. Nach der Ratifizierung des Vertrages von Lissabon müsse nun die gemeinsame Außen- und Sicherheitspolitik gestärkt werden:

> Akteursqualität der EU?

> Die GASP als Beispiel

- „We have come a long way in developing ESDP as a tool enabling Europe to project itself through action in response to crises. ESDP in no longer an aspiration; it is a reality. The process of moving forward, of evolving and growing stronger has not been as fast as some would have hoped, but it is nevertheless an ever-advancing process" (Javier Solana, Juni 2009: 9)
- „The European Union has entered a new phase. The Lisbon Treaty enables the Union to take an important step forward in closer cooperation and greater integration. Brussels aims to support its new foreign policy with a wide range of instruments. Whether or not it can make the most of those instruments will determine whether the Union will hold its own on the global stage. At least the means to do so are at long last there." (Henning Riecke 2010: 7)

> Integrationspolitischer Nachholbedarf

-

Die beiden Zitate, das erste stammt von Javier Solana, der von 1999 bis Ende November 2009 als Generalsekretär des Rates der Europäischen Union und als erster Hoher Vertreter für die Gemeinsame Außen- und Sicherheitspolitik amtierte, und das zweite von Henning Riecke, der in der Deutschen Gesellschaft für Auswärtige Politik für die transatlantischen Beziehungen zuständig ist, sollen beispielhaft verdeutlichen, dass innerhalb der europäischen außenpolitischen Entscheidungselite das Politikfeld der GASP als ein hochdynamisches Entwicklungsprojekt betrachtet wird. Die Gruppe der Europaoptimisten innerhalb der europäischen Außenpolitikelite sieht nach dem Inkrafttreten des Vertrages von Lissabon nicht nur die durch internationale Herausforderungen wünschenswerte „Notwendigkeit" für die Etablierung einer kohärenten und gut instrumentierten

> Schwachpunkte der GASP

---

[24] Griechenland, Rumänien, Slowakei, Spanien, Zypern.

eigenständigen Gemeinsamen Außen- und Sicherheitspolitik, sondern auch die reale Chance, die Union als globalen Akteur im Bereich der internationalen Krisen- und Sicherheitspolitik zu etablieren. Der Direktor des Europäischen Instituts für Sicherheitsstudien, das den Hohen Vertreter der GASP wissenschaftlich berät, Álvaro de Vasconcelos, ermittelte in der von ihm 2009 herausgegebenen Studie „What ambitions for European defence in 2020?" drei basale Defizite, die zu überwinden wären, damit die Europäische Sicherheits- und Verteidigungspolitik als wichtiger Kern der GASP den von den EU-Mitgliedern im Vertrag von Lissabon formulierten Ansprüchen gerecht werden kann. In den kommenden Jahren müssten (1) das politische Defizit beseitigt, (2) die Kohärenz zwischen den Institutionen und der strategischen Situationsdeutungen der Mitgliedstaaten verbessert sowie (3) die gemeinsamen Handlungskapazitäten erhöht werden. Unter dem politischen Defizit versteht Vasconcelos den folgenden Widerspruch:

> „ESDP is a display of the EU's foreign policy strengths as well as, paradoxically, of its weakness. The fact is that it has proven easier for the European Union to deploy troops and field policemen than to define common positions and act on them, as exemplified in Kosovo." (de Vasconcelos 2009: 24)

In wie weit es den politischen Aktivisten und wissenschaftlichen Befürwortern einer kohärenten (integrierten) europäischen Sicherheitspolitik mit globaler Reichweite und Durchsetzungskraft tatsächlich gelingen wird, die vielen Hindernisse, die dieser imperialen Zielsetzung entgegenstehen, zu überwinden, bleibt abzuwarten. In Anbetracht der großen Divergenzen zwischen den Mitgliedstaaten der Union in zahlreichen Krisenkonstellationen des letzten Jahrzehnts (u. A. Irak-Intervention, Anerkennung des Kosovo, UN-Reform, EU-Mitgliedschaft der Türkei) ist Skepsis angebracht. Die Hoffnungen auf einen neo-funktionalistischen Spill-over im Bereich der Hohen Politik könnte sich als Illusion erweisen. Die Vertreter des Theorems der neo-mittelalterlichen Reichsbildung würde das nicht sonderlich überraschen. Gestützt auf den historischen und konstruktivistischen Institutionalismus (Risse 2009, Schmidt 2010) können sie einerseits mit Pfadabhängigkeiten, z. B. nationalen Eigeninteressen, politischen Kulturen oder internationalen Bindungen (wie den besonderen Beziehungen zwischen England und den Vereinigten Staaten) und andererseits mit der institutionellen Eigenlogik von vergemeinschafteten Politikfeldern (z. B. der Gemeinsamen Agrarpolitik, der Währungsunion, der Flüchtlings- und Asylpolitik oder der Nachbarschaftspolitik) argumentieren. Hinzukommt, dass die Bevölkerungen der alten Mitgliedstaaten seit Mitte der 1990er Jahre einem hohen Anpassungsdruck ausgesetzt sind, der in der gegenwärtigen Weltwirtschaftskrise kulminiert und der zu einer beachtlichen Europamüdigkeit in vielen Mitgliedsländern geführt hat, wie die Abstimmungen in Frankreich, den Niederlanden und in Irland über den Verfassungsvertrag bzw. den Vertrag von Lissabon haben deutlich werden lassen.

*Spill-over?*

*Baustellen*

# 5  Fazit

Der europäische Integrationsprozess bleibt also eine Baustelle (vgl. List 1999), bei der neben dem Aus- und Umbau auch der Rückbau nicht auszuschließen ist und daher von der Theoriebildung als Möglichkeit berücksichtigt werden muss[25]. Für die Analyse der externen EU-Governance hat dieser Befund insofern Konsequenzen, wie eine Verbindung von historischem Wandel und institutioneller Stabilität gefunden werden muss: *(Analyse externer EU-Governance)*

1. Da der europäische Integrationsprozess nicht als abgeschlossen gelten kann und offen ist, in welche Richtung er sich weiter entwickeln wird, sind Untersuchungen zur internen oder externen europäischen Governance in einen *historischen Bezugsrahmen* zu stellen, der alle nur denkbaren Formen von weiterer Integration wie von Desintegration zu berücksichtigen erlaubt. Bislang ist die Europäische Union kein souveräner Staat, dem ein verfassungsrechtlicher Auftrag zugrunde liegt, für die Sicherheit und das Wohlergehen seines Volkes zuständig zu sein. Die Europäische Union besitzt auch keine geheime Finalität, auf die sie sich hin entwickelt. Sie lässt sich als regionales Governanceregime, als ein Mehrebenensystem mit einer höchst eigenartigen Ausprägung begreifen, das zwar Ähnlichkeiten mit anderen regionalen Integrationssystemen aufweist, das aber ein historisches Erbe sein eigen nennt, das diesem System einen einzigartigen normativen Referenzrahmen verleiht. *(Historischer Bezugsrahmen)*

2. Die letzten Jahrzehnte haben gezeigt, dass sich die institutionellen Strukturen der Union, ihre Handlungsfelder und politischen Verfahren in einem *ständigen Veränderungsprozess* befinden. Dies gilt auch für die externe Governance der Union, die sich parallel zu der nach Innen gerichteten Vertiefung der Integration entwickelt hat. Das Bild der Dauerbaustelle beschreibt diese Situation angemessen. Wird dieser dynamische Umbauprozess in ein Analysekonzept umgesetzt, muss zwischen der Etablierung neuer Institutionen, deren alltäglicher Arbeitsweise sowie ihrem inkrementellen Wandel unterschieden werden. Immer ist zu beachten, dass zwischen den gesellschaftlichen Bedingungen und politischen Prozessen, die zu der Entstehung neuer Institutionen führen, und jenen, die das Routinehandeln prägen, erhebliche Differenzen existieren. *(Ständiger Wandel der Institutionen)*

3. Mit dem *Konzept der externen Governance* lässt sich die Funktionsweise der einmal etablierten Institutionen untersuchen, und zwar jener Institutionen, die im Außenverhältnis der Union einerseits die Handlungen der Akteure der Union und andererseits jene der Drittstaaten, mit denen die EU kooperiert, koordinieren, um gemeinsame Probleme zu bearbeiten. *(Analyse der Funktionsweise)*

4. Als wie steuerungsmächtig sich diese Institutionen in der politischen Praxis erweisen, kann *nur empirisch* geklärt werden. Aus der Governanceperspektive wird nach den Steuerungsleistungen der Institutionen gefragt. Um diese zu ermitteln, muss auch die Prägekraft, die Macht der beteiligten *(Empirische Klärung der Steuerungsleistung)*

---

[25] So schon Schmitter 2002.

Akteure, erfasst werden. Der Baustellencharakter der EU legt es nahe, dass die Governanceleistung der Institutionen externer EU-Governance mit den Erwartungen der politischen Baumeister (Regierungen der Mitgliedstaaten, Kommission, wichtige Politiker) abgeglichen werden. Damit wird ein Evaluationsverfahren eingeleitet, das auch häufig in der EU-Realität zu beobachten ist und Anlass zum politischen Lernen und zur Rekonfigurierung der Institutionen sein kann.

Die Arbeiten auf der EU-Baustelle unterscheiden sich, wie könnte es auch anders sein, je nach Aufgabenbereich. Die Beiträge, die in dem vorliegenden Band zu den verschiedenen territorial oder funktional ausgerichteten Politikfeldern, in denen die Union mit Drittstaaten kooperiert, versammelt sind, lassen die hohe Diversität der externen EU-Governance erkennen. In jedem Politikbereich herrschen in Abhängigkeit von dem wechselseitig anerkannten und das politische Handeln koordinierenden Institutionensystem, der Akteurskonstellation, den zu bewältigenden Problemen und der Problemverflechtung (Form der Interdependenz), dem politischen Problem- und Handlungsdruck sowie den situativen Kontextbedingungen eigene Verhältnisse. Jedes Politikfeld ist für sich zu betrachten und besitzt eine systemspezifische Handlungslogik, die es zu ergründen gilt. Eine vergleichende Betrachtung der in diesem Band dargestellten Politikfelder der externen EU-Governance könnte zeigen, in welchem Ausmaß sich die Politikbereiche nicht nur sachlich, sondern auch hinsichtlich der in ihnen geltenden Spielregeln unterscheiden. Letztere werden nur teilweise von den innerhalb der EU bestehenden normativen Verhältnissen im Sinne der Innen-Außen-Analogie geprägt. Zwischen den einzelnen mal mehr, mal weniger vergemeinschafteten Politikbereichen der Union finden wir große institutionelle Divergenzen, die eine Rolle spielen. Vor allem aber sind in jedem externen Politikfeld (Funktionsbereich) die kooperierenden Drittstaaten in jeweils spezifischer Weise eingebunden und präsent. Externe EU-Governance, das soll durch diesen Band verständlich werden, besteht also nicht so sehr darin, interne EU-Regularien und Normen zu externalisieren, sondern die mit den Drittstaaten bestehenden Problemlagen zu bearbeiten und dabei die Interessen der Union sowie das innerhalb der Union vereinbarte und institutionalisierte Werte- und Normensystem zur Geltung zu bringen. Die sanfte Hegemonie der Union zeigt sich in ihrer Fähigkeit, einen wichtigen Beitrag zur Lösung der die Drittstaaten belastenden Sicherheits-, Herrschafts- oder Wohlfahrtsprobleme zu leisten. In dem Maße, wie ihr das gelingt, festigt sie ihre Attraktivität und steigert ihren hegemonialen Einfluss.

*Nochmals: hohe Diversität*

*Vergleichende Analysen*

# Literatur

Beck, Ulrich/Edgar Grande, 2004: Das kosmopolitische Europa. Gesellschaft und Politik in der Zweiten Moderne. Frankfurt/Main: Suhrkamp Verlag.

Bendieck, Annegret, 2010: Neuer Europäischer Realismus. Abschied von der Idee einer einheitlichen Außen- und Sicherheitspolitik. SWP-Aktuell 10. Februar 2010. Berlin: SWP.

Benz, Arthur. 2007. Multilevel Governance. In: Benz, Arthur/Susanne Lütz/Uwe Schimank/Georg Simonis (Hrsg.) Handbuch Governance. Theoretische Grundlagen und empirische Anwendungsfelder. Wiesbaden: VS Verlag: 297–310.

Benz, Arthur, 2008: Entwicklung von Governance im Mehrebenensystem der EU. In: Tömmel, Ingeborg (Hrsg.), Die Europäische Union. Governance und Policy-Making, PVS – Politische Vierteljahresschrift. Sonderheft 40: 36–57.

Benz, Arthur und Nicolai Dose, 2010: Governance – Modebegriff oder nützliches sozialwissenschaftliches Konzept?, in: Benz, Arthur/Nicolai Dose (Hrsg.), Governance – Regieren in komplexen Regelsystemen. Eine Einführung, 2., aktualisierte und veränderte Auflage, Wiesbaden: VS Verlag: 13–36.

Benz, Arthur/Susanne Lütz/Uwe Schimank/Georg Simonis (Hrsg.), 2007: Handbuch Governance. Theoretische Grundlagen und empirische Anwendungsfelder. Wiesbaden: VS Verlag.

Bieling, Hans-Jürgen/Marika Lerch (Hrsg.), 2006: Theorien der europäischen Integration. 2. Aufl. Wiesbaden: VS Verlag.

Biscop, Sven, 2005: The European Security Strategy. A Global Agenda for Positive Power. Aldershot: Ashgate.

Börzel, Tanja, 2010: European Governance: Negotiation and Competition in the Shadow of Hierarchy. Journal of Common Market Studies 48(2): 191–219.

Buzan, Barry/Charles Jones/Richard Little, 1993: The Logic of Anarchy. Neorealism to Structural Realism. New York: Columbia University Press.

Cafruny, Alan W./J. Magnus Ryner, 2009: Critical Political Economy. In: Wiener, Antje/Thomas Diez (Hrsg.): European Integration Theory. 2. ed., Oxford, u.a.: Oxford University Press: 221–240.

Caporaso, James A, 1999: Toward a Normal Science of Regional Integration. Journal of European Public Policy 6(1): 160–164.

Dembinski, Matthias, 2003: Die Europäische Sicherheits- und Verteidigungspolitik: Abschied vom Leitbild „Zivilmacht Europa"?, in: Schlotter, Peter (Hrsg.): Europa – Macht – Frieden? Zur Politik der „Zivilmacht Europa". AFK-Friedensschriften Band 30. Baden-Baden: Nomos: 72–100.

Dembinski, Matthias, 2010: EU-Außenbeziehungen nach Lissabon. Aus Politik und Zeitgeschichte H. 18. 3. Mai 2010: 9–15.

Diedrichs, Udo, 2007: Neue Dynamik in der Europäischen Außen- und Sicherheitspolitik: auf dem Weg zu einer EU Security Governance, in: Tömmel, Ingeborg (Hrsg.): Die Europäische Union. Governance und Policy-Making. PVS – Politische Vierteljahresschrift Sonderheft 40: 343–364.

Duchêne, Francois, 1972: Europe in World Peace, in: Mayane, R. (ed.), Europe Tomorrow: Sixteen Europeans Look Ahead, London: Fontana: 32–47.

Duchêne, Francois, 1973: Die Rolle Europas im Weltsystem. Von der regionalen zur planetarischen Interdependenz, in: Kohnstamm, Max/Wolfgang Hager (Hrsg.), Zivilmacht Europa – Supermacht oder Partner?, Frankfurt/Main: Suhrkamp: 11–35.

Ehrhart, Hans-Georg (Hrsg.), 2002: Die Europäische Sicherheits- und Verteidigungspolitik. Positionen, Perzeptionen, Probleme, Perspektiven. Baden-Baden: Nomos.

Fröhlich, Stefan, 2008: Die Europäische Union als globaler Akteur. Eine Einführung. Wiesbaden: VS Verlag.

Goetz, Klaus H./Vesselin Dimitrov/Hellmut Wollmann, 2006: Post-Communist Executives and European Governance, in: Schuppert, Gunnar Folke (Hrsg.), The Europeanisation of Governance. Baden-Baden: Nomos: 93–131.

Grabbe, Heather, 2005: The EU's Transformative Power: Europeanization Through Conditionality in Central and Eastern Europe. New York: Palgrave MacMillan.

Große Hüttmann, Martin/Thomas Fischer, 2006: Föderalismus, in: Bieling, Hans-Jürgen/Marika Lerch (Hrsg.), Theorien der europäischen Integration. 2. Aufl. Wiesbaden: VS Verlag: 41–63.

Haas, Ernst B., 1964: Beyond the Nations-State. Functionalism and International Organization. Stanford. Stanford University Press.

Haas, Ernst B., 1968: The Uniting of Europe. Political, Social, and Economic Forces 1950–1957. Stanford: Stanford University Press.

Haas, Ernst B., 1970: The Study of Regional Integration: Reflections on the Joy and Anguish of Pretheorizing. International Organization 24(4): 607–646.

Hänsch, Klaus, 2010. Perspektiven der europäischen Integration, in: Leiße, Olaf (Hrsg.), Die Europäische Union nach dem Vertrag von Lissabon. Wiesbaden: VS Verlag: 69–75.

Hobsbawm, Eric, 1995. Zeitalter der Extreme. Weltgeschichte des 20. Jahrhunderts. München/Wien: Carl Hanser Verlag.

Holzinger, Katharina/Christoph Knill/Dirk Peters/Berthold Rittberger/Frank Schimmelfennig/Wolfgang Wagner, 2005: Die Europäische Union. Theorien und Analysekonzepte. UTB 2682. Paderborn u.a.: Ferdinand Schöningh.

Ikenberry, G. John, 2008: The Rise of China and the Future of the West. Foreign Affairs 87(1): 23–37.

Jachtenfuchs, Markus, 2008: Institutionelle Struktur und Governance in der EU, in: Schuppert, Gunnar Folke/Michael Zürn (Hrsg.), Governance in einer sich wandelnden Welt. PVS – Politische Vierteljahresschrift. Sonderheft 41, Wiesbaden: VS Verlag: 383–400.

Jacqué, Jean Paul, 2010. Der Vertrag von Lissabon – neues Gleichgewicht oder institutionelles Sammelsurium? Integration 33( 2): 103–116.

Jopp, Mathias/Peter Schlotter, 2007a: Die Europäische Union – ein kollektiver außenpolitischer Akteur? Theoretische Annäherung und Einführung, in: Jopp, Mathias/Peter Schlotter (Hrsg.), Kollektive Außenpolitik – Die Europäische Union als internationaler Akteur. Europäische Schriften 86. Baden-Baden: Nomos: 9–30.

Jopp, Mathias/Peter Schlotter, 2007b: Kollektive Außenpolitik – Die Europäische Union als internationaler Akteur, in: Jopp, Mathias und Peter Schlotter (Hrsg.), Kollektive Außenpolitik – Die Europäische Union als internationaler Akteur. Europäische Schriften 86. Baden-Baden: Nomos: 381–395.

Jünnemann, Annette/Michèle Knodt (Hrsg.), 2007: Externe Demokratieförderung durch die Europäische Union. Baden-Baden: Nomos.

Kagan, Robert, 2008: The End of thr End of History: Why the 21st Century Will Look Like the 19th. The New Republic 23. April. (http://www.carnegieendowment. org/publications/index.cfm?fa=view&id=20030, 15. April 2010).

Katsioulis, Christos 2009: European Foreign Policy on Trial. A Global Actor in the Making? International Policy Analysis, Berlin: Friedrich-Ebert-Stiftung (http://library.fes.de/pdf-files/id/ipa/06157.pdf, 15. April 2010).

Keohane, Robert, 1989: International Institutions and State Power: Essays in International Relations Theory. Boulder: Westview Press.

Keohane, Robert/Joseph S. Nye jr.: 2000. Power and Interdependence. 3. Aufl. New York: Longman.

Kirchner, Emil/James Sperling, 2007: EU Security Governance. Manchester/New York: Manchester University Press.

Knodt, Michèle/Martin Große Hüttmann, 2006: Der Multi-Level Governance-Ansatz, in: Bieling, Hans-Jürgen/Marika Lerch (Hrsg.): Theorien der europäischen Integration. 2. Aufl. Wiesbaden: VS Verlag: 223–247.

Knodt, Michèle/Annette Jünnemann, 2007: Introduction: Theorizing EU external democracy promotion, in: Jünemann, Annette/Michèle Knodet (Hrsg.), Externe Demokratieförderung durch die Europäische Union. European External Democracy Promotion. Baden-Baden: Nomos: 9–29.

Kohler-Koch, Beate, 2003: Linking EU and National Governance. Oxford: Oxford University Press.

Kohler-Koch, Beate/ Thomas Conzemann/Michèle Knodt, 2004: Europäische Integration – Europäisches Regieren. Grundwissen Politik Bd. 34. Wiesbaden: VS Verlag.

Lavenex, Sandra, 2004: EU external governance in „wider Europe". Journal of European Public Policy 11(4): 680–700.

Lavenex, Sandra/Dirk Lehmkuhl/Nicole Wichmann, 2008: Die Nachbarschaftspolitiken der Europäischen Union: zwischen Hegemonie und erweiterter Governance, in: Tömmel, Ingeborg (Hrsg.), Die Europäische Union. Governance und Policy-Making, PVS – Politische Vierteljahresschrift. Sonderheft 40: 367–388.

Lavenex, Sandra/Frank Schimmelfennig, 2009: EU rules beyond EU borders: theorizing external governance in European politics. Journal of European Public Policy 16(6): 791–812.

Lindberg, Leon N., 1963: The Political Dynamics of European Economic Integration. Stanford: Stanford University Press.

Lippert, Barbara, 2004: Glanzloser Arbeitserfolg von epochaler Bedeutung: eine Bilanz der EU-Erweiterungspolitik 1989-2004, in: Lippert, Barbara (Hrsg.), Bilanz und Folgeprobleme der EU-Erweiterung. Baden-Baden: Nomos: 13–71.

Lippert, Barbara (Hrsg.), 2004: Bilanz und Folgeprobleme der EU-Erweiterung. Europäische Schriften 79. Baden-Baden: Nomos Verlag.

List, Martin, 1999: Baustelle Europa. Einführung in die Analyse europäischer Kooperation und Integration. Opladen: Leske und Budrich.

Manners, Ian, 2002: Normative Power Europe: a contradiction in terms. Journal of Common Market Studies 40(2): 235–258.

Mather, Janet, 2004: The Citizenry Legitimacy and Democracy, in: Nugent, Neill (Hrsg.), European Union Enlargement. Houndmills: Palgrave Macmillan: 103–117.

Mayntz, Renate, 2009: New Challenges to Governance Theory (1998); in: Mayntz, Renate: Über Governance. Institutionen und Prozesse politischer Regelung. Frankfurt/New York: Campus, 13–27.

Mayntz, Renate, 2009. Zur Selektivität der steuerungstheoretischen Perspektive (2001), in: Mayntz, Renate: Über Governance. Institutionen und Prozesse politischer Regelung. Frankfurt/New York: Campus, 29–40.

Mayntz, Renate/Fritz W. Scharpf, 1995: Der Ansatz des akteurzentrierten Institutionalismus, in: Mayntz, Renate/Fritz W. Scharpf (Hrsg.): Gesellschaftliche Selbstregelung und politische Steuerung, Frankfurt/Main: Campus, 39–72.

Mearsheimer, John J.: 1990: Back to the future: Instability in Europe after the Cold War. International Security 15(4): 5–56.

Mearsheimer, John J.: 2009. Warum herrscht Frieden in Europa? Leviathan 37(4): 519–531.

Moravcsik, Andrew, 1998: The Choice for Europe. Social Purpose & State Power from Messina to Maastricht. London: UCL Press.

Moravcsik, Andrew, 2003: Liberal International Relations Theory: A Scientific Assessment, in: Elman, Colin/Miriam Fendius Elman (Hrsg.): Progress in International Relations Theory: Appraising the Field, Cambridge, Mass.: MIT Press: 159–204.

Moravcsik, Andrew, 2009: Europe: The Quiet Superpower. French Politics 7(3–4): 403–
    422.
Moravcsik, Andrew/Frank Schimmelfennig, 2009: Liberal Intergouvernementalism, in:
    Wiener, Antje/Thomas Diez (Hrsg.): European Integration Theory, 2. ed., Oxford
    (u.a.): Oxford University Press: 67–88.
Müller-Brandeck-Bocquet, Gisela (Hrsg.), 2006: The Future of the European Foreign,
    Security and Defence Policy after Enlargement. Baden-Baden: Nomos.
Müller-Brandeck-Bocquet, Gisela, 2008: Deutsch-französische Beziehungen und das
    Projekt „Friedensmacht Europa", in: Schlotter, Peter/Wilhelm Nolte/Renate Grasse
    (Hrsg.): Berliner Friedenspolitik? Militärische Transformation – Zivile Impulse –
    Europäische Einbindung. AFK-Friedensschriften Band 34. Baden-Baden: Nomos:
    233–260.
Müller-Graff, Peter-Christian, 2010: Das Lissabon-Urteil: Implikationen für die Europa-
    politik. Aus Politik und Zeitgeschichte H. 18: 22–29.
Niemann, Arne with Philippe C. Schmitter, 2009: Neofunctionalism, in: Wiener, Antje
    und Thomas Diez (Hrsg.), European Integration Theory, 2. ed., Oxford (u.a.): Ox-
    ford University Press: 45–67.
Nugent, Neill (Hrsg.), 2004: European Union Enlargement. New York: Palgrave Macmil-
    lan.
Nye jr., Joseph S., 1990: Bound to Lead: The Changing Nature of American Power. New
    York: Basic Books.
Nye jr., Joseph S., 2002: Das Paradox der amerikanischen Macht. Hamburg: Europäische
    Verlagsanstalt.
Overbeek, Henk, 2008: Rivalität und ungleiche Entwicklung. Einführung in die internati-
    onale Politik aus der Sicht der Internationalen Politischen Ökonomie. Grundwissen
    Politik 45. Wiesbaden: VS Verlag.
Pei, Minxin, 2009. Think Again: Asia's Rise. Foreign Policy 174: 6–22.
    (http://www.foreignpolicy.com/articles/2009/06/22/think_again_asias_rise?print=ye
    s&hidecomments=yes&page=full, 12. Mai 2010).
Peters, Dirk und Wolfgang Wagner, 2001: Die EU in den Internationalen Beziehungen,
    in: Holzinger/Katharina/Christoph Knill/Dirk Peters/Berthold Rittberger/Frank
    Schimmelfennig/Wolfgang Wagner, 2005: Die Europäische Union. Theorien und
    Analysekonzepte. UTB 2682. Paderborn u. a.: Ferdinand Schöningh, 215–272.
Peters, Dirk/Wolfgang Wagner, 2008: Gemeinsame Außen- und Sicherheitspolitik, in.
    Heinelt, Hubert/Michèle Knodt (Hrsg.), Politikfelder im EU-Mehrebenensystem. In-
    strumente und Strategien europäischen Regierens. Baden-Baden: Nomos: 43–60.
Peters, B. Guy/Jon Pierre, 2009: Governance Approaches, in: Wiener, Antje/Thomas Diez
    (Hrsg.): European Integration Theory 2. ed., Oxford (u.a.): Oxford University Press:
    91–104.
Preston, Christopher, 1997: Enlargement and Integration in the European Union. Lon-
    don/New York: Routledge.
Prodi, Romano, 2003: Looking ahead in transatlantic relations. Rede am 24. Juni anläß-
    lich eines Trffens mit dem Deutschen Marshall Fond der Vereinigten Staaten in
    Washington, Rayburn House. (http://www.europa-eu-un.org/articles/en/article
    _2477_en.htm, 08. April 2010).
Regelsberger, Elfriede, 2007: Die Gemeinsame Außen- und Sicherheitspolitik der EU –
    Das Regelwerk im Praxistest, in: Jopp, Mathias/Peter Schlotter (Hrsg.): Kollektive
    Außenpolitik – Die Europäische Union als internationaler Akteur, Europäische
    Schriften 86. Baden-Baden: Nomos, 69–90.
Ridder, Eline De/An Schrijvers/Hendrik Vos, 2008: Civilian Power and Eastern Enlarge-
    ment: The More the Merrier?, in: Orbie, Jan (Hrsg.): Europe's Global Role. External
    Policies of the European Union. Farnham: Ashgate: 239–257.

Riecke, Henning, 2010: Europe's New Faces. The EU still has a long way to go to become a global power, in: Internationale Politik. Global Edition 2/2010: 7–11 (http://www.ip-global.org/archiv/exclusive/view/1266234101.html, 15. April 2010).

Risse, Thomas, 2009: Social Constructivism and European Integration, in: Wiener, Antje/Thomas Diez (Hrsg.): European Integration Theory. 2. ed., Oxford u.a.: Oxford University Press: 144–166

Rittberger, Berthold/Frank Schimmelfennig, 2005: Integrationstheorien: Entstehung und Entwicklung der EU, in: Holzinger, Katharina/Christoph Knill/Dirk Peters/Berthold Rittberger/Frank Schimmelfennig/Wolfgang Wagner, 2005: Die Europäische Union. Theorien und Analysekonzepte. UTB 2682. Paderborn u. a.: Ferdinand Schöningh: 19–80.

Rittberger, Volker/Andreas Kruck/Anne Romund, 2010: Grundzüge der Weltpolitk. Theorie und Empirie des Weltregierens. Wiesbaden: VS Verlag.

Rüger, Carolin, 2006: Bye bye, EU Foreign Minister? – What progress for the CFSP/ESDP with/without the Constitutional Treaty?, in: Müller-Brandeck-Bocquet, Gisela (Hrsg.), The Future of the European Foreign, Security and Defence Policy after Enlargement. Baden-Baden: Nomos: 153–172.

Scharpf, Fritz W., 1999: Selecting Cases and Testing Hypotheses. Journal of European Public Policy 6(1): 164–168.

Scharpf, Fritz W., 2000: Interaktionsformen. Akteurzentrierter Institutionalismus in der Politikforschung. Opladen: Leske + Budrich.

Schimmelfennig, Frank/Ulrich Sedelmeier, 2004: Governance by Conditionality: EU Rule Transfer to the Candidate Countries of Central and Eastern Europe. Journal of European Public Policy 11. 661–679.

Schimmelfennig, Frank/Ulrich Sedelmeier (Hrsg.), 2005: The Europeanization of Central and Eastern Europe. Ithaca, NY: Cornell University Press.

Schimmelfennig, Frank/Ulrch Sedelmeier 2006: The Study of EU Enlargement: Theoretical Approaches and Empirical Findings, in: Cini, Michele/Angela K. Burne (Hrsg.). European Union Studies. Basingstoke: Palgrave Macmillan: 96–116.

Schlotter, Peter, 2007: Kohärenz und Akteursqualität? – Die Mittelmeerpolitik der Europäischen Union, in: Jopp, Mathias/Peter Schlotter (Hrsg.), Kollektive Außenpolitik – Die Europäische Union als internationaler Akteur. Europäische Schriften 86. Baden-Baden: Nomos Verlag: 279–314.

Schlotter, Peter (Hrsg.) 2003: Europa – Macht – Frieden? Zur Politik der „Zivilmacht Europa". AFK-Friedensschriften Band 30. Baden-Baden: Nomos.

Schmidt, Siegmar, 2010: Fortschritte und neue Herausforderungen in der Europäischen Außen- und Sicherheitspolitik, in Olaf Leiße (Hrsg.), Die Europäische Union nach dem Vertrag von Lissabon. Wiesbaden: VS Verlag: 195–219.

Schmidt, Vivien A., 2010: Taking ideas and discourse seriously explaining change through discursive institutionalism as the fourth 'new institutionalism'. European Political Science Review 2(1): 1–25.

Schmitter, Philippe C., 2002: Neo-Neo-Functionalism, in: Wiener, Antje/Thomas Diez (Hrsg.): European Integration Theory. Oxford: University Press. (http://www.eui.eu/Documents/DepartmentsCentres/SPS/Profiles/Schmitter/NeoNeoFunctionalismRev.pdf, 15. April 2010).

Schrader, Lutz, 2010: Die Theorie des 'demokratischen Friedens' – Innenansichten einer wissenschaftlichen Debatte. Wiesbaden: VS Verlag (i.E.).

Schuppert, Gunnar Folke, 2008: Governance – auf der Suche nach Konturen eines „anerkannt uneindeutigen Begriffs", in: Schuppert, Gunnar Folke/Michael Zürn (Hrsg.): Governance in einer sich wandelnden Welt. PVS – Politische Vierteljahresschrift Sonderheft 41: 13–40.

Solana, Javier, 2009: Preface, in: Vasconcelos, Alvaro de (Hrsg.), What Ambitions for European Defence in 2020? 2. Aufl., Paris: Institute for Security Studies, 7–9. (http://www.iss.europa.eu/uploads/media/What_ambitions_for_European_defence_i n_2020.pdf, 15. April 2010).

Simonis, Georg/ Martin List/ Carina Fiebich/Helmut Elbers, 2008: Internationale und Europäische Governance, in: Simonis, Georg (Hrsg.), Analyse von Außenpolitik. Textreader. Hagen: FernUniversität, 342–398.

Smith, Karen E., 2005: Enlargement and European Order, in: Hill, Christopher/Michael Smith (Hrsg.). International Relations and the European Union, Oxford u. a.: 270–291.

Steinhilber, Jochen, 2006: Liberaler Intergouvernementalismus, in: Bieling, Hans-Jürgen/Marika Lerch (Hrsg.): Theorien der europäischen Integration. 2. Aufl. Wiesbaden: VS Verlag: 169–195.

Streeck, Wolfgang, 2009: Re-Forming Capitalism. Institutional Change in the German Political Economy. Oxford: Oxford University Press.

Teschke, Benno, 2003: The Myth of 1648. Class, Geopolitics and the Making of Modern International Relations. London/New York: Verso.

Tömmel, Ingeborg, 2003: Das politische System der EU. München: Oldenbourg.

Tömmel, Ingeborg, 2007: Governance und Policy-Making im Mehrebenensystem der EU, in: Tömmel, Ingeborg (Hrsg.), Die Europäische Union. Governance und Policy-Making, PVS – Politische Vierteljahresschrift. Sonderheft 40: 13–35.

Tömmel, Ingeborg (Hrsg.), 2007: Die Europäische Union. Governance und Policy-Making. PVS – Politische Vierteljahresschrift Sonderheft 40.

Tömmel, Ingeborg/Amy Verdun (Hrsg.), 2009: Innovative Governance in the European Union. The Politics of Multilevel Policymaking. Boulder: Lynne Rienner.

Ulber, Cornelia/Christoph Weller (Hrsg.), 2005: Konstruktivistische Analysen internationaler Politik.Wiesbaden: VS Verlag.

Vasconcelos, Alvaro de, 2009: Introduction – 2020: defence beyond the transatlantic paradigm, in: Vasconcelos, Alvaro de (Hrsg.): What Ambitions for European Defence in 2020?, 2. Aufl., Paris: Institute for Security Studies, 15–26. (http://www.iss.europa.eu/uploads/media/What_ambitions_for_European_defence_i n_2020.pdf, 15. April 2010).

Vennesson, Pascal, 2007: European Worldviews: Ideas and the European Union in World Politics. EUI Working Papers, RSCAS 2007/7, Florenz. EUI, (http://cadmus.eui.eu/dspace/bitstream/1814/6749/1/RSCAS-2007-07.pdf, 15. April 2010).

Vobruba, Georg, 2005: Die Dynamik Europas. Wiesbaden: VS Verlag.

Wagner, Wolfgang, 2001: Die Konstruktion einer europäischen Außenpolitik. Deutsche, französische und britische Ansätze im Vergleich. Frankfurt/New York: Campus.

Wallace, Helen, 1999: Piecing the Integration Jigsaw Together. Journal of European Public Policy 6(1): 155–159.

Wallace, Helen/William Wallace/Mark A. Pollack, 2005: Policy-Making in the European Union. 5. Aufl. Oxford: Oxford University Press.

Waltz, Kenneth, 2008: Structural Realism After the Cold War. International Security 25(1): 5–41.

Weidenfeld, Werner (Hrsg.), 1995: Demokratie und Marktwirtschaft in Osteuropa. Strategien für Europa. Aktualisierte und vollständig überarbeitete Fassung. Gütersloh: Verlag Bertelsmann Stiftung.

Wendt, Alexander, 1999: Social Theory of International Politics. Cambridge Studies in International Relations: 67. Cambridge: Cambridge University Press.

Wiener, Antje/Thomas Diez (Hrsg.), 2009: European Integration Theory. 2. Aufl., Oxford u. a.: Oxford University Press.

Wilhelm, Andreas, 2006: Außenpolitik. Grundlagen, Strukturen und Prozesse. München/Wien: Oldenbourg.

Witney, Nick, 2009: Global power or big Switzerland?, in: Tsoukalis, Loukas (Hrsg.): The EU in a world in transition: Fit for what purpose? London: Policy Network, 35–44 (http://www.policy-network.net/publications_download.aspx?ID=3328, 15. April 2010).

Wolf, Dieter, 2006: Neo-Funktionalismus, in: Bieling, Hans-Jürgen/Marika Lerch (Hrsg.), Theorien der europäischen Integration. 2. Aufl. Wiesbaden: VS Verlag, 65–90.

Zielonka, Jan, 2006: Europe as Empire. The Nature of the Enlarged European Union. Oxford: Oxford University Press.

# Teil 2: Zivilmacht Europa

# Kapitel 2: European Governance. Ein Beitrag zu ihrem normativen Fundament

*Heinz-Günter Stobbe*

## 1 Europa-Idee, Werte und Zivilgesellschaft

### 1.1 Kurze Einführung des Governance-Konzepts

Das Governance-Konzept, wie es im vorliegenden Zusammenhang verwendet wird (vgl. dazu insgesamt: Benz u. a. 2007), lenkt die Aufmerksamkeit der politikwissenschaftlichen Analyse auf jene Regelsysteme, Prozeduren und Mechanismen, die nicht allein zum staatlichen oder regierungsamtlichen Handeln gehören, aber der Koordination und Kooperation im Raum der Politik dienen, um gemeinsame Ziele zu erreichen. Diese Akzentverlagerung korrigiert die traditionelle Fixierung der Politikwissenschaft auf den Staat als zentralen Akteur im politischen Feld und trägt dessen Bedeutungswandel Rechnung, der zwar unterschiedlich beschrieben, begründet und bewertet, aber von niemandem bestritten wird. Denn der Staat sieht sich heute im nationalen wie im internationalen Bereich mit einer Vielzahl von Akteuren konfrontiert, die auf mehreren Ebenen agieren und staatliches Entscheiden und Handeln auf mannigfache Art und Weise beeinflussen, befördern oder behindern.

Völlig neu ist dieses Phänomen natürlich nicht. Staatliche Politik musste immer zum Beispiel wirtschaftliche Interessen berücksichtigen und diejenigen Akteure, die sie vertraten. Sie stand in Europa immer auch vor der Aufgabe, sich mit der Kirche bzw. den Kirchen auseinanderzusetzen, die sich in ihrem Selbstverständnis bewusst vom Staat abhoben, obgleich sie zugleich in einer Art Arbeitsteilung mit ihm verbunden waren. Soweit also in der europäischen Geschichte überhaupt von der Existenz eines Staatswesens gesprochen werden konnte, unterhielt es bestimmte Beziehungen zu gesellschaftlichen Gruppen, die nicht selbst schon staatlichen Charakter besaßen. Man könnte auch sagen: Die erst seit Hegel gebräuchliche Unterscheidung von Staat und Gesellschaft hatte schon immer einen realen Inhalt, nicht immer jedoch den gleichen analytischen Wert. In neuer Zeit nun hat die Beziehung zwischen Staat und nichtstaatlichen Akteuren offenbar eine Qualität angenommen, die erneut zu weiteren Differenzierungen nötigt. Nicht nur hat sich deren Zahl erhöht und ihr Kreis um mächtige Mitspieler wie etwa die Medien, transnationale Wirtschaftsunternehmen oder Nichtregierungsorganisationen erweitert, vor allem haben sich das Beziehungsgeflecht der Gesellschaft sowie die an den Staat herangetragenen politischen Erwartungen einschneidend verändert. Diesen Wandel kann und darf weder die staatliche Politik noch die Politikwissenschaft ignorieren.

Im Kern geht es dabei darum, die überkommenen Vorstellungen in Bezug auf die Bedingungen und Formen politischer Steuerung praktisch wie theoretisch auf den Prüfstand zu stellen. Dazu reicht es nicht, das Hauptaugenmerk einmal mehr auf die Qualität staatlichen Handelns zu richten, wie das etwa auf dem Feld der Entwicklungspolitik unter dem Stichwort „good governance" seit einiger Zeit geschieht. Auch dabei handelt es sich um ein altehrwürdiges Anliegen, wie unter anderem die mittelalterlichen „Fürstenspiegel" beweisen, die den Regierenden Vorschriften und Regeln guten Regierens einschärfen wollten. Insofern sollte die staatliche Aufgabe, die mit „good governance" ins Auge gefasst wird, besser als „good government" bezeichnet werden. „Good governance" nämlich beinhaltet demgegenüber etwas anderes als einen Verhaltenskodex, der sich in den hierarchischen Aufbau von Staat und Gesellschaft einfügt und ihn stützt; sie thematisiert vielmehr Strukturen und Mechanismen, die das Gesamtgefüge politischer Herrschaft nach Maßgabe normativer Vorgaben umformen. Diese Dimension und die aus ihr resultierende Transformation der Politik als wesentlichen Aspekt der europäischen Einigung herauszuarbeiten macht den Hauptzweck der folgenden Ausführungen aus. Daneben ist beabsichtigt, einige mehr systematische Fragen zu erörtern, die das Nachdenken über die vielbeschworene Identität Europas aufwirft.

## 1.2  Politikwissenschaft, Werturteilsfreiheit und Governance-Forschung

*Zum Verhältnis von Kultur, Moral und Macht in den Sozialwissenschaften*

In einem fulminanten Beitrag über die Wiedergeburt Europas hat Ekkehard Krippendorff mit der ihm eigenen Gelehrsamkeit und Leidenschaft seiner Disziplin einen Mangel an Interesse an der kulturellen Dimension des europäischen Einigungsprozesses vorgehalten und energisch dafür plädiert, die identitätsbildende Kraft politischer Mythologien ernst zu nehmen (vgl. Krippendorff 2005: 27-29). Die Vernachlässigung der kulturellen und normativen Komponenten der Politik hat allerdings Tradition in der Politologie. Sie beginnt im Grunde bereits mit Niccolò Machiavelli, hängt aber vor allem mit einem bestimmten, breitakzeptierten Wissenschaftsideal zusammen. Ihm zufolge beruht Wissenschaftlichkeit auf der Voraussetzungslosigkeit wissenschaftlicher Arbeit bzw. der Vorurteilsfreiheit der Wissenschaftler. Sie fordert den Verzicht auf moralische oder normative Erwägungen, wodurch Philosophie und Ethik als nichtwissenschaftliche Denkweisen zugewiesen werden. Das Postulat der Werturteilsfreiheit ist ohne Zweifel insoweit berechtigt, als es dazu dient, die Forschung davor zu schützen, Wunschergebnisse zu produzieren, die lediglich politische Erwartungen erfüllen oder vorgefasste Überzeugungen bestätigen. Doch es darf die Sozialwissenschaften nicht dazu verführen, gegenüber der normativen Dimension ihres Gegenstandsbereiches blind zu werden.

In der Geschichte der Theorie internationaler Beziehungen war es die sogenannte realistische Schule, die sich das Misstrauen gegen Werte und Normen als
Bestimmungsgründe der Politik auf die Fahnen schrieb. Wissenschaftstheore-
tisch und zugleich wissenschaftspolitisch grenzte sie sich deshalb von „idealisti-
schen" Ansätzen ab, die als ideologieverdächtig galten. Sie verstand Politik als
reinen Kampf um Macht, um Interessen durchsetzen zu können, und sah deshalb
in der Berufung politischer Akteure auf moralische Beweggründe im Prinzip ein
taktisches Manöver, um ihre wahren Motive zu verschleiern. Eine solche ideolo-
giekritische „Hermeneutik des Verdachts" hat ihr methodisches Recht, weil
Menschen in der Tat oft sich selbst und andere täuschen. Aber die Einsicht, dass
moralische Gründe häufig nur vorgeschoben sind, bedeutet keineswegs, Moral
werde immer instrumentalisiert. Eine derartige Auffassung ist gerade nicht realistisch, weil sie den konstitutiven Legitimitätsbedarf von Politik entweder unter- **Legitimitätsbedarf**
schätzt oder unterschlägt. Sie gerät leicht in Gefahr, selbst ideologisch zu wer- **von Politik**
den. Denn die theoretische Reduktion von Politik auf Machtpolitik hat politische
Folgen, weil sie, indem sie Normen und Werte für belanglos erklärt, den machtpolitischen Erfolg oder Misserfolg zum einzigen Maßstab politischer Kritik erhebt. Jede reduktionistische Position definiert ihren Gegenstand nach dem Motto: X ist nichts anderes als ... Wenn demgemäß Politik nichts anderes ist als
Machtpolitik, dann betreibt derjenige die beste Politik, der die erfolgreichste
Macht- und Interessenpolitik verfolgt, gegebenenfalls ohne moralische Rück-
sichten und Bedenken. Aber kein Zweck rechtfertigt die Anwendung aller Mittel
und kein Erfolg die Missachtung aller Werte.

Es kommt folglich darauf an, im Forschungsprozess normative Abstinenz
bei der Begründung wissenschaftlicher Urteile mit der Sensibilität für die Bedeutung normativer Begründungen von Politik zu verbinden. Die realistische Schule
hat recht, wenn sie Macht als ein unverzichtbares Medium jeder Politik und
Interessen als elementarer Antriebskräfte politischen Handelns begreift. Der
„Idealismus" hat recht, wenn er Ideen, Werten und Normen im Bedingungsge-
flecht realer Politik ein eigenständiges Gewicht zuspricht, das letzten Endes nicht
aus anderen Faktoren abgeleitet werden kann. In diesem Sinn beabsichtigen die
folgenden Ausführungen die Rolle zu erörtern, die normative Aspekte im Prozess der europäischen Einigung gespielt haben und weiterhin spielen. Es wird
außerdem zu zeigen sein, dass gerade jene Dimension der Europapolitik, die das
Governance-Konzept zu erfassen sucht, auf einer normativen Basis ruht und
ohne dieses Element nicht angemessen verstanden werden kann. Um diese These
plausibel zu machen, ist zunächst ein kurzer historischer Rückblick erforderlich.[1]

---

[1] Sie beabsichtigen lediglich einige Schlaglichter auf eine außerordentlich verwickelte Geschichte zu
werfen, die für das Thema von Interesse sind. Einzelheiten zur Entwicklung in den verschiedenen
Sachbereichen werden in anderen Beiträgen ausführlich behandelt.

## 1.3 „Europa" als politisches und wirtschaftliches Nachkriegsprojekt

Die Wurzeln der
Europaidee und
Schritte zu ihrer
Verwirklichung

Die Entwicklung Europas in der zweiten Hälfte des 20. Jahrhunderts scheint freilich auf den ersten Blick den Eindruck zu bestätigen, politisches Handeln, zumal das von Staaten, werde letzten Endes durch handfeste Interessen geleitet und durch normative Argumente nur rechtfertigend gestützt. In der Regel denkt man, was den Beginn des Einigungsprozesses betrifft, an die Gründung der Montanunion im Jahr 1951 bzw. der Europäischen Gemeinschaft für Kohle und Stahl (EGKS), der Europäischen Wirtschaftsgemeinschaft (EWG) und der Europäischen Atomgemeinschaft (EAG) im Jahr 1957. Es sieht also in der Tat so aus, als hätten nicht ideelle, sondern ökonomische Motive die europäische Integration in Gang gebracht und vorangetrieben. In Wahrheit jedoch stand am Anfang die Gründung des Europarates im Jahr 1949, dem 1948 der Haager Kongress vorausgegangen war, ein Treffen der Europa-Bewegung mit fast tausend Delegierten aus neunzehn Staaten, entsandt von „nationalen Parlamenten, Parteien, Gewerkschaften, Kirchen und Universitäten" (Pfetsch 1997: 25)[2]. Unter ihnen befand sich eine Reihe namhafter Persönlichkeiten wie Jean Monnet, Robert Schuman, Konrad Adenauer und François Mitterrand, die weiterhin eine herausragende Rolle spielen sollten. Die Wurzeln dieser Initiative reichen noch sehr viel weiter zurück: Bereits 1713 hatte der französische Philosoph Abbé Castel de Saint Pierre das Konzept eines föderativen Zusammenschlusses souveräner europäischer Staaten mit gemeinsamen Institutionen veröffentlicht. Auf der gleichen Linie lagen, ungeachtet durchaus gewichtiger Abweichungen, die nachfolgenden Entwürfe von Rousseau (1762), Kant (1795) und Saint-Simon (1814), allesamt normativen Charakters. Und es war die Paneuropa-Bewegung, ins Leben gerufen von dem österreichischen Grafen Coudenhove-Kalergi, die 1926 in Wien einen Kongress veranstaltete, dessen Impulse bis zur Zusammenkunft in Den Haag ausstrahlten. Nicht die Wirtschaft bildete also für lange Zeit die stärkste Triebkraft für die Verwirklichung des Europagedankens, sondern die Politik:

Suprematie der
Politik

> „Einigungsinitiativen gingen in Europa im Vorfeld der ersten institutionellen Schritte von der Politik, insbesondere der Außen- und Sicherheitspolitik, aus. Erst später, als Fragen des wirtschaftlichen Neuaufbaus und der Erweiterung das Programm der europäischen Politik bestimmten, traten ökonomische Gesichtspunkte und Überlegungen über eine europäische Identität in den Vordergrund. Die Suprematie der Politik lässt sich bis in die Gründungsphase der ersten supranationalen Organisation verzeichnen. Die Europäische Gemeinschaft für Kohle und Stahl (1951) wurde von Robert Schuman aus politischen Überlegungen zur Beilegung des geschichtlich gehaltvollen Konflikts um die Wiedererstarkung des Ruhrgebiets heraus initiiert" (Pfetsch 1997: 27).

Die programmatische Priorität der Außen- und Sicherheitspolitik erklärt sich weitgehend aus den Erfahrungen der beiden Weltkriege, der geographischen

---

[2] Die kurzen Hinweise zur Geschichte der Europaidee stützen sich auf den ersten Abschnitt dieser Einführung.

Lage Deutschlands und dem sich anbahnenden Kalten Krieg. Deutschland als europäische Zentralmacht mit den meisten Nachbarn unter den europäischen Staaten wurde als ständige Gefahr für den Frieden in Europa wahrgenommen, als gleichsam strukturelle Bedrohung der Nachbarvölker. Europäische Friedenspolitik musste daher bestrebt sein, diese Gefahr nachhaltig zu entschärfen und den „Riesen" in der Mitte Europas dauerhaft in ein Geflecht internationaler Beziehungen einzubinden. Mit Rücksicht auf die Nachkriegszeit wurden ihre drei Hauptziele einmal schlagwortartig zusammengefasst: „To bring the Americans in, to keep the Russians out and to hold the Germans down."[3] Vor diesem Hintergrund wurde auch die Teilung Deutschlands überwiegend weniger als bedauernswerte und tragische Erblast des Zweiten Weltkrieges empfunden, sondern eher als stabilisierendes Element einer tragfähigen europäischen Friedensordnung. Trotz aller offiziellen Bekenntnisse zur deutschen Einheit arbeitete kaum jemand ernsthaft darauf hin, sie wiederherzustellen. „Wir lieben", so hieß es ironisch hinter vorgehaltener Hand, „Deutschland so sehr, dass wir zwei davon haben wollen." Noch im Umfeld der deutschen Einigung äußerten prominente Stimmen die Überzeugung, an der Zweistaatlichkeit Deutschlands müsse aus friedenspolitischen Gründen festgehalten werden. Ihr Scheitern war absehbar, sofern es nicht gelang, die geschichtlich bedingten Bedenken insbesondere Frankreichs und Englands europapolitisch in ausreichendem Maß auszuräumen.

> „Für die europäischen Gemeinschaften war eine weitere politische, wirtschaftliche und institutionelle Vertiefung unabdingbar, nicht nur um die voraussichtliche Erweiterung verkraften zu können, sondern auch um das größer gewordene Deutschland noch fester in der Gemeinschaft zu verankern und allen Eventualitäten nationaler Alleingänge oder Hegemonialgelüste entgegenzutreten" (Brunn 2002: 256).

*Einbindung Deutschlands*

Das Problem wurde auch im Osten registriert, und zwar keineswegs nur auf Regierungsebene. Einer der Vordenker der ungarischen Opposition, György Konrád, notierte nach einem internationalen Treffen auf dem Petersberg bei Bonn, bei dem die Zukunft der europäischen Integration diskutiert wurde, dank ihrer wirtschaftlichen Vormachtstellung dränge „die politische Energie der Deutschen aus der Position der Stärke, verursacht durch die Rolle einer mitteleuropäischen Ordnungsmacht, nach oben". Und er fügte hinzu: „Wenn schon Reich, dann soll es jene Europäische Union sein, in der sich die Partner gegenseitig kontrollieren, bremsen und durch ihren auf den anderen ruhenden Blick zivilisieren" (Konrád 1997: 92 bis 93). Im Zeichen des Ost-West-Konfliktes, der sich bereits während des Zweiten Weltkrieges immer klarer abzeichnete, veranlasste diese strategische Perspektive insbesondere die amerikanische Außenpolitik dazu, zunächst auf den Zusammenschluss der westalliierten Besatzungszonen hinzuarbeiten und dann das so entstehende Gebilde in die westliche Welt einzugliedern, nicht zuletzt in militärischer Hinsicht. Ein Jahr nach der Montanunion wurde 1952 das inzwischen fast vergessene Projekt der Europäischen Verteidigungsgemeinschaft (EVG) aus der Taufe gehoben. Nach dessen Scheitern aufgrund der Ablehnung durch die französische Nationalversammlung (1954) ent-

*Hohe Priorität der Wirtschaftsintegration*

---

[3] Dieser Ausspruch wird Lord Ismay, dem ersten NATO-Generalsekretär, zugeschrieben.

stand die Westeuropäische Union (WEU). Die Bundesrepublik Deutschland wurde zusammen mit Italien aufgenommen und souveräner Staat mit dem Recht zur Wiederaufrüstung, Massenvernichtungswaffen ausgenommen (Pariser Verträge von 1954). Schon im nächsten Jahr schloss sich ihre Aufnahme in die atlantische Allianz an, ein Schritt, den der Ostblock nur fünf Tage später mit der Gründung des Warschauer Paktes beantwortete. Damit waren die Teilung der Welt, die Teilung Europas und die Teilung Deutschlands zur vollendeten Tatsache geworden. Da dieses Ergebnis der Politik der Westmächte vorhersehbar war und in Kauf genommen werden musste, unterstützten die USA gerade in Deutschland mit Nachdruck die Europaidee als eine Art Kompensation für den Verlust der nationalen Einheit. Und schließlich waren sich die westlichen Siegermächte einig in Bezug auf die Priorität der Wirtschaftsintegration, weil sie klar den Zusammenhang zwischen dem Aufbau einer von der Bevölkerung akzeptierten demokratischen Ordnung und einem raschen ökonomischen Fortschritt erkannten. Es kam also entscheidend darauf an, möglichst schnell die enormen Kriegsschäden in den verwüsteten Ländern Europas zu beseitigen und den hungernden Menschen eine realistische Aussicht auf eine baldige Verbesserung ihrer desolaten Lage zu eröffnen. „Die Legitimität jeder Regierung in Westeuropa hing von der Fähigkeit ab, Wachstum und Wohlstand zu sichern" (Sheehan 2008: 215). Von daher lag der Gedanke nahe, die wichtigsten europäischen Volkswirtschaften zu einem gemeinsamen Wirtschaftsraum zusammenzuschließen. Mit der Montanunion zu beginnen bedeutete zugleich, die kriegswichtige Kohle- und Stahlindustrie der ausschließlich nationalen Kontrolle zu entziehen und damit die Möglichkeit militärischer Alleingänge drastisch einzuschränken. Gerade sie demonstrierte das Zusammenwirken verschiedener Motive, die von Anfang an den Integrationsprozess bestimmten, aber unterschiedlich stark ins Gewicht fielen, abhängig von den wechselnden historischen Umständen.

### 1.4 „Europa" als Wertegemeinschaft

Die europäische Nachkriegspolitik verfolgte demnach wirtschaftliche Interessen, die ihrerseits mit den Sicherheitsinteressen der Staaten Europas verknüpft und in den umfassenderen Kontext des Systemkonfliktes zwischen West- und Ostblock eingebettet waren. Bis zum Auseinanderbrechen des kommunistischen Lagers und dem Zusammenbruch der Sowjetunion lässt sich die wirtschaftliche Konkurrenz zwischen den Blöcken schlechterdings nicht von ihrem ordnungspolitischen Hintergrund trennen. Die überlegene Leistungskraft der westlichen Ökonomie, für die Bevölkerung unmittelbar erfahrbar in ständig wachsendem Wohlstand, sollte stets auch und nicht zuletzt die Überlegenheit der politischen Ordnung des Westens demonstrieren. Das gleiche Ziel wurde auf der anderen Seite des Eisernen Vorhangs verfolgt. Bereits 1961 verkündete der sowjetische Ministerpräsident Nikita Chruschtschow auf dem XXII. Parteitag, die KPdSU strebe an, „während der nächsten zwanzig Jahre ein Lebensniveau des Volkes zu erreichen, das höher sein wird als in jedem kapitalistischen Land" (zit. nach Dalos 2009: 14). Im Wettlauf der Systeme geriet der Ostblock allerdings de facto immer stärker ins Hintertreffen. Gerade die vollmundigen Versprechungen der kommunistischen Parteien bewirkten eine weder beherrschbare noch überwindbare Legitimationskrise, die einen zuerst schleichenden, dann sich dramatisch beschleunigenden Verfall der kommunistischen Herrschaft nach sich zog. Gelegentlich wurde ihr Niedergang im Westen als historischer Sieg des Kapitalismus gefeiert, doch verkennt eine solche Deutung die Komplexität des Geschehens. Denn zu einer fundamentalen Legitimationskrise konnte das Versagen der Sowjetwirtschaft nur führen, weil die Aufgabe, wirtschaftliche Sicherheit und Wohlstand zu garantieren, zur normativen Grundlage aller säkularen Staaten gehört. Selbst in den vormodernen Gesellschaften, in denen politische Herrschaft religiös legitimiert wurde, unterlag sie der Pflicht, für Frieden und Gerechtigkeit zu sorgen. Der Verzicht des modernen Staates auf ein religiöses Fundament hat an dieser Verpflichtung nichts geändert; sie bildet nach wie vor ein wesentliches Element in seinem Ziel- und Aufgabenkatalog. Das galt nicht nur für die Staaten des Ostblocks, es galt und gilt auch im Westen und für die Europäische Gemeinschaft. Davon zeugen vor allem die kritischen Kommentare, die den Prozess der wirtschaftlichen Verflechtung durchgängig begleiteten. Sie beriefen sich unbeirrt auf den Grundcharakter der Europäischen Union als Kultur- und Wertegemeinschaft, die ihren Ausdruck gerade in den sie tragenden politischen Institutionen finden müsse.

*Normative Grundlagen: Frieden und Gerechtigkeit*

Zum Begleitchor der Kritiker und Mahner zählten in erster Linie die Kirchen, aus deren Reihen namhafte Vorkämpfer der europäischen Integration kamen. Sie machten immer wieder auf die christlichen Wurzeln Europas aufmerksam und forderten, bei seinem Neuaufbau bestimmte Grundwerte zu beachten, die sie im christlichen Menschenbild verankert sahen. Besonders die päpstliche Lehrverkündigung hielt der Existenz des Eisernen Vorhangs zum Trotz an der Vision eines geeinten, durch seine christliche Kultur „beseelten" Europas fest. Unter Papst Johannes Paul II., den eine ausgeprägte Europavision beflügelte, verkündete die römisch-katholische Kirche das Programm einer Neuevangelisierung Europas (s. dazu: Sekretariat der Deutschen Bischofskonferenz 1991). In ihrer Erklärung „Verantwortung der Christen für das Europa heute und morgen" vom 28. September 1980 bekräftigten die europäischen Bischofskonferenzen ihren Willen, sich zu „bemühen um ein Europa der Menschen und Völker, und nicht nur ein Europa rein technischen oder organisatorischen Fortschritts"[4]. Gleichzeitig stellten sie fest: „In Ost und West ist der Materialismus in seinen verschiedenen Formen an die Stelle der Religion getreten. Man versucht, eine Gesellschaft ohne Gott zu errichten. Auf einer solchen Grundlage kann Europa aber nicht aufgebaut werden" (Sekretariat der Deutschen Bischofskonferenz 1991: 79). Diese Überzeugung stand hinter dem Drängen christlicher Kräfte, nach dem Vorbild des deutschen Grundgesetzes einen Gottesbezug in die europäische Verfassung aufzunehmen. Sie fand jedoch selbst in der europäischen Christenheit keine ungeteilte Zustimmung. Besonders das Konzept der Neuevangelisierung Europas provozierte heftige Kritik von Nichtchristen, stieß aber ebenso bei Christen auf entschiedene Ablehnung:

*Die christlichen Wurzeln Europas und ihre Auswirkungen auf das säkulare Projekt der europäischen Einigung*

---

[4] Der Text der Erklärung findet sich in: Sekretariat der Deutschen Bischofskonferenz 1991:73 bis 83, das Zitat dort: 75.

„In orthodoxen und protestantischen Kreisen war mit Sorge auf den Aufruf des Papstes zur ‚Sondersynode für Europa' der europäischen Bischöfe für November/Dezember 1991 reagiert worden. Protestanten fürchteten vor allem eine neue Machtentfaltung Roms, die im Rahmen einer ‚Neuevangelisierung oder Rechristianisierung' Europas vonstatten gehen könne. Für Orthodoxe spielten neben den Spannungen zwischen den (mit Rom unierten) Griechisch-Katholischen und den Orthodoxen (vor allem in der Ukraine) auch neue Bischofsernennungen Roms in der ehemaligen Sowjetunion eine Rolle. Rom wurde einer ‚aggressiven Evangelisierung' orthodoxer Gebiete beschuldigt" (o. V. 1993: 51, Anm. 8)[5].

**Europa als gewachsener Kulturraum** Ungeachtet ihrer internen Konflikte und abweichenden Europavorstellungen verbanden die Christenheit von Anfang an der Blick auf Europa als gewachsenen Kulturraum und, daraus folgend, die Weigerung, dessen Teilung zu akzeptieren. Geduldig und erfindungsreich spann sie ein Netz zwischenkirchlicher Beziehungen, das den Graben zwischen den verfeindeten Blöcken zu überbrücken half. Beispielhaft zeigt das die Gründung der Konferenz Europäischer Kirchen im Jahr 1964 auf der „Bornholm", das heißt auf dem Meer als neutraler Zone. Sie bahnte sich seit den 1950er Jahren an, als sich Vertreter französischer, niederländischer und deutscher evangelischer Kirchen trafen, um darüber zu beraten, „wie man am besten zu einem in der damaligen Situation Europas als notwendig empfundenen engeren Zusammenschluß europäischer Kirchen gelangen könnte" (Kemper 1983: 689). Die Konferenz umfasste evangelische und orthodoxe Kirchen west- und osteuropäischer Herkunft, beschäftigte sich während ihrer nachfolgenden Treffen regelmäßig mit Europa und engagierte sich seit 1979 gemeinsam mit dem Nationalrat der Kirchen in den USA und dem Kanadischen Kirchenrat besonders in einem eigenen „Menschenrechtsprogramm zur Verwirklichung der Schlußakte von Helsinki". Aufgrund der Erfahrungen, die sie durch ihre inner- und zwischenkirchlichen Kontakte sammelten, mahnten die Kirchen hartnäckig, über dem fortschreitenden Erfolg der Europäischen Union nicht die Zugehörigkeit der osteuropäischen Länder zu Europa zu vergessen. Die Europäische Union dürfe nicht, so erklärten sie immer wieder, einfach mit Europa gleichgesetzt werden. Gern griffen sie das von Generalsekretär Gorbatschow geprägte Bild vom „gemeinsamen Haus Europa" auf, beharrten aber auf der Notwendigkeit eines normativen Fundaments für das im Bau befindliche Gebäude. Die erste Europäische Ökumenische Versammlung „Frieden in Gerechtigkeit", die im Mai 1989 in Basel stattfand, brachte ein altes kirchliches Anliegen auf den Punkt, als sie formulierte: „Die Vorstellung vom gemeinsamen europäischen Haus erinnert uns daran, daß alle Menschen und Staaten in Europa gemeinsame Grundlagen haben in ihrer Geschichte, ihrem kulturellen Erbe und ihren Werten. Und es erinnert uns daran, dass ‚Europa' nicht der Name nur für einen Teil dieses Kontinents ist" (Sekretariat der Deutschen Bischofskonferenz 1989: 33, Nr. 66, Hervorhebung im Original, HGS). Mit seinem traumhaft sicheren Gespür für symbolische Gesten hatte Johannes Paul II. längst schon diese Einsicht zeichenhaft zum Ausdruck gebracht, als er Silvester 1980 die beiden Slawenapostel

---

[5] Der Text wurde im März 1991 vom erweiterten Moderamen der Generalsynode angenommen.

Kyrill und Method neben dem heiligen Benedikt in den Rang von „Mitpatronen Europas" erhob.

## 1.5  Der Ost-West-Konflikt und die (Idee der) Zivilgesellschaft

Für die Forderung der Kirchen, Europa als Wertegemeinschaft ernst zu nehmen, waren nicht nur geistesgeschichtliche Überlegungen maßgebend. In ihr schlug sich außerdem das erfahrungsgesättigte Wissen um die gefährdete Lage der Christen im kommunistischen Herrschaftsbereich nieder. Formell garantierten die Verfassungen der meisten sozialistischen Staaten Religionsfreiheit, doch wurde sie eingeschränkt durch die gleichfalls rechtlich abgesicherte Monopolstellung des Marxismus-Leninismus und der kommunistischen Partei. Kirchliches Leben wurde in mannigfacher Art und Weise behindert, Angehörige aller Religionen sahen sich alltäglichen Schikanen ausgesetzt, die sich in periodischen Wellen zu massiven Verfolgungen ausweiteten. Die Behörden zerstörten Tausende von Gotteshäusern oder „funktionierten" sie kurzerhand um, häufig mit demonstrativ blasphemischer Absicht. Allein in den 1960er Jahren – politisch als „Tauwetterperiode", wirtschaftlich als Zeit des „Gulaschkommunismus" charakterisiert – sank ihre Zahl in der UdSSR um mehr als 4000 (vgl. Jakovlev 2006: 250). Eine Unzahl von Religionsangehörigen wurde verhaftet, in Gefängnissen, psychiatrischen Anstalten oder Arbeitslagern festgehalten, viele über Jahre oder gar Jahrzehnte; nicht wenige starben, ohne je ihre Freiheit wiederzuerlangen. In der CSSR saßen Anfang der 1950er Jahre, zwei Jahre nach dem kommunistischen Staatsstreich, über 8000 Nonnen und Mönche in Haft (vgl. Judt 2006: 210). Und selbstverständlich gehörte zum allgegenwärtigen Terror eine schwer zu beziffernde Zahl von Hinrichtungen, wobei der „offizielle Begriff ‚Hinrichtung' … häufig ein Euphemismus für bestialischen Mord" war. Die westliche Öffentlichkeit nahm von der staatlichen Repression gegen die Religionen kaum Notiz, eine Tatsache, die auf östlicher Seite verwundert bis bestürzt registriert wurde. Nicht erst nach der weltpolitischen Wende von 1989 äußerten frühere Regimegegner ihr Erstaunen über das Ausmaß an Unkenntnis, das ihnen im Westen begegnete. Ein Standpunkt wie der Jean-Paul Sartres, der in seiner „Kritik der dialektischen Vernunft" schrieb, der dialektische Materialismus sei als „Ideologie einer aufsteigenden Klasse" allen zeitgenössischen Ideologien „überlegen", und mit großem Nachdruck behauptete, „daß die einzig gültige Interpretation der Geschichte der historische Materialismus ist" (Sartre 1967: 26 und 41)[6], eine solche Position also konnte in den östlichen Kirchen bestenfalls nur ratloses Kopfschütteln auslösen, im schlimmsten Fall blankes Entsetzen. Sie litten längst unter der geistigen Dürre, die der staatlich verordnete Atheismus verursachte, und dem Gesinnungsterror, der die gesamte Kultur vergiftete. Besonders besorgt aber beobachteten sie, wie sich die sozialistischen Gesellschaften allmählich in eine moralische Wüste verwandelten, in der neben der offiziellen Propaganda nur noch Zynismus und innere Emigration gediehen.

*Kalter Krieg: die Spaltung Europas und ihre normativen Folgen*

*Staatlich verordneter Atheismus*

---

[6] Das Werk erschien in Frankreich bereits 1960.

Diese pessimistische Diagnose teilten die Kirchen mit einem Großteil der eher politisch ausgerichteten Dissidenten und Reformkräfte in Mittel- und Osteuropa. Viele der Menschen, die sich in Polen, Ungarn und der Tschechoslowakei zaghaft zu formieren begannen, setzten ihre Hoffnung auf eine Annäherung an den Westen. Kritische Intellektuelle erinnerten immer wieder an die (vergeblichen) Versuche tschechischer und jugoslawischer Politiker, sich unter Berufung auf die Existenz eines übergreifenden mitteleuropäischen Raumes dem Druck der Blockbildung zu entziehen.

Verschwinden des<br>Begriffs Mitteleuropa

„Erst die Logik des kalten Krieges, im Jahre 1947 die Trumandoktrin und die Zweilagerdoktrin von Stalin und Schdanow führten endgültig dazu, daß auf der politischen Landkarte der Nachkriegszeit für Mitteleuropa kein Platz mehr war und daß auch der Begriff Mitteleuropa aus dem politischen Vokabular verschwunden ist. Dieses Vokabular wurde durch eine vereinfachte Ost-West-Geographie ersetzt. Erst damals ist es dazu gekommen, daß Polen zum Osten zählt, die Türkei jedoch zum Westen" (Mylnař 1988: 48).

Dennoch habe, so lautete das Gegenargument, Mitteleuropa nie ganz zu existieren aufgehört, und zwar vor allem wegen der Fortdauer einer politischen Kultur, die entgegen der allgemeinen Entwicklungstendenz in Osteuropa dazu führte,

Wertorientierung

„daß die Wertorientierung auch in der Politik erfolgt ist. Die westliche zivilisatorische und kulturelle Tradition ist als Quelle von Wertorientierungen anerkannt, die als wünschenswert erscheinen" (Mylnař 1988: 49).

Mit einigem Recht sieht deshalb Volker Heins in den Demonstrationen der polnischen Gewerkschaft Solidarność „das Bild eines auf gemeinsame Werte gegründeten republikanischen Gemeinwesens" aufblitzen, „in dem die Einzelnen ihre moralische Frustration überwinden und ein öffentliches Gesicht zeigen, um im selben Zug kollektiv handlungsfähig zu werden" (Heins 2002: 13). Es trat ein neuer Typ politischer Opposition auf den Plan, der die Machthaber überraschte und irritierte. Er entsprang keiner direkt politischen Zielsetzung, sondern einem moralischen Impuls des Individuums, für den Vaclav Havel die einprägsame Formel prägte: „Versuch, in der Wahrheit zu leben". Gerade diesen individuellen, „unpolitisch" anmutenden Entschluss verknüpften oppositionelle Vordenker mit einer europäischen Perspektive. Exemplarisch greifbar wird diese Verbindung in einem Beitrag von G. Konrád aus dem Jahr 1988, in dem er die Kernfragen der Dissidentenbewegung benannte:

Dissidentenbewegung

„Am wichtigsten ist, für welche Werte wir uns entscheiden. Das europäische Experiment? Wie können die Beziehungen zwischen den Nationen auf die höhere Ebene der Beziehungen zwischen Personen angehoben werden? Wie wird aus dem Internationalen das Interpersonale? Die Rede ist vom Zustandekommen einer europäischen Kulturgemeinschaft. Der politischen Gemeinschaft geht die Existenz der europäischen Kulturgemeinschaft voraus" *(Konrád 1992: 132)*.

In einem anderen Aufsatz aus demselben Jahr mit dem Titel „Europa der Individuen" erläuterte Konrád, weshalb er auf die europäische „Interpersonale" setzte:

> „Die Entstehung der europäischen Kultur geht auf Personen zurück, die zu den Institutionen fast immer ein gespanntes Verhältnis hatten, ebenso wie zu den Gemeinplätzen und Vorurteilen ihrer Kulturen, die, obgleich keine Feinde, so doch auch nicht Schirmherren der Individualität waren" (Konrád 1992: 109).

Ohne den etwa von Vaclav Havel bevorzugten Begriff Zivilgesellschaft zu verwenden, dachte Konrád offenkundig ebenfalls in die von ihm gewiesene Richtung. Er propagierte eine „Antipolitik", die bewusst davon absah, politische Machtpositionen erringen zu wollen. Mit der Idee der Zivilgesellschaft ging die intellektuelle Untergrundszene in den osteuropäischen Ländern auf kritische Distanz zum übermächtigen Staat und versuchte sie die Politik wieder vom Kopf auf die Füße zu stellen, um jene Sphäre wiederzugewinnen, in der politisches Leben im freien Verkehr zwischen freien Bürgern zuallererst entsteht. Obgleich die Opposition stets den europäischen oder universellen Charakter jener Werte betonte, auf die sie sich berief, konnten sie im Kontext des Ost-West-Konfliktes leicht als „westliche" Werte erscheinen. Höchst aufschlussreich in Bezug auf diese eigentümliche Schräglage bezeichnete der Leiter der polnischen Delegation bei der KSZE, M. Dobrosielski, den Westen als den „Vater" des berühmten „Korbes 3" der Helsinki-Schlussakte, der im Anschluss an Prinzip VII die vereinbarten Maßnahmen zur Verbesserung der humanitären und menschenrechtlichen Situation enthielt (vgl. dazu Kunter 2000: 127). Tatsächlich fungierte in der Folgezeit „Korb 3" wie ein trojanisches Pferd, in dem zwar keine feindlichen Krieger oder Agenten, wohl aber politischer Sprengstoff in den Ostblock eingeschleust wurde. Es genügt, sich die Namen einiger oppositioneller Gruppen zu vergegenwärtigen, um den Einfluss des Helsinki-Dokuments zu erkennen: „Initiative zur demokratischen Erneuerung unserer Gesellschaft", „Initiative Frieden und Menschenrechte", „Demokratie jetzt", „Demokratischer Aufbruch" in der DDR, „Union der demokratischen Kräfte" in Bulgarien (allerdings erst 1989 gegründet), „Demokratisches Forum" in Ungarn, „Bürgerliche Freiheitsbewegung" und „Komitee der humanitären Zusammenarbeit für Menschenrechte" in der CSSR. Nicht alle Gruppen brachen mit den Idealen des Sozialismus, manche klagten sie ein mit dem Ziel, politische Reformen in Gang zu bringen. Doch ob revolutionär oder reformistisch gesinnt, fast ausnahmslos fühlten sie sich zu Europa gehörig. Mehr noch:

*Idee der Zivilgesellschaft*

*Helsinki-Schlussakte*

> „Es gehörte [...] zum nationalen Selbstverständnis von Polen, Rumänen, Kroaten und anderen, sich nicht als ferne Bewohner am Rand der europäischen Zivilisation zu sehen, sondern als unterschätzte Verteidiger des wahren europäischen Erbes – so, wie für Tschechen und Ungarn außer Frage stand, dass sie im Herzen Europas lebten" (Judt 2006: 229).

Nichts „natürlicher" deshalb für diese Länder, als nach dem Zusammenbruch der Ostblockstaaten auf Integration in die Europäische Gemeinschaft zu drängen. Sie suchten militärischen Schutz und wirtschaftlichen Aufschwung, aber nicht nur das. Es ging ihnen auch und gewiss nicht zuletzt um die Rückkehr in die europäische Wertegemeinschaft. In ihren Ohren musste es einigermaßen befremdlich klingen, wenn Jan Roß, außenpolitischer Autor der ZEIT, feststellte, „die Osterweiterung der Europäischen Union, die 2004 in der Aufnahme von zehn neuen

*Rückkehr in die europäische Wertegemeinschaft*

Mitgliedstaaten gipfelte, war Werte-Export in großem Stil", den Aufnahmekandidaten durch „das Regelwerk einer fernen, kulturelle Standards definierenden Zen-trale auferlegt" (Roß 2008: 130-131). Aus osteuropäischer Sicht mochte eine solche Deutung der Geschehnisse den wirtschaftlichen, politischen, ja sogar den rechtlichen Verhältnissen Rechnung tragen, sie widersprach jedoch fundamental ihrem kulturellen Selbstverständnis. Ihr kolonialistischer Unterton verriet lediglich, wie fern umgekehrt der Westen dem Osten Europas gerückt war.

## 1.6 „Zivilgesellschaft" in Westeuropa

*Im Westen: Zivilgesellschaft, Politikverdrossenheit und Protestbewegungen*

Während die Opposition im „real existierenden Sozialismus" darum kämpfte, dem Druck des Staates standzuhalten und die Fesseln der Bürokratie zu lockern, entwickelten sich im Westen politische Protest- und Aktionsformen, die aus anderen Gründen die vorhandenen Strukturen zu unterlaufen suchten. Sie bildeten sich keineswegs nur unter den Studenten, sondern umfassten auch lokale Bürgerinitiativen, Selbsthilfe- und Solidaritätsgruppen, Netzwerke. Ein vielschichtiges, kaum durchschaubares Geflecht entstand, in dem sich drei Felder zu den neuen sozialen Bewegungen verdichteten, zur Friedens-, Umwelt- und Frauenbewegung. Von ihnen wies die Friedensbewegung die größte Nähe und die engsten Beziehungen zu den Bürgerrechtlern und Bürgerrechtlerinnen im Osten auf. Über alle sachlichen Unterschiede hinweg trafen sich die verschiedenartigen Strömungen in ihrer Ablehnung hierarchischer und zentralisierter Organisationsformen sowie ihrem Misstrauen gegenüber dem Staat und den traditionellen Institutionen und Verfahren politischer Willensbildung. Trotzdem war von der Politikverdrossenheit späterer Jahre nichts zu spüren, im Gegenteil. Das Leitbild

*„Politik von unten"*

einer „Politik von unten" zielte einerseits darauf ab, verkrustete Strukturen aufzubrechen, zugleich aber diente es der Strategie einer umfassenden Politisierung aller gesellschaftlichen Lebensbereiche, zumal solcher, die bislang als Privatsphäre mehr oder minder streng von der öffentlichen Sphäre abgeschottet waren: Ehe, Erziehung und Sexualität. Wie im Osten gerieten „die Herrschenden" unter wachsenden Legitimationsdruck, reagierten zunächst verständnislos, nervös und gereizt, symptomatisches Anzeichen einer uneingestandenen Verunsicherung. Ihre Abwehrmaßnahmen erinnerten in mancher Hinsicht fatal an die Repression sozialistischer Regierungen, wurden jedoch, anders als im Osten, als Indizien einer ungebrochenen Kontinuität „faschistischer" Denk- und Verhaltensmuster gewertet. Sie verschärften die Legitimationskrise des parlamentarischen Systems, schürten die Neigung, vom Protest zum Widerstand und notfalls zur offenen Rebellion überzugehen. In den Köpfen einiger tauchte der Gedanke an bewaffneten Kampf auf. Sie blieben allerdings eine Minderheit, trotz der Sympathie und Solidarität breiterer Kreise, auf die sie sich zeitweilig stützen konnten. Der Hauptstrom derer, die eine alternative Lebensweise und Gesellschaftsordnung zu verwirklichen suchten, griff auf das Gegenbild der Zivilgesellschaft zurück, das von zahlreichen Bürgerrechtlern in Osteuropa propagiert wurde. In diesem Rezeptionsvorgang verbarg sich – wie der Amerikaner Michael Walzer feinfühlig bemerkte – eine gewisse Ironie:

> „Die Worte ‚zivile Gesellschaft' bezeichnen sowohl den Raum von (zwischen)menschlichen Vereinigungen, die nicht erzwungen sind, als auch das Ensemble jener Beziehungsnetzwerke, die um der Familie, des Glaubens, der jeweiligen Interessen und einer bestimmten Ideologie willen gebildet worden sind und diesen Raum ausfüllen. Die mittel- und osteuropäischen Dissidentenbewegungen blühten innerhalb einer stark eingeschränkten Version von ziviler Gesellschaft, und die erste Aufgabe der neuen, von den Dissidenten geschaffenen Demokratien bestehe nun darin – so sagt man uns –, die Netzwerke wieder aufzubauen: Gewerkschaften, Kirchen, politische Parteien und Bewegungen, Kooperativen, Nachbarschaften, Denkschulen, Gesellschaften zur Förderung oder Verhinderung dieser oder jener Sache. Im Gegensatz dazu haben wir im Westen seit vielen Jahren in einer zivilen Gesellschaft gelebt, ohne uns dessen bewußt zu sein. […] Nun laden uns die Schriftsteller in Ungarn, der Tschechoslowakei und Polen ein, über diese gesellschaftliche Struktur nachzudenken und darüber, wie sie zu stärken sei" (Walzer 1995: 44–45)[7].

Der Begriff bündelte durchaus unterschiedliche Vorstellungen, die aber in einem Punkt übereinstimmten, nämlich im Programm einer umfassenden Demokratisierung der Gesellschaft. Es sprach für die politische Sensibilität Willy Brandts, diesem in der Bevölkerung der Bundesrepublik, vor allem der Jugend, weithin akzeptierten Wunsch entgegenzukommen, als er in seiner ersten Regierungserklärung die Parole „Mehr Demokratie wagen" ausgab. Sie signalisierte den Willen, die sozialliberale Koalition aus der politischen Defensive zu befreien und die Führungsrolle der Parteien zurückzugewinnen.

*Demokratisierung der Gesellschaft*

Das in Ost und West virulente Bedürfnis, die Gesellschaft zu demokratisieren, das sich in der Vorstellung der Zivilgesellschaft bündelte, täuschte freilich eine Gemeinsamkeit vor, die in Wahrheit kaum existierte. In Osteuropa stand das Konzept der „civil society" für das zähe Ringen, dem Staat winzige Zugeständnisse abzuringen, damit kleine Inseln demokratischer Selbstbestimmung entstehen konnten. Im Westen drehte es sich darum, die bestehende Demokratie durch verstärkte politische Teilhabe zu vertiefen. Die Kritik an einer bloß „formalen Demokratie" wandte sich gegen die „Legitimation durch Verfahren" (N. Luhmann), weil allem Anschein nach die Dominanz des Prozeduralen Mitbestimmungs- und Mitwirkungsmöglichkeiten verringerte. Der Prozess der europäischen Einigung konnte davon auf Dauer von ihr schwerlich unberührt bleiben. Je mehr die Integration fortschritt, je mehr Entscheidungen auf europäischer Ebene in das Leben der nationalen Bevölkerungen eingriffen, desto stärker und lauter artikulierte sich dort ein oft diffuser Unmut gegenüber der Macht der europäischen Institutionen, vorzugsweise der „Brüsseler Bürokratie". Sie wurde als regelungssüchtig und gleichzeitig undurchschaubar empfunden. In der Rede vom „Demokratiedefizit" der Europäischen Union fand die wachsende Skepsis ihren zeitgemäßen Ausdruck. Stellvertretend für viele gleichlautende Äußerungen kann hier die Wortmeldung von Jürgen Habermas stehen:

*Divergenzen zwischen Ost und West*

---

[7] Es ist bezeichnend, dass Walzer überwiegend Institutionen anführt, die in der westdeutschen Alternativszene kaum zur Zivilgesellschaft gerechnet würden.

Unmut gegenüber der „Brüsseler Bürokratie"
„In der Europäischen Union ist der weitgehend bürokratische Entscheidungsprozess der Brüsseler Experten ein Beispiel für ein solches demokratisches Defizit, das durch die Verlagerung aus den nationalen Entscheidungsgremien in die zwischenstaatlichen, mit Regierungsvertretern besetzten Kommissionen entsteht" (Habermas 2001: 90–91).

Fundamentale Fragen der europäischen Ordnung

Die Stimmung in der Bevölkerung schlug sich am deutlichsten in der stetig sinkenden Wahlbeteiligung bei den Europawahlen nieder, richtete sich jedoch in der Regel nicht grundsätzlich gegen die europäische Einigung. Das Schlagwort von der „Eurosklerose" zeigte eher die Befürchtung an, das Projekt eines geeinten Europas könne zwischen den Mahlsteinen nationaler Interessen, des internationalen Kompetenzgerangels und der Profilneurosen einzelner Regierungschefs zerrieben werden. Der Integrationsprozess drohte sich offenbar festzufressen und bedurfte, um der allgemeinen Europamüdigkeit entgegenzuwirken, eines kräftigen Schubes. Um den demokratischen Legitimationsbedarf der Europapolitik besser zu decken, boten sich im Prinzip zwei Wege an: „good government" und „good governance". Den ersten Weg zu beschreiten hieß, kurz gefasst, die Regierungslastigkeit des institutionellen Gefüges der Gemeinschaft zu verringern bzw. das Gewicht des Europäischen Parlaments und der nationalen Parlamente zu vergrößern. Der zweite Weg lief darauf hinaus, die Bürgerrechte zu stärken und ihre Mitwirkungsmöglichkeiten auszuweiten. In jedem Fall standen fundamentale Fragen der europäischen Ordnung auf der Tagesordnung.

## 2 Werteorientierung der Europa-Politik

### 2.1 Der Weg zur EU

Entwicklung der Verträge zur europäischen Einigung und den darin fixierten normativen Grundlagen

Der ursprüngliche Impuls der Europaidee beinhaltete weit mehr als ein wirtschaftliches Zweckbündnis. Ebenso wenig ging er darin auf, rein sicherheitspolitischen Interessen Genüge zu tun. Seine Energie bezog er hauptsächlich aus einer friedenspolitischen Vision. W. Loth hat das in der Absicht, ein gängiges Vorurteil zu korrigieren, nachdrücklich bekräftigt:

„Anders als es eine weit verbreitete Wahrnehmung besagt, stellt die Bestätigung der Europäischen Union als Friedensmacht keine willkürliche Abweichung von ursprünglich anders gelagerten, im Kern wirtschaftlichen Zielsetzungen dar. Vielmehr entspricht sie damit dem wesentlichen Motiv, das zur Gründung der ersten europäischen Institutionen geführt hatte" (Loth 2007: 79).

Relevanz des Europarates

Trotzdem sprach politische Weisheit aus der Entscheidung, zu Beginn des Einigungswerkes der wirtschaftlichen Integration einen sozusagen taktischen Vorrang einzuräumen. Das lässt sich gut am Schicksal des Europarates ablesen (vgl. zum Folgenden: Clemens/Reinfeldt/Wille 2008: 87-94). Angeregt durch den Haager Kongress der Europagruppen (1948), wurde er am 5. März 1949 als intergouvernementale Institution aus einem Ministerkomitee sowie einer Beratenden Versammlung gegründet. „Er gab der Idee eines Vereinten Europa, bildlich gesprochen, eine Gestalt und eine Seele" (Brunn 2002: 64). Gut zwei Jahre später trat der Präsident der Beratenden Versammlung, Paul Henri Spaak, enttäuscht und verbittert von seinem Amt zurück. Alle Vorstöße, dem Europarat echte politische Autorität mit Entscheidungsbefugnissen zu verschaffen, waren am hartnäckigen Widerstand der englischen Regierung gescheitert. Gleichwohl verschwand der Rat keineswegs in der europapolitischen Versenkung, sondern fand seine Rolle gerade in der Anwaltschaft für den normativen Gehalt des Einigungsprojektes:

> „Seine Aufgaben sieht der Europarat vor allem in der Förderung von Demokratie, Rechtsstaatlichkeit, kultureller Zusammenarbeit, der Lösung sozialer Probleme und dem Menschenrechtsschutz. Eine wichtige Rolle spielte er nach 1989 bei der Demokratisierung der ehemals kommunistischen Staaten Mittel- und Osteuropas" (Clemens/Reinfeldt/Wille 2008: 93).

Ihm sind neben zweihundert anderen Konventionen und Abkommen insbesondere die Konvention zum Schutz der Menschenrechte und der Grundfreiheiten, die Europäische Sozialcharta sowie die Europäische Kulturkonvention zu verdanken, maßgebliche Dokumente, die kraft der Ratifizierung durch die Staaten Verbindlichkeit erlangten. Der Mangel an formaler Kompetenz wurde offensichtlich durch politischen Einfluss wettgemacht. Die Dynamik der Integration nahm in normativer Hinsicht im Lauf der Zeit zu, nicht ab. G. Brunn hat auf diesen Beschleunigungseffekt mit Recht aufmerksam gemacht:

*Dynamik der Integration*

> „Hatten die römischen Verträge mit kleineren Retuschen von 1958 bis 1986 beinahe dreißig Jahre Bestand, so gab es in der Zeit von 1986 bis 2001, also in der Hälfte der Zeit, vier substantielle Vertragsreformen" (Brunn 2002: 281).

Unter den einzelnen Stationen dieses langen Weges markiert der Vertrag von Maastricht insofern einen Einschnitt, als er einen Neuanfang wagt. Denn bis zu seinem Abschluss fehlte den drei europäischen Gemeinschaften, die auf den Römischen Verträgen basierten, ein verbindliches Regelwerkes, das die Europäische Gemeinschaft als Ganzes betraf. Ungeachtet des gängigen Sprachgebrauchs existierten anstatt einer Gemeinschaft drei europäische Gemeinschaften. Der Maas-tricht-Vertrag vom 7. Februar 1992 hat diese Sachlage weniger verändert als von vielen erhofft, denn er schreibt vorerst das sogenannte Drei-Säulen-Modell fest, deren erste von den drei Gemeinschaften gebildet wird, „ergänzt durch die mit diesem Vertrag eingeführten Politiken und Formen der Zusammenarbeit" (Art. 1 (3)). Im Ansatz bleibt er somit einem Denken verpflichtet, das in erster Linie das Regierungshandeln und eine Konstruktion im Auge hat, bei der bestehende Einheiten immer stärker miteinander verklammert werden. Dennoch schafft der Vertrag eine neue Situation, da die vertragschließenden Parteien durch ihn eine „Union" begründen, die wie ein Dach die drei Säulen überwölbt. Nicht erst im Licht der Nachfolgeverträge erscheint das als erster Schritt, nicht als Endpunkt. Im Vertrag selbst wird er ausdrücklich als „Stufe einer immer engeren Union *der Völker Europas*" bezeichnet, „in der die Entscheidungen möglichst *offen und bürgernah* getroffen werden" (Art. 1; Hervorhebungen von mir, HGS). Die Union, die sich vorwiegend auf Regierungsebene verwirklicht,

*Vertrag von Maastricht*

*Neue Situation: Union*

bewegt sich demnach auf ein Ziel zu, das als „Union der Völker" auf einer anderen Ebene liegt, und sie tut das dank einer Politik, die durch Transparenz und Bürgernähe gekennzeichnet sein soll.

Mit Rücksicht auf die in ihm festgehaltene Vorläufigkeit sah der Vertrag deshalb schon für 1996 eine Revisionskonferenz vor, die im März 1996 in Turin eröffnet wurde und „deren Agenda von Anfang weit über den durch den Unionsvertrag gesteckten Rahmen hinausging" (Khan 2001: XIII). Das Ergebnis ihrer Tätigkeit bietet der 1997 verabschiedete und 1999 in Kraft getretene Amsterdamer Vertrag. Dessen Text wiederholt die bekannten Formeln, führt jedoch in Artikel 17 (1) ein neues Rechtsinstitut ein, die Unionsbürgerschaft. Sie wird allen Angehörigen der Mitgliedstaaten zugesprochen und garantiert ihnen zunächst und vor allem das Recht auf Freizügigkeit innerhalb der Union (Art. 18 (2)), dann ein direktes Wahlrecht für das Europäische Parlament (Art. 19 (2)) sowie ein Petitionsrecht (Art. 21). Das bedeutete einen gewaltigen Schritt auf dem Weg hin zu einem „Europa der Bürger", der aber bezeichnenderweise erneut mit dem Vorbehalt späterer Überprüfung nach Maßgabe „der Fortentwicklung der Union" getan wurde (Art. 22).

Der zweite wichtige Aspekt des Amsterdamer Vertrages betrifft die normativen Grundlagen der Gemeinschaft: Sie beruht nach Artikel 2 „auf den Grundsätzen der Freiheit, der Demokratie, der Achtung der Menschenrechte und Grundfreiheiten sowie der Rechtsstaatlichkeit". Der Vertrag integriert also jenen Bereich, der bislang die Domäne des außerhalb der drei Gemeinschaften stehenden Europa-rates gewesen war. Ausführlich dargelegt und entfaltet worden war diese Seite der Gemeinschaft bereits in der Charta der Grundrechte der Europäischen Union, die der Europarat angeregt hatte und die im Dezember 2000 während des Gipfels von Nizza durch die Präsidentin des Europäischen Parlaments sowie die Präsidenten des Rates und der EU-Kommission unterzeichnet und feierlich proklamiert wurde. Die einleitenden Sätze der Präambel verdienen es, vollständig zitiert zu werden. Sie lauten:

„Die Völker Europas sind entschlossen, auf der Grundlage gemeinsamer Werte eine friedliche Zukunft zu teilen, indem sie sich zu einer immer engeren Union verbinden.

In dem Bewusstsein ihres geistig-religiösen und sittlichen Erbes gründet sich die Union auf die unteilbaren und universellen Werte der Würde des Menschen, der Freiheit, der Gleichheit und Solidarität.

Sie beruht auf den Grundsätzen der Demokratie und der Rechtsstaatlichkeit. Sie stellt die Person in den Mittelpunkt ihres Handelns, indem sie die Unionsbürgerschaft und einen Raum der Freiheit, der Sicherheit und des Rechts begründet.

Die Union trägt zur Erhaltung und zur Entwicklung dieser Werte unter Achtung der Vielfalt der Kulturen und Traditionen der Völker Europas sowie der nationalen Identität der Mitgliedstaaten und der Organisation ihrer staatlichen Gewalt auf nationaler, regionaler und lokaler Ebene bei" (zit. nach: Khan 2001: 402-403).

Der Text enthält ersichtlich fundamentale Festlegungen, deren Reichweite kaum überschätzt werden kann. Die in normativer Perspektive zentrale Bestimmung formuliert er mit der Aussage, die Union stelle „die Person in den Mittelpunkt ihres Handelns", und eben darin habe die Unionsbürgerschaft ihren Grund. Sie zieht die Konsequenz aus den Aussagen des zweiten Abschnitts, der unter den „unteilbaren und universellen Werten" die „Würde des Menschen" an erster Stelle nennt. Die basale Funktion der Menschenwürde wird unmissverständlich unterstrichen, indem der eigentliche Vertragstext mit den Worten einsetzt: „Die Würde des Menschen ist unantastbar. Sie ist zu achten und zu schützen" (Art. 1). Damit wird – in Analogie zum deutschen Grundgesetz – die menschliche Person eindeutig dem Staat vorgeordnet und aller Staatsgewalt eine prinzipielle Grenze gesetzt. Positiv gewendet, heißt das: Die Staatsgewalt hat ihren vornehmsten Zweck darin, die Würde des Menschen „zu achten und zu schützen".

Die Charta wurde – vorerst – nicht in den Unionsvertrag aufgenommen, doch ließen die Parlamentspräsidentin und der Kommissionspräsident keinen Zweifel an ihrer faktischen Bindungswirkung im Sinne einer Selbstverpflichtung der Organe der Europäischen Gemeinschaft (vgl. Khan 2001: XXIII). Im Lissabon-Vertrag (vgl. Art. 6 (1)) sollte dieser indirekte Weg weiter beschritten werden.

## 2.2  Der Lissabon-Vertrag und European Governance

Jüngere Entwicklung: der gescheiterte Verfassungsvertrag und der Vertrag von Lissabon

Bekanntlich hatte sich die Europapolitik vorgenommen, den Amsterdamer Vertrag innerhalb einer vergleichsweise kurzen Frist durch eine europäische Verfassung abzulösen. Das entsprach der inneren Logik einer allmählichen Umbildung der Union zu einem europäischen Staatswesen. Jürgen Habermas schrieb seinerzeit in einem Kommentar mit dem Titel „Braucht Europa eine Verfassung?", „als politisches Gemeinwesen" könne „sich Europa im Bewusstsein seiner Bürger nicht allein in Gestalt des Euro festsetzen". Er warnte allerdings gleichzeitig davor, die Verfassungsfrage als „Schlüssel der Probleme" zu verstehen, „die wir lösen müssen" (Habermas 2001: 105). Derlei Bedenken schienen sich indes auf dem Gipfel von Nizza und durch den Nizza-Vertrag in Luft aufzulösen, der bestenfalls als Stillstand gewertet wurde. Das denkbar schlechte öffentliche Echo wurde jedoch dem Erreichten nicht gerecht. In Wahrheit hatte der Gipfel seine Tagesordnung recht gut bewältigt, vor allem machte er Druck, die Reform der Union zügig voranzutreiben. Im Dezember 2001 beschloss der Europarat, einen „Konvent über die Verfassung Europas" einzuberufen. Sein Auftrag wurde in drei Leitlinien angezeigt: „mehr Demokratie", „Effizienz" und „Transparenz".

Prodi-Weißbuch „europäisches Regieren"

Gleichfalls 2001 veröffentlichte die sogenannte Prodi-Kommission ein Weißbuch zu Fragen des „europäischen Regierens" und unterbreitete darin zahlreiche Reformvorschläge. Obgleich der Titel des Werkes das Augenmerk hauptsächlich auf den Aspekt des „government" richtete, legte die Kommission eine Reihe von Empfehlungen vor, die neue Formen der politischen Beteiligung befürworteten. Sie übernahm dafür ausdrücklich den Begriff Governance. Er tauchte später, im ersten Verfassungsentwurf, nicht mehr auf, gehört jedoch seither zur offiziellen Terminologie der Europapolitik. Knapp zwei Jahre danach, Mitte 2003, verabschiedete der Konvent mit großer Mehrheit den ersten Entwurf für eine europäische Verfassung. Obgleich der Governance-Begriff vermieden wurde, waren die Verfasser erkennbar bemüht, das Anliegen der Prodi-Kommission zu berücksichtigen, nämlich die Entscheidungsprozeduren in der Union zu verändern, um „mehr Menschen und Organisationen in die Gestaltung und Durch-

Verfassungsentwurf

führung der EU-Politik einzubinden". Programmatisch gesehen handelte es sich also darum, die Europapolitik möglichst transparent, inklusiv und partizipatorisch zu gestalten. Ins Auge fielen einige Bestandteile des Vertragsentwurfes, durch welche die wachsende Staatsähnlichkeit der Union einen unübersehbaren Ausdruck fand. Schon die Bezeichnung Verfassung setzte ein klares Zeichen, das durch einen gemeinsamen Außenminister noch verstärkt wurde. Ergänzt wurden diese Signale durch den Vorschlag, eine gemeinsame Flagge und Hymne einzuführen. Insgesamt bewies der Entwurf Mut und Ehrgeiz, und das wurde zunächst eindrucksvoll belohnt: Ende Oktober 2004 unterzeichneten 25 Mitgliedstaaten in Rom das umfangreiche Vertragswerk. Direkt im Anschluss lief der notwendige Ratifizierungsprozess an, für den in einigen Ländern Volksabstimmungen vorgesehen waren.

*Unterzeichnung Oktober 2004*

Das Ergebnis fiel – auch das ist hinlänglich bekannt – niederschmetternd aus. Zwar konnte sich die Liste der Staaten, in denen der Vertrag angenommen wurde, durchaus sehen lassen, eine Reihe von Staaten brach jedoch die Vorbereitungen für die geplanten Volksabstimmungen ab. Das endgültige Aus brachte die Ablehnung in Frankreich und den Niederlanden. Ob das Abstimmungsverhalten der Bevölkerung in diesen Ländern mehr durch einen Mangel an Kenntnissen über den Inhalt des Vertrages bedingt war, was durch seinen enormen Umfang sicherlich begünstigt wurde, oder ob ihm eher Vorurteile, Ängste oder die seit langem schwelende Unzufriedenheit zugrunde lagen, die dazu motivierten, den Regierungen einen Denkzettel zu erteilen, lässt sich schwer beurteilen. Vermutlich spielten alle diese Gründe irgendwie mit. Für die Regierungen bedeutete das Scheitern des Ratifizierungsprozesses auf jeden Fall einen Schock. Sie hatten sich an die Spitze der europäischen Karawane gesetzt, offenbar aber unterwegs die Tuchfühlung mit dem Fußvolk verloren. Eine breite öffentliche Verfassungsdebatte blieb aus und war fast ausschließlich den politischen Eliten und Experten vorbehalten.

*Denkpause*

Nach dem Desaster war guter Rat teuer, und die Regierungen verordneten sich erst einmal eine Denkpause. Sie währte ein Jahr, an das sich eine Phase intensiver Verhandlungen anschloss. Ein weiteres Jahr später konnten die Staats- und Regierungschefs ihren erfolgreichen Abschluss verkünden; am 13. Dezember 2007 wurde in Lissabon der Reformvertrag unterzeichnet. Die Erleichterung war allenthalben spürbar, doch der Erfolg war zu einem hohen Preis erkauft worden:

*Lissabon-Vertrag 13. Dezember 2007*

> „Die Europapolitik ist an Wenden des Einigungsprozesses noch niemals so unverhohlen elitär und bürokratisch betrieben worden wie dieses Mal. Auf diese Weise betont die politische Klasse das Vorrecht der Regierungen, über das weitere Schicksal Europas hinter verschlossenen Türen zu entscheiden" (Habermas 2008: 99).

Dass damit wirklich das Hauptmotiv der Regierungen erfasst worden war, darf bezweifelt werden. Das in der Tat außergewöhnliche Tempo, in dem der Lissabon-Vertrag zustande kam, spricht eher für die Absicht, die Flucht nach vorn anzutreten und unter den gegebenen Umständen zu retten, was zu retten war. Man wird außerdem die seither erfolgte Revision der irischen Ablehnung und das Inkrafttreten des Vertrages als Bestätigung dafür nehmen dürfen, dass die

Taktik der Regierungen aufgegangen ist. Jedenfalls bewahrt der Lissabon-Vertrag die inhaltliche Substanz des Verfassungsentwurfs, gerade in normativer Hinsicht.

Der Vertrag mit dem Titel „Vertrag über die Europäische Union" (im Folgenden wird zitiert aus: Khan 2008) stellt formal einen Änderungsvertrag dar, keine Verfassung. Eine Präambel gibt es nicht, daher auch keinen Gottesbezug. Symbole der Union werden keine erwähnt, auf sie war schon auf dem Gipfel von Brüssel (Juni 2007) verzichtet worden. Desgleichen hatte man den Plan fallen lassen, einen gemeinsamen Außenminister zu etablieren. Statt seiner benennt der Vertrag einen „Hohen Rat für Außenpolitik". Dem „Vertrag über die Europäische Union" beigefügt ist ein „Vertrag über die Arbeitsweise der Union", die erweiterte Neufassung des bisherigen Vertrages über die Europäische Gemeinschaft. Das klingt wie ein harmloser Wechsel der Bezeichnung, verweist jedoch auf eine der wesentlichen Neuerungen des Reformwerkes: Die Union ersetzt als Rechtsträger die drei europäischen Gemeinschaften (und den gemeinsamen Markt durch den Binnenmarkt). Der Begriff Europäische Gemeinschaft verschwindet völlig. Die Grundrechtecharta wurde zwar nicht in den Vertrag aufgenommen, doch der Artikel 6 (1) erkennt sie in der Fassung vom Dezember 2007 als mit den Verträgen gleichrangig an. Zudem tritt die EU der Europäischen Menschenrechtskonvention bei (vgl. Art. 6 (2)).

Die für die Governance-Thematik relevanten Bestimmungen sind unter der Überschrift „Titel II. Bestimmungen über die demokratischen Grundsätze" aufgeführt. Artikel 9 stellt zunächst den Tatbestand der Unionsbürgerschaft und die Geltung des Gleichheitsgrundsatzes fest. In Artikel 10 (1) wird die Union auf das Prinzip der repräsentativen Demokratie festgelegt. Die Unionsbürgerinnen und -bürger werden „unmittelbar im Europäischen Parlament vertreten" (Art. 10 (2)). Dann folgt Artikel 10 (3), der das mit der Unionsbürgerschaft verbundene Recht auf demokratische Teilhabe statuiert und mit der schon geläufigen Formulierung festhält: „Die Entscheidungen werden so offen und bürgernah wie möglich getroffen." Neu hingegen ist der Artikel 11, der die Formen der Bürgerbeteiligung regelt. Ausschlaggebend ist dabei Abschnitt 2–4:

„(2) Die Organe pflegen einen offenen, transparenten und regelmäßigen Dialog mit den repräsentativen Verbänden und der Zivilgesellschaft.
(3) Um die Kohärenz und die Transparenz des Handelns der Union zu gewährleisten, führt die Europäische Kommission umfangreiche Anhörungen der Betroffenen durch.
(4) Die Unionsbürgerinnen und Unionsbürger, deren Anzahl mindestens eine Million betragen und bei denen es sich um Staatsangehörige einer erheblichen Anzahl von Mitgliedstaaten handeln muss, können die Initiative ergreifen und die Europäische Kommission auffordern, im Rahmen ihrer Befugnisse geeignete Vorschläge zu Themen zu unterbreiten, zu denen es nach Ansicht jener Bürgerinnen und Bürger eines Rechtsakts der Union bedarf, um die Verträge umzusetzen."

Unter dem Gesichtspunkt des in Abschnitt 2 geforderten Dialogs mit der Zivilgesellschaft muss zusätzlich Artikel 17 des Vertrages über die Arbeitsweise der Union herangezogen werden, der sich auf „religiöse und weltanschauliche Gemeinschaften" bezieht. Dort heißt es:

*Marginalien:*
„Vertrag über die Europäische Union"

Anerkennung der Grundrechtecharta

Unionsbürgerschaft

Bürgerbeteiligung

„(1) Die Union achtet den Status, den Kirchen und religiöse Vereinigungen oder Gemeinschaften in den Mitgliedstaaten nach deren Rechtsvorschriften genießen, und beeinträchtigt ihn nicht.

(2) Die Union achtet in gleicher Weise den Status, den weltanschauliche Gemeinschaften nach den einzelstaatlichen Rechtsvorschriften genießen.

(3) Die Union pflegt mit diesen Kirchen und Gemeinschaften in Anerkennung ihrer Identität und ihres besonderen Beitrags einen offenen, transparenten und regelmäßigen Dialog."

Der Lissabon-Vertrag verpflichtet also die Union auf die Prinzipien der repräsentativen Demokratie, ihre Organe und Verfahrensweisen. Von daher rückt er als Subjekte des politischen Prozesses der Willensbildung und Entscheidungsfindung die Parteien und Parlamente in den Vordergrund. Er weitet aber den Blick aus auf die Gesamtheit der Zivilgesellschaft und jene sozialen Vereinigungen, aus denen sie sich aufbaut. Sie nehmen nicht nur teil an der öffentlichen Meinungsbildung, der Vertrag eröffnet ihnen außerdem die Möglichkeit, den politischen Prozess selbst zu beeinflussen. Das zentrale Stichwort dafür lautet Dialog. Er beinhaltet kein Entscheidungs-, sondern ein Mitwirkungsrecht, das darauf abzielt, durch außerparlamentarische Mechanismen Transparenz, Kohärenz und *Ideal Good* Offenheit der parlamentarisch zu verantwortenden Politik zu erhöhen. So tritt *Governance* zum Ideal des Good Government das Ideal der Good Governance hinzu, um in der Europäischen Union die Idee der „Vereinigten Staaten von Europa" untrennbar mit dem „Europa der Bürger" zu verbinden. Der Lissabon-Vertrag beinhaltet eine bindende Selbstverpflichtung der Regierungen, die gilt, sobald er ratifiziert sein wird. Zugleich birgt er ein Versprechen an Europas Bürgerinnen und Bürger in sich, das erst noch eingelöst werden muss. Kurz gefasst: „Es ist an der Zeit, dass auch in Europa nicht mehr nur für das Volk regiert wird" (Habermas 2008: 125).

# 3 Die normative Basis Europas und Europäische Identität

## 3.1 Die europäische Gemeinschaft und europäische Identität

Der Abbruch des Ratifizierungsprozesses für die europäische Verfassung enthüllte über den Mangel an öffentlicher Diskussion hinaus die Fortdauer massiver Vorbehalte gegenüber der Realitätsnähe des Vorhabens. Er schien

> „die ‚no-demos thesis' zu bestätigen, dass sich Europa keine Verfassung geben *kann*, weil das verfassungsgebende ‚Subjekt' fehlt. Nach dieser These wird sich die Union nicht zu einem politischen Gemeinwesen entwickeln können, ‚weil es kein europäisches Volk gibt'. Das Argument stützt sich auf die Annahme, dass nur eine durch eine gemeinsame Sprache, Tradition und Geschichte verbundene Nation die notwendige Grundlage für eine politische Gemeinschaft bietet. Denn nur auf der Basis gemeinsamer Ideale und Wertorientierungen sind die Mitglieder fähig und bereit, gegenseitig Rechte und Pflichten zu akzeptieren und auf eine allseits faire Einhaltung dieser Normen zu vertrauen" (Habermas 2004: 74).

Wie immer es um die Überzeugungskraft dieser Annahme ansonsten bestellt sein mag, hinsichtlich der Europäischen Union steht sie auf schwachen Füßen. Denn alle europäischen Verträge basieren unbestreitbar auf gemeinsamen Idealen und Wertorientierungen, die in der Grundrechtecharta zusammenfassend niedergelegt sind. Trotzdem enthält der Einwand mehr als nur ein Körnchen Wahrheit. Um seine eigentliche Spitze zu erkennen, kommt es darauf an, ihn von der Frage zu lösen, unter welchen Bedingungen von einem „europäischen Volk" gesprochen werden kann, und ihn in den Kontext der Frage nach der Identität Europas und der Europäischen Union zu stellen. Die Werte nämlich, auf die sich die Union gründet, sollen ja gerade keine spezifisch europäischen sein, sondern universelle. Der Beitritt der Union zur Europäischen Menschenrechtskonvention, die ihrerseits nur die Allgemeine Erklärung der Menschenrechte umsetzt, lässt daran keinen Zweifel. Das Problem, das dieser Tatbestand aufwirft, besteht darin, wie sich die besondere Identität eines politischen Gemeinwesens auf Werte gründen kann, die einen allgemeinen Geltungsanspruch erheben. Identitätsbildung schließt Unterscheidung ein, Allgemeinheit jedoch schließt Unterschiede aus. Ansonsten wäre der Gleichheitsgrundsatz bei der Verwirklichung der Menschenrechte schlicht sinnlos. Menschenrechte sind unteilbar, sie kommen jedem Menschen qua Mensch zu, unabhängig von den Unterschieden, die Menschen konkret kennzeichnen. Da alle Staaten sie wenigstens formell anerkannt haben, taugen sie allem Anschein nach nicht für das Vorhaben, die besondere Identität der Union zu begründen. Es sieht demnach so aus, als führe die Wertorientierung der Union hinsichtlich ihrer Identitätsbildung in eine Sackgasse.

Dieser Eindruck verdichtet sich in der Rückschau auf die bisherigen Versuche, zu einer offiziellen Definition europäischer Identität zu gelangen. Schon 1973 verabschiedeten die Außenminister der Gemeinschaft ein „Dokument über die europäische Identität", das immer noch als Maßstab gelten darf (vgl. Pfetsch 1997:111 bis 112). Entgegen der Auffassung, Gemeinschaft setze Identität voraus, begreift die Außenministerrunde sie als Folge der wachsenden Einheit:

*(Randnotizen:)*
Gemeinsame Ideale und Wertorientierungen

Universelle Werte vs. Identitätsbildung

„Die Entwicklung der europäischen Identität wird sich nach der Dynamik des europäischen Einigungswerks richten. In den Außenbeziehungen werden die Neun vor allem bemüht sein, ihre Identität im Verhältnis zu den anderen politischen Einheiten schrittweise zu bestimmen. Damit stärken sie bewusst ihren inneren Zusammenhalt und tragen zur Formulierung einer wirklich europäischen Politik bei. Sie sind überzeugt, daß die fortschreitende Verwirklichung dieser Politik ein wesentlicher Faktor sein wird, der es ihnen erlaubt, die weiteren Stadien des europäischen Einigungswerks mit Realismus und Vertrauen in Angriff zu nehmen; diese Politik erleichtert auch die vorhergesehene Umwandlung der Gesamtheit ihrer Beziehungen in eine Europäische Union" (zit. nach: Pfetsch 1997: 112-113; dort auch die entsprechende Quellenangabe).

Der Text unterstellt eindeutig das Fehlen einer europäischen Identität oder wenigstens einen Mangel, der behoben werden muss, um eine „wirklich europäische Politik" zu ermöglichen. Das mutet insofern seltsam an, als Europa doch längst vor der Union existiert hat und folglich auch so etwas wie eine europäische Identität. Verständlich wird die These durch den Hinweis auf ihre funktionale Bedeutung: Sie soll den „inneren Zusammenhalt" der entstehenden Gemeinschaft stärken. Den Weg, den es dabei zu beschreiten gilt, beschreibt der Text als Bemühen, „ihre Identität im Verhältnis zu den anderen politischen Einheiten schrittweise zu bestimmen". Genau dieser Wegweisung folgt der Unionsvertrag, in dem die Frage nach der europäischen Identität einen zentralen Stellenwert besitzt. F. R. Pfetsch hat die einschlägigen Stellen zusammengestellt (Präambel sowie Art. 2 und 6) und kommt im Vergleich zu folgendem Schluss:

*Stärkung des „inneren Zusammenhalts"*

„Alle drei Formulierungen deuten darauf hin, daß sich der Identitätsbegriff der an der Gemeinschaft beteiligten Staaten eher als außenpolitische Selbstbehauptung denn als positive Selbstbestimmung nach innen definiert" (Pfetsch 1997: 11).

*Außenpolitische Selbstbehauptung*

Dieser Befund illustriert anschaulich das Dilemma einer Identitätspolitik, deren normativer Kern in den Menschenrechten besteht. Denn in Wahrheit enthält der Unionsvertrag ja durchaus Verpflichtungen, die als „positive Selbstbestimmung" gedacht sind. Nur helfen sie allem Anschein nach kaum, das Identitätsproblem der Union zu lösen. Im Übrigen taucht die gleiche Schwierigkeit nicht erst im Kontext ihrer Außenbeziehungen auf, sondern bereits im Binnenverhältnis von Union und Mitgliedstaaten. Artikel 6 (3) des Unionsvertrages verpflichtet die Union darauf, die „nationale Identität ihrer Mitgliedstaaten" zu achten. Folglich muss es einen Unterschied zwischen europäischer und nationaler Identität geben, der nicht auf der gemeinsamen normativen Grundlage beruhen kann. Das Dilemma scheint vollends unauflösbar zu werden, nimmt man eine Einsicht hinzu, die W. Reinhard in seinem Werk „Lebensformen Europas" ins Gedächtnis gerufen hat: „Es kommt auf das Besondere einer Kultur an, das aber als gemeinsame Sitte ihrer Angehörigen bereits ein Allgemeines ist" (Reinhard 2006: 39). Kein Zweifel also: Das Stichwort europäische Identität nötigt zu weiterem Nachdenken.

*Nationale vs. europäische Identität*

## 3.2 Zivilcourage als notwendige Grundtugend der europäischen Zivilgesellschaft

Gerhard Brunn beginnt seine Geschichte der europäischen Einigung mit der Feststellung: „Die Frage nach dem, was ‚Europa' real ist und was sich die Menschen unter ‚Europa' vorstellen (Europäische Identität), ist in intellektuellen Zirkeln ein heiß diskutiertes Thema." Es wäre für den Fortgang der Debatte viel gewonnen, wenn sie stärker als bisher die Mehrdimensionalität dieser Fragestellungen berücksichtigte. Was Europa „ist", lässt sich nicht klären, wenn davon abgesehen wird, was Europa sein will. Es handelt sich hier letzten Endes um die Differenz von Beobachtung und Selbstbeobachtung. Identitätsbildung und Identitätswahrung als formativer Prozess, durch den sich die Union als politisches Subjekt konstituiert und als solches in einer sich verändernden Umwelt bewährt, implizieren eine bewusste Stellungnahme hinsichtlich jener Werte, an denen die Union die moralische Qualität ihres Handelns misst und messen lassen muss. Aus diesem Grund ist die Selbstfindung der Union ohne Selbstbindung undenkbar. Die aber vollzieht sich nicht allein im Zuge einer rationalen Begründung abstrakter Werte und Prinzipien, weil das Subjekt, das sich ihnen verpflichtet, nicht im luftleeren Raum existiert. Daraus folgt:

*Europäische Kulturerfahrung und ihre politische Verwirklichung*

> „Als Bestandteil einer liberalen Kultur müssen diese Prinzipien in das dichte Geflecht historischer Erfahrungen und vorpolitischer Wertorientierungen Eingang finden" (Habermas 2004, 78).

Der scheinbar unversöhnliche Gegensatz von Allgemeinem und Besonderem löst sich auf, wenn die geschichtliche Prägung der europäischen Identität mit in Betracht gezogen wird. Europa wäre nicht das, was es ist, ohne seine besondere Geschichte. Diese Geschichte, die allem voran die Besonderheit Europas ausmacht, lässt sich nicht aus Werten und Prinzipien ableiten. Es verhält sich eher umgekehrt: Geschichtliche Erfahrungen bilden als Medium reflexiver Selbstvergewisserung den Entdeckungszusammenhang von Werten und Prinzipien und ihren Plausibilitätshorizont, in dessen Rahmen ihre Bedeutung einleuchtet. Damit erübrigt sich die Aufgabe ihrer rationalen Begründung keineswegs. Es gehört gerade zu den Eigentümlichkeiten europäischen Denkens, immer klarer zwischen Entdeckungs- und Begründungszusammenhang zu unterscheiden. Der Universalitätsanspruch der Menschenrechte muss daher auf Argumente gestützt werden, die unabhängig von der europäischen Kultur einsichtig zu machen sind. Andernfalls verschleiert er lediglich einen kulturellen Imperialismus, gegen den sich außereuropäische Gesellschaften mit Recht zur Wehr setzen. Schon innerhalb der europäischen Kultur verbindet sich die Idee der Vernunft mit dem Gedanken freier Zustimmung zu den Gründen, welche die Vernunft geltend macht. Sich dem „eigentümlich zwanglosen Zwang des besseren Arguments" (Jürgen Habermas) zu beugen setzt die Existenz eines Raumes voraus, der den freien Austausch von Argumenten erlaubt, also Öffentlichkeit. Der öffentliche Gebrauch der Vernunft, den Kant als Bedingung der Möglichkeit eines republikanischen Gemeinwesens eingefordert hat, stellt darum ein konstitutives Prinzip jeder Zivilgesellschaft dar, die diesen Namen verdient. Good Governance wäre gründlich

*Geschichtliche Prägung*

*Besonderheit Europas*

*Differenz zwischen Entdeckungs- und Begründungszusammenhang*

*Öffentlicher Gebrauch der Vernunft*

missverstanden, stünde sie nur im Dienst der Absicht, Regierungspolitik besser zu „verkaufen". Vielmehr handelt es sich darum, im Medium öffentlicher Auseinandersetzung ein allgemeines Einverständnis darüber herzustellen, für welche Lebensform sich die Bürgerinnen und Bürger entscheiden wollen.

> „Bürger, die sich gegenseitig als Mitglieder einer bestimmten politischen Gemeinschaft identifizieren, handeln vielmehr in dem Bewusstsein, dass sich ‚ihre' Gemeinschaft vor anderen durch eine kollektiv bevorzugte, jedenfalls stillschweigend akzeptierte Lebensweise auszeichnet. Ein solches politisches Ethos ist nichts Naturwüchsiges mehr. Als Ergebnis einer in demokratischen Prozessen stets mitlaufenden politischen Selbstverständigung kommt es auf transparente Weise zustande und gibt sich auch den Beteiligten selbst als konstruiert zu erkennen" (Habermas 2004: 80-81).

Freilich genügt, so notwendig seine Garantie auch ist, das Recht auf demokratische Teilnahme allein nicht, um eine Gesellschaft zu einer Bürgergesellschaft zu formen. Die bürgerliche Öffentlichkeit zerfällt, wenn niemand das Grundrecht wahrnimmt, sich an der politischen Diskussion zu beteiligen. Der Staat kann die dafür nötigen Voraussetzungen schaffen, doch weder kann noch darf er die Bürgerinnen und Bürger dazu zwingen oder nötigen. Dem Grundrecht auf politische Partizipation entspricht deshalb auf deren Seite eine Grundhaltung, aus der die Bereitschaft erwächst, sich in Freiheit politisch zu engagieren und diese Freiheit notfalls gegen Widerstände zu erkämpfen oder gegen ihre Unterdrückung zu **Zivilcourage** verteidigen. Diese bürgerliche Tugend wird meist als Zivilcourage bezeichnet, ein Begriff, der nicht zufällig aus dem Französischen stammt und für den die deutsche Sprache noch immer über keine geeignete Übersetzungsmöglichkeit verfügt. Bernhard Sutor hat ihn wie folgt definiert:

> „Zivilcourage ist eine Grundbedingung politischer Tätigkeit und Wirksamkeit. Jeder Bürger braucht etwas davon, wenn er für sein Recht und das Recht anderer eintreten will."

Sutor nennt sie auch „politische Tapferkeit" als unverzichtbare Voraussetzung für die „streitbare Verwirklichung des Guten, das Ringen um gerechtere Verhältnisse gegen Schwierigkeiten und Widerstände" (Sutor 1991: 79). Die Europäische Union steht und fällt mit ihrer Fähigkeit, ihre Bürgerinnen und Bürger dazu zu bewegen, sich mit der Idee Europas zu identifizieren. Wenn aber eine europäische Zivilgesellschaft angewiesen ist auf Zivilcourage als eine politische Tugend, dann erhebt sich die Frage, aus welcher Quelle sich diese Tugend speist. In diesem Zusammenhang gilt es abschließend die Beziehungen zwischen Religion und europäischer Zivilgesellschaft zu erörtern.

### 3.3 Europäische Kultur als Kultur freier Bürger

**Die Beziehung zwischen Religion und europäischer Zivilgesellschaft** In der Präambel des Reformvertrages von Lissabon berufen sich die Vertragsparteien auf das „kulturelle(n), religiöse(n) und humanistische(n) Erbe Europas, aus dem sich die unverletzlichen und unveräußerlichen Rechte des Menschen, wie Freiheit, Demokratie, Gleichheit und Rechtsstaatlichkeit, als universelle Werte entwickelt haben" (Khan 2008: 33). In einem Rechtsdokument philosophische Erwägungen zu erwarten wäre sicherlich unsinnig. Trotzdem darf darüber nachgedacht werden, was mit dieser Aussage gemeint ist. Auf den ersten Blick bezieht sie sich auf einen rein historischen Sachverhalt, das heißt die Entwicklung universeller Werte aus dem Erbe Europas. Unklar bleibt jedoch, in welchem Verhältnis der europäische Ursprung dieser Werte zu ihrer universellen Geltung steht. Genauer gesagt: Die elegante Formulierung lässt offen, ob diese nur faktisch universell gelten oder für sie ein universeller Geltungsanspruch erhoben wird, der sich unabhängig von ihrem Ursprung begründen lässt. Zur Debatte steht damit der Stellenwert, der dem Erbe Europas und mit ihm der Religion zukommt. Indem sich, wie es ebenfalls in der Präambel heißt, die Vertragspartner ausdrücklich zu diesem Erbe bekennen, handelt es sich um eine bewusste Übernahme, einen Akt freier Aneignung. Mit ihm überschreitet der Vertrag die Grenzen einer bloß genetischen Herleitung jener Werte, die den normativen Gehalt der europäischen Identität ausmachen. Die internationale Kontroverse vor seinem Abschluss drehte sich wesentlich um die Konsequenzen dieses Schrittes bezüglich der Rolle der Religion im künftigen Europa. In einer Ansprache anlässlich des fünfzigjährigen Bestehens der Römischen Verträge am 24. März 2007 sagte Papst Benedikt XVI. in Anspielung auf das Scheitern des Ratifizierungsvorhabens, es habe sich gezeigt,

> „dass der europäische Einigungsprozess selbst nicht von allen geteilt wird aufgrund des verbreiteten Eindrucks, dass manche ‚Kapitel' des Europa-Projekts ‚geschrieben' wurden, ohne die Erwartungen der Bürger angemessen zu berücksichtigen.
> Aus alledem geht klar hervor, dass man nicht meinen darf, ein echtes ‚gemeinsames Haus' bauen zu können, wenn die den Völkern dieses Kontinents eigene Identität vernachlässigt wird. Es handelt sich in der Tat zunächst um eine geschichtliche, kulturelle und moralische Identität und erst an zweiter Stelle um eine geographische, wirtschaftliche oder politische Identität, die aus einem Gesamt von universalen Werten besteht, zu deren Formen das Christentum beigetragen hat; somit hat es nicht nur eine historische, sondern eine gründende Rolle gegenüber Europa übernommen. Diese Werte, die die Seele des Kontinents bilden, müssen im Europa des dritten Jahrtausends als ‚Sauerteig' der Zivilisation erhalten bleiben" (Sekretariat der Deutschen Bischofskonferenz 2007: 38).

Der Papst meldet sich hier im Grunde als Fürsprecher eines Teils der europäischen Zivilgesellschaft zu Wort, und er fordert nicht historische Gerechtigkeit für die christliche Religion, sondern einen festen Platz für sie im Haus Europa. Sein Argument lautet klar und eindeutig: Ohne Christentum lässt sich der Wertekanon Europas nicht begründen. Folglich braucht Europa das Christentum, und daraus wiederum folgt:

*Christentum und europäischer Wertekanon*

> „Wenn die Regierungen der Union anlässlich des 50. Jahrestages der Römischen Verträge sich ihren Bürgern ‚nähern' wollen – wie könnten sie ein so wesentliches Element der europäischen Identität wie das Christentum ausschließen, mit dem sich eine große Mehrheit der Bürger weiterhin identifiziert?" (Sekretariat der Deutschen Bischofskonferenz 2007: 38).

**Inklusive Formulierung** Mit Rücksicht darauf drängten christliche Politiker darauf, in der europäischen Verfassung bzw. dann im Lissabon-Vertrag ausdrücklich auf das *christlich-moralische* Erbe Europas zu verweisen. Davon aber schweigt die Präambel vielsagend. Sie bietet stattdessen eine inklusive Formulierung, die das Christentum nicht ausschließt, ihm jedoch keine prominente oder gar dominante Stellung einräumt. Anders gewendet: Sie bemüht sich, der Pluralität der religiösen und nicht-religiösen Traditionen als geistig-moralischem Ferment der europäischen Zivilgesellschaft Rechnung zu tragen. Die Frage „Europa – ein christliches Projekt?"[8] wird damit fast beiläufig verneint. Es bleibt den christlichen Kirchen unbenommen, ihre Überzeugung von der tragenden Bedeutung des Christentums für die europäische Kultur offensiv zu vertreten, doch der Adressat ihrer Standortbestimmung ist nicht die Union in ihrer staatsförmigen Qualität, sondern die europäische Öffentlichkeit als konstitutive Dimension der europäischen Zivilgesellschaft. Diese Unterscheidung steckt den Rahmen ab, innerhalb dessen sich alle religiösen oder weltanschaulichen Gemeinschaften bewegen müssen. Ihnen obliegt es, je für sich zu klären, ob ihr Selbstverständnis es erlaubt, diese Grenze zu respektieren. Die „Hausordnung", die das Zusammenleben der Völker und Menschen im „gemeinsamen Haus Europa" regelt und von den Organen der Union durchgesetzt und geschützt wird, ruht auf einem gemeinsamen normativen Fundament. Doch dieses Fundament setzt sich aus Bausteinen zusammen, die **Vorrang der Freiheit** aus einer Vielzahl von Steinbrüchen stammen. Es gibt nur einen Eckstein, ohne den das ganze Haus zusammenstürzte: das gemeinsame Bewusstsein vom unbedingten Vorrang der Freiheit.

Wie tief und fest dieses Wissen im Gedächtnis Europas verankert ist, veranschaulicht eine Szene aus der Tragödie „Die Perser", erstmals aufgeführt im März 480 v. Chr. im Dionysosheiligtum der Akropolis Athens. Aischylos, ihr Verfasser, lässt darin einen Boten auftreten, der von der Seeschlacht bei Salamis berichtet. Sie endete völlig überraschend mit einer vernichtenden Niederlage der persischen Flotte. Ihren Sieg verdankten die Griechen, so der Berichterstatter, ihrem unbezähmbaren Willen zur Freiheit, der die griechische Schlachtreihe in dem Ruf vereint: „Ihr Söhne der Hellenen, auf! Befreiet unser Vaterland! Auf, auf, befreiet die Kinder, Weiber, unserer Stammesgötter Sitz, der Vorfahren Gräber; nun für alles gilt der Kampf!" (Aischylos 1990: 39). Freie Bürger kämpfen für die Freiheit gegen die Despotie: In dieser Urszene verdichtet sich der Geist Europas, der über zweieinhalbtausend Jahre die Griechen mit dem Widerstand gegen die totalitäre Herrschaft der Nazis und Kommunisten innerlich verbindet. Dieser Quelle entspringt der bewundernswerte Reichtum der europäischen Kultur, den es zu bewahren, zu pflegen und zu entfalten gilt. Das normative Leitbild der europäischen Kultur lässt sich deshalb in einer Kurzformel ausdrücken: Einheit in Vielfalt. Denn Gemeinschaft ohne Freiheit als Voraussetzung zwangloser Übereinstimmung endet stets und unvermeidbar in der Uniformität totalitärer Despotie.

---

[8] So der Titel eines Sammelbandes, der die Beiträge auf dem 2. Religionsforum der Universität Fribourg von Ende 2006 vereint: Altermatt/Delgado/Vergauwen 2008.

# Literatur

Aischylos, 1990: Tragödien. München: DTV.

Altermatt, Urs/Delgado, Mariano/Vergauwen, Guido (Hrsg.), 2008: Europa – ein christliches Projekt? Beiträge zum Verhältnis von Religion und europäischer Identität. Religionsforum, Bd. 2. Stuttgart: Kohlhammer.

Benz, Arthur/Lütz, Susanne/Schimank, Uwe/Simonis, Georg (Hrsg.), 2007: Handbuch Governance. Theoretische Grundlagen und empirische Anwendungsfelder. Wiesbaden: VS Verlag.

Brunn, Gerhard, 2002: Die Europäische Einigung – von 1945 bis heute. Stuttgart: Reclam.

Clemens, Gabriele/Reinfeldt, Alexander/Wille, Gerhard, 2008: Geschichte der europäischen Integration. Ein Lehrbuch. Paderborn: Schöningh.

Dalos, György, 2009: Der Vorhang geht auf. Das Ende der Diktaturen in Osteuropa. München: Beck.

Habermas, Jürgen, 2001: Zeit der Übergänge. Kleine politische Schriften IX. Frankfurt am Main: Suhrkamp.

Habermas, Jürgen, 2004: Der gespaltene Westen. Kleine politische Schriften X. Frankfurt am Main: Suhrkamp.

Habermas, Jürgen, 2008: Ach, Europa. Kleine politische Schriften XI. Frankfurt am Main: Suhrkamp.

Heins, Volker, 2002: Das Andere der Zivilgesellschaft. Zur Archäologie eines Begriffs. Bielefeld: Transcript-Verlag.

Jakovlev, Aleksandr N., 2006: Ein Jahrhundert der Gewalt in Sowjetrussland. Berlin: Berliner Taschenbuch Verlag.

Judt, Tony, 2006: Geschichte Europas von 1945 bis zur Gegenwart. München/ Wien.

Kemper, Claus, 1983: Art. Konferenz Europäischer Kirchen (KEK), in: H. Krüger/ W. Löser/ W. Müller-Römheld (Hrsg.), Ökumene-Lexikon. Kirchen, Religionen, Bewegungen. Frankfurt am Main, Sp. 689–692.

Khan, Daniel-Erasmus (Hrsg.), 2001: Vertrag über die Europäische Union mit sämtlichen Protokollen und Erklärungen, Vertrag zur Gründung der Europäischen Gemeinschaft (EG-Vertrag) in den Fassungen von Amsterdam und Nizza. 5. Auflage. München: Beck.

Khan, Daniel-Erasmus (Hrsg.), 2008: Vertrag über die Europäische Union, Vertrag über die Arbeitsweise der Europäischen Union, Protokolle und Erklärungen, Grundrechte-Charta, EUV und EGV in den Fassungen von Nizza, Übereinstimmungstabellen. 6. Auflage. München: Beck.

Konrád, György, 1992: Die Melancholie der Wiedergeburt. Frankfurt am Main: Suhrkamp.

Konrád, György, 1997: Vor den Toren des Reichs. Frankfurt am Main: Suhrkamp.

Krippendorf, Ekkehard, 2005: Die Wiedergeburt Europas – Aber aus welchem Geiste?, in: T. Roithner/D. M. Bauer (Hrsg.), Die Wiedergeburt Europas: von den Geburtswehen eines emanzipierten Europas und seinen Beziehungen zur „einsamen Supermacht". Münster: Agenda-Verlag: 17–37.

Kunter, Katharina, 2000: Die Kirchen im KSZE-Prozeß 1968–1978. Konfession und Gesellschaft, 20. Stuttgart: Kohlhammer.

Loth, Wilfried, 2007: Die Entstehung der Europäischen Gemeinschaften als Beitrag zur Friedenssicherung. 1. Auflage, in: H. Ehrhart/S. Jaberg/B. Rinke/J. Waldmann (Hrsg.), Die Europäische Union im 21. Jahrhundert: Theorie und Praxis europäischer Außen-, Sicherheits- und Friedenspolitik Wiesbaden: VS Verlag: 79–91.

Mylnař, Zdeněk, 1988: Mitteleuropa im Ost-West-Konflikt, in: S. Papcke/W. Weidenfeld (Hrsg.), Traumland Mitteleuropa? Beiträge zu einer aktuellen Kontroverse. Darmstadt: Wiss. Buchges.: 46–56.

Pfetsch, Frank R., 1997: Die Europäische Union: Geschichte, Institutionen, Prozesse. München: Fink.

Reinhard, Wolfgang, 2006: Lebensformen Europas. Eine historische Kulturanthropologie. 2. Auflage. München: Beck.

Roß, Jan, 2008: Was bleibt von uns? Das Ende der westlichen Weltherrschaft. Berlin: Rowohlt.

Sartre, Jean-Paul, 1967: Kritik der dialektischen Vernunft, Bd. 1: Theorie der gesellschaftlichen Praxis. 6. Auflage. Reinbek bei Hamburg: Rowohlt.

Sekretariat der Deutschen Bischofskonferenz, 1989: Europäische Ökumenische Versammlung Frieden in Gerechtigkeit, Basel, 15.–21. Mai 1989. Arbeitshilfen 70. Bonn: Sekretariat der Deutschen Bischofskonferenz.

Sekretariat der Deutschen Bischofskonferenz (Hrsg.), 1991: Die europäischen Bischöfe und die Neu-Evangelisierung Europas. Stimmen der Weltkirche 32. Bonn: Sekretariat der Deutschen Bischofskonferenz.

Sekretariat der Deutschen Bischofskonferenz (Hrsg.), 2007: Europa: In Verantwortung vor Gott und den Menschen – Texte zum 50. Jahrestag der Unterzeichnung der Römischen Verträge, 25. März 2007. Stimmen der Weltkirche 39. Bonn, Sekretariat der Deutschen Bischofskonferenz.

Sheehan, James J., 2008: Kontinent der Gewalt: Europas langer Weg zum Frieden. München: Beck.

Sutor, Bernhard, 1991: Politische Ethik – Gesamtdarstellung auf der Basis der christlichen Gesellschaftslehre. Paderborn [u. a.]: Schöningh.

o. V., 1993: Verlorene Jahre? Über die Herausforderungen für das gemeinsame Kirchesein nach den eingreifenden Veränderungen in Mittel- und Osteuropa und dem Ende des Kalten Krieges. Eine Handreichung der Generalsynode der Nederlandse Hervormde Kerk. Neukirchen-Vluyn.

Walzer, Michael, 1995: Was heißt zivile Gesellschaft?, in: B. v. d. Brink/W. v. Reijen (Hrsg.), Bürgergesellschaft, Recht und Demokratie. Frankfurt am Main: Suhrkamp: 44–70.

# Kapitel 3: European Governance – ein Beispiel für Kants Theorem vom „ewigen Frieden"?

*Hajo Schmidt*

## 1 Problemstellung und Überblick

Die Titelfrage rekurriert auf einen gängigen Zusammenhang in der politischen Diskussion der Gegenwart über die Entwicklung und die Entwicklungsperspektiven der Europäischen Union (EU) und spitzt ihn zugleich hypothetisch zu. Zumindest in der kontinentaleuropäischen Diskussion dürfte kein politischer Denker vergleichbar identitätsbildend und legitimitätsstiftend gewirkt haben wie der Königsberger Philosoph – im Selbstverständnis, wie es scheint, der Politiker nicht weniger als der räsonierenden Öffentlichkeit. Rede und Programm von „Europa als Friedensmacht" schöpfen oft aus kantischen Quellen, und selbst der politische Gegner mag die Absage europäischer Eliten und Regierungen an den aggressiven Uni- und Multilateralismus der beiden Bush-Administrationen mit dem Hinweis auf Kants „Reich des Friedens" erklären und rechtfertigen.[1]

Kant: Quelle aktueller Politik

Es ist in den mit ideengeschichtlichen Beständen arbeitenden Selbstverständigungsdebatten nicht untergegangen, dass Kant weder der einzige noch der erste politische Vordenker ist, auf den eine friedenszentrierte europäische Außen-, Sicherheits- und Entwicklungspolitik referieren könnte, dass Kants politische Philosophie selbst auf Vorläufer und frühere Friedenskonzeptionen verweist.[2] Aber zumindest seit dem Ende des Ost-West-Antagonismus drängt sich die Sonderstellung und Maßstabsfunktion der kantischen Friedenskonzeption auf, und dies hat – angesichts der realpolitischen Niederschläge (in Völkerbundsatzung, Charta der Vereinten Nationen, Einzelverfassungen) wie der Komplexität und Begründungsleistung derselben – seine guten Gründe.

Den hiermit bezeichneten innigen Zusammenhang von kantischer Philosophie und europäischer Nachkriegsgeschichte möchte ich im Folgenden in spezifischer, nach Möglichkeit der wissenschaftlichen Analyse wie der Politik dienenden Weise ausführen und konkretisieren – indem gefragt oder, um es sogleich vom Ergebnis her zu formulieren, indem gezeigt wird, dass Kants Friedenstheorem und ein politikwissenschaftliches (European) Governance-Konzept wechselseitig anschlussfähig sind und sich gegenseitig befruchten können. Was kann das heißen? Nun, zunächst einmal so viel: Das struktur- und akteurstheoretisch hochkomplexe Feld europäischer Außen-, Sicherheits- und Verteidigungspolitik oder – anders – die europäische Sicherheits- und Menschenrechtsgovernance könnten sich ihrer normativen Grundlagen und Referenzen versichern. Kants Friedensphilosophie dagegen gewönne ein (wissenschaftlich über-

Frage: Anschlussfähigkeit von Kants Friedenstheorem und europäische Governance-Konzept?

---

[1] Wie etwa Kagan 2002.
[2] Vgl. zuletzt Ottmann 2008: 165 f.

prüfbares) Medium ihrer Übersetzung und Identifizierung in die bzw. in den Sphären rechtlich-politischen Handelns und der geschichtlichen Entwicklung.

**Vorgehensweise**

Sowenig im Folgenden Kants Theorem en détail entfaltet werden kann und muss, so wenig soll hier ein eigenes Konzept von (European) Governance entwickelt werden, geht es doch in dieser Skizze um deren grundsätzlichen und gegebenenfalls ausbaufähigen Zusammenhang.[3] Für deren Argumentationsziel reicht es zunächst, an den bekannten Unterschied zu erinnern zwischen Government – als „Ausübung formeller Jurisdiktion über territorial spezifizierte Herrschaftsbereiche" – und Governance, verstanden als die „Verfolgung von Zielen durch Steuerung/Sicherstellung der Regelbefolgung in formal wie auch informell/funktional definierten Herrschaftsbereichen" (Reinhard Meyers)[4]. Simonis et al. betonen den institutionellen Charakter der Handlungszusammenhänge, in denen staatliche und nicht- bzw. substaatliche Akteure auf unterschiedlichen Ebenen Interdependenzprobleme regeln, Interessen und Ziele aushandeln und gemeinsam zu erreichen streben. Statt machtförmiger Durchsetzung und Absicherung der Interessen, Werte und Absichten geht es um Koordination und Steuerung, statt um Hard- und Softpower.

Auf dieses Governance-Konzept soll nun ein normatives politisches Denken bezogen werden, dessen Anspruch auf „objektive Realität" und uneingeschränkte Praxisrelevanz seit jeher und notorisch bestritten wird. Gewiss hat Kant sich aktiv diesen Vorwürfen gestellt – durch die Widerlegung gegnerischer Argumente, durch die Fundamentalkritik alternativer (statt auf Vernunft auf Erfahrung, statt auf vernunftrechtliche Ansprüche auf utilitaristische Kalküle setzender) Politikentwürfe, aber auch durch den Verweis auf das historische Beispiel oder die erfahrungsgesättigte Intuition. Aber sein Friedensentwurf hätte sich kaum zweihundert Jahre im Gespräch gehalten, hätte er den definitiven Schulterschluss mit einer bestimmten politischen Empirie gesucht.

**Aufbau des Beitrags**

Es wird sich in Kapitel 2 schon zeigen, dass Kants Vernunftrecht des Friedens, das auf eine dreidimensional angelegte, das Staatsbürger-, das Völker- und das Weltbürgerrecht in ein dynamisches Verhältnis setzende Reformpolitik baut, nur sehr eingeschränkt machtförmig-herrschaftlicher Durchsetzung vertraut und vertrauen darf. Seit jeher reflektiert sich dieser Befund insbesondere im Dauerstreit um die richtige Interpretation bzw. die angemessene Korrektur von Kants Friedensbund- und Völkerrechtsvorstellungen, der im Folgenden governancetheoretisch wenn nicht geschlichtet, so doch als lösbar erwiesen werden soll (Kap. 3, 4). Dass Kant hierbei nicht einfach als unbefragte Letztinstanz in Anspruch genommen werden soll und kann, belegt das Abschlusskapitel, das dessen Denken seinerseits mit den unvorhersehbaren Verläufen und Vorgaben der Realgeschichte konfrontiert.

---

[3] S. hierzu u. Anm. 25 sowie die einschlägigen Beiträge dieses Bandes.
[4] Meyers 2008: 2.

## 2   Kants Politik: vernunftrechtliche Grundlagen einer nachhaltigen Friedensordnung

Frieden ist für Kant der Zustand oder besser die Art und Weise, in der eine „bürgerliche", d. h. dem Naturzustand entkommene Gesellschaft global das Recht verwaltet. Das Recht setzt den verbindlichen, sanktionsfähigen Rahmen, innerhalb dessen freie Subjekte grundsätzlich zwanglos interagieren können – so lange jedenfalls, als sie die Freiheit der anderen als Grenze ihrer eigenen Freiheit respektieren, widrigenfalls sie einem ipso facto gerechten, da freiheitskompatiblen Rechtszwang ausgesetzt werden. Recht entwächst also und dient der Freiheit, braucht aber den Zwang, verlangt nach „Staat".

Kants Friedensbegriff

Die Verfassung solcher Staaten wie die Prinzipien ihres vernunftgemäßen Umgangs miteinander wie mit in ihren Bannkreis geratenen Einzelwesen liefert Kants Politik. Diese, von ihm selbst als „ausübende", also angewandte oder umgesetzte „Rechtslehre" verstanden (151)[5], entwickelt das Spätwerk, zumal der zur Zeit des Baseler Friedens zwischen dem revolutionären Frankreich und den europäischen Feudalmächten verfasste Traktat „Zum ewigen Frieden"[6], auf den wir uns hier konzentrieren werden

Traktat „Zum ewigen Frieden"

Auffallend ist die äußere Anlage der Friedensschrift. Mit seinen zwei Abschnitten über die Präliminarartikel einerseits, die Definitivartikel zum ewigen Frieden zwischen Staaten andererseits, den zwei Zusätzen (von denen der zweite, der das Recht auf öffentliche Diskussion der Friedensbedingungen sichert, gar als „geheimer Artikel" deklariert ist) und seinen zwei Anhängen imitiert der Essay die Form eines Friedensvertrages. Und wie so mancher Friedensvertrag außerhalb des offiziellen, publizierten Textes noch Wesentliches enthält, so hat auch Kant einen Gutteil der philosophischen Substanz in die Anhänge und Zusätze gepackt. Was aber ist der friedenspolitische Kern der kantischen Ausführungen?

Die Präliminarartikel verbieten kriegsbegünstigende Praktiken, die nicht nur im 18. Jahrhundert gang und gäbe waren: also erstens, einen Friedensschluss mit dem geheimen Vorbehalt einer künftigen Revision desselben zu verknüpfen; zweitens, sich irgendeinen bestehenden Staat durch Erbschaft, Tausch, Kauf oder Schenkung einzuverleiben; drittens, längerfristig noch ein stehendes Heer zu unterhalten; viertens, Staatsschulden zur Stärkung der Kriegstüchtigkeit zu machen; fünftens, gewaltsam – zu welchem Zweck auch immer – in anderen Staaten zu intervenieren; und sechstens, solche Kriegsmaßnahmen zu ergreifen, die eine künftige Aussöhnung mit dem jetzigen Gegner unmöglich machen.

Präliminarartikel

Definieren die Präliminarartikel die notwendigen Voraussetzungen, so doch nicht die hinreichenden Bedingungen einer dauerhaften Friedensordnung. Diese werden in den Definitivartikeln zum Staatsbürger-, zum Völker- und zum Weltbürgerrecht formuliert. Die Definitivartikel geben also die obersten Grundsätze rechtlichen Verkehrs zwischen den Menschen in einem Staat, zwischen den

Definitivartikel

---

[5] Zahlen in Klammern beziehen sich auf Kant 1973.
[6] Sowie die „Rechtslehre" der wenig später (1796/97) erschienenen „Metaphysik der Sitten", im Text zitiert (MS plus Seitenzahl) nach Kant 1966.

Staaten untereinander und zwischen Menschen und Staaten an. Es handelt sich um Prinzipien der praktischen Vernunft, deren Beachtung allerdings erst in ihrem Zusammenwirken einen tatsächlichen globalen Frieden möglich machen kann.

**1. Republikanische Verfassung**

„Die bürgerliche Verfassung in jedem Staate soll republikanisch sein", bestimmt der erste Definitivartikel (127). Er fordert damit eine Verfassung, die erstens nach Prinzipien der Freiheit der Gesellschaftsglieder (als Menschen), zweitens nach dem Grundsatz der Abhängigkeit aller Menschen von einer einzigen gemeinsamen Gesetzgebung (als Untertanen) und drittens nach dem Gesetz der Gleichheit der Untertanen (als Staatsbürger) gestiftet ist und zugleich das Prinzip der Gewaltenteilung zwischen der ausführenden Gewalt (Regierung) und der gesetzgebenden Versammlung verwirklicht. Die prinzipielle Friedfertigkeit von Republiken sieht Kant zunächst dadurch gewährleistet, dass sie nicht mehr wie die feudalabsolutistischen Monarchien und Oligarchien Kriege zugunsten und auf Befehl weniger auf Kosten des Volkes führen.

**2. Föderalismus freier Staaten**

Den Interessen der Staatsbürger entspricht eine dauerhafte Friedensordnung, deren Garantie der zweite Definitivartikel ausspricht: „Das Völkerrecht soll auf einen *Föderalism* freier Staaten gegründet sein" (130). Da der Souveränitätsvorbehalt der Einzelstaaten ihren Zusammenschluss zu einem „Staat der Staaten" bzw. einer „Weltrepublik" grundsätzlich verhindern wird, fordert Kant die vertragliche Stiftung eines Friedensbundes. Dieser zielte auf „keinen Erwerb irgendeiner Macht des Staats, sondern lediglich auf Erhaltung und Sicherung der *Freiheit* eines Staats [...] und zugleich anderer verbündeten Staaten". Gegenüber der Idee einer Weltrepublik, in der alle Staaten einem Rechtszwang unterworfen wären, hat der Friedensbund – der allein durch das überlegene militärischpolitische Potenzial einen künftigen Kriegsausbruch verhindert – den unschätzbaren Vorzug, leichter und schneller realisierbar zu sein. Es brauchte dazu – das revolutionäre Frankreich lässt grüßen! – eigentlich nur „ein mächtiges und aufgeklärtes Volk" (133) in einer Republik, an die sich dann andere sicherheitsbedürftige und – vielleicht nicht der Verfassung, aber dem Geist nach – republikanisch regierte Staaten anschließen können.

**3. Weltbürgerrecht**

Da sich außerhalb des Staates nicht nur Staaten mit Staaten, sondern auch Einzelpersonen mit Staaten in ein rechtliches Verhältnis setzen müssen, verlangt echter und vielleicht einmal globaler Frieden auch die Anerkennung eines „Weltbürgerrechts", so der dritte Definitivartikel. Dieses verschaffte jedem Menschen ein „Besuchsrecht" im Sinne eines Rechtes, sich in allen Ländern der Erde „zur Gesellschaft anzubieten" (135), ohne wegen dieses Versuches von dem betreffenden Staat ergriffen, verjagt oder gar getötet werden zu dürfen.

**Entkräftung von Einwänden**

Kant hat den Einwand, sein Entwurf sei Ergebnis philosophischer (schlechter) Spekulation, ernst genommen, ohne sich von ihm beeindrucken zu lassen. Er gibt sich überzeugt, dass der von ihm projektierte Friedenszustand nicht allein auf die Kräfte der Vernunft angewiesen wäre, sondern auch auf die Einrichtung der Natur und die Erfahrungen der Geschichte vertrauen könnte. Auch der Friedensforscher könne sich auf „die große Künstlerin Natur" (139) berufen, die es immer wieder schaffe, auch gegen den Willen der Menschen aus ihrer Zwietracht Eintracht hervorgehen zu lassen. Wenn also nicht Pflichtgefühl und Rechtsbewusstsein, so treiben doch Klugheit und Selbstsucht die Menschen zur Ausbreitung des Rechtes und zur Anerkennung einer gesetzlichen Gewalt. Und ist es nicht die Friedenspflicht der Menschen und Staaten, dann lassen vielleicht Inflation und Teuerungsrate der militärischen Geräte die Rüstungsschraube zurückdrehen.

Der von Kant in seinem Essay „Idee zu einer Geschichte in weltbürgerlicher Absicht" diagnostizierte anthropologische Mechanismus der „ungeselligen Geselligkeit" – die Neigung des auf die Gesellschaft doch angewiesenen Menschen also, diese zwecks Realisierung seiner Partikularinteressen dominieren oder sich in ihr isolieren zu wollen – soll auch auf der Ebene der Staaten greifen. Auch diese geraten immer wieder in die Lage, Situationen der Schwäche oder der Dominanzanmaßung durch erneute Öffnung nach außen überwinden und ein untragbar gewordenes „Sicherheitsdilemma" durch internationale Organisation und Rechtsvereinbarungen entschärfen zu müssen.

Die reflektierende Urteilskraft entkräftet die Meinung, dem Krieg könne das menschliche Geschlecht nicht entkommen, und verteidigt den Anspruch der kantischen „Politik", dass eine vernunftlegitimierte Politik zuerst der Moral bzw. dem moralisch geforderten Rechtsbegriff und dann erst den Interessen der Staatsräson entsprechen müsse und könne. Verständlich also, dass Kants „Metaphysik der Sitten" (1796/97) den ewigen Frieden zum „höchsten politischen Gut" (MS 186) ernennt, dessen Verwirklichung letzter Zweck aller Politik sei.

Kants „Politik" entwirft ein heute noch faszinierendes Friedenstableau, in dessen Mittelpunkt der Mensch als moralisches Wesen steht, dessen Freiheitsansprüche, dessen Menschenrecht und Menschenwürde in einer globalen Rechtsordnung anerkannt und durchgesetzt werden sollen: in der Verfassung und Politik kantischer „Republiken" qua rechtsstaatlich verfasster Demokratien, in sich vervielfältigenden (und gegebenenfalls zu einem Bund sich zusammenschließenden) Friedensbünden sowie in einem – institutionell kaum präjudizierten – Zustand des „weltbürgerlichen Rechts". Obwohl oder weil Kants dynamische Friedensordnung vernunftbasiert, also eine normative ist, hat er auch die geschichtlichen Kräfte bezeichnet, denen er ihre Durchsetzung anvertraut.

In diese Richtung wirkt zunächst „grundsätzlich" die „Dialektik der Natur", nämlich der menschlichen, deren Kräfte, Anlagen und Neigungen fruchtbar kongruieren, als widersprüchliche sich gegenseitig neutralisieren oder eliminieren, als sozial gerichtete nach Kooperation verlangen – in jeder Hinsicht aber der Stimme der Vernunft allmählich größeres Gewicht einräumen. Als Vordenker der Aufklärung, der Öffentlichkeit als Legitimationsprinzip und -instanz der Politik (149 f., 163 f., 169), zumal in Sachen Krieg und Frieden, aber auch eines forcierten Warenaustauschs[7] vertraut Kant neuen, durch Bildung und Besitz definierten Schichten und politischen Kräften, die der trostlosen Kriegstümelei und Menschenschinderei des Feudalabsolutismus Paroli bieten könnten. Hierzu lassen sich gewiss auch Teile der aufgeklärt-gemeinwohlverpflichteten politischen Eliten, des Militärs und der Ministerialbürokratie rechnen, denen bewusst ist, dass Verrechtlichungsfortschritte und pazifizierende Staatenkooperation nicht

Faszinierendes Friedenstableau

---

[7] „Es ist der *Handelsgeist*, der mit dem Kriege nicht zusammen bestehen kann..." (148).

allein Forderungen der politischen Moral befriedigen, sondern zugleich Sicherheits- und Wohlstandsgewinne versprechen.

## 3    Kantisches Vernunftrecht und Governance-Perspektive

Kants „Politik" und Governance-Perspektive

Kants „Politik", wie heute üblich, als Grundlegung einer „Reform nach Prinzipien"[8] anzusehen, orientiert an den Ideen globalen Menschenrechtsschutzes und nachhaltiger Friedenssicherung, bedeutet noch nicht, dem Philosophen auch die Autorschaft einer Governance-Perspektive zuzusprechen. Aber hat sich „Governance" – als politische Praxis wie als wissenschaftliche Betrachtungsweise – erst einmal bewährt, kann es guten Sinn machen zu fragen, ob und inwieweit Kants auf Realisierung drängendes Vernunftrecht[9] dieser Perspektive entgegenkommt, und umgekehrt, ob und inwiefern diese Ersterem Aktualität und neue Umsetzungsmöglichkeiten gewährt. Nutzen wir einschlägige Funde zugleich, Kants Politik- und Friedensverständnis weiter aufzuhellen.

Reflektiert Kants Sozialphilosophie durchaus noch die Wehen einer Übergangsgesellschaft, der die trennscharfe Ausbildung der Differenz von und der Dialektik zwischen Staat und Gesellschaft noch bevorsteht, so ließen sich am Ende des letzten Kapitels doch gesellschaftliche Funktionsbereiche der Wirtschaft und des Handels einerseits, einer ihren embryonalen Charakter bald abstreifenden Öffentlichkeitssphäre andererseits ausmachen, deren Repräsentanten bald auf Teilhabe am politischen Geschäft drängen werden.

Friedenstiftende Kraft des „Handelsgeistes"

Notorisch ist Kants Vertrauen auf die potenziell friedenstiftende Kraft des „Handelsgeistes", „der mit dem Kriege nicht zusammen bestehen kann, und der früher oder später sich jedes Volks bemächtigt. Weil nämlich unter allen der Staatsmacht untergeordneten Mächten (Mitteln) die *Geldmacht* wohl die zuverlässigste sein möchte, so sehen sich Staaten (freilich wohl nicht eben durch Triebfedern der Moralität) gedrungen, den edeln Frieden zu befördern und, wo auch immer in der Welt Krieg auszubrechen droht, ihn durch Vermittelungen abzuwehren, gleich als ob sie deshalb im beständigen Bündnisse ständen..." (148). Leider fungiert der Handelsgeist nicht nur als der große Wohlstandsbringer, er hat auch seine dunkle Seite, die uns veranlassen sollte, vom dritten Definitivartikel der Friedensschrift den rechten Gebrauch zu machen.

Hospitalitäts- und Asylrecht

*„Das Weltbürgerrecht"*, heißt es da, „soll auf Bedingungen der allgemeinen *Hospitalität* eingeschränkt sein"(135). Wenn Kant diese Hospitalität charakterisiert als „das Recht eines Fremdlings, seine Ankunft auf dem Boden eines andern wegen von diesem nicht feindselig behandelt zu werden", dann haben wir heute gewiss alle Veranlassung, in ihr die Grundlage eines unerlässlichen Asyl- und Flüchtlingsrechtes zu sehen, ohne deren Berücksichtigung eine Weltfriedensordnung amputiert erschiene. Jüngst hat Oliver Eberl jedoch noch einmal deutlich gemacht[10], dass Kants Hospitalitätsrecht zwar die Grundlagen für einen globalen

---

[8] Vgl. Langer 1986.
[9] Vgl. 162.
[10] Eberl 2008: 220 ff.

friedlichen Handelsaustausch legen soll, dass Kants entschiedene Absetzung dieses Besuchsrechtes von einem Gast- oder gar Bleiberecht aber als kategoriale Kritik gängiger kolonialistischer und imperialistischer Handelspraktiken der europäischen Völker verstanden werden muss und als solche primär die Position der weltweiten Opfer und Verlierer des europäischen Welthandels stärken soll: „Auf diese Art können entfernte Weltteile miteinander friedlich in Verhältnisse kommen, die zuletzt öffentlich gesetzlich werden und so das menschliche Geschlecht endlich einer weltbürgerlichen Verfassung immer näher bringen können" (136).

Das Zusammenspiel nichtstaatlicher und staatlicher Kräfte bei der Ausbreitung des Handels und der Erschließung neuer Märkte ist also nicht per se, sondern nur unter Beachtung starker Rechtsvorgaben und Respektierung fremder Kulturen legitim, wohltätig und friedenfördernd. Hier setzt nun die von Kant stark gemachte Öffentlichkeit(sfunktion) ein, der es obliegt, „über die Bedingungen der Möglichkeit des öffentlichen Friedens" (149)[11] nachzudenken und Klarheit zu verbreiten. Welch qualitativ neuartige Bedeutung der Öffentlichkeit bei Kant zuwächst, zeigt sich, wenn er die von ihm entwickelte(n) „transzendentale(n) Formel(n) des öffentlichen Rechts" (163, 169)[12] als Kriterien der Legitimation politischen Handelns herausarbeitet. Die Öffentlichkeitsforderung wie die Transparenzanmahnung in Bezug auf politische Entscheidungsprozesse wird man nicht nur als Absage an spätfeudalistische Arkanpolitik, sondern auch als höchst aktuelle (und oft vergessene) Merkposten die Zivilgesellschaft einbeziehender Außen- (und Außenhandels-)Politik zeitgenössischer Demokratien verstehen dürfen. Wichtig ist aber, dass Kants Perspektive grundsätzlich über den Einzelstaat hinausweist, da seine Friedenspolitik ja konstitutiv auf dem konfigurativen Zusammenspiel dreier Rechtsprinzipien (sowie zusätzlich noch der inkrementalistischen Umsetzung zunächst der engen, dann der weitgefassten Präliminararartikel) ruht.

*Öffentlichkeit*

Es erscheint mir offensichtlich, dass eine Mehrebenen- bzw. dreidimensionale Friedens-(Prozess-)Konstruktion, in der jede von Entwicklungen der anderen beeinflusst, wenn auch nie völlig abhängig wird, sich einem Denken und Handeln in Governance-Strukturen leicht verbinden kann – im Gegensatz zu einer Politik und politischen Theorie, die auf den einen, entscheidenden Faktor setzt. In diesem Sinn hat zuletzt vor allem die monadische Version des „demokratischen Friedens" in die Irre geführt: Da (westliche, liberale) Demokratien grundsätzlich im Gegensatz zu anderen Herrschaftssystemen friedensgeneigt seien, hänge die Ausbreitung, wenn nicht Globalisierung bestehender „Friedenszonen" von der Zunahme demokratisch verfasster und der (wie, durch wen und mit welchem Recht erfolgenden?) Abschaffung nichtdemokratischer Regime ab. Wenn Nichtdemokratien aber – aus welchen Gründen auch immer, etwa schlechte Erfahrungen wie der unbefragten Tradition halber – Demokratien nicht werden

*Mehr- und Eindimensionalität von Friedenskonzeptionen*

---

[11] Im Original gesperrt.
[12] Die erste (negative) lautet: „Alle auf das Recht anderer Menschen bezogene Handlungen, deren Maxime sich nicht mit der Publizität verträgt, sind unrecht." Die zweite (positive) Formel besagt: „Alle Maximen, die der Publizität bedürfen (um ihren Zweck nicht zu verfehlen), stimmen mit Recht und Politik vereinigt zusammen."

wollen? Eberls angeführte Studie hat die teils erklärte, teils latente Kriegsbereit-schaft von Theorien des demokratischen Friedens jüngst eindrucksvoll bestätigt[13] und nicht zuletzt mit einer unhaltbaren Kant-Interpretation in Zusammenhang gebracht.

Gängige Friedens- und Außenpolitiktheorien des vorgenannten Typs sind aber nicht nur unterkomplex in Bezug auf Kants Friedensordnung insgesamt, sondern auch hinsichtlich der Friedfertigkeit hervorbringenden Strukturen rechtsstaatlich-liberaler Demokratien qua kantischer Republiken. Im Gegensatz zur herrschenden Meinung in Wissenschaft und Politik sieht Kant nämlich den intrinsischen Friedenswillen von Demokratien keineswegs allein garantiert durch eine Gewaltenteilung mit Parlamentsprärogative und eine besitzbürgerlich getön-te Kriegsaversion des demokratischen Souveräns. Hinzu kommen müssen die Merkmale einer kritischen Öffentlichkeit sowie einer auf Verteidigung kaprizier-ten Milizverfassung. Angesichts dieser Kriterienliste, vor der sich kaum eine einflussreiche Demokratie der Gegenwart behaupten könnte, verflüchtigt sich das Überlegenheitspathos westlicher Demokratien, entpuppt sich deren vorgebli-che Friedensverfassung meist als ein Torso.

Republiken in<br>Friedensbünden Nehmen wir das von Kant bedachte Zusammenspiel friedenspolitischer Ak-tivitäten etwas genauer in den Blick. Republiken sind grundsätzlich dem Frieden zugetan, vollausgebaute Exemplare empfehlen sich als Motor sicherheitsgaran-tierender und bestandserhaltender Friedensbünde. Nichtrepubliken mögen schon reichlich republikanische Züge zeigen, aber zu einem selbstinduzierten[14] Regime change erst als um ihre Sicherheit unbesorgte Mitglieder eines Friedensbundes finden. Wachsen könnte das dafür benötigte Zutrauen regierender Eliten, wären die im Friedensbund zusammengeschlossenen Nachbarn nicht nur erklärte Frie-densverfechter, sondern auch zu einem defensiven Umbau ihrer militärischen Kapazitäten und zu entsprechenden zwischenstaatlichen Planungen und Abma-chungen bereit. Glaubwürdigkeit erlangen Friedensbünde und ihre Mitglieder nicht zuletzt durch die Beachtung und Umsetzung des dritten Definitivartikels, und sei es nur darum, „dass die Rechtsverletzung an *einem* Platz der Erde an allen gefühlt wird" (139).

Sehen wir nach Eberls starkem Votum[15] im dritten Definitivartikel vor al-lem den Schutzwall der schwachen, von ungerechtem Tausch und (neo)ko-lonialistischen Praktiken bedrohten Länder und Bevölkerungen, dann dürften diese den Handel und Austausch mit Ländern mit funktionierenden, gutentwi-ckelten republikanischen Institutionen und Policies bevorzugen und auf solche Weise dem globalen Friedensfortschritt zuarbeiten. Geht es aber eher darum, mit dem dritten Definitivartikel das jedem Menschen zukommende Menschenrecht auch außerhalb des eigenen Staatsverbandes und die komplementäre Durchläs-sigkeit der Staatenwelt für die einzelnen Menschenrechtsträger zu gewährleisten, scheint neben überstaatlich agierenden NGOs und staatlich-zivilgesellschaftlich gemischten Organisationen die Schaffung weiterer inter- und supranationaler

---

[13] A. a. O., Kap. 2.1: 87 ff.
[14] Alles andere lehnt Kant ab; vgl. den 5. Präliminarartikel der Friedensschrift (121).
[15] A. a. O.: 220 ff.

Institutionen (e. g. IGH, Menschenrechtskommissionen, Zweite Kammer der Vereinten Nationen...) angezeigt, die nach dem Vorschlag einer kosmopolitischen Interpretation der kantischen Friedensordnung mehr auf die Aktivierung prozeduraler Vorkehrungen und kommunikativer Kanäle denn robuster Machtressourcen ausgelegt wären.[16]

Natürlich lassen sich auch gegenteilige, negative Effekte und Effektenbündel der angezeigten Wechselwirkungen friedensrelevanter Handlungsbereiche nicht ausschließen. Aber ohne die Erfahrungen der kriegstechnischen Revolutionen und der politisch-sozialen Katastrophen des 20. Jahrhunderts scheint Kant keine Veranlassung gehabt zu haben, an der Grundtendenz der menschlichen Geschichte auf Frieden hin[17] zu zweifeln. Eine auf Recht(sansprüche) gegründete machtförmige Durchsetzung friedenspolitischer Erfordernisse (Government) aber sieht Kant ausschließlich für die erste, die einzelstaatliche Ebene vor, während ihm darüber hinaus, zumal das Zusammenspiel der Ebenen und ihrer politischen Akteure betreffend, eine die Staatsgrenzen und den Kreis staatlicher Akteure überschreitende, auf Öffentlichkeit, Transparenz und Informalität beruhende, dabei Rechts- wie Nutzenaspekte berücksichtigende Aushandlung, Steuerung, Durchsetzung und Bewahrung friedensrelevanter Bestände und Verfahren angemessen erscheinen.

Der sich im zuletzt Gesagten verdichtende Eindruck einer besonderen Angemessenheit von Governance-Strukturen und -Verfahren zur Realisierung der kantischen Friedensprogrammatik gewinnt zusätzlich Plausibilität durch eine weitere Beobachtung: das Schwinden des Zwangsmomentes in Kants Begriff des Öffentlichen, näherhin des Völker- und Weltbürgerrechtes. Zu bedenken ist hier die enge Beziehung zwischen Moral und Recht in Kants praktischer Philosophie. In dieser kann eine Handlung nur dann als moralisch – als „gut" – gelten, wenn die Maxime derselben universalisierbar ist, also den Freiheitsansprüchen aller Mitmenschen Rechnung trägt, unabhängig davon, welch weiteren Zwecken (Bedürfnissen, Interessen) sie dient. „Handle nur nach derjenigen Maxime, durch die du zugleich wollen kannst, dass sie ein allgemeines Gesetz werde", heißt die entsprechende berühmte Formel des „kategorischen Imperativs" in Kants „Grundlegung zur Metaphysik der Sitten"[18]. Eine Lüge wegen eines (und sei es existenziell wichtigen) Vorteils zu rechtfertigen hieße eine Handlung bzw. eine Handlungsweise als dem Sittengesetz entsprechend auszugeben, obgleich ein solches Handeln, würde es wirklich für moralisch akzeptabel erklärt, die Grundlagen menschlichen Vertrauens und des sozialen Zusammenlebens verunmöglichen müsste.

Geht es der Moral(philosophie) um das Motiv des freien Handelns, so dem daraus abgeleiteten Rechtsprinzip um dessen formale Gesetzmäßigkeit, um dessen Respektierung also der Freiheitssphären der Mitmenschen – unabhängig von der Qualität der Handlungsmotive. Recht wird so zum Inbegriff der Bedingungen, unter denen das freie Handeln des einen mit der Freiheit aller anderen zu-

*Grundtendenz zum Frieden hin.*

*Schwinden des Zwangsmomentes*

---

[16] Vgl. hierzu Schmidt 1996: 44 f.
[17] Obwohl dieser doch „gestiftet" werden müsste! (125)
[18] Hier zitiert nach Schnädelbach 2005: 91 (im Original gesperrt).

sammen bestehen kann. Der bekannten Neigung der Menschen, ihre – prinzipiell durch das gesatzte Recht eingegrenzten – Freiheitsansprüche zu überdehnen, wirkt das Recht mit der Androhung von Zwangsmaßnahmen (Geld- und Freiheitsstrafen, Aberkennung von Bürgerrechten) entgegen. Beeindruckt dies alles den Rechtsbrecher nicht, dann stellt die Durchsetzung des angedrohten Zwanges das lädierte Rechtsverhältnis und damit die Balance zwischen allen Freiheitsansprüchen wieder her. So kann in Kants Worten „das *strikte* Recht […] auch als die Möglichkeit eines mit jedermanns Freiheit nach allgemeinen Gesetzen zusammenstimmenden durchgängigen wechselseitigen Zwanges vorgestellt werden" (MS 36).[19]

**Nichtstriktes Recht**

Das „strikte Recht", sagt Kant und bereitet uns damit auf andere Formen des Rechtes vor, für die die Formel „Recht und Befugnis zu zwingen bedeuten […] einerlei" (MSR 37) nicht gilt. Das ist überall dort der Fall, wo es die den Rechtsstaat ausmachenden Instanzen der Setzung (Gesetzgeber), Zuerkennung (Justiz) und Durchsetzung von Recht (Exekutive, Rechtsverwaltung und Polizei) nicht gibt. Also im Völkerrecht, wo die Staaten – außer in vertraglich verabredeten Fällen (Schiedsgerichtsbarkeit etwa) – souveräne, niemandes Urteil unterworfene Letztinstanzen darstellen, und im Weltbürgerrecht, in dem die jeweils schwache Seite gern auf das Recht (durch)setzende Instanzen zurückgriffe, aber im strengen Sinn nur an die Zurückhaltung und die moralische bzw. rechtliche Selbstbindung der überlegenen Seite appellieren kann.

**Abmachungen und Institutionen umfassen nicht nur Staaten, sondern auch andere Akteure**

Im Völker- und Weltbürgerrecht nach kantischer Manier finden sich also für die Schaffung und Wirksamkeit einer regionalen oder globalen Friedensordnung zentrale Handlungsbereiche, die mit rechtlich legitimierter Zwangsmacht nicht zu ordnen und darum auf andere wirksame, vertragliche oder vertragsanaloge Staaten und nicht- bzw. substaatliche Akteure bindende Abmachungen und Institutionen angewiesen sind – Softpower statt Hardpower, um es dem politikwissenschaftlichen Zeitgeschmack entsprechend zu formulieren.

**Governance und 2. Definitivartikel**

Wir rücken der heutigen Problematik einer „Friedensmacht Europa" bzw. einer europäischen (Friedens-, Sicherheits-, Menschenrechts-)Governance ganz nahe, wenn wir die bisher gelegten Governance-Spuren für die Interpretation des zweiten Definitivartikels fruchtbar machen: „Das Völkerrecht soll auf einen *Föderalism* freier Staaten gegründet sein" (130). Auslegung und Beurteilung der kantischen Ausführungen zum Friedensbund und Friedensvölkerrecht sind seit jeher umstritten, eine insgesamt sehr gelungene Exegese hat wiederum O. Eberl vorgelegt.[20]

Überzeugend weist er die bekannte (kriegsträchtige!) Auffassung zurück, Friedensbünde und völkerrechtliche Verträge setzten demokratische Staaten voraus. Eberl erkennt in Freiheitserhalt und Besitzstandswahrung, nicht aber in der Vergrößerung von Macht und Eigentum den Existenzgrund von Friedensbünden und verweist zu Recht auf die in diesen gegebene Chance für die Selbstdemokratisierung von Nichtdemokratien wie die Selbstoptimierung bestehender Demokratien. Zweifellos verwirft Kants Konstruktion den Gedanken einer Ver-

---

[19] Im Original gesperrt.
[20] A. a. O., vor allem 198 ff.

fassung für dieses Gebilde als illegitim und baut auf die freiwillige vertragliche Abmachung der „Friedensbündler". Aber muss man darum Eberls Meinung teilen, dass nicht nur der Beitritt zu diesem Bund, sondern auch die – immerhin vertraglich vereinbate! – „jeweilige Regelunterwerfung"[21] freiwillig, ein Verlassen des Friedensbundes also selbst im Verteidigungsfall nach innen wie nach außen erlaubt sein muss? Bei dieser Auslegung erschienen mir das Sicherheitskalkül der beteiligten Staaten wie das zu unterstellende Sicherheitsgefühl ihrer Bürger auf so schwachen Füßen zu stehen, dass ihr Bund schon das erste „Einknicken" einzelner Staaten im Verteidigungsfall kaum übersehen dürfte.

Andere Interpretationen setzen die Erwartungssicherheit aller Beteiligten gewährleistet durch das existenziell gemeinsame Schutzinteresse, wenn nicht gar durch eine den Republiken vorgeblich eignende moralische (Vertragseinhaltungs-)Gesinnung. Aber mit unkonditionierter Moral sollte man in der Politik schon darum nicht rechnen, um das kriegbegünstigende missionarische Überlegenheitsgefühl liberaler Demokratien nicht unnötig, ja kontrafaktisch zu befeuern! Wiederum andere halten Kants Ablehnung einer Weltfriedensrepublik für widersprüchlich und arbeiten, mitunter Friedensbünde als wenig inspirierendes Intermezzo akzeptierend, meist mit kantischen Denkmitteln an entsprechenden, auch realpolitisch belastbaren Modellen.[22] Da gegen diese geschichtsphilosophisch abschlusshaften Modelle eines wie auch immer föderalistisch und regional moderierten globalen Friedensstaates genügend (nicht nur) kantische Bedenklichkeiten[23] bestehen bleiben, scheint mir eine näher am kantischen Text und Modell bleibende Interpretation überzeugender[24], die hier, governancetheoretisch akzentuiert, angedeutet sei.

Besteht der – in der Regel schon als Drohung wirksame – Basiszweck des Friedensbundes darin, mit überlegener (Verteidigungs-)Macht jede Aggression äußerer Gegner abzuwehren und wortbrüchige Bündnispartner zu repazifizieren, dann wird man Mitglied in diesem nicht durch die folgenlose Verzichtserklärung auf das fragwürdige souveräne (nur unter Naturzustandsbedingungen so zu nennende) Ius ad bellum, sondern durch einen prinzipiell aufkündbaren Teilsouveränitätsverzicht und militärischen Beitrag. Über und auf diesen grundlegenden vertraglichen Festsetzungen dürfte sich ein vielfältiges Geflecht von Verträgen und Abmachungen bi- und multilateraler Art breitmachen, mit entsprechenden Ausschüssen, Kommissionen und Netzwerken, die sich aller den Einzelstaat überschreitenden Friedensbemühungen anzunehmen hätten: von der Defensivierung der jeweiligen Verteidigungsstrukturen der Staaten über die wechselseitige Anerkennung von Menschen- qua Grundrechten ihrer Bürger zum Monitoring der Umsetzung der aus dem dritten Definitivartikel folgenden Verpflichtungen im Bereich des Friedensbundes

*Mitgliedschaft verlangt Beiträge*

---

[21] A. a. O., 198.

[22] Ausführlicher diskutiere ich diese Vorschläge in Schmidt 2005: 217–236.

[23] Hier droht doch immer ein Umkippen des föderalen Völkerstaates in den despotischen Universalstaat. Bei Kant bleibt zudem die Vernunftidee des „ursprünglichen Vertrages" (contractus originarius) immer an den empirischen Einzelstaat gebunden; vgl. Beestermöller 1995, insbesondere 54 f.

[24] Wie in den Grundzügen entwickelt in Schmidt 1996.

Gefühle der
Gemeinsamkeit

Über diese Zwecke und Praktiken vermittelt, entwickeln sich Zusammenge-hörigkeitsgefühle, entstehen Koordinationsbedürfnisse und -strukturen, die aus-baufähig erscheinen für weitere Rechtssicherungs- und Kooperationsvereinba-rungen, welche den Beitrittsanreiz für weitere Staaten und gegebenenfalls weite-re Friedensbünde erhöhen können. Hier ist natürlich auch zu denken an die recht-liche Regulierung des von Kant ja als zentrales Friedensmittel begriffenen Han-dels und Warenaustauschs inklusive der wirksamen Verhinderung seiner men-schenverachtenden Durchsetzung in der Dritten und Vierten Welt. Erinnern wir daran, dass nach Kants „Metaphysik der Sitten" das jeweilige Eigentum der Menschen so lange als provisorisch gelten muss, als es nur im Einzelstaat, nicht aber durch den vereinigten und erklärten Willen aller Staaten und Menschen anerkannt ist, dann wird deutlich, dass die völkerrechtliche Entwicklungsper-spektive bei Kant letztlich auf die Errichtung eines globalen Friedensbundes zielen muss. Und es dürfte sich nun weniger Widerstand gegen den Gedanken regen, dass dieser Friedensbund aus einem höchst komplexen, sich an den Fra-gen eines globalen Menschenrechts-, Eigentums- und Friedensschutzes abarbei-tenden Geflecht von Institutionen und Netzwerken bestehen könnte!

## 4    Europäische (Einigungs-, Sicherheits-, Menschenrechts-) Governance – ein kantisches Modell?

Governance: Bearbei-tung von Interdepen-denzproblemen

Über das im vorigen Kapitel detaillierter ausgeführte Einanderentgegenkommen von kantischer „Politik" und politischer (auch politikwissenschaftlicher) Gover-nance hinaus erscheinen beide durch einen grundsätzlichen praktischen Zug verbunden. Kants Auftrag an Politik und die sie tragenden (moralischen) Subjek-te: Frieden muss gestiftet werden, konkretisiert sich heutzutage governancetheo-retisch als Versuch, ständig zunehmende Interdependenzprobleme abgestimmt und ohne den Einsatz militärischer Gewaltmittel zu bearbeiten (zu steuern, zu koordinieren) durch staatenübergreifende, zivilgesellschaftliche Kräfte einbezie-hende institutionelle Arrangements.

Europäische Instituti-onen und Kants Friedensprogramm

Dieser einstweilen nur behauptete Zusammenhang lässt sich fruchtbar ma-chen für die Ausgestaltung eines regionalen Friedensregimes (qua Friedensbund und Völkerrecht), deren nur skizzenhaft-prinzipielle, mithin Konkretisierung heischende Darstellung bei Kant fragen lässt: Welche europäischen Institutionen arbeiten an einem kantischen Friedensprogramm, inwiefern genügen sie kanti-schen Anforderungen, und in welcher Hinsicht schließlich ist mit kantischen Interventionen zu rechnen? Um Kant hier aber nicht, gänzlich unkritisch, einfach das letzte Wort und Urteil über die Realgeschichte zu lassen, sei abschließend gefragt, ob und inwiefern dieses Denken seinerseits den Anfechtungen und Kor-rekturen der Realgeschichte auszusetzen sei.

Unter internationaler Governance versteht der Beitrag von Simonis et al.[25] eine „grenzüberschreitend institutionalisierte Handlungskoordination oder Kooperation". European Governance bezieht sich auf Europa, was – trivial, aber wichtig – mehr meint als die Europäische Union (EU) (355). Neben deren einschlägiger Governance haben wir also auch die gesamteuropäischen Institutionen und Aktivitäten des Europarates und der geographisch noch darüber hinausreichenden Organisation für Sicherheit und Zusammenarbeit in Europa (OSZE) in den Blick zu nehmen.

Begriffe:<br>internationale und<br>europäische<br>Governance

Aus dem 1949 gegründeten Europarat hat sich im Lauf der Zeit eine Reihe der wichtigsten und heutzutage bekannteren Institutionen wie die EWG, die EG, die EU herausentwickelt. Als „Ideenschmiede der europäischen Integration" bestand und besteht seine allgemeinste Aufgabe darin, „eine enge Verbindung zwischen seinen Mitgliedern zum Schutze und zur Förderung der Ideale und Grundsätze, die ihr gemeinsames Erbe bilden, herzustellen und ihren wirtschaftlichen und sozialen Fortschritt zu fördern"[26]. Neben Aufgaben wie der Angleichung der Gesetzgebung, der Erziehungs- und Bildungssysteme oder der sozialen Standards („Sozialcharta") fühlt sich der Europarat in besonderem Maß der Durchsetzung, Bewahrung und Entwicklung der Menschenrechte und Grundfreiheiten in seinen Mitgliedstaaten verpflichtet. Auf der Grundlage vertraglich vereinbarter Verpflichtungen und Kooperationen erfüllen die Organe des Europarates ihre Aufgaben weitgehend mit „sanfter Gewalt", gewähren viel Unterstützung, gebrauchen wenig Zwang.

Europarat

Am härtesten sanktioniert im Einzelfall der Europäische Gerichtshof für Menschenrechte (EGMR), aber auch das Ministerkomitee verfügt grundsätzlich über spürbare Sanktionsmöglichkeiten. Menschenrechtskommission und -kommissar überprüfen, beurteilen, empfehlen – wie das wichtige Monitoring der Parlamentarischen Versammlung in stetem Einbezug gesellschaftlicher Kräfte und der BürgerInnen der betroffenen Länder.

Vergleichbar kooperativ und insbesondere dialogbasiert formte die 1995 aus der (1973 gegründeten) KSZE hervorgegangene OSZE ihre Instrumente bzw. Organe. Auf der Grundlage eines durch den Zusammenbruch des Ost-West-Antagonismus ermöglichten, in der Charta von Paris (1990) niedergelegten „normativen Demokratieleitbild(es)"[27] obliegt dieser paneuropäischen Institution (plus USA und Kanada) die Aufgabe umfassender Gewaltprävention und -bearbeitung oder – anders – eignet ihr eine breitausgelegte Sicherheitsgovernance auf politisch-militärischem, ökonomisch-ökologischem und menschlichem Gebiet.

KSZE und OSZE

---

[25] Dieser ist, da hier keine Governance-Diskussion im eigentlichen Sinn geführt werden soll, im Folgenden der – mir konsistent und sachlich überzeugend erscheinende – Referenztext für Governance und Governance-Analyse (Zitiert als S plus Seitenzahl). Zur kontextuellen und positionellen Verortung desselben in der aktuellen Governance-Diskussion vgl. den Studienbrief der Fern-Universität von Benz, Arthur, u. a.: Governance. Eine Einführung (2003). Zur weiteren Kennzeichnung der im Folgenden behandelten Institutionen wird vor allem auf den hilfreichen Band von Gruner und Woyke 2004 zurückgegriffen.

[26] Gruner/Woyke 2004: 431.

[27] Repräsentative Demokratien mit Mehrparteiensystem, Minderheitenschutz und Meinungsfreiheit/Öffentlichkeit, Rechtsstaatlichkeit und Marktwirtschaft – nach Gruner/Woyke 2004: 456.

Hochrangig besetzte und vielversprechend klingende Organe – Gipfeltreffen der Staats- und Regierungschefs, (Außen-)Ministerrat, Hoher und Ständiger
Rat – suggerieren eine Macht und einen Einfluss der OSZE, die trotz aller Erfolge (Konfliktdämpfung, Minderheitenschutz, Demokratieförderung, Wahlbeobachtung) nicht gegeben sind. „Als zwischenstaatliche Organisation von 55 Staaten, deren Entscheidungsprinzip Konsens minus 1 ist, kann die OSZE ihre Mitglieder zur Einhaltung von selbstgesetzten Regeln nur in dem Maße zwingen, in
dem die Mitgliedstaaten Bereitschaft zeigen, diese Regeln auch anzuwenden."[28]
Ob in der Form von Langzeitmissionen oder als Hoher Kommissar für nationale
Minderheiten und als Medienbeauftragter der OSZE: stärker noch als der Europarat ist diese Institution verwiesen auf die Macht weicher Instrumente (positive
Anreize – negative, aber gewaltarme Sanktionen), die Mitwirkung der Zivilgesellschaften und die Macht der Öffentlichkeit(en).

EU

Richten wir unser Augenmerk nun auf die EU und deren spezifische Gover-
nance-Beiträge und bedienen uns dazu der von Simonis et al. vorgeschlagenen
Unterscheidung von fünf Formen internationaler Governance im oben definierten Sinn: Imperium – Hegemonie – Mächtekonzert – supranationale Gemeinschaft – Sicherheitsgemeinschaft. Wenngleich auch (stärker gramscianisch ge-
tönte, also transnational-klassenpolitisch akzentuierte) hegemoniale Merkmale
die Außenpolitik der EU kennzeichnen, steht sie zunächst und vor allem für die
beiden letztgenannten Modelle Pate. Fungiert die EU bzw. genauer die EG im
Rahmen der EU als einziges Exemplar einer supranationalen Gemeinschaft, kann
sie doch zugleich in der Binnenperspektive als beeindruckendes Beispiel einer
Sicherheitsgemeinschaft[29] gelten.

Sicherheits-
gemeinschaft

Im Anschluss an Karl Deutsch verstehen die Autoren unter einer Sicherheitsgemeinschaft eine zwischenstaatliche politische Verbindung, deren beteiligte Staaten und Bevölkerungen „einander wechselseitig *nicht mehr als Bedrohung*
*wahrnehmen*" (S 372)[30]. Dieser (letztlich psychologische) Effekt stellt sich nicht
ein, weil die staatlichen Elemente der Sicherheitsgemeinschaft nach dem Muster
kollektiver Sicherheitsregime auf gewaltbefugte Zentralinstanzen bauten oder
weil sie wechselseitig abgerüstet hätten. Das Geheimnis des Erfolges liegt vielmehr darin, dass die alliierten Staaten setzen auf

- gemeinsam geteilte grundlegende Werte, die u. a. einen friedlichen Konfliktaustrag im Innern wie im Außenverhalten der Gesellschaften befürwor-
  ten,
- einen forcierten Austausch zwischen den beteiligten Gesellschaften, generell wie an der Spitze,
- sowie internationale Regime und Organisationen, die einen solchen Austausch fördern und „Mechanismen zur gewaltfreien Schlichtung allfälliger
  Konflikte anbieten" (S 373).

---

[28] Gruner/Woyke 2004: 457.
[29] Neben den skandinavischen Ländern oder den USA und Kanada.
[30] Im Original gesperrt.

Nun verpflichtete, wie erinnerlich, Kant die Mitglieder eines Friedensbundes nicht nur auf binnengemeinschaftliches Wohlverhalten, sondern auch auf eine bestimmte außenpolitische Generallinie, markiert durch die Pole Abwehr gewaltbereiter Staaten und Einladung zum Beitritt zum Friedensbund. Ließe sich die folgende Auflistung unterschiedlicher Arten außenpolitisch gerichteter Governance-Strukturen (S 380) nicht als eine aktuelle differenzierte Antwort auf diese kantische Problematik verstehen? Also:

„(1) Governancestrukturen, die auf einen Beitritt des Partnerlandes gerichtet sind (…Beitritts-Governance);

(2) Governancestrukturen, die langfristig darauf zielen, demokratische und ökonomische Reformen, nachhaltige Entwicklung und Handel in und mit Nachbarländern im Osten […] und im südlichen Mittelmeerraum zu fördern und zu verstärken, ohne eine konkrete Beitrittsperspektive bieten zu wollen: die ENP …;

(3) Governancestrukturen, die primär darauf zielen, die Sicherheit der EU-Länder zu gewährleisten und deren allgemeine Außenpolitik zu koordinieren (ESVP/GASP);

(4) Governancestrukturen, die die Entwicklungszusammenarbeit mit Ländern Afrikas, Asiens und Lateinamerikas koordinieren."

*Arten außenpolitischer EU-Governance-Strukturen …*

Es scheint doch, als seien für die Umsetzung der regionalen Friedensprogrammatik Kants nicht nur die GASP und die darin integrierte ESVP gefragt.

Europäische Nachbarschaftspolitik (2) und Entwicklungszusammenarbeit (4) dürften beanspruchen, den Umgang mit Nicht-EU-Ländern vorbeugend sozusagen zu verfriedlichen und zugleich dem kantischen „Handelsgeist" (doppelt erträgliche) geregelte Bahnen zu weisen; (1), die Beitrittsgovernance, könnte verstanden werden als eine für Kant kaum vorhersehbare Antwort auf dessen Forderung einer allmählichen demokratischen Homogenisierung der Herrschaftsverfassungen in den Friedensbundstaaten. Was aber leisten GASP und ESVP?

*… und Kants Begrifflichkeiten*

Sie zielten auf die politisch und militärisch basierte Gewährleistung der Sicherheit und die Außenpolitikkoordinierung der EU-Länder, hieß es – womit schon angedeutet wurde, dass die GASP/ESVP kein Produkt supranational-vergemeinschafteter, sondern intergouvernementaler Politik der in der EU (als Sicherheitsgemeinschaft) verbündeten Nationalstaaten darstellt, jedenfalls im Vergleich der angeführten Governance-Arten „den größten Anteil intergouvernementaler Elemente bietet" (S 389). Die GASP als Außen-, mithin auch die Friedens-, Sicherheits- und Verteidigungspolitik der EU steht unter zum Teil sehr ausgeprägten nationalen Vorbehalten der Mitgliedstaaten und muss zugleich unterschieden werden von der mit den externen Wirtschaftsbeziehungen befassten supranationalen Außenpolitik der EG (S 382).

*GASP und ESVP: intergouvernementaler Aufbau …*

Die im Maastrichter Vertrag von 1992 beschlossene GASP zielt auf „die Wahrung der gemeinsamen Werte, grundlegenden Interessen und der Unabhängigkeit der Union; die Stärkung der Sicherheit der Union und ihrer Mitgliedstaaten in all ihren Formen; die Wahrung des Friedens und die Stärkung der internationalen Sicherheit entsprechend den Grundsätzen der Charta der Vereinten Nationen sowie den Prinzipien der Schlussakte der KSZE von Helsinki und dem

*Ziele …*

Ziel der KSZE-Charta von Paris; die Förderung der internationalen Zusammenarbeit sowie die Entwicklung und Stärkung von Demokratie und Rechtsstaatlichkeit sowie die Achtung der Menschenrechte und Grundfreiheit"[31].

*Instrumentarien ...*

Unbeschadet der verbleibenden, auch außenpolitischen Selbständigkeit der
Mit-gliedstaaten sind diese gehalten, sich abzustimmen in Fragen von grundsätz-
licher Bedeutung. Hierfür sowie für die Nutzung der einschlägigen Instrumentarien: gemeinsame Strategien/außenpolitische Konzepte, gemeinsame Aktionen
und gemeinsame Standpunkte, kommen dem Europäischen Rat als höchstem
Entscheidungsorgan für die GASP sowie dem Ministerrat, seit dem Vertrag von
Amsterdam (1997) auch dem Hohen Beauftragten für die gemeinsame Außen-
und Sicherheitspolitik besondere Bedeutung zu.

*und Aufgaben-
erweiterung*

Die Erfahrungen des Kosovokrieges führten zu einer massiven Verstärkung
verteidigungspolitischer Elemente, schufen nicht unbedeutende militärische
Kapazitäten mitsamt deren militärisch-zivilem institutionellen Unterbau und
definierten die sogenannten Petersbergaufgaben der EU: humanitäre und frieden-
erhaltende Aufgaben, Rettungseinsätze, Kampfeinsätze bei der Krisenbewälti-
gung etc. „Mit Hilfe der europäischen Einsatzstreitkräfte soll die europäische
Komponente innerhalb der NATO gestärkt werden. Gleichzeitig soll es der EU
durch die europäischen Streitkräfte auch ermöglicht werden, bei Krisen und
Konflikten an der europäischen Peripherie zu intervenieren, wenn die USA dazu
nicht in der Lage oder willens sind."[32]

*Unklare Zukunft*

Wohin die Entwicklung geht, bleibt wegen der fortwährenden Auseinandersetzung um den (gescheiterten) Verfassungsentwurf von 2003 und dessen Substi-
tut des Verfassungsvertrages, aber auch aufgrund der vielfältig-problematischen
Beziehungen der EU und ihrer Mitgliedstaaten zur NATO einstweilen offen.
Unklar bleibt, inwieweit die militärischen Bedürfnisse einer „Superpower in the
Making" (Johan Galtung) durch das gängige (kantische!) Selbstbild einer „Friedensmacht Europa" diszipliniert und konterkariert werden können. Unklar bleibt
aber auch der institutionell-rechtliche Rahmen der EU als einer solchen Friedensmacht: Geht es zumindest in Friedens- und Sicherheitsfragen stärker in
Richtung einer supranationalen, die Mitgliedstaaten diesbetreffend dominierenden und verpflichtenden Gemeinschaft, oder bleibt es eher bei einer Sicherheitsgemeinschaft (nach innen), deren Außenpolitik vornehmlich die (oft heterogenen) Interessen mächtiger Einzelstaaten reflektiert bzw. sich diesen gegenüber zu
behaupten sucht?

*EU-Konstruktion
erfüllt grundsätzliche
Forderungen Kants*

Wenden wir nun den Blick zurück und stellen erneut die diesen Beitrag leitende Frage: Wie verträgt sich das hier governancetheoretisch zur europäischen
Friedensordnung und -politik Vorgetragene mit Kants Friedensentwurf und vice
versa? Grundsätzlich bedarf es nicht unbedingt der Kant erspart gebliebenen
Erfahrung zweier von diesem Kontinent ausgegangener Weltkriege, um in der
EG/EU-Konstruktion ein so erfahrungsgesättigtes wie ingeniöses, kurz „ein
brillantes Stück friedensstiftender Politik"[33] zu sehen. Diese Politik hat grund-

---

[31] Gruner/Woyke 2004: 133.
[32] Gruner/Woyke 2004: 434.
[33] Johan Galtung, zit. bei Simonis et al. 2007: 382, Anm. 51.

sätzliche Forderungen Kants institutionalisiert und mit Leben erfüllt: Rechtsstaatlichkeit und Marktwirtschaft, Menschenrechte und Demokratie, eine friedensorientierte Selbstbindung der Staaten unter Kritik und Kontrolle einer auch internationalen Öffentlichkeit[34].

Bestätigt hat sich die Ausgangshypothese, dass nicht nur das kantische Vernunftrecht einer normativen Unterfütterung von Governance-Strukturen, sondern dass der Governance-Ansatz seinerseits auch einer überzeugenden Interpretation wie zeitangemessenen Umsetzung des kantischen Friedensprogramms dienen kann. Da Kant, in dieser Hinsicht Hobbesianer, essenzielle Beschränkungen bzw. Aufteilungen der staatlichen Souveränität nicht zu denken vermochte, die Einhaltung der vertraglichen Friedensvorkehrungen des Friedensbundes aber der – jederzeit revozierbaren – Selbstbindung der Einzelstaaten übertrug, blieb rätselhaft, wie auf diese Art und Weise jemals das Sicherheitsdilemma zwischen den Vertragsstaaten überwunden werden und eine Sicherheitsgemeinschaft entstehen sollte, die auch in der Außenwirkung nicht mehr als Bedrohung wahrgenommen werden könnte. Governance-Systeme bieten da institutionalistische Lösungen, wie – und hier greifen sie den konfigurativen Denkzug Kants auf – im teils intentionalen, teils ungeplanten Zusammenwirken unterschiedlicher Organisationen, Politikebenen und Handlungsfelder und unter Einbeziehung zivilgesellschaftlicher Kräfte die Sicherheit vor- und miteinander befördert und nachhaltige Friedensstrukturen geschaffen werden können. *(Governance-Ansatz: zeitgemäße Umsetzung des kantischen Friedensprogramms)*

Mehr noch: Insofern Governance-Systeme weniger auf gezielte Machtausübung denn auf Normenbindung und breite Interessenaushandlung setzen, weisen sie den Weg, wie auch dem Hospitalitätsgebot des dritten Definitivartikels, also dem globalen Schutz des Rechtes der Menschen allgemein und der Schwachen, Ausgebeuteten und nicht staatlich Vergemeinschafteten im Besonderen, institutionell Rechnung getragen werden könnte; hier dürften Global-Governance- und kosmopolitische Beiträge[35] von Interesse sein. Nicht zuletzt aber vermag der Governance-Ansatz plausibel zu machen, auf welche Weise und mit welchen Motiven staatliche, überstaatliche und nichtstaatliche Kräfte und Verbindungen schaffen, was Kant für unvereinbar mit der Natur souveräner Staaten hielt, nämlich zu einer (Friedens-)Republik der Republiken (134) zusammenzufinden – was sich als Realmöglichkeit zumindest europäisch-regionaler Kooperation herausgestellt hat. *(Schutz der Schwachen institutionell möglich)*

Wenn also European Governance als eine legitime und phantasievolle (Teil-)Umsetzung des kantischen Modells gelten kann, können diese Übereinstimmungen doch gravierende Unverträglichkeiten nicht verdecken – Kritikpunkte, die im Sinne einer (kantischen) Friedensreformpolitik genutzt werden und dadurch die Anschlussfähigkeit des Governance-Ansatzes an normative Theorien (etwa) kantischen Typus bestätigen können. Also: *(Aber: auch Unverträglichkeiten)*

---

[34] Siehe die detaillierte Analyse in Schmidt 2007.
[35] Siehe dazu die Diskussion verschiedener Beiträge von Franz Nuscheler und Dirk Messner, von Daniele Archibugi und David Held in Schmidt 2005 und 1996.

- Was Jan Oebergs Analyse des europäischen Verfassungsentwurfes und der europäischen Sicherheitsstrategie als Ersetzung des reichen Friedens- durch einen kargen Sicherheitsbegriff pointierte[36], lässt sich als Tendenz, zumindest als Gefahr auch der vorstehenden Governance-Beschreibung entnehmen: dass das umfassende – auf globale Durchsetzung von menschenrechtlich verbürgter Freiheit und Demokratie, von Zusammenarbeit und Wohlstand zielende – Friedenskonzept Kants in eine Sicherheitsperspektive („Sicherheitsgovernance") über- und dadurch enggeführt wird.
- EU-Staaten friedensstrukturell defizitär
- Gemessen am Verfassungszuschnitt kantischer Republiken, bleiben die EU- und die anderen europäischen Staaten fast ausnahmslos friedensstrukturell defizitär, zeigen arge Demokratie-, Öffentlichkeits-, Umrüstungs- und Strategiedefizite.
- NATO: nicht für glaubwürdige Friedenspolitik geeignet
- Eine glaubwürdige Friedens- und nichtaggressive Sicherheitspolitik lässt sich wohl als und innerhalb einer „Friedensmacht Europa" betreiben, nicht aber in einem Militärbündnis NATO, das sich strukturell immer gegen irgendwelche Feinde richtet (in Moskau, am Hindukusch ...), das Interessenpolitik mit unverhüllter (gar atomarer) Offensivgewalt absichert und sich die gelegentliche Suspendierung des Gewaltlegitimationsmonopols der UNO als der einzigen Weltfriedensorganisation vorbehält.
- Asyl- und Außenwirtschaftspolitik kontra Menschenrechtsschutz
- Dieser Vorbehalt trifft wie der folgende die EU wie ihre staatlichen Elemente, deren Asylpolitik wie (Teile ihrer) Außenwirtschaftspolitik einen wirksamen Menschenrechtsschutz konterkarieren.
- Aufrüstung der EU
- Strahlt die (als solche unverzichtbare) Menschenrechtsgovernance des Europarates wesentlich nach innen, wenig nach außen aus, so dürften auch die Sicherheitsvorkehrungen der EU im weiteren Fortgang ihrer Aufrüstung und Stärkung der militärischen im Verhältnis zu den zivilen Konfliktbearbeitungskapazitäten auf Drittstaaten qua mögliche Gegner wenig beruhigend, ja sicherheitsdilemmatisch wirken.
- Asymmetrie der Beitrittspolitik
- Bedenken erregen muss auch die Asymmetrie einer Beitrittspolitik, die den Beitrittskandidaten via Übernahme des Acquis communautaire ein Verfassungsprofil und Gesellschaftsmodell vorschreibt, das nach Kant diese sich nur selbst schneidern dürften.

Soweit die Voten des Philosophen, nutzbar, wie gesagt, als Merkposten und Maximen einer entschlossenen Reformpolitik. Behält die Philosophie also das letzte Wort gegenüber Geschichte und politischer Realität, die vor ihrem Urteil bestehen müssen? Ja – und nein. Ja, weil Geschichte und politischer Betrieb Normen, Normdispositionen und politische Leitbilder immer nur hervorbringen und ihnen folgen, sie aber nicht begründen und rechtfertigen können. Nein, weil die prak-

---

[36] Vgl. Oeberg 2006.

tisch-politische Vernunft selbst dem Mahlstrom der Geschichte und deren Un-
wägbarkeiten ausgesetzt bleibt.

Das zeigte sich im Vorstehenden nicht zuletzt daran, dass Völkerrecht und
Realpolitik das Postulat der einen und unteilbaren (Staats-)Souveränität gleich
welcher Observanz irreversibel dementiert haben. Das zwingt zu neuen Denk-
bemühungen, muss aber darum nicht, auch das wurde deutlich, eine Schwächung
des Friedens- (und Wohlstands-)Potenzials staatsbezogener Politik bedeuten!

Oder nehmen wir den „Handelsgeist": Gerade die jüngste Geschichte Euro- | *Beispiel Handelsgeist*
pas hat Kants Theorem bestätigt, dass dieser das Zeug zu einer Menschen und
Staaten verbindenden, auch zivilisierenden Friedensmacht hat. In Hülle und
Fülle aber lieferte dieselbe Geschichte Belege dafür, dass es nicht nur rechtlicher
Vorkehrungen etwa auf der Grundlage des dritten Definitivartikels, sondern auch
ständiger politischer Regulierung bedarf, damit mächtige Volkswirtschaften
schwächere nicht – mit gravierenden sozialen Konsequenzen – einfach nieder-
konkurrieren, damit asymmetrischer („ungleicher") globaler Tausch nicht ganze
Kontinente verarmen, damit das freie Spiel der Marktkräfte die Schere zwischen
Arm und Reich sich nicht ins Groteske öffnen lässt. Diese Entwicklung zu steuern verlangt auch philosophisch-normative Konsequenzen, die nicht nur im Fall
Kants zu Modifikationen am Freiheitsbegriff führen sollten.[37]

Ein Letztes: Zu den Bedingungen, unter denen Kant Geschichte dachte, ge- | *Militärtechnischer*
hörte noch nicht die – jederzeit auslösbare – technische Selbstabschaffung der | *Fortschritt – Massen-*
Gattung – die Destruktivität der im Kapitalismus und später im Realsozialismus | *vernichtungswaffen*
entfesselten Produktivkräfte sollte später erst ins helle Licht treten. Insofern die
schiere Existenz von Nuklear- und anderen Massenvernichtungswaffen, unabhängig von den diesen Funktion und Verwendungszweck zuerkennenden Politiken und Strategien, für objektive Gefährdungen und subjektive Bedrohungsge-
fühle sorgt, bleibt in die von Kant unterstellte Entwicklungslogik von Friedensbünden ein konstitutiver Störfaktor eingebaut. Die gewollte oder ungewollte
Aktivierung dieses Störfaktors im, sagen wir, Nuklearkrieg zu bedenken heißt
Kants Überzeugung einer letzthinnigen Adjustierung von Vernunft und Geschichte, die sich auch in seinem bekannten Diktum „fiat iustitia pereat mundus"
(es geschehe Gerechtigkeit, möge auch die Welt darüber zugrunde gehen) zum
Ausdruck bringt, grundsätzlich infrage zu stellen.

Wird Philosophie dadurch aber nicht sprachlos, wird Kants friedenspoliti- | *Kants Aktualität*
sches Zeugnis durch den Gang der Geschichte nicht definitiv überholt, obsolet?
Das denn wohl doch nicht – zumindest so lange nicht, als wir die mit Kants
Denkmitteln allein zu vereinbarende Konsequenz ziehen und uns um die Schaffung von – politischen, ökonomischen, sozialen, zuletzt: kulturellen – Bedingungen bemühen, unter denen politische Entscheidungen grundsätzlich reversibel
und Friedensaktivitäten weiterhin aussichtsreich erscheinen.

---

[37] Vgl. Schmidt 1996: 48 ff.

# Literatur

Beestermöller, Gerhard, 1995: Die Völkerbundsidee. Leistungsfähigkeit und Grenzen der Kriegsächtung durch Staatensolidarität. Stuttgart/Berlin/Köln: Kohlhammer.

Benz, Arthur, u. a. 2003: Governance. Eine Einführung. Studienbrief der FernUniversität in Hagen.

Eberl, Oliver, 2008: Demokratie und Frieden. Kants Friedensschrift in den Kontroversen der Gegenwart. Baden-Baden: Nomos.

Gruner, Wolf D./Woyke, Wichard, 2004: Kurzartikel zu europäischen Institutionen und Politikfeldern, in: Dies., Europa-Lexikon. Länder, Politik, Institutionen. München: C. H. Beck (Sonderauflage für die Landeszentralen für Politische Bildung), 385–474.

Kagan, Robert, 2002: Macht und Schwäche. Was die Vereinigten Staaten und Europa auseinandertreibt, in: Blätter für deutsche und internationale Politik 10, 1194–1206.

Kant, Immanuel, 1973: Zum ewigen Frieden. Ein philosophischer Entwurf (1795, 2. Auflage 1796), in: Kleinere Schriften zur Geschichtsphilosophie, Ethik und Politik. Hamburg: Felix Meiner, 115–169.

Kant, Immanuel, 1966: Metaphysik der Sitten (1796/97). Hamburg: Felix Meiner.

Langer, Claudia, 1986: Reform nach Prinzipien. Untersuchungen zur politischen Theorie Immanuel Kants. Stuttgart.

Meyers, Reinhard, 2008: Theorien internationaler Verflechtung und Integration, in: Textreader zum Kooperationsseminar „Friedensprojekt Europa und Europäische Außenpolitik", 20.–22. Juni 2008 im Franz-Hitze-Haus, Münster.

Oeberg, Jan, 2006: Does the European Union Promote Peace? Analysis, critique and alternatives. Kopenhagen: New Agenda Think-Tank (www.nyagenda.dk).

Ottmann, Henning, 2008: Geschichte des politischen Denkens. Bd. 3: Neuzeit. Teilband 2: Das Zeitalter der Revolutionen. Stuttgart/Weimar: J. B. Metzler.

Schmidt, Hajo, 2007: Die EU im Lichte der Kant'schen Friedenstheorie, in: Hans-Georg Ehrhart/Sabine Jaberg/Bernhard Rinke/Jörg Waldmann (Hrsg.), Die Europäische Union im 21. Jahrhundert. Theorie und Praxis europäischer Außen-, Sicherheits- und Friedenspolitik. Wiesbaden: VS Verlag für Sozialwissenschaften, 55–63.

Schmidt, Hajo, 2005: Weltfriedensordnung? Rechtsethische Perspektiven nach dem Kosovokrieg, in: Maria Behrens (Hrsg.): Globalisierung als politische Herausforderung. Global Governance zwischen Utopie und Realität. Wiesbaden: VS Verlag für Sozialwissenschaften, 215–238.

Schmidt, Hajo, 1996: „Zum ewigen Frieden" – Kants radikales Vermächtnis, in: Martina Haedrich/Werner Ruf (Hrsg.), Globale Krisen und europäische Verantwortung – Visionen für das 21. Jahrhundert. Baden-Baden: Nomos, 30–52.

Schnädelbach, Herbert, 2005: Kant. Leipzig: reclam.

Simonis, Georg/List, Martin/Fiebich, Carina/Elbers, Helmut, 2007: Internationale und Europäische Governance, in: Analyse von Außenpolitik. Textreader/Studienbrief der FernUniversität in Hagen. Zusammengestellt von Georg Simonis. Hagen, 342–399.

# Kapitel 4: Europa als normative Macht?

*Arne Niemann und Gerd Junne*

## 1 Einleitung

Über einige Jahrzehnte beschränkte sich die Literatur zur EU-Außenpolitik hauptsächlich auf Fragen zur Existenz einer Außenpolitik auf europäischer Ebene, zum Ausmaß der Akteurschaft der EU in der internationalen Politik oder zur Rolle Europas als Zivilmacht. Seit einigen Jahren geht die Forschung über diese weitgehend gesättigten Debatten hinaus. Eine wichtige neuere Diskussion ist die zur EU als normativer Macht. Das Konzept der „normativen Macht Europa" hat in der Europaforschung seit 2002 stark an Bedeutung zugenommen. Allerdings hat dies in der deutschsprachigen Literatur kaum Berücksichtigung gefunden. Darüber hinaus ist die Frage der normativen Macht, die sich besonders in der anfänglichen Debatte auf theoretische und konzeptionelle Aspekte beschränkte, bisher auf empirischer Ebene noch nicht ausreichend untersucht worden. Außerdem ist die Debatte bisher noch nicht ausreichend kritisch reflektiert worden. An diesen Punkten setzen wir an. Dabei berücksichtigen wir auch die Erkenntnisse und Ergebnisse, die im Zuge der Betreuung von Masterabschlussarbeiten an der Universität van Amsterdam zu diesem Thema erarbeitet wurden.

Konzept der „normativen Macht" empirisch nicht untersucht

Unser Beitrag ist wie folgt gegliedert: Im ersten Teil skizzieren wir wichtige Debatten zur Rolle der EU in der internationalen Politik und gehen dabei besonders auf die Konzepte der Zivilmacht und (vor allem) der normativen Macht ein. Der zweite Teil nimmt einen wichtigen Kritikpunkt aus der Literatur auf, nämlich dass es dem „Normative-power-Europe"-Konzept an Kriterien und Standards für die empirische Untersuchung mangelt. Wir zeigen in diesem Abschnitt einige Ansätze zur Operationalisierung des Konzeptes. Im dritten Teil gehen wir über das Konzept der normativen Macht hinaus und skizzieren kurz einige andere Idealtypen. Der vierte Teil zeigt (erste) empirische Befunde hinsichtlich der EU als normativer Macht aus zwei von uns zu diesem Themengebiet betreuten Masterarbeiten. Im fünften und letzten Teil reflektieren und hinterfragen wir die gegenwärtige Diskussion der EU als normativer Macht kritisch.

## 2 Wichtige Debatten zur Rolle Europas bzw. der EU in der internationalen Politik

### 2.1 Zivilmacht Europa

Seit den 1970er Jahren beschäftigt sich die Europaforschung explizit mit der Rolle der EU in der internationalen Politik. Dies geht zeitlich einher mit der verstärkten Koordinierung der außenpolitischen Positionen der EG-Mitgliedstaaten im Rahmen der EPZ seit 1970. Die Debatte wurde entscheidend geprägt durch das Konzept der „Zivilmacht Europa" (Duchêne 1972). Duchêne betonte,

„Zivilmacht Europa": Duchêne 1972

dass Europa nicht wirkungsvoll als Militärmacht agieren könne. In einer Welt, die durch eine nukleare Pattsituation zweier Supermächte gekennzeichnet sei, werde militärische Macht letztlich entwertet werden und Raum entstehen für zivilere Formen von Einflussnahme. In einer zunehmend interdependenten Welt könne Europa andere Stärken ausspielen, besonders seine Wirtschaftskraft. Für Duchêne hat die EG als „zivile" Staatengruppe mit hoher ökonomischer und geringer militärischer Macht ein Interesse, internationale Probleme im Sinne einer gemeinsamen Verantwortlichkeit zu befrieden und die Verregelung der internationalen Politik voranzutreiben.

*Realistische Kritik*     Duchênes Überlegungen zur Zivilmacht Europa wurden nicht kritiklos aufgenommen. Hedley Bull (1982) bezeichnete das Konzept als Widerspruch in sich. Militärische Macht sei noch stets von höchster Bedeutung. Ökonomische Ressourcen stellten nur dann Einflussmöglichkeiten (für auf militärischem Gebiet schwache Staaten) dar, wenn die bedeutenden Militärmächte sich dazu entschieden, auf die Anwendung militärischer Gewalt zu verzichten. Bull empfiehlt den westeuropäischen Staaten, am besten mit Rückenstärkung der EG, auf eine größere Unabhängigkeit in puncto Sicherheit und Verteidigung hinzuarbeiten (Bull 1982: 151 ff.). Während der 1980er Jahre wurde Bulls Urteil – im Zuge der (Wieder-)Erstarkung „realistischer" und „intergouvernementalistischer" Ansätze in der Europaforschung – weitgehend ohne substanzielle kritische Reflexion angenommen (vgl. Orbie 2006: 124).

*Anhaltender Einfluss*     Jedoch verlor die Idee der Zivilmacht Europa nie grundlegend an Bedeutung, und seit den 1990er Jahren wurde das Konzept wieder verstärkt aufgegriffen als mögliche Charakterisierung der Entwicklung einer „europäischen" Außenpolitik (Hill 1990) oder auch als Bezugs- und Rückkoppelungspunkt im Zuge der voranschreitenden „Militarisierung" der EU (Stavridis 2001; Smith 2004). Orbie (2006: 123 f.) argumentiert, dass der anhaltende Einfluss von Duchênes Idee der Zivilmacht Europa sich zumindest teilweise auf die Vagheit des Konzeptes gründet, denn es gibt sowohl Wissenschaftlern als auch Entscheidungsträgern (Spiel-)Raum für verschiedene Interpretationen.

*Spezifizierung des Konzeptes*     Die mangelnde Spezifizierung und Systematisierung von Duchênes Zivilmacht- konzept (vgl. Zielonka 1998: 226; Whitman 1998: 11) wurde später von einigen Autoren behoben. Hanns Maull (1990) definiert „Zivilmacht" in seinen Beiträgen zu Deutschland und Japan genauer, und zwar mit folgenden Attributen: (a) der Akzeptanz der Notwendigkeit von Kooperation mit anderen im Verfolgen internationaler Ziele; (b) der Konzentration auf nichtmilitärische, hauptsächlich wirtschaftliche Mittel zur Erreichung nationaler Ziele; (c) der Bereitwilligkeit, supranationale Strukturen zu entwickeln zur Handhabung wichtiger *Definition von Karen* internationaler Sachverhalte und Streitfragen. Karen Smith (2004: 2 ff.) plädiert *Smith* hingegen für eine noch genauere Definition. Sie betont, dass Duchêne und Maull jeweils nur zwei von vier entscheidenden Elementen für eine umfassende Definition von Zivilmacht in Betracht ziehen: zivile Mittel und zivile Ziele. Gemäß Smith umfasst das Zivilmachtkonzept folgende Attribute: (a) zivile (nichtmilitärische, sondern z. B. wirtschaftliche) Mittel; (b) zivile Ziele (z. B. internationale Kooperation oder Stärkung des Völkerrechtes; (c) (zivile) Art, die Mittel zu gebrauchen (d. h. durch Einsatz von „soft power": Anziehung und Überzeugung); (d) demokratische Kontrolle des außenpolitischen Prozesses.

Ein Großteil der jüngeren Debatte zur „Zivilmacht Europa" beschäftigt sich mit der Frage, ob eine „Militarisierung" der EU und die sich entwickelnde ESVP das Konzept der „Zivilmacht Europa" untergraben oder stärken. Hier sind die Fronten geteilt. Eine erste Gruppe von Autoren konzentriert sich in der Bewertung dieser Frage in erster Linie auf (zivile) Ziele. Sie folgen dabei dem Beispiel Maulls, der am Zivilmachtkonzept bezüglich Deutschlands auch nach der Teilnahme an der Bombardierung Serbiens 1999, die nicht durch ein UN-Sicherheitsratsmandat abgesichert war, mit Verweis auf Deutschlands zivile Absichten und Ziele festhält (vgl. Maull 2000). So sieht Stavridis (2001) z. B. kein Problem, militärische Mittel in das „Zivilmacht-Europa"-Konzept einzubetten. Im Gegenteil, für ihn sind Militärkapazitäten notwendig, um zivile Werte aufrechtzuerhalten. So ähnlich argumentiert auch Larson. Für ihn transformiert eine eigene Militärkapazität die EU von einer Zivilmacht aus Mangel an Alternativen, die aus einer Notwendigkeit eine Tugend macht, zu einer geplanten bzw. gewollt konstruierten Zivilmacht (vgl. Larson 2002: 292). Darüber hinaus wurde auch darauf hingewiesen, dass Duchêne selbst nicht gegen eine Integration der Verteidigungs- und Sicherheitspolitik auf europäischer Ebene war, sondern diese als notwendiges Übel erachtete, um die Ost-West-Kooperation zu forcieren (vgl. Hill 1990).

Einbeziehung militärischer Mittel

Auf der anderen Seite findet sich eine Reihe von Forschern, welche die „Zivilmacht-Europa"-Idee durch die voranschreitende sicherheits- und verteidigungspolitische Integration auf EU-Ebene unterminiert sehen. Karen Smith (2004) befürchtet zum Beispiel, dass die EU durch die Erlangung militärischer Ressourcen ihren „komparativen Vorteil" (bzw. ihre Nischenstellung) in der Weltpolitik verlieren könnte. Ähnlich argumentiert auch Zielonka (1998: 195 f., 226 f.), dass eine Militarisierung der EU das klare Profil einer zivilen internationalen Identität schwächen werde. Auch Moravcsik (2003) glaubt, dass eine (wahrhaftige) europäische Zivilmacht ein effektives und glaubhaftes Instrument moderner Staats- bzw. Regierungskunst sein könne und dass die EU ohne substanzielle (eigene) militärische Kapazitäten wahrscheinlich öfter Enscheidungen in ihrem Sinn beeinflussen könne.

Ausschluss militärischer Mittel

K. Smith (2004: 10 f.) führt auch an, dass eine Herausnahme „ziviler Mittel" aus der Zivilmachtdefinition zu einer problematischen Konzeptausdehnung führe (wodurch alle Mittel und Maßnahmen unter Hinweis auf zivile Ziele gerechtfertigt werden könnten). Wir plädieren dafür, das Zivilmachtkonzept nicht zu überfrachten und als Idealtyp, wie durch Smith definiert, bestehen zu lassen. Die Einbettung militärischer Mittel in zivile Strategien und Ziele sollte davon semantisch/konzeptionell getrennt bleiben. Hier bietet sich der Begriff „zivilisierende Macht" („civilising power") an (Hyde-Price 2004: 4; Maull 2006). Dieser lässt – neben nichtzivilen Mitteln – auch Arten der Mittelanwendung zu, die über „soft power" hinausgehen. K. Smith (2004) führt darüber hinaus als Idealtyp noch die „Militärmacht" an, einen Begriff, den sie in den vier von ihr gewählten (und oben beschriebenen) Kriterien gegenteilig zum Zivilmachtkonzept besetzt. Zusammenfassend lassen sich die verschiedenen Begrifflichkeiten wie folgt darstellen (Tabelle 4–1):

Zivilmacht als Idealtyp

Konzept der „zivilisierenden Macht'

„Militärmacht" als Idealtyp

*Tabelle 4–1*: Machtkonzepte

| Zivilmacht | Zivilisierende Macht | Militärmacht |
|---|---|---|
| Zivile Mittel | Zivile und/oder militärische Mittel | Überwiegend militärische Mittel |
| Zivile Ziele | Zivile Ziele | Militärische Ziele |
| Softpower | Softpower und Hardpower | Hardpower |
| Demokratische Kontrolle | Demokratische Kontrolle | Keine demokratische Kontrolle |

Quelle: die Autoren auf der Basis von Smith (2004) und Hyde-Price (2004).

## 2.2 Europa/die EU als normative Macht

Konzept der „normativen Macht"

Dreißig Jahre nach Aufkommen der Zivilmachtidee wurde ein neues wichtiges Konzept geprägt in der Europaforschung: Europa (bzw. die EU) als „normative Macht" (Manners 2002). Für Manners ist die Diskussion um Konzepte wie „Zivilmacht" und „Militärmacht" bezüglich der außenpolitischen Rolle der EU problematisch, insofern sich die Debatte auf ungesunde Weise darauf konzentriere, die EU als Staat darzustellen. Hingegen sei das Konzept der normativen Macht ein Versuch, die Analyse zu refokussieren, weg von der empirischen Betonung der Institutionen und Politiken der EU und hin zur Einbeziehung kognitiver und ideeller Prozesse (Manners 2000). Laut Manners waren der Fall der Berliner Mauer und die Samtrevolution(en) in Osteuropa nicht so sehr ein Zerfall physischer/empirischer Macht, sondern ein Kollaps von Normen (die kommunistische Ideologie wurde von Entscheidungsträgern und Bürgern in Osteuropa als unhaltbar wahrgenommen). Deshalb lohne es sich – auch für ein besseres Verständnis der Rolle der EU in der Weltpolitik –, darüber nachzudenken, was solche Revolutionen über die Macht von Normen und Ideen sagen können.

Macht zur Definition von Normalität

Normative Macht ist für Manners die Fähigkeit zu definieren, was als normal gilt in der Welt (Manners 2002: 236), oder auch die Möglichkeit, Standards zu setzen hinsichtlich eines angemessenen Verhaltens, nach dem sich die Erwartungen von Akteuren richten (Bicchi 2006: 287). Manners zufolge hat die EU einen besonderen Anpruch, eine normative Macht darzustellen. Die besondere normative Basis der EU sei u. a. im geschichtlichen Nachkriegskontext, im hybriden (teilweise supranationalen) politischen Gebilde und Regieren sowie in der normativ gewachsenen juristischen Beschaffenheit/Verfasstheit begründet (Manners 2002: 240 f.). Die (normative) Natur der EU habe eine Veranlagung zu normativem Handeln gelegt. Die EU sei normativ anders als (andere) Staaten und propagiere universelle Normen und Prinzipien in ihren Beziehungen zu Drittstaaten. „Normative power Europe" bedeute so auch, dass die EU eine Kraft für das Gute (a „force for good") sei.

Die breite normative Basis der EU habe sich über die letzten fünfzig Jahre z. B. durch eine Reihe von Verträgen, Erklärungen und Politiken entwickelt. Für Manners (2002: 242 f.) lassen sich aus der enormen Ansammlung von Gesetzen und Politiken im Acquis communautaire und Acquis politique fünf Hauptnormen identifizieren: Frieden, Freiheit, Demokratie, Rechtsstaatlichkeit und Menschenrechte. Daneben macht er auch noch vier untergeordnete Normen aus: soziale Solidarität, Nicht- bzw. Antidiskriminierung, nachhaltige Entwicklung und verantwortungsbewusste Regierungsführung („good governance"). Manners' Argument lässt sich wie folgt zusammenfassen. Normative Macht habe (a) eine ontologische Qualität, nämlich, dass die EU als Normenveränderer im internationalen System konzeptionalisiert werden könne; (b) eine positivistische Qualität, und zwar dass die EU als Normenveränderer handele; und (c) eine normative Qualität, nämlich dass die EU ihre (bzw. universelle) Normen im internationalen System verbreiten sollte (Manners 2002: 252).

    Eine Frage, die durch die obigen Ausführungen aufgeworfen wird, ist, wie die Konzepte von „Zivilmacht" und „normativer Macht" zusammenpassen. Einige Unterschiede werden deutlich: Während Zivilmacht direkte physische Macht in Form von wirklichen empirischen Fähigkeiten wertet, kommt es bei normativer Macht auf die Bedeutung kognitiver, ideeller Prozesse an. Darüber hinaus scheint Zivilmacht ein eher status-quo-orientierter Begriff zu sein. Schon Duchêne betonte die Aufrechterhaltung des europäischen (Staaten-)Systems und die fest(gesetzte) Natur des Nationalstaates (vgl. Manners 2002: 238). Auf der anderen Seite befasst sich „normative power Europe" deutlich mit Wandel, wie die vorangegangene Darstellung zeigt. Auch wenn Manners natürlich die Verschiedenheit normativer Macht hervorhebt, gibt es doch einige Überschneidungen. Zum Beispiel scheinen beide Konzepte hauptsächlich „soft power" zur erfolgreichen Umsetzung ihrer Ziele vorzusehen (vgl. Haukkala 2007). Und während eine Zivilmacht nicht unbedingt normgeleitet handeln muss, muss eine normative Macht doch vorwiegend „zivil" in ihrer Verfasstheit und Handlungsweise sein (vgl. Manners 2006).

    Das Konzept der normativen Macht Europa/EU wurde auf verschiedene Weise kritisiert. So merkt Bicchi (2006) zum Beispiel an, dass die EU die Tendenz habe, sich selbst zu reproduzieren in ihren Beziehungen mit Drittstaaten. Dabei projiziere die EU ihre internen Lösungsmuster auf externe Sachverhalte. Laut Bicchi basiert die normative Macht der EU nicht auf dem universellen Charakter der Normen, die sie fördert, wie von Manners dargestellt, sondern sie treibe ihre eigenen Normen voran, von denen sie behauptet, sie seien universell. Bicchi (2006: 287) wirft der EU damit einen gewissen Eurozentrismus vor. Ähnlich argumentiert auch Sjursen (2006: 235 ff.; 2007). Insgesamt kritisiert sie die von ihr festgestellten unkritischen und apologetischen Tendenzen in der „Normative-power-Europe"-Literatur. Sjursen bemerkt die Tatsache, dass die Konzeptionalisierung der EU als normativer Macht stark der eigenen Beschreibung der EU hinsichtlich ihrer Rolle in der internationalen Politik gleicht, was genug sein sollte, um Alarmglocken zum Läuten zu bringen. Das Argument, die EU sei eine normative Macht, rufe Bilder von europäischen Imperialisten hervor, welche die Welt nach ihren vermeintlich überlegenen Werten zu prägen versuchte. Alternativ enthalte es auch Stoff für mögliche Heuchelei, einen Mantel, unter dem sich

**Randnotizen:**

Fünf Hauptnormen

Manners' Argument

Differenzen zwischen „Zivilmacht" und „normativer Macht"

Kritische Einwände

Eurozentrismus

Apologetische Tendenzen

eigene Interessen vorantreiben ließen. Sjursen empfiehlt u. a. mehr systematische empirische Recherche zu diesem Thema inklusive einer genaueren Analyse, ob die EU wirklich normengeleitet und/oder aus Eigeninteresse handele.

Instrument der kollektiven Hegemonie

Hyde-Price (2006) wartet mit einer neorealistischen Kritik (an der Idee der normativen Macht Europa) auf. Er konstatiert, dass die EU keine wirkliche normative Macht erkennen lasse. In Wahrheit werde die EU durch ihre Mitgliedstaaten als Instrument benutzt, um europäische Außenpolitik im Sinne der (mächtigsten) Mitgliedstaaten zu gestalten. Hyde-Price zufolge dient die EU als Instrument der kollektiven Hegemonieausübung in ihrer Nachbarschaft. Dabei würden den östlichen Nachbarn Normen aufgedrängt bzw. auferlegt. Eine indirekte Infragestellung von „normative power Europe" stellt der Aufsatz von Nicolaïdis und Howse (2002: 769, 788) dar. Die Autoren warnen vor einem „EUtopie"-Effekt.

EUtopie

Sie argumentieren, dass die Normen, welche die Europäische Union in ihrer auswärtigen Politik projiziere, nicht die EU selbst reflektiere, sondern eine EUtopie. Letztlich müsse die EU sich intern an der Utopie orientieren, die sie extern vertrete. Interne und externe Ziele und Politiken müsste konsistent sein. Dieser Punkt wird von uns später wiederaufgenommen. Schließlich moniert Sjursen (2006: 236), dass es dem Konzept „normative power Europe" an Präzision man-

Mangelnde Präzision

gele. Es fehle an Kriterien und Standards, die es ermöglichte, das Konzept zu untersuchen und zu bewerten.

## 3  Die EU als normative Macht: Ansätze für eine Operationalisierung

Nachfolgend möchten wir Sjursens letzten Kritikpunkt aufnehmen. Anstatt die Realität von „normative power Europe" zu hinterfragen, scheint ein Großteil der Literatur (gerade in der anfänglichen Debatte) die Existenz einer europäischen normativen Macht als gegeben bzw. erwiesen anzunehmen und sich mehr mit konzeptionellen Fragen zu beschäftigen. In den letzten Jahren gibt es auch vermehrt empirische Arbeiten zu diesem Thema (vgl. Lightfoot und Burchell 2005; Storey 2005; Falkner 2007). Allerdings ist zu beobachten, dass hierbei noch

Fragen der Operationalisierung

größere Fragezeichen hinsichtlich der Operationalisierung des Konzeptes für die empirische Forschung bestehen. Konkret gesagt, mangelt es vor allem an einer systematischen Darlegung der wichtigsten Indikatoren für „normative power": Woran erkennt man normative Macht? Was gilt bzw. qualifiziert sich als Fall von normativer Macht? Wie kann man diese (zumindest ein Stück weit) messen bzw. messbar machen?

Nachfolgend versuchen wir unsere Ansätze zur Operationalisierung aufzuzeigen. Hierbei stützen wir uns sowohl auf Hinweise aus der Literatur als auch auf Indikatoren, die im Zuge der Betreuung von Masterdissertationen an der

Drei Ebenen der Operationalisierung

Universiteit van Amsterdam zu diesem Thema herausgearbeitet wurden, und auf Erkenntnisse aus eigener Forschung. Es lassen sich drei Ebenen unterscheiden, die zur Operationalisierung von „normative power Europe" wichtig sind:

1.  Die Entwicklung von Normen in Drittstaaten: Hat die EU wirklich die Fähigkeit zu definieren/prägen, was als normal gilt?

2. Handelt es sich beim Propagieren von Normen um genuin normatives Engagement und/oder strategisches – bzw. verstecktes – Eigeninteresse?
3. Handelt die EU inklusiv und reflektiert, oder verbreitet sie Normen nach dem „Our-size-fits-all"-Prinzip?

## 3.1 Die Entwicklung von Normen in Drittstaaten: Hat die EU wirklich die Fähigkeit zu definieren/prägen, was als normal gilt?

Um einer Antwort auf diese Frage näher zu kommen, müssen (mindestens) zwei Fragen beantwortet werden. Erstens, ob es einen Normenwandel hin zu den von der EU propagierten Normen gibt. (Ist dies nicht der Fall, lässt sich die normative Kraft der EU zumindest bezüglich des Resultates infrage stellen.) Normenwandel lässt sich (wie so einiges hinsichtlich der hier übergeordneten Forschungsfrage) nur approximieren. Zum Beispiel ist zu untersuchen, inwieweit auf die von der EU propagierten und von uns untersuchten Normen im politischen und medialen Diskurs Bezug genommen wird und inwieweit diese Normen Teil des dominierenden Diskurses werden. Dass Normen Teil des politischen Diskurses werden, ist allein noch kein Zeichen für Normeninternalisierung durch Akteure. Eine Möglichkeit, einer solchen Verinnerlichung näher auf die Spur zu kommen, ist zu schauen, inwieweit politische Akteure einheitlichen Gebrauch von einer Norm machen. Wenn Normen in unterschiedlichen Kontexten und Foren gleiche Bedeutung haben, dann steigt die Wahrscheinlichkeit, dass der betreffende Akteur auch wirklich meint, was er oder sie sagt (vgl. Checkel 2001; Risse 2000; Niemann 2004).

*Erster Schritt: Normenwandel*

*Normeninternalisierung*

Natürlich ist auch zu untersuchen, ob die Gesetze des betreffenden Drittstaates hinsichtlich der relevanten Normen angepasst wurden. Jedoch stellt auch das noch kein ausreichendes Indiz für Normenwandel dar, denn Gesetze könnten angepasst worden sein, nur um eine gewisse von der EU induzierte Konditionalität zu erfüllen. Daher ist zusätzlich zu hinterfragen, ob die involvierten Entscheidungsträger auch von der Umsetzung dieser Norm(en) überzeugt waren. Hierfür wäre (wiederum) die Übereinstimmung dieser Norm mit Worten und Taten an anderen Stellen und Kontexten aufschlussreich. Indiz für eine (möglicherweise) tiefergehende Normendiffusion ist, wenn Normen einen weiteren Einzug in das gesellschaftliche und kulturelle Leben eines Drittstaates halten, zum Beispiel durch die Integration in Curricula. Oft kann auch die Bezugnahme bzw. Annahme von Normen über die Eliten eines Landes hinaus als Zeichen für eine weiterreichende Normenausbreitung gewertet werden, denn oft geht Normendiffusion im ersten Schritt über die Eliten. Eine Normenausbreitung hin zur breiten Öffentlichkeit lässt sich unter Umständen – das heißt, falls solche Daten vorhanden sind – an Meinungsumfragen feststellen.

*Übernahme von Normen*

*Curricula*

*Öffentliche Meinung*

Ein wichtiger zweiter Schritt zur Beantwortung der Frage, ob die EU wirklich die Fähigkeit hat zu definieren, was normal in der Welt ist, ist zu hinterfragen, ob ein im ersten Schritt festgestellter normativer Wandel im Drittstaat tatsächlich durch die EU verursacht wurde. Alternative Quellen eines Normenwandels sind andere, einflussreiche Drittstaaten wie die Vereinigten Staaten und Russland oder internationale Organisationen wie WTO und Weltbank oder auch das politische System des betreffenden Drittstaates selbst. Wenn es andere rele-

*Zweiter Schritt: EU als Verursacher*

*oder andere Akteure?*

vante Drittstaaten gibt, dann ist zu fragen, inwieweit diese die gleichen Normen wie die EU propagiert haben (bzw. ob es hier Akzentverschiebungen gegeben hat) und wie (nah) ihr Zugang zum Drittstaat war bzw. ist. Falls es in der Normenpropagierung Akzentverschiebungen gab, dann ist zu schauen, ob die Normenimplementierung eher der Linie der EU oder der des anderen Drittstaates gefolgt ist. Weiteren Aufschluss kann auch der politische Diskurs im Drittstaat geben. Diesbezüglich ist zu untersuchen, ob Normen, wenn sie im Diskurs auftauchen, eher in Zusammenhang mit der EU gebracht bzw. genannt werden oder in Verbindung mit den USA zum Beispiel. Darüber hinaus sollte das Timing des Normenwandels analysiert werden. Trat ein Normenwandel ein, nachdem die EU sich dafür zu engagieren begann, oder bereits davor, in welchem Fall die Europäische Union als Quelle höchstwahrscheinlich weniger relevant ist.[1] Die Rolle der EU als normenverändernde Instanz ließe sich substantivieren, wenn sich zeigen lässt, dass andere Quellen diesbezüglich nicht plausibel sind.

## 3.2 Handelt es sich beim Propagieren von Normen um genuin normatives Engagement und/oder strategisches (bzw. verstecktes) Eigeninteresse?

Dieser Punkt ist relevant in Bezug auf das Selbstimage und die Identität der Europäischen Union. Wenn die EU (und ihre Mitgliedstaaten) – bzw. die Vertreter der „Normative-power-Europe"-These – bekundet, sie stelle eine normative Macht dar, die als Kraft für das Gute eintrete, dann sollte die EU auch ein genuin normativer Akteur sein, d. h. ein Akteur, der normativ handelt aufgrund der Normen und nicht, um eine durch Eigeninteresse bestimmte Agenda durchzusetzen. Damit in Verbindung steht die Erkenntnis aus der akademischen Literatur, dass Normen (sofern sie echt verinnerlicht worden sind) nicht *willentlich* „ausgeübt" werden, sondern *aus Gewohnheit* (Risse 2000: 6). Dessen ungeachtet ist es sicherlich so, dass die obige Frage keine Entweder-oder-Frage ist und dass (strategisches Eigen-)Interesse und normative Anliegen/Belange einander keinesfalls ausschließen in der EU-Außenpolitik (vgl. Diez 2005: 624–625). Während

*Ermittlung des Grades der Wahrhaftigkeit* — Normen und Interessen geneigt sind, zusammen/parallel aufzutreten, soll hier dennoch (aus genannten Gründen) ein Stück weit der Grad der Wahrhaftigkeit des normativen Engagements der EU ergründet werden.

*Zentral oder peripher?* — Um dieser empirisch schwer zu klärenden Frage näher zu kommen, schlagen wir eine Reihe von Unterfragen bzw. -indikatoren vor. Als Erstes fragen wir, ob EU- bzw. universelle Normen im Zentrum der Beziehungen zu Dritt- bzw. Partnerländern stehen oder ob diese Normen in der gemeinsamen Beziehung eher peripher sind. Dies zeigt in einem gewissen Maß auf, wie wichtig die EU „ihre" Normen nimmt. Falls Normen nicht im Mittelpunkt stehen, ist ein eigeninteressiertes Handeln wahrscheinlich.

---

[1] Allerdings ist dies auch nicht ganz auszuschließen, wenn Normenwandel allein über „soft power" geschieht, denn hier wäre ein offizielles und direktes Propagieren von Normen nicht ausschlaggebend.

Zweitens sollte gefragt werden, ob die propagierten Normen im Gegensatz zu eigenen Interessen stehen (vgl. Goertz/Diehl 1992). Sollte das der Fall sein, wäre das ein starker/überzeugender Indikator für genuin normengeleitetes Handeln, denn die lancierten Normen brächten dann (politische, wirtschaftliche oder andere) Kosten mit sich. Zum Beispiel sollte geschaut werden, ob die außenpolitische Verfolgung von Normen im Hinblick auf die nationale Politik bzw. Innenpolitik relevant ist und hier wichtige „constituencies" tangiert werden. Ein Zuwiderhandeln hinsichtlich dieser „constituencies" deutete eher auf ein wirklich normatives Handeln hin. Auch sollte geschaut werden, ob wichtige materielle Interessen für die EU auf dem Spiel stehen. Dies können z. B. Handelsinteressen sein (u. a. hinsichtlich Marktzugängen oder Rohstoffversorgungssicherheit). Stellte die EU trotz dieser Interessen (z. B. in den Beziehungen zu China oder Russland) Menschenrechts- oder Demokratiefragen nicht nur rhetorisch in den Vordergrund der Beziehungen, dann deutete dies auf ein genuin normatives Handeln hin. Nützlich wäre auch ein Szenario, in welchem die EU auf die Diffusion von Normen setzt, obwohl sie eine mächtige Opposition gegen sich sieht. Besonders wenn diese (mächtige) Opposition aus „ungewöhnlichen Verdächtigen" besteht (z. B. OECD-Staaten), könnte auch die These widerlegt werden, der EU normatives Handeln sei in Wirklichkeit nur versteckter kultureller Imperialismus (vgl. Sjursen 2006; Manners 2002: 253).

Im Gegensatz zu eigenen Interessen?

Eine dritte Möglichkeit, der obigen Frage näher zu kommen, ist zu schauen, inwieweit die EU einheitlich-konsistent spricht (und handelt) und in welchem Ausmaß doppelte Standards angelegt werden, um unter anderem eigene Interessen zu priorisieren (vgl. Lerch/Schwellnus 2006). Doppelte Standards deuten darauf hin, dass Normen nicht die höchste Entscheidungsgrundlage darstellen. Einheitlichkeit/Konsistenz gilt für verschiedene Ebenen: (a) Gelten EU-intern die gleichen Standards, wie sie auch von Drittstaaten gefordert werden? (b) Legt die EU die gleichen normativen Standards für verschiedene Drittstaaten an? Allerdings müssen doppelte Standards nicht unter allen Umständen eine Einschränkung genuin normengeleiteten Handelns bedeuten, nämlich dann, wenn doppelte Standards plausibel gerechtfertigt werden können. Gibt es zum Beispiel konkurrierende (universelle) Normen in bestimmten Situationen, dann muss (wohl oder übel) ein pragmatisches Gleichgewicht (oder eine pragmatische Priorisierung) zwischen diesen Normen gefunden werden. Hinsichtlich der Konsistenz/ Einheitlichkeit des Gebrauchs von Normen sollte (wie auch bezüglich der Internalisierung von Normen durch Drittstaaten – wie oben beschrieben) hinterfragt werden, ob Normen durch wichtige EU-Entscheidungsträger in gleicher Weise in unterschiedlichen Kontexten und Foren gebraucht werden. Bei einer wirklichen und festen Verwurzelung einer betreffenden Norm sollten sich verschiedene EU-Entscheidungsträger – und auch verschiedene EU-Institutionen – im Gebrauch der Norm nicht wesentlich unterscheiden. Eine weitere Methode zu ergründen, ob die EU ihre Normen wirklich ernst meint, ist zu untersuchen, ob Worte und Rhetorik mit Taten und Handeln im Einklang stehen (vgl. Tocci 2007: 7).

Konsistent oder doppelte Standards?

### 3.3 Handelt die EU als Kraft für das Gute („force for good"), oder verbreitet sie unreflektiert und unilateral eigene Normen und Vorstellungen?

Diese dritte und (hier) letzte Dimension zur Ergründung der Normativität der EU ist in verschiedener Weise von Bedeutung. Wenn die EU wirklich eine „Kraft für das Gute" in der Welt darstellt, dann kann sie sich sicher nicht einer (Selbst-)Kritik und Reflexion hinsichtlich der möglichen Auswirkung ihres Handelns verschließen. Die Offenheit für Lernen und Lernprozesse kann so zum Test werden für Tugend (und Integrität) der EU. Bicchi (2006) zufolge ist normative Macht relational, und um als normativ gerechtfertigt gelten zu können, muss sie (die Ansichten von) Drittstaaten in Betracht ziehen. Im Einzelnen lassen sich diesbezüglich aus Bicchis Aufsatz zwei Indikatoren für Normativität ableiten: Inklusivität und Reflexivität.

Berücksichtigung externer Meinungen

Bezüglich Inklusivität betont Bicchi (2006: 289), dass der Grad zwischen „jemandem eine Stimme zu geben" und „für jemanden zu sprechen" ein schmaler ist. Ganz allgemein stellt sich die Frage: Berücksichtigt die EU-interne Diskussion die Ansichten derer, deren „Normalität" durch die EU-Außenpolitik beeinflusst wird? Konkret bedeutet Inklusivität, dass EU-Entscheidungsträger externen Akteuren (von betroffenen Drittstaaten) eine Rolle im Konsultations- und/oder Entscheidungsprozess geben.

Reflexivität

Reflexivität ist die Kapazität (von EU-Entscheidungsträgern), die Politik der EU kritisch zu analysieren und sie ggfs. gemäß den für den betroffenen Drittstaat zu erwartenden (negativen) Auswirkungen anzupassen. Zum Beispiel macht Bicchi zufolge die Regionalismusnorm der EU nicht in allen Kontexten und Regionen Sinn und sollte deshalb nicht unreflektiert exportiert werden. Während Inklusivität sich um die Involvierung von Nichtmitglieder dreht, geht es bei der (institutionellen) Reflexivität um die Antizipation von Auswirkungen auf Nichtmitglieder und ggfs. eine präventive Anpassung der EU-Politik.

Dialog

Darüber hinaus lässt sich argumentieren, dass Inklusivität und Reflexivität der EU in der Verbreitung (ihrer/universeller) Normen helfen, denn dadurch „verwickelt" sie ihre Partnerländer in einen Dialog und trägt zu gegenseitigem Verständnis (und Verständigung) bei, was die Diffusion von Normen zu begünstigen scheint (Risse/Sikkink 1999). Die Gewährleistung von Inklusivität und Reflexivität räumte auch die Zweifel hinsichtlich möglicher eurozentristischer/ imperialistischer Tendenzen (unter dem Deckmantel von „normative power Europe") zumindest teilweise aus.

## 4 Über die EU als „normative Macht" hinaus: die EU als normativer/sanfter Hegemon?

Wie „Zivilmacht" und „Mitärmacht" sollte auch das Konzept von „normativer Macht" als Idealtypus gesehen werden. Nun ist anzunehmen, dass die EU diesen Idealtypus der normativen Macht nur in wenigen Fällen erreicht, nicht zuletzt aufgrund der Anforderungen an dieses Konzept, das im vorherigen Abschnitt

Idealtypen

(nicht nur methodologisch, sondern auch empirisch) genauer erläutert wurde. Des Weiteren basiert das Konzept der normativen Macht (idealtypisch) größtenteils auf der passiven Diffusion von Normen durch „soft power" (vgl. Manners 2002: 244 bis 245; Haukkala 2007: 3, 5) sowie implizit auch auf überwiegend symmetrischen Verhandlungen bzw. Machtbeziehungen zwischen der EU und dem betreffenden Drittstaat (vgl. Hettne/Söderbaum 2005: 539; Haukkala 2007). Dies stellt in der Tat hohe Standards an eine Qualifizierung als normative Macht.

In diesem Abschnitt möchten wir über die bisher genannten Idealtypen hinausgehen und weitere (Ideal-)Typen skizzieren, allerdings solche, von denen wir meinen, dass sie aller Voraussicht nach – gemäß unserer Beobachtung der auswärtigen Politik der EU/Europas der letzten Jahre – eine größere Schnittmenge mit der politischen Realität haben (könnten). Als Ausgangsbasis für die Bildung von Idealtypen nehmen wir drei Kriterien:

1.  Ausmaß der Normativität der EU gemäß den drei Indikatorengruppen (Fähigkeit, Normen zu prägen; genuin normatives Engagement gegenüber strategischem Eigeninteresse; Kraft für das Gute versus unreflektierte, unilaterale Verbreitung eigener Normen).
2.  Grad der Symmetrie der Beziehungen bzw. Verhandlungen (von „symmetrisch", d. h. ausgewogenen Verhältnissen, bis „asymmetrisch", d. h. mit einer klar dominierenden Kraft).
    Ausmaß des Einsatzes von „soft power" (Anziehung, Argumentation) zu „hard power" (Drohungen, Sanktionen, Gewalt). Denkbar in diesem Spektrum wäre auch die Spezifizierung von „medium power" (Agendasetting, Anreize).

Ausgehend von diesen Kriterien, lassen sich folgende (weitere) Idealtypen entwerfen (Tabelle 4-2):

*Tabelle 4-2*: Idealtypen der Machtausübung

| Normative Power | Realist Power |
|---|---|
| • Große Wichtigkeit von Normen<br><br>• Symmetrische Beziehungen<br><br>• Überwiegend „soft power" | • Geringe Bedeutung von Normen; Betonung von Eigeninteressen<br><br>• Asymmetrische Beziehungen<br><br>• Überwiegend „hard power" |
| **Sanfter Hegemon** | **Normativer Hegemon** |
| • Bedeutung von Normen zumindest für Indikator 1 (Fähigkeit, Normen zu prägen)<br><br>• Asymmetrische Beziehungen<br><br>• Überwiegend „soft power" | • Wichtigkeit von Normen (zumindest gemäß den Indikatorengruppen 1 und 2)<br><br>• Asymmetrische Beziehungen<br><br>• Überwiegend „hard power" |
| **Strategischer normativer Hegemon (verkappte/getarnte „realist power")** | |
| • Strategischer/rhetorischer Gebrauch von Normen (für Eigeninteressen)<br><br>• Eher asymmetrische Beziehungen (vielleicht verpackt in symmetrischer Rhetorik)<br><br>• Überwiegend „hard power" | |

„Realist power" und gewissermaßen der „strategische normative Hegemon" stellen das Gegenstück (und Gegenteil) zur normativen Macht dar. Der „sanfte Hegemon" und der „normative Hegemon" liegen irgendwo dazwischen. Sicherlich lassen sich noch weitere Typen bilden. Jedoch wäre dies für unsere weitere Argumentation in diesem Beitrag von nur geringem Mehrwert. In einem gemeinschaftlichen (Forschungs-)Projekt, das auf den obigen drei Kriterien und den jeweiligen (hier nur hinsichtlich des Normativitätskriteriums skizzierten) Indikatoren aufbaut, schreibt ein Dutzend unserer Masterstudierenden seine Abschlussarbeiten. In diesem Forschungsrahmen orientieren sich die Studierenden weniger entlang den Idealtyen, sondern in erster Linie entlang den Kriterien und Indikatoren, wobei die Forschungsergebnisse letztlich bestimmen, welcher Typ auf einen bestimmten Fall zutrifft.[2]

EU als Hegemon
    Ein besonderes Augenmerk gilt der EU als eines sanften normativen oder strategisch-normativen Hegemons. Unter Hegemonie ist die starke Überlegenheit oder Vorherrschaft eines Staates oder eines anderen Akteurs zu verstehen. Der Hegemon limitiert die Möglichkeit anderer Akteure, eigene Interessen durchzusetzen. In unserem Kontext hat der Hegemon das Monopol, Normen (und deren Bedeutung) zu definieren, und zeigt damit die Grenzen der Normalität (Haukkala 2007: 7). Hettne und Söderbaum (und andere) argumentieren, dass Hegemonie (oder sogar „Imperialismus", wie sie es betiteln) nicht auf „hard power" basieren muss. Im Gegenteil, in der Regel ist Legitimität (Haukkala 2007), gepaart mit Anziehung und anderen Formen der weichen Macht, der Schlüssel zu erfolgreicher Hegemonieausübung.

Erzeugung der Grenzen von Normalität

---

[2] Natürlich determiniert die Fallauswahl schon ein Stück weit das Ergebnis. Daher bearbeiten die Studierenden Fälle aus unterschiedlichen Regionen und Beziehungen zu Drittstaaten mit unterschiedlichem Machtpotenzial.

# 5 Die EU als normativer/sanfter (regionaler) Hegemon: (erste) empirische Befunde

Dieser Abschnitt berichtet über Ergebnisse aus zwei von uns zu diesem erweiterten Themengebiet betreuten Masterarbeiten. Die Forschungsfrage lautet in beiden Fällen, welche Art von Macht die EU in ihren Beziehungen zum jeweils untersuchten Land darstellt. Bei den beiden Fallstudien handelt es sich um „Bosnien und Herzegowina" und „Moldawien".[3] Die Herangehensweise in beiden Fällen ist anhand der drei Kriterien (Ausmaß der Normativität, Grad der Symmetrie, Ausmaß des Einsatzes von „soft" und „hard power") und der analytischen Indikatoren für diese drei Kriterien zu bestimmen, welche Art von Macht die EU in den jeweiligen Beziehungen verkörpert. Wie in einer vorangegangenen Fußnote bereits kurz angedeutet, beeinflusst die Fallauswahl natürlich schon ein Stück weit das Ergebnis. Die beiden hier gewählten Fälle liegen hinsichtlich des Grades der Symmetrie ziemlich eindeutig, nämlich zugunsten der EU, was schon von vornherein auf ein eher hegemoniales Verhältnis hindeutet. Allerdings ist unser empirischer Anspruch in diesem Abschnitt auf Europa (und hier besonders auf die unmittelbare Nachbarschaft) beschränkt.[4] Außerdem sei noch gesagt, dass unser Anspruch hier weniger das Aufzeigen von Kausalitäten oder das (harte) Testen eines Modells ist, sondern vielmehr die *Illustration* einiger unserer Argumentationslinien.

Zwei Fallbeispiele

Mögliche Indikatoren der Fallauswahl

## 5.1 Grad der Symmetrie

Wie bereits erwähnt, sind die beiden Fälle bezüglich des Grades der Symmetrie der Beziehungen bzw. Verhandlungen relativ eindeutig. Dies gilt vor allem in puncto Größe/Bevölkerung und wirtschaftlicher Stärke (wobei hier besonders die einseitige Abhängigkeit der beiden Länder von der EU in der Handelspolitik zu erwähnen ist). Auch die substanzielle technische und wirtschaftliche Hilfe der EU für beide Länder erhöht weiter die (Verteilungs- und damit auch die Verhandlungs-)Macht der EU in diesen Beziehungen. Ein generell wichtiger Aspekt/Indikator für das Einschätzen des Symmetriegrades ist das Ausmaß an vorhandenen Alternativen. Gibt es diese, steigt die Verhandlungsmacht. Der Fall Bosnien und Herzegowina ist diesbezüglich interessant gelagert.

Ausmaß an Alternativen

Für Bosnien und Herzegowina gibt es kaum Alternativen zur EU aufgrund ihrer Größe, der Wichtigkeit der EU als Exportmarkt, der sicherheitspolitischen Attraktivität einer EU-Mitgliedschaft und der Tatsache, dass das Land möglicherweise sonst als eines von wenigen Ländern als Nichtmitglied praktisch isoliert sein wird. Allerdings ist eine zukünftige Mitgliedschaft Bosnien-Herzegowinas auch für die EU attraktiv. Natürlich kann die EU in wirtschaftlicher Hinsicht auf das Land verzichten. Jedoch ist die Zementierung von Frieden und

---

[3] Der Fall „Bosnien-Herzegowina" wurde von Pauline Dekhuijzen (2008) bearbeitet, und die Fallstudie zu „Moldawien" wurde von Tessa de Wekker (2008) durchgeführt.
[4] Natürlich ließe sich hier mit Russland auch ein anderes Kaliber von Partnerland untersuchen, was auch in einer sich in der Entstehung befindenden Studie gemacht wird.

Sicherheit im westlichen Balkan ein wichtiges Ziel der EU. Nicht zuletzt aufgrund des Versagens während des Balkankrieges Anfang der 1990er Jahre und des gestiegenen Anspruchs, auch sicherheitspolitische Akzente zu setzen (gerade auch in der europäischen Nachbarschaft), ist eine mittelfristige Mitgliedschaft Bosnien-Herzegowinas für die EU wichtig. Dies soll aber nicht darüber hinwegtäuschen, dass es eine (relativ eindeutige) Machtimbalance zugunsten der EU gibt, die sich ganz gut mit dem Begriff der asymmetrische Interdependenz erfassen lässt.

## 5.2 Inklusivität und Reflexivität

Ausmaß an Normativität

Im Fall Bosnien-Herzegowina gering

Im Fall Moldawien gemischt

Die zweite Dimension ist das Ausmaß an Normativität der EU. Hier zuerst die Frage der Inklusivität und Reflexivität vonseiten der EU. In dieser Hinsicht sind die Ergebnisse in einem Fall (Moldawien) gemischt und im anderen Fall (Bosnien und Herzegowina) eher negativ zu bewerten. Im letzteren Fall ist zum Beispiel zu beobachten, dass Bosnien und Herzegowina unter der Dayton-Vereinbarung und den Nachfolgekonferenzen immer mehr unter den Einfluss der EU geriet. Das Mandat der Hohen Repräsentanten wurde mit enormen Kompetenzen ausgestattet. Als Lord Paddy Ashdown nicht nur zum Hohen Repräsentanten, sondern auch zum EU Special Representative für Bosnien-Herzegowina ernannt wurde und den Weg der Heranführung an die EU forcierte, kam es zu einer Situation, in der die EU praktisch mit sich selbst verhandeln musste (Chandler 2005). Auch die Stationierung der EU-Friedenstruppe EUFOR zur Ablösung der SFOR-Nato-Truppen in Bosnien und Herzegowina war größtenteils eine Entscheidung (der EU) von oben herab, in der bosnische Entscheidungsträger kaum eine Stimme hatten. Der Platz am Verhandlungstisch wurde von bosnischer Seite nicht angenommen, weil man sich mehr als Beobachter denn als Verhandlungspartner wahrgenommen fühlte. Auch entschied die EU später unilateral (d. h. ohne Rücksprache mit bosnischer Seite), welche anderen (Nicht-EU-Mitglied-)Staaten an der Operation Althea teilnehmen sollten.

Der Fall Moldawien ist weniger eindeutig. So hat die EU nach Annahme des Aktionsplanes für Moldawien einige Berichte verfasst, (gemeinsame) Tagungen abgehalten und Evaluationen vorgenommen (vgl. z. B. Europäische Kommission 2008a, 2008b, 2008c). Die häufigen (formellen und informellen) Bewertungen zeigen eine gewisse Bereitschaft von EU-Seite, über Prozesse und Inhalte nachzudenken. Auch ist die Zusammenarbeit auf verschiedenen Politikebenen gut institutionalisiert, und die moldawische Seite hat inzwischen die Scheu abgelegt, sich lebhaft in die Diskussionen und Prozesse einzubringen.

Allerdings lässt sich auch feststellen, dass der Aktionsplan kein wirklich bilaterales Projekt ist, wie von EU-Seite proklamiert. So haben moldawische Offizielle häufiger beklagt, dass die angeblichen Differenzierungsmöglichkeiten zwischen den verschiedenen Ländern der Europäischen Nachbarschaftspolitik (ENP) (sehr) begrenzt seien. Auch hat es nur wenige Möglichkeiten und nur sehr begrenzte Zeit für einen moldawischen Input hinsichtlich des Aktionsplanes gegeben (Popescu 2006; Gheorghiu 2005). Nur nach langen und intensiven Bemühungen konnte die moldawische Seite die Aufnahme eines Kapitels zum Transnistrienkonflikt sicherstellen (Buscaneanu 2006).

Auch ist der Grad der Reflexivität der EU beschränkt. So scheint sich innerhalb der Kommission die Ansicht breitgemacht zu haben, dass Verzögerungen und Mängel bei der Implementierung des Aktionsplanes ein Versäumnis Moldawiens darstellen, aber in keinem Fall im Zuschnitt der (EU-)Politik begründet sein können (z. B. Interview mit V. Navratil). Diese Äußerungen kommen zu einer Zeit, in der die Europäische Nachbarschaftspolitik verstärkt in der Kritik steht. Währenddessen betonte die Kommission wiederholt, dass die ENP keine Schwachpunkte enthalte. Erst kürzlich hat die Kommission zugegeben, dass die erste Generation von Aktionsplänen nicht spezifisch genug formuliert war. Jetzt, da die ersten Aktionspläne dem Ende ihrer Laufzeit entgegengehen, wäre ein guter Zeitpunkt, den gesamten Prozess umfassend zu bewerten. Ermutigend sind in diesem Zusammenhang die Schlussfolgerungen des Rates vom Februar dieses Jahres, der zur (weiteren) Reflexion hinsichtlich einer effektiveren und attraktiveren Gestaltung der ENP für seine Partner aufruft (Rat der Europäischen Union 2008: 1).

*Beschränkte Reflexivität* (margin note)

## 5.3  Die Fähigkeit, Normen in Drittstaaten zu prägen

Hinsichtlich der Fähigkeit der EU, Normen zu prägen, lässt sich Folgendes sagen: Im Fall Bosnien-Herzegowina wurde vor allem die Norm Frieden untersucht. Hier scheint es eindeutig zu einem „friedlichen" Normenwandel gekommen zu sein, der sich nicht nur an der Gesetzgebung ablesen lässt, sondern auch an Meinungsumfragen (International Crisis Group 2003) und am Verhalten und an der Rhetorik von Politikern (van der Lijn 2005). Jedoch scheint dieser Normenwandel nicht allein auf das Konto der EU zu gehen, sondern mindestens genauso stark durch andere Akteure (wie die USA, die UN, die NATO, Kanada und andere) vorangetrieben worden zu sein. So trat der Normenwandel zum Beispiel bereits vor dem substanzielleren EU-Engagement ein. Des Weiteren wird die Friedensnorm (im Diskurs) nicht im besonderen Maß der EU zugeschrieben.

*Friedensnorm* (margin note)

*Bosnien-Herzegowina* (margin note)

Im Fall Moldawien konnte ein langsamer (und moderater) Normenwandel festgestellt werden. Eine ganze Reihe von Gesetzen wurde bezüglich der beiden untersuchten Normen (Demokratie und Good Governance) verabschiedet, z. B. hinsichtlich der Veröffentlichung von Plenarsitzungen des moldawischen Parlaments, der Partizipation und Konsultation von Verbänden und NGOs am politischen Prozess, der Finanzierung politischer Parteien durch öffentliche Gelder oder hinsichtlich der (Ratifizierung der) UN-Konvention gegen Korruption (vgl. ADEPT & Expert Group, 2006a, 2006b, 2007).

*Moldawien* (margin note)

*Demokratie und Good Governance* (margin note)

Allerdings konnte auch beobachtet werden, dass es bei vielen Gesetzen noch mit der Umsetzung hapert. Dies lässt sich auch am Freedom-House-Bericht „Global Press Freedom" (2007) ablesen, der Moldawien keine freie Presse bescheinigen konnte und in dem Moldawien an 144. Stelle nur Russland und Belarus in Europa hinter sich lassen konnte. Außerdem wird u. a. bemängelt, dass bei den letzten Wahlen, die allerdings als fair eingestuft wurden, das Recht der Bürger, sich um ein öffentliches Mandat zu bewerben, nicht ausreichend respektiert wurde. Darüber hinaus haben Interviewpartner auch angemerkt, dass einige Gesetze nur „für die EU" verabschiedet wurden. Außerdem zeigen Umfragen, dass die demokratischen Rechte im Verständnis der moldawischen Bürger noch nicht angekommen sind (vgl. CIVIS 2008). Dies zeigt, dass die Normen noch nicht wirklich verinnerlicht wurden und der Normenwandel noch nicht weit vorangeschritten ist.

EU als Verursacherin
In unserer Untersuchung wird aber auch deutlich, dass der bisher moderate Normenwandel (größtenteils) auf die EU zurückzuführen ist, was u. a. dadurch bestätigt wird, dass der Wandel im Diskurs der EU zugeschrieben wird (vgl. Voronin 2008; Radio Free Europe 2005; Moldpress 2008). Darüber hinaus kann der Normenwandel kaum dem anderen in der Region einflussreichen Akteur, nämlich Russland, zugeschrieben werden, zumindest nicht hinsichtlich der Normen Demokratie und Good Governance.

## 5.4 Die Wahrhaftigkeit des normativen Engagements

Lückenhafte Ergebnisse
Bezüglich der Wahrhaftigkeit des normativen Engagements der EU sind die empirischen Ergebnisse etwas lückenhaft. Folgende Aussagen lassen sich dennoch machen: Im Fall Bosnien und Herzegowina ist die Friedensnorm sehr fest im EU- und in weiteren europäischen Rechtskanons verankert. Das heißt, hier lässt sich eine Einheitlichkeit zwischen der internen EU-Norm und der (schon länger) nach außen propagierten Norm feststellen. Außerdem ist zu erkennen, dass die Friedensnorm eine zentrale Bedeutung für das EU-Engagement hinsichtlich Bosnien-Herzegowinas hat. Allerdings stehen Friedensnorm und Eigeninteresse (Stabilität auf dem europäischen Kontinent) hier nicht im Widerspruch zueinander, wodurch es schwer ist, die Wahrhaftigkeit des normativen Engagements eindeutig zu beurteilen. Was die Einheitlichkeit des Handelns der EU (allein) hinsichtlich ihrer Politik zu Bosnien und Herzegowina angeht, konnten keine gravierenden Inkonsistenzen identifiziert werden (Dekhuijzen 2008: 79). Jedoch könnte gefragt werden, warum die EU die Friedensnorm so stark in Bosnien und Herzegowina propagiert und weniger stark anderswo (z. B. in Afrika). Deutet dies doch eher auf eigeninteressiertes Handeln hin. Oder kann dieser doppelte Standard gerechtfertigt werden?

Friedensnorm intern und extern verankert

Kein Widerspruch zwischen Friedensnorm und Eigeninteresse

Hohe Bedeutung von Demokratie und Good Governance
Auch im Fall Moldawien ist die Wahrhaftigkeit des normativen Engagements der EU als ambivalent zu bewerten. Auf der einen Seite nehmen die Normen Demokratie und Good Governance eine zentrale Rolle in den Beziehungen zwischen der EU und Moldawien ein. Dies geht sowohl aus dem ENP-Aktionsplan für Moldawien (Europäische Kommission 2005) hervor als auch aus dem Indikativen Programm des Europäischen Nachbarschafts- und Partnerschaftsinstruments[5] (ENPI) der Kommission für Moldawien, das 25 bis 35 Prozent des Gesamtbudgets für die Unterstützung von Demokratie und Good Governance vorsieht (vgl. Europäische Kommission 2007). Dass diese Normen für die EU tatsächlich eine zentrale Bedeutung haben, wird auch durch den von EU-Politikern getragenen politischen Diskurs bestätigt (vgl. Ferrero-Waldner 2008; Mikko 2008).

---

[5] http://ec.europa.eu/world/enp/pdf/oj_l310_de.pdf

Allerdings wird die Wahrhaftigkeit des normativen Engagements der EU dadurch untergraben, dass die EU doppelte Standards erkennen lässt, besonders zwischen eigenen Praktiken und eigenem Handeln (bzw. dem ihrer Mitgliedstaaten) auf der einen Seite und andererseits dem, was Moldawien im ENP-Prozess abverlangt wird. So zeigen z. B. die Antikorruptionsberichte der *Group of States Against Corruption* (GRECO), dass die Mehrheit der EU-Mitgliedstaaten Mängel bei der Umsetzung der Ratschläge/Forderungen GRECOs aufweist, während die EU ihrerseits auf Fortschritte in der Implementierung der von GRECO aufgeworfenen Punkte drängt (Europäische Kommission 2005).

*Dennoch: doppelte Standards*

## 5.5 Ausmaß des Einsatzes von „soft power" und „hard power"

Schließlich noch das dritte Kriterium: das Ausmaß des Einsatzes von „soft power" (Anziehung, Argumentation) zu „hard power" (Drohungen, Sanktionen, Gewalt). Um es kurz zu machen: Hier sehen wir eine ganze Reihe von verschiedenen (aktiven und passiven) Mitteln der Normendiffusion zum Einsatz kommen. Beide Fälle zeigen, dass die EU ungeheure Anziehungskraft hat beziehungsweise haben kann. Die Anziehungskraft bzw. Legitimität der EU ist im Fall Bosnien-Herzegowina natürlich stärker, weil sie durch eine konkrete Beitrittsperspektive erhöht wurde. Hier wird aber auch schon die Grenze zur „hard power" (vgl. Nye 2004: XX) erreicht, denn dabei handelt es sich weniger um eine natürliche Anziehungskraft als um konkrete Anreize. Jedoch ist der Anreiz der Beitrittsperspektive nichts wert, solange die EU nicht grundsätzlich als attraktiver Staatenverbund mit erstrebenswerter Mitgliedschaft gesehen wird. Anreize sind auch ein wichtiges Mittel in der ENP (d. h. im Fall Moldawien). In diesem Rahmen wird hauptsächlich mit Anreizen (d. h. positiver Konditionalität) und weniger mit möglichen Sanktionen (negativer Konditionalität) gearbeitet. Harte Konditionalität spielt insgesamt stärker in der Erweiterungspolitik als in der ENP eine Rolle. Im Fall Bosnien hat die Europäische Kommission auch wenig verhüllte Drohungen eingesetzt, z. B. den Hinweis, dass sich die Kommission eine Weiterführung des Stabilisierungs- und Assoziationsabkommens nicht vorstellen könne, falls in gewissen Punkten kein Fortschritt erzielt werde (Europäische Kommission 2003: 39-42).

*Anziehungskraft der EU*

*Harte und weiche Konditionalität*

## 5.6 Von normativer Macht zu (normativer) Hegemonie

Diese Darstellung (s. die Zusammenfassung in Tabelle 4-3) zeigt, dass die EU – zumindest in Europa – besser als eine Art von Hegemon denn als normative Macht charakterisiert werden kann. Dabei zeichnet sich ab, dass keiner der oben beschriebenen Idealtypen genau zutreffend ist. Weder der „sanfte Hegemon" noch der „normative Hegemon" oder gar der „strategische Hegemon" wird in einem der drei Fälle exakt getroffen. Die Beziehungen zu Bosnien-Herzegowina sind eher durch „hard" als durch „soft power" geprägt, was eher auf die beiden letzten Typen hindeutet. Allerdings sind auch Formen von „soft power" mit dabei. Für den „normativen Hegemon" ist das Ausmaß der Normativität zu wenig ausgeprägt, und gegen den „strategischen Hegemon" spricht neben dem Einsatz von Formen von „soft power" der nicht strategische Einsatz von Nor-

*Keiner der Idealtypen trifft genau zu*

men. Hinsichtlich der Beziehungen zu Moldawien scheint wieder eine Mischung aus allen drei Hegemonieformen das Auftreten der EU am besten zu beschreiben. Der überwiegende Einsatz von „soft power" deutet etwas mehr auf den Typ des „sanften Hegemons" hin; allerdings findet der erforderliche Normenwandel für diesen Idealtypus (noch) nicht in einem hinreichenden Umfang statt.

*Tabelle 4–3*: EU-Beziehungen zu Bosnien-Herzegowina und Moldawien: welche Art von Macht/Hegemon?

| EU-Partnerland<br><br>Kriterien | Bosnien und<br>Herzegowina | Moldawien |
|---|---|---|
| Grad der Symmetrie | Asymmetrisch | Asymmetrisch |
| Ausmaß des Einsatzes von „soft power" und „hard power" | Mix aus „soft" und „hard power"; aber überwiegend „hard power" | Mischung aus „soft" und „hard power" |
| Ausmaß der Normativität | Moderates Maß an Normativität | Moderates Maß an Normativität |
| (mit den nachfolgenden Indikatoren) | | |
| • Fähigkeit, Normen zu prägen | • Normenwandel (Frieden): ja<br>• Aber nur teilweise durch EU | • Nur moderater Normenwandel<br>• Wandel hauptsächlich durch EU |
| • Genuin normatives Engagement vs. strategisches Eigeninteresse | • Gleichheit von interner und externer EU-Norm<br>• Inkonsistenz bezügl. anderer Kontexte | • Teilweise Inkonsistenz zwischen Reden und Handeln |
| • Inklusivität und Reflexivität | Wenig Inklusivität und Reflexivität | Mittelstarke Inklusivität und Reflexivität |
| Gesamteinschätzung hinsichtlich der Idealtypen | Mischung aus normativem, strategischem und sanftem Hegemon | Mischung aus sanftem, normativem und strategischem Hegemon |

# 6   Zur Kritik der Diskussion der EU als „normativer Macht"

In den weiteren Abschnitten wird das (Selbst-)Bild von der „normativen Macht EU" kritisch beleuchtet. Diese Kritik stellt nicht infrage, dass von der bloßen Existenz der EU selbst als einem Raum, in dem die Grenzen zwischen Innen- und Außenpolitik zunehmend verwischen und einander früher bekriegende Nationen zu einer dauerhaften Friedensgemeinschaft gefunden haben, starke *Demonstrationseffekte* auf andere Regionen der Welt ausgegangen sind und die europäische Integration viele Versuche angeregt hat, eine ähnliche Integration auch in diesen Regionen zustande zu bringen.

Kritik des Wunschdenkens

Die Kritik bezieht sich nicht auf die Beziehungen der EU zu den beitrittswilligen Ländern. Es liegt auf der Hand, dass von der EU ein starker normativer Einfluss auf Institutionen und Gesetzgebung in diesen Ländern ausgeht. Die Kritik bezieht sich auch nicht auf das *Leitbild* der EU als zivile Macht und „normative Power". Sie bezieht sich eher darauf, dass dieses Leitbild häufig in einer Art Wunschdenken mit der Realität, in der sich EU-Politiker oft auch von anderen Denkbildern leiten lassen, verwechselt wird. Hauptpunkte der Kritik sind, dass

a. die Beziehungen der EU zu anderen Ländern einseitig aus der Sicht der EU betrachtet werden,

b. die Einbettung der EU-Außenbeziehungen in die weltweiten hegemonialen Strukturen außer Acht gelassen wird,

c. nicht genügend auf den Einfluss konkurrierender Institutionen geschaut wird,

d. der beschränkten geographischen Reichweite der „normative power" nicht genügend Rechnung getragen wird,

e. die beschränkte inhaltliche Reichweite der „normative power" nicht genügend berücksichtigt wird und

f. die Politik der EU auf anderen Gebieten (Handel, Energie) die gut gemeinten Anstrengungen auf Gebieten wie Good Governance und Demokratisierung unterminiert.

## 6.1 Die Binnenorientierung der Diskussion über Europa als „normative Macht"

Für die kritische Analyse von Außenbeziehungen hat Ekkehart Krippendorff schon vor 45 Jahren die Frage aufgeworfen: „Ist Außenpolitik *Außen*politik?" (Krippendorff 1963). Ein großer Teil des Auftretens gegenüber dem Ausland hat meist nicht so sehr das Ziel, im Ausland wirklich Veränderungen herbeizuführen, sondern vor allem das Ziel, Gruppen im Inland zufriedenzustellen. Wenn europäische Politiker in China mannhaft Menschenrechtsfragen zur Diskussion stellen, dann glauben sie nicht wirklich daran, dass dies die chinesische Regierung auch nur einen Zentimeter von der eigenen Position abweichen lässt. Aber sie trauen sich nicht, nach Hause zu kommen, ohne sagen zu können, dass sie diese kritischen Probleme angesprochen haben.

Ein großer Teil der politischen Pläne (wie die „EU Strategy for Africa: Towards a Euro-African pact to accelerate Africa's Development") erfüllt die gleiche Funktion. Sie sind einerseits Leitplanke für die eigene Diplomatie; aber die weiß schon, wie sie mit solchen Dokumenten umzugehen hat. Sie sind andererseits vor allem dafür bestimmt, die eigene Basis zu erhalten und die Zustimmung im eigenen Land sicherzustellen.

Die akademische Diskussion über Europa als „normative Macht" scheint eine ähnliche Funktion zu haben, auch wenn sie von Akademikern und nicht von Politikern geführt wird. Es ist schon erklärungsbedürftig, dass diese Diskussion so gut wie ausschließlich von europäischen Kollegen bestritten wird. Wenn die EU eine auffällig andere Politik betriebe als vergleichbare Mächte, dann sollte das doch auch den Fachkollegen außerhalb Europas aufgefallen sein. Das scheint aber kaum der Fall zu sein.

Überspitzt formuliert: Die Diskussion über die „normative Macht" Europas scheint eine etwas selbstgefällige Nabelschau aus europäischer Perspektive zu sein, der es an kritischer Distanz und empirischer Substanz fehlt. An der Diskussion fällt auf, dass sie meist in konzeptuellen Überlegungen steckenbleibt und ihr empirischer Gehalt gering ist. In einer Periode weitverbreiteter Euroskepsis erscheint dies manchmal als eine Art akademischer Beitrag zum Ringen um die „hearts and minds" der europäischen Bürger, die die Institutionen in Brüssel aus

Hauptpunkte der Kritik

Rolle der Innenpolitik

Legitimationsfunktion

Mangel an kritischer Distanz

zunehmender Distanz betrachten. Die Diskussion über Europa als „normative Macht" ist bisher vor allem für den Konsum im integrierten Binnenmarkt bestimmt, sie ist noch kein Exportprodukt.

## 6.2 Die Einbettung der EU-Außenbeziehungen in weltweite Strukturen

*Reaktion auf die US-amerikanische Politik*

Die Diskussion über die Art der EU-Außenbeziehungen wird häufig geführt, als ob es vor allem um bilaterale Beziehungen ginge. Diese Beziehungen sind jedoch eingebettet in ein weltweites Gefüge von inter- und transnationalen Beziehungen, in denen zahllose andere Kräfte eine Rolle spielen. Hier ist vor allem die Frage zu stellen, wie die Beziehungen Europas in das brüchige System der globalen US-Hegemonie einzuordnen sind. Die Diskussion über Europa als „zivile Macht" und „normative Macht" setzt Europa ja implizit oder explizit ab gegen die globale Supermacht USA, die stark auf militärische Mittel setzt. Ohne das Wettrüsten der Supermächte in der Zeit des Kalten Krieges wäre gar keine Debatte über die „zivile Macht" Europa entstanden. Die Neubelebung dieser Diskussion in den vergangenen Jahren ist vor allem eine Reaktion auf die Politik der Bush-Administration, die schnell nach militärischen Lösungen für auftauchende Probleme suchte.

Die Außenbeziehungen der EU bewegen sich nicht in einem luftleeren Raum. Sie formen sich in einer weltweiten Konstellation, die stark beeinflusst wird durch das Auftreten der USA, ob dieses nun erfolgreich ist oder nicht. Weil die europäischen Regierungen häufig nicht mit einer Stimme sprechen und keine prägnante abweichende Position formulieren (es bleibt meist bei einer „Ja-aber"-Variante zur amerikanischen Politik), wird die EU aus der Sicht der meisten Länder außerhalb Europas als kaum unterscheidbarer Teil des „Westens" gesehen, mit den gleichen Interessen, dem gleichen kulturellen Hintergrund und einer Geschichte weltweiter kolonialer Dominanz, die nach dem Zweiten Weltkrieg in ein durch die USA dominiertes Weltsystem übergegangen ist.

Natürlich werden von der Außenwelt auch Unterschiede wahrgenommen. Die Wortwahl ist in Europa meist konzilianter, der missionarische Drang bei der Verkündung der neuesten Strategien ist nicht so groß wie in Washington; die Einsicht in regionale Varietät ist in Europa größer, wahrscheinlich auch das nachhaltig schlechte Gewissen wegen kolonialer Dominanz und Ausbeutung, das den durchschnittlichen Amerikaner nicht belastet. Nicht nur aus besserer Einsicht, sondern auch wegen beschränkter militärischer Mittel setzt Europa eher

*Beschränkte militärische Mittel*

auf diplomatische Lösungen als auf militärische Optionen. Das alles führt aber nicht dazu, dass die EU als gleichwertiger Partner der USA oder möglicherweise als alternativer Partner für die übrigen Länder akzeptiert wird. Für die Außenwelt ist das „Good-cop"-„bad-cop"-Auftreten der USA und der EU leicht zu durchschauen. Die europäischen Regierungen profilieren sich als die verständnisvolleren Gesprächspartner, aber die Botschaft, für die sie einstehen, unterscheidet sich in den meisten Fällen gar nicht deutlich erkennbar von der der amerikanischen Regierung.

*Entwertung von Normen*

Die Tatsache, dass häufig das gleiche Vokabular gebraucht wird (Demokratisierung, Good Governance...), aber unterschiedliche Inhalte damit gemeint sind, bringt die Politik der EU aus der Sicht der betroffenen Drittländer in gewisser Weise in Diskredit, weil die amerikanische Politik in Diskredit geraten ist. Der häufige Hinweis auf Normen, an die die amerikanische Regierung sich selbst nicht immer hält, hat diese Normen in den Augen der Regierungen vieler Drittländer entwertet und hohl werden lassen. Bestrebungen der EU, die Anerkennung dieser Normen zu fördern, werden dadurch erschwert.

Die relativ verständnisvolle Haltung macht die europäischen Regierungen nicht unbedingt zu bevorzugten Partnern für andere Länder. Häufig sind die USA als Allianzpartner mehr gefragt, gerade wegen der eher halsstarrigen Haltung, die die US-Regierung häufig einnimmt. Denn für die Verbündeten der USA wendet sich diese Halsstarrigkeit ja gegen ihre Gegner im In- und Ausland. Und dann ist ein wenig differenzierender Bundesgenosse eher ein Vorteil, verglichen mit einer ewig lavierenden, intern zerstrittenen Union, von der man nicht gut weiß, was ein Commitment der verschiedenen Organe eigentlich bedeutet und ob es nicht morgen wieder relativiert werden kann durch interne Zweifel, einzelstaatliche Opposition, einen Streit um die Zuständigkeit oder einen Umschlag der öffentlichen Meinung. Es ist in diesem Zusammenhang interessant, dass selbst Politiker (wie in Palästina), die deutlich sehen, dass die amerikanische Regierung für die Gegenseite (Israel) Partei ergreift, doch dieselbe amerikanische Regierung lieber als Vermittler sehen als die EU, weil die amerikanische Regierung auch die einzige Macht ist, die notfalls die andere Seite unter Druck setzen kann, gerade wegen der engen Verbindungen, die hier bestehen. Von der EU wird nicht viel mehr als Rhetorik erwartet – und Geld, sobald die Verhandlungspartner untereinander (mithilfe der USA) einig geworden sind. Die finanziellen Mittel der EU als des größten „Geberlandes" sind begehrt, gerade weil sie umfangreicher und meist mit weniger Auflagen versehen sind als die der USA. Aber damit geht natürlich einher, dass auch der normative Einfluss der EU geringer ist.

*(Marginalien: USA bevorzugter Allianzpartner — Intern zerstrittene Union — Als Geberland begehrt)*

## 6.3 Konkurrierende „normative Mächte"

Wenn man einmal in anderen (als den Beitritts-)Ländern danach schaut, auf welchen internationalen Einfluss dort Gesetzesänderungen zurückgehen, dann stößt man wahrscheinlich häufiger auf Weltbank und IWF, auf die WTO und vielleicht sogar die OECD als auf die EU. Mit diesen Organisationen, die auf eine internationale Vereinheitlichung zielen, muss die EU konkurrieren. Aber handelt es sich hier wirklich um Konkurrenz? Die EU-Staaten sind doch auch Mitgliedstaaten dieser internationalen Organisationen. Diese könnten darum ebenso gut Instrumente der EU sein, die der „normativen Macht" EU eine größere Reichweite verschaffen könnten. Doch werden diese Organisationen meist eher mit der Politik der amerikanischen Regierung in Verbindung gebracht. Es ist eigentlich ein Paradox: Während die EU sich den Spielregeln des Multilateralismus verschreibt und stark auf die Regelung internationaler Beziehungen durch internationale Organisationen setzt, hat sie in diesen oft weniger Einfluss als die USA, obwohl die amerikanische Regierung häufig einen unilateralen Kurs verfolgt und ihr viel weniger gelegen ist an den internationalen Organisationen als der EU. Gerade diese eher ablehnende Haltung der USA führt dazu, dass diese

*(Marginalie: Paradoxes Verhältnis in den internationalen Organisationen des globalen Multilateralismus)*

Organisationen eher amerikanische Positionen übernehmen, um die USA so an Bord zu halten. In wesentlichen Fragen, die weit in das gesellschaftliche Gefüge der betroffenen Staaten hineinreichen, sind die genannten Organisationen eher „Transmissionsriemen" der amerikanischen als der europäischen Politik.[6] Manchmal setzt die EU sich dann offiziell ab von den Positionen der Weltbank oder der WTO, ohne dabei zuzugeben, dass die eigenen Mitgliedstaaten zu genau diesen Positionen beigetragen haben.

*Normative Funktionen von IWF, Weltbank und WTO*

Sowohl die Weltbank, der IWF als auch die WTO haben explizit eine normative Funktion. Um der WTO beitreten zu können, müssen spezifische Voraussetzungen erfüllt werden. Gesetze müssen angepasst (z. B. über intellektuelles Eigentum), Subventionen müssen abgebaut, ausländische Investoren müssen zugelassen werden. Die Interventionen der Weltbank und des IWF gehen in dieselbe Richtung, greifen aber noch weiter in die nationalen politischen Systeme ein:

*Mit großer Eingriffstiefe*

das System der Steuereinnahmen, der Haushaltsführung, der Industriepolitik, der Beschäftigung im öffentlichen Dienst, – das sind die wesentlichen politischen Entscheidungen, die in einem Land getroffen werden. Diese Eingriffe in die internen Strukturen der betroffenen Länder gehen im Grunde viel weiter als die eher oberflächlichen Korrekturen, für die sich die EU in Ländern einsetzt, die nicht zu den möglichen Beitrittskandidaten zählen (siehe unten).

*Beispiele:*

Aber nicht nur die USA und internationale Organisationen treten als konkurrierende „normative Mächte" auf. In den letzten Jahren haben sich auch andere Inspirationsquellen entwickelt, denen neue Normen entlehnt werden oder die alte Normen vor Veränderung schützen. Letzteres gilt beispielsweise für China,

*China als „normative Macht"*

das sich in wenigen Jahren zu einer wichtigen Finanzquelle für viele – vor allem rohstoffreiche – Entwicklungsländer entwickelt hat. China verfolgt explizit eine Strategie der „Nichteinmischung in innere Angelegenheiten". Damit bietet die chinesische Regierung einen Rettungsring für Regierungen, die sich durch die Auflagen internationaler Organisationen oder europäischer Instanzen bedroht fühlen. Dass China ihnen Ausweichmöglichkeiten bietet, vermindert die Wirksamkeit des Druckes, den andere ausüben können. Der Aufstieg Chinas auf der Bühne der internationalen Politik hat damit auch die Position Europas als „normativer Macht" angetastet, vor allem in Afrika.

China und andere Staaten Südostasiens haben auch auf andere Weise diese Position beeinflusst. Das schnelle Wachstum dieser Staaten lädt dazu ein, eine

*Malaysia als „normative Macht"*

ähnliche Richtung einzuschlagen (ungeachtet der Frage, ob die internen Voraussetzungen dies zulassen). So vergleicht Ghana sich z. B. oft mit Malaysia. Beide Länder hatten die gleiche Kolonialmacht, einen vergleichbaren Entwicklungsgrad zum Zeitpunkt der Unabhängigkeit und ein ähnliches ökonomisches Profil. Malaysia hat sich in schnellem Tempo entwickelt, in Ghana ist die Entwicklung anders verlaufen. Wegen der historischen Parallelen war gerade das malaysische Beispiel sehr anregend. Die Regierung Ghanas hat darum in den 1990er Jahren viel von der Gesetzgebung auf dem Gebiet der Telekommunikation und der

---

[6] Ein anderes Paradox ist, dass sich die traditionell durch einen amerikanischen Präsidenten geleitete Weltbank in den letzten Jahren EU-Positionen angenähert hat, während der traditionell durch einen europäischen Direktor geführte IWF eher typisch angelsächsische Positionen vertritt.

Technologiepolitik wortwörtlich von Malaysia übernommen (Ansah 2006), in der Hoffnung, ähnliche Erfolge zu erzielen (die freilich ausgeblieben sind, vor allem wegen der unterschiedlichen Beziehungen zwischen Regierung und Unternehmen in beiden Ländern). Hier trat Malaysia als konkurrierende „normative Macht" auf, sodass die EU einen weniger großen Einfluss hatte.

Die internationale Entwicklung seit dem 11. September 2001 hat das Selbstbewusstsein vieler islamistischer Bewegungen gestärkt. In zahlreichen Ländern steht die Einführung eines „islamistischen Staates" zur Diskussion, häufig in Form der Einführung einer Gesetzgebung (z. B. der Scharia), die auf vielen Gebieten stark abweicht von den Werten, für die die EU sich einsetzt. Dieser dominante Diskurs hat die Wirkungsmöglichkeiten der EU als „normativer Macht" in den betroffenen Ländern erheblich reduziert. *Rolle des Islamismus*

In einer etwas anderen Form hat sich ein vergleichbarer Prozess in Lateinamerika abgespielt. Der Ölreichtum Venezuelas und die mehr an den Bedürfnissen der Indianerbevölkerung orientierte Politik in Bolivien haben dort zu neuen Formen des Populismus geführt, die ebenfalls wenig Raum lassen für eine „normative Macht" der Europäischen Union. *Lateinamerikanischer Populismus*

## 6.4 Die beschränkte Reichweite der „normative power"

Niemand wird bestreiten, dass die EU in ihrem unmittelbaren Umfeld, bei den beitrittswilligen Ländern, einen großen „normierenden" Einfluss hat. Die Beitrittskandidaten müssen zahllose Gesetze und Regeln anpassen, um den Beitritt zu ermöglichen. Wenn die Diskussion über die EU als „normative power" auf den Kreis dieser Länder beschränkt wäre, dann wäre sie relativ unproblematisch. In diesen Ländern ist der Einfluss nicht zu leugnen. Aber wie weit reicht dieser Einfluss?

In Osteuropa stoppt er an der Grenze von Weißrussland. Im Kaukasus ist der Einfluss sehr beschränkt.[7] In der Türkei ist der normative Einfluss deutlich zu spüren, aber er reicht nicht in die südöstlichen Nachbarländer der Türkei. Im Nahen Osten ist von der „normative power" Europas wenig zu spüren. Michelle Pace (2007) behauptet sogar, dass die „Konstruktion" von Europas „normativer Macht" im Nahen Osten nicht nur keine Veränderung bewirkt, sondern darüber hinaus sogar die Position der EU als globaler Spieler untergräbt. *Grenzen des europäischen Einflusses* *Belarus, Kaukasus, Naher Osten*

Dann bleiben die nordafrikanischen Mittelmeeranrainer. Hier ist die Situation wahrscheinlich von Land zu Land unterschiedlich. In Marokko und Tunesien kann man noch etwas vom europäischen Einfluss feststellen, in Algerien und Ägypten weniger, in Libyen kaum. Die Länder südlich dieser Anrainerstaaten (Äthiopien, Sudan, Tschad usw.) entziehen sich dem normativen Einfluss der EU so gut wie völlig, obwohl die europäischen Kolonialmächte in der Vergangenheit *Nordafrika?*

---

[7] Zu den Staaten des „neuen Europas", wie Bush eine Reihe von Beitrittsländern nannte – im Gegensatz zum „alten Europa" der ursprünglichen Europäischen Wirtschaftsgemeinschaft, – unterhalten die USA relativ intensive Beziehungen. Ist hier die Prägung durch die amerikanische oder durch die (west)europäische Kultur größer?

dort einen starken normativen Einfluss hatten. In vielen Ländern stammt ein
großer Teil der Gesetzgebung noch aus der Kolonialzeit.

*Beispiel Nigeria*

    Eine kürzlich erschienene Studie über die EU-Förderung der Demokratie in
Nigeria (Khakee 2007) beschreibt deutlich die Grenzen der europäischen Politik
in diesem Bereich. In allen einschlägigen EU-Dokumenten wird zwar darauf
verwiesen, dass der Schutz der Menschenrechte, Good Governance und Demokratisierung zentrale Anliegen der europäischen Politik sind, aber im Alltag
spielt im Fall Nigeria das Öl eine ausschlaggebende Rolle. Der Schutz international tätiger Unternehmen aus Europa ist nicht immer leicht in Einklang zu
bringen mit der Förderung demokratischer Bestrebungen. Die geringe Abhängigkeit Nigerias von Entwicklungshilfe gibt der EU kaum Druckmittel in die
Hand. Die EU hütet sich auch, vorhandene Druckmittel zu nutzen, weil Nigeria
einen regionalen Großmachtstatus hat und bei der Stabilisierung der gesamten
Region eine wichtige Rolle spielt und weil die interne politische Situation so
prekär ist, dass man sie nicht mit Eingriffen von außen noch brenzliger machen
will, als sie schon ist. Dies alles macht die EU-Politiker sehr zurückhaltend bei
der Verteidigung demokratischer Werte in Nigeria.

*Beispiel Kongo*

    Im Kongo hat die EU sich stark engagiert, aber nicht so sehr als Zivilmacht.
Die militärische Unterstützung der MONUC-UN-Truppen während der Wahlen
im Jahr 2006 war eine der bisher größten militärischen Unternehmungen der EU.
Aber daneben spielt die EU auch eine Rolle in der Reform der Polizei, des Militärs und des Verwaltungsapparates. Aber dies sind relativ bescheidene Aufgaben,
die eher einem Consultancy-Dienst entsprechen.

*Aber: beschränkte Reichweite als „normative Macht"*

    In den Ländern Asiens, den meisten afrikanischen Ländern, in Lateinameri-
ka und der Karibik kann kaum die Rede sein von einer „normative power" Europas. Europa ist in dieser Hinsicht nicht wirklich ein „global actor". In der Diskussion um die EU als „normative power" wird die beschränkte geographische
Reichweite nicht genügend berücksichtigt.

## 6.5 Die beschränkte inhaltliche Reichweite

*Variiert nach Politik-feldern*

    Nicht nur geographisch, sondern auch inhaltlich ist die Reichweite be-
schränkt. Nicht in allen Politikbereichen übt die EU einen normativen Einfluss
aus. Aus der Diskussion über internationale Regime wissen wir, dass die Machtverhältnisse nicht in allen Politikbereichen die gleichen sind. Auf dem Gebiet der
internationalen Energiepolitik z. B. sind die Machtverhältnisse anders als im
Bereich Umweltpolitik. Es wäre in diesem Zusammenhang sehr interessant zu
sehen, in welchen Bereichen die EU einen starken Einfluss ausübt und in welchen nicht und auf welchen Gebieten dieser Einfluss konkurriert mit dem anderer
Mächte oder die EU unumstritten ihren Einfluss geltend machen kann.

*Eher in den „wei-chen" Bereichen stärkere Prägewirkung*

    Eine mögliche Hypothese ist, dass die EU in den „weichen" Bereichen wie
Umweltpolitik, Erziehung und Gesundheitswesen über einen erheblichen Einfluss verfügt, weil gerade innerhalb der EU ein breiter Fächer von Erfahrungen
vorliegt, die Anknüpfungsmöglichkeiten für viele verschiedene nationale Lösungen bieten können. Aber in den Bereichen, die den Kern der politischen Auseinandersetzung formen – Umfang des Staatsapparates, Struktur des Steuersys-

tems, Außenhandel –, ist der Einfluss wahrscheinlich geringer und die Bedeutung von Weltbank und WTO mindestens ebenso groß.

Dazu kommt, dass der Einfluss der EU häufig weniger groß ist, weil verschiedene EU-Instanzen unkoordiniert auftreten. Es sind nicht nur die Konkurrenz zwischen und die unterschiedlichen politischen Auffassungen in den Mitgliedsländern, die den Einfluss der EU verringern. Es ist auch die Vielzahl von Unterorganisationen der EU, die häufig sehr unterschiedliche Prioritäten setzen und damit den EU-Einfluss neutralisieren. Im Kosovo z. B. sind etwa zwanzig EU-Institutionen aktiv, aber die Koordination zwischen diesen Organisationen lässt so sehr zu wünschen übrig, dass selbst in einer Region, die geradezu ein Reservat für den EU-Einfluss geworden ist, die Stoßrichtung dieses Einflusses nicht deutlich wird.

Der Mangel an Koordination ist so groß, dass es durchaus sein kann, dass die Politik in einem Politikbereich die Anstrengungen in anderen Bereichen unterminiert. Entscheidungen im Bereich von Energie- und Handelspolitik z. B. können zu einer Machtverteilung beitragen, die die zarten Ansätze zu demokratischeren Verhältnissen und einer größeren öffentlichen Beteiligung an der politischen Diskussion behindert. Diese möglicherweise kontraproduktiven Auswirkungen der eigenen Einflussnahme sind noch nicht genügend untersucht worden.

*Koordinationsmängel*

## 7  Schlussbemerkungen

Seit der Jahrhundertwende ist die Diskussion um die „Zivilmacht Europa" wieder aufgeflammt, als Alternative zu der politischen Richtung, die die amerikanische Politik eingeschlagen hat. Als Leitbild hat die Orientierung auf die „normative Macht" Europa sicher erheblichen Wert. Aber das Leitbild darf nicht mit der Realität verwechselt werden.

*Leitbild, aber nicht Realität*

Zweifellos ist der Einfluss der EU in den potenziellen Beitrittsländern groß. Das wird niemanden verwundern. Es ist ein Einfluss, der nicht mit militärischer Macht oder wirtschaftlichen Repressalien ausgeübt wird. Er ergibt sich aus der großen Anziehungskraft, die von dem großen gemeinsamen Markt und der weitreichenden politischen Integration ausgeht. Gerade die Ausweitung der EU und die größere interne Pluriformität, die die EU hiermit erreicht hat, machen sie noch anziehender für mögliche Beitrittskandidaten, weil man sich weniger bedroht fühlt durch einen zu hohen Anpassungsdruck. Insofern kann von „soft hegemony" gesprochen werden, einem Einfluss, der nicht mit Gewalt durchgesetzt wird, sondern mit den Verlockungen der Mitgliedschaft.

*„soft hegemony" der EU*

Die Diskussion über Europa als „normative Macht" schießt oft über das Ziel hinaus. Es wird ein Anspruch formuliert, der außerhalb des direkten geographischen Umfeldes nicht realisiert werden kann. Hier stößt die EU auf andere „normative Mächte", die wahrscheinlich einen größeren Einfluss haben. Der Einfluss der EU in anderen Weltregionen nimmt gegenwärtig nicht zu, sondern wahrscheinlich eher ab, weil andere Leitideen aufgekommen sind, von der chinesischen Alternative der Nichteinmischung über die Ausbreitung von Forderungen nach einem islamistischen Staat bis zum amerikanischen Demokratieexport mit

Gewalt. Diese Konkurrenz wird in der Diskussion um Europa als „normative Macht" zu wenig berücksichtigt.

Das europäische Sozialmodell (soweit man von *einem* Modell sprechen kann) ist ein ausgezeichnetes Modell. Es fragt sich nur für wen. Wer – außerhalb des kleinen Kreises potenzieller Beitrittsländer – lässt sich hierdurch beeinflussen? Vielleicht Costa Rica.

## Zentraler Literaturhinweis

Manners, Ian, 2002: Normative power Europe: a contradiction in terms?, Journal of Common Market Studies, 40 (2), 235–258.

## Literatur

ADEPT & Expert Group, 2006a: Euromonitor; European Union – Republic of Moldova Action Plan: Assessment of progress in 2005, issue 1, February 2006.

ADEPT & Expert Group, 2006b: Euromonitor; European Union – Republic of Moldova Action Plan: Assessment of progress in third quarter of 2006, issue 4, 2006.

ADEPT & Expert Group, 2007: Euromonitor; European Union – Republic of Moldova Action Plan: Assessment of progress in fourth quarter of 2007, issue 9, 2007.

Ansah, Eric, 2006: Close Encounters between Africa and Asia. Ghana's Look East Policy and the Making of Malaysia's Overseas Investors, Ph. D. Dissertation, Universiteit van Amsterdam. Amsterdam.

Bicchi, Federica, 2006: Our size fits all: normative power Europe and the Mediterranean, Journal of European Public Policy, 13 (2), 286–303.

Bull, Hedley, 1982: Civilian Power Europe: A Contradiction in Terms?, Journal of Common Market Studies, 21, 149–164.

Buscaneanu, Sergiu, 2006: How far is the European Neighbourhood Policy a substantial offer for Moldova? Leeds.

Chandler, David, 2005: From Dayton to Europe, International Peacekeeping, 12 (3), 336–349.

Checkel, Jeffrey, 2001: Why Comply? Social Learning and European Identity Change, International Organization, 55, 553–588.

CIVIS Center for sociological, political and psychological analysis and investigations (2008), Barometer of Public Opinion, available at
http://www.ipp.md/files/Barometru/2008/BOP_March_April_2008_eng.pdf, 12. Juni 2008.

Dekhuijzen, Pauline, 2008: The European Union in Bosnia and Herzegovina: A Strategic Normative Hegemon in Action?, MA Thesis, Universiteit van Amsterdam, August 2008.

de Wekker, Tessa, 2008: Normative Power Europe? The power of the EU in its relationship with Moldova, MA Thesis, Universiteit van Amsterdam, August 2008.

Diez, Thomas, 2005: Constructing the Self and Changing Others: Reconsidering „Normative Power Europe", Millennium, 33 (3), 613–636.

Duchêne, François, 1972: Europe in World Peace, in: R. Mayane (ed.): Europe Tomorrow: Sixteen Europeans Look Ahead. London: Fontana, 32–47.

Europäische Kommission, 2003: Report from the Commission to the Council on the Preparedness of Bosnia and Herzegovina to Negotiate a Stabilisation and Association, Agreement with the European Union, Brussels, November 2003, COM (2003) 692 Final.

Europäische Kommission, 2005: ENP Action Plan for the Republic of Moldova, available at http://ec.europa.eu/world/enp/pdf/action_plans/moldova_enp_ap_final_en.pdf, accessed 22 April 2008.

Europäische Kommission, 2007: European Neighbourhood and Partnership Instrument, Republic of Moldova, National Indicative Programme 2007–2010, http://ec.europa.eu/world/enp/pdf/country/enpi_nip_moldova_en.pdf , accessed 14 May 2008.

Europäische Kommission, 2008a: ENP Progress Report Moldova. Brussels, 03.April 2008.

Europäische Kommission, 2008b: Implementation of the European Neighbourhood Policy in 2007, Progress Report Moldova, Brussels, 3. April 2008, http://ec.europa.eu/world/enp/pdf/progress2008/com08_164_en.pdf; 2.Juli 2008.

Europäische Kommission, 2008c: Implementation of the European Neighbourhood Policy in 2007: Progress Report Ukraine. Brussels, 3. April 2008, http://ec.europa.eu/world/enp/pdf/progress2008/sec08_402_en.pdf, 6. August 2008.

Falkner, Robert, 2007: The political economy of normative power Europe: EU environmental leadership in international biotechnology regulation, Journal of European Public Policy, 14 (4), 507–526.

Ferrero-Waldner, Benita, 2008: Speech at the Parliamentary conference on the European Neighbourhood Policy East. Brussels, 5 June 2008, http://europa.eu/rapid/pressReleasesAction.do?reference=SPEECH/08/306&format= HTML&aged=0&language=FR&guiLanguage=en; 20. Juni 2008.

Freedom House, 2007: Global Press Freedom 2007, http://www.freedomhouse.org/uploads/fop/2007/pfscharts.pdf ; 28. Mai 2008.

Gheorghiu, Valeriu, 2005: EU-Moldova Action Plan: Negotiations and Implementation, Report at the International Conference The International Experience of European Integration and Perspectives of Neighbourhood Policy for Armenia, 3-5 November 2005. Yerevan, Armenia.

Goertz, Gary/Diehl, Paul, 1992: Toward a Theory of International Norms, Journal of Conflict Resolution, 36 (4), 634–664.

Haukkala, Hiski, 2007: A normative power or a normative hegemon? The EU and its European Neighbourhood Policy, paper prepared for the 10th EUSA Biennial Conference in Montreal, Canada.

Hettne, Björn/Söderbaum, Fredrik, 2005: Civilian Power or Soft Imperialism? The EU as a Global Actor and the Role of Interregionalism, European Foreign Affairs Review, 10, 535–552.

Hill, Christopher, 1990: European Foreign Policy: Power Bloc, Civilian Model – or Flop?, in: R. Rummel (ed.), The Evolution of an International Actor: Western Europe's New Assertiveness, 31–55. Boulder, CO: Westview Press.

Hyde-Price, Adrian, 2004: The EU, Power and Coercion: from „Civilian" to „Civilising" Power, paper presented at the CIDEL Workshop. Oslo, 22-23 October 2004.

Hyde-Price, Adrian, 2006: Normative power Europe: a realist critique, Journal of European Public Policy, 13 (2), 217–234.

International Crisis Group, 2003: Thessaloniki and After II: The European Union and Bosnia, Balkans Briefing, pp. 1–12.

Khakee, Anna, 2007: EU Democracy Promotion in Nigeria: Between *Realpolitik* and Idealism, Working Paper 47, FRIDE (Fundación para las RelacionesInternationales y el Diálogo Exterior). Madrid, Dezember 2007.

Krippendorff, Ekkehart, 1963: Ist Außenpolitik *Außenpolitik*?, Politische Vierteljahresschrift, 4, 3, 243–266.

Larson, Henrik, 2002: The EU: a Global Military Actor?, Cooperation and Conflict 37, 283–302.

Lerch, Marika/Schwellnus, Guido, 2006: Normative by nature? The role of coherence in justifying the EU's external human rights policy, Journal of European Public Policy, 13, 2, 304–321.

Lightfoot, Simon/Burchell, Jon, 2005: The European Union and the World Summit on Sustainable Development: Normative Power Europe in Action?, Journal of Common Market Studies 43 (1), 75–95.

Lijn, J. van der, 2005: Bosnië-Herzegovina Tien Jaar na Dayton: Kleine Stapjes in een Ongewisse Richting, in: B. Bomert/Th. van den Hoogen/R. A. Wessel, Jaarboek Vrede en veiligheid 2005. Internationale veiligheidsvraagstukken en het Nederlands perspectief. Nijmegen: CICAM, 151–176.

Manners Ian, 2000: Substance and Symbolism: An Anatomy of Cooperation in the New Europe. Aldershot: Ashgate.

Manners, Ian, 2002: Normative power Europe: a contradiction in terms?, Journal of Common Market Studies, 40 (2), 235–258.

Manners, Ian, 2006: Normative power Europe reconsidered: beyond the crossroads, Journal of European Public Policy, 13 (2), 182–199.

Maull, Hanns, 1990: Germany and Japan: The New Civilian Powers, Foreign Affairs, Winter, 1990/91, 69 (5), 91–106.

Maull, Hanns, 2000: Germany and the use of force. Still a civilian power?, Survival 42 (2), 56–80.

Maull, Hanns, 2006: The Perils of NOT Conceiving EU Foreign Policy as a Civilizing Project, Internationale Politik und Gesellschaft, 1/2006, 150–163.

Mikko, M., 2008: Speech at the Foreign Policy Association Conference, Chisinau 26-27 March 2008, http://www.europa.md/eng/infto/3434 ; 20. Juni 2008.

Moldpress 2008: Moldovan president participated in SEECP summit of head of states and government, http://www.moldpres.md/default.asp?Lang=en&ID=87583 10. Juni 2008.

Moravcsik, Andrew, 2003: How Europe Can Win Without an Army, Financial Times, 3. April 2003.

Nicolaïdis, Kalypso/Howse, Robert, 2002: "This is my EUtopia ...": Narrative as Power, Journal of Common Market Studies, 40 (4), 767–792.

Niemann, Arne, 2004: Between communicative action and strategic action: the Article 113 Committee and the negotiations on the WTO Basic Telecommunications Services Agreement, Journal of European Public Policy 11, 379 bis 407.

Nye, Joseph, 1990: Soft Power, Foreign Policy, Fall 1990, Issue 80.

Nye, Joseph, 2004: Europe's Soft Power, The Globalist, 3 May 2004, http://www.theglobalist.com/printStoryId.aspx?StoryId=3886.

Opstal, Monique van, 2008: Does Gender Make Sense in Practice? An analysis of gender policy and women's contributions to conflict resolution and sustainable peace within EU Police Missions in conflict regions, MA Thesis, University of Amsterdam.

Orbie, Jan, 2006: Civilian Power Europe: Review of the Original and Current Debates, Cooperation and Conflict, 41 (1), 123–128.

Pace, Michelle, 2007: The Construction of EU Normative Power, Journal of Common Market Studies, 45 (5), 1041–1064.

Popescu, N., 2006: The EU and South Caucasus: learning lessons from Moldova and Ukraine, paper presented at the STARLINK conference on Security, Transparency, Accountability and Reform: Linking the Security Sectors of Georgia, Moldova and Ukraine to the European Mainstream. Yerevan, Armenia, 11. März 2006.

Radio Free Europe, 2005: Interview: RFE/RL talks to Moldovan opposition, 10. Februar 2005, http://www.rferl.org/features/features_Article.aspx?m=02&y=2005&id=B3527D84-B9E1-4BB6-8D35-3A22717AD21B ; 2. Juni 2008.

Rat der Europäischen Union, 2008: Council Conclusions on European Neighbourhood Policy. Brussels, 18 February 2008, http://www.consilium.europa.eu/ueDocs/cms_Data/docs/pressData/en/gena/98790.pdf ; 2. Juli 2008.

Risse, Thomas, 2000: "Let's Argue!": Communicative Action in World Politics, International Organization, 54, 1–39.

Risse, Thomas/Sikkink, Kathryn, 1999: The Socialization of International Human Rights Norms into Domestic Practices. Introduction, in: T. Risse/K. Sikkink/S. Ropp (eds.), The Power of Human Rights. Cambridge: Cambridge University Press, 1–38.

Smith, Karen, 2004: Still „civilian power EU"?, paper presented at the CIDEL Workshop. Oslo, 22-23 October 2004.

Sjursen, Helene, 2006: The EU as a „normative" power: how can this be?, Journal of European Public Policy, 13 (2), 235–251.

Stavridis, Stelios, 2001: Why the „Militarising" of the European Union is strengthening the concept of a „Civilian power Europe", EUI Working Papers, RSC No. 2001/17.

Storey, Andy, 2005: Normative Power Europe? Economic Partnership Agreements and Africa, http://www.pana.ie/idn/C31205.html.

Tocci, Nathalie, 2007: Profiling Normative Foreign Policy: The European Union and its Global Partners, CEPS Working Document, Nr. 279, Centre for European Policy Studies.

Voronin, V., 2008: Problems Moldovan journalists confront with discussed at presidency. Moldpress, Chisinau, 10 June 2008, http://www.moldpres.md/default.asp?Lang=en&ID=88865; 12. Juni 2008.

Whitman, Richard, 1998: From Civilian Power to Superpower? The International Identity of the European Union. Basingstoke: Macmillan.

Zielonka, Jan, 1998: Explaining Euro-Paralysis. Why Europe is Unable to Act in International Politics. Basingstoke: Macmillan:

# Teil 3: Nachbarschaftsbeziehungen

# Kapitel 5: Balkangovernance

*Camelia E. Ratiu*

## 1 Einleitung

Der vorliegende Beitrag nimmt sich vor, die Politik der Europäischen Union für die Region des Westbalkans aus der Governance-Perspektive zu analysieren. Nach Mayntz ist die Governance-Theorie institutionalistisch und fragt nach der Beschaffenheit von Regelungsstrukturen, die sie aus der Perspektive ihrer Problemlösungsfähigkeit bewertet (Mayntz 2003 und 2004). Analysiert man die Balkanpolitik der EU demnach aus diesem Blickwinkel, müssen in erster Linie die Institutionen, Ressourcen und Instrumente der EU näher betrachtet werden. Die EU-Strategie für diese Region kommt unter Mitwirkung vielfältiger Akteure zustande und wird von ihnen beeinflusst; daher müssen stets zwei Aspekte berücksichtigt werden: auf der einen Seite die Steuerungsfähigkeit der EU (durch Institutionen und Ressourcen sowie aufgrund ihrer Interessen), auf der anderen die Steuerbarkeit des Gegenstandes, die von unkontrollierbaren Faktoren beeinflusst wird. Anhand dieser Aspekte soll dann festgestellt werden, inwiefern der Governance-Ansatz auf diesen Bereich der EU-Außenbeziehungen übertragbar ist.

Die Stabilisierung der Krisenregion Westbalkan[1] stellt zurzeit für die Europäische Union eine ihrer wesentlichen außenpolitischen Prioritäten dar. Denn fünfzehn Jahre nach der Beendigung des Bosnienkrieges und elf Jahre nach dem Ende des Kosovokrieges bleibt die Lage in der Region aufgrund einer Reihe von Sicherheitsrisiken noch problematisch. Trotz nachweisbarer (jedoch ungleichmäßig verteilter) politischer und wirtschaftlicher Fortschritte wird der Transformationsprozess in diesen Staaten weiterhin von den Erblasten der jüngsten Vergangenheit unterminiert, die die Gefahr in sich bergen, zu strukturellen Merkmalen der Region zu werden: schwache staatliche Strukturen, politische Instabilität, eine desolate Wirtschaftslage und nicht zuletzt das blühende organisierte Verbrechen gefährden den Reformprozess und stellen auch für die EU Sicherheitsrisiken dar.

Aufgrund ihrer geographischen Nähe und ihrer Bedeutung als Wertegemeinschaft kommt der EU die Hauptverantwortung in der Stabilisierung der Region zu. Nach der 2004 und 2007 vollzogenen Osterweiterung sind die Westbalkanstaaten in eine neue strategische Position gerückt. Als weißer Fleck inmitten eines sich integrierenden Europas bleiben sie „a major piece of unfinished

---

[1] Der Begriff Westbalkan wurde auf dem Wiener EU-Gipfel im Dezember 1998 als *terminus technicus* in den Sprachgebrauch der EU eingeführt, um die südosteuropäischen Staaten zu bezeichnen, die nach dem Beitritt Rumäniens und Bulgariens das nächste strategische Erweiterungsziel der EU darstellen. Er bezieht sich auf die Staaten Albanien, Bosnien-Herzegowina, Kroatien, Mazedonien, Montenegro und Serbien (einschließlich Kosovo).

business" (Heisbourg 2005, zitiert in Calic 2005: 1), das zu einem Herd chronischer Instabilität werden könnte. Die jugoslawischen Nachfolgekriege in den 1990er Jahren haben der EU schmerzlich vor Augen geführt, dass sie von den Entwicklungen in Südosteuropa unmittelbar betroffen ist. Deshalb liegt es in ihrem unmittelbaren Interesse, Sicherheit, Stabilität und Wohlstand in den Westbalkan zu exportieren.

Angesichts dieser Lagebeurteilung hat sich die EU vorgenommen, eine langfristig angelegte und effiziente Strategie zur Stabilisierung der Region zu entwickeln. Nicht selten wurde ihr vorgeworfen, sie betreibe eine konzeptionslose Balkanpolitik und bevorzuge es, die bestehenden Konflikte „einzufrieren", statt sich aktiv an ihrer Lösung zu beteiligen. Teilweise wurden diese Vorwürfe durch ihr dürftiges Konfliktmanagement während der Kriege der 1990er Jahre bestätigt. Heute scheint es jedoch, dass die EU-Staaten die Lehren aus ihrem diplomatischen Scheitern im Jugoslawienkrieg gezogen haben. Ihr gegenwärtiges Engagement auf dem Balkan und die Unterstützung der Westbalkanstaaten in ihren Reformbemühungen vor allem durch die Eröffnung der EU-Beitrittsperspektive zeugen von ihrer Bereitschaft, eine aktive Rolle in der Stabilisierung des südosteuropäischen Raumes zu übernehmen.

Herausforderungen für die EU    Die Stabilisierung der mittel- und osteuropäischen Staaten nach 1989 und der friedliche Vollzug der Transformation in diesen Ländern stellen für die EU eindeutig einen außenpolitischen Erfolg dar und scheinen ihre Leistungsfähigkeit als Stabilisierungsmacht bestätigt zu haben. Die Herausforderung, die der Balkan für die EU darstellt, ist jedoch viel komplexer. Die Westbalkanstaaten unterscheiden sich von den ehemaligen MOE-Beitrittskandidaten vor allem durch die Kriegserfahrung der 1990er Jahre und die daraus resultierenden Probleme, die den Transformationsprozess erheblich verlangsamt haben. Zur postkommunistischen Transformation vom sozialistischen Staat zur liberalen Demokratie und von einer Planwirtschaft zur Marktwirtschaft kommen im Fall des Westbalkans sicherheitspolitische Bedrohungen durch ethnische Konflikte, die Gefahr der Entstehung von „failed states" sowie organisierte Kriminalität hinzu (siehe auch Meurs 2003: 36). Formulierung und Umsetzung einer effizienten Stabilisierungsstrategie der EU für den Westbalkan müssen diesen spezifischen Aspekten Rechnung tragen.

Bislang hat die EU auf das bewährte Stabilisierungsmodell zurückgegriffen und den Westbalkanstaaten die Perspektive eines EU-Beitritts eröffnet. Doch kann sich hier der Ansatz „Stabilisierung durch EU-Integration", der in Mittel- und Osteuropa erfolgreich angewandt wurde, als wirkungsvoll erweisen? Verfügt die EU über die nötigen Instrumente und Ressourcen, um diese außenpolitische Herausforderung zu meistern? Welche Wirkung haben die bisherigen Maßnahmen erzielt bzw. wie wird Governance in diesem Fall durch die EU operationalisiert? Ist angesichts der komplexen Konfliktgemengelage auf dem Balkan das Angebot einer Beitrittsperspektive ausreichend, um diese traditionell als „Pulverfass" angesehene Region langfristig zu befrieden? Letztlich stellt sich die Frage, ob Governance durch die EU angesichts der spezifischen Lage in der Region in diesem Fall überhaupt funktionieren kann.

Der vorliegende Beitrag versucht mit einer kritischen Bewertung der EU-Strategie für den Westbalkan auf diese Fragen eine Antwort zu finden. Zunächst soll auf das Zustandekommen, die Grundprinzipien und Instrumente der EU-Strategie eingegangen werden, um sie dann aus der Perspektive ihrer Wirkung zu bewerten.

## 2 Die EU-Balkanpolitik in den 1990er Jahren – ein mühseliger Lernprozess

Um die gegenwärtige Balkanpolitik der EU analysieren und bewerten zu können, ist ein Rückblick auf die Entwicklung der Beziehungen zwischen der EU und den Westbalkanstaaten in den vergangenen zwei Jahrzehnten unabdingbar. Die Ereignisse der 1990er Jahre und vor allem das Verhalten der EU während der kriegerischen Auseinandersetzungen im ehemaligen Jugoslawien haben die heutige EU-Strategie für den Balkan entscheidend geprägt.

Während der 1990er Jahre war die Balkanpolitik der EU von zahlreichen Versäumnissen und Misserfolgen gekennzeichnet. Nach dem unerwarteten Zusammenbruch der kommunistischen Systeme in Osteuropa um das Jahr 1989 kam der (damals noch) Europäischen Gemeinschaft (EG) die Hauptverantwortung für die friedliche Gestaltung des postkommunistischen Übergangs in Mittel- und Osteuropa zu. Doch trotz ihres Wirtschaftspotenzials schaffte es die EG nicht, klare Konzepte in Bezug auf eine neue europäische Sicherheitsordnung hervorzubringen und mit Blick auf den Balkan eine gemeinsame Politik zu formulieren und umzusetzen.

Der gewaltsame Zerfall der jugoslawischen Föderation, der 1991 mit den Kriegen in Slowenien und Kroatien begann, wurde ursprünglich als eine ausschließlich europäische Angelegenheit begriffen (für eine umfassende Analyse der innerjugoslawischen Entwicklungen vor und während des Auflösungskrieges siehe Eisermann 2000; Giersch 1998; Schönfeld 2001). Dementsprechend übernahm die Europäische Gemeinschaft im ersten Kriegsjahr die führende Rolle in den internationalen Vermittlungsbemühungen und hatte die Gelegenheit, sich als Garant europäischer Sicherheit zu beweisen. Im Sommer 1991 erklärte der damalige EG-Ratspräsident und luxemburgische Außenminister Jacques Poos voller Zuversicht: „Dies ist die Stunde Europas, nicht die Stunde der Amerikaner. [...] Wenn ein Problem von den Europäern gelöst werden kann, dann ist es das jugoslawische Problem" (zitiert nach Edwards 1992: 170). Bald sollte sich jedoch zeigen, dass die Europäer dieser neuen Herausforderung nicht gewachsen waren. Weder vermochte die EG angesichts der Zuspitzung der innerjugoslawischen Krise gewaltvorbeugend zu wirken, noch gelang es ihr, nach Kriegsausbruch eine wirkungsvolle Konfliktregulierungsstrategie zu entwickeln, um die kriegerischen Auseinandersetzungen auf dem Balkan zu beenden (Giersch 1998). Die Kriege in dem auseinanderfallenden Vielvölkerstaat Jugoslawien zwischen den Jahren 1991 und 1995 stehen heute für das beschämende diplomatische Scheitern der EU und ihre Unfähigkeit, der Rückkehr des Krieges nach Europa frühzeitig und entschlossen entgegenzutreten. Bis heute haben die Europäer durch die Bewältigung der enormen Folgekosten des Jugoslawienkonfliktes den Preis dafür zu entrichten (Giersch 1998).

Scheitern der Jugoslawienpolitik der EU

**Fehlerhafte Konflikt-wahrnehmung**

Nach Calic gestalten sich die Gründe für das Scheitern der Jugoslawienpolitik der Europäischen Gemeinschaft sehr vielfältig (Calic 1993). Erstens handelte es sich eindeutig um eine fehlerhafte Konfliktwahrnehmung und -analyse der europäischen Staaten. Gerade in der frühen Phase des Konfliktes gelang es der Europäischen Gemeinschaft nicht, die eigene Interessenlage in Bezug auf den Konflikt in Jugoslawien klar zu definieren, da man lange Zeit davon ausging, dass die Ereignisse auf dem Balkan keine unmittelbaren Sicherheitsinteressen der EG-Staaten berührten (vgl. Meier 1992 und 1993). Hinzu kam der komplizierte Charakter der innenpolitischen Krise in Jugoslawien, der eindeutig dazu beitrug, dass die EG die Lage im Vorfeld des Kriegsausbruchs falsch einschätzte und sie dazu veranlasste, das Konfliktpotenzial in der Region bei weitem zu unterschätzen. Dass sich die jugoslawische Krise zu der größten militärischen Auseinandersetzung auf europäischem Territorium seit 1945 entwickeln würde, hat niemand vorausgesehen.

**Konzeptionelle Schwächen**

Aus der begrenzten und selektiven Wahrnehmung des Konfliktes resultierten für die EG zweitens konzeptionelle Schwächen bei der Formulierung ihrer Jugoslawienpolitik. Die Unfähigkeit der Gemeinschaft, schon in der frühen Phase des Konfliktes die eigene Interessenlage klar zu definieren, sowie die stark divergierenden nationalen Konfliktbewertungen (Giersch 1998; Gow 1997) standen der Entwicklung einer kohärenten Konfliktregulierungsstrategie entgegen.

**Institutionelle Defizite**

Drittens verhinderten institutionenspezifische Probleme die Artikulierung einer wirksamen Konfliktregulierungsstrategie der EG. Zu diesem Zeitpunkt verfügten die EG-Staaten nicht über die außenpolitischen Instrumente, um ihr Konfliktmanagement entsprechend zu stützen. Die Europäische Politische Zusammenarbeit (EPZ), der einzige außenpolitische Abstimmungsmechanismus der EG-Staaten, bildete lediglich den Rahmen für eine unverbindlich koordinierte Außenpolitik und wies politische und strukturelle Defizite auf, sodass die Krisenreaktionsfähigkeit der EG beim Ausbruch des Jugoslawienkrieges nur begrenzt war. Eng verbunden mit den Strukturschwächen der EPZ waren die ineffizienten bzw. inadäquaten Instrumentarien, die im Verlauf der Krise zum Einsatz kamen. Die politischen und wirtschaftlichen Instrumente, die der EG als möglicher Vermittlerin zur Verfügung standen, erwiesen sich als unzureichend, um auf die Krise entscheidend Einfluss zu nehmen. Den diplomatischen Befriedungsmaßnahmen fehlte es aufgrund der Uneinigkeit innerhalb der EG an Substanz, während die politischen und ökonomischen Mittel, die im EPZ-Rahmen eingesetzt wurden, nur begrenzte Effekte erzielen konnten.

Nachdem es den EG-Staaten zu Beginn des Jugoslawienkrieges nicht gelungen war, eine operative Politik der Konfliktregulierung zu entwickeln und die Lage aus eigener Kraft unter Kontrolle zu bringen, schaltete sich 1992 die UNO, 1994 die „Bosnien-Kontaktgruppe" und schließlich die NATO in den Konflikt ein, der 1995 unter entscheidender Mitwirkung der USA beendet wurde. Nur vier Jahre später sollte die NATO-Intervention im Kosovo den Europäern erneut ihre eigene Handlungsunfähigkeit in Krisensituationen bzw. ihre starke militärische Abhängigkeit von den USA vor Augen führen.

**Schlüsselereignis Kosovokrieg**

Doch gerade deshalb konnte das Schlüsselereignis Kosovokrieg einen bedeutenden Perzeptionswandel im Bewusstsein der Westeuropäer und eine Neuorientierung in der EU-Außenpolitik für den Balkanraum bewirken. Der Krieg

hatte verdeutlicht, dass die Region auch nach Beendigung des Jugoslawienkonfliktes weitgehend instabil blieb und lieferte den entscheidenden Impuls für die
Entwicklung einer umfassenden Stabilisierungsstrategie für den Westbalkan.
Gleichzeitig bewirkte er eine Neubewertung der sicherheits- und geopolitischen
Bedeutung der Erweiterung und trug dazu bei, dass die Entwicklung der Europäischen Sicherheits- und Verteidigungspolitik (ESVP) eine vorher nie da gewesene Dynamik entfaltete.

Seit 1996 waren die Beziehungen zwischen der EU und den südosteuropäi- *Regionalansatz*
schen Staaten in den sogenannten Regionalansatz (Regional Approach) eingebettet, den die EU als verspätete Reaktion auf den Jugoslawienkrieg entworfen
hatte. Mit ihm sollte die Umsetzung des Dayton-Abkommens von 1995 unterstützt und in der Region politische Stabilität und wirtschaftliche Entwicklung
gefördert werden. Als Instrumente zur Verwirklichung dieser Ziele sah der Regionalansatz vertragliche Beziehungen zwischen der EU und den betreffenden
Ländern sowie Programme zur finanziellen Zusammenarbeit vor. 1997 formulierte der Europäische Rat eine Reihe von Bedingungen, die als Voraussetzung
für eine Zusammenarbeit mit der EU galten. Die EU-Konditionalität bezog sich *Konzept der*
auf die Wahrung demokratischer und rechtsstaatlicher Prinzipien, die Achtung *Konditionalität*
der Menschen- und Minderheitenrechte, die Durchführung marktwirtschaftlicher
Reformen sowie die Bereitschaft zur regionalen Kooperation (Council Conclusions, 29. April 1997).

Nach der Beendigung des Kosovokrieges im Juni 1999 wurde der Regional- *SAP*
ansatz durch den neugeschaffenen Stabilisierungs- und Assoziierungsprozess
(SAP) ersetzt, der den Westbalkanstaaten zum ersten Mal die Perspektive der *Perspektive der*
EU-Mitgliedschaft eröffnete und diese als langfristiges Ziel der Stabilisierungs- *EU-Mitgliedschaft*
bemühungen der EU darstellte. Dieser grundlegende Wandel in der Balkanpoli-
tik der EU entspringt der Einsicht, dass die Sicherung von Frieden und Stabilität
in der Region eines politischen Leitziels bedarf, welches für die Westbalkanstaaten einen starken Reformanreiz darstellen würde. Allein durch die glaubwürdige
Perspektive der EU-Mitgliedschaft kann die EU ihre Anliegen realisieren, denn
sie verfügt über kein anderes Mittel im Rahmen der GASP, mit dem sie auch nur
annähernd gleiche Erfolgschancen für eine Befriedungs- und Stabilisierungspoli-
tik in Europa verknüpfen kann (Kramer 2001: 236).

Weiter konkretisierte sich der Umschwung in der EU-Balkanpolitik im Stabili- *Stabilitätspakt*
tätspakt für Südosteuropa, der im Juli 1999 in Sarajevo von rund 30 Staats- und
Regierungschefs ins Leben gerufen wurde. Damit wurde ein umfassender Handlungsrahmen geschaffen, in dem die Staaten der Region bei der Bewältigung
ihrer politischen und wirtschaftlichen Probleme unterstützt und langfristig an die
euro-atlantischen Strukturen herangeführt werden sollten. Diese sehr allgemeine
und vage Beitrittsperspektive der Westbalkanstaaten nahm bald schärfere Konturen an. Auf dem EU-Gipfel von Santa Maria da Feira im Juni 2000 wurde den
SAP-Ländern offiziell der Status „potenzieller Beitrittskandidaten" (European
Council Presidency Conclusions, 19–20. Juni 2000) verliehen und ihnen explizit
die Option einer späteren Mitgliedschaft angeboten. Im November 2000 wurde
auf dem Gipfel von Zagreb der Stabilisierungs- und Assoziierungsprozess als
„Herz der Unionspolitik gegenüber den fünf betroffenen Ländern" formell in

Kraft gesetzt, als die EU die Beitrittsaussicht auf der Grundlage des Vertrages über die Europäische Union und der 1993 beschlossenen Kopenhagener Kriterien eröffnete (Final Declaration of the Zagreb Summit, 24. November 2000).

*Thessaloniki-Agenda*

Auf den EU-Gipfeln des Europäischen Rates in Kopenhagen im Dezember 2000 und in Brüssel im März 2003 wurde die Beitrittsperspektive der Westbalkanstaaten erneut bekräftigt. Als im April 2003 in Athen die Beitrittsverträge mit den zehn neuen Mitgliedern unterzeichnet wurden, beschlossen die EU-Staats- und Regierungschefs, auf dem nächsten Gipfel in Thessaloniki dem Stabilisierungs- und Assoziierungsprozess für den Westbalkan neuen Schwung zu verleihen. Die voranschreitende Erweiterung sollte die Balkanländer ermutigen, denselben erfolgreichen Weg von Reformen einzuschlagen und ihre Anstrengungen in diese Richtung zu verstärken (Altmann 2005a: 9). So wurde im Juni 2003 die „Thessaloniki-Agenda für den Westbalkan" verabschiedet, welche den SAP-Prozess um eine Reihe neuer Instrumente ergänzte und ihn als Eckstein der EU-Politik gegenüber dieser Region bestätigte.

Seit dem Gipfel von Thessaloniki folgten wichtige Fortschritte in den Beziehungen zwischen der EU und den südosteuropäischen Staaten. Im Oktober 2005 wurden mit Kroatien Beitrittsverhandlungen aufgenommen, während Mazedonien der Status eines Beitrittskandidaten zugesprochen wurde. Albanien und Montenegro haben 2006 bzw. 2007 ein Stabilisierungs- und Assoziierungsabkommen (SAA) mit der EU abgeschlossen und 2009 bzw. 2008 den Beitrittsantrag eingereicht, zu dem sich die Europäische Kommission Ende 2010 äußern wird. Mit Bosnien und Herzegowina und Serbien wurden 2008 ebenfalls SAAs unterzeichnet, und die serbische Regierung hat Ende 2009 auch den Beitritt zur EU beantragt. Heute befinden sich alle Westbalkanstaaten auf EU-Kurs, wenn auch in unterschiedlichem Tempo.

## 3    Eckpfeiler der EU-Strategie für den Westbalkan

*Neuer Strategietyp*

Im Bewusstsein, dass die Stabilisierung der Krisenregion Westbalkan in ihrem eigenen Interesse und ihrer Verantwortung liegt, hat die EU nach 1999 einen Paradigmenwechsel in ihrer Strategie für die Region vollzogen. Nicht nur dass sie den Ländern der Region die Perspektive eines EU-Beitritts eröffnet hat, sie hat zu diesem Zweck auch schrittweise eine Reihe neuer Instrumente entwickelt. Angesichts der komplexen Herausforderung, die der Balkan für die EU darstellt, ist eine neuwertige Strategie mit Instrumenten und Institutionen erforderlich, die sich von denjenigen für Mittelosteuropa qualitativ und quantitativ unterscheiden (Meurs/Yannis 2002: 7). Bislang scheinen sich innerhalb der EU-Strategie für den Westbalkan zwei Leitprinzipien herauszukristallisieren: das Prinzip der Konditionalität und das Prinzip der Regionalität, die den 1999 eingeführten EU-Instrumenten des Stabilisierungs- und Assoziierungsprozesses bzw. des Balkan-Stabilitätspaktes und seines Nachfolgers, des Rates für regionale Kooperation zugrunde liegen. Hinzu kommt als dritter Pfeiler der EU-Strategie ein aktives Krisenmanagement, das zur sicherheitspolitischen Stabilisierung beitragen soll. Im Folgenden sollen die Grundlagen dieser Prinzipien und ihre Umsetzung näher erläutert werden.

## 3.1 Erster Pfeiler: Konditionalität

Seit Anfang der 1990er Jahre ist Konditionalität ein fester Bestandteil der EU-Politik gegenüber Beitrittskandidaten. Sie gilt als mächtigstes außenpolitisches Instrument der EU, um auf künftige Mitglieder Einfluss zu nehmen (Smith 2003: 108). Der Politikansatz der Konditionalität besteht im Wesentlichen darin, dass die Gewährung von Vergünstigungen und direkten Hilfen sowie andere Formen von Kooperation an die Erfüllung einer Reihe von Bedingungen geknüpft sind. Seine Wirkung kam besonders offensichtlich im Fall der mittel- und osteuropäischen Staaten zur Geltung, in deren die von der EU formulierten Beitrittsbedingungen zu einer Beschleunigung und Intensivierung der politischen und wirtschaftlichen Reformen beitrugen. Ausdruck des Konditionalitätsprinzips wurden die 1993 aufgestellten Kopenhagener Kriterien, die inzwischen zu zentralen Bezugspunkten in der Bewertung der EU-Beitrittskandidaten geworden sind. | Kopenhagener Kriterien 1993

Angesichts der im Vergleich zu Mittelosteuropa komplexeren Situation im Westbalkan wurde den Ländern aus dieser Region eine deutlich anspruchsvollere Konditionalität auferlegt. Der Regionalansatz von 1997 nannte als Bedingungen für die Teilnahme an den EU-Wirtschaftsprogrammen (damals PHARE und Obnova[2]) die Wahrung demokratischer und rechtsstaatlicher Prinzipien, die Beachtung der Menschen- und Minderheitenrechte, die Durchführung marktwirtschaftlicher Reformen sowie die Bereitschaft zur regionalen Kooperation (Altmann 2005a: 21). Die Perspektive des Beitritts stand zu dem Zeitpunkt noch nicht zur Debatte. Stattdessen bot die EU als Anreiz Handelserleichterungen, finanzielle Hilfe und eine engere wirtschaftliche Kooperation an. Die Folge davon war, dass sich die bilateralen Beziehungen nach 1997 nur sehr langsam entwickelten. Es überwog zudem die negative Konditionalität in Form des Ausschlusses von Kooperationsabkommen oder direkten Sanktionen (Anastasakis/Bechev 2003: 7).

In der Folgezeit des Kosovokrieges wurden der bilateral angelegte Stabilisierungs- und Assoziierungsprozess (SAP) und der multilateral angelegte Stabilitätspakt für Südosteuropa eingeführt und die Konditionalität weiter ausgebaut. So gelten heute für die „potenziellen" Kandidatenländer des Westbalkans folgende EU-Konditionen (Anastasakis/Bechev 2003: 8): | Ausbau der Konditionalität

- die allgemeinen politischen, wirtschaftlichen und Acquis-bezogenen Kopenhagener Kriterien, die für alle Kandidaten und potenziellen Kandidatenländer gleichermaßen verbindlich sind;
- die Bedingungen des Regionalansatzes von 1997 und seines Folgeprogramms, des Stabilisierungs- und Assoziierungsprozesses für Südosteuropa;
- länderspezifische Konditionen, die vor dem Eintritt in Verhandlungen über ein Stabilisierungs- und Assoziierungsabkommen erfüllt werden müssen,

---

[2] Die Programme PHARE (Poland and Hungary Aid for Reconstruction of the Economies) und Obnova (bedeutet im Serbokroatischen „Wiederaufbau") wurden 1989 bzw. 1996 als Finanzierungsprogramme der EU für den Wiederaufbau in Mittelost- und Südosteuropa geschaffen.

sowie Konditionen, die aus den einzelnen Stabilisierungs- und Assoziierungsabkommen und dem IPA-Programm resultieren;

- Bedingungen, die sich auf Einzelprojekte und die Gewährung finanzieller
  Hilfen in Form von Krediten oder nichtrückzahlbaren Leistungen beziehen;
- besondere Bedingungen, die sich aus den verschiedenen politischen Son-
  derübereinkommen für einzelne Staaten ergeben: dem UN-Sicherheits-
  ratsbeschluss 1244 in Bezug auf Kosovo sowie den Abkommen von Dayton
  1995 (für Bosnien-Herzegowina) und Ohrid 2001 (für Mazedonien).

SAP/SAA    Das Hauptinstrument des SAP sind bilaterale Stabilisierungs- und Assoziierungsabkommen (SAA), die die Westbalkanstaaten mit der EU abschließen kön-
bilateral    nen, sobald sie bestimmte Voraussetzungen erfüllen. Ähnlich wie im Fall der
Europaabkommen für die MOE-Staaten sehen die SAAs die schrittweise Einführung einer Freihandelszone zwischen der EU und dem betreffenden Land und die
Durchführung von Reformen mit dem Ziel der Übernahme des Acquis communautaire vor. Die Unterzeichner verpflichten sich, während einer Übergangs-
periode die im Vertragstext genannten Verpflichtungen zu erfüllen und damit die
Assoziierung mit der EU als Vorstufe für eine spätere Mitgliedschaft zu vollen-
Berichte    den. Jährlich verfasst die Europäische Kommission Fortschrittsberichte, in denen
die Fortschritte und Probleme der Länder im Prozess der Annäherung an die EU
bewertet werden. Im Anschluss an ein Beitrittsgesuch und auf Vorschlag der
Kommission kann der Rat einem Bewerberland den Kandidatenstatus zuweisen,
Kandidatenstatus    der die Intensivierung des politischen Dialogs und eine engere wirtschaftliche
Zusammenarbeit beinhaltet. Der Kandidatenstatus ist notwendig, aber nicht aus-
Beitritts-    reichend für die Eröffnung von Beitrittsverhandlungen. Zuvor muss das Bewer-
verhandlungen    berland noch ein ausreichendes Niveau bei der Erfüllung der Kopenhagener
Kriterien erreichen, d. h. die politischen Kriterien einschließlich der Zusammenarbeit mit dem Haager Kriegsverbrechertribunal müssen erfüllt sein, und im
Hinblick auf die Einhaltung der wirtschaftlichen Kriterien muss das Land wesentliche Fortschritte erzielt haben. Die Kommission prüft regelmäßig die Einhaltung der Kriterien und empfiehlt dem Rat, ob und wann Verhandlungen aufgenommen werden sollen. Je nach Land können diese mehrere Jahre beanspruchen. Sobald die Verhandlungen abgeschlossen sind, wird ein Beitrittsvertrag
unterzeichnet, der vom Europäischen Parlament, von den EU-Mitgliedstaaten
und von dem Beitrittsland ratifiziert werden muss, bevor er in Kraft tritt.

Handelspräferenzen    Ebenso umfasst der SAP die Gewährung von Handelspräferenzen in Form
eines asymmetrischen Abbaus von Handelsbeschränkungen zugunsten der südosteuropäischen Staaten sowie eine finanzielle Hilfe, die durch das Finanzin-
strument IPA (Instrument for Pre-Accession Assistance) koordiniert wird. IPA
ersetzte 2007 die Heranführungsinstrumente PHARE, ISPA, SAPARD und
CARDS. Die Heranführungshilfe im Rahmen von IPA erstreckt sich sowohl auf
IPA    Beitrittskandidaten (zurzeit Kroatien, Türkei, Ehemalige Jugoslawische Republik
Mazedonien) als auch auf potenzielle Beitrittskandidaten (Albanien, Bosnien und
Herzegowina, Serbien, Montenegro) und wurde geschaffen, um die EU-Unter-
stützung während der Heranführung an die Gemeinschaft stärker zu bündeln und
gezielter zu gestalten. Das Instrument deckt die Bereiche Institutionenaufbau,
regionale und grenzüberschreitende Zusammenarbeit, Regionalentwicklung, Ent-

wicklung des ländlichen Raumes und Entwicklung der Humanressourcen ab, wobei die letzten drei Komponenten den Beitrittskandidaten vorbehalten sind. Für den Haushaltszeitraum 2007–2013 sieht IPA Finanzhilfen in Höhe von 11.468 Milliarden Euro vor (European Commission, 17. Juli 2006).

Die EU-Konditionalität für die Westbalkanstaaten ist demnach ein vielfältiges, multidimensional ausgerichtetes Instrument, das auf Wiederaufbau, Versöhnung sowie politische, wirtschaftliche und soziale Reformen abzielt und insofern weit über den Konditionalitätsrahmen für die MOE-Staaten hinausreicht (Altmann 2005a: 22). Ihre Inhalte sind regionaler, subregionaler und länderspezifischer Natur und beziehen sich auf wirtschaftliche, politische, gesellschaftliche sowie sicherheitspolitische Aspekte. Nicht zuletzt ist sie sowohl positiv und bietet Anreize (das sogenannte Zuckerbrot) als auch negativ, d. h. Länder, welche die Bedingungen nicht erfüllen, werden durch die politische „Peitsche" sanktioniert.

Negative und positive Konditionalität

Nach Pippan entfaltet Konditionalität ihre volle Wirkung jedoch nicht durch negative Maßnahmen wie Sanktionen, sondern hauptsächlich durch die „anticipatory effects", kombiniert mit Anreizen für die Erfüllung der Bedingungen (Pippan 2004: 239). Die „anticipatory effects" der EU-Konditionalität kamen beispielsweise 2001 während der ethnischen Unruhen zwischen slawischen und albanischen Mazedoniern zum Tragen, als die Perspektive der Unterzeichnung eines SAA die mazedonische Regierung dazu bewegte, sich in Zurückhaltung zu üben, eine Politik der Deeskalation zu betreiben und schließlich den Friedensprozess voranzutreiben. Eine ähnliche Wirkung ist im Fall der Kooperation der Westbalkanstaaten mit dem Haager Kriegsverbrechertribunal zu bemerken. Die stetige Betonung dieser Bedingungen seitens der EU hat dazu geführt, dass die Staaten der Region in den letzten Jahren ihre Zusammenarbeit mit dem ICTY intensiviert haben.

Wirksamkeit der Konditionalität

Dennoch lassen sich im Zuge der Anwendung der EU-Konditionalität in den Westbalkanstaaten einige Kritikpunkte identifizieren, welche das Steuerungspotenzial der Konditionalität weniger wirkungsvoll erscheinen lassen als in Mittel- und Osteuropa. Beispielsweise ist darauf hinzuweisen, dass, anders als in MOE, die Konditionalität in Südosteuropa nicht überall einen gesellschaftlichen Konsens über die Notwendigkeit der Reformen generieren und die proeuropäischen Politiker unterstützen konnte (Altmann 2005a: 22). Das beweist beispielsweise die Tatsache, dass sich bei den Wahlen in der Region oft nationalistische bzw. anti-europäische Parteien behaupten können. Die EU-Stabilisierungsstrategie kann hingegen nur dann erfolgreich sein, wenn es in den Staaten der Region einen gesellschaftlichen Konsens bezüglich des EU-Beitritts und seiner Bedeutung gibt.

Begrenztes Steuerungspotenzial

Antieuropäische Einstellungen

Die Gründe für die schwächere Wirkung des EU-Einflusses sind vielfältig. Eine Erklärung liegt eindeutig in der Spezifität von Nachkriegsgesellschaften bzw. in der Tatsache, dass die Überwindung und Beseitigung direkter und indirekter Kriegsfolgen ein komplexer und langwieriger Prozess ist. Als weiterer Grund nennt Altmann die innere Distanz der Bevölkerung zur EU-Perspektive, die vielen Bürgern zu weit entfernt erscheint und auch daher rührt, dass die Prioritäten im Reformprozess meist einseitig von der EU festgelegt werden (Altmann 2005a: 22). Der Prozess der Übernahme des *Acquis* erfolgt weitgehend unidirektional, da alle Beitrittsländer ohne Rücksicht auf die lokalen Besonderheiten die EU-Vorschriften annehmen müssen. Nicht selten handelt es sich bei den EU-Auflagen um Maßnahmen, die in den Zielländern zunächst negative Effekte entfalten oder gar widersprüchlich sind, beispielsweise wenn eine schnelle Privatisierung gefordert wird, die aber in den wirtschaftlich schwachen Ländern eine hohe Arbeitslosigkeit zur Folge hat, was wiederum den Rückhalt der proeuropäischen Regierungen in der Bevölkerung schwächt (Altmann 2005a: 22). Ein relevantes Beispiel für Widersprüche innerhalb der EU-Konditionalität wurde vom mazedonischen Außenminister bei einem Besuch in Brüssel im Februar 2003 geliefert (Anastasakis/Bechev 2003: 14). Dieser wies darauf hin, dass die Umsetzung des Friedensabkommens von Ohrid, eine Grundbedingung für die Annäherung Mazedoniens an die EU, erhöhte Staatsausgaben erfordert; gleichzeitig aber verlangen die EU und der Internationale Währungsfonds von der mazedonischen Regierung, die Verwaltungskosten herunterzuschrauben. Unter diesen Umständen ist es fraglich, wie bei den lokalen Eliten und der Bevölkerung ein Gefühl des Ownerships entstehen soll.

Nicht zuletzt muss darauf hingewiesen werden, dass die Handlungskohärenz der EU nicht selten zu wünschen übrig lässt. Politische Erwägungen spielen bei der Bewertung der einzelnen Staaten eine große Rolle, was in den Augen einiger Westbalkanstaaten zu Recht als „Messen mit zweierlei Maß" empfunden wird. Zudem haben der Beitrittsprozess und der SAP eine beträchtliche Eigendynamik entwickelt, die sich bei neu auftauchenden Problemen in den Ländern nicht einfach anhalten lässt (Biermann 2003: 40). Obgleich die sachlichen Voraussetzungen für eine Zusammenarbeit nicht immer gegeben sind, werden weiter Hilfen geboten und Annäherungsschritte vollzogen, um die negativen Effekte von Sanktionen zu vermeiden.[3] Dadurch entsteht ein Abhängigkeitsverhältnis, das eine Sanktionierung schwierig und ihre Androhung wenig glaubwürdig erscheinen lässt.

Um den Erfolg der EU-Strategie zu sichern, weist Meurs darauf hin, dass der Grundgedanke der EU-Konditionalität, nämlich die Anspornung von Reformen, durch Anreize und Sanktionen gefördert und nicht untergraben werden sollte. Die EU darf nicht den Eindruck erwecken, das Generieren von Stabilitätsrisiken sei erfolgversprechender als ein konsequenter Reformkurs (Meurs 2003: 37). Eine vollkommen „reine" Konditionalität ist jedoch in der Praxis kaum zu

*Widersprüchliche Anforderungen*

*Politische Erwägungen*

*Eigendynamik des Beitrittsprozesses*

---

[3] So hat z. B. der Europäische Rat monatelang gezögert, bis er im Mai 2006 beschloss, SAA-Gespräche mit Serbien wegen unzureichender Kooperation mit dem Haager Tribunal abzubrechen, um die schwache Reformregierung nicht zu diskreditieren.

verwirklichen und wird in vielen Fällen aufgrund der jeweiligen politischen Überlegungen flexibel ausgelegt.

## 3.2 Zweiter Pfeiler: Regionalität

Als zweites Grundprinzip der EU-Politik im Westlichen Balkan steht die regionale Kooperation, die sich in der Schaffung des Stabilitätspaktes und seiner Nachfolgeorganisation, dem Rat für Regionale Kooperation (Regional Cooperation Council – RCC), materialisierte. Zu Beginn war das Prinzip der Regionalität im Regionalansatz von 1996 enthalten, in Form der Auflage, dass die EU den beteiligten Staaten den Zugang zum EU-Binnenmarkt in dem Maß gewährt, wie die Staaten ihren jeweiligen Nachbarn ebenfalls Marktzugang gewähren (Varwick 2000: 5). Damit sollte ein Anreiz zur regionalen Kooperation gegeben werden. Durch den Stabilitätspakt, der die regionale Kooperation im politischen, wirtschaftlichen und sicherheitspolitischen Bereich förderte, wurde dieses Prinzip zum festen Bestandteil der EU-Strategie.

*Prinzip der Regionalität*

Noch während des Kosovokrieges ergriff die EU die Initiative für den „Stabilitätspakt für Südosteuropa", der am 10. Juni 1999 in Köln von mehr als vierzig Partnerstaaten und -organisationen unterzeichnet und auf dem Gipfeltreffen von Sarajevo am 30. Juli 1999 noch einmal feierlich bekräftigt wurde.[4] Entsprechend dem Gründungsdokument bestand sein Ziel darin, die „Staaten in Südosteuropa bei ihren Bemühungen um die Förderung des Friedens, der Demokratie, der Achtung der Menschenrechte sowie des wirtschaftlichen Wohlstands zu stärken, um Stabilität in der gesamten Region zu erreichen" (Stabilitätspakt für Südosteuropa 1999). Damit war der erste umfassende Versuch der Staatengemeinschaft getan, eine langfristig angelegte Politik der Konfliktprävention für den Balkan zu entwickeln. Die Idee einer solchen Initiative ist älter als der Kosovokrieg; dieser hat jedoch sicherlich als Katalysator gewirkt, um den politischen Willen in diese Richtung zu bündeln und zu stärken. Unter den Teilnehmern des Paktes befanden sich die Mitgliedstaaten der EU, die Europäische Kommission, die Europäische Investitionsbank (EIB), der Europarat, die UN, die NATO, die WEU, der Internationale Währungsfonds und die OECD sowie Länder wie die USA, Russland, Japan und Kanada. Die Organisation für Sicherheit und Zusammenarbeit in Europa (OSZE) fungierte als Schirmherrin und betonte damit den Anspruch, eine präventive Diplomatie im Geist der Helsinki-Schlussakte fortzusetzen. Zielländer des Stabilitätspaktes sollten neben den Westbalkanstaaten auch Rumänien, Bulgarien, Ungarn, die Türkei und Moldawien sein.

*Stabilitätspakt 10. Juni 1999*

*Konfliktprävention*

*Rolle der OSZE*

---

[4] Der Stabilitätspakt baut auf dem „Fischer-Plan" auf, der am 14. April 1999 im Rahmen der deutschen Ratspräsidentschaft präsentiert wurde, und entspricht den ursprünglichen Leitideen, Mechanismen und Instrumenten dieses Planes.

Der Stabilitätspakt war kein direktes Instrument der EU, dennoch wurde ihr im Gründungsdokument eine „führende Rolle" bei der Initiierung und der konkreten Gestaltung des Paktes zugesprochen (Stabilitätspakt für Südosteuropa 1999). Unter den Leistungen des Paktes ist vor allem sein politischer Mehrwert hervorzuheben: Der Stabilitätspakt hatte erstens das Potenzial, auf höchster Ebene politische Entscheidungen von regionaler Reichweite zu initiieren und koordinierte Umsetzungsprozesse in Gang zu setzen (Calic 2003: 11 f.). Zweitens hat die regionale Kooperation auf dem Balkan unter dem Dach des Stabilitätspaktes eine neue Dynamik entfaltet und zur Normalisierung der zwischenstaatlichen Beziehungen beigetragen. Der Pakt hat sich als Forum der internationalen Zusammenarbeit in der Balkanpolitik bewährt und bildete den notwendigen Rahmen für die Koordinierung der Stabilisierungshilfe für die Region (Calic 2003: 11).

**Kooperation und Koordination**

**Erfolge**

In allen drei Sektoren, in denen er Projekte durchgeführt hat (politisch, wirtschaftlich, sicherheitspolitisch), hat der Stabilitätspakt konkrete Erfolge erzielt und innenpolitische Reformen angestoßen, vor allem im Bereich der Korruptionsbekämpfung, der Umweltgesetzgebung und im Investitionsbereich. Auch was Migrations- und Flüchtlingspolitik angeht, hat er sich anerkannte Verdienste erworben. Unter seiner Ägide wurde zudem ein Netzwerk bilateraler Freihandelsverträge in der Region geknüpft, durch das ein gemeinsamer Markt geschaffen wurde, was wiederum ausländische Investitionen ankurbelt. Nennenswert sind auch die 46 regionalen Infrastrukturprojekte im Gesamtwert von 3,46 Milliarden Euro, die im Rahmen des Paktes in Gang gesetzt wurden und denen die Staaten der Region oberste Priorität einräumen (Calic 2003: 12). Zudem wurden Fortschritte im Bereich der Bekämpfung des organisierten Verbrechens und der Verbesserung der Grenzschutzkapazitäten erzielt.

**Defizite**

Doch trotz der oben genannten Erfolge sind beim Stabilitätspakt auch strukturelle Defizite zu erkennen. Ein Hauptkritikpunkt ist die schleppende Umsetzung von Projekten aufgrund von Langsamkeit und Bürokratie, die seine Implementierungsfähigkeit beeinträchtigen (Calic 2003: 14). Die Realisierung eines Projektes nahm oft übermäßig viel Zeit in Anspruch, und ein Großteil der bereitgestellten Gelder konnte aufgrund der begrenzten Absorptionsfähigkeit nicht abgerufen werden, da die Westbalkanstaaten politisch und institutionell nicht auf die Aufnahme großer Hilfsgelder eingestellt waren.

Eine weitere strukturelle Schwäche des Paktes lag in der begrenzten Möglichkeit, politische Auflagen einzufordern (Calic 2003: 15). Hilfsmaßnahmen wurden nicht immer erfolgreich mit politischen Zielen verknüpft, obgleich sich die Staatengemeinschaft grundsätzlich um politische Konditionalität bemüht, wenn es um die Gewährung finanzieller Mittel geht. Ein anderes Problem, das vor allem in den ersten Jahren des Stabilitätspaktes spürbar wurde, war der Mangel an Führung und, damit verbunden, das Fehlen einer klaren strategischen Ausrichtung des Paktes. Ursächlich dafür war seine bereits im Gründungsdokument angelegte ambivalente Führungsstruktur (Biermann 2003: 25). Der Sonderkoordinator war weder der Europäischen Union noch einer anderen internationalen Organisation untergeordnet, sondern stand vermittelnd und koordinierend über bzw. neben allen involvierten Akteuren. Tatsächliche Machtbefugnisse besaß er jedoch kaum, denn er verfügte über keine bedeutende Hausmacht oder

**Ambivalente Führungsstruktur**

Finanzmittel. Aufgrund der Vielzahl an beteiligten Akteuren wirkte sich dieses Problem besonders schwerwiegend auf die Effizienz des Stabilitätspaktes aus. Es fehlte eine klare Führungskompetenz, die dem Stabilitätspakt eine strategische Ausrichtung hätte sichern, klare Prioritäten vorgeben und durchsetzen und nicht zuletzt eine deutliche Arbeitsteilung zwischen den involvierten Akteuren erreichen können.

Nicht zuletzt ist in diesem Zusammenhang die Einstellung der Westbalkanstaaten zum Stabilitätspakt und allgemein zur regionalen Kooperation zu erwähnen. Sowohl Politiker in der Region als auch die Bevölkerung tendieren dazu, die EU-Auflage der regionalen Kooperation als rhetorischen Trick oder Verzögerungstaktik zu (miss)verstehen (CAP München Conference Report 2002: 8). Besonders Kroatien, das im Beitrittsprozess am besten situiert ist, stand der EU-Auflage der regionalen Kooperation jahrelang misstrauisch gegenüber in der Befürchtung, Brüssel könnte den Westbalkan als kompakte Gruppe betrachten und das Tempo der Integration vom langsamsten Kandidaten abhängig machen. Erst mit dem Voranschreiten des Normalisierungs- und Versöhnungsprozesses in den letzten Jahren konnten die Hemmungen in der regionalen Zusammenarbeit schrittweise abgebaut werden.

Im Jahr 2006 wurde beschlossen, den Stabilitätspakt in ein strafferes und effizienteres regionales Gremium im Sinne der Stärkung des lokalen Ownerships umzuwandeln. Demnach wurde er Anfang 2008 durch den Rat für Regionale Kooperation ersetzt, der eine zentrale Koordinierungsfunktion für die Länder der Region, die EU und wichtige Geberländer und Organisationen übernahm. Als Ausdruck der gewachsenen Verantwortung der Region ist auch ein kleines operativ arbeitendes Sekretariat des RCC in Sarajevo vorgesehen, an dessen Finanzierung sich die südosteuropäischen Staaten beteiligen. Der RCC konzentriert seine Tätigkeit auf diejenigen Bereiche, die von den Staaten in der Region als relevant angesehen werden (parlamentarische Zusammenarbeit, wirtschaftliche und soziale Entwicklung, Infrastruktur und Energie, Justiz und Inneres, sicherheitspolitische Zusammenarbeit) und ihre euro-atlantische Integration unterstützen.

*Seit 2008: Mut zu regionaler Kooperation*

Zusammenfassend lässt sich festhalten, dass der Stabilitätspakt zwar in vielen Hinsichten verbesserungsfähig war, jedoch angesichts seiner eindeutigen Erfolge als politisches Instrument seine Aufgabe erfüllte. Der Rat für Regionale Kooperation soll als Nachfolger des Stabilitätspaktes der wachsenden Verantwortung der Region in diesem Bereich Rechnung tragen und ermöglicht den Westbalkanstaaten, eigene Prioritäten zu setzen und die regionale Kooperation eigenständig zu steuern.

## 3.3 Konditionalität versus Regionalität

Die EU-Strategie für den Westbalkan trägt ein fundamentales Dilemma in sich, da ihre beiden zentralen Instrumente auf entgegengesetzten, manchmal sogar widersprüchlichen Prinzipien basieren: Der bilateral angelegte Stabilisierungs- und Assoziierungsprozess beruht auf Konditionalität und betrachtet regionale Kooperation als ein zweitrangiges Ziel, während der Stabilitätspakt/RCC auf regionale Kooperation bei minimaler Konditionalität ausgerichtet ist (Meurs

*Spannungsverhältnis*

2003). Die Folgen dieses Spannungspotenzials zwischen den beiden Instrumenten sind kaum zu übersehen.

Im Hinblick auf die Osterweiterung besteht mittlerweile Konsens, dass die EU-Konditionalität eine zentrale Rolle in postkommunistischen Transformationsprozessen spielt, indem sie innenpolitische Reformen anregt und durch Differenzierung zwischen den Beitrittskandidaten ein positives Wettbewerbsklima erzeugt. Doch während die EU-Konditionalität auf die Transformation in den MOE-Staaten erfolgreich einwirkte, hat sich ihre Anwendung im Westbalkan als problematisch und begrenzt erwiesen. Als Folge der politischen und wirtschaftlichen Disparitäten innerhalb der Balkanregion bestehen teilweise große Unterschiede in der Fähigkeit der Staaten, die EU-Auflagen zu erfüllen. Der Konditionalitätsansatz des SAP belohnt die Transformationsfortschritte der einzelnen Länder durch Gewährung von mehr Unterstützung und Ressourcen und begünstigt offensichtlich die erfolgreichen Länder, die aufgrund besserer Ausgangsbedingungen im Beitrittsprozess schneller vorankommen. Dadurch werden neue Trennlinien zwischen Vorreitern und Nachzüglern in der ohnehin schon sehr heterogenen Region geschaffen, und es entsteht zunehmend die Gefahr der Marginalisierung oder gar Exklusion der Staaten, die im Integrationsprozess langsamer vorankommen. Die EU kann es sich nicht leisten, dass in einigen Ländern der Eindruck entsteht, sie würden vom Integrationsprozess ausgeschlossen werden; diese könnten eine vermeintliche Zurückweisung mit einer Abkehr von Europa und einem Rückfall in den Nationalismus vergelten und damit den gesamten Stabilisierungsprozess gefährden. Der Hass von gestern darf nicht durch den Neid von morgen ersetzt werden, wenn eine stabile Friedensordnung für die Region entstehen soll (Kramer 2001: 251). Regionale Antagonismen als Folge der Konditionalität äußern sich auch dadurch, dass die besser situierten Staaten fürchten, die langsameren Staaten könnten ihren Beitritt verzögern.

Bilaterale Konditionalität ist somit ungeeignet, regionale Kooperation zu fördern. Die Erblasten der Vergangenheit haben Hemmnisse auf politischer, wirtschaftlicher und individueller Ebene aufgebaut, sodass die Westbalkanstaaten dazu neigen, den bilateralen Beziehungen mit Brüssel oberste Priorität einzuräumen und die regionale Kooperation zu scheuen. Wenn durch Anwendung einer strengen Konditionalität die fortgeschrittenen Staaten von der EU für ihre Anstrengungen belohnt und stärker gefördert werden, vergrößert sich der Vorsprung gegenüber den schwächeren Staaten, und die ohnehin geringe Bereitschaft zur regionalen Kooperation sinkt weiter.

Die Bilanz der beiden Instrumente fällt infolgedessen zwiespältig aus: Zwar hat der Stabilitätspakt die Reformen und den Wiederaufbau in der Region in den letzten Jahren gewiss beschleunigt, parallel dazu hat der Konditionalitätsansatz aber zu einer Vertiefung der Disparitäten zwischen den einzelnen Ländern geführt (Meurs 2003: 39). Durch Konditionalität werden neue Asymmetrien, Spannungen und Trennlinien innerhalb der Region geschaffen, die durch die regionale Kooperation nicht überbrückt werden können.

*Marginal notes:*

Nebeneffekte des Konditionalitätsansatzes

Erblasten

Daher ist es wichtig, die EU-Perspektive für alle Westbalkanstaaten dezidiert aufrechtzuerhalten. Selbst wenn sich die Staaten in unterschiedlichen Etappen des SAP bzw. des Beitrittsprozesses befinden, können sie in einem einheitlichen Rahmen zusammengehalten werden, indem sie regelmäßig und möglichst gleichzeitig eine qualitative Aufwertung ihres vertraglichen Status erfahren – wenn auch auf unterschiedlichem Stand (Altmann 2005b: 3).[5] Eine derartige Taktik würde ein deutliches Signal setzen, dass der Erweiterungsprozess trotz der heterogenen Verhältnisse für alle Staaten offenbleibt. Parallel dazu kann durch eine Betonung des Regattaprinzips den fortgeschrittenen Ländern versichert werden, dass sie nach ihren individuellen Leistungen bewertet und von den langsameren Staaten nicht aufgehalten werden.

> Kompensation

> Regattaprinzip

Nach Meurs hat sich die Perspektive der europäischen Integration zum archimedischen Punkt (Meurs/Yannis 2002: 2) des Stabilisierungsprozesses auf dem Balkan entwickelt, was allerdings Schwächen und Spannungen in der EU-Strategie nicht ausschließt. Bilaterale Konditionalität und multilaterale regionale Kooperation sind zwei getrennte Prinzipien, die unterschiedliche, aber gleich wichtige strategische Ziele verfolgen und nicht als konkurrierende Programme in Konflikt geraten dürfen. Die Überwindung des Dilemmas Konditionalität vs. Regionalität wird vonseiten der EU strategische Konsistenz und Kreativität erfordern (Meurs 2003).

> Relevanz der Beitrittsperspektive

## 3.4 Dritter Pfeiler: Krisenmanagement

Zusätzlich zum Stabilisierungs- und Assoziierungsprozess und zum Stabilitätspakt beinhaltet die EU-Strategie für den Westbalkan auch eine sicherheitspolitische Dimension, welche die politischen und wirtschaftlichen Maßnahmen ergänzt und stützt. Hierfür werden Instrumente aus dem Bereich der Gemeinsamen Außen- und Sicherheitspolitik (GASP) und der Europäischen Sicherheits- und Verteidigungspolitik (ESVP) angewandt, die einen wesentlichen Beitrag zur Konfliktlösung und Friedenskonsolidierung vor Ort leisten. Zu diesen Instrumenten zählen vor allem die politische Vermittlung sowie seit 2003 die militärischen und polizeilichen ESVP-Missionen in Mazedonien und Bosnien. Ohne dieses wahrscheinlich noch lange Zeit notwendige Engagement stünde die Heranführungsstrategie der EU auf tönernen Füßen (Calic 2004: 15).

> Instrumente der GASP/ESVP

Wie bereits gezeigt, fiel das Konfliktmanagement der EU auf dem Balkan in den 1990er Jahren besonders dürftig und enttäuschend aus. Gleichzeitig aber haben die sukzessiven Krisen und Kriege in der Region innerhalb der EU einen Lernprozess angeregt und zu einer beispiellosen Ausdifferenzierung und Weiterentwicklung der außenpolitischen Entscheidungsprozesse der EU in allen Phasen der Konfliktregulierung geführt (Bendiek o. J.: 14). Dadurch wurde die Entwicklung der EU zu einem sicherheitspolitischen Akteur beschleunigt. Vor allem vor dem Hintergrund des Kosovokrieges entfaltete die Entwicklung der Europäi-

> EU-Lernprozess

---

[5] Dies geschah z. B. im Oktober 2005, als der Rat entschied, Beitrittsverhandlungen mit Kroatien zu eröffnen und Mazedonien den Status eines Beitrittskandidaten zuzubilligen. Gleichzeitig wurde beschlossen, SAA-Gespräche mit Serbien-Montenegro und Bosnien aufzunehmen.

schen Sicherheits- und Verteidigungspolitik eine noch nie da gewesene Dynamik (dazu siehe Sakellariou 2001). In wenigen Jahren wurden die institutionellen Strukturen und operativen Kapazitäten der ESVP mit „Lichtgeschwindigkeit" (Der Tagesspiegel vom 13. Juli 2000) aufgebaut, sodass die Europäische Union heute über das gesamte Spektrum an zivilen und militärischen Krisenbewältigungsinstrumenten verfügt und zunehmend bereit ist, diese Instrumente auf internationaler Ebene einzusetzen.

*Institutionalisierung der Krisenbewältigungsinstrumente*

Seit Ende des Kosovokrieges hat sich die EU verstärkt im Bereich der Präventivdiplomatie auf dem Balkan engagiert und hierfür ihr gesamtes GASP-Instrumentarium eingesetzt. Den ersten Erfolg verzeichnete die GASP im August 2001, als die EU während der ethnischen Unruhen in Mazedonien das Abkommen von Ohrid vermittelte und damit eine weitere Eskalation des Konfliktes verhindern konnte. Durch die Inaussichtstellung der EU-Beitrittsperspektive für Mazedonien und die konkrete Unterstützung bei der Umsetzung des SAA schaffte es die EU, beide Konfliktparteien zu einem Kompromiss zu bewegen und die Lage zu entschärfen. Als Nächstes gelang es 2002 dem Hohen Vertreter für die GASP, Javier Solana, durch straffe Vermittlertätigkeit die Staatskrise in der Bundesrepublik Jugoslawien zeitweilig zu lösen, indem er die beiden Teilrepubliken Serbien und Montenegro dazu bewegte, vorerst in einem losen Staatenbund zu verbleiben. Durch das im März geschlossene Abkommen von Belgrad zur Schaffung des neuen Staatenbundes Serbien-Montenegro hatte Solana versucht, ein unilaterales Unabhängigkeitsreferendum in Montenegro und damit eine weitere politische Zersplitterung der Region zu vermeiden. Diese außenpolitische Initiative erfuhr allerdings trotz ihres Erfolges heftige Kritik von allen Seiten, da Beobachter dem neuen Staatsgebilde nur wenige Überlebenschancen einräumten und es bald spöttisch „Solania" nannten (Reuter 2002: 118). Die politische Entwicklung 2006 sollte ihnen recht geben, denn Montenegro trat im Juni 2006 infolge eines Referendums aus dem Staatenbund aus. Trotzdem ist das Abkommen von Belgrad insofern als außenpolitischer Erfolg der EU zu werten, als es gelang, einen möglichen offenen Konflikt zwischen den beiden Republiken zu verhindern und einen rechtlichen Rahmen für weitere Schritte zu schaffen. Ebenso hat sich die EU zusammen mit den USA und Russland im Rahmen der Troika als Vermittler an den Verhandlungen über den Status der Provinz Kosovo aktiv beteiligt.

*Präventivdiplomatie*

Über die Vermittlertätigkeit der EU hinaus hat der Rat Sonderbeauftragte für Bosnien, Mazedonien und Kosovo ernannt, die vor Ort die Position der Union vertreten. Ihre Rolle besteht hauptsächlich darin, die Umsetzung der Friedensabkommen zu überwachen und weitere Fortschritte auf dem Weg zur europäischen Integration im Rahmen des Stabilisierungs- und Assoziierungsprozesses zu fördern.

*Sonderbeauftragte*

Zusätzlich zu ihrem diplomatischen Engagement hat die EU ihre Präsenz in
der Region durch die Entsendung militärischer und polizeilicher Missionen kon-
solidiert, die gleichzeitig praktische Bewährungsproben für die neuetablierte
ESVP waren. Als erste wurde im Januar 2003 eine EU-Polizeimission in Bosnien-Herzegowina (EUPM) gestartet, an der sich 500 Polizeibeamte mit der Aufgabe der Etablierung von leistungsfähigen Polizeistrukturen beteiligten. Im Dezember 2007 wurde die Mission erfolgreich beendet. Auf der Grundlage eines
Beschlusses des UN-Sicherheitsrates konnte die EU zwischen März und Dezember 2003 die Operation Concordia in Mazedonien zur Stabilisierung der dortigen
Lage durchführen. Die EU löste damit die NATO ab, griff aber bei der Durchführung der Mission auf die Fähigkeiten und Mittel der nordatlantischen Allianz
zurück. Ende 2003 wurde dann die Polizeimission Proxima in Mazedonien eingeleitet, der nach zwei Jahren für ein weiteres Halbjahr EUPAT (EU Police Advisory Team), ein kleines Team von Polizeiexperten, folgte. Zudem hat die EU
2004 die Nachfolge der SFOR-Mission der NATO in Bosnien übernommen. Mit
anfänglich rund 7000 Soldaten (heute nur noch 2500 Soldaten) ist die sogenannte
Operation EUFOR-Althea die bislang umfangreichste Militärmission der ESVP
mit dem Auftrag, die Einhaltung des Dayton-Abkommens militärisch zu überwachen und für ein sicheres Umfeld zu sorgen. Im Februar 2008 gaben die EU-
Mitgliedstaaten den Start für die EULEX-Mission im Kosovo, eine etwa 2000
Mann starke Zivilmission, die den Aufbau einer multiethnischen Polizei, Justiz
und Verwaltung sichern soll. Innerhalb von vier Monaten sollte die Mission voll
einsatzfähig sein, aufgrund des unklaren völkerrechtlichen Mandats verzögerte
sich ihr Start jedoch um etliche Monate, so dass sie erst Ende 2008 unter dem
Dach der UNMIK ihre Arbeit aufnehmen konnte.

Die EU-Missionen in Bosnien und Mazedonien stellen einen bedeutenden
Durchbruch für die ESVP dar. Sie ergänzen das politische Engagement der EU
um eine militärische Komponente und signalisieren zugleich, dass die EU bereit
ist, die bisherigen Versäumnisse ihrer Balkanpolitik wettzumachen. Durch ihr
ESVP-Engagement hat sich die EU als ein glaubwürdiger Sicherheitsakteur in
der Region etabliert und zur Verbesserung des sicherheitspolitischen Umfeldes
beigetragen. Zwar wiesen die Missionen vor allem zu Beginn einige struktureller
Defizite z. B. in Bezug auf Finanzierung und Ausstattung auf, die letztendlich
ihre Leistungsfähigkeit und Glaubwürdigkeit beeinträchtigten (siehe hierzu:
Merlingen/Ostrauskaite 2005), ihre Bilanz fällt aber insgesamt positiv aus. Sie
stehen als Beweis dafür, dass die Europäische Union im Begriff ist, sich auf dem
Balkan als regionale Friedensmacht zu behaupten. Dabei muss aber stets im
Auge behalten werden, dass das ESVP-Engagement der EU lediglich zur Stüt-
zung ihres politischen und ökonomischen Engagements in der Region dient.
Kernstück ihrer Balkanpolitik und einflussreichstes Stabilisierungsinstrument
bleibt weiterhin ihre Erweiterungspolitik.

*Marginalien:* Missionen; EUFOR; EULEX; Durchbruch für die ESVP; EU als regionale Friedensmacht

## 4   Die EU auf dem Balkan

### 4.1  Was wurde erreicht?

Homogenisierung der außenpolitischen Ausrichtung

Nachdem die Grundprinzipien der EU-Balkanpolitik analysiert worden sind, soll geprüft werden, inwiefern die EU-Strategie Konsistenz beweist und ihrem Stabilisierungsziel gerecht wird. Vorab muss gesagt werden, dass neben den konkreten Instrumenten und Programmen zur Umsetzung der EU-Strategie schon die Aussicht auf eine EU-Mitgliedschaft einen beträchtlichen Beitrag zur politischen Stabilisierung der Region geleistet hat. Zum ersten Mal in der Geschichte haben die Länder Südosteuropas im Wesentlichen die gleiche außenpolitische Ausrichtung, insofern sie alle an der europäischen Integration teilhaben möchten. Da dies eine langfristige Veränderung im Sinne gemeinsamer europäischer Werte voraussetzt, kann man behaupten, dass sie im Prinzip die gleiche Politik und sogar die gleiche ideologische Ausrichtung verfolgen (Kovacevic 2003: 115 f.). In der traditionell heterogenen Balkanregion ist dies eine Premiere. Die Perspektive der Aufnahme in die EU und die damit verbundene Konditionalität haben einen komplexen Transformationsprozess in Gang gesetzt, im Zuge dessen alle Staaten des Westbalkans ihre politischen und wirtschaftlichen Systeme an die EU-Standards anpassen.

Transformationsprozess

Eine allgemeine Bewertung der Reformfortschritte in den jeweiligen Staaten gestaltet sich angesichts der Heterogenität der Region schwierig. Denn während Kroatien unter den sechs Westbalkanstaaten in der Erfüllung der EU-Auflagen mit Abstand am erfolgreichsten ist und als Vorzeigebeispiel gilt, müssen sich die Protektorate Bosnien-Herzegowina und Kosovo noch mit grundlegenden Fragen der Staatlichkeit auseinandersetzen. Trotzdem identifiziert die Europäische Kommission in ihren Fortschrittsberichten von 2009 einige Bereiche, in denen alle Staaten, wenn auch in unterschiedlichem Maß, Reformen durchgeführt haben. Auf politischer Ebene ist darauf hinzuweisen, dass in allen Staaten der Region demokratisch gewählte proeuropäische Reformregierungen an der Macht sind und die demokratischen Institutionen insgesamt besser funktionieren. Die Effizienz der Parlamente sowie die Standards bei den Wahlen haben sich verbessert. Die Länder der Region haben ihre regionale Zusammenarbeit ausgebaut und übernehmen zunehmend Eigenverantwortung in diesem Bereich. Erfolge wurden auch bei der Flüchtlingsrückkehr erzielt, sodass die Zahl der registrierten Flüchtlinge und Vertriebenen zurückgegangen ist.

Demokratisierung

Regionale Kooperation

Defizite bestehen noch in den Bereichen Justiz und öffentliche Verwaltung, die weiterhin anfällig gegenüber politischer Einflussnahme sind und unter schwachen Durchsetzungskapazitäten leiden. Das organisierte Verbrechen und die Korruption stellen nach wie vor für die gesamte Region gravierende Probleme dar, deren Bekämpfung bislang noch dürftig ausfällt. Auch der Schutz der Menschen- und Minderheitenrechte ist allgemein nur unzureichend gewährleistet.

Nachhaltige Demokratisierung und Stabilisierung können nur erreicht werden, wenn sie von positiven wirtschaftlichen und sozialen Entwicklungen gestützt werden. Die EU-Strategie zur wirtschaftlichen Stabilisierung der Region zielt darauf ab, die jeweiligen Volkswirtschaften in funktionale Marktwirtschaften umzuwandeln, die dem Wettbewerbsdruck im Binnenmarkt standhalten können. Zentraler Strategieansatz der EU ist neben den direkten Wirtschaftshilfen im Rahmen des IPA-Programms und der Heranführungshilfe für Kandidatenländer die Entwicklung über den Außenhandel durch die Gewährung von Handelspräferenzen (Knogler/Vincentz 2004: 25 f.). Eine weitere Wachstumskomponente sind direkte Auslandsinvestitionen, die für den Wiederaufbau und die Modernisierung der zurückgebliebenen und kriegsgeschädigten Wirtschaften der Balkanländer unentbehrlich sind. Die besondere Aufmerksamkeit gilt den Investitionen in die Infrastruktur, die sich langfristig als entscheidend erweisen, wie auch den Investitionen in die Ausbildung qualifizierter Arbeitskräfte. *(Randnotiz: Wirtschaftliche Entwicklung)*

Aufgrund der unterschiedlichen Ausgangslagen und Entwicklungen in den einzelnen Staaten fallen die Wirtschaftsindikatoren je nach Land unterschiedlich aus, sodass eine genaue Bewertung auch in diesem Bereich am besten länderweise erfolgen sollte. Da eine solche Vorgehensweise den Rahmen dieses Beitrags sprengte, sollen lediglich einige allgemeine wirtschaftliche Einschätzungen und Trendaussagen für die gesamte Region gemacht werden.

Trotz einiger positiver Entwicklungen und Reformfortschritte bleiben auch im wirtschaftlichen Bereich gravierende Defizite bestehen, aufgrund derer die meisten Staaten (eine Ausnahme macht Kroatien) von der Erfüllung der Beitrittsreife weit entfernt bleiben. Das im letzten Jahrzehnt konstante Wirtschaftswachstum von durchschnittlich 5 Prozent wurde durch die Auswirkungen der Finanzkrise Ende 2008 unterbunden und sank schlagartig auf 2,6 Prozent (Europäische Kommission 2009). Auch muss im Auge behalten werden, dass das Wachstum eher auf einen hohen Privatkonsum als auf Exporte zurückzuführen ist und von großen Handelsbilanzdefiziten begleitet wird. Die Wirtschaften der Westbalkanstaaten sind durch die Altlasten der sozialistischen Planwirtschaft und die Kriegsschäden der 1990er Jahre stark belastet (Altmann 2005a: 19), eine unvollendete Privatisierung, niedrige Investitionen und Armut aufgrund hoher Arbeitslosigkeit stellen Herausforderungen für die Regierungen dar. Betrachtet man das Bruttoinlandsprodukt pro Kopf der Region wird deutlich, dass sich die Länder des Westbalkans auf einem Entwicklungsniveau befinden, das bei zwanzig Prozent des EU27-Durchschnitts liegt. Allerdings sind die genannten Mängel je nach Land in unterschiedlichem Maß ausgeprägt. *(Randnotizen: Wachstum; Handelsbilanzdefizite; Exportschwäche, Armutsprobleme)*

Kurzfristig können diese Defizite gewiss nicht bewältigt werden. Jede Heranführungsstrategie für den Westbalkan muss daher langfristig angelegt sein und darauf abzielen, in der Region ein selbsttragendes Wirtschaftswachstum und Reformanstrengungen anzuregen und die lange zeitliche Frist bis zum tatsächlichen EU-Beitritt durch regelmäßige Anreize zu überbrücken (Altmann 2005a: 19). Letztlich dürften aber wie im Fall der MOE-Staaten politische Erwägungen vor einer strengen Auslegung der wirtschaftlichen Kriterien Vorrang haben. *(Randnotiz: Noch keine Beitrittsreife)*

Auf sicherheitspolitischer Ebene ist in den vergangenen Jahren dank der Bemühungen der internationalen Gemeinschaft eine relative Stabilisierung eingetreten, die das Ausbrechen neuer Konflikte unwahrscheinlich erscheinen ließ.

Durch die Vermittlertätigkeit der EU konnte 2001 eine Eskalation des Konfliktes in Mazedonien verhindert werden; ebenso ist einer der potenziellen Konfliktherde mit der Auflösung der Staatenunion Serbien-Montenegro im Juni 2006 erloschen, als beide Republiken auf friedlichem Weg ihre volle Unabhängigkeit und Souveränität erlangt haben. Dass Länder, die unter dem Krieg und seinen Folgen zu leiden hatten, sich unter Einwirkung der EU-Perspektive durchaus positiv entwickeln können, hat wohl Kroatien am besten bewiesen.

**Kosovo: „eingefrorener" Dauerkonflikt**

Dennoch bleiben strukturelle Risiken bestehen, die eine Bedrohung für die Sicherheitslage in der Region darstellen. Hierzu zählen vor allem schwache staatliche Strukturen bzw. ungelöste Status- und Staatlichkeitsfragen, die Reformen behindern, stattdessen aber Phänomene wie organisierte Kriminalität und Korruption begünstigen. Zum einen ist es die bei weitem noch nicht gelöste Kosovo-Frage, die droht, zu einem „eingefrorenen" Dauerkonflikt zu werden. Nach dem Ende des Kosovokrieges am 10. Juni 1999 wurde Kosovo gemäß der Resolution 1244 des UN-Sicherheitsrates von den Vereinten Nationen verwaltet und entwickelte sich *de facto* zu einem Protektorat der internationalen Gemeinschaft, galt aber völkerrechtlich weiterhin als integraler Bestandteil Serbiens. Die Sicherheit im Kosovo wird bis heute von einer durch ein UN-Mandat legitimierten Friedenstruppe (KFOR) unter Führung der NATO gewährleistet. Auf Druck sowohl der albanischen als auch der serbischen Seite begannen im Februar 2006 in Wien Verhandlungen über den künftigen völkerrechtlichen Status der Provinz, die allerdings ergebnislos blieben. Die Verhandlungspositionen der beiden Parteien blieben bis zum Ende weitgehend unversöhnlich: Während die Kosovoalbaner die volle Unabhängigkeit forderten, erklärte sich Belgrad lediglich bereit, ihnen eine weitreichende Autonomie zuzugestehen. Daraufhin erklärte die kosovarische Regierung am 17. Februar 2008 unilateral die Unabhängigkeit der Provinz.

Bis dato haben lediglich 69 Staaten, darunter die USA und 22 EU-Staaten, Kosovo diplomatisch anerkannt, während die restlichen fünf EU-Staaten[6] eine Anerkennung nicht beabsichtigen. Da die Fronten zwischen Belgrad und Pristina dauerhaft verhärtet scheinen, weisen die jüngsten Entwicklungen immer deutlicher auf eine De-facto-Abspaltung des mehrheitlich von Serben bewohnten Nordens der Provinz hin, deren mittel- und langfristige Folgen schwer abzusehen sind. Auch bleibt fraglich, in welcher Qualität sich das Kosovo einer EU annähern könnte, deren Mitgliedstaaten sich in der Anerkennungsfrage weitgehend uneinig sind. Das Kosovo-Problem wird demnach auf absehbare Zeit die Beziehungen zwischen Serben und Kosovoalbanern auf der einen sowie zwischen Serbien und der EU auf der anderen Seite noch stark beeinträchtigen (zur EU-Politik gegenüber dem Kosovo siehe auch Reljic 2007 und 2008).

**Bosnien-Herzegowina: De-facto-Protektorat**

Als ein weiterer Brennpunkt der Instabilität in der Region, wenn auch von geringerer Intensität, gilt auch Bosnien und Herzegowina. Hier hat die internationale Gemeinschaft seit Abschluss des Friedensabkommens von Dayton einen beträchtlichen Beitrag zur Befriedung und zum Wiederaufbau geleistet und die Gefahr ethnisch motivierter Gewaltausbrüche minimiert. Jedoch ist der bosni-

---

[6] Griechenland, Rumänien, Zypern, Spanien und die Slowakei.

sche Staat aufgrund seiner „Geburtsfehler" weit davon entfernt, eine funktionale
Demokratie zu werden. Das Dayton-Abkommen, das die rechtliche Grundlage
für den Aufbau des Staates bildet, entstand im Zuge der Friedensbemühungen
zur Beendigung des Bosnienkrieges und ist somit Ausdruck des kleinsten gemeinsamen Nenners, auf den sich die Konfliktparteien im Kontext einigen konnten. Ziel des verfassungsrechtlichen Arrangements war in erster Linie die Beendigung der gewaltsamen Auseinandersetzungen, nicht die Etablierung eines
handlungsfähigen Staates. Oberstes Prinzip war deshalb bei seiner Verabschiedung ein möglichst zufriedenstellendes Powersharing zwischen den ethnischen
Gruppen und nicht die Sicherung der Rechtsstaatlichkeit (Internationale Balkan-
Kommission 2005: 16). Daraus resultierte ein schwerfälliges, kompliziertes politisches System, das von institutionellen Blockaden und einer anhaltenden Staatskrise gekennzeichnet ist und dessen Weiterbestehen vor allem von bosnisch-
serbischen Politikern regelmäßig infrage gestellt wird. Reformen, die auf eine
funktionale Zentralisierung der Staatsordnung hinauslaufen, stoßen auf Widerstand und kommen nur schleppend voran (Solioz 2006). Daher wird Bosnien und
Herzegowina auch in den nächsten Jahren ein De-facto-Protektorat der internationalen Gemeinschaft bleiben, dessen staatliches und wirtschaftliches Überleben
in entscheidendem Maß vom Westen abhängen wird (siehe zur allgemeinen
politischen Situation in Bosnien-Herzegowina Knaus/Cox 2004; Sokolovic
2003).

## 4.2  Wie könnte es weitergehen?

Zusammenfassend lässt sich schließen, dass die Bilanz des EU-Einflusses im
Westbalkan insgesamt positiv ausfällt und die EU-Beitrittsperpektive politische
und wirtschaftliche Reformen angestoßen hat sowie einen unentbehrlichen Rahmen für die komplexen Transformationsprozesse in der Region bildet. Für die
Staaten des Westbalkans ist der EU-Beitritt das einzige Leitbild für ihre politische Zukunft geworden. Ähnlich wie die Menschen in Mittel- und Osteuropa
verbinden die Menschen auf dem Balkan mit dem EU-Beitritt Frieden, Stabilität
und Wohlstand, also all das, was sie schmerzlich vermissen. Dieses ganz banale
und doch existenziell empfundene Gefühl, zu Europa „dazugehören" zu wollen,
setzt enorme Reformanstrengungen frei (Biermann 2003: 24).

Dennoch hat sich gezeigt, dass das „Zuckerbrot" der Beitrittsperspektive    Limitierte Steuerbar-
nicht in allen Fällen die von der EU gewünschte Wirkung erzielen und somit    keit der Region
nicht als Allheilmittel eingesetzt werden kann. Die schleppenden Reformen in
Bosnien, die ausbleibende Lösung im griechisch-mazedonischen Namensstreit
und die gescheiterten Verhandlungen über den künftigen Status des Kosovos
beweisen, dass der EU-Einfluss in derart komplexen Fragen an seine Grenzen
stößt. Konditionalität als klassisches Steuerungsinstrument der EU scheint bislang in Südosteuropa viel weniger Wirkung zu zeigen als in den MOE-Staaten
(Meurs 2006: 5), wobei diese Tatsache nicht allein auf Schwachpunkte oder
Unstimmigkeiten innerhalb der EU-Strategie zurückzuführen ist. Externe
Governance durch die EU kann nur dann erfolgreich sein, wenn es in den Staaten
der Region einen gesellschaftlichen Konsens bezüglich des EU-Beitritts und    Fehlender
seiner Bedeutung gibt. Im Unterschied zu den MOE-Staaten ist ein derart weit-    EU-Konsens

gehender Konsens im Westbalkan nicht vorhanden. In Ländern wie Serbien und Bosnien-Herzegowina sind sich die politischen Eliten sowie ihre Wähler noch uneins in der Frage, welche Rolle die EU künftig in ihren Ländern spielen sollte. Der Wandel (anti-europäischer) gesellschaftlicher Einstellungen ist ein langwieriger Prozess, der vornehmlich in der Macht der jeweiligen Gesellschaften, nicht in der der externen Akteure liegt.

Gleichzeitig ist die Inaussichtstellung eines Beitritts das einzige erfolgversprechende Stabilisierungsinstrument, über das die EU verfügt. Für den Balkan gibt es keine „exit strategy" und keinen „Plan B", sondern lediglich eine „entry strategy", die ein Beitrittsangebot an die Staaten der Region impliziert (Javier Solana zitiert in: Triantaphyllou 2003: 72 f.). Gerade jetzt darf die EU keine Zweifel an ihrem Engagement im Westbalkan aufkommen lassen, sondern muss den verbliebenen Herausforderungen mit einem dezidierten Beitrittsversprechen und einem Zeitplan dafür entgegentreten. Der mühsam in Gang gebrachte Stabilisierungsprozess ist noch nicht irreversibel und könnte als Folge steigender Unsicherheit in der Region abgebrochen oder deformiert werden, was letztlich als Misserfolg auf die EU zurückfiele. Daher schlägt Balkanexperte Dusan Reljic vor, allen Westbalkanstaaten den Kandidatenstatus zu gewähren, so dass keine Zweifel in Bezug auf das „ob", sondern nur noch auf das „wann" verbleiben (Reljic 2010: 4). Denn sollte es der EU nicht gelingen, so der ehemalige EU-Kommissar für Außenbeziehungen Chris Patten, in den Westbalkan Stabilität zu exportieren, riskiert sie, aus der Region Instabilität zu importieren (Patten 2002).

Mit der Osterweiterung hat die EU eindrucksvoll bewiesen, wie keine andere Organisation Reformen in Transformationsländern fördern und beeinflussen zu können (Frantz 2000). Deshalb hat sie auch im Fall Westbalkan auf das bewährte Stabilisierungsmodell zurückgegriffen und den Westbalkanstaaten die **Grenzen der bisherigen Stabilisierungsstrategie** Perspektive eines EU-Beitritts eröffnet. Angesichts der komplexen politischen, wirtschaftlichen und sicherheitspolitischen Herausforderung, die der Westbalkan für die EU darstellt, war es jedoch erforderlich, die bisherige EU-Stabilisierungsstrategie inhaltlich zu überdenken. Die Transformationsprozesse in diesen Staaten unterscheiden sich von denen in Süd- und Mittelosteuropa durch eine Reihe von Merkmalen, welche die EU bei der Formulierung und Umsetzung ihrer Strategie berücksichtigen muss. Die bisherige Stabilisierungsstrategie der EU, basierend auf einem Geflecht von politischen und wirtschaftlichen Anreizen, hat sich in Mittel- und Osteuropa bewährt, stößt aber an ihre Grenzen im Falle von Staaten und Entitäten, die neben Wirtschafts- und Politiktransformation eine konfliktreiche Agenda der Staats- und Nationsbildung zu bewältigen haben (Meurs 2006: 8). Daher lassen sich das Erfolgsmodell der Osterweiterung und die angewandten Erweiterungsinstrumente nicht einfach auf den Westbalkan übertragen.

Im Fall Westbalkan war eine neuartige Strategie mit Instrumenten und Institutionen erforderlich, die sich von denjenigen für Mittelosteuropa qualitativ und quantitativ unterscheiden. Der wesentliche Unterschied zwischen den MOE-Staaten und den Westbalkanstaaten besteht darin, dass in Mittelosteuropa die **EU-Integration als Bedingung der Stabilisierung** Prozesse der Stabilisierung, Transition und Integration aufeinander folgten, während im Westbalkan die EU-Integration eine Bedingung der Stabilisierung und erfolgreichen Transition darstellt, d. h., die drei Prozesse vollziehen sich simultan und bedingen sich gegenseitig (Batt 2004). Die Herausforderung liegt in der

Entwicklung von Instrumenten und Strategien, die den Eigenheiten der Region gerecht werden.

Mit dem Inkrafttreten des Lissabon-Vertrags Ende 2009 hat die EU den entscheidenden Schritt zur Erfüllung des sogenannten „vierten Kopenhagener Kriteriums" d.h. zur Gewährleistung ihrer Aufnahmefähigkeit durch institutionelle Reformen getan. Trotzdem zeigen sowohl Politiker innerhalb der EU als auch die Bürger mancher Mitgliedstaaten weiterhin Anzeichen der oft heraufbeschworenen Erweiterungsmüdigkeit. Viele EU-Bürger stehen einem Beitritt der Westbalkanstaaten skeptisch gegenüber, zumal ihnen die strategische Bedeutung der Südosterweiterung nicht bewusst ist und sie die Niedriglohnkonkurrenz aus diesen Staaten als Bedrohung der eigenen Wirtschafts- und Sozialordnung wahrnehmen (Europa vor der Südosterweiterung 2005: 7). In der politischen Debatte stellt sich vielfach die Frage, inwiefern die EU weitere Erweiterungsrunden politisch und finanziell verkraften würde, und einige EU-Staaten haben sogar signalisiert, nach der voraussichtlichen Aufnahme Kroatiens 2012 weitere Beitritte vorerst auf Eis zu legen. Derartige Verlautbarungen können in den Staaten des Westbalkans nur Unsicherheit säen und den Reformwillen dämpfen.

Gleichwohl gibt es zur Erweiterung um die Westbalkanstaaten keine Alternative. Nicht nur dass eine Rücknahme des Beitrittsversprechens an diese Staaten politisch nicht möglich ist, da dies einen ungeheuren Glaubwürdigkeitsverlust der EU zur Folge hätte, sie gefährdete zudem den gesamten Stabilisierungsprozess. Gerade jetzt, da die Erfolge der Stabilisierungsstrategie sichtbar werden, darf die EU keine Zweifel an ihrem Engagement aufkommen lassen. Das im Zuge der Erweiterungsdebatte immer wieder beschworene Argument, die Aufnahme des Westbalkans hätte eine Überdehnung der EU zur Folge, ist nicht haltbar. Es handelt sich bei den Staaten der Region um eindeutig europäische Staaten, die einen historisch-moralischen und auch rechtlichen Anspruch auf einen EU-Beitritt haben und deren Aufnahme aufgrund ihrer territorialen und demographischen Größe für die EU verkraftbar ist. Auch haben die positiven Entwicklungen in der Region bislang gezeigt, dass mit den richtigen Instrumenten selbst in den schwierigsten Bereichen Fortschritte erzielt werden können. Die größte Herausforderung besteht daher nicht in der Komplexität der Probleme auf dem Balkan, sondern darin, innerhalb der EU den politischen Willen zur Erweiterung aufzubringen. Nicht der Westbalkan könnte die EU im Zweifelsfall überfordern, sondern ihre eigene Unfähigkeit oder Unwilligkeit, sich stets neuen Herausforderungen anzupassen.

Anders als 1991 verfügt die EU heute über die politische Erfahrung, die nötigen Instrumente und die adäquaten strategischen Konzepte, um sich als Stabilitätsanker für den Westbalkan zu bewähren (Lehne 2004: 124). Die gegenwärtige EU-Politik gegenüber dem Westbalkan ist das Ergebnis eines schmerzvollen außenpolitischen Lernprozesses und gleichzeitig eine Frage des Eigeninteresses der Union. Die jugoslawischen Nachfolgekriege der 1990er Jahre und ihre destabilisierenden Folgen haben der EU verdeutlicht, dass ihre Sicherheitsinteressen von den Entwicklungen in diesem Teil Europas unmittelbar betroffen sind. Gleichzeitig haben sie jedoch auch die Entwicklung der EU zu einem sicherheitspolitischen Akteur beschleunigt und die Herauskristallisierung einer politischen Strategie für die Region gefördert. Die Analyse der politischen, wirtschaft-

*Aber: nachlassende Aufnahmebereitschaft*

lichen und sicherheitspolitischen Lage im Westbalkan offenbart trotz unzureichender Reformen insgesamt einen positiven Trend, zu dem die EU maßgeblich beigetragen hat.

Zusammenfassend soll festgehalten werden, dass die Südosterweiterung im unmittelbaren außen- und sicherheitspolitischen Interesse der EU liegt und das einzige wirksame Mittel zur nachhaltigen Stabilisierung der Westbalkanregion darstellt. Mehr denn je ist ein dezidiertes Engagement der EU gefragt, die Staaten der Region an Europa heranzuführen. Andernfalls riskierte sie nicht nur, die Region zu einem Herd von Instabilität im Herzen Europas werden zu lassen. Ihre Glaubwürdigkeit als internationaler Akteur ist zudem weitgehend abhängig von ihrem Erfolg im Westbalkan. Der Balkan ist Europas Hinterhof. Scheitert die EU mit ihrem Versuch, Sicherheit und Stabilität in ihrer unmittelbaren Nachbarschaft zu gewährleisten, kann sie kaum den Anspruch erheben, sich in anderen Teilen der Welt als Friedensmacht zu behaupten.

## Abkürzungsverzeichnis

ADI        Auslandsdirektinvestitionen

BIP        Bruttoinlandsprodukt

CARDS      Community Assistance for Reconstruction, Development and Stabilisation

EG         Europäische Gemeinschaft

EIB        Europäische Investitionsbank

EPZ        Europäische Politische Zusammenarbeit

ESVP       Europäische Sicherheits- und Verteidigungspolitik

EU         Europäische Union

EUFOR      European Union Force

EULEX      European Union Rule of Law Mission in Kosovo

EUPAT      European Union Police Advisory Team

EUPM       European Union Police Mission

GASP       Gemeinsame Außen- und Verteidigungspolitik

ICTY       International Criminal Tribunal for the Former Yugoslavia

IPA        Instrument for Pre-Accession Assistance

ISPA       Instrument for Structural Policies for Pre-Accession

MOE        Mittel- und Osteuropa

NATO       Nordatlantische Allianz

OECD		Organisation für wirtschaftliche Zusammenarbeit und Entwicklung

OSZE		Organisation für Sicherheit und Zusammenarbeit in Europa

PHARE		Poland and Hungary: Aid for Restructuring of the Economies

RCC		Regional Cooperation Council

SAA		Stabilisierungs- und Assoziierungsabkommen

SAP		Stabilisierungs- und Assoziierungsprozess

SAPARD		Special Accession Programme for Agriculture and Rural Development

SFOR		Stabilisation Force

UNMIK		United Nations Interim Administration Mission in Kosovo

UNO		Organisation der Vereinten Nationen

WEU		Westeuropäische Union

## Vertiefende Literatur

Ahlbrecht, Kathrin/Bendiek, Annegret/Meyers, Reinhard/Wagner, Sabine, 2008: Konfliktregulierung und Friedenssicherung im internationalen System. Wiesbaden.
Blockmans, Steven, 2007: Tough love – the European Union's relations with the Western Balkans. The Hague.
Kavalski, Emilian, 2008: Extending the European Security Community. Constructing peace in the Balkans. London.

## Literatur

Altmann, Franz-Lothar, 2004: Regional Economic Problems and Prospects, in: Franz-Lothar Altmann/Judy Batt, 2004, The Western Balkans: moving on. Chaillot Paper No. 70. Paris, 69–86.
Altmann, Franz-Lothar, 2005a: EU und Westlicher Balkan. Von Dayton nach Brüssel: ein allzu langer Weg? SWP-Studie. Berlin.
Altmann, Franz-Lothar, 2005b: EU-Erweiterungsmüdigkeit und Westlicher Balkan. SWP-Studie 60. Berlin.
Anastasakis, Othon/Bechev, Dimitar, 2003: EU Conditionality in South East Europe: Bringing Commitment to the Process. Oxford. URL: http://www.sant.ox.ac.uk/esc/esc-lectures/EUconditionality.doc, 01.02.2008.
Batt, Judy, 2004: Introduction: the stabilisation/integration dilemma, in: Franz-Lothar Altmann/Judy Batt (Hrsg.), The Western Balkans: moving on. Chaillot Paper No. 70. Paris, 7–19.
Bendiek, Annegret, o. J.: Der Stabilitätspakt für Südosteuropa und die Rolle der EU, in: Matthias Jopp/Peter Schlotter (Hrsg.), Die Gemeinsame Außen- und Sicherheitspolitik der Europäischen Union – Intergouvernementales Netzwerk oder kollektiver Akteur? Frankfurt a. M./New York.

Bericht der internationalen Balkan-Kommission, 2005: The Balkans in Europe's Future. URL: www.balkan-commission.org, 09.02.2008.

Biermann, Rafael, 2003: Stabilitätspakt und EU-Balkanpolitik: Von der Stabilisierung zur Integration?, in: Heiner Timmermann/Aleksandar Jakir (Hrsg.) (2003), Europas Tragik. Ex-Jugoslawien zwischen Hoffnung und Resignation, 23–42.

Calic, Marie-Janine, 1993: Jugoslawienpolitik am Wendepunkt, in: Aus Politik und Zeitgeschichte. B 37/1993, 11–23.

Calic, Marie-Janine, 2003: Welche Zukunft für den Balkan-Stabilitätspakt? SWP-Studie. Berlin.

Calic, Marie-Janine, 2004: Der Stabilisierungs- und Assoziierungsprozess auf dem Prüfstand. Empfehlungen für die Weiterentwicklung europäischer Balkanpolitik. SWP-Studie. Berlin.

Calic, Marie-Janine, 2005: The Western Balkans on the Road Towards European Integration. Friedrich-Ebert-Stiftung, Internationale Politikanalyse. Bonn. URL: http://library.fes.de/pdf-files/id/03273.pdf, 15.10.2007.

Council Conclusions on the principle of conditionality governing the development of the EU's relations with certain countries of South-East Europe. 29.04.1997. URL: http://www.consilium.europa.eu, 16.02.2008.

Edwards, Geoffrey, 1992: European Responses to the Yugoslav Crisis. An Interim Assessment, in: Reinhard Rummel (Hrsg.) (1992), Toward Political Union. Planning a Common Foreign and Security Policy. Baden-Baden.

Eisermann, Daniel, 2000: Der lange Weg nach Dayton. Baden-Baden.

Europa vor der Südosterweiterung. Strategiepapier zur Konferenz „Südosteuropa auf dem Weg in die Europäische Union" der Bertelsmann Stiftung. Zagreb 2005. URL: http://www.cap-lmu.de/publikationen/005/zagreb.php, 28.05.2008.

European Commission (press release): Council adopts new instruments to govern EU financial assistance to candidate and potential candidate countries for EU membership. 17.07.2006. Dok. Nr. IP/06/1004. URL: http://www.euractiv.com/de/erweiterung/neues-finanzinstrument-fuer-potentielle-eu-mitgliedstaaten/article-156824, 28.01.2008.

European Commission, 2004: Western Balkans in Transition. URL: http://europa.eu.int/comm/economy_finance, 03.04.2008.

European Commission, 2009: Western Balkans in Transition. URL: http://ec.europa.eu/economy_finance/publications/publication_summary1483_en.htm, 28.07.2010.

European Council Presidency Conclusions. Santa Maria da Feira European Council 19-20 June 2000. Dok. Nr. 200/00. URL: http://ue.eu.int/ueDocs/cms_Data/docs/pressData/en/ec/00200-r1.en0.htm, 01.02.2008.

Final Declaration of the Zagreb Summit on 24. November 2000. URL: http://ec.europa.eu/comm/ enlargement/intro/sap/summit_zagreb.htm, 01.02.2008.

Frantz, Christiane, 2000: EU-Integration als Transformationsrahmen? Demokratische Konsolidierung in Polen durch die Europäische Union. 1. Auflage. Opladen.

Giersch, Carsten, 1998: Konfliktregulierung in Jugoslawien 1991–1995. Baden-Baden.

Heisbourg, François, 2005: The Balkans: Europe's Unfinished Business, in: International Herald Tribune vom 15. April 2005. URL: http://library.fes.de/pdf-files/id/03273.pdf, 16.12.2007.

Integrating the Balkans: Regional Ownership and European Responsibilities. Balkan Forum. CAP München Conference Report. Berlin 2002.

Interview mit Javier Solana, in: Der Tagesspiegel vom 13. Juli 2000. URL: http://www.tagesspiegel.de/politik/archiv/13.07.2000/ak-po-eu 26367.html, 01.03.2008.

Gow, James, 1997: Triumph of the lack of will: International diplomacy and the Yugoslav war. London.

Knaus, Gerald/Cox, Marcus, 2004: Bosnia and Herzegovina: Europeanisation by decree?, in: Franz-Lothar Altmann/Judy Batt (Hrsg.) (2004), The Western Balkans: moving on. Chaillot Paper No. 70. Paris. 55–68.

Knogler, Michael/Vincentz, Volkhart, 2004: Die nächste Runde der EU-Erweiterung: Balkanländer und ökonomische Beitrittskriterien, in: Südosteuropa Mitteilungen 02-03/2004, 6–27.

Kovacevic, Zivorad, 2003: Faktoren für eine Annäherung von Innen – Serbien: Von Milosevic zu Kostunica, in: Heiner Timmermann/Aleksandar Jakir (Hrsg.) (2003), Europas Tragik. Ex-Jugoslawien zwischen Hoffnung und Resignation.

Kramer, Heinz, 2001: Die Stabilisierungs- und Assoziierungsabkommen: EU-Politik zwischen regionaler Ordnungsbildung und europäischer Integration, in: Heinz-Jürgen Axt/Christoph Rohloff (Hrsg) (2001), Frieden und Sicherheit in (Südost-)Europa: EU-Beitritt, Stabilitätspakt und Europäische Sicherheits- und Verteidigungspolitik. Südosteuropa-Studie, Band 70. München, 233–252.

Lehne, Stefan, 2004: Has the 'Hour of Europe' come at last? The EU's strategy for the Balkans, in: Franz-Lothar Altmann/Judy Batt (Hrsg.), The Western Balkans: moving on. Chaillot Paper No. 70. Paris. 111–124.

Mayntz, Renate, 2003: From government to governance: Political steering in modern societies. Würzburg. URL: http://www.ioew.de/governance/english/veranstaltungen/Summer_Academies/SuA2 Mayntz.pdf, 2.04.2008.

Mayntz, Renate, 2004: Governance Theory als fortentwickelte Steuerungstheorie? MPIfG Working Paper 04/1. URL: http://www.mpi-fg-koeln.mpg.de/pu/workpap/wp04-1/wp04-1.html, 2.04.2008.

Meier, Viktor, 1992: Ohne Konzept für den Balkan. Das Grundübel westlicher Jugoslawienpolitik, in: FAZ vom 7. Dezember 1992.

Meier, Viktor, 1993: Zögern, hinnehmen, wegschauen. Der Westen ohne Jugoslawienpolitik, in: FAZ vom 30. Januar 1993.

Merlingen, Michael/Ostrauskaite, Rasa, 2005: ESDP Police Missions: Meaning, Context and Operational Challenges, in: European Foreign Affairs Review 10/2005, 215–235.

Meurs, Wim van, 2003: Den Balkan integrieren. Die europäische Perspektive der Region nach 2004, in: Aus Politik und Zeitgeschichte. B 10-11/2003, 34–39.

Meurs, Wim van, 2005: Europäische Politik für den Balkan und Kosovo neu gedacht, in: Südosteuropa Mitteilungen 03/2005. 45. Jahrgang, 82–92.

Meurs, Wim van, 2006: Die EU und der Balkan. Ein Schritt vorwärts, zwei zurück? URL: http://student.org.uni-hamburg.de/fsr-Osteuropastudien/download/ring_meurs.pdf, abgerufen am 28.10.2006.

Meurs, Wim van/Yannis, Alexandros, 2002: The European Union and the Balkans. From Stabilisation Process to Southeastern Enlargement. Diskussionspapier des CAP. URL: http://www.cap.uni-muenchen.de/download/2002/2002_EU_Balkans.pdf, 08.11.2007.

Patten, Chris, 2002: Speech at the Western Balkans Democracy Forum. Thessaloniki, 11. 4. 2002. URL: http://ec.europa.eu/comm/external_relations/news/patten/sp02_150.htm, 09.02.2008.

Pippan, Christian, 2004: The Rocky Road to Europe: The EU's Stabilsation and Association Process for the Western Balkans and the Principle of Conditionality, in: European Foreign Affairs Review 9/2004.

Reljic, Dusan, 2007: Kosovo: Die EU am Zug. SWP-Aktuell. Berlin.

Reljic, Dusan, 2008: Bedrohliche Weiterung der Kosovo-Krise. SWP-Aktuell. Berlin.

Reljic, Dusan, 2010: Die Zuckerbrot-Krise der EU auf dem Westbalkan. Das Dilemma der Erweiterungspolitik: „Mit Augenmaß" oder mit neuem Nachdruck?. SWP-Aktuell. Berlin.

Reuter, Jens, 2002: Der jüngste jugoslawische Nachfolgestaat: Serbien und Montenegro, in: Südosteuropa 51/1-3, 114–121.

Sakellariou, Jannis, 2001: Der Entstehungsprozess einer Gemeinsamen Europäischen Verteidigungspolitik nach dem Kosovokrieg, in: Heinz-Jürgen Axt/Christoph Rohloff (Hrsg.) (2001), Frieden und Sicherheit in (Südost-)Europa: EU-Beitritt, Stabilitätspakt und Europäische Sicherheits- und Verteidigungspolitik. Südosteuropa-Studie, Band 70. München, 325–332.

Schönfeld, Roland, 2001: Die Rolle der EU beim Abschluss des Dayton-Vertrags und bei den Rambouillet-Verhandlungen, in: Heinz-Jürgen Axt/Christoph Rohloff (Hrsg) (2001), Frieden und Sicherheit in (Südost-)Europa: EU-Beitritt, Stabilitätspakt und Europäische Sicherheits- und Verteidigungspolitik. Südosteuropa-Studie, Band 70. München, 125–150.

Smith, Karen, 2003: EU Membership Conditionality, in: Marise Cremona (Hrsg) (2003), The Enlargement of the European Union. Oxford.

Sokolovic, Dzemal, 2003: Bosnia-Herzegovina: a Matter of Survival, in: Wim van Meurs (Hrsg.) (2003), Prospects and Risks beyond EU-Enlargement. Southeastern Europe: Weak States and Strong International Support. Opladen, 163 bis 176.

Solioz, Christophe, 2006: Die Verfassungsdebatte in Bosnien. Die Rolle des Europarates. Center for European Integration Strategies. Working Paper 1/2006. URL: http://www.ceis-eu.org/Publications/ Working_Papers/2006/ceiswpsno 1.pdf.

Stabilitätspakt für Südosteuropa. Köln, 10. Juni 1999. URL: http://www.stabilitypact.org/constituent/990610-cologne.asp, 22.02.2008.

Triantaphyllou, Dimitrios, 2003: The Balkans between stabilisation and membership, in: Judy Batt (Hrsg.) (2003), Partners and Neighbours: a CFSP for a wider Europe. Chaillot Paper No. 64. Paris.

Varwick, Johannes, 2000: Die EU nach dem Kosovo-Krieg. Ein überforderter Stabilitätsanker? URL: http://www.dgap.org/publikationen/view/bbbb9a6ccb0211daacdad5d96a230bd70bd 7.html, 04.03.2008.

Weidenfeld, Werner/Janning, Josef, 2004: Europas Alternativen. Gestaltungsoptionen für die große EU, in: Internationale Politik 4/2004, 1–10.

Woyke, Wichard, 2001: Die Agenda der Europäischen Union zu Beginn des 21. Jahrhunderts, in: Wilfried Loth (Hrsg.), Das europäische Projekt zu Beginn des 21. Jahrhunderts. Opladen, 9–24

# Kapitel 6: Türkei und Ukraine *ante portas*: Wie definiert die Europäische Union ihre Grenzen?

*Georg Simonis und Helmut Elbers*

2004 und 2007: Erweiterung der EU

Mit ihrer Erweiterung am 1. Mai 2004 um zehn und am 1. Januar 2007 um zwei weitere Staaten, von denen zehn zum ehemaligen Ostblock gehörten, ist die Europäische Union in eine neue Entwicklungsphase eingetreten. Deren Beginn wurde nicht allein, aber auch wegen des Scheiterns des der Erweiterung korrespondierenden Vertiefungsprojektes, des europäischen Verfassungsvertrages, von großer Unsicherheit über die Zukunft dieses wichtigsten politischen Nachkriegsprojektes überschattet. Die gegenwärtige Krise der Europäischen Union (u. a. die von Tschechien und Irland verzögerte Ratifizierung des Vertrages von Lissabon, geringe Wirtschaftsdynamik und hohe Arbeitslosigkeit im Zuge der Wirtschafts- und Finanzkrise, außenpolitische Lagerbildung) lässt sich nicht monokausal erklären. Trotzdem kann sie als eine Erweiterungskrise begriffen werden. Die Erweiterung erschwert die Bewältigung von Verteilungskonflikten, erzwingt Reformen des institutionellen Gefüges und löst in den alten Mitgliedsländern vielfältige Ängste (z. B. um den Arbeitsplatz oder die Höhe der sozialen Zuwendungen) aus, die ihrerseits von populistischer Politik instrumentalisiert und verstärkt werden.

Weitere Kandidaten

Unsicherheit und Ängste sind auch dem Umstand geschuldet, dass der Prozess der Erweiterung noch nicht abgeschlossen ist. Island hat zwar erst seit 2010 Kandidatenstatus und seit dem 27. Juli 2010 wird verhandelt, ist aber trotzdem neben Kroatien der erste Kandidat für den Beitritt. Den aus dem Zerfallsprozess Jugoslawiens hervorgegangenen Staaten, allen voran Kroatien, nachdem Slowenien bereits die Mitgliedschaft erreicht hat, wurde die Integration in Aussicht gestellt. Kroatien ist seit 2004 Kandidatenland, verhandelt wird seit 2005. Mazedonien ist seit 2005 Kandidat, aber die Verhandlungen haben noch nicht begonnen. Montenegro hat im Dezember 2008 sein Beitrittsgesuch eingereicht, Albanien im November 2009 und Serbien im Dezember 2009. Die Türkei hatte schon 1959 einen Antrag zur Assoziierung an die EWG gestellt und 1963 ein Assoziierungsabkommen unterzeichnet. 1987 stellte sie dann einen Antrag zum Beitritt in die EG, den die EG 1989 unbefristet zurückstellte. Seit 1999 ist sie jedoch Beitrittskandidat. Im Dezember 2004 forderte auch das neue demokratische Regime der Ukraine die Mitgliedschaft in der EU ein. Und weitere Staaten Osteuropas, z. B. Moldau und Georgien, artikulieren die Hoffnung, die EU möge ihnen eine Beitrittsperspektive eröffnen. Nur das Russland Putins und Medwedews und das immer noch autoritär regierte Belarus (Weißrussland) wünschen keine Mitgliedschaft in der EU. Russland hat mit der EU, auf gleicher Augenhöhe verhandelnd, eine strategische Partnerschaft vereinbart.

Fragestellung

In Anbetracht dieser ungeklärten Situation hat eine breite Diskussion darüber eingesetzt, wo die Grenzen Europas liegen. Auf welche Staaten erstreckt sich das europäische Integrationsprojekt? Welche Staaten gehören dazu, welche

nicht? Zypern, das geographisch zu Vorderasien gehört, wurde in die EU aufgenommen. Marokkos Beitrittsgesuch wurde 1987 mit dem Argument abgelehnt,
es sei kein europäischer Staat. In den nachfolgenden Ausführungen soll am Beispiel des förmlichen Beitrittsantrags der Türkei und des informellen Beitrittsge-
suches der Ukraine untersucht werden, in welcher Weise die Europäische Union
ihre Außengrenzen definiert und welche politischen Probleme mit der Grenzkonzeption der EU verbunden sind. Zu erklären ist, warum der Türkei eine Beitrittschance eingeräumt, der Ukraine aber verwehrt wird.

*Lernziele*      Hierbei ist von Bedeutung, welche theoretischen Überlegungen zur Governance von Grenzen und welche Sichtweisen zum Charakter der EU dazu führen,
dass unterschiedliche Akteure in der Türkei und der Ukraine in die EU streben
und dazu Befürworter innerhalb der EU finden. Andere Sichtweisen, die hier
ebenfalls vorgestellt werden, führen innerhalb der EU zur Ablehnung des Beitritts beider Länder und außerhalb der EU (insbesondere in Russland) zu einer
gänzlich anderen Beurteilung der Situation, insbesondere bezüglich der Ukraine.
Diese Zusammenhänge und ihre politischen Implikationen möchten wir hier
vermitteln.

# 1   Grenzkonzeptionen der EU

*Grenzregime der EU*   Während innerhalb der EU der Prozess der „Entgrenzung" immer weiter voran-
schreitet und die Grenzen zwischen den Mitgliedsländern durch den Freihandel,
die persönliche Freizügigkeit und die gemeinsame Währung immer weniger
Bedeutung haben (Comelli 2007: 218), gibt es an den durch die unterschiedlichen Erweiterungsrunden immer wieder verschobenen Außengrenzen verschiedene Grenzregime. Einfach gefasst, ist ein Grenzregime ein Kontrollsystem, mit
dem das Verhalten an Grenzen reguliert wird, wobei in der EU unterschiedliche
politische Akteure sehr verschiedene politische Paradigmen und damit divergierende Sichtweisen in die Formulierung der Grenzpolitik einbringen. Drei dieser
Paradigmen haben großen Einfluss auf die externen Grenzen: (1) das Schengener
Abkommen, (2) die grenzübergreifende Kooperation unter der Regionalpolitik
und (3) die Erweiterungspolitik und die ENP. Das Resultat fragmentierter Politik
sind Grenzstrategien, die sich durch interne Widersprüche und einen Mangel an
Kohärenz auszeichnen. So legt die Regionalpolitik an den Außengrenzen der EU
ihren Schwerpunkt auf die grenzübergreifende Kooperation, die Erweiterungs-
und Nachbarschaftspolitik auf eine bedingte und eingeschränkte Offenheit und
Integration, während das Schengener Abkommen eine strikte Kontrolle der externen Grenzen vorsieht. Die Widersprüche sind vorgezeichnet, wenn z. B. die
Regionalpolitik subnationale Akteure in Grenzregionen stärken möchte, aber
Sicherheitsbedenken hineinspielen und im Zweifelsfall eher dominant sind. Außerdem ist die Grenzpolitik der EU in der Beitritts- und Nachbarschaftspolitik in
das Anreizsystem eingebunden: Offenere Grenzen werden von der EU als Gegenleistung für die Erfüllung der EU-Standards gewährt (Berg/Ehin 2006: 54–
61).

*Walters:*         In seinem sehr interessanten Aufsatz verknüpft William Walters (2004) die
*EU-Geostrategien*  Funktion der Außengrenzen mit unterschiedlichen Geostrategien der EU, wobei

er unter Geostrategie im Gegensatz zu einem militärisch geprägten Verständnis die Instrumentalisierung des Territoriums versteht, um neue Sicherheitsthemen wie Drogenhandel, Menschenschmuggel, Terrorismus, Waffenhandel und Migration zu regeln. Er identifiziert in der Folge vier solcher Geostrategien: (1) die durch Netzwerke geregelte (Nicht-)Grenze („networked [Non]Border"), (2) das Grenzgebiet („March"), (3) die koloniale Grenze („colonial frontier") und (4) den Limes.

Zu (1): Um, wie es in den Römischen Verträgen heißt, die „Europa trennenden Schranken" zu beseitigen und gemäß dem neoliberalen Projekt des freien Waren-, Dienstleistungs- und Personenverkehrs sind innerhalb der EU-Länder die Grenzkontrollen vereinfacht oder ganz abgeschafft worden. Ersetzt wurde die für notwendig erachtete Kontrolle der Grenzen durch neue Arten der Zusammenarbeit von Polizei, Grenzschutz und anderen Staatsorganen beider oder mehrerer beteiligter Länder. Diese Form des Grenzmanagements mittels Netzwerken findet auch immer mehr Anwendung an den Außengrenzen der EU: Das Nachbarland (Russland, Marokko usw.) hilft mit, den kriminalisierten Feind (Terroristen, Drogen- und Menschenhändler etc.) zu bekämpfen.

*1. Netzwerkgeregelte (Nicht-)Grenze*

Zu (2): Das Grenzgebiet ist für Walters ein neutraler trennender Streifen: „The March [...] is something like an interzone between powers" (Walters 2004: 684), also eine Pufferzone. Er weist darauf hin, dass die präzise Bedeutung des Wortes Ukraine Grenzmark oder Grenzgebiet ist. Die von der EU mit dem Ziel, eine Zone des Friedens und des Wohlstandes rund um die Außengrenzen der EU zu schaffen, kreierte Europäische Nachbarschaftspolitik kann dieser geostrategischen Grenzkonzeption zu einem großen Teil zugeordnet werden. Die osteuropäischen Länder sollen in diesem Konzept eine gewisse Distanz zum Giganten Russland und den Krisengebieten im Kaukasus sichern.

*2. Grenzgebiete*

Zu (3): Die koloniale Grenze orientiert sich an der US-amerikanischen Geschichte: ein dynamischer Raum, dessen Außengrenze immer weiter verschoben wird, wobei sich die neugewonnenen Gebiete an die Gepflogenheiten der Kolonialisten anpassen müssen. Die koloniale Grenze „is a space of interaction, assimilation, violence but also pacification" (Walters 2004: 687). Die EU-Erweiterungspolitik kann mit dieser Grenzkonzeption verknüpft werden. „It represents a zone where an organised power meets its outside in a relationship of transformation and assimilation. It is the setting of an asymmetrical relationship in which the expanding power assumes the right to define what is appropriate and just" (Walters 2004: 688). Dabei werden aber bestehende Beziehungen – z. B. die zwischen Polen und der Ukraine durch die verstärkten Grenzkontrollen nach Polens EU-Beitritt – auch desintegriert.

*3. Koloniale Grenze*

Zu (4): Mit Limes bezeichnet Walters die feste Grenze: Lass uns *hier* die Linie ziehen und das bewahren, was wir haben (Walters 2004: 691). Als Beispiel hierfür sieht er die Grenze im Mittelmeerraum, der ein Limes zwischen Nord und Süd sei und sich am drastischsten in der Mauer materialisiere, die um Ceuta, die spanische Exklave in Marokko, gebaut wurde (ebd.: 691–692). Beim Limes betont das Grenzmanagement mehr das Trennende als das Verbindende.

*4. Limes*

Diese Grenzkonzeptionen finden sich zumeist nicht in Reinform, sondern in Vermischungen. Sie können aber für die folgenden Überlegungen als Leitlinie dienen, da mit der Frage, wo eine Grenze liegt, auch immer die Frage verbunden ist, wie sie denn gestaltet werden soll und welches weitere Ziel ein Staatenbund wie die EU damit verfolgt.

## 2   Die Union – ein Staatenverbund mit flexiblen Grenzen

EU: Staatenverbund mit Projektcharakter
Die Europäische Union ist kein Staat mit einem Staatsvolk, begrenztem Territorium und Zentralgewalt. Sie ist seit ihren Anfängen in den 1950er Jahren ein Staatenverbund mit Projektcharakter. Die sechs Gründungsstaaten der Europäischen Wirtschaftsgemeinschaft (EWG) schlossen sich 1957 zusammen, um, wie es in der Vertragspräambel heißt, „durch diesen Zusammenschluß ihrer Wirtschaftskräfte Frieden und Freiheit zu wahren, und mit der Aufforderung an die anderen Völker Europas, die sich zu den gleichen hohen Zielen bekennen, sich diesen Bestrebungen anzuschließen" (Präambel EWG-Vertrag, 25. März 1957).

Beitrittsrecht europäischer Staaten ...
Diese Intention der Gründungsstaaten ist geschichtsmächtig geworden und hat, wie wir heute wissen, zu einer enormen Dynamik der Erweiterung und Vertiefung des 1957 begründeten Staatenverbundes geführt. Doch auch nach sechs Erweiterungsrunden zu einer aus 27 Staaten bestehenden Union ist dieser Prozess bis heute nicht zum Abschluss gekommen. In der Neufassung des Vertrages über die Europäische Union („Lissabon-Vertrag") wird in Artikel 49 das Recht jedes europä-ischen Staates, der die Werte der Union achtet und sich für ihre Förderung einsetzt, der Union beizutreten, erneut bekräftigt. Der Vertrag von Lissabon benennt aber wie auch seine zahlreichen Vorgängerverträge kein Europakriterium. Die Grenzen Europas – und damit, welche Länder zu dem alten Kontinent gehören und aufgefordert sind, den Vertragswerken beizutreten – scheinen den Autorinnen und Autoren evident und daher nicht definitionsbedürftig gewesen zu sein.

... aber kein Konsens, was ein europäischer Staat ist
Wie jedoch den zahlreichen Debatten über die Grenzen Europas entnommen werden kann, besteht kein Konsens über die geographischen, geopolitischen oder funktionalen (Geschichte, Kultur, Gesellschaft) Grenzen Europas (vgl. Hummel 2003). Die Zugehörigkeit eines Staates zu Europa scheint weniger geographisch als diskursiv bestimmt zu sein. Selbst der EU-Erweiterungskommissar Olli Rehn zitierte bei der Frage nach der Grenze Europas den englischen Marxisten Eric Hobsbawm: „Geographisch hat Europa, wie jeder weiß, keine östliche Grenze. Der Kontinent existiert also ausschließlich als intellektuelles Konstrukt" (zit. in: Posener 2007: 10–11). Somit stehen wir vor dem Paradoxon, dass die Zugehörigkeit zu Europa eine Voraussetzung der Mitgliedschaft in der Union darstellt, aber niemand ein unumstrittenes Definitionskriterium für diese Zugehörigkeit vorbringen kann. Die Definitionsmacht, wer zu Europa gehört und wer nicht, ist somit von großer politischer Bedeutung. Auf jeden Fall existieren Grauzonen. Es gibt 1. Staaten, die sich wie die Türkei oder Russland über zwei Kontinente erstrecken, 2. Staaten, denen von der EU die Zugehörigkeit zu Europa attestiert wird, obwohl sie bestreitbar ist (wie im Fall Zypern), 3. Staaten, die sich selbst eine europäische Identität zuschreiben und ein Interesse an der Mitgliedschaft in der EU bekundet haben, aber von der EU als Staaten in der Nachbarschaft der Union betrachtet werden und denen daher keine Beitrittsmöglichkeit eingeräumt wird (Ukraine, Moldau, Georgien). In den Köpfen der EU-

Kommission, so behauptet der französische Geograph und Diplomat Michel Foucher, herrsche die Einstellung: „We will know the boundaries of the Union when we reach them. In fact, the final map the EU has in mind is already in place" (Foucher 2008: 31).

Gegenüber den Staaten in ihrer Nachbarschaft, wie deren Zugehörigkeit zu Europa auch immer beschaffen und begründet sein mag, befindet sich die Europäische Union in einer strukturell prekären Situation, die sich einerseits durch den Zusammenbruch des von der Sowjetunion dominierten Herrschaftssystems in Osteuropa und andererseits wegen der eigenen Integrationserfolge politisch aktualisiert hat. Die EU muss unterscheiden zwischen Staaten, denen sie eine Beitrittsmöglichkeit einräumt, und Staaten, mit denen sie gutnachbarschaftliche Verhältnisse unterhalten will. Dieser Einteilungs- und Auswahlvorgang kann mit nur schwer kalkulierbaren Folgen, jedoch beachtlichen gesellschaftlichen und politischen Kosten verbunden sein, kann sogar zu neuen Teilungen führen, obwohl die EU angetreten ist, die europäischen Spaltungslinien zu überwinden. Die EU befindet sich in einem unauflöslichen Dilemma und kann nur versuchen, durch pragmatische Politik das Dilemma situationsspezifisch zu bearbeiten. Einfache Lösungen existieren nicht. <span class="marginal">Dilemma der EU</span>

Das Strukturproblem, in dem sich die Politik der EU gegenüber Staaten in ihrer Nachbarschaft befindet, lässt sich graphisch verdeutlichen (vgl. Abbildung 6–1). Die Union ist kein Staat, sondern eine Organisation von Staaten und Völkern, ein Staatenverbund, in den Staaten aufgenommen werden, aus dem sie aber auch austreten können. Der Grundsatz, dass sich alle europäischen Staaten um eine Mitgliedschaft in der Union bewerben können und auch aufgenommen werden sollten, soweit sie deren Werte achten und sich verpflichten, ihnen gemeinsam Geltung zu verschaffen, ist rechtlich, in den Verträgen, die die Grundlage der Union bilden, sowie in den Verhaltensregeln, den politischen Konventionen sowie im politischen Bewusstsein der europäischen Herrschaftseliten, der Eurokraten, fest verankert. Dabei ist das Ziel der Union, „den Frieden, ihre Werte und das Wohlergehen ihrer Völker zu fördern" (Artikel 2 (1) Lissabon-Vertrag). Jeder europäische Staat sollte sogar, wenn möglich, wenn er die Konditionen, die die Union für den Beitritt zu erfüllen fordert, anerkennt, der Union beitreten. <span class="marginal">Strukturproblem der EU-Politik</span>

*Abbildung 6–1*: flexible Grenzen – die außenpolitische Akteurskonstellation des europäischen Projektes.

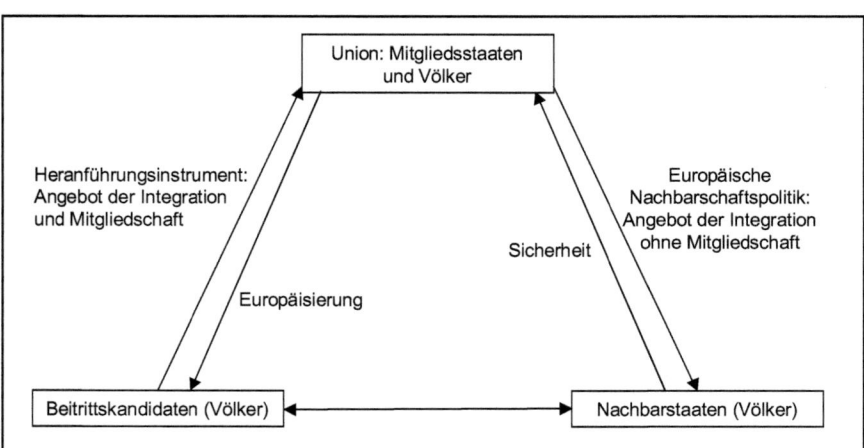

Quelle: eigene Darstellung.

Als sich nach dem Fall der Berliner Mauer und des Eisernen Vorhangs Anfang der 1990er Jahre abzeichnete, dass sich Staaten Mittel- und Osteuropas um die Mitgliedschaft in der Europäischen Gemeinschaft und späteren Union bewerben werden, fasste der Europäische Rat 1993 in Kopenhagen die Kriterien, die nach den bisherigen Erweiterungserfahrungen die Grundlage für einen Beitritt bilden sollten, zusammen. Seitdem gelten die Kopenhagener Kriterien als die entscheidende Messlatte, der jeder Staat, der der EU beizutreten wünscht, genügen muss. Danach muss ein Bewerberland

- eine Stabilität der Institutionen erlangt haben, die Demokratie, die Rechtsstaatlichkeit, die Achtung der Menschenrechte sowie den Respekt und den Schutz von Minderheiten garantieren;
- eine funktionierende Marktwirtschaft haben und in der Lage sein, dem Wettbewerbsdruck und den Marktkräften im Binnenmarkt standzuhalten;
- die aus eigener Mitgliedschaft erwachsenden Verpflichtungen übernehmen und sich auch die Ziele der politischen Union sowie der Wirtschafts- und Währungsunion zu eigen machen können, was insbesondere bedeutet, dass der gesamte „acquis communautaire" zu übernehmen ist (vgl. Europäischer Rat, Juni 1993).

Neben diesen drei Kriterien, die sich auf das potenzielle Beitrittsland beziehen, hat der Kopenhagener Gipfel ein viertes Kriterium formuliert, das die interne Integrations- und Aufnahmefähigkeit der in der Europäischen Union bereits zusammengeschlossenen Staaten zum Gegenstand hat:

- „The Union's capacity to absorb new members, while maintaining the European integration, is also an important consideration in the general interest of both the Union and the candidate countries" (Europäischer Rat 1993: 12).

*Interne Aufnahmefähigkeit*

Während der Verhandlungen über die Osterweiterung der EU (10+2-Verhandlungen), die zum Beitritt von zehn Staaten am 1. Mai 2004 und zum Beitritt von Rumänien und Bulgarien am 1. Januar 2007 führten, gewann das Kriterium der Aufnahmefähigkeit immer mehr an Bedeutung. Es bezieht sich auf drei Aspekte: die politisch-institutionelle (Handlungsfähigkeit der Union), die ökonomische (Kohäsion der Union) und die politisch-kulturelle (Akzeptanz in der Bevölkerung und bei den politischen Akteuren/Parteien) Aufnahmefähigkeit. Retrospektiv zeigt sich, dass die zähen und harten Verhandlungen (u. a in Amsterdam, Kopenhagen und Nizza), die das europäische Institutionen- und Finanzgefüge umbauten, um die Aufnahmefähigkeit zu erreichen, negative Rückwirkungen auf die Akzeptanz des europäischen Integrationsprojektes gehabt haben. Die zunehmende Skepsis der Bevölkerungen hat in einigen Ländern der alten EU dazu geführt, dass künftige Ratifikationen von Erweiterungsverträgen an Referenden gebunden wurden (Frankreich, Österreich). Die Hürden, die von Beitrittsstaaten zu überwinden sind, wurden damit drastisch erhöht und die Wahrscheinlichkeit weiterer Beitritte entsprechend vermindert.

*Drei Aspekte der Aufnahmefähigkeit*

*und die Reaktion der Mitgliedstaaten*

Die Anhebung der Beitrittsschwelle hat bislang jedoch nicht zu einer Verminderung der Warteschlange der Beitrittskandidaten geführt. Offenbar ist die Mitgliedschaft in der EU so attraktiv (dazu weiter unten), dass sich die Balkanstaaten, allen voran Kroatien, die Türkei und sogar die Ukraine nicht abschrecken lassen, ein Aufnahmeverfahren – sei es formeller oder informeller Natur (Ukraine) – anzustrengen. Demnach befinden sich in der Nachbarschaft der EU zwei Klassen von Staaten mit verschiedenen Ausprägungen:

*Klassifikation der Beitrittskandidaten*

(1a) Beitrittskandidaten. Dazu gehören Staaten, die ein formelles Beitrittsersuchen gestellt haben, das von der EU angenommen wurde.

(1b) Potenzielle Beitrittskandidaten. In dieser Gruppe befinden sich Staaten, deren formelles Beitrittsersuchen noch geprüft wird, sowie Staaten, denen ein Beitritt in Aussicht gestellt wurde, falls die erforderlichen Voraussetzungen gegeben sind.

(2a) Partnerstaaten. Mit dieser Gruppe benachbarter Drittstaaten unterhält die EU vertraglich abgesicherte kooperative Beziehungen in definierten Politikfeldern. Zu unterscheiden sind Partnerstaaten, die sich gegen eine Mitgliedschaft in der EU ausgesprochen haben, wie Russland, von Partnerländern, die entweder einen Beitrittsstatus anstreben (Ukraine) oder die sich vergeblich um einen Beitrittsstatus bemüht haben (Marokko).

(2b) Problemstaaten. Sie unterhalten keine kooperativen Beziehungen mit der EU. Vertragsförmige Bindungen mögen existieren, werden aber nicht aktiv genutzt (z. B. Belarus). Die nichtkooperierenden Problemstaaten haben kein Interesse an einer Mitgliedschaft. Abgewiesene Beitrittsgesuche können Anlass zur Bildung von Problemstaaten sein.

Zu 1a und 1b: verän-
derte außenpolitische
Mechanik

Die Möglichkeit der Mitgliedschaft in der Union und das – wie auch immer begründete – Interesse vieler Staaten, der Union beizutreten, haben in den internationalen Beziehungen, allerdings beschränkt auf den europäischen Raum bzw. die Nachbarschaft der EU, eine neue Politikstruktur entstehen lassen. Die EU unterhält nicht nur wie alle Staaten Beziehungen zu Drittstaaten, sondern auch zu aktiven und potenziellen Beitrittsländern, also zu Staaten, die im Begriff sind, Mitglieder der Union zu werden. Das neue Politikinstrument (Heranführungsinstrument, HI), interessierten Staaten den Weg in die EU zu ebnen, verändert die außenpolitische Mechanik. Die Union muss – und zwar immer wieder aufs Neue – entscheiden, ob ein Drittstaat zu den Beitrittskandidaten aufsteigt oder ob ein Beitrittskandidat zu den gewöhnlichen Drittstaaten zurückgestuft wird. Im Verhältnis zu den Beitrittskandidaten gilt es die Beitrittsfähigkeit zu fördern und zu überprüfen, Übergangsbedingungen auszuhandeln und Anpassungsmaßnahmen zu vereinbaren. Die Integration in die Union folgt einem wohletablierten Politikmuster (Preston 1997; Nugent 2004a; Vobruba 2005) und ist mit einem Prozess der schrittweisen Einbindung, in dem die formelle Mitgliedschaft nur am Ende einer besonders wichtigen Integrationsphase steht, verbunden. Der Integrationsprozess ist auch mit dem Austausch der Beitrittsurkunden noch nicht beendet.

Beitrittsverfahren
können scheitern

Beitrittsverfahren können scheitern. Der erste Beitrittsantrag Großbritanniens endete mit dem ablehnenden Veto der französischen Regierung unter der Leitung de Gaulles. Die norwegische Bevölkerung votierte zweimal gegen die von ihrer Regierung ausgehandelten Beitrittsverträge. Der Beitrittsantrag Marokkos wurde ohne Aufnahme von Verhandlungen von der EU abgewiesen. Auf die Interessenbekundungen der Ukraine an einer Mitgliedschaft um 2004 reagierte die Union mit der Ausarbeitung und Propagierung des neuen politischen Instruments der Europäischen Nachbarschaftspolitik (ENP) und mit dem diplomatischen Hinweis, dass für lange Zeit die Aufnahmefähigkeit der Union beschränkt sei. Der Türkei wurde von der Europäischen Gemeinschaft über vierzig Jahre der Status eines potenziellen Beitrittskandidaten zugewiesen, bevor Vorverhandlungen (seit 1998) und schließlich am 3./4. Oktober 2005 förmliche Verhandlungen aufgenommen wurden, womit die Türkei den politischen Status eines anerkannten Beitrittskandidaten erreichen konnte.

Beitrittspolitik:
asymmetrisches
Strukturmuster

Die Beitrittspolitik folgt einer anderen Logik als die normale Außenpolitik. Im Fall der Beitrittspolitik besteht ein asymmetrisches Strukturmuster. Die Staaten, die vor der Tür stehen und in das Haus möchten, sind bereit, für den Eintritt einen hohen Preis zu zahlen. Sie müssen sich die Kopenhagener Kriterien zu eigen machen und in langwierigen Verhandlungen deren Erfüllung nachweisen. Zudem geben sie für ihre Mitgliedschaft beachtliche Souveränitätsrechte auf. Im Gegenzug für die Mitgliedschaft – und die mit ihr verbundenen Verpflichtungen – gewinnt die Union passförmige Staaten, neue Märkte und Sicherheit. Vor allem aber erhält die Union bereits im Vorfeld des faktischen Beitritts als wertvolle Vorleistung des Beitrittskandidaten dessen Bereitschaft, auf die Verfolgung von Politiken zu verzichten, die von der Union als unerwünscht erachtet werden. Der glaubhafte Wink mit der Mitgliedschaft reicht in dieser asymmetrischen Konstellation aus, um die potenziellen Beitrittsländer an das europäische System zu binden und zur Anerkennung und Befolgung der außenpolitischen Interessen der Union, insbesondere deren Sicherheitsinteressen, zu bewegen.

Im zweiten Fall, bei den Partnerstaaten, liegt eine komplexere, von symmetrischen und asymmetrischen Beziehungen geprägte Konstellation vor. Die Außenbeziehungen der Union sind nur teilweise, so im Bereich der Außenwirtschaft oder im Bereich der Zuwanderungspolitik (Schengenabkommen), vergemeinschaftet. In vielen Politikfeldern (z. B. Sicherheits- und Verteidigungspolitik, Entwicklungspolitik, Bildungs-, Wissenschafts- und Kulturpolitik) sind sie nach wie vor intergouvernemental verfasst. Entsprechend unterhalten die Drittstaaten sowohl mit der EU als auch mit deren Mitgliedstaaten eigenständige diplomatische und sonstige internationale Beziehungen. Die Dritt- und neuen Grenzstaaten verfügen gegenüber der Union wie gegenüber ihren Nachbarstaaten, die der EU angehören, im Vergleich zu den Beitrittsländern über eine wesentlich größere Handlungsautonomie. Da keine Selbstbindungen sie daran hindern, können sie sich im Extremfall zu Gegnern der Union entwickeln, mit anderen Gegnern Bündnisse eingehen und die Grenzregionen der Union verunsichern (z. B. Unterstützung von Minderheiten, mangelnde Kontrolle illegaler Migration, ungelöste Ressourcen- und Umweltkonflikte).

*Zu 2a und 2b Mischung aus symmetrischen und asymmetrischen Beziehungen*

Die Gruppe der Drittstaaten im Umfeld der Union, die nicht dem Sog der Beitrittspolitik ausgesetzt sind, ist äußerst heterogen. Gemäß der Einteilung der Union (vgl. KOM 2004: 628, 29. September 2004) sind hierzu die folgenden Länder zu rechnen:

- die osteuropäischen Nachfolgestaaten der Sowjetunion: Belarus, Moldau, Russland und Ukraine;
- die Kaukasusrepubliken: Armenien, Aserbaidschan und Georgien, und
- die Mittelmeeranrainer: Ägypten, Algerien, Israel, Jordanien, Libanon, Libyen, Marokko, Mauretanien, die Palästinensische Behörde, Syrien und Tunesien.

Diese von der EU vorgenommene Gruppierung ist mit Irritationen aufseiten der Nachbarstaaten verbunden. Russland beabsichtigt erklärtermaßen nicht der Union beizutreten und sieht sich nicht als „gewöhnlichen" Staat in der Nachbarschaft der EU, versteht sich vielmehr als unabhängige euroasiatische Großmacht, unterhält mit der Europäischen Union eine strategische Partnerschaft und verfolgt unter weitgehender Missachtung der Union seine Interessen in bilateralen Beziehungen mit einzelnen Mitgliedstaaten. Bezüglich der russischen und EU-Politik gegenüber den vorherigen Sowjetrepubliken gibt es eine konfliktträchtige Gemeinsamkeit: Sie verfolgen ihre eigenen Strategien mit demselben Ziel – den postsowjetischen Raum nach ihren Vorstellungen zu gestalten (Samokhvalov 2007: 3). Marokko dagegen wollte der Gemeinschaft beitreten und wurde von ihr abgewiesen. Die Ukraine befindet sich in einer Zwischenposition. Einerseits ist die Union derzeit nicht bereit, der Ukraine eine reale Beitrittsperspektive zu eröffnen. Andererseits sind die innenpolitischen Verhältnisse weiterhin spannungsgeladen (s. Templin 2008: 229–290). Die Eliten des Landes oszillieren zwischen der nationalen, der europäischen und der russischen Option (vgl. für die Wirtschaftselite: Puglisi 2008).

*Irritationen der Nachbarstaaten*

EU beeinflusst
Innenpolitik benach-
barter Staaten

Für die Union hat sich durch die Bildung von Ländergruppen in ihrer Nachbarschaft mit und ohne Beitrittsperspektive eine neuartige außenpolitische Konstellation ergeben. Die EU kann mit dem Angebot der Beitrittsperspektive die
politischen Verhältnisse und die Politik in vielen der benachbarten Staaten wirksam und mit kurzfristig geringen Kosten beeinflussen. Allerdings sind die Risiken und längerfristigen Kosten dieser Politik nicht zu vernachlässigen. Mindestens vier Fallgruppen sind zu unterscheiden:

Mögliche Risiken
und längerfristige
Kosten

1.  Beitrittsverhandlungen oder Beitrittsgesuche scheitern, weil die Union den
    Beitrittskandidaten als nicht beitrittsfähig erklärt und ihn in die Gruppe der
    benachbarten Drittstaaten zurückversetzt.
2.  Einem benachbarten Drittstaat, der der Union beitreten möchte, wird von
    der Union eine Beitrittsperspektive und damit der Status eines Beitrittskan-
    didaten verwehrt.
3.  Einem Staat mit dem Status eines Beitrittskandidaten gelingt es nicht, da
    seine Beitritts- bzw. Integrationsfähigkeit infrage steht, in den Kreis der
    Mitglieder aufgenommen zu werden. Die Union verleiht ihm den Status ei-
    nes Beitrittskandidaten in Permanenz.
4.  Die Union nimmt einen Staat als Mitglied auf, obwohl dieser noch nicht
    beitrittsfähig ist bzw. die Union nicht über die erforderlichen Integrations-
    kapazitäten verfügt.

Mögliche Reaktionen
der Nachbarstaaten

Das außenpolitische (externe) Risiko des politischen Instruments der Beitrittspolitik (Fallgruppen 1 bis 3) besteht in den für die Union potenziell negativen Reaktionen abgewiesener Beitrittskandidaten. Von der Union „frustriert", könnten
sie sich erneut vom westeuropäischen Politikmodell der liberalen, dem multilateralen Institutionalismus verpflichteten Demokratie abwenden und in staatszen-
trierten, autoritären und ideologisch bzw. religiös legitimierten Modernisierungs-
strategien ihr Heil suchen. Gegenbündnisse zur Europäischen Union und zur
NATO von Staaten Osteuropas, Vorder- und Zentralasiens, die auch die ara-
bisch-islamischen Mittelmeerländer einschließen könnten, sind nicht gänzlich
auszuschließen. Die Rückkehr des geopolitischen Realismus nach Europa wäre
nicht im Interesse der Union. Gleichfalls fürchtet sie Staatsversagen und Staats-
zerfall vor ihren Toren. Die negativen Auswirkungen des Zerfalls Jugoslawiens
und der Balkankriege der 1990er Jahre auf die europäische Integration sind noch
gut in Erinnerung.

Mögliche Reaktionen
innerhalb der EU

Während das Instrument der Beitrittspolitik die Wahrscheinlichkeit einer
Stabilisierung des außenpolitischen Umfeldes der Union verbessert, sofern möglichst alle Staaten, die eine Mitgliedschaft anstreben, diese auch erwerben können, gefährdet sein zu großzügiger Einsatz die Funktionsfähigkeit der Institutionen, die Kohäsion der Gemeinschaft sowie die Aufnahmebereitschaft der in ihr
zusammengeschlossenen Völker und damit insgesamt das Projekt der europäischen Integration. Beitrittspolitik ist daher nicht risikolos und kann zum Gegenteil dessen führen, was sie zu erreichen anstrebt. Statt Sicherheit an den Grenzen
wird dann Unsicherheit gestiftet, statt Integration durch Erweiterung Desintegration. Die Sicherheit an den Grenzen könnte mit Zerfall und Blockaden im Inneren erkauft werden.

Die mit der Beitrittspolitik verbundenen Risiken führen nicht zu einer Aufgabe oder prinzipiellen Entwertung dieses Politikinstruments der neuen europäischen Außenpolitik. Ein Verzicht auf Beitrittspolitik stünde nicht nur im Widerspruch zu den Verträgen, der Wertebasis und den Zielen des europäischen Projektes, er bedeutete auch die Preisgabe eines wirksamen Instruments, der sogenannten Softpower (Nye 2004), zur Demokratisierung und Stabilisierung von Anrainerstaaten. Somit werden Risikoabwägungen erforderlich, die in der politischen Sphäre nicht immer rationalen Kalkülen folgen. Beitrittspolitik ist notwendigerweise mit politischen Diskursen verbunden, in denen national und auf der europäischen Ebene die Risiken abgewogen und die formellen Entscheidungen vorbereitet werden. Und wie die in den vergangenen Jahren in Europa geführte Türkeidebatte (Giannakopoulos/ Maras 2005; Timmerman 2008; Arvanitopoulos 2009) hat deutlich erkennbar werden lassen, haben Beitrittsdebatten ihre eigene Logik und tendieren dazu, nationalistische, kulturalistische, religiöse und rassistische Ressentiments und Argumentationsfiguren zutage zu fördern, zu deren Überwindung die Union angetreten ist, die sich als Wertegemeinschaft versteht, „die sich durch Pluralismus, Nichtdiskriminierung, Toleranz, Gerechtigkeit, Solidarität und die Gleichheit von Frauen und Männern auszeichnet" (Lissabon-Vertrag, Art. 2).

*Eigene Logik von Beitrittsdebatten*

Als Zwischenfazit ergibt sich bezüglich der Frage nach den Grenzen der Europäischen Union der folgende Befund:

*Zwischenfazit*

- Die Grenzen der Union sind in einem geopolitischen Sinn nicht eindeutig definiert.
- Sie sind flexibel und nicht das Ergebnis gewaltherrschaftlicher Expansion.
- Die den Grenzverlauf definierende Mitgliedschaft ergibt sich im Rahmen von Beitrittspolitik als Ergebnis von Beitrittsverhandlungen, deren Verlaufsform weitgehend institutionalisiert wurde.
- Grundlage der Beitrittspolitik und der territorialen Expansion der Union ist die Attraktivität einer Mitgliedschaft in der Union.
- Der Grenzverlauf (die Mitgliedschaft) ist Resultat wechselseitig abhängiger Diskurs- und Verhandlungsprozesse. Verhandlungen können ebenso wie Diskurse scheitern. Vor allem aber können Diskurse Verhandlungen zum Scheitern bringen.
- Die neuen europäischen Grenzen, die Außengrenzen der EU, müssen als flexible Gleichgewichtslinien verstanden werden, in denen sich ausgehandelte Win-win-Ergebnisse – die Gewinne einer neuen Mitgliedschaft müssen für jeden der beteiligten Staaten positiv sein (Einstimmigkeitsprinzip) –, denen alle europäischen Völker ihre wie auch immer begründete Zustimmung, sei diese über Parlamentsbeschlüsse oder Volksabstimmungen ermittelt, zuteilwerden lassen, abbilden.
- Die EU ist ein postnationaler Staatenverbund. Mitglieder können (Art. 50 Lissabon-Vertrag) und werden austreten, wenn die Bilanz nicht mehr stimmt.

## 3 Beitrittskonflikt: Türkei

Seit Beginn der EG: Türkei gehört zu Europa

Das Verhältnis zwischen der EG/EU und der Türkei ist von einem jahrzehntelangen Beitrittskonflikt geprägt, der wenige Jahre nach der Unterzeichnung der Römischen Verträge mit der 1959 der Europäischen Wirtschaftsgemeinschaft (EWG) angetragenen Bewerbung um eine Mitgliedschaft begann und der am 3./4. Oktober 2005 durch die Entscheidung des Europäischen Rates, ergebnisoffene Verhandlungen über einen Beitritt zur Union, der frühestens in zehn Jahren vollzogen werden soll, zu eröffnen, in eine neue Phase eingetreten ist. Seit der Unterzeichnung des Assoziationsabkommens der Türkei mit der EWG in Ankara am 12. September 1963 steht für die völkerrechtlich argumentierende Europäische Gemeinschaft fest, dass die Türkei ein Europa zugehöriger Staat ist, dem in Artikel 28 des Abkommens die Möglichkeit einer regulären Mitgliedschaft in Aussicht gestellt wird. Walter Hallstein, erster Präsident der Europäischen Kommission und CDU-Mitglied, stellte in seiner anlässlich der Unterzeichnung des Assoziationsvertrages gehaltenen Rede daher auch mehrfach fest: „La Turquie fait partie de L'Europe." Dabei verwies er neben Geographie und Geschichte auf die atatürkschen Reformen, die militärische, politische und ökonomische Identifikation mit Europa und die „rapports constitutionels avec la Communauté européenne" (Hallstein 1963).

Vertiefungsphasen

Das Assoziationsabkommen, das am 1. Dezember 1964 in Kraft trat, sieht drei Phasen der Vertiefung der Beziehungen zwischen der Europäischen Gemein-schaft und der Türkei vor. In einer Vorbereitungsphase von fünf bis neun Jahren sollten vor allem die Zölle der EU für die wichtigsten türkischen Exportgüter gesenkt werden; dann sollte nach weiteren zwölf bis 22 Jahren eine Zollunion errichtet werden, die schließlich zu einer vollen Mitgliedschaft überleitet. Die in den Verhandlungen der frühen 1960er Jahre bereits konzipierte Zollunion mit der Türkei wurde am 1. Januar 1996 Realität und verschaffte der Türkei einen besonderen Status im Verhältnis zur Union. So akzeptierte die Türkei, da sie auf eine Vollmitgliedschaft setzt, dass Zollvereinbarungen der Union mit Drittstaaten, z. B. im Rahmen der WTO-Verhandlungen, automatisch auch für die Türkei gelten, obwohl die Verhandlungen, da die Türkei noch kein EU-Mitglied ist, ohne ihre direkte Beteiligung geführt werden (vgl. Kramer 1995: 6).

Verzögerungen und Blockaden durch EG-Mitglieder

Bei der Süderweiterung der Europäischen Gemeinschaft um Griechenland (1981), Spanien (1986) und Portugal (1986) konnte die Türkei, in der zwischen 1981 und 1983 ein Militärregime herrschte, nicht berücksichtigt werden. Kaum Mitglied der Gemeinschaft, blockierte dann Griechenland entgegen vorherigen Versicherungen den Ausbau der Beziehungen der Gemeinschaft zu der seit 1983 wieder formal demokratisch regierten Türkei. Gründe dafür gab es genug, wie den offenen Zypernkonflikt, Grenzstreitigkeiten in der Ägäis und Handelsrivalitäten. Am 14. April 1987 stellte die türkische Regierung den förmlichen Antrag auf Mitgliedschaft. Der Antrag wurde am 5. Februar 1990 mit dem Argument, die Gemeinschaft sei mit der Verabschiedung der Gemeinsamen Europäischen Akte (1987) in einen Vertiefungsprozess eingetreten, der erst implementiert werden müsse, zurückgewiesen. Statt der Vollmitgliedschaft billigte die Gemeinschaft der Türkei den Sonderstatus einer Zollunion zu. Während die Türkei damit weiterhin nur als potenzielles Mitgliedsland eingestuft wurde, das seine

Beitrittsfähigkeit erst noch unter Beweis zu stellen habe, wurden die drei neutralen Staaten (Österreich, Finnland, Schweden), die nach dem Zusammenbruch des Ost-West-Systems ihr Interesse an einer Mitgliedschaft neu entdeckt hatten, zügig aufgenommen (1995/1995) und wurde der großen Gruppe der MOE-Länder einschließlich Zyperns und Maltas bereits im Dezember 1997 vom Europäischen Rat in Luxemburg der Kandidatenstatus verliehen.

In Luxemburg (Dezember 1997) kam es zum Eklat, da die christdemokratischen Gipfelmitglieder „anlässlich ihres Vorbereitungstreffens im Hinblick auf die Türkei den christlichen Charakter der Union unterstrichen". Es „verbreitete sich unter Türken der Eindruck, die Europäische Union verstehe sich als christlicher Club,, (von Kyaw 2003: 48, Botschafter a. D., 1993–1999 deutscher ständiger Vertreter bei der EU). Der Regierungswechsel in Deutschland 1998, diplomatische Interventionen der Vereinigten Staaten zugunsten des strategischen Partners und NATO-Mitglieds, Diskussionen innerhalb der außenpolitischen Akteure der EU sowie zivilgesellschaftliche und staatliche Aktivitäten in der Türkei bewirkten dann allerdings einen Umschwung. Auf der Grundlage von Vorschlägen der Türkei zur Entwicklung einer Beitrittsperspektive schlug die Kommission am 4. März 1998 eine Heranführungsstrategie für die Türkei vor, die vom Rat aufgegriffen wurde. Auf ihrer Grundlage wurde der Türkei anlässlich der Herbsttagung des Europäischen Rates am 11./12. Dezember 1999 in Helsinki der Kandidatenstatus zuerkannt und ein Prozedere für den Beitrittsprozess vereinbart.

Gemäß dem in der EU institutionalisierten Beitrittsverfahren (vgl. Preston 1997; Nugent 2004a/b) wurde mit der Türkei ein Vertrag über die Beitrittspartnerschaft (Dezember 2000) geschlossen, dem ein nationales Aktionsprogramm (19. März 2001) mit einer Reihe von Reformgesetzen (August/September 2002) sowie ein weiterer Fortschrittsbericht seitens der Kommission folgten. Im Dezember 2002 hielt der Europäische Rat in Kopenhagen in seinen Schlussfolgerungen fest, dass „die Europäische Union die Beitrittsverhandlungen mit der Türkei ohne Verzug eröffnen wird, falls der Europäische Rat im Dezember 2004 auf der Grundlage eines Berichts und einer Empfehlung der Kommission entscheidet, dass die Türkei die politischen Kriterien von Kopenhagen erfüllt" (zit. nach Kommission 6. Oktober 2004). Schließlich konnte am 3./4. Oktober 2005, nachdem im Dezember 2004 auf der Grundlage von Empfehlungen der Kommission und des Europäischen Parlaments vom Europäischen Rat die Eröffnung von Verhandlungen in Aussicht gestellt worden war, ein Verhandlungsrahmen von der EU 25 mit der Türkei vereinbart werden. Mit dieser intergouvernementalen Entscheidung gelang es, die extrem lange Vorverhandlungsphase abzuschließen und die eigentliche Verhandlungsrunde zu eröffnen.

Im Oktober 2005 sind die Beziehungen zwischen der Union und der Türkei in einen neuen Aggregatzustand eingetreten: „Ergebnisoffen" wird nun über den Beitritt der Türkei zur Union gemäß Artikel 49 des Vertrages über die Europäische Union verhandelt. Tatsächlich gibt es aber wenig zu verhandeln, da die Türkei verpflichtet ist, den in 35 Kapitel aufgeteilten Acquis communautaire (85.000 Seiten Rechtstexte) in toto zu übernehmen. Zunächst wird in einem sogenannten Screeningverfahren geprüft, welche Differenzen zwischen dem Acquis und der türkischen Gesetzgebung bestehen. Dann wird der Fahrplan ver-

Eklat von Luxemburg

... und der Umschwung

Vertrag über die Beitrittspartnerschaft

Ergebnisoffene Beitritts verhandlungen

abredet, wann und mit welchen Maßnahmen die EU-Vorschriften übernommen werden. Dabei verfügt der Beitrittskandidat nur in Verfahrensfragen über einen gewissen Verhandlungsspielraum. In einigen Politikfeldern, z. B. im Umweltbereich, können Übergangsregelungen vereinbart werden. Das gilt natürlich auch für die Union, z. B. für die Ausgestaltung der Freizügigkeit türkischer Arbeitnehmer. Während der Beitrittsphase ist die Türkei verpflichtet, der Union über die Umsetzung des EU-Rechtes kontinuierlich zu berichten. Am Ende muss jedes der 35 Kapitel von jedem der gegenwärtig 27 EU-Staaten gebilligt werden, bevor schließlich der Ratifikationsprozess mit Volksabstimmungen in einigen EU-Ländern (Frankreich, Dänemark, Österreich) stattfinden kann. Mitte 2010 waren in dreizehn Kapiteln Verhandlungen eröffnet und in einem (Kap. 25: Wissenschaft und Forschung) provisorisch abgeschlossen worden. Zum Vergleich: Die Verhandlungen über den Beitritt Kroatiens begannen ebenfalls 2005; 33 Kapitel sind eröffnet und 20 provisorisch abgeschlossen (Das Parlament v. 26.10.2010: 5). Die EU sieht für Kroatien weiterhin die Möglichkeit, dass die Beitrittsverhandlungen 2010 abgeschlossen werden (Kommission der Europäischen Gemeinschaften 2009: 16). Für die Türkei wird immer noch ein Zeithorizont von zehn bis fünfzehn Jahren genannt.

Gründe für den Beitrittswunsch der Türkei

Dem Beobachter, der diesen langen, diplomatisch aufwendigen und spannungsreichen Weg der Türkei zur vollen Mitgliedschaft in der Europäischen Union überschaut, stellt sich die Frage, warum die Türkei mit so großer Beharrlichkeit und gegen zahlreiche Widerstände innerhalb des eigenen Landes, vor allem aber innerhalb einiger Länder der Gemeinschaft, versucht, der Union beizutreten. Worin besteht die große Anziehungskraft der Europäischen Union für die Türkei? Eine einfache und knappe Antwort auf diese Frage ist nicht möglich, zumal sich die Europäische Gemeinschaft wie auch die Türkei im vergangenen Jahrzehnt deutlich veränderten. Eine Konstanz der Einstellungen, Motive und Interessen kann für beide Seiten nicht ungeprüft angenommen werden. Auf einer analytisch-abstrakten Ebene lassen sich jedoch einige Faktoren benennen, die für eine Erklärung der Anziehungskraft der Europäischen Union für die Türkei Gewicht haben:

Wertschätzung des westeuropäischen Modells

- Das westeuropäische Zivilisations- und Wohlfahrtsstaatenmodell gilt vielen Türkinnen und Türken als Inbegriff von Arbeit, Fortschritt, sozialer Sicherheit und einträglichem Leben. Die auf seiner Wertschätzung beruhende politisch-zivilisatorische Hegemonie der EU führt zu einer breiten Akzeptanz des Beitrittsprojektes. Der Anteil der türkischen Bevölkerung, der einen Beitritt zur Union wünscht, liegt im Durchschnitt der letzten Jahre mit über sechzig Prozent entsprechend hoch (vgl. Keyder 2004: 79). So konnte das EU-orientierte politische Parteienlager bei den Kommunalwahlen vom 28. März 2004 gut sechzig Prozent der Stimmen auf sich vereinigen (vgl. Kramer 2004a: 11). Zudem wirbt eine breite Allianz von 175 Nichtregierungsorganisationen innerhalb wie außerhalb der Türkei für deren EU-Beitritt (ebd.: 10).

- In den Parlamentswahlen vom 2. November 2002 ereignete sich ein politisches Erdbeben, eine friedliche Revolution mit dem Stimmzettel. Die etablierten und die institutionalisierte Vorherrschaft der Militärs absichernden Parteien wurden aus dem Parlament verbannt. Nur zwei Parteien, die erst 2001 gegründete Gerechtigkeits- und Entwicklungspartei (AKP) unter Führung des früheren Istanbuler Oberbürgermeisters Recep T. Erdoğan sowie die Republikanische Volkspartei (CHP), konnten die ungewöhnlich hohe Zehnprozenthürde überspringen. Beide waren vor den Wahlen nicht im Parlament vertreten gewesen. Beide befürworteten den Beitritt zur Union und die Erfüllung der Kopenhagener Kriterien. Der AKP gelang es, das islamische Lager zu spalten und ein moderat islamisches Reformprojekt gegen die alten kemalistischen und säkular orientierten Eliten durchzusetzen. Die Sicherung und Verankerung eines demokratischen Rechtsstaates sollen die aufsteigenden, wirtschaftlich aktiven, häufig selbständigen und neuurbanisierten ostanatolischen „Massen" islamischen Glaubens vor der Willkür der Militärs und der mit ihnen paktierenden, stark korruptionsanfälligen sowie hauptstadtzentrierten Staats- und Clanparteien schützen (vgl. Keyder 2004; Kramer 2004). In den Wahlen im Juli 2007 gelang es der AKP dann, nochmals dreizehn Prozentpunkte zuzulegen und 47 Prozent der Stimmen zu erhalten (Yılmaz 2009: 60). Das weiterhin labile Reformprojekt muss sich gegenüber der nationalistischen und der islamistischen Opposition behaupten, wie z. B. der 2008 knapp gescheiterte Versuch zeigt, die AKP durch das Verfassungsgericht wegen antilaizistischer Aktivitäten verbieten zu lassen (Kramer 2009: 7–8). Zu seiner Absicherung bedarf es nicht nur des von außen auferlegten Reformdruckes, sondern auch der von der zunehmenden Integration in die Union erwarteten ökonomischen, sozialen und kulturellen Impulse und vor allem der den nationalen Ansprüchen genügenden politiksymbolischen Anerkennung in Verbindung mit Beteiligungs- und Mitspracherechten.

  *Wahlsieg der AKP 2002*

  *Reformprojekt der AKP*

- Im türkischen Staat leben Angehörige und Nachfahren von 47 ethnischen bzw. religiös-konfessionellen Gruppen (Sen 2001: 28). Viele dieser Minderheiten, vor allem aber die Kurden, erhoffen sich von einem Beitritt zur EU eine verlässliche politische Liberalisierung, die Durchsetzung rechtsstaatlicher Verhältnisse und die Gewährleistung von Minderheitenschutz, Religionsfreiheit und kultureller Autonomie. Auch breite Kreise in der Wirtschaft setzen seit Mitte der 1990er Jahre und noch verstärkt seit der offenen Schuldenkrise 2001, die nur mithilfe eines mit dem IWF vereinbarten Restrukturierungsprogramms und eines mehrjährigen Beistandskredites in der Größenordnung von ca. neunzehn Milliarden US-Dollar bewältigt werden konnte, auf eine wirtschaftliche Liberalisierung, auf ein Zurückdrängen des in alle Wirtschaftsbereiche hineinregierenden kemalistischen Entwicklungsstaates (vgl. Kramer 2004a: 16 f.; Keyder 2004; Quaisser/Reppegather 2004). Sowohl Teile der Wirtschaft, vor allem jene, die über eine internationale Konkurrenzfähigkeit verfügen, als auch der Minderheiten des Landes versprechen sich vom westeuropäischen liberalen Wirtschafts- und Gesellschaftsmodell eine wesentliche Verbesserung des aktuellen Niveaus der Berücksichtigung ihrer Interessen im politischen System.

  *Hoffnungen der Minderheiten und der Wirtschaft*

Gefährdungen des
Reformprozesses

Trotz der derzeit hohen Anziehungskraft der Europäischen Union, die als deren zivilisatorische („european way of life"), politische und gesellschaftliche Hegemonie begriffen werden kann, wäre die Annahme, dass diese Verhältnisse, unabhängig davon, wie sich die Politik der Union und deren Einstellung der Türkei gegenüber entwickeln, Bestand haben, äußerst gewagt. Die jüngst eingeleitete neue Phase der Annäherung an die Union ist mit einer sukzessiven Übernahme des Acquis und der permanenten Überwachung der Implementation und damit mit hohen Anpassungskosten und Reibereien verbunden. Außerdem könnten den alten kemalistischen Eliten im Verwaltungs- und Justizapparat, insbesondere aber den Militärs, die Demokratisierung und die Durchsetzung von Rechtsstaatlichkeit und Menschenrechten zu weit gehen, dann nämlich, wenn die Einheit der Nation durch Regionalkonflikte und Autonomiebestrebungen, beispielsweise der Kurden, herausgefordert erschiene oder traditionelle gesellschaftliche Machtpositionen allzu schnell aufgegeben werden müssten. Vor allem aber wäre das islamisch zentrierte Reform- und Integrationsprojekt gefährdet, sobald sich innerhalb der Union oder auch nur in einigen Kernländern wie Deutschland und Frankreich ein anti-islamischer, die abendländische Aufklärung und christliche Traditionen beschwörender Identitätsdiskurs erfolgreich durchsetzte. Die Ausgrenzung der Türkei dürfte mit hoher Wahrscheinlichkeit zu Abgrenzungsreaktionen in der Türkei führen.

Türkeidebatten in
EU-Staaten

Wie die in den letzten Jahren in den meisten EU-Staaten hitzig geführten Türkei-debatten haben erkennen lassen (vgl. Leggewie 2004; Giannakopoulos/ Maras 2005; Oppeln 2005; Wimmel 2005; Timmerman 2008; Arvanitopoulos 2009), stößt der mögliche Beitritt der Türkei zur Europäischen Union auf zahlreiche Vorbehalte und Ängste. Die Hauptargumente, die in dieser Debatte geltend gemacht werden, hat Claus Leggewie übersichtlich und knapp zusammengestellt. Sie brauchen daher an dieser Stelle nicht nochmals rekapituliert zu werden (s. Tabelle 6–1).

*Tabelle 6–1*: Hauptargumente im Streit um die EU-Mitgliedschaft der Türkei.

| Pro | Kontra |
| --- | --- |
| Dynamik der Wirtschaftsunion | Unaufholbarer Rückstand, übermäßige Anpassungskosten |
| Bevölkerungszahl im Verhältnis zum Binnenmarkt (Marktmacht) | Bevölkerungszahl im Verhältnis zu den EU-Institutionen (Mehrheiten) |
| Modell der Versöhnung von Islam und Demokratie | Politischer Islam, Übergreifen in die Diaspora |
| Brücke Orient – Okzident | Zusammenprall der Kulturen |
| Identitätserweiterung der EU | Identitätsbruch der EU-Vertiefung |
| Pazifizierung der Region | Sicherheitsrisiko |

Quelle: Leggewie 2004: 17.

Die nationalen und transnationalen Türkeidebatten innerhalb der EU werden auf den sich etwa zehn bis fünfzehn Jahre hinziehenden Verhandlungsverlauf mit der Türkei, wie er im Beitrittsrahmen vorgesehen ist, einwirken. Im abschließenden

Ratifizierungsprozess müssen, damit der Beitritt europarechtlich vollzogen werden kann, neben den Parlamenten aller Mitgliedstaaten auch einige Völker in Referenden die Verhandlungsergebnisse mehrheitlich billigen. Während der letzten Jahre, als auf der politischen Ebene um eine Beitrittsperspektive für die Türkei gestritten und verhandelt wurde, hat auch die Intensität der in der europäischen Öffentlichkeit geführten Debatte über die Vor- und Nachteile einer EU-Mitgliedschaft der Türkei deutlich zugenommen (vgl. Wimmel 2005). In diesen Diskussionen, die stark national zentriert waren, spielten neben ökonomischen (u. a. hohe Finanztransfers, mangelnde Kohäsion) und politischen (Demokratiedefizite, Schwächung der Handlungsfähigkeit der EU) in steigendem Umfang auch kulturalistische Argumente eine Rolle. Die islamische Türkei passe nicht in eine von der Aufklärung und christlich-abendländischer Tradition geprägte europäische Wertegemeinschaft (vgl. Oppeln 2005; Giannakopoulos/Maras 2005; Beiträge in Leggewie 2004), und eine Einführung der EU-Demokratiestandards mit der Rückführung des Einflusses des Militärs in der Türkei berge das Risiko, dass das Land sich islamisiere (Silberhorn 2009: 46).

Die politische Bühne reagierte auf diesen Diskurs, beteiligte sich an ihm, nahm Argumente auf, versuchte ihn zu kanalisieren und für eigene Interessen zu nutzen. So breitete sich der kulturalistisch geprägte Identitätsdiskurs in der Gemeinschaft aus. In immer mehr europäischen Ländern wurde mit kulturalistischen Argumenten über den möglichen Beitritt der Türkei und seine Auswirkungen auf die europäische Identität gestritten. Alle Parteien und politischen Lager sind von den an historischen und kulturellen Differenzen zu den anderen, den islamischen Türken, orientierten Debatten affiziert, am stärksten freilich die nationalistische Rechte und das konservative Lager, sei es christlich oder republikanisch geprägt. Damit entstand für die staatstragenden, das europäische Projekt bejahenden konservativen Parteien ein politisches Dilemma: Auf der europäischen Ebene, im Rahmen der europäischen Institutionen, ist ein Identitätsdiskurs mit kulturalistischen Konnotationen rechtlich sanktioniert (Diskriminierungsverbot) sowie politisch riskant und tabuisiert. Argumente, die auf nationale und historische Differenzen abstellen, könnten auch alte interne Differenzen neu beleben und stellten die universalistische Wertebasis des europäischen Integrationsprojektes infrage. Am Stammtisch und an der Parteibasis wird dagegen kulturalistisch argumentiert gegen die anderen, die aus welchen Gründen auch immer nicht zu uns passen und daher – bei aller Freundschaft – draußen bleiben müssen. Der heimatliche Differenzendiskurs lässt sich aber nicht ungestraft auf die europäische Ebene übertragen.

Diese Erfahrung musste (3./4. Oktober 2005) die österreichische Außenministerin, Ursula Plassnik, machen, als sie den von der Kommission vorbereiteten und von vierundzwanzig Außenministern der Union bereits gebilligten Text des gemeinsamen Verhandlungsrahmens mit der Türkei, dessen einstimmige Verabschiedung gemeinsam mit dem Beitrittskandidaten Voraussetzung für die Eröffnung der Beitrittsverhandlungen ist, in letzter Minute durch den Zusatz, dass der Gegenstand der Verhandlungen nicht allein der volle Beitritt, sondern auch die

Kulturalistische
Argumentation

Beispiel: Plassnik
und die „privilegierte
Partnerschaft"

abgeschwächte Variante einer „privilegierten Partnerschaft"[1] sein solle, zu ergänzen und damit substanziell zu verändern versuchte. Die österreichische Regierung scheiterte mit ihrem Ansinnen, das Verhandlungsziel in letzter Sekunde in sein Gegenteil zu verkehren, um dem kulturalistisch aufgeladenen Antitürkendiskurs in Österreich zu genügen und parteipolitisch gegenüber der SPÖ, die sich zur Wahrerin der christlich-abendländischen Kultur aufgeschwungen hat, zu punkten (vgl. SZ vom 5. Oktober 2005: 9; Kritzinger/Steinbauer 2005).

Ursula Plassnik hat auf der europäischen Ebene zwar nicht offen kulturalistisch argumentiert, sie hatte sich aber das politische Projekt, das von den Gegnern einer EU-Mitgliedschaft der Türkei und somit auch vom kulturalistischen Lager vertreten wird, die „privilegierte Partnerschaft", zu eigen gemacht. Mit ihrem Ziel, die privilegierte Partnerschaft zum Gegenstand von Beitrittsverhandlungen zu machen, ist sie und musste sie scheitern, wollte die EU nicht die Beitrittsverhandlungen von vornherein für gescheitert erklären. Ihre Intervention hat aber bewirkt, dass das Kopenhagener Kriterium der Aufnahmefähigkeit der Union um das Kriterium der Aufnahmebereitschaft der europäischen Bürger erweitert wurde.

> „[...] man kann auch etwas ins Bewusstsein rücken, was bisher viel zu wenig im Bewusstsein war, nämlich, Europa darf sich selbst nicht überfordern, Europa muss seine Hausaufgaben machen. Das ist eigentlich der Kern der Aufnahmebereitschaft und der Aufnahmefähigkeit der Europäischen Union" (Plassnik im Interview mit Maischberger, 6. Oktober 2005).

**Konfliktkonstellation innerhalb der EU** Der österreichische Einspruch, der eine Krisensitzung der EU-Außenminister auslöste, hat den von der EU mit der Türkei vereinbarten Verhandlungsrahmen nur unwesentlich verändern können (vgl. SZ vom 5. Oktober 2005). Er hat jedoch die Konfliktkonstellation, in der sich die EU mit der Aufnahme der offiziellen Beitrittsverhandlungen befindet, deutlich werden lassen. Innerhalb der Union hat die Debatte über den Beitritt der Türkei einen Identitätskonflikt ausgelöst, der horizontal, also in jedem EU-Mitgliedsland, und vertikal, zwischen der EU und ihren Mitgliedsländern, ausgetragen wird. Zur Diskussion steht eine universalistische und kosmopolitische gegen eine geographisch eingrenzende, das abendländisch-christliche Erbe als Differenz betonende Konzept der Identität der Europäischen Union. Dieser Konflikt wird, wie Wimmel (2005) gezeigt hat, in erster Linie national ausgetragen (Giannakopoulos/Maras 2005), aber immer wieder auf die europäische und internationale Bühne gehoben, wie das Beispiel der vom damaligen französischen Präsidentschaftskandidaten und Gegner des Türkeibeitritts Nicolas Sarkozy angeregten Mittelmeerunion in ihrer ursprünglichen Fassung zeigt. In seiner Touloner Rede sagte er unverblümt: „La Turquie n'a pas sa place dans l'Union Européenne parce qu'elle n'est pas un pays européen" (Sarkozy 2007). Er bot die Mittelmeerunion als Alternative zum Beitritt an, und selbst nach schriftlichen Zusagen an die Türkei, „dass die Union für das Mittelmeer unabhängig vom EU-Erweiterungsprozess, den EU-Beitrittsver-

---

[1] Ein Vertreter der privilegierten Partnerschaft, der sein Konzept ausführlich beschrieben hat, ist der jetzige deutsche Verteidigungsminister Karl-Theodor zu Guttenberg 2004.

handlungen und EU-Beitrittspartnerschaftsprozessen ist" (Behrens 2008: 11–12), herrscht dort weiterhin ein großes Maß an Skepsis .

Wegen der universalistischen Tradition der europäischen Verträge, des kosmopolitischen Selbstverständnisses des Integrationsprojektes seitens der Eurokraten und der funktionalen Notwendigkeit, auf der europäischen Ebene ethnisch-kulturalistische Argumente und Differenzen auszublenden, wird sich auf der europäischen Ebene ein kulturalistisch aufgeladenes Identitätsverständnis nicht direkt entwickeln. Indirekt, über die Debatten in den europäischen Völkern, könnte sich jedoch eine kulturell aufgeladene, Differenzen thematisierende und stimulierende und damit den geographischen Raum der Union definierende Identitätsvorstellung in der Europäischen Union herausbilden. Die Idee eines „kosmopolitischen Europas" (Beck/Grande 2004) wäre damit für lange Zeit gescheitert.

*Kulturalistisch aufgeladene Identitätsdebatte vs. kosmopolitisches Europa*

# 4 Ausgrenzungskonflikt: Ukraine

Als sich abzuzeichnen begann, dass die Union mit einer großen Anzahl neuer Mitgliedstaaten rechnen konnte, musste sich die Kommission mit der Frage befassen, wie die Beziehungen zwischen der erweiterten Union und ihren neuen Nachbarstaaten gestaltet werden sollen. Die Grenzverschiebung nach Osten und Südosten ließ erwarten, dass in der absehbaren Zukunft, die auch die mögliche Mitgliedschaft der Türkei einschließt, mit einer großen Anzahl neuer Nachbarstaaten, die zumindest teilweise instabil sind, Modernisierungsdefizite aufweisen und autoritär regiert werden, zu rechnen ist – von den Nachfolgestaaten der Sowjetunion (Russland, Belarus, Ukraine, Moldau) in Osteuropa und im Kaukasus (Armenien, Aserbaidschan, Georgien) bis hin zu Staaten in Vorderasien (Syrien, Libanon, Israel, Palästina). Unter der Leitung von Kommissionspräsident Prodi reagierte die Kommission auf die prospektiv instabile Grenzsituation mit der Ausarbeitung einer neuen politischen Konzeption für die Entwicklung der politischen Beziehungen mit den neuen Nachbarn (vgl. u. a. Prodi 2002; Lippert 2007). Die neue Nachbarschaftspolitik beruht auf vier Überlegungen:

*Neue Mitgliedstaaten bedeuten neue Nachbarstaaten*

1. Die EU muss zwischen Mitgliedern und Staaten mit einem formellen oder informellen Kandidatenstatus (u. a. westliche Balkanstaaten) sowie Staaten in der engeren Nachbarschaft der Union, denen derzeit keine Beitrittsperspektive eröffnet werden kann, unterscheiden.

*ENP beruht auf vier Überlegungen*

2. Die Nachbarstaaten sollen sich wie ein „ring of friends" (Prodi 2002) um die Union legen und diese gegenüber Drittstaaten sichern und vor Flüchtlingen, kriminellen Banden und Terroristen schützen.
3. Damit die Nachbarstaaten für die Union diese Sicherheitsfunktion übernehmen, wird ihnen eine Perspektive der Integration in die Union angeboten, die „more than partnership and less than membership" beinhaltet und bei deren Realisierung die Nachbarstaaten von allen Integrationsformen der Union profitieren können („sharing everything") außer von der institutionellen Interaktion („except institutions") (Prodi 2002).

4.  Zur Förderung der Einbindung in das EU-System ist die Entwicklung eines
    neuen politischen Instruments, „Gemeinschaftshilfe" genannt, erforderlich,
    das die sich mit der Erweiterung der Europäischen Union bietende Chance
    nutzt,

    „die Beziehungen zu den Nachbarländern auf der Grundlage gemeinsamer politi
    scher und wirtschaftlicher Werte auszubauen", da „die Union weiterhin ent-
    schlossen ist, neue Trennungslinien in Europa zu vermeiden und Stabilität und
    Wohlstand innerhalb der neuen Grenzen der Union und darüber hinaus zu fördern"
    (KOM 2004: 628, Präambel Absatz 2).

Beschlossen wurde das neue außenpolitische Instrument (ENPI) auf dem Europäischen Rat im Juni 2003 in Thessaloniki. Seitdem wird es umgesetzt und weiter ausgearbeitet. Für die Jahre 2004–2006 waren Nachbarschaftsprogramme
vorgesehen, die ab 2007 von länderspezifischen Programmen, die auf einer strategischen Planung (strategischer Rahmen, Strategiepapiere, Aktionspläne) beruhen, abgelöst wurden. Mittlerweile sind mit den meisten Nachbarländern ENP-
Aktionspläne vereinbart worden, die als kurzfristige Instrumente die Nachbarländer im Sinne der EU stabilisieren und näher an sie heranführen sollen (Lippert
2008: 3). Der Europäische Rat in Brüssel erweiterte am 17./18. Juni 2004 den
Kreis der Nachbarschaftsländer um die drei kaukasischen Staaten Armenien,
Georgien und Aserbaidschan, sodass jetzt siebzehn Länder – neben den drei
Kaukasusstaaten die zehn Staaten des sogenannten Barcelona-Prozesses (südliche und östliche Mittelmeerländer) sowie die vier osteuropäischen Nachfolgestaaten – unter dem Dach der Europäischen Nachbarschaftspolitik, ausgestattet
mit dem Europäischen Nachbarschaftsinstrument, zusammengefasst sind.

Ohne an dieser Stelle auf die Konzeption der Europäischen Nachbarschaftspolitik detailliert eingehen zu können, soll nur auf drei Problempunkte hingewiesen werden, die für die Erörterung der Frage, wie sich die Beziehungen zwischen
der Union und der Ukraine entwickeln könnten, von Bedeutung sind:

1.  Die Frage, inwieweit das Kooperationsmodell ENP eine Beitrittsperspektive
    enthält oder potenziell, eventuell auch nur für bestimmte Länder, enthalten
    kann, ist innerhalb der EU selbst umstritten. Länder wie Polen und die balti-
    schen Staaten befürworten dies, Frankreich und Italien lehnen es ab. So
    bleibt es bei schwammigen Formulierungen, „die im Kern ausdrücken sol-
    len, dass die ENP ein Instrument aus eigenem Recht ohne Präjudizierung in
    der Frage der Erweiterung sei" (Lippert 2007: 8). Diffuse Signale aus unter-
    schiedlichen EU-Ländern, eine inkohärente Politik oder explizite Beitritts-
    offerten an bestimmte Länder können eine Zwei- oder Mehrklassengesell-
    schaft innerhalb der ENP-Partnerländer erzeugen. Es ist bisher in der EU
    keine Entscheidung gefallen, die der Ukraine eine Beitrittsperspektive ver-
    spricht (Linkeviĉius 2008: 72).

2.  Die Ländergruppe, die von der ENP erfasst wird, ist hochgradig heterogen.
    Die Heterogenität der Zielländer spiegelt sich in den Länderprogrammen
    und den Programmen der grenzübergreifenden Zusammenarbeit sachlich,
    vor allem in den bereitgestellten Mitteln, zeitlich und sozial wider. Die poli-
    tisch-strategische Programmierung der „Gemeinschaftshilfe" differenziert

zwischen den ausgeschlossenen Ländern in der europäischen Nachbarschaft und führt zu einer Bilateralisierung der Beziehungen mit der Union.

3. Der ENP liegt ebenso wie der erfolgreichen Heranführungspolitik ein Konditionalitätsmechanismus zugrunde. Allerdings wird nicht mehr die Mitgliedschaft, sondern die Integration, in den Worten Prodis (2002) „everything except institutions", im Austausch für die Akzeptanz und Einführung des europäischen Wertekanons in Aussicht gestellt. Zur Minderung der Anpassungskosten und um sie innenpolitisch durchzusetzen, fließen die Mittel der Gemeinschaftshilfe. Fraglich ist allerdings, ob der Konditionalitätsmechanismus, die „soft power" der Union, auch bei einem gesenkten Angebotsniveau wirksam wird. Wie hoch müsste die Gemeinschaftshilfe ausfallen, um die gesellschaftlichen und politischen Modernisierungskosten bei vermindertem Zielhorizont im politischen Raum der Nachbarschaftsländer zu kompensieren?

*Konditionalität der ENP*

Russland hat auf das Angebot der Gemeinschaftshilfe verzichtet und darauf bestanden, mit der Union eine strategische Partnerschaft einzugehen und mit ihr auf gleicher Augenhöhe zu verkehren. Auf dem Gipfeltreffen der EU mit Russland im Mai 2003 in St. Petersburg haben die Staats- und Regierungschefs beschlossen, ihre strategische Partnerschaft nicht im Rahmen der Europäischen Nachbarschaftspolitik weiterzuentwickeln, sondern durch die Einrichtung von „vier gemeinsamen Räumen" (Sicherheit, Wirtschaft, Forschung und Bildung, innere Sicherheit und Justiz).

*Russlands Position*

Bis heute konnten die vier gemeinsamen Räume nur spärlich ausgestattet werden, da die EU und Russland unterschiedliche Vorstellungen vom Inhalt der gemeinsamen Räume haben. Russland sieht die Bestrebungen der EU, die gemeinsamen Nachbarländer mittels der ENP enger an sich zu binden und europäischen Standards anzunähern, mit Skepsis und verhandelt lieber bilateral mit befreundeten Regierungen (Danilov 2005: 89). Es versteht sich nach wie vor als Weltmacht, zumindest aber als euroasiatische Großmacht, die einen machtpolitischen Gegenpol zur Europäischen Union bildet. Auf den relativen Machtverlust der Gemeinschaft Unabhängiger Staaten (GUS) in den 1990er Jahren (u. a. abnehmende Handelsverflechtung) einerseits und die Ausdehnung von NATO und EU nach Osten andererseits reagierte Moskau mit dem Versuch, neue regionale Strukturen zu bilden. Im Jahr 2000 wurde die Eurasische Wirtschaftsgemeinschaft, bestehend aus Russland, Belarus, Kasachstan, Kirgisistan, Tadschikistan, und im September 2003 der Gemeinsame Wirtschaftsraum mit den Ländern Russland, Ukraine, Belarus und Kasachstan ins Leben gerufen (vgl. Fischer 2005; Schulze 2005: 178 ff.).

Gegenüber Russland greift das Konzept der Europäischen Nachbarschaftspolitik nicht, da Russland die Ausdehnung der Union nach Osten unter realistischen Gesichtspunkten betrachtet und als Einflussverlust und machtpolitische Herausforderung deutet (Samokhvalov 2007: 35). Russland lässt sich daher erst gar nicht auf die Europäische Nachbarschaftspolitik, auf das Tauschangebot zunehmender Integrationsgewinne gegen die Kosten der Modernisierung und Stabilisierung gemäß europäischen Werten und Interessen, ein und beharrt auf einer strategischen Partnerschaft. Selbst eine Mitgliedschaft in der EU stellt für

Russland als souveräne Großmacht mit einem autonomen Gestaltungswillen keine ernst zu nehmende politische Option dar. Als Glied im Ring befreundeter und stabiler Staaten, der den Kern der EU vor den Gefahren der „entgrenzten" Welt des 21. Jahrhunderts schützt, kommt Russland nicht infrage. Im Gegenteil: Russland scheint aufgrund seiner Herrschaftsstruktur, seiner Ambitionen, nationalen Mythen und Interessen eher ein integraler Bestandteil jener äußeren Gefährdungslagen zu sein, vor denen sich die Union mit der Nachbarschaftspolitik schützen möchte. Zumindest ist diese Sichtweise der russischen Politik in vielen ost- und südosteuropäischen Staaten, die bereits der Union angehören, dabei sind, ihr beizutreten, oder auf eine Mitgliedschaft in ferner Zukunft hoffen, weit verbreitet (vgl. Bergedorfer Gesprächskreis 2004; Lynch 2004; Zagorski 2004).

Reichen die Anreize ohne Beitrittsperspektive aus?

Durch die ENP versuche die EU ihre Governance-Aktivitäten über ihre derzeitigen Grenzen auszubreiten, ohne die politische Frage der endgültigen Grenzen Europas anzugehen, resümiert die polnische Politologin Katarina Wolczuk (2009: 208). Da der EU-Beitritt den ENP-Partnerländern nicht in Aussicht gestellt wird, besteht der Hauptanreiz, den die EU bieten kann, im Zugang zum gemeinsamen Markt (Wolczuk 2009: 191), wobei fraglich ist, ob dies ausreicht, um die hochgesteckten Ziele zu erreichen. Die Rechnung der EU, sich zu geringen Kosten einen auf die EU verpflichteten Ring befreundeter Staaten zuzulegen, vergisst somit erstens den russischen Faktor und überschätzt zweitens die Attraktivität der Union und ihres Politikangebotes.

Ukraine

Wie exemplarisch am Fall Ukraine, wegen ihrer territorialen Ausdehnung von 603.550 km$^2$ und ihrer 45,7 Mio. Einwohner (Juli 2009) auch der prominenteste Fall in Osteuropa, deutlich geworden ist, kann nicht davon ausgegangen werden, dass die Länder des Nachbarschaftsprogramms das Unionsangebot problemlos akzeptieren und sich in den Reigen der Staaten einfügen, die sich nach europäischem Vorbild modernisieren und sich fest an die Union binden, um für diese als „cordon sanitaire" zu fungieren. Russland, das mit der Ukraine eine gemeinsame staatliche Vergangenheit innerhalb der Sowjetunion verbindet, begriff die Ukraine als einen – wenn nicht den wichtigsten – Baustein für die Entstehung eines Gemeinsamen oder Einheitlichen Wirtschaftsraumes (Jalta-Abkommen vom 19. September 2003) und als engen Partner (Freundschaftsvertrag von 1999 mit einer Vielzahl spezieller Kooperationsabkommen in den Bereichen Luft- und Raumfahrt, Energie und Schwerindustrie) gegenüber einer nach Osten expandierenden Europäischen Union.

Heterogenität der Ukraine

Die Ukraine ist ein heterogenes Land. Es gibt polnische, ungarische und rumänische und nicht zuletzt russische (siebzehn Prozent der Bevölkerung) Minderheiten und somit besondere Beziehungen zu mehreren Nachbarländern. Somit gibt es sowohl in der EU, vor allem in den osteuropäischen westlichen Nachbarschaftsländern der Ukraine, als auch in Russland erhebliche Meinungsunterschiede über die politische, ökonomische, gesellschaftliche und kulturelle Entwicklung der Ukraine.

Kutschma: Multivektorenpolitik

In dieser Interessenkonstellation lag es nahe, dass die Ukraine eine, wie ihr langjähriger Präsident Kutschma sie bezeichnete, Multivektorenpolitik verfolgte (s. Kuzio 2005). Er wähnte sich in der komfortablen Lage, sich nicht festlegen zu müssen und den östlichen gegen den westlichen Partner ausspielen zu können, um jeweils optimale Bedingungen, z. B. möglichst niedrige Gaspreise von Russland und möglichst hohe Modernisierungshilfen (seit 1991 ca. 1,2 Mrd. Euro allein aus dem Budget der EU, Piehl 2005: 404) von der Union, herausschlagen zu können. Diese rational-realistische Strategie entsprach nicht nur dem nationalen Selbstverständnis des Regierungslagers, sondern war auch ein Kompromiss zwischen den östlich bzw. westlich orientierten Strömungen innerhalb der ukrainischen Gesellschaft (vgl. Tereschchenko 2005).

Bemerkenswerterweise scheiterte die ukrainische Regierung unter Präsident Kutschma mit der von ihr verfolgten realistischen Multivektorenpolitik. Zunächst schienen die Hoffnungen, die mit dieser Politik verbunden wurden, in Erfüllung zu gehen. Über die Hilfsprogramme der EU (u. a. TACIS) flossen reichlich Mittel. 1994 wurde ein Partnerschafts- und Kooperationsabkommen (PKA), das 1998 in Kraft trat, vereinbart. Die Herstellung einer Freihandelszone mit der EU wurde im Jahr 1996 als eines der wichtigsten Ziele der Ukraine verkündet. Auf der Grundlage des PKA wurde 1999 eine „Gemeinsame Strategie" mit der EU ausgearbeitet, die weitere Hilfszahlungen der Union in Aussicht stellte. Allerdings kam die Umsetzung des PKA und der Gemeinsamen Strategie nur langsam voran, obwohl Leonid Kutschma seine proeuropäische Politik mit dem strategischen Ziel der europäischen Integration bei seiner zweiten Amtsantrittsrede (30. November 1999) nochmals deutlich hörbar verkündet hatte. Kutschma suchte mit der Europäischen Union entsprechend der Politik Russlands eine strategische Partnerschaft, und zwar zunächst nach dem Motto „Nach Europa, aber nicht gegen Russland", dann nach dem EU-Gipfeltreffen im Dezember 1999 in Helsinki, als sich die Grenzen nach Europa nicht konditionslos öffneten und die Union der Ukraine zu erkennen gab, dass die Integration des westlichen Balkans und der Türkei vorrangig behandelt werde, unter dem Motto „Nach Europa zusammen mit Russland" (Tereschchenko 2005: 121; auch Piehl 2005: 400 ff.)

Die von der Union geforderten und mit der Ukraine im PKA sowie in der Gemeinsamen Strategie für eine Vertiefung der Zusammenarbeit vereinbarten Konditionen war die ukrainische Seite nicht bereit zu erfüllen:

> „Der gesamte Bereich der inneren politischen und sozioökonomischen Reformierung der Ukraine blieb von der europäischen Politik *Leonid Kutschmas* vernachlässigt. Anfang 2004 wurde das Gefälle zwischen der proklamierten Absicht, mit der EU zu kooperieren und sich zu integrieren, und der Unfähigkeit, das die Voraussetzungen für weitere Kooperation schaffende Partnerschafts- und Kooperationsabkommen komplett umzusetzen, offensichtlich" (Tereschchenko 2005: 123, unter Verweis auf Wolczuk 2004).

Präsident Kutschma spielte die europäische Karte. Solange die Annäherung auf der zwischenstaatlichen Ebene erfolgte und sie mit ökonomischen und politischen Vorteilen verbunden war, trat er für eine Integration in die Union ein. Er weigerte sich jedoch, die vereinbarten innenpolitischen und innergesellschaftlichen Reformprojekte in Angriff zu nehmen, wenn sie mit innenpolitischen Kosten verbunden waren und die gute Zusammenarbeit mit Russland zu beeinträchtigen drohten. Im Präsidentschaftswahlkampf 2004, als Leonid Kutschma nicht erneut antrat und er einen Kandidaten seines politischen Lagers, den auch Putin genehmen Viktor Janukowitsch, unterstützte, wurden die reformpolitischen Versäumnisse des scheidenden Präsidenten von der Opposition, die von Viktor Juschtschenko repräsentiert und organisiert wurde, der zwischen 1999 und 2001 als Ministerpräsident „bewiesen hatte, dass westlich orientierte Reformpolitik im Innern auch mit kooperativer Außenpolitik nach Osten machbar ist" (Piehl 2005: 447), lautstark thematisiert. Bekanntlich endete der Wahlkampf in der erfolgreichen Orangenen Revolution und mit einem Desaster für das korrupte und autokratische Regierungslager, das eine gelenkte Demokratie als die für die Ukraine passende Staatsform begriff, mit der sich auch eine multivalente Außenpolitik ohne Transformation des Gesellschaftssystems vereinbaren ließ. Die unerwünschten Nebenwirkungen des „süßen Giftes" einer verstärkten Kooperation mit der Union, also des Eindringens demokratischer Wertvorstellungen und am westeuropäischen Lebensstil orientierter Lebenserwartungen, schienen beherrschbar und im Verhältnis zu den Marktchancen, den Hilfsangeboten und der Garantie der noch jungen staatlichen Unabhängigkeit tolerierbar.

Der Sieg der Opposition bei den Präsidentschaftswahlen in der Ukraine im Oktober und November 2004 war jedoch auch eine große außenpolitische Niederlage Russlands. Das Problem war nicht, dass Russland einen Kandidaten unterstützte, der verlor, sondern dass es zu zeigen versuchte, dass die Ukraine weiterhin ein Teil von Russlands Einflusssphäre sei, in dem es wie im eigenen Land agieren könne (Petrov/Ryabov 2006: 145). In der Folgezeit kühlten sich die Beziehungen zwischen Russland und der Ukraine weiter ab. Stichpunkte hierbei sind die Gaskrise 2005/6 (Fischer 2008: 137–140), der Wunsch der Ukraine nach einem NATO-Beitritt, die Krim und die Schwarzmeerflotte, die Einmischung Russlands in die inneren Angelegenheiten der Ukraine (Pifer 2009: 29–35) und die Unterstützung Georgiens in den Konflikten um Abchasien und Südossetien 2008 (Kurkow 2008).

**Neue Außenpolitik unter Juschtschenko**  Die Orangene Revolution bereitete der autoritären Demokratie und der nationalistisch-realistischen, nur taktisch die Einbindung in das europäische Projekt einfordernden Außenpolitik der Ukraine ein Ende. Der neue, an der Spitze einer demokratischen Bewegung in sein Amt gelangte Präsident Viktor Juschtschenko verkündete gleich nach der Machtübernahme, „das Land wolle in zehn Jahren für den EU-Beitritt bereit sein" (Urban 2005). Juschtschenko erklärte in der Folge die EU-Mitgliedschaft als erste Priorität für seine Präsidentschaft (Linkevicĩus 2008: 65) und betonte:

> „We have chosen Europe: it is not just a question of geography, but a matter of shared spiritual and moral values" (zit. in Shapovalova Juni 2008: 1).

Als erster Schritt sollten 500 ukrainische Gesetze den EU-Vorschriften angepasst werden (TAZ 4. Februar 2005). Vor allem aber forderte Juschtschenko von der EU, dass diese über die Integrationsziele der Europäischen Nachbarschaftspolitik hinaus der Ukraine eine Beitrittsperspektive einräumen sollte. Mit diesem offen formulierten Beitrittsziel brachte der neue ukrainische Präsident die Union in ein politisch-diplomatisches Dilemma.

**EU im Dilemma**  Gemäß den Verträgen wird allen europäischen Staaten die Möglichkeit einer Mitgliedschaft in der Europäischen Gemeinschaft eröffnet. Und die Ukraine wird im Selbst- wie im Fremdverständnis vorbehaltlos als europäischer Staat wahrgenommen. Daher widerspräche eine dauerhafte Ausgrenzung der Ukraine nicht nur den Verträgen, sondern auch der ideellen Konstruktion Europas, wäre also auf der politischen Bühne in Europa nicht begründungsfähig. Andererseits sieht sich die Union, da die Vorbehalte gegenüber einer Erweiterung der EU nach Osten zunehmen und sich die Gemeinschaft integrationspolitisch übernehmen könnte, nicht in der Lage, der Ukraine eine realistische Perspektive auf eine Mitgliedschaft anzubieten. Für die Staaten in der Nachbarschaft der Union wurde die Europäische Nachbarschaftspolitik kreiert. Und nach der zwischen 2002 und 2004 in der Kommission und im Rat vorherrschenden Meinung gehört die Ukraine zur europäischen Nachbarschaft und damit nicht zu dem Kreis der Staaten, die aktuell als potenzielle Beitrittsländer eingestuft wurden (vgl. Stratenschulte 2005; Emerson 2004; Schneider-Deters 2005). Gegenüber der Ukraine Präsident Kutschmas ließ sich die Verortung der Ukraine in der Nachbarschaft Europas in einer Ländergruppe mit Syrien und Marokko noch rechtfertigen, da sich Kutschma weigerte, dem europäischen Wertekanon Geltung zu verschaffen. Gegenüber einer Ukraine, die sich zu der Werteordnung der Union bekannte und die öffentlich versicherte, den Acquis zügig umzusetzen und rechtsstaatliche und demokratische Verhältnisse herbeizuführen, gab es nach der Orangenen Revolution keine legitimen Ausgrenzungsgründe mehr. Kein Politiker der EU konnte einer demokratischen Ukraine das legitime Recht auf Mitgliedschaft abstreiten. So bleiben der EU in Anbetracht des Wunsches der Ukraine nach einer Zusage der Mitgliedschaftsperspektive nur pragmatische Rochaden und diplomatische Manöver.

Am 31. Mai 2005 boten die 25 EU-Außenminister der Ukraine eine „privilegierte Partnerschaft" an. Beim Weltwirtschaftsforum in Davos meinte Kommissionspräsident José Manuel Barroso vielsagend: „Ich glaube, dass die Zukunft der Ukraine in Europa liegt, aber auf der Agenda steht *erst einmal* (Hervorhebung GS) die Nachbarschaftspolitik" (TAZ 1. Februar 2005). Anlässlich der Verabschiedung des im Rahmen der Europäischen Nachbarschaftspolitik vereinbarten Aktionsplanes der EU mit der Ukraine am 21. Februar 2005 gab Benita Ferrero-Waldner, Kommissarin für Auswärtige Beziehungen und Europäische Nachbarschaftspolitik, der Presse mit auf den Weg:

*Angebot: privilegierte Partnerschaft*

> „Our proposals answer all Ukraine's requests to boost our relationship in the short term. As to the large term development of our partnership: as Ukraine makes genuine progress in carrying out internal reforms and adapting to European standards, relations between the EU and Ukraine will become deeper and stronger" (Ferrero-Waldner 2005).

Mittlerweile spielen die internen Spannungen in der Ukraine zwischen Präsident Juschtschenko und seiner vormaligen Verbündeten Julia Timoschenko (s. Pifer 2009: 16–28), der sich dahinschleppende Reformprozess und die fragliche demokratische Konsolidierung der abwartenden Argumentation der EU in die Karten. So fühlte sich der Hohe Vertreter der EU für die GASP, Javier Solana, im Herbst 2009 im fernen Harvard „frustriert" über die Ukraine und bezeichnete eine mögliche Mitgliedschaft als „unvorhersehbar" (in Szabla 2009), wohingegen offizielle Erklärungen wie die gemeinsame Erklärung zum EU-Ukraine-Gipfel im Dezember 2009 weiterhin ganz anders klingen:

*Solana: EU-Mitgliedschaft „unvorhersehbar"*

„Recognizing that Ukraine as a European country shares a common history and common values with the countries of the European Union, acknowledging the European aspirations of Ukraine and welcoming its European choice, the Presidents welcomed the substantial advances made in EU-Ukraine relations in the past year in all areas of mutual interest" (Council of the European Union 2009: 1).

Politische Folgeprobleme der zweideutigen EU-Reaktion

Die eindeutige Zweideutigkeit der Reaktion der Union auf den jetzt von der Ukraine glaubhaft vorgetragenen Wunsch, in ihren Kreis aufgenommen zu werden, löst politische Folgeprobleme aus: Sie befördert *erstens* einen unionsinternen Konflikt zwischen den Mitgliedsländern der Union, die eine gemeinsame Grenze mit der Ukraine haben und aus historischen, kulturellen (ethnischen), sozialen, ökonomischen und sicherheitspolitischen Gründen nicht nur an gutnachbarschaftlichen Verhältnissen, sondern auch an einer Mitgliedschaft des großen östlichen Nachbarn interessiert sind, und jenen Mitgliedsländern und politischen Lagern, die eine Überdehnung der Union, zunehmende Konkurrenz und Inkohärenz und eine Veränderung oder gar Blockade der Handlungsfähigkeit der Union befürchten und daher einen Abgrenzungs- und Identitätsdiskurs inszenieren. Das zeitlich unbestimmte Integrationsangebot schwächt *zweitens* in der Ukraine das westlich orientierte Reformlager und stärkt die Euroskeptiker, vor allem die Nationalisten, die alten Oligarchen aus sowjetischer Zeit und die russisch-euroasiatische Fraktion, die aus kulturellen, ökonomischen und machtpolitischen Gründen von einem leistungsfähigen Einheitlichen Wirtschaftsraum (Freihandelszone, integrierter Binnenmarkt mit einheitlichen Zöllen und Abgaben, Vereinheitlichung von technischen Standards und Normen, Stabilisierung der Wechselkurse) aus Ukraine, Russland, Belarus und Kasachstan (Jalta-Abkommen vom 19. September 2003) träumt (vgl. Piehl 2005: 394 f., sowie Clement 2005: 63 ff.). Auf der zwischenstaatlichen Ebene löst die vorläufige Ausgrenzung aus der Union *drittens* korrigierende Aktivitäten und entsprechende Irritationen aus. Russland könnte sich darin bestärkt sehen, dass die Ukraine doch zu seiner Einflusszone gehört, und auf seine strategische Partnerschaft mit der Union, insbesondere mit Deutschland, vertrauen, um die Ukraine zu einer verstärkten Zusammenarbeit und zur Umsetzung der Jalta-Vereinbarungen zu bewegen. Die von der Europäischen Nachbarschaftspolitik vorgesehene Integrationspolitik mit dem Ziel, einen Ring befreundeter Staaten zu schaffen, könnte sich als kontraproduktiv erweisen und zu einer bewussten Abgrenzungspolitik mit Gegenmachtbildung führen. Auf jeden Fall löst sie einen komplexen Konflikt aus, dessen Kernproblematik in der Fixierung der noch offenen Grenzen der Union besteht.

# 5 Die Grenzen der EU nach einem Beitritt der Türkei und der Ukraine

Welche Folgen hätte ein Beitritt der Türkei und der Ukraine für die Grenzen der EU? Die Türkei grenzt erstens an den persisch-arabischen (Syrien, Irak, Iran) und zweitens an den kaukasischen Raum (Armenien, Georgien); somit brächte der Türkeibeitritt neue Herausforderungen für die EU-Außenpolitikgestaltung (Müftüler-Baç 2008: 76). Im ersteren Fall wäre auf längere Sicht eine harte Außengrenze nach Art des Limes wahrscheinlich, obwohl in der Türkei die engen Beziehungen des Landes mit seinen Nachbarn im Nahen und Mittleren Osten betont werden (ebd.). Sowohl das schiitisch-theokratische Regime im Iran als auch das autokratische Assad-Regime in Syrien eignen sich trotz der Einbindung Syriens in die ENP und seiner neuen Attraktivität auch für westliche Länder (Thumann 19. November 2009), derzeit ebenso wenig für eine Öffnungspolitik wie der weiterhin instabile Irak. Hinzu kommt die Kurdenproblematik. Denn von offeneren Grenzen im Vierländereck Türkei – Syrien – Irak – Iran profitierten die in dem Grenzgebiet siedelnden Kurden, was die beteiligten Staaten als Gefahr für ihre territoriale Integrität ansehen könnten. Die verbleibende Möglichkeit der weithin geschlossenen Grenze wird von den Gegnern des EU-Beitritts der Türkei als Argument genutzt, wie dies der jetzige Bundesverteidigungsminister formulierte:

*Grenze Türkei – persisch-arabischer Raum*

> „Die Grenzen der Union sollen Europa mit seinen Nachbarn umfassend und eng verbinden. Das kann an der Grenze zur Türkei gelingen – aber nicht an den Grenzen der Türkei. Die Europäische Union kann sich den sicherheitspolitischen Herausforderungen der instabilen Lage im Nahen und Mittleren Osten nicht entziehen" (zu Guttenberg 2004: 6).

Die Grenzregion der Türkei zum Kaukasus ist ebenso konfliktbeladen. Die historisch stark belasteten Beziehungen zu Armenien versuchen beide Länder derzeit zu normalisieren. So ist die Öffnung der seit 1993 geschlossenen Grenze ein erklärtes Ziel der derzeitigen diplomatischen Bemühungen (Martens 1. September 2009). Georgien ist instabil und territorial gespalten; 2008 gab es eine kriegerische Auseinandersetzung zwischen Georgien und Russland um die abtrünnigen Republiken Südossetien und Abchasien. Auch diese Konfliktregion rückte also bei einem Türkeibeitritt näher an die EU heran, wobei hier die Option eines EU-Beitritts der Kaukasusländer in der Welt ist – der Journalist Alan Posener behauptet, dass der EU-Erweiterungskommissar Olli Rehn „von einer EU träumt", die auch „die Staaten des südlichen Kaukasus umfasst" und ebenso die Ukraine, Weißrussland und den westlichen Balkan (2007: 97). Derzeit sind sie in die ENP eingebunden; sie dienen als Puffer und könnten später Mitglied werden (Geostrategien: Grenzmarsch bzw. koloniale Grenze). Für die EU bedeutete dies, dass sie im Osten nur noch einen Nachbarn hätte, mit dem sie die Außengrenzgestaltung klären müsste: Russland. Alle anderen zwischenstaatlichen Grenzen in Osteuropa wären Intra-EU-Grenzen; die Staaten hätten den Acquis und damit auch die Schengener Regelungen übernommen. Bis dahin ist es noch ein weiter Weg (wenn er denn begangen wird), und die Aufnahme der Ukraine hieße eben, die

*Grenzen Türkei – Kaukasus*

*... und die Ukraine*

jetzt schon bestehende Grenze der EU mit Russland um mehr als 1500 Kilometer zu verlängern.

Ob es der EU gelingt, für Wirtschaftsgüter und Geldflüsse möglichst offene, für unerwünschte Migration und Kriminalität möglichst geschlossene Grenzregionen im Osten und Süden durch die Regionalpolitik, die ENP und die Schengener Regelungen zu erreichen, muss die Zukunft weisen.

# 6   Fazit

Noch ist die Europäische Union kein politischer Herrschaftsraum mit Staatscharakter, sondern ein offenes politisches System, das europäische Staaten zur Mitgliedschaft einlädt. Sie ist keine imperiale Macht, die, von innergesellschaftlichen Mechanismen getrieben, zwangsläufig expandiert, um andere Staaten auszubeuten und sich zu unterwerfen, wie Hofbauer (2003) argumentiert, oder deren Grenzregionen zu stabilisieren, wie Vobruba (2005) zu erkennen meint. Sie ist vielmehr eine postnationale, kosmopolitane (Beck/Grande 2004) Organisation ohne definitive Mitgliedschaft und mit variablen Grenzen, in die Staaten zwanglos, wenn auch nicht konditionslos und nicht ohne langwieriges Aufnahmeverfahren beitreten und aus der sie in letzter Konsequenz auch austreten können (Art. 50 Lissabon-Vertrag). Die Mitgliedschaft ist freiwillig und gründet auf demokratischer Legitimität.

*EU: postnationale, kosmopolitane Organisation*

Die Möglichkeit und die Attraktivität eines Beitritts zur Union dürften eine wichtige Voraussetzung dafür sein, dass die Union mit ihren europäischen Nachbarn in Frieden und ohne diskriminierende Trennlinien zusammenleben kann. Diese postnationale Struktur der Europäischen Union ist natürlich nicht folgenlos zu haben:

- Jeder Beitritt verändert das interne Macht- und Institutionengefüge und strapaziert die Anpassungs- und Integrationsfähigkeit des postnationalen Gebildes. Der wichtigste Antrieb zu internen Reformen scheint der Beitritt neuer Mitglieder zu sein.
- Wird die interne Aufnahmekapazität überstrapaziert, steht nicht nur die Legitimität der Vergemeinschaftung und der Brüsseler Institutionen infrage, sondern die Rückkehr kulturalistischer Identitätsdiskurse beherrscht dann auch die Tagesordnung.
- Werden die durch die postnationale Konstruktion geweckten Erwartungen der Nichtmitglieder auf eine mögliche Mitgliedschaft in der Union nicht erfüllt, könnten diese Beitrittskandidaten (Türkei) oder europäischen Nachbarländer (Ukraine) sich enttäuscht von der Union abwenden. Die Rückkehr realistischer, also an Machtkalkülen orientierter Interessenpolitik an den Grenzen der Europäischen Union ist dann nicht auszuschließen.

Da sich die EU-Kommission und die Außenpolitiker der EU dieser inneren und äußeren Gefährdungen des europäischen Projektes durchaus bewusst sind, versuchen sie, wie die Untersuchung der beiden Fälle gezeigt hat, die Belastungen nach innen und außen jeweils unterhalb kritischer Werte zu halten. Doch die

Integrations-, Beitritts- und Ausgrenzungskonflikte können sich leicht aufschaukeln und zu einem Begrenzungs- und Abgrenzungsdiskurs führen, in dem die Grenzen Europas und seine Identität neu fixiert werden. Die identitätsgestützte kulturalistische Festlegung der europäischen Grenzen wäre aber mit oder ohne die Türkei, mit oder ohne die Ukraine gleichbedeutend mit dem Ende des kosmopolitanen Nachkriegsprojektes. So widersinnig es erscheinen mag, Europa muss seine Grenzen für Neuankömmlinge, die eine europäische Identität annehmen wollen, im Prinzip offenhalten, will es seinen postnationalen Charakter nicht gefährden. Doch scheint gegenwärtig das Gegenteil, eine mehr oder weniger schnelle Renationalisierung Europas, eher wahrscheinlich zu sein.

# Literatur

Arvanitopoulos, Constantine (Hrsg.), 2009: Turkey's Accession to the European Union. An Unusual Candidacy. Berlin/Heidelberg: Springer.

Beck, Ulrich/Grande, Edgar, 2004: Das kosmopolitische Europa. Edition Zweite Moderne. Frankfurt/M.: Suhrkamp.

Behrens, Rolf, u. a. 2008: Union für das Mittelmeer – Hoffnung und ein steiniger Weg. KAS-Länderbericht. St. Augustin (http://www.kas.de/wf/doc/kas_14240-544-1-30.pdf, Zugriff 10. April 2009).

Berg, Eiki/Ehin, Piret, 2006: What Kind of Border Regime is in the Making? Towards a Differentiated and Uneven Border Strategy, in: Cooperation and Conflict 41, 1, 53–71.

Bergedorfer Gesprächskreis, 2004: Grenzen und Horizonte der EU. Die neuen Nachbarn Ukraine, Belarus und Moldawien. 129. Bergedorfer Protokoll. Hamburg: edit. Körber Stiftung.

Clement, Hermann, 2005: Die neuen Nachbarn und die Europäische Union – Möglichkeiten und Grenzen der Integration am Beispiel Ukraine und Belarus, unter Mitarbeit von Volkhart Vincentz, Gutachten im Auftrag des BMF, Osteuropa Institut München, Working Papers Nr. 256. München.

Comelli, Michele/Greco, Ettore/Tocci, Nathalie, 2007: From Boundary to Borderland: Transforming the Meaning of Borders through the European Neighbourhood Policy, in: European Foreign Affairs Review 12, 203–218.

Council of the European Union, 2009: EU-Ukraine Summit. Kiev, 4 December 2009. Joint Statement. Nr. 17145/09 (Presse 366). Kiev.

Danilov, Dmitry, 2005: Russia and European security, in: Lynch, Dov/Danilov, Dmitry (Hrsg.). What Russia sees. Chaillot Paper Nr. 74. Paris: Institute for Security Studies, 79–97.

Emerson, Michael, 2004: European Neigbourhood Policy: Strategy or Placebo?, Centre for European Policy Studies, CEPS Working Document No. 215/Nov. 2004 (http://www.ceps.be/ceps/download/1023, 07.09.2005).

Europäischer Rat, 1993: Conclusions of the Presidency, Kopenhagen (21./22. Juni. Brüssel (General Secretariat of the Council).

Ferrero-Waldner, Benita, 2005: Ferrero-Waldner welcomes adoption of Ukraine Action Plan, European Commission, External Relations 21.02.2005 (http://ec.europa.eu/external_relations/ceeca/ukraine/intro/bfw_210205.htm, 14.04.2005).

Fischer, Sabine, 2005: Rußland und die Ukraine. Fehlkalkulation oder neoimperialer Impuls?, in: Osteuropa, 55, 1, 64–76.

Fischer, Sabine, 2008: Ukraine as a regional actor, in: Fischer, Sabine (Hrsg.). Ukraine: Quo Vadis? Paris: Institut for Security Studies. Chaillot Paper Nr. 108, 119–146.

Foucher, Michel, 2008: Is the European Union Viable with 27 Members and More? From Market to Geopolitical Community, in: Politique Étrangère 73, Special Issue, 79–91.

Giannakopoulos, Angelos/Maras, Konstadinos (Hrsg.), 2005: Die Türkei-Debatte in Europa. Ein Vergleich. Wiesbaden: VS Verlag.

Guttenberg, Karl-Theodor zu, 2004: Die Beziehungen zwischen der Türkei und der EU – eine „Privilegierte Partnerschaft". München: Hanns-Seidel-Stiftung, Aktuelle Analysen Nr. 33.

Hallstein, Walter, 1963: Rede anlässlich der Unterzeichnung des Assoziationsvertrages mit der Türkei, 12. September 1963 in Ankara.

Hofbauer, Hannes, 2003: Osterweiterung. Vom Drang nach Osten zur peripheren EU-Integration. Wien: Promedia.

Hummel, Hartwig, 2003: Die Grenzen Europas, in: Jahrbuch der Heinrich-Heine-Universität Düsseldorf 2003, 273–289.

Keyder, Çağlar,2004: The Turkish Bell Jar, in: New Left Review 28, Juli/August, 65–84.

KOM, 2004: Vorschlag für eine Verordnung des Europäischen Parlaments und des Rates mit allgemeinen Bestimmungen zur Schaffung eines Europäischen Nachbarschafts- und Partnerinstruments, Vorlage der Kommission. Brüssel 29. September 2004, KOM (2004) 628 endgültig 2004/0219 (COD).

Kommission, 2004: Mitteilung der Kommission an den Rat und das Europäische Parlament: Empfehlungen der Europäischen Kommission zu den Fortschritten der Türkei auf dem Weg zum Beitritt. Brüssel 6. Oktober 2004, KOM (2004) 656 endgültig (http://eur-lex.europa.eu/LexUriServ/LexUriServ.do?uri= COM:2004:0656:FIN:DE:PDF, Zugriff 14. April 2005).

Kommission der Europäischen Gemeinschaften, 2009: Erweiterungsstrategie und wichtigste Herausforderungen 2009–2010. Mitteilung der Kommission an das Europäische Parlament und an den Rat; KOM (2009) 533. Brüssel (http://ec.europa.eu/enlargement/pdf/key_documents/2009/strategy_paper_2009_de. pdf, Zugriff 15.12.2009).

Kramer, Heinz, 1995: Die Assoziierungsabkommen der EU: Die Türkei und Mittelosteuropa in einem Boot?, Friedrich Ebert Stiftung, Reihe Eurokolleg 32. Bonn.

Kramer, Heinz, 2004: EU – kompatibel oder nicht? Zur Debatte um die Mitgliedschaft der Türkei in der Europäischen Union, in: Claus Leggewie (Hrsg.): Die Türkei und Europa. Die Positionen. Es 2354. Frankfurt/M., 141–147.

Kramer, Heinz, 2004a: Die Türkei im Prozess der „Europäisierung", in: ApuZ, 33–34/2004, 9–17.

Kramer, Heinz, 2009: Türkische Turbulenzen: der andauernde Kulturkampf um die „richtige" Republik. Berlin: Stiftung Wissenschaft und Politik (SWP-Studie S11; http://www.swp-berlin.org/common/get_document.php?asset_id=5856, Zugriff 19. August 2009).

Kritzinger, Sylvia/Steinbauer, Franz, 2005: Österreich und die Türkei. Im Minenfeld zwischen rationalen Argumenten und historisch-kulturellen Vorbehalten, in: Angelos Giannakopoulos/Konstadinos Maras (Hrsg.): Die Türkei-Debatte in Europa. Ein Vergleich. Wiesbaden: VS Verlag, 107–122.

Kurkow, Andrey, 2008: Ukraine. Between a rock and a hart place, in: The New Statesman vom 08. September 2008, 31–33.

Kuzio, Taras, 2005: Neither East Nor West. Ukraine's Security Policy Under Kuchma, in: Problems of Post-Communism 52, 5, 59–68 (http://www.taraskuzio.net/International%20Relations_files/international-kuchma_policy.pdf, Zugriff 15. November 2009).

Kyaw, Dietrich von, 2003: Die Türkei ist ein Teil des „Projekts Europa", in: Internationale Politik 3/2003, 47–54.

Leggewie, Claus (Hrsg.), 2004: Die Türkei und Europa. Die Positionen, es 2354. Frankfurt/M.

Linkevicius, Linas, 2008 The European Neighbourhood Policy towards Ukraine, in: Lithuanian Foreign Policy Review 21, 62–85 (http://www.lfpr.lt/uploads/File/2008-21/Linkevicius_ENG.pdf; Zugriff 15. Juli 2009).

Lippert, Barbara, 2007: Die EU-Nachbarschaftspolitik in der Diskussion. Bonn: Friedrich-Ebert-Stiftung (http://library.fes.de/pdf-files/id/04736.pdf; Zugriff 20. Oktober 2009).

Lippert, Barbara, 2008: Die Europäische Nachbarschaftspolitik: viele Vorbehalte – einige Fortschritte – unsichere Perspektiven. Bonn: Friedrich-Ebert-Stiftung (http://library.fes.de/pdf-files/id/ipa/05292.pdf; Zugriff 20. Oktober 2009).

Lissabon-Vertrag, 2008: Vertrag von Lissabon. Bonn: Bundeszentrale für politische Bildung.

Lynch, Dov, 2004: The Russia-EU Partnership and the Shared Neighbourhood, Report to the Eastern Europe and Central Asia Working Group (COEST), European Union Institute for Security Studies. The Hague (http://www.iss-eu.org/new/analysis/analy090.htm, Zugriff 6. April 2005).

Martens, Michael, 2009: Türkei und Armenien: Die Fußball-Diplomatie geht weiter, in: FAZ.Net, 01.09.2009 (http://www.faz.net; Zugriff 22. Oktober 2009).

Müftüler-Baç, Meltem, 2008: The European Union's Accession Negotiations with Turkey from a Foreign Policy Perspective, in: Journal of European Integration 30, 1, 63–78.

Nugent, Neill, 2004a: Distinctive and Recurring Features of Enlargement Rounds, in: Derselbe (Hrsg.): European Union Enlargement. Houndmills/New York: Palgrave Macmillan, 56–69

Nugent, Neill, 2004b: The Unfolding of the 10+2 Enlargement Round, in: Derselbe (Hrsg.): European Union Enlargement. Houndmills/New York: Palgrave Macmillan, 34–55.

Nye, Joseph S. Jr., 2004: Soft power, in: Joseph S. Nye: Power in the Global Information Age. From realism to globalization. Essays. Oxon/New York: Mountledge, 68–80.

Oppeln, Sabine von, 2005: Die Debatte über den EU-Beitritt der Türkei in Deutschland und Frankreich, in: Leviathan, 33, 3, 391–411.

Petrov, Nikolai/Ryabov, Andrei, 2006: Russia's Role in the Orange Revolution, in: Åslund, Anders/McFaul, Michael (Hrsg.): Revolution in Orange. The Origins of Ukraine's Democratic Breakthrough. Washington, D. C.: Carnegie Endowment for International Peace, 145–164.

Piehl, Ernst, 2005: Die Ukraine, in: Ernst Piehl/Peter W. Schulze/Heinz Timmermann: Die offene Flanke der Europäischen Union. Berlin: BWV, 331–457.

Pifer, Steven, 2009: Averting Crisis in Ukraine. Washington, D. C.: Council on Foreign Relations. Council Special Report 41 (http://www.cfr.org/content/publications/attachments/Ukraine_CSR41.pdf, Zugriff 15. Juli 2009).

Plassnik, Ursula, 2005: EU/Türkei – Interview, Moderation: Sandra Maischberger (http://www.aussenministerium.at/view.php3?_id=9444&LNG=de&version=, Zugriff 24. Oktober 2005).

Posener, Alan, 2007: Imperium der Zukunft. Warum Europa Weltmacht werden muss. Bonn: Bundeszentrale für politische Bildung.

Preston, Christopher, 1997: Enlargement and Integration in the European Union. London/New York: Routledge.

Prodi, Romano, 2002: A Wider Europe – A Proximity Policy as the Key to Stability, Sixth ECSA-World Conference, Brüssel, 5./6. Dezember 2002 (SPEECH/02/619).

Puglisi, Rosaria, 2008: A window to the world? Oligarchs and foreign policy in Ukraine, in: Fischer, Sabine (Hrsg.): Ukraine: Quo Vadis? Paris: Institut for Security Studies. Chaillot Paper Nr. 108, 55–86.

Quaisser, Wolfgang/Reppegather, Alexandra, 2004: EU-Beitrittsreife der Türkei und Konsequenzen einer EU-Mitgliedschaft. Gutachten im Auftrag des Bundesministeriums der Finanzen, Osteuropa-Institut München, Working Papers 252.

Samokhvalov, Vsevolod, 2007: Relations in the Russia-Ukraine-EU triangle: „zero-sum game" or not? European Union Institute for Security Studies (http://www.iss.europa.eu/ uploads/media/occ68.pdf; Zugriff 20. Oktober 2009).

Sarkozy, Nicolas, 2007: Discours – Nicolas Sarkozy à Toulon. 07. Februar 2007 (http://www.u-m-p.org/site/index.php/s_informer/discours/nicolas_sarkozy_a_toulon; Zugriff 05. April 2008).

Schneider-Deters, Winfried, 2005: Die palliative Ukrainepolitik der EU. Ein Plädoyer für ein neues Denken, in: Osteuropa, 55, 1, 50–63.

Schulze, Peter W., 2005: Die Russische Föderation, in: Ernst Piehl/Peter W. Schulze/Heinz Timmermann: Die offene Flanke der Europäischen Union. Berlin: BWV, 37–244.

Şen, Faruk, 2001: Die Türkei zu Beginn der EU-Beitrittspartnerschaft, in: Aus Politik und Zeitgeschichte B13/14, 27–38.

Shapovalova, Natalia, 2008: The New Enhanced Agreement Between the European Union and Ukraine: Will it Further Democratic Consolidation? Madrid: FRIDE Working Paper                                                        62 (http://dialnet.unirioja.es/servlet/dcart?info=link&codigo=2880951&orden=191124; Zugriff 15. Juli 2009).

Silberhorn, Thomas, 2009: Tertium Datur: Turkey's Application for EU Membership, in: Arvanitopoulos, Constantine (Hrsg.): Turkey's Accession to the European Union. An Unusual Candidacy. Berlin/Heidelberg: Springer, 45–52.

Stratenschulte, Eckart D., 2005: Ukraine: „Und jetzt: action". Die Aktionspläne der Europäischen Nachbarschaftspolitik, in: Osteuropa, 55, 2, 15–23.

Szabla, Chris, 2009: Solana: EU, US must embrace shift to East. 2. Oktober 2009, in: Harvard Law Record, 2009 (http://www.hlrecord.org/news/solana-eu-us-must-embrace-shift-to-east-1.625955; Zugriff 15. Dezember 2009).

Templin, Wolfgang, 2008: Farbenspiele – die Ukraine nach der Revolution in Orange. Bonn: Bundeszentrale für politische Bildung.

Tereschchenko, Volodymyr, 2005: Evolution der politischen Beziehungen zwischen der Ukraine und der EU 1991–2004. Frankfurt/M. u. a.: Peter Lang.

Thumann, Michael, 2009: Der Schurke als Freund, in: Die Zeit, 19. November 2009, 7.

Timmerman, Christiane (Hrsg.), 2008: European and Turkish voices in favour and against Turkish accession to the European Union. Brüssel: PIE Lang.

Urban, Thomas, 2005: Putin und Juschtschenko um Neuanfang bemüht, in: SZ 21. März 2005.

Vobruba, Georg, 2005: Die Dynamik Europas. Wiesbaden: VS Verlag.

Walters, William, 2004: The Frontiers of the European Union: A Geostrategic Perspective, in: Geopolitics 9, 3, 674–698.

Wimmel, Andreas, 2005: Transnationale Diskurse in der europäischen Medienöffentlichkeit: Die Debatte zum EU-Beitritt der Türkei, in: PVS 46. Jg., 3/2005, 459–483.

Wolczuk, Kataryna, 2004: Ukraine's Policy towards the European Union: A Case of "Declarative Europeanization" (http://www.batory.org.pl/ ftp/program/forum/eu_ukraine/ukraine.eu_policy.pdf).

Wolczuk, Kataryna, 2009: Implementation without Coordination: The Impact of EU Conditionality on Ukraine under the European Neighbourhood Policy, in: Europe-Asia Studies 61, 2, 187–211.

Yılmaz, Hakan, 2009: Europeanisation and Its Discontents: Turkey, 1959–2007, in: Arvanitopoulos, Constantine (Hrsg.): Turkey's Accession to the European Union. An Unusual Candidacy. Berlin/Heidelberg: Springer, 53–64.

Zagorski, Andrei, 2004: Policies towards Russia, Ukraine, Moldove and Belarus, in: Ronald Dannreuther (Hrsg.): European Union Foreign and Security Policy. Towards a Neighbourhood Strategy. London/New York: Routledge, 79–97.

# Kapitel 7: Mittelmeergovernance

*Helmut Elbers und Carina Fiebich-Dinkel*

## 1 Einleitung

Eine der ersten außenpolitischen Ankündigungen des französischen Präsident-schaftskandidaten Nicolas Sarkozy vor seiner Wahl zum Präsidenten im Jahr 2007 war[1], dass er eine neue „Mittelmeerunion" mit einer intergouvernementalen Struktur aufbauen wolle. Sie solle nach dem Vorbild der G 8 regelmäßige Tref-fen der Staats- und Regierungschefs vorsehen und nach dem Vorbild des Europä-ischen Rates einen Mittelmeerrat als zentrale Entscheidungsinstanz besitzen. Ihre Themenfelder sollten weit über die des schon bestehenden Barcelona-Prozesses hinausgehen, und die Kooperation sollte vertieft werden. Ein solcher Mittelmeer-rat, dem alle Mittelmeerländer, aber auch nur diese, angehören sollten, hätte eine Lücke bei der Fülle bestehender internationaler Organisationen geschlossen: Für das Mittelmeer gibt es keine eigene intergouvernementale Organisation, wie dies in den meisten Regionen weltweit der Fall ist (Šabič/Bojinović 2007: 333). Der Sarkozy-Plan, den der Präsident auch nach seinem Amtsantritt verfolgte, stieß vor allem in Deutschland und den anderen nördlichen EU-Ländern auf Skepsis, und selbst Italien und Spanien waren nicht begeistert. Am 13. Juli 2008 unter-zeichneten die Staatsoberhäupter der EU- und der Mittelmeerländer nach einer konfliktreichen Meinungsfindung die Gründungsurkunde für die „Union für das Mittelmeer – Barcelona-Prozess" (UfdM), die nicht allein die Mittelmeerländer, sondern alle EU-Länder umfasst. Dadurch verändert sich der Fokus der neuen Organisation immens: Während es zunächst so ausgesehen hatte, dass die Ko-operation der Mittelmeerländer selbst durch die Neugründung gestärkt werden könnte, ist die UfdM eine Neuformulierung, Ausweitung und Intensivierung des bisherigen Barcelona-Prozesses, d. h. eine Wiederbelebung eines multilateralen und funktionalistischen Ansatzes der Außenpolitikgestaltung bei einer gleichzei-tigen Beibehaltung des bilateralen Ansatzes der Europäischen Nachbarschaftspo-litik (ENP). Während der Sarkozy-Vorschlag im Original, der als „Solospiel" des französischen Präsidenten bezeichnet wurde (Weingärtner 2008), die Bedeutung einer EU-weiten Mittelmeerpolitik mindert, setzt die EU zumindest verbal auf eine kohärente Politik gegenüber den Mittelmeerländern.

 Die heutige Bedeutung des Mittelmeeres und seiner Anrainerländer für die EU ist vielschichtig. In Algerien und Libyen gibt es große Erdöl- und Erdgasvor-kommen, die aufgrund der kurzen Transportwege günstig in die EU importierbar sind. Ebenso werden Erdöl und Erdgas vom Persischen Golf und aus dem Kau-kasus über die Mittelmeerländer in die EU transportiert. Fast alle Anrainerländer sind bedeutende Produzenten von Südfrüchten und vielen anderen Agrarproduk-ten, wobei die afrikanischen und kleinasiatischen Länder in Konkurrenz zu Spa-

Sarkozy: Anstoß zur Reformulierung der EU-Mittelmeerpolitik

Heutige Bedeutung des Mittelmeeres für die EU

---

[1] Siehe seine Rede in Toulon am 7. Februar 2007 (Sarkozy 2007).

nien, Italien und Zypern stehen. Bedeutende mittelmeerübergreifende Probleme sind der Umweltschutz und die Migration. Während die meisten nördlichen Anliegerstaaten und auch die Mittelmeerinseln Zypern und Malta Mitglied der EU sind, fehlt für die asiatischen und afrikanischen Mittelmeerstaaten – mit Ausnahme der Türkei – die Beitrittsperspektive. Somit ist das Mittelmeer die Trennlinie zwischen der reichen EU und ihren deutlich ärmeren Nachbarn. Durch den großen Wohlstandsunterschied zwischen den EU-Ländern und den Nicht-EU-Ländern (s. Tabelle 7–1) ist der Migrationsdruck nach Norden hin groß. Die südlichen Anrainerstaaten dienen auch als Transitländer für Migranten aus den noch ärmeren Regionen südlich der Sahara und den Konfliktgebieten am Persischen Golf, in Afghanistan oder in Kurdistan. Auch die Sicherheitsfrage spielt nicht erst seit dem Aufkommen des islamistischen Terrorismus und den von marokkanischen Terroristen durchgeführten Anschlägen in Madrid am 11. März 2004 (s. Steinberg 2005: 85–100) eine große Rolle. Es gibt also eine Menge an Governance-Problemen im Mittelmeerraum.

*Tabelle 7–1*: Bruttoinlandsprodukt pro Kopf 2007

| EU | € | MDL | € |
|---|---|---|---|
| Frankreich | 29700 | Ägypten | 1313 |
| Griechenland | 20200 | Algerien | 2904 |
| Italien | 26000 | Israel | 16994 |
| Portugal | 15900 | Marokko | 1778 |
| Spanien | 23500 | Syrien | 1537 |

Quelle: Eurostat. http://ec.europa.eu/eurostat; Zugriff 9. August 2010.

EMP, ENP und UfdM

Seit dem Ende des zweiten Golfkrieges 1991 und der anschließenden Tauwetterperiode im Nahostkonflikt wuchs insbesondere in den EU-Ländern die Erkenntnis, dass diese die Großregion Mittelmeer betreffenden Politikfelder am besten in Kooperation mit den südlichen Mittelmeeranrainern bearbeitet werden sollten. Da auch diese bereit waren, sich auf eine solche Kooperation einzulassen, wurde im November 1995 die Euro-Mediterrane Partnerschaft (EMP) auf der Konferenz der Außenminister der damals fünfzehn EU-Staaten und von zwölf Ländern des südlichen Mittelmeerraumes in Barcelona begründet – „die erste koordinierte außenpolitische Maßnahme" der EU gegenüber der Mittelmeerregion (Fröhlich 2008: 253). Somit entstand eine Governance-Struktur, die langfristig darauf zielte, demokratische und ökonomische Reformen, nachhaltige Entwicklung und Handel in und mit Nachbarländern im südlichen Mittelmeerraum zu fördern und zu verstärken, ohne eine konkrete Beitrittsperspektive bieten zu wollen. Seit 2004 ist der Barcelona-Prozess in die neue Europäische Nachbarschaftspolitik

(ENP) eingegangen, die auch die Nachbarländer im Osten[2] umfasst (s.
Dannreuther 2006: 183–185; Senyücel u. a., 2006: 7–8). Während die grundsätzlichen Ziele und die Vorgehensweise durch positive Anreize sich nicht geändert
hatten, wurde ein bedeutender Aspekt anders: Während der Barcelona-Prozess
die regionale Komponente starkmachte, setzt die ENP auf das Prinzip der Differenzierung – die bilateralen Beziehungen zwischen der EU und jedem einzelnen
Nachbarland werden betont (Moschella 2007: 162). Die Gründung der Mittelmeerunion, so wurde im Vorfeld der Gründung der UfdM argumentiert, biete die
Chance, „die südliche Dimension der Nachbarschaftspolitik und die Mittelmeerpolitik in einem kohärenten Rahmen [...] zusammenzufassen", was eine Abkehr
vom ENP-Ansatz bedeute, „die Süd- und Ostdimension der Nachbarschaftspolitik unter einem einheitlichen Konzept zu koordinieren" (Schwarzer/Werenfels
2008: 7). Inwieweit die UfdM diesen Anspruch einlösen kann, werden wir in
diesem Artikel untersuchen.

In allen drei Fällen – EMP, ENP und UfdM – tritt die EU als strukturbil- | EU als strukturbil-
dender Hegemon nach außen auf, was für sie bedeutet, dass sie das Staatsmerk- | dender Hegemon
mal einer koordinierten Außenpolitik übernimmt. Die Mitglieder der EU wollen
sich gegenüber den ärmeren und politisch fragileren Partnerstaaten abgrenzen;
die Beitrittsperspektive wird nur in seltenen Fällen (Kroatien, Türkei) angeboten.
Die EU verfolgt das Ziel, ihre Außenverhältnisse zu den Nachbarstaaten möglichst zu verrechtlichen und zu verregeln und somit die eigene Sicherheit und
den eigenen Wohlstand zu gewährleisten. Die Partnerländer stehen einem Hegemon gegenüber, der als zukünftige Supermacht angesehen wird (vgl. Andreatta
2005: 34) und von dessen Vorteilen sie profitieren möchten, ohne allzu viele
Nachteile in Kauf nehmen zu müssen.

Unser Beitrag wird nach einem kurzen Blick zurück in frühere Ansätze der | Lernziele
EU zum Umgang mit der „mittelmeerisch-afrikanischen Peripherie" (Masala
2000: 5) die Grundstrukturen der EMP, der ENP sowie der UfdM darstellen, um
dann zu analysieren, wo die Stärken und Schwächen der EU-Mittelmeerpolitik
liegen. Hierbei untersuchen wir am konkreten Beispiel der Mittelmeerpolitik die
Genese und den Aufbau von *Institutionen*. Diese Institutionen sind jedoch nicht
statisch, sondern ihre Form wird im Lauf der Zeit durch die Handlungen der
involvierten *Akteure* und die Rahmenbedingungen verändert. Wir werden zeigen,
wie Veränderungen in beteiligten Organisationen (wie die Osterweiterung der
EU), in politischen Konstellationen (wie das Scheitern der israelisch-palä-
stinensischen Friedensbemühungen), in den Machtkonstellationen (z. B. innerhalb der EU zwischen Deutschland und Frankreich) und in Politikfeldern (wie
die Migration oder die Terrorismusbekämpfung) zu veränderten *Problemlagen*
führen, auf die wiederum die Akteure reagieren, und (sich) die Institutionen
ändern. All dies kann zu Hemmnissen, Blockaden, beschleunigenden Faktoren
oder Anstößen zu Neuanfängen im Governance-System führen.

---

[2] Armenien, Aserbaidschan, Georgien, Moldawien, die Ukraine und Weißruss and sind die östlichen
ENP-Partnerländer.

## 2   Geschichte der europäischen Mittelmeerpolitik

Die Euro-Mediterrane Partnerschaft, wie sie 1995 von der EU ins Leben gerufen worden ist, war nicht der Beginn der Beschäftigung mit dem Mittelmeerraum. Sie reicht vielmehr bis zu den Anfängen der europäischen Integration zurück (s. Masala 2000: 5). Geprägt waren die Beziehungen von ökonomischen Aspekten und einem vorherrschenden bilateralen Charakter: Die hier aufgelegten Wirtschaftsbeziehungen entwickelten sich bis hin zu Assoziationsabkommen und präferenziellen Handelsbeziehungen mit Ländern wie Griechenland, der Türkei, Jordanien oder Marokko. Das Ergebnis zu Beginn der 1970er Jahre war ein dichtes Netz von Handelsbeziehungen bis in den nordafrikanischen und den nahöstlichen Raum hinein. Trotzdem aber blieben die Bemühungen nur Stückwerk (s. ebd.: 6).

Aufseiten der nordafrikanischen Staaten waren mit der Zeit Forderungen nach einem kohärenten Konzept zu hören. Zudem mussten durch die Norderweiterung der EG die bestehenden Abkommen auf diese Staaten ausgeweitet werden. So nahm die EG 1972 Verhandlungen mit dem Ziel auf, einheitliche Verträge für alle Anrainerstaaten des Mittelmeeres aufzulegen. Auf diese Weise wollte die EG zur Stabilisierung dieser Region beitragen, die so wichtig für den Wohlstand des Kontinents war und ist (Zugang zum Erdöl). Dies führte wiederum zu wirtschaftlichen Beziehungen, insbesondere zu unbefristeten Kooperationsabkommen und Handelsbegünstigungen für die Mittelmeerdrittländer (MDL). Der bilaterale Fokus wurde jedoch auch noch weiter aufrechterhalten durch einen Kooperationsrat, in dem immer die EG und ein MDL zusammenkamen (s. ebd.: 6 f.).

In den folgenden Jahren blieb der Bilateralismus zentrales Strukturmerkmal, auch wenn es immer wieder zu Nachjustierungen der Handelsabkommen kam, etwa im Zuge der Süderweiterung der EG, als sich mit Griechenland, Spanien und Portugal die Konkurrenzsituation mittelmeerischer Produkte innerhalb der EG fundamental zuungunsten der MDL verschob (s. ebd.: 7; Schlotter 2007: 282). Auch die zunehmende Wahrnehmung in den 1980er Jahren des südlichen Mittelmeerraumes als potenzielle Bedrohung für Europa – Stichworte hier sind Migration, militante islamische Bewegungen, Proliferation von Massenvernichtungswaffen, verschiedene Konfliktlinien wie der Nahostkonflikt (s. Fund 2001: 219; Masala 2000: 3) – führte zu Anpassungen in der Politik gegenüber den MDL, wie einem beschleunigten Abbau von Handelshemmnissen (s. ebd.: 8), was damals schon als Mittel der Wahl angesehen wurde. Im Kontext eines funktionalistischen Ansatzes erhoffte sich die EG wahrscheinlich Spill-over-Effekte hinsichtlich einer besseren Kooperation vom ökonomischen in den sicherheitspolitischen Raum hinein (s. u. insbesondere S. 6 und 20). In der Mittelmeerregion wurde aber nicht nur eine Drohkulisse gesehen. Die EG wollte auch die Beförderung und Durchsetzung zentraler Interessen, wie die Einbindung des Mittelmeerraumes als Exportmarkt oder auch einfach die verstärkte Nutzung der geographisch-strategischen Lage der Region als Weg nach Nordafrika und in den Nahen Osten, weiter gewahrt sehen. Kurzum, das Mittelmeer war und ist von großer Bedeutung für die EG (s. Kebaili 1988: 91 f.).

Die Bilanz all dieser Bemühungen fällt jedoch bescheiden aus. Auch ein politisches Element, das in den 1970er Jahren auf Initiative der arabischen Länder aufgegriffen wurde und zu einem europäisch-arabischen Dialog führte, brachte vor allem aufgrund des Nahostkonfliktes keine weiteren Ergebnisse (s. Masala 2000: 9). Nach diesen nicht zufriedenstellenden Bemühungen der EG, sich im Mittelmeerraum zu engagieren und dort wirtschaftliches Wohlergehen und, damit einhergehend, auch eine politische Liberalisierung und Stabilisierung „westlich orientierter Systeme" (Kebaili 1988: 119) anzuregen, schlug die Europäische Kommission beim Treffen des Europäischen Rates 1992 in Lissabon eine Partnerschaft zwischen der EG und den Maghrebstaaten vor. Der Europäische Rat beschloss 1994 in Essen schließlich weitere Reformen der Mittelmeerpolitik der (jetzt) EU. Angestrebt wurde ein mehrdimensionaler und langfristiger Ansatz, der sich schließlich nach zähen Verhandlungen – vor allem über die Finanzierung – 1995 in der Konferenz von Barcelona niederschlug.

## 3 Euro-Mediterrane Partnerschaft

Bereits ab 1989 zeigte sich die Europäische Kommission in der Ausformulierung einer nun zunehmend geforderten „umfassenden" Mittelmeerpolitik aktiv. Der neue Grundgedanke, der vonseiten der Kommission in verschiedenen Mitteilungen lanciert wurde, war derjenige einer „Partnerschaft" und „gleichberechtigten Kooperation" (s. Schlotter 2007: 282 f.). Dabei festigte sich der Gedanke einer „Euro-Mediterranen Partnerschaft" (EMP) zusehends zu Beginn der 1990er Jahre vor dem Hintergrund einer immer größeren Auseinandersetzung mit Sicherheitsfragen in Bezug auf den Mittelmeerraum (s. auch Schmid 2006: 113). Immer mehr Initiativen forderten einen neuen Umgang mit den Ländern des Mittelmeeraumes. Sie mündeten schließlich 1994 auf dem Gipfel der Staats- und Regierungschefs in Essen in Erklärungen über die Bedeutung des Mittelmeerraumes für die EU und 1995 in Barcelona in konkrete Schritte hin zu einer Partnerschaft, wie erstmals Spanien gefordert hatte (s. Fund 2001: 257 f.).

Begünstigt wurde diese Entwicklung neben der Einschätzung der Region als eines wichtigen Partners für die EU insbesondere auch von den zu Beginn der 1990er Jahre positiven Entwicklungen im Nahostkonflikt: 1991 wurde in Madrid der Friedensprozess eingeleitet, und 1993 wurden die Osloer Verträge geschlossen. Allerdings wurden diese Erwartungen schnell zunichte gemacht, denn schon 1996 bekam der Friedensprozess massive Risse und entzog der EMP „eine ihrer wesentlichen Grundlagen [...[, nämlich die Kooperationsbereitschaft zwischen Israel und den arabischen Mittelmeerdrittländern" (Jünemann 2005b: 7; vgl. diesbezüglich auch Schäfer 2005). Das Zeitfenster zur Lancierung der EMP war klein, wie sich im Nachhinein herausstellte.

Das Ziel der 1995 auf der Konferenz von Barcelona aufgelegten EMP ist, entsprechend der wahrgenommenen Bedeutung des Mittelmeerraumes einen „Raum des Friedens, der Stabilität und des gemeinsamen Wohlstands" zu schaf-

fen (Jünemann 2005b: 7)[3]. Dabei soll es das Ziel sein, die Region Mittelmeer durch wirtschaftliche Zusammenarbeit zu integrieren, darüber hinaus aber auch z. B. Menschenrechtsfragen und Fragen der Demokratie mit in den Barcelona-Prozess einfließen zu lassen, um eben wahrgenommenen Sicherheitsfragen begegnen zu können. Damit kommen in der EMP die funktionalistischen Instrumente zur Anwendung, die als fester Bestandteil der Gestaltung der Außenbeziehungen der EU gesehen werden können: Über die Gewährleistung und Forcierung von Wirtschaft und Handel sollen auch politische Ziele wie ein dauerhafter Frieden erreicht werden (vgl. Schmid 2006: 113; Vasconcelos/Joffé 2000: 3). Dieses Ziel wird in den drei Körben bzw. Arbeitsbereichen der EMP reflektiert .
Die EMP erinnert dabei nicht nur an Instrumente der Außenpolitik der EU, sondern auch an den eigenen Integrationsprozess. Die EU sieht vor allem sozioökonomische Gründe für die Instabilität der MDL. Hier will sie den MDL bei der wirtschaftlichen Entwicklung helfen, und so besteht der „substantielle Kern" (Jünemann 2000: 66) der EMP aus den pluri-bilateralen Euro-Med-Assoziierungsabkommen, die zwischen der EU und ihren Mitgliedstaaten einerseits und einem MDL andererseits abgeschlossen werden. Das mittelfristige Ziel (bis 2010) war die Etablierung einer euro-mediterranen Freihandelszone. Und so sollen die Handelsbeziehungen der MDL mit der EU – aber auch unter den MDL – gefördert werden. Davon erhofft sich die EU zum einen eine verstärkte Regionenbildung im Mittelmeerraum und zum anderen zunehmende Spill-over-Effekte auch auf der politischen Ebene. Eine verstärkte wirtschaftliche Integration soll somit auch zu einer verstärkten politischen Integration führen und durch das Entstehen von Interdependenzen zur Lösung der in Bezug auf den südlichen Mittelmeerraum wahrgenommenen Problemlagen beitragen.
Allerdings ist die EMP heute – nach dreizehn Jahren ihres Bestehens – großer Kritik ausgesetzt, die sich vornehmlich auf Defizite in angestrebten Leistungen der EU für die Region und eine institutionelle Asymmetrie zwischen der EU einerseits und den (kaum als homogen zu bezeichnenden) Mittelmeerdrittländern andererseits bezieht. Nach einem kurzen Überblick über die wesentlichen Bestandteile der EMP soll auf vorgebrachte Defizite und Asymmetrien sowie ihre Implikationen für die EMP eingegangen werden.
Die EMP weist in ihren Themenbereichen unterschiedliche Governance-Mechanismen auf. Die drei Körbe (politische und Sicherheitspartnerschaft – Korb I –, Wirtschafts- und Finanzpartnerschaft – II –, Partnerschaft im kulturellen, sozialen und menschlichen Bereich – III) weisen unterschiedliche Charakteristika auf. So basiert Korb I im Wesentlichen auf einem multilateralen Dialog, Korb II auf bilateralen Assoziationsabkommen und Korb III auf Strukturen aus beiden Bereichen (vgl. Jünemann 2005b: 7). Die Übersicht bei Philippart (2003: 15 ff.) zeigt die sehr zahlreichen Aktivitäten in den einzelnen Körben.

Korbstruktur       Als das Herzstück der bilateralen Zusammenarbeit im Rahmen der EMP sind die Euro-Med-Assoziierungsabkommen (EMAA) zu nennen. Diese werden zwischen der EU und ihren Mitgliedstaaten auf der einen und einem MDL auf

---

[3] Siehe hierfür auch die auf der Euro-Mediterranen Konferenz im November 1995 angenommene „Barcelona Declaration", mit der die EMP begründet worden ist (Barcelona Declaration 1995).

der anderen Seite abgeschlossen. Für die EMAA ist vonseiten der EU die Europäische Kommission Verhandlungsführerin unter Rückbezug auf den Europäischen Rat und das Europäische Parlament (vgl. Schlotter 2007: 290 f.). Hinsichtlich des multilateralen Bereiches tagt jährlich die Euro-Med-Außenministerkonferenz, vierteljährlich tritt auf der Ebene von Botschaftern der Euro-Med-Ausschuss zusammen, wiederum mit Abgesandten aus den MDL und den EU-Mitgliedstaaten unter Vorsitz der jeweiligen EU-Ratspräsidentschaft. Außerdem gibt es unregelmäßige Fachministertreffen zu einzelnen Sektoren wie z. B. Umwelt, Wasser oder industrieller Kooperation (vgl. ebd.: 291).

Ob allerdings die Governance-Struktur der EMP in der Lage ist, die in der „Erklärung von Barcelona" formulierten ambitionierten Ziele zu verwirklichen, ist angesichts zahlreich formulierter Kritikpunkte infrage zu stellen, ganz abgesehen davon, dass es sich um ein sehr umfangreiches Aufgabenpaket handelt. In Korb I werden Rechtsstaatlichkeit, Einhaltung der Menschenrechte oder friedliche Streitbeilegung genannt. In Korb II soll letztlich im Jahr 2010 eine Freihandelszone errichtet werden. Und im Rahmen von Korb III soll ein Dialog der Religionen und Kulturen erreicht werden (vgl. Barcelona Declaration 1995). Der ambitionierte und auch innovative Ansatz der EMP liegt darin, „den Aufbau einer Werte- und Sicherheitsgemeinschaft zwischen Europa und dem Mittelmeerraum mit intensiver wirtschaftlicher Kooperation sowie vertiefter Süd-Süd-Integration" (Harders 2005a: 15) zu verknüpfen.

Eine vielfach geäußerte Kritik an der EMP betrifft die zahlreichen strukturellen Asymmetrien zwischen der EU und ihren Partnerländern in der EMP, die den Gedanken einer Partnerschaft in den Hintergrund rücken lassen. Zunächst einmal stehen sich zwei unterschiedliche Akteursgruppen gegenüber. Während die EU als ein weitgehend homogener Block erscheint (zumindest von außen betrachtet), trifft das für die Mittelmeeranrainer nicht zu. Es handelt sich bei dieser Ländergruppe auch weniger um eine Akteurs*gruppe* als um einen zu weiten Teilen losen Verbund von um das Mittelmeer gruppierten Staaten. Im Fall MDL gibt es höchstens schwache regionale Gruppierungen, die kaum in der Lage sind, eine integrative Leistung zu erbringen. Vielmehr herrschen diverse Konfliktlinien vor, nicht zuletzt der noch immer ungelöste Nahostkonflikt, zu dem auch arabische Länder unterschiedliche Positionen einnehmen: Der Nahostkonflikt

> „wirkt sich auf die Akteurskonstellation insofern aus, als die arabischen Partner nur selten gemeinsam der EU gegenüberstehen, sondern zumeist als isolierte Nationalstaaten" (Harders 2005b: 391).

Dieser Situation einer mangelnden Integration der südlichen Mittelmeeranrainer untereinander hat die EMP bisher kaum abhelfen können (vgl. Harders 2005b: 396). Eine eigenständige intergouvernementale Organisation, die den Mittelmeerraum als eine Region erkennbar macht, ist bisher nicht entstanden (vgl. Šabič/Bojinović 2007: 333), und der starke bilaterale zweite Korb der EMP deutet darauf hin, dass die EU dies auch nicht wünscht. Die funktionale Definition einer Region betont die Bedeutung von Faktoren wie Kultur oder Markt. Es mag aus konstruktivistischer Perspektive nicht ausgeschlossen sein, dass durch die

Neudefinition von Normen und Identitäten die EMP zur Regionenbildung bei-
trägt. Außerdem könnten sich die MDL durch die Ansprache der EU als Gemeinschaft der südlichen Mittelmeerländer und in Abgrenzung von ihr verstärkt
als Region verstehen. Bedeutsam wäre hier aber auch der Wille der Mittelmeeranrainer selbst. Die hier angesprochenen Punkte der Kritik an der Mittelmeergovernance der EU konterkarieren solche Überlegungen (vgl. Väyrynen 2003:
27).

Asymmetrien zeigen sich aber auch in den institutionellen Strukturen der
EMP. Z. B. verfügt die EMP über kein eigenständiges Sekretariat. Euro-
mediterrane Treffen finden in der Europäischen Kommission in Brüssel statt und
werden auch von dieser vor- und nachbereitet, womit die Kommission faktisch
die Aufgaben eines Sekretariates für die EMP übernimmt. Die Kommission
nimmt überhaupt eine zwiespältige Rolle wahr. Innerhalb der EMP vertritt sie
die Interessen der EU, soll gleichzeitig aber auch die Gesamtinteressen der EMP
verfolgen (vgl. Jünemann 2005a: 360 ff.). Beispielhaft lassen sich die Asymmetrien am Euro-Med-Ausschuss aufzeigen. Dieser Ausschuss soll die Agenda und
das Arbeitsprogramm der EMP überprüfen und diskutieren. Neben der Tatsache,
dass dieses Treffen in Brüssel in der Europäischen Kommission stattfindet, erfüllt die Kommission auch alle organisatorischen Aufgaben. Und während die
beteiligten Länder des Mittelmeerraumes durch jeweils einen Vertreter repräsentiert werden, zeigt sich die EU in Form der EU-Troika und hat somit in diesem
Gremium auch ein personelles Übergewicht (vgl. Philippart 2003: 2). Zudem tritt
die EU auch hier als einheitliche Gruppe auf, während die MDL einzelstaatlich
vertreten werden. Dieses Missverhältnis zugunsten der EU ist auch schon bei der
Darstellung der Beteiligung der verschiedenen Akteure an den Treffen innerhalb
der EMP deutlich geworden: Die relativ homogene Gruppe der EU-Mitgliedstaaten trifft (und dies in mehrfacher Form: einzelstaatlich bis hin zum EU-
Ratsvorsitz) auf die heterogene Gruppe der MDL.

EU-Bias        In der EMP herrscht also insgesamt ein EU-Bias vor, das noch zusätzlich
durch die unilaterale, EU-seitig dominierte Mittelvergabe zur Finanzierung des
Barcelona-Prozesses und seiner Programme untermauert wird (vgl. Philippart
2003: 1). Ein von der Kommission zum zehnjährigen Bestehen der EMP 2005
aufgelegter Bericht über das avisierte Vorgehen in den nächsten Jahren hat auch
keine Änderungen in der institutionellen Struktur oder der Kompetenzverteilung
vorgesehen. Angesprochen wurden lediglich – unter der allgemeinen Schlussfol-
gerung, die EMP habe ihr Potenzial noch nicht ausgeschöpft – inhaltliche Aspekte wie die weitere Umsetzung der Menschenrechte oder die Bekämpfung des
Terrorismus. Der Bericht äußert sich in Bezug auf die Umsetzung einer tatsächlichen Partnerschaft aber auch dahingehend, dass der fehlende Zusammenhalt der
Länder des Mittelmeerraumes untereinander die EU dazu veranlasst hat, in multilateralen Angelegenheiten eine koordinierende Rolle zu übernehmen (vgl.
Commission of the European Union 2005: 1 ff. und 19).

Defizite       Neben Defiziten in der Umsetzung eines wirklich partnerschaftlichen Ver-
hältnisses wird der EMP kaum attestiert, die angestrebten Ziele erreicht zu haben. Der Versuch, eine politische Partnerschaft und eine solche im Sicherheits-
bereich zu schaffen, hat bis heute so gut wie keine Erfolge gezeigt. Gründe hierfür sind die vielfältigen zwischenstaatlichen Konflikte in der Region, die eine

Zusammenarbeit gerade in Sicherheitsfragen erschweren. Außerdem soll aber mit dem überwiegend durch multilaterale Mechanismen geprägten Korb I versucht werden, autoritären Herrschaftsstrukturen zu begegnen, die sich Reformen gegenüber aber kaum zugänglich zeigen und denen gegenüber sich die EU mit Kritik zurückhält. Vielmehr duldet die EU autoritäre Strukturen, da sie eine weitere Destabilisierung der Regime und das daraus entstehende Sicherheitsrisiko scheut – das negative Beispiel im Hintergrund stellt Algerien Anfang der 1990er Jahre dar. Somit fällt auch der Einsatz negativer Konditionalität weitgehend aus, da der Preis der Nicht-kooperation von Ländern, die aus unterschiedlichen Gründen für die EU wichtig sind, recht hoch sein kann. So bieten die Kooperationsangebote der EU an Libyen Vorteile im ökonomischen Bereich und in der Zusammenarbeit bei der Migrationsbekämpfung, die bei einer Ausgrenzung des Ghaddafi-Regimes nicht zu erhalten wären.

Im Bereich einer wirtschaftlichen Partnerschaft haben sich nur teilweise Erfolge eingestellt. Insbesondere in Bezug auf eine verstärkte Kooperation der südlichen Mittelmeeranrainer untereinander ist so gut wie kein Fortschritt erreicht worden, sodass die für 2010 avisierte Umsetzung einer Freihandelszone zumindest fraglich bleiben muss. Auch innerhalb des dritten Korbes – der kulturellen Partnerschaft – gibt es nur geringfügigen Fortschritt zu verzeichnen. Hier werden die Ursachen auf eine starke Elitenkonzentration und die fehlende Bereitschaft einiger Staaten, das Engagement auch zivilgesellschaftlicher Akteure anzuerkennen, zurückgeführt (vgl. Schwarzer/Werenfels 2008: 3 f.; auch Asseburg 2005).

Die EU versucht im Mittelmeerraum die Anwendung eines bereits erfolg- **Zwischenfazit** reichen Modells – als Vorbild dient die OSZE. Ähnlich der erlebten Integration auf dem europäischen Kontinent will man in Nordafrika und dem Mittleren Osten das Modell anwenden, welches schon einmal erfolgreich war, wenn auch damals unter anderen Bedingungen und mit deutlich mehr Mitteln. Der Barcelona-Prozess soll einen rein wirtschaftlichen Horizont überwinden und auch Fragen der Demokratie oder der Menschenrechte ansprechen (vgl. Vasconcelos/ Joffé 2000: 3 ff.). Dieses Ziel erscheint jedoch unter den angeführten Bedingungen von Asymmetrie und einem fehlenden Zusammengehörigkeitsgefühl in der Mittelmeerregion nur schwer erreichbar. Nicht übersehen lässt sich auch die Tatsache, dass es sich beim Barcelona-Prozess um einen von außen (durch die EU) angeregten Prozess handelt, mit dem die EU Eigeninteressen verfolgt. Hier zeigen sich die Grenzen des funktionalistischen Modells, die dazu führen, dass Ownership, d. h. die interessierte Eigenbeteiligung der MDL, zu gering ist oder weitgehend fehlt und der Hegemon EU nicht die Ressourcen hat, durchgreifend gestalterisch tätig zu werden. Somit bleibt es weitgehend bei asymmetrischen, bilateralen Beziehungen.

# 4   Europäische Nachbarschaftspolitik

Ergänzend zur EMP wird vonseiten der EU auch die 2004 ursprünglich für den osteuropäischen Raum entwickelte Europäische Nachbarschaftspolitik (ENP) für die MDL aufgelegt. Auch die ENP möchte neue Trennungslinien durch die Beförderung von Stabilität, Sicherheit und Wohlergehen in ihrer Nachbarschaftsregion vermeiden. Die Mitgliedsländer der ENP erhalten im Gegenzug für die Achtung grundlegender Werte wie Demokratie, Menschenrechte, Rechtsstaatlichkeit bestimmte Vorteile in ihren Beziehungen mit der EU, „darunter ein intensivierter politischer Dialog, die Aussicht auf eine Teilnahme an den vier Grundfreiheiten des europäischen Binnenmarktes, technische und finanzielle Hilfen sowie ein besserer Zugang zu EU-Programmen und Netzwerken" (Zorob 2007: 2).

Kern der Governance-Struktur ENP ist ein bilaterales Vorgehen zwischen der EU und den jeweiligen Drittstaaten. In sogenannten Aktionsplänen werden Reformziele für das jeweilige Land festgehalten; die finanzielle Unterstützung seitens der EU erfolgt über das 2007 neu aufgelegte Europäische Nachbarschafts- und Partnerschaftsinstrument (ENPI), das die bisherigen Programme der EMP wie der ENP ersetzt hat. Hinzu kommen eine positive Konditionalität – also eine „Belohnung" bei Einhaltung der grundlegenden Prinzipien – und auch ein partnerschaftlicher Ansatz der Einbeziehung in europäische Netzwerke und der Auflegung regionaler Programme (vgl. Zorob 2007: 2).

Die ENP spielt in der Mittelmeergovernance eine wichtige Rolle, da sie die EMP-Staaten[4] in die neue Strategie einschließt. Die ENP soll die EMP nicht ersetzen, sondern sie vielmehr ergänzen (s. Zorob 2007: 2). Es bleibt also an dieser Stelle der Frage nachzugehen, welchen möglichen Zugewinn diese Governance-Struktur für die Mittelmeerpolitik der EU bedeuten kann und welches Bild sich in Bezug auf die angesprochenen Defizite und Asymmetrien zeigt.

Da die Strukturen der ENP diejenigen der EMP nicht ersetzen, sondern ergänzen sollen, bedeutet dies keine Änderung in den aufgezeigten strukturellen Asymmetrien und mithin keine Stärkung des partnerschaftlichen Aspektes der EMP. Allerdings erfahren die MDL eine Doppelstruktur der EU-Außenbeziehungen; ob dies jedoch dazu führt, dass sich die MDL als eine eigene, spezifische Region mit einer eigenen Governance-Struktur durch die EU wahrnehmen, bleibt zumindest zu hinterfragen. Schmid (2006: 120 f.) kommt zu dem Schluss, dass die ENP die bereits bestehenden Kooperationswege im Mittelmeerraum verstärken könnte, auch seien die allgemeinen Ziele der ENP wie des Barcelona-Prozesses (die Schaffung von Stabilität in einem friedlichen Kontext) durchaus kompatibel; dies ändere jedoch nichts an den inhärenten Problemlagen des südlichen Mittelmeerraumes.

Als einen Kritikpunkt in Bezug auf den Umgang mit den MDL durch die ENP wertet Schmid (s. 2006: 125 f.) den starken Bilateralismus innerhalb der Nachbarschaftspolitik. Die Betonung des Bilateralismus anhand der Vereinbarung von Aktionsplänen zwischen der EU und einzelnen Staaten im Rahmen der ENP kann ihrer Meinung nach dazu führen, den partnerschaftlichen Anspruch der EMP zu untergraben. Hakim Darbouche (2008: 385) befürchtet zum Beispiel, dass durch die bilaterale Vorgehensweise die Reibungen zwischen Ländern wie Marokko und Algerien, deren Rivalität sich auch in der unterschiedlichen

---

[4] Nur die Türkei ist als offizielle Beitrittskandidatin kein Mitglied der ENP, die prinzipiell keine Beitrittsperspektive bieten soll.

Sichtweise der ENP-Aktionspläne (Marokko: zustimmend, Algerien: ablehnend) zeigt, eher verstärkt werden könnten.

Die ENP wie auch die EMP als Art und Weise des Umgangs der EU mit ihrem geographischen Umland werden von Simonis u. a. (2007) unter einem alternativen Verständnis von Hegemonie gefasst. In diesem Verständnis bezieht sich der Begriff Hegemonie nicht auf die Umschreibung zwischenstaatlicher Vormacht, einhergehend mit militärisch dominierter Machtausübung. Vielmehr wird hier auf einen gramscianisch geprägten Hegemoniebegriff verwiesen, der auch ein sich gegenseitig beeinflussendes zwischengesellschaftliches Verhältnis zwischen dem Hegemon (EU) und den Hegemonisierten (Nachbarstaaten, MDL) zulässt. In diesem Hegemoniebegriff ist die Rede von Softpower und einem transnationalen Herrschaftsverhältnis anstelle harter, militärisch geprägter Vormachtstellung. Die wesentliche Unterscheidung dieser beiden Hegemoniebegriffe, auf die hier als ein wichtiges Charakteristikum auch der Politik der EU in ihrem Außenverhältnis verwiesen werden soll, ist, dass die „weiche" Form der Vormacht Ausdruck der machtvollen (z. B. ökonomischen) Stellung des Hegemons ist *und* Folgebereitschaft auslöst. D. h., dass die angesprochenen Gesellschaften bzw. Teile derselben zumindest in Teilen bei den vom Hegemon gemachten Vorgaben „mitmachen". Dies umso mehr, als es sich bei der EU nicht um ein politisches Gebilde mit diktatorischen Zügen, sondern um einen „supranationale[n], liberal-demokratisch-kapitalistischen Staatenverbund" (ebd.: 369) handelt (s. ebd.: 367 ff.)

Insgesamt ist die ENP eine hegemoniale Beziehung im gramscianischen Sinn (s. ebd.: 368), die auf Folgebereitschaft und einer weichen Steuerungsform transnational-gesellschaftlicher Vorherrschaft basiert und den Partnerländern Vorteile für die Akzeptanz dieser Hegemonie verspricht. Die EU-Politik hat dabei zwei Seiten: „Unmittelbar geht es darum, mögliche negative Effekte für die Nachbarn der neuen Mitgliedstaaten vor allem in den Grenzregionen zu kompensieren und neue Trennungslinien zu vermeiden oder abzumildern" (Lippert 2006: 164). Andererseits geht es, so Ferrero-Waldner (s. 2006: 140), gerade um Grenzziehungen, um z. B. Migration zu kontrollieren. Neue Grenzkonzeptionen seien also gefragt. Die EU definiert im Wesentlichen, wofür eine solche Grenze offen – wie für ihre Warenexporte – und wofür sie geschlossen ist. Ein kohärenter Ansatz für den Mittelmeerraum als politische Region ist innerhalb der ENP jedenfalls nicht zu erkennen.

An dieser Stelle soll auf der Basis des bisher Gesagten ein Zwischenfazit *Zwischenfazit* hinsichtlich der Mittelmeergovernance durch die EU gezogen werden. Festzuhalten bleibt als Erstes, dass die Mittelmeergovernance im Rahmen der EMP nur schwerlich als eine Partnerschaft auf Augenhöhe gesehen werden kann. Der fehlende Einbezug der MDL in die institutionelle Umsetzung und Gestaltung des Barcelona-Prozesses lässt diesen als einen einseitig EU-dominierten Prozess erscheinen. Das Ausbleiben einer Regionenbildung befördert bestehende Asymmetrien. Zwar mag die ENP wie ein weiterer Schritt dahingehend erscheinen, die Beziehungen zwischen der EU und den MDL zu stärken (vgl. Šabič/Bojinović 2007: 326), aufgrund des bilateralen Charakters der ENP aber ohne den Anspruch, eine Region zu stärken. So fragt auch Schmid angesichts der Tatsache, dass die ENP im Mittelmeerraum bereits auf ein Beziehungsgeflecht (die EMP) trifft, danach, wie Partnerschaft und Nachbarschaft unter einen Hut gebracht werden können und ob nicht die ENP das Ende des regionalen Ansatzes der EMP bedeutet (s. Schmid 2006: 111).

Es dürfte deutlich geworden sein, dass das Aufstellen von Institutionen und das Etablieren von Governance-Strukturen zur Steuerung eines Aspektes (wie dem wirtschaftlichen Bereich) allein keinen zwingenden automatischen Spill-over-Effekt auf andere Bereiche (z. B. die politische Kultur) auslösen. Dies hat auch schon der Neofunktionalismus angemerkt (s. List 1999: 87). Es ist anzunehmen, dass es der Bereitschaft aufseiten aller Beteiligten bedarf (in unserem Fall also der EU auf der einen Seite wie auch der MDL auf der anderen Seite), um tatsächlich eine Kooperation anregen zu können. Die Frage, um die es hierbei geht, ist diejenige, ob eine von allen Akteuren so definierte Problemlage im Mittelpunkt steht, die zur Bildung einer Institution bzw. zu einer Kooperation führt (s. Hartmann 2001: 21). Oder anders formuliert, ob ein allseits anerkannter Problemlösungsbedarf aufgrund internationaler Interdependenzen besteht (s. Meyers 2000: 449 f.).

In der Darstellung der intentional errichteten[5] Governance-Strukturen EMP und ENP sowie der darin zum Ausdruck kommenden Asymmetrien hat sich gezeigt, dass insbesondere vonseiten der EU ein Steuerungsbedarf im Mittelmeerraum erkannt wird und die Organisation daher ein großes Interesse an der Genese und Weiterentwicklung dieser Strukturen hat. Ergebnis ist ein einseitig dominierter Prozess, der aber trotz – oder gerade wegen – des institutionellen und ökonomischen Übergewichtes der EU bisher zu keinen zufriedenstellenden Ergebnissen geführt hat. Anzumerken bleibt die diffizile Akteurskonstellation: Die EU kann im Mittelmeerraum nicht mit nur einem Partner verhandeln, sondern muss die – teilweise auch stark konfliktären – Interessen verschiedener Akteure unter einen Hut bringen.

## 5  Sarkozys Vorschlag: Mittelmeerunion außerhalb der EU

Somit stagnierte seit 2005 der Barcelona-Prozess weitgehend, und die ENP war im Wesentlichen eine von der EU lancierte Politik, um den nach der Erweiterung im Osten auftretenden Problemen zu begegnen. Die MDL wurden erst aufgrund des Druckes der südlichen EU-Länder, die eine Verschiebung des EU-Fokus in den Osten befürchteten, in die ENP aufgenommen. Das Konstrukt der ENP unterminierte die Regionenbildung (Browning/Joenniemi 2008: 538) und erwies sich als ungeeignet, der Kooperation mit den MDL neues Leben einzuhauchen.

*Sarkozys ursprünglicher Plan*      In dieser Situation preschte Frankreichs Präsidentschaftskandidat Nicolas Sarkozy in seinem Wahlkampf mit der Ankündigung vor, im Fall des Wahlerfolges eine Mittelmeerunion gründen zu wollen. In seiner Rede in Toulon am 7. Februar 2007 skizzierte er deren Grundzüge: Alle Mittelmeerländer, aber auch

---

[5] Intentional errichtete Governance-Strukturen als gegensätzlich zu einer evolutionär bedingten Herausbildung von Institutionen zur Steuerung bestimmter Bereiche (s. Simonis/List/ Fiebich/ Elbers 2007: 343).

nur diese, sollten Mitglied sein; ein Mittelmeerrat sollte nach dem Vorbild des EU-Rates das höchste Gremium sein; ein System der kollektiven Sicherheit sollte eingerichtet werden, und die Regelung der Migration sollte ebenso wie viele andere mittelmeerübergreifende Themen durch die Mittelmeerunion übernommen werden (Sarkozy 2007). Nach seiner Wahl wurden von der neuen französischen Administration entsprechende Pläne ausgearbeitet, die ein eigenes Sekretariat und eine Ko-präsidentschaft mit einem EU- und einem MDL-Land vorsahen und Frankreich zunächst eine Führungsrolle zuspielten.

Frankreich wurde also initiativ tätig und war
Frankreich als „policy entrepreneur"

> „policy entrepreneur. Whereas the policy window expresses a set of background conditions, the policy entrepreneur adds an agential element to the picture" (Bicchi 2007: 3).

Ein solcher politischer Unternehmer (neben Staaten können dies auch die EU-Kommission oder andere Beteiligte sein) ist nach Bicchi neben dem Vorhandensein einer Grundidee, die es in unserem Fall schon länger gab, die zweite Bedingung für die Existenz einer europäischen Außenpolitik. Als drittes Element sieht sie die anschließende gemeinsame Definition der Ideen, die Formulierung der Probleme in gemeinsamen Begriffen und die Ausarbeitung gemeinsamer Lösungen (Bicchi 2007: 2–4).

Im Fall UfdM erntete der Initiator zunächst Kritik. Selbst in den europäischen Mittelmeerländern stieß diese Initiative auf Skepsis. So sagte der Vorsitzende des auswärtigen Ausschusses im spanischen Parlament, Josep Antoni Duran i Lleida:

> „Die europäische Mittelmeerpolitik darf nicht nur auf diese Mittelmeeranrainerstaaten reduziert werden. Im Gegenteil glaube ich, dass eine Mittelmeerunion, die einige EU-Staaten ausschließt, nicht akzeptabel ist. Eine effektive Mittelmeerpolitik kann nur als gemeinsame Politik aller europäischen Staaten geschehen" (Duran i Lleida 2007).

Aufgrund der vielfältigen Verflechtungen der EU-Mitgliedstaaten im finanziellen Bereich und der Verlagerung von Entscheidungsrechten in für die Mittelmeerpolitik zentralen Feldern wie der Migrations- und der Handelspolitik auf die EU-Ebene ist diese Auffassung nicht unbegründet. Die kritischen Stimmen bezogen ihre Unterstützung aber auch aus den vermuteten Motiven für den französischen Vorschlag. Frankreichs Initiative zur Mittelmeerunion außerhalb der EU sei machtpolitisch motiviert, um a) die Deckung des Energiebedarfs durch eine engere Kooperation insbesondere mit Algerien und Libyen zu sichern, b) „Gewichte in Europa zugunsten Frankreichs zu verlagern", c) die Wiederwahl Sarkozys zu sichern, da er rechtsgerichtete Wähler „durch Verhandlungen mit den Maghrebstaaten" über effektive Maßnahmen zur Eindämmung der Migration an sich zu binden hoffte (Kempin 2008: 17–18), d) die französische Kolonialpolitik zu rehabilitieren und e) den Beitritt der Türkei zur EU zu vermeiden (Bowen 2007: 11–12). Insgesamt, so die Kritiker, sei das Ziel, eine neue, französisch dominierte Governance-Struktur im Mittelmeerraum aufzubauen, die den Barce-
Argumente der Kritiker

lona-Prozess, die ENP und somit die gemeinsame Außenpolitik der EU gegenüber den Mittelmeerländern unterminieren könne.

Aber nicht nur für Frankreich, auch für Deutschland und die anderen EU-
Nichtanrainerstaaten spielt der Mittelmeerraum eine bedeutende politische Rolle.
Für wesentliche Sicherheitsinteressen der EU insgesamt (Öl und Gas, Terror,
Migration) ist der Mittelmeerraum entscheidend. Daher setzte sich gerade in
Deutschland eine Position durch, die der ehemalige Außenminister Joschka Fi-
scher wie folgt zusammenfasste:

**Position
Deutschlands**

„Eine parallele Mittelmeerpolitik der EU-Anrainerstaaten jedoch, außerhalb der EU-
Außenpolitik und angeführt von Frankreich, würde die EU spalten und dadurch ihre
Handlungsfähigkeit in diesem für Europas Sicherheit entscheidenden Raum schwächen. Dies wäre ein großer Rückschritt für die gemeinsame Außenpolitik der EU
und liefe zudem gegen die Interessen der Nichtanrainerstaaten innerhalb der EU, angeführt von Deutschland" (Fischer 2008: 2).

Seit Ende der 1980er Jahre gilt in der EU Deutschland als Fürsprecher seiner
östlichen Nachbarländer, während die südeuropäischen Länder als Mentoren für
Europas südliche Peripherie auftraten. In diesem Balanceakt ist Angela Merkels
Ablehnung der ursprünglich geplanten Mittelmeerunion ebenso begründet wie in
der Wahrnehmung, dass Präsident Sarkozy durch die stärkere Südbindung
Frankreichs die deutsch-französische Allianz schwächen könnte (Schumacher
2008: 14). Deshalb stand Deutschland an der Spitze der Opposition gegen die
französischen Pläne.

## 6   Der Kompromiss: die „Union für das Mittelmeer"

**Kompromissfindung**

Im Vorfeld des Gipfels der EU-Regierungschefs im März 2008 handelten dann
Kanzlerin Angela Merkel und Präsident Nicolas Sarkozy einen Kompromiss aus,
der in der Folge auf dem Gipfel selbst verabschiedet und von der EU-
Kommission ausgearbeitet wurde. Zwischen dem EU-Gipfel im März und dem
geplanten EU-Mittelmeergipfel am prestigeträchtigen Tag vor dem französischen
Nationalfeiertag gab es große diplomatische Bemühungen insbesondere der französischen Regierung, die MDL für die Beteiligung an der UfdM und die Staats-
und Regierungschefs für die Teilnahme am Gipfeltreffen in Paris zu gewinnen.
Schließlich kamen am 13. Juli 2008 aus allen 43 beteiligten Ländern Staats- und
Regierungschefs zusammen, und der „Barcelona-Prozess: Union für das Mittelmeer" wurde mit viel „Spektakel" (Fritz-Vannahme 2008) gegründet – ein Beispiel symbolischer Politik, das allerdings auch Arena für Gespräche im Hintergrund war und als Schauplatz bedeutender politischer Entwicklungen wie der
von der Aufnahme politischer Beziehungen zwischen dem Libanon und Syrien
begleiteten Rückkehr Syriens in die internationale Gemeinschaft (Helberg 2008)
diente.

Sarkozys Pläne wurden im Vorfeld durch die Kompromissfindung innerhalb
der EU deutlich zurechtgestutzt. Insbesondere wurde die Mittelmeerinitiative
unter die Fittiche der EU genommen; alle Mitgliedsländer der EU sind Mitglied
der neuen Organisation. In den von der EU-Kommission ausgearbeiteten Plänen

wurde auch der Name geändert: Aus der „Mittelmeerunion" wurde „Barcelona-Prozess: Union für das Mittelmeer"[6] (UfdM). Diese Namensänderung zeigt eindeutig eine Abkehr vom Ansatz der Regionalisierung, wie in die ursprünglichen Sarkozy-Pläne verfolgten:

> „Union for the Mediterranean, which literally speaking refers to efforts to be done by many actors (whether Mediterranean or not) for the benefit of Mediterranean countries. But there is no visible intention of changing the identity of those actors" (Tovias 2008: 25).

Sarkozy selbst formulierte, stark abweichend von den ein Jahr vorher verkündeten Plänen:

> „The Union for the Mediterranean does not have the same purpose as the European Union. Its purpose is not to bring about political integration in the Mediterranean, but to organise the closest cooperation possible to create the conditions for reconciliation" (Sarkozy 2008).

*Ziel der UfdM: Aussöhnung*

Das Kommissionspapier vom 20. Mai 2008, das die Basis für die UfdM legte, gibt als Ziel für die künftige Governance-Struktur vor, für die unterschiedlichen Prozesse eine gemeinsame Verantwortung zu etablieren (Commission of the European Communities 2008: 5–6). Hierunter fasst die Kommission auch die geplante Kopräsidentschaft jeweils eines EU-Landes mit einem südlichen Partnerland, wobei auch hier die ursprünglichen Sarkozy-Pläne weitgehend verändert wurden. Während Sarkozy eine zweijährige Amtsperiode für beide Präsidentenländer vorschlug, wird aufgrund des Einspruchs der EU-Kommission der EU-Vorsitz analog zur EU-Präsidentschaft jedes halbe Jahr wechseln. Dadurch werden auch EU-Länder, denen als Nichtanlieger ein primäres Interesse an der Mittelmeerproblematik fehlt, den Vorsitz übernehmen. Den französischen Elan in der Mittelmeerpolitik haben Tschechien und Schweden, die im Jahr 2009 die EU-Ratspräsidentschaft innehatten, nicht aufgebracht. Turnusgemäß werden im ersten Halbjahr 2010 mit Spanien und im zweiten Halbjahr 2012 mit Zypern wieder Mittelmeerländer die EU-Ratspräsidentschaft übernehmen. Dadurch könnte die Mittelmeerpolitik zyklisch mehr oder weniger stark in den Fokus der EU-Politik rücken.

*Struktur der UfdM*

Der Kovorsitz birgt aber noch ein weiteres Problem: Vonseiten der Partnerländer wird es sehr schwierig sein, sich auf einen Kandidaten für den Vorsitz zu einigen, da die Konflikte und Feindschaften in der Region vielschichtig sind. Da Mehrheitsentscheidungen dazu führte, dass z. B. Israel keinerlei Chancen auf den Präsidentenposten hätte, schlägt die EU-Kommission vor, dass dieser Posten im Konsens, dann aber auf zwei Jahre vergeben wird (Commission of the European Communities 2008: 6). Eine solche Doppelführung mag zwar „politisch korrekt", aber nicht sehr effizient sein (o. V. 2008b). Wie sehr der israelisch-

*Blockademöglichkeiten*

---

[6] Auf dem Treffen der Außenminister der UfdM-Länder am 4. November 2008 wurde „Barcelona-Prozesss" aus dem Titel gestrichen; die neue Organisation heißt somit offiziell „Union für das Mittelmeer" (Council of the European Union 2008: 3).

arabische Konflikt auch die neue UfdM bestimmen und bremsen[7] kann, zeigte sich im zweiten Halbjahr 2008, also direkt nach der Gründung, als es zu einer viermonatigen Blockade der UfdM kam. Streitpunkt war, ob die Arabische Liga bei der UfdM mit am Verhandlungstisch sitzen sollte, worauf man sich mit Vorbehalten sowohl auf israelischer als auch auf arabischer Seite[8] schließlich einigte. Im Gegenzug stellt Israel nun einen der fünf stellvertretenden Generalsekretäre für drei Jahre, mit der Aussicht, dass dies verlängert wird (o. V. 2008). Die Euphorie des Neuanfanges verflog also sehr schnell, und wie Skeptiker schon im Vorfeld des Gipfels vermutet hatten:

> „The Barcelona Process is still there but it has failed to deliver [...] the Arab-Israeli conflict has impeded any form of cooperation. The union is a new attempt that has more regional dimensions but it may face the same obstacles as Barcelona" (Ahmet Abul-Gheit, ägyptischer Außenminister; zit. in: El-Bey 2008).

Der politische Alltag des Aushandelns von Kompromissen in Institutionsbildungs- und Verfahrensfragen blockiert weiterhin die ministeriellen Termine.

Sekretariat Zur Verbesserung der institutionellen Governance-Strukturen wird in Barcelona (o. V. 2008a) ein neues Sekretariat mit etwa zwanzig Mitarbeitern eingerichtet, das die UfdM sichtbarer und relevanter machen und einen starken Fokus auf die Abwicklung der Projekte haben soll (Commission of the European Communities 2008: 6). Es sollte paritätisch mit Mitgliedern aus dem Norden und dem Süden besetzt werden (Sarkozy 2008). Gerade in einer Region, die von vielen Konflikten geprägt ist, hat dies Vor- und Nachteile. Der Vorteil liegt darin, dass es eine Kooperation auf Projektbasis geben kann und die „hohe Politik" im Sekretariat außen vor bleibt. Der Nachteil liegt darin, dass ein schwaches Sekretariat im Konfliktfall kaum schlichtend wird eingreifen können. Fraglich ist derzeit auch noch, welche Kompetenzzuweisungen das neue Sekretariat in der von Doppel- und Dreifachstrukturen (EMP, ENP, Afrikapolitik, Erweiterungspolitik) geprägten EU-Mittelmeerpolitik zugeschrieben bekommt.

Union der Projekte Eine größere Vision, wie sie noch die EMP insbesondere in Bezug auf die Demokratisierung und die Achtung der Menschenrechte in den MDL hatte, fehlt ungeachtet der wolkigen Formulierungen z. B. in der Abschlusserklärung des Pariser Gipfels (Joint Declaration 2008). Auch Sarkozys ursprüngliche Mittelmeerunion sollte ein umfassendes „unifying project" für den Mittelmeerraum sein; die UfdM ist allerdings eine „union of projects" (Driss 2008: 22–23). Dies zeigt sich auch daran, was auf dem ersten Koordinationstreffen der arabischen Länder im Mai 2008 in Kairo besprochen wurde: von der EU vorgeschlagene Projekte zum Transport auf dem Mittelmeer, zur Solarenergie, zum Zivilschutz

---

[7] Aufgrund dieses Disputes wurde z. B. eine Ministerkonferenz zu Wasserfragen am 29.Oktober 2008 in Jordanien verschoben (Vogel 2008).
[8] Von israelischer Seite hieß es, dass der Barcelona-Prozess niemals direkte bilaterale Verhandlungen ersetzen könne, um den arabisch-israelischen Konflikt zu lösen. Ein Sprecher der Arabischen Liga warnte, dass die Beteiligung der Arabischen Liga nicht zu einer Normalisierung der Beziehungen zu Israel führen werde (o. V. 2008a). Die arabische Sichtweise beleuchtet Ezzat 2008 ausführlicher.

gegen Naturkatastrophen und zur Reinhaltung des Mittelmeeres (El-Bey 2008)[9]. In seiner Rede in Tunis am 30. April 2008 betonte Präsident Sarkozy den Vorteil dieses Ansatzes:

> „I suggested that this union should arise from concrete projects, taking the same approach hitherto adopted by Europe's founding fathers. [...] It is a mistake to use reconciliation as a starting point. We must start from projects. When projects are successful, we get reconciliation as a result" (Sarkozy 2008).

Nicolas Sarkozy rekurriert hierbei auf das Vorbild der europäischen Integration, deren Grundproblem in der „friedlichen Organisation des europäischen Staatensystems" (List 2006: 87) bestand, die über den Weg einer projektbezogenen Kooperation von Ländern erreicht wurde, die sich wenige Jahre zuvor noch bekriegt hatten. Startpunkt für die europäische Integration war 1951 die Europäische Gemeinschaft für Kohle und Stahl, also ein maßgeblicher Bereich des produktiven Sektors, und die nach den Römischen Verträgen 1957 immer weitergehende wirtschaftliche Verflechtung führte – ganz nach dem (neo)funktionalistischen Theoriemodell internationaler Beziehungen (s. im Überblick: Conzelmann 2003) – zu einem Übergreifen auf andere Politikbereiche, einer verstärkten Integration und zum Friedensraum Europa.

**Vorbild: europäische Integration**

Insgesamt ist auch die UfdM nicht primär darauf angelegt, die Kooperation zwischen den Mittelmeerländern zu vertiefen. Die EU bleibt der Hauptfinanzier, und in die UfdM als EU-induzierte und -dominierte Governance-Struktur werden in starkem Maß die realistisch dominierten Interessen der EU eingespeist, die EU-Außenkommissarin Benita Ferrero-Waldner schon mit Blick auf die ENP formuliert hatte:

**EU: realistischer Akteur**

> „The EU's aim is to expand the zone of prosperity, stability and security beyond our borders. The question is how to use our soft power to leverage the kinds of reform that would make that possible" (Ferrero-Waldner 2006 139).

In den ENP-Aktionsplänen spiegelt sich dies wider: Als Ergebnis seiner Analyse des ENP-Aktionsplanes zum Libanon kommt der dänische Politologe Peter Seeberg zu dem Schluss, dass die EU ein realistischer Akteur in normativen Kleidern sei (Seeberg 2009: 95). Die ENP war und ist „Ordnungspolitik im Nachbarschaftsraum" (Lippert 2005: 47), und die UfdM ist der Versuch, die zuvorderst auf den osteuropäischen Raum zugeschnittene und infolgedessen im arabischen Raum teilweise ungeliebte ENP durch eine Governance-Struktur zu ersetzen, die unauffälliger und daher eventuell erfolgreicher in hegemonialer Weise in den arabischen Nachbarschaftsraum einwirken kann. Die algerische Position als ein Vorreiter der EMP, aber Ablehner der ENP verdeutlicht dies (s. Darbouche 2008), und auch arabische Analysten sehen deutlich, wer agiert und wer reagiert:

---

[9] Im Vorfeld des Pariser Gipfels kritisierte der ehemalige libanesische Finanzminister George Corm (2008), dass die vorgeschlagenen Projekte die Realwirtschaft, d. h. den produktiven Bereich, außen vor ließen und somit „an den Realitäten" in den MDL vorbeigingen.

„The Arab nation is still a place for action from outside while we merely react. [...]
we should first work to establish stronger inter-Arab ties before arranging for external relations" (Ahmed Youssef, ägyptischer Politologe, zit. in: El-Bey 2008).

# 7  Fazit

Keine
Regionenbildung

Zur Regionenbildung gibt es in der IB-Diskussion eine breite Debatte, wobei
hier Region in der traditionellen IB-Sichtweise als „sub-areas of the international
system" (Hocking 1997: 90) verstanden wird.[10] Geographische Regionen wie die
Länder, die an das Schwarze Meer grenzen, institutionalisierten sich politisch
nach dem Ende des Ost-West-Konfliktes ebenso wie funktionale Regionen, die
ökonomisch, ökologisch oder kulturell definiert sein können (Väyrynen 2003:
26). Gerade die Meeranliegerstaaten haben viele gemeinsame Probleme (Ver-
schmutzung, Verkehrsrouten, Fischereirechte) und Interessen (Intensivierung des
Handels), die nach dem Wegfall des Eisernen Vorhanges zur Institutionalisierung der regionalen Kooperation führten. So schlossen sich die Nordseeländer
1989 zur Nordseekommission zusammen, und 1992 wurden das Council of the
Baltic Sea und die Black Sea Economic Cooperation gegründet. In allen diesen
Organisationen stellen die Anrainerländer die Mitglieder (wobei es weitere Mitglieder und Länder mit Beobachterstatus gibt). Für das Mittelmeer gibt es eine
solche übergreifende Organisation nicht. Weder die ENP noch die UfdM ent-
stammt dem Wunsch der Mittelmeerländer selbst; sie stellen keine genuin von
ihnen initiierte und aufrechterhaltene Organisation dar, sondern sind Vehikel der
EU, um ihre Mittelmeerpolitik zu verfolgen. Aber warum gibt es keine Regio-
nalorganisation für das Mittelmeer? Unsere Antwort darauf lautet: Weil die gemeinsamen Interessen der Mittelmeerländer auf allen Gebieten, die zu einer
regionalen Kooperation führen können, sehr schwach ausgeprägt sind. Weder die
südlichen noch die nördlichen Anrainerstaaten des Mittelmeeres wünschen sich
ernsthaft eine mittelmeerweite Kooperation, und die EU möchte zwar mit ihrer
Politik und den Governance-Strukturen, die sie im Mittelmeerraum aufgebaut
hat, die Entwicklung der einzelnen Länder fördern, ihre Sicherheit wahren und
ihre Exportmöglichkeiten erhöhen, aber möglichst im bilateralen Rahmen. An
einer starken Konkurrenzorganisation im Mittelmeerraum hat die EU – und in ihr
vor allem die nördlichen Mitgliedstaaten – wenig Interesse. Die EU ist immer
noch eine Organisation mit Mitgliedern, die inhomogene Interessenlagen haben.
Infolgedessen muss die EU als Organisation Widersprüche aushalten; im Ergebnis kommt dann häufig eine Politik auf dem kleinsten gemeinsamen Nenner
heraus. Daher befördern die in der ENP aufgebauten Governance-Strukturen die
bilaterale Kooperation, aber nicht die Regionenbildung, weder in Osteuropa noch
im Mittelmeerraum. Die EU möchte möglichst wenig Konkurrenz und minimier-
te Doppelloyalitäten ihrer am Mittelmeer liegenden Mitglieder Frankreich, Spanien, Italien, Griechenland, Zypern und Malta. Die südlichen Mittelmeerländer
sind zerstritten und kaum zur Kooperation untereinander fähig; somit ist aufsei-

---

[10] Im Gegensatz zur breiten Literatur über substaatlichen Regionalismus; z. B. Fürst 2007.

ten der MDL der Einzelstaat der offensichtliche Ansprechpartner in einer asym-
metrisch-bilateralen Beziehung zwischen der EU und den jeweiligen Partnerländern, die allerdings durch die EMP, die ENP und die UfdM institutionell eingebunden und normativ unterfüttert wurde.

In Bezug auf das Governance-Konzept lässt sich die Mittelmeerpolitik der
EU in den letzten fünfzehn Jahren als eine Abfolge von Versuchen, partiellen
Erfolgen und Misserfolgen, Irrtümern und Rejustierungen der Governance-
Struktur beschreiben, die aber selten einer größeren Strategie für den Mittelmeerraum folgten, sondern häufiger von Interessenpolitik sowohl vonseiten der südlichen Mittelmeerländer als auch von der EU und ihren Mitgliedstaaten dominiert
wurden.

> Mittelmeerpolitik ist
> Interessenpolitik

Ein erstes Beispiel hierfür ist die auf der Marseiller Konferenz 2002 auf Betreiben der arabischen Länder erfolgte Verringerung des Anspruches an die
EMP, d. h. das weitgehende Überbordwerfen der Demokratisierungsbemühun-
gen. Die arabischen Länder, für die Sicherheit immer in erster Linie die Sicherheit ihrer autokratischen Regime bedeutet (s. für Jordanien und Marokko: Elbers
2008: 140 ff.), konnten diesen Schritt im Nachklang der islamistischen Terroranschläge am 11. September 2001 in den USA durchsetzen, da in dieser Situation
auch die EU hauptsächlich an Stabilität in der Region und Zusammenarbeit im
Kampf gegen den Terror interessiert war.

Ebenso entsprang zweitens die Einbeziehung der EMP unter dem Schirm
der neuen ENP ab 2004 nicht primär neuen strategischen Überlegungen der EU
gegenüber den Mittelmeerländern, sondern die nach der großen Erweiterung neu
hinzugekommenen Nachbarländer im Osten sollten durch die ENP beeinflusst
und in eine Governance-Struktur eingebunden werden. Für die Mittelmeerpolitik
war die Einbeziehung in die ENP eher kontraproduktiv, weil auch einige südliche Partnerländer diese politische Logik sahen und teilweise wie Algerien eine
Zusammenarbeit unter dem Schirm der ENP ablehnten oder ihr zumindest skeptisch gegenüberstanden. Prinzipiell kann es der EU gleichgültig sein, ob sie die
gewünschte Wohlstands-, Stabilitäts- und Sicherheitszone um sich herum bilateral oder multilateral gestalten kann. Um die unfreundlichen bis feindlichen Beziehungen der südlichen Mittelmeerländer untereinander aufzubrechen, erscheint
ein multilateraler partnerschaftlicher Ansatz allerdings trotz aller Probleme erfolgversprechender zu sein – wenn die Partnerländer im Mittelmeerraum diesen
Ansatz aufgreifen und der Versuch des funktionalistischen Spill-overs von der
wirtschaftlichen Kooperation in den politischen Bereich gelingt.

Ein drittes Beispiel sind Entstehung und Entwicklung der UfdM. Die Initiative entstand aus dem Wahlkampfinteresse eines – des aussichtsreichsten – französischen Präsidentschaftskandidaten, also noch nicht einmal aus einem wie
auch immer definierten Länderinteresse Frankreichs. In der Kompromissfindung
dominierten die Positionen Deutschlands und der anderen EU-Länder bezüglich
der Machtverteilung innerhalb der EU wie auch in der Gestaltung der Außenbeziehungen. Die Partnerländer spielten dabei ebenso eine marginale Rolle wie
strategische Überlegungen zur Entwicklung des Mittelmeerraumes.

Die konflikthafte Atmosphäre im südlichen Mittelmeerraum, am deutlichsten im Nahostkonflikt, behindert weiterhin sowohl die Kooperation im Sinne
einer gemeinsamen Strategie als auch die Ausbildung geeigneter und angepasster

Governance-Strukturen, wie unser Aufsatz gezeigt hat. Sowohl für Israel wie auch für die arabischen Länder ist jede Kooperation miteinander im Rahmen der Mittelmeerpolitik innenpolitisch heikel und die Konfrontation in einer Arena wie der UfdM innenpolitisch erfolgversprechend, weil sie populistisch nutzbar ist. Somit wird es aufgrund der tieferliegenden Konflikte im südlichen Mittelmeerraum weiterhin zu Behinderungen und Verzögerungen im Aufbau der neuen Governance-Struktur und der Umsetzung der Projekte kommen.

**Wandlungen in der Governance-Struktur:**

**organisatorisch ...**

Wenn man sich die Governance-Struktur der Mittelmeerpolitik in den letzten fünfzehn Jahren anschaut, kann man sie vielleicht als amöbenhaft bezeichnen. Es gibt einen Kern, der die EU-Mittelmeerpolitik betreibt und der in der EU-Kommission angesiedelt ist. Die zunächst vergleichsweise kleine EMP (1995: fünfzehn EU-Mitgliedstaaten plus zwölf von der EU ausgewählte Drittstaaten) wuchs beträchtlich; die UfdM umfasst nunmehr 27 EU-Länder, von denen Zypern und Malta bis 2003 Drittländer waren, sechzehn Drittländer und ein Land (Libyen) mit Beobachterstatus. Somit sind mittlerweile alle Mittelmeerländer erfasst worden, was unter der Perspektive der Bearbeitung der Probleme des Mittelmeerraumes positiv zu sehen ist, aber auch viele Länder, für die das Mittelmeer weit weg ist und deren primäre Interessen auf anderen Gebieten liegen. Aber die Einbeziehung aller Mittelmeerländer in die Governance-Struktur erhöht auch die Anzahl subregionaler Problemfelder, wobei z. B. der Balkan in diesem Band gesondert behandelt wird. Hier gibt es innerhalb der EU weitere Governance-Strukturen, mit denen die Mittelmeerpolitik sich überschneidet und mit denen es zumindest Absprachebedarf, wenn nicht internes Konfliktpotenzial gibt.

**und programmatisch**

Die programmatische Ausgestaltung der EU-Mittelmeerpolitik ist in den letzten fünfzehn Jahren dagegen eher eingeschränkt worden. Hier stellen die wirtschaftliche Zusammenarbeit und die Wahrung der Sicherheit an den Grenzen Europas (unter Einbeziehung von Migration, Bekämpfung des Terrorismus etc.) den Kern des Programms dar. Zunächst war in der EMP der programmatische Anspruch allerdings größer und umfasste auch die Förderung der Demokratie und die zivilgesellschaftliche Zusammenarbeit. Diese Ausweitung wurde mittlerweile stark zurückgefahren; die UfdM versteht sich vielmehr als projektbezogen arbeitende Organisation. Und auch organisatorisch verlagert sich die Mittelmeergovernance, indem mit dem neuen Sekretariat quasi ein zweiter Kern – oder eher ein Subkern – installiert wird. Denn auf absehbare Zeit wird die EU in der Mittelmeerpolitik die dominierende Kraft sein und ihre Interessen vertreten; es bedürfte eines größeren Engagements und einer erst herzustellenden Einigkeit der südlichen Partnerländer, um hier ein Gegengewicht herzustellen.

# Literatur

Andreatta, Filippo, 2005: Theory and the European Union's International Relations, in: C. Hill/M. Smith (Hrsg.), International Relations and the European Union. Oxford u. a.: Oxford University Press, 18–38.

Asseburg, Muriel, 2005: Barcelona Plus 10. SWP-Aktuell, Berlin. Stiftung Wissenschaft und Politik.
URL: http://www.swp-berlin.org/common/get_document.php?asset_id=2642 (zugegriffen 14. März 2008).

Barcelona Declaration, 1995: Barcelona declaration adopted at the Euro-Mediterranean Conference – 27-28/11/95.
URL: http://trade.ec.europa.eu/doclib/docs/2005/july/tradoc_124236.pdf (zugegriffen 11. Februar 2009).

Bicchi, Federica, 2007: European foreign policy making toward the Mediterranean. Basingstoke [u. a.]: Palgrave Macmillan.

Bowen, Norman, 2007: France, Europe, and the Mediterranean in a Sarkozy Presidency. Mediterranean quarterly, 18(4), 1–16.

Browning, Christopher S./Joenniemi, Pertti, 2008: Geostrategies of the European Neighbourhood Policy. European Journal of International Relations, 14(3), 519–551.

Commission of the European Union, 2005: Tenth Anniversary of the Euro-Mediterranean Partnership: A work programme to meet the challenges of the next five years. Communication from the Commission to the Council and the European Parliament. Brüssel.
URL:     http://eur-lex.europa.eu/LexUriServ/LexUriServ.do?uri=CELEX:52005DC 0139:EN:HTML (zugegriffen 14. Juni 2008).

Commission of the European Communities, 2008: Barcelona Process: Union for the Mediterranean Communication from the Commission to the European Parliament and the Council. Brüssel.
URL: http://ec.europa.eu/external_relations/euromed/com08_319_en.pdf (zugegriffen 26. Mai 2008).

Conzelmann, Thomas, 2003: Neofunktionalismus, in: S. Schieder/M. Schindler (Hrsg.), Theorien der Internationalen Beziehungen. Opladen: Leske + Budrich: 141–168.

Corm, George, 2008: Die armen Nachbarn von gegenüber. Europas Mittelmeerpolitik geht an den Realitäten vorbei. Le Monde diplomatique, 11. Juli 2008. URL: http://www.monde-diplomatique.de/pm/2008/07/11.mondeText artikel,a0035.idx,8 (zugegriffen 26. August 2008).

Council of the European Union, 2008: Barcelona Process: Union for the Mediterranean ministerial conference Marseille. 3-4 November 2008. Final declaration. Marseille. URL:
http://www.consilium.europa.eu/ueDocs/cms_Data/docs/pressdata/en/misc/103733.p df (zugegriffen 14. Januar 2009).

Dannreuther, Roland, 2006: Developing the Alternative to Enlargement: The European Neighbourhood Policy. European Foreign Affairs Review, 11(2) 183–201.

Darbouche, Hakim, 2008: Decoding Algeria's ENP Policy: Differentiation by Other Means? Mediterranean Politics, 13(3): 371–389.

Driss, Ahmed, 2008: North-African Perspectives, in: R. Aliboni/A. Driss/T. Schumacher/A. Tovias (Hrsg.), Putting the Mediterranean Union in Perspective. EuroMeSCo Paper: 19–23. URL: http://www.euromesco.net/images/paper68eng.pdf (zugegriffen 15. Oktober 2008).

Duran i Lleida, Josep Anton, 2007: Interview aus Madrid. Madrid: Konrad-Adenauer-Stiftung, Auslandsbüro Spanien. URL: http://www.kas.de/wf/doc/kas_12365-544-1-30.pdf (zugegriffen 7. Juni 2008).

Elbers, Helmut, 2008: Königswege ins 21. Jahrhundert – Die arabischen Monarchien im Vergleich. Dissertation, FernUniversität in Hagen. URL: http://deposit.fernuni-hagen.de/1425/1/elbers_koenigswege.pdf (zugegriffen 14. Januar 2009).

El-Bey, Doaa, 2008: Same old story. Al-Ahram Weekly, 29.5.-4.6.2008. URL: http://weekly.ahram.org.eg/2008/899/eg2.htm (zugegriffen 14. August 2008).

Ezzat, Dina, 2008: In league with the enemy! Al-Ahram Weekly, 6. 2008. URL: http://weekly.ahram.org.eg/2008/921/re1.htm (zugegriffen 14. Januar 2009).

Ferrero-Waldner, Benita, 2006: The European Neighbourhood Policy: The EU's Newest Foreign Policy Instrument. European Foreign Affairs Review, 11(2): 139–142.

Fischer, Joschka, 2008: Französische Pläne. Die Zeit online, 25. Februar 2008. URL: http://pdf.zeit.de/online/2008/09/Montagskolumne-Joschka-Fischer-Frankreich-EU.pdf (zugegriffen 15. Oktober 2008).

Fritz-Vannahme, Joachim, 2008: Unser Meer? Euer Meer! Die Zeit online, 11. Juli 2008. URL: http://pdf.zeit.de/online/2008/29/mittelmeerunion-vorbericht.pdf (zugegriffen 26. September 2008).

Fröhlich, Stefan, 2008: Die Europäische Union als globaler Akteur. Wiesbaden: VS Verlag.

Fund, Sven, 2001: Grammatik(en) der Macht: die Mittelmeerpolitik der Europäischen Union und die Zentralamerika-Politik der USA. Politikwissenschaftliche Paperbacks 31. Opladen: Leske + Budrich.

Fürst, Dietrich, 2007: Regional Governance, in: A. Benz/S. Lütz/U. Schimank/G. Simonis (Hrsg.), Handbuch Governance. Theoretische Grundlagen und empirische Anwendungsfelder. Wiesbaden: VS Verlag: 353–365.

Harders, Cilja, 2005a: Europäische Mittelmeerpolitik aus arabischer Sicht. Aus Politik und Zeitgeschichte, B 45, 14–22.

Harders, Cilja, 2005b: Kooperation unter Bedingungen der Asymmetrie – zehn Jahre Euro-Mediterrane Partnerschaft aus arabischer Sicht. Orient, 46(3): 388–413.

Hartmann, Jürgen, 2001: Internationale Beziehungen. Opladen: Leske + Budrich.

Helberg, Kristin, 2008: Assads Rückkehr. Die Zeit online, 13. Juli 2008. URL: http://pdf.zeit.de/online/2008/29/mittelmeerunion-syrien-israel.pdf (zugegriffen 26. September 2008).

Hocking, Brian, 1997: Regionalism: An International Relations Perspective, in: M. Keating/J. Loughlin (Hrsg.), The Political Economy of Regionalism. London [u. a.], Cass [u. a.]: 90–111.

Joint Declaration, 2008: Joint Declaration of the Paris Summit for the Mediterranean. URL:http://www.internationalepolitik.de/ip/archiv/jahrgang-2008/september/download/1dd7b1fc12c56607b1f11dd8806239736db2d602d60/original_gemeinsame-erklarung-der-mitgliedstaaten-zur-mittelmeerunion-13-07-08.pdf (zugegriffen 14. Januar 2009).

Jünemann, Annette, 2000: Auswärtige Politikgestaltung im EU-Mehrebenensystem: Eine Analyse struktureller Probleme am Beispiel der Euro-Mediterranen Partnerschaft, in: G. Müller-Brandeck-Bocquet/K. Schubert (Hrsg.), Die Europäische Union als Akteur der Weltpolitik. Opladen: Leske + Budrich: 65–80.

Jünemann, Annette, 2005a: Ein Raum des Friedens, der Stabilität und des gemeinsamen Wohlstands. Orient, 46(3): 360–387.

Jünemann, Annette, 2005b: Zehn Jahre Barcelona-Prozess. Aus Politik und Zeitgeschichte, B 45/2005, 7–14.

Kebaili, Mohand Akli, 1988: Die Mittelmeerpolitik der EG und der Nord-Süd-Konflikt am Beispiel der Beziehungen Algeriens zur EG. Frankfurt am Main [u. a.]: Lang.

Kempin, Ronja, 2008: Sarkomania – Glamour und Kalkül. Blätter für deutsche und internationale Politik, 53(2), 16–19.

Lippert, Barbara, 2005: Die Türkei als Sonderfall und Wendepunkt der klassischen EU-Erweiterungspolitik. Integration (2), 33–49.

Lippert, Barbara, 2006: Europäische Nachbarschaftspolitik, in: W. Weidenfeld/W. Wessels (Hrsg.), Europa von A bis Z. 9. Aufl. Baden-Baden: Nomos, 163–167.

List, Martin, 1999: Baustelle Europa – Einführung in die Analyse europäischer Kooperation und Integration. Opladen: Leske + Budrich.

List, Martin, 2006: Internationale Politik studieren. Wiesbaden: VS Verlag.

Masala, Carlo, 2000: Die euro-mediterrane Partnerschaft: Geschichte – Struktur – Prozeß. Discussion paper C 68. Bonn: Zentrum für Europäische Integrationsforschung.

Meyers, Reinhard, 2000: Theorien internationaler Kooperation und Verflechtung, in: W. Woyke (Hrsg.), Handwörterbuch Internationale Politik. 8. Aufl. Bonn: BPB, 482–515.

Moschella, Manuela, 2007: An international political economy approach to the neighbourhood policy: the ENP from the enlargement and the Mediterranean perspectives. European political economy review (7), 156–180.

Philippart, Eric, 2003: The Euro-Mediterranean Partnership: Unique Features, First Results and Future Challenges. Working Paper. Brüssel: CEPS Middle East & Euro-Med Project. URL: http://shop.ceps.be/downfree.php?item_id=1025 (zugegriffen 14. August 2008).

Šabič, Zlatko/Bojinović, Ana, 2007: Mapping a Regional Institutional Architecture: The Case of the Mediterranean. Mediterranean Politics, 12(3), 317–337.

Sarkozy, Nicolas, 2007: Discours – Nicolas Sarkozy à Toulon. 7. 2. 2007. URL: http://www.u-m-p.org/site/index.php/s_informer/discours/nicolas_sarkozy_a_toulon (zugegriffen 5. April 2008).

Sarkozy, Nicolas, 2008: Speech by President Sarkozy before the students of the National Institute of Applied Sciences and Technology. Tunis. URL: http://www. diplomatie.gouv.fr/en/article_imprim.php3?id_article=11447 (zugegriffen 14. August 2008).

Schäfer, Isabel, 2005: Die Euro-Mediterrane Partnerschaft und der Nahostkonflikt. Aus Politik und Zeitgeschichte, B 45. URL: http://www.bpb.de/publikationen/ 55IOCC.html.

Schlotter, Peter, 2007: Kohärenz und Akteursqualität? – Die Mittelmeerpolitik der Europäischen Union, in: M. Jopp/P. Schlotter (Hrsg.), Kollektive Außenpolitik – Die Europäische Union als internationaler Akteur. Baden-Baden: Nomos, 279–314.

Schmid, Dorothée, 2006: Die Europäische Nachbarschaftspolitik und die euro-mediterrane Partnerschaft: Das Ende einer regionalen Ambition?, in: M. Koopmann/C. Lequesne (Hrsg.), Partner oder Beitrittskandidaten? Die Nachbarschaftspolitik der Europäischen Union auf dem Prüfstand. Baden-Baden: Nomos, 111–128.

Schumacher, Tobias, 2008: German Perspectives, in: R. Aliboni/A. Driss/T. Schumacher/A. Tovias (Hrsg.), Putting the Mediterranean Union in Perspective, EuroMeSCo Paper: 14–18. URL: http://www.euromesco.net/images/paper68eng.pdf (zugegriffen 15. Oktober 2008).

Schwarzer, Daniela/Werenfels, Isabelle, 2008: Formelkompromiss ums Mittelmeer. SWP-Aktuell. Berlin: Stiftung Wissenschaft und Politik. URL: http://www.swp-berlin.org/de/common/get_document.php?asset_id=4849 (zugegriffen 2. April 2008).

Seeberg, Peter, 2009: The EU as a realist actor in normative clothes: EU democracy promotion in Lebanon and the European Neighbourhood Policy. Democratization, 16(1), 81–99.

Senyücel, Sabiha/Güner, Sarem/Faath, Sigrid/Mattes, Hanspeter, 2006: Factors and Perceptions Influencing the Implementation of the European Neighbourhood Policy in Selected Southern Mediterranean Partner Countries. o. O. URL:

http://www.euromesco.net/images/tesev_giga%20final%20eng.pdf (zugegriffen 26. Februar 2007).

Simonis, Georg/List, Martin/Fiebich, Carina/Elbers, Helmut, 2007: Internationale und Europäische Governance, in: G. Simonis (Hrsg.), Analyse von Außenpolitik. Fern-Universität, Kurs, Hagen, 342–399.

Steinberg, Guido, 2005: Der nahe und der ferne Feind. Die Netzwerke des islamistischen Terrorismus. München: Beck.

Tovias, Alfred, 2008: Israeli Perspectives, in: R. Aliboni/A. Driss/T. Schumacher/A. Tovias (Hrsg.), Putting the Mediterranean Union in Perspective. EuroMeSCo Paper: 24–28. URL: http://www.euromesco.net/images/paper68eng.pdf (zugegriffen 15. Oktober 2008).

o. V., 2008a: Mediterranean Union agrees on Headquarters, Arab-Israeli role. Global Research. URL: http://www.globalresearch.ca/index.php?context=va&aid=11036 (zugegriffen 14. Januar 2009).

o. V., 2008b: Sarkozys Mittelmeer-Union gestutzt. NZZ online, 14. März 2008. URL: http://www.nzz.ch/nachrichten/international/sarkozys_mittelmeer-union_gestutzt__1.688680.html (zugegriffen 14. August 2008).

Vasconcelos, Alvaro/Joffé, George, 2000: Towards Euro-Mediterranean Regional Integration, in: A. Vasconcelos/G. Joffé (Hrsg.), The Barcelona Process. Building a Euro-Mediterranean Regional Community. London: Partland, Frank Cass, 3–6.

Väyrynen, Raimo, 2003: Regionalism: Old and New. International Studies Review, 5(1), 25–51.

Vogel, Toby, 2008: Union for the Mediterranean split over the Arab League. European-Voice.com, 30. Oktober 2008. URL: http://www.europeanvoice. com/ article/ imported/union-for-the-mediterranean-split-over-the-arab-league/62856.aspx (zugegriffen 16. Januar 2009).

Weingärtner, Daniela, 2008: Schluss mit Sarkos Solospiel. Das Parlament, 10. März 2008, 9.

Zorob, Anja, 2007: Europäische Nachbarschaftspolitik: Eine erste Bilanz. GIGA Focus. Hamburg: GIGA. URL: http://www.giga-hamburg.de/dl/ download.php?d=/ content/publikationen/pdf/gf_nah-ost_0701.pdf (zugegriffen 14. August 2008).

# Kapitel 8: Governance der EU-Russland-Beziehungen?

*Martin List*

## 1 Einleitung

„The EU uses the same language and the same arguments with Russia that it uses with Serbia, Moldova or Turkey. You say that you must behave and do what we say. For countries that want to be members, it's okay to violate their sovereignty. That cannot work with Russia. Russians think they are a great power and for a great power it is completely unacceptable to ask for something and not get it" (Konstantin Kosachev, Vorsitzender des Auswärtigen Ausschusses der russischen Duma).[1]

„Whatever the motives of Poland and Lithuania in thwarting cooperation with Russia – be it historic grudges or prompting from across the ocean – their actions were essentially anti-European" (Michael Gorbatschow).[2]

„Niemals seit dem Ende der Sowjetunion waren wir so einflussreich" (Wjatscheslaw Nikonow, kremlnaher Politikwissenschaftler, nach dem russischen Einmarsch in Georgien).[3]

„Für ein paar Monate sind die Europäer weltpolitisch allein zu Haus" (Jan Ross).[4]

„Das Fest der Sorglosigkeit, das Europa seit dem Fall des Eisernen Vorhangs feierte, ist vorbei" (Josef Zieleniec, MdEP, vormaliger tschechischer Außenminister).[5]

Fünf Zitate, überwiegend aus einem knappen Zeitraum Mitte des Jahres 2008, markieren einen Umbruch in der hier zu behandelnden Thematik, dessen Tragweite noch kaum abzuschätzen ist. Sie belegen auch, dass die Anspannung in den Beziehungen zwischen Russland und der EU nach dem Aufflackern des gewaltsamen Austrags des russisch-georgischen Konfliktes durchaus nicht aus heiterem Himmel kam. Es könnte sein, dass die Frage nach der Institutionalisierung russisch-EU-europäischer Kooperation damit bereits – negativ – beantwortet und in diesem Sinn nicht mehr von Belang ist. Das freilich hieße, in die alte Falle des Realismus zu stolpern, das von ihm, wie sich zeigt nicht ganz zu Unrecht, immer für wahrscheinlich Gehaltene – die internationale Nichtkooperation oder gar den gewaltsamen Konfliktaustrag – als unvermeidlich zu sehen, als ob

*Problemstellung*

---

[1] Zitiert nach Leonard/Popescu 2007: 26.
[2] Russia and the EU. A new start, International Herald Tribune, 13. Juni 2008: 4.
[3] Zitiert nach: Die Zeit Nr. 36, 28. August 2008: 6.
[4] Leitartikel „Beitreten, bitte" in: Die Zeit Nr. 36, 28. August 2008: 1; die Monatefrist bezieht sich auf die Lähmung der US-Außenpolitik im Übergang von Bush jr. zu seinem Nachfolger.
[5] FAZ, 29. August 2008: 12.

es ohne das Zutun der Akteure beider Seiten über diese komme. Demgegenüber erscheint gerade in Zeiten erneuter Konfrontation die Frage nach den Bedingungen russisch-EU-europäischer Kooperation bedeutsam, als politische Gestaltungsaufgabe wie als analytisches Problem. Als Letzteres soll sie hier behandelt werden, wobei eine inhaltlich kritische Perspektive zugleich mit einer eher wissenschaftsintern kritischen Perspektive auf die Fruchtbarkeit einer sogenannten Governance-Perspektive auf das Problem verbunden werden soll.

Aufbau des Artikels

Hierzu wird zunächst kurz zu klären sein, was mit dieser Perspektive gemeint sein könnte und hier gemeint sein soll. Im Hauptteil wird dann zunächst die analytische, nicht wertende Besonderheit der EU-Russland-Beziehungen herausgearbeitet, indem die Spezifika der beiden Pole dieser Dyade erörtert werden. Sodann wird die Institutionalisierung dieser Beziehungen geschildert und werden insgesamt sechs problematische Aspekte erörtert. Hieraus wird abschließend hinsichtlich der analytischen Leistungsfähigkeit des Governance-Konzeptes im konkreten Fall Bilanz gezogen sowie politisch-praktisch hinsichtlich der Wünsch- und Realisierbarkeit solcher Governance.

## 2   Was meint – hier – Governance?

Soziologisches und ...

Die neuere Governance-Diskussion (vgl. Benz/Lütz/Schimank/Simonis [Hrsg.] 2007; Schuppert/Zürn [Hrsg.] 2008) scheint ein weites, eher soziologisches und ein engeres, eher politikwissenschaftliches Verständnis des Governance-Konzeptes zu kennen. Ersteres bezieht sich auf Mechanismen gesellschaftlicher (Handlungs-)Koordination, unabhängig davon, ob sie hierarchisch oder im Weg spontaner Selbstkoordination der Akteure erfolgt. In der Politikwissenschaft wird

politikwissenschaftliches Governance-Konzept

mit Governance auf *neue* Verhältnisse bei dieser Koordination Bezug genommen. Dabei scheint es jedoch einen Unterschied zu geben, was im Bereich der Analyse heimischer, innerstaatlicher und im Bereich der Analyse internationaler Politik jeweils als neu empfunden wird. In der heimischen Politik ist es die Abkehr von hierarchischen Mechanismen der Koordination durch den autoritativ handelnden Staat; dessen Wechselspiel mit gesellschaftlichen Akteuren bei der gesellschaftlichen Steuerung wird hervorgehoben oder gar das Potenzial der – staatlich zugelassenen – Selbstregulierung. Im Bereich der internationalen Politik ist freilich die Abwesenheit formaler Hierarchie gerade nicht das Neue, vielmehr, insbesondere aus Sicht des realistischen Forschungsprogramms, das immer schon konstitutive Merkmal eben des anarchischen internationalen Systems. Hier war es eher die neoinstitutionalistische Forschung über die Rolle internationaler Institutionen, insbesondere sogenannter Regime (vgl. List 2007 zum Überblick), welche als Neuheit eben auf den nicht mehr rein anarchischen Charakter heutiger internationaler Politik verwiesen hat. Institutionalisierung von Politik scheint in diesem Bereich also wesentliches Merkmal von so verstandener Governance, und diesem Verständnis soll hier gefolgt werden. Darüber hinaus wurde öfters die Rolle nichtstaatlicher Akteure in der Programmformulierung, zum Teil auch der Ausführung intern- bzw. dann transnationaler Politik als Merkmal für Governance im Bereich internationaler Politik hervorgehoben. Wie sich zeigen wird, spielen sie für die hier behandelte Thematik der großen Politik zwischen

Herrschaftsverbänden – als solche lassen sich sowohl die EU als auch Russland verstehen – keine derartige Rolle. Darüber hinaus wird auf die Problematik der Governance im Verhältnis zu autoritären Regimen hinzuweisen sein, die gleichsam per definitionem nichtstaatlichen Akteuren allenfalls eine eingeschränkte Rolle zubilligen. Ausgehend von diesem skizzierten Verständnis des Governance-Konzeptes in Anwendung auf internationale Politik, wird hier also im Wesentlichen die Frage zu behandeln sein, ob und wieweit von erfolgter erfolgreicher Institutionalisierung der EU-Russland-Beziehungen die Rede sein kann.

## 3 Die EU-Russland-Beziehungen als analytisch besondere Beziehungen

### 3.1 Die EU-Seite

Die Beziehungen zwischen der EU und Russland sind schon deshalb etwas Besonderes, im analytischen, nicht im wertenden Sinn, weil jede der beiden Seiten ihrerseits Besonderheiten aufweist, die es kurz zu erörtern gilt. Dabei geht es nicht um neue Entdeckungen, wohl aber um die auf unsere leitende Fragestellung nach der Governance der EU-Russland-Beziehungen bezogene Auswertung im Prinzip bekannter Fakten.

Besonderheiten der EU-Russland-Beziehungen

Erste im Hinblick auf die EU zutreffende Feststellung ist, dass die EU, anders als Russland, kein Staat ist. Ihre – koordinierte – Handlungsfähigkeit, im Unterschied zu ihrem (Macht-)Ressourcen-Potenzial[6], wird als durchaus begrenzt eingeschätzt. Soweit sie gegeben ist, dann aufgrund der erfolgreichen Erledigung der – problematischen – Aufgabe der EU-internen Koordination. Sie ist problematisch, da aufgrund verschiedener vertraglicher Grundlagen für unterschiedliche Tätigkeitsbereiche der EU-Außenbeziehungen (etwa Handels- im Unterschied zu Entwicklungs-, im Unterschied zu sogenannter Gemeinsamer Außen- und Sicherheitspolitik) eine variierende Konstellation EU-interner Akteure (supranationaler wie die Kommission und im Bereich der Außenbeziehungen nur begrenzt das Europäische Parlament) und gouvernementaler (die Mitgliedstaatenvertreter im Rat wie im Rahmen ihrer fortbestehenden nationalen Außenpolitiken) nach variierenden Entscheidungsverfahren für die interne Koordination zu sorgen hat, die allein erst ein kohärentes Auftreten der EU nach außen ermöglichte und ihr im Fall des Erfolges dann auch den Status eines einheitlichen Akteurs einbrächte. Die EU verfehlt dieses Ziel, darin dürfte wohl Einigkeit bestehen, noch zu häufig. Wovon sich allenfalls sprechen lässt, ist von einem EU-internen Koordinationsregime für Außenpolitik im Hinblick auf die GASP und, dieses einschließend, mithin von einer komplexen Governance-Struktur zur EU-internen Koordination ihres Außenverhaltens. Diese Governance der internen Koordination, wie es hier genannt werden soll, ist mithin ein wichtiger governance-analytischer Aspekt unseres Themas. Er betrifft jedoch

1. EU ist kein Staat

---

[6] Zwischen beiden machte Hill 1993 in einem vielzitierten Beitrag eine „capability-expectation gap" aus.

eine empirisch mehr oder weniger gegebene *Voraussetzung* für die eigentlich zu behandelnde Governance der EU-Russland-Beziehungen; für diese selbst ist damit hinsichtlich der Fruchtbarkeit der Betrachtung aus der Perspektive internationaler Governance noch nichts gesagt.

Neben der faktischen Ausstattung mit realistisch bemessenen Machtressourcen, über welche die EU-Staaten – aggregiert betrachtet – verfügen, wie etwa einer dreieinhalbmal größeren Bevölkerungszahl der EU 27 im Vergleich zu Russland (493 Mio. versus 143 Mio. im Jahr 2006) oder einem Bruttoinlandsprodukt von 10,750 Mrd. Euro versus 740 Mrd., pro Kopf 22,300 (EU 25) versus 9200[7], und der Frage der internen Koordination zur Erlangung des einheitlichen Akteurs-status stellt sich als zweiter analytischer Aspekt die Frage nach der Softpower-Wirkung der EU. Angesprochen wird damit die zum Teil intentional genutzte zwischen*gesellschaftliche* Vor-*Herrschaft* (im Unterschied zur realistisch konzeptualisierten zwischen*staatlichen* Vor-*Macht*) oder – eine äquivalente Formulierung – die EU-Hegemonie im gesellschaftskritischen im Unterschied zum realistischen Sinn, im Verhältnis der EU zu (potenziellen) Beitrittskandidaten zum einen, zum anderen – das ist zu diskutieren – auch zu benachbarten Staaten darüber hinaus. Dieses Verhältnis weicher Vorherrschaft beruht zentral auf der Folgebereitschaft seitens wesentlicher Elemente der betreffenden Gesellschaften gegenüber der EU bzw. dem von ihr verkörperten wirtschaftlich-politisch-gesellschaftssystemaren Entwurf, der sich zum Teil im berühmten „Besitzstand der EU" (Acquis communautaire) an intern gültigen Normen niederschlägt. Wo nennenswerte Teile reformorientierter Eliten in betreffenden Gesellschaften ihr Heil oder zumindest politische Vorteile im Anschluss an die EU bzw. in der Übernahme von ihr verkörperter, formulierter und zum Teil auch geforderter Normen sehen, kommt der EU eine faktische Außenwirkung zu, die sich teilweise intentional nutzen lässt. Dies gilt für bilaterale Selbstanpassung wie im Verhältnis zur Schweiz eher für Details konkreter Normen (und weniger für gesellschaftssystemare Gesamtaspekte wie Demokratie, Marktwirtschaft und Rechtsstaatlichkeit, die in der Schweiz als etabliert gelten können und traditionell bereits aus dem eigenen Selbstverständnis heraus wie aus dem der eigenen Interessen[8] praktiziert werden). Für in Transition befindliche östliche Beitrittskandidaten bzw. Neumitglieder war dies der zentrale Wirkmechanismus dessen, was analytisch etwas bildhaft als Sozialisation neuer Staaten bezeichnet worden ist und zugleich ein Hauptmotiv der EU für ihre rasche Osterweiterung lieferte. Problematisch konfliktbehaftet – EU-intern wie im Zielstaat – ist diese Wirkung im EU-Türkei-Verhältnis. Für unseren Zusammenhang zentral ist die Frage, ob auch im EU-Russland-Verhältnis eine solche auf Folgebereitschaft basierende transnational-gesellschaftliche Vorherrschaft der EU behauptet werden kann. Die Antwort muss wohl, wie bereits das erste Eingangszitat erkennen lässt, negativ ausfallen. Im Verhältnis zu Russland besteht diese Vorherrschaft der EU nicht und lässt sich daher auch nicht, zumindest derzeit nicht, im Sinne einer Softpo-

*2. Softpower-Wirkung der EU*

---

[7] Zahlen nach: Europäische Kommission 2007, Anhang.
[8] Die Doppelformulierung „Selbstverständnis und eigene Interessen" verweist auf die analytisch eher konstruktivistische bzw. rationalistische Erfassbarkeit dieser beiden Faktoren.

wer-Strategie nutzen. Dies hat jedoch mehr mit dem (gegenwärtigen) Charakter der russischen Gesellschaft zu tun, in der einerseits womöglich Folgebereitschaft hegende gesellschaftliche Gruppierungen (wie die liberale Opposition) marginalisiert sind, andererseits ökonomisch inzwischen durchaus Marktwirtschaft spielende Eliten dies doch in so spezifischer Form und mit dem Selbstbild der neu erstarkenden Großmacht tun, dass daraus kaum ein zwischen der EU und Russland so weit geteiltes ökonomisches Grundverständnis resultiert, dass dies Grundlage tatsächlich institutionalisierter Governance werden könnte. Dies zu erörtern erfordert, sich der russischen Seite der EU-Russland-Dyade zuzuwenden.

## 3.2 Die russische Seite

In Zeiten des Ost-West-Konfliktes ließen sich die Ost-West-Beziehungen, darunter und darin eingebettet auch die der EG zur Sowjetunion, analytisch als intersystemar bezeichnen im Sinne von zwischen Gesellschaften mit unterschiedlichen Gesellschaftssystemen bestehend, wobei die beiden Gesellschaftssysteme auf die Kurzformel liberal-demokratischer Kapitalismus hier, Realsozialismus da zu bringen waren.[9] Dies gilt für die EU-Russland-Beziehungen im Gefolge des Zusammenbruchs nicht nur der Sowjetunion, sondern eben des Realsozialismus zumindest in dieser Weltregion (dem von Gorbatschow so genannten „gemeinsamen Haus Europa") nicht mehr. Den Anspruch, eine politisch-ökonomische gesellschaftssystemare Alternative zu verkörpern, erhält Russland nicht aufrecht. Im Verlauf der 1990er Jahre war es zudem durch Umbruch und Wirtschaftskrise so weit geschwächt, dass es zuweilen so aussah – und, so muss man wohl rückblickend sagen, von heutigen russischen Entscheidungsträgern auch so empfunden wurde –, dass Russland gegenüber dem Westen tatsächlich in eine Position der Schwäche geraten war, die zur Übernahme ökonomischer Rezepte (wie der Schocktherapie der Privatisierung) nicht nur aus Folgebereitschaft, sondern zum Teil auch aufgrund westlichen Oktrois führte. Ähnliches galt für eine Reihe politisch-strategischer Entwicklungen wie die Osterweiterung der NATO und auch der EU. Aus russischer Sicht wäre dies gern zu verhindern gewesen, ließ sich jedoch im Ergebnis nicht verhindern, wurde aber offenbar auch eher widerwillig, wenn überhaupt, hingenommen. <span class="margin">1990er Jahre: Russlands Schwäche</span>

Während jedoch am Ende der krisenhaften 1990er Jahre die weitgehende Bereitschaft Russlands zur Teilnahme am Spiel des Kapitalismus (ausweislich nicht zuletzt des russischen Strebens in die Welthandelsorganisation, zumal nach erfolgtem Beitritt Chinas) auszumachen ist, lässt sich eine gleich mächtige Bereitschaft zum „Mitspielen" im politischen Bereich nicht feststellen, vielmehr ein neuer Revisionismus gegenüber von Russland eingegangenen politisch-institutionellen internationalen Einbindungen wie im Rahmen der OSZE (deren Wahlbeobachtung dem neuen Russland unter Putin als lästig einmischend und Russland diskriminierend erscheint), des Europarates (dessen zahlreiche Klageannahme aus Russland und Urteile gegen das Land des Straßburger Menschen- <span class="margin">Projekt Putin</span>

---

[9] Vgl. Efinger/List 1994.

rechtsgerichtshofes politisch missfallen) und auch im Rüstungskontrollbereich (wo man die Bindung durch den KSZE-Vertrag gern auflockerte oder aushebelte). Dies entspricht als international-europäische Seite, das ist kein Zufall, dem mit Putins Amtsantritt verbundenen neuen politischen Projekt[10] der Wiedererstarkung des russischen Staates nach innen (Stichwort: gelenkte Demokratie) wie nach außen (Stichwort: Russlands Reetablierung als Großmacht), einem Projekt, das mit steigenden Ölpreisen zu Beginn des Zweiten Jahrtausends eine neue transnationale ökonomische Basis erhielt (vgl. Goldman 2008) und in Gestalt weiterer weltweiter Versuche der Etablierung von Systemen des autoritären Kapitalismus (in unterschiedlichen Spielarten[11]) vor allem in der VR China, aber auch etwa im Iran oder in Venezuela, mit im gesellschaftskritischen Softpower-Sinn durchaus erheblicher potenzieller Folgebereitschaftswirkung in weiteren Teilen der Dritten Welt zudem in eine transnationale ideologische Gelegenheitsstruktur eingebettet worden ist. Autoritärer Kapitalismus erweist sich als national gangbar, transnational attraktiv und womöglich international kooperationsfähig (z. B. im Rahmen der Shanghai Cooperation Organization).

Fasst man diese Trends der nationalen russischen und transnational verknüpften politischen Entwicklung zusammen, wird man Russland derzeit nicht dem Pol des liberalen Kapitalismus zurechnen können, sondern dem des autoritären. Dies rechtfertigt zwar nicht (außer zu polemisch-publizistischen Zwecken), auch nicht in Verbindung mit fortbestehenden (und ebenfalls wieder ausgebauten) militärischen Fähigkeiten Russlands, die Rede von einem „neuen Ost-West-Konflikt" bzw. von einem „neuen kalten Krieg"[12], wohl aber analytisch die Feststellung, dass die EU-Russland-Beziehungen zwar nicht mehr im gesellschaftssystemaren Sinne intersystemar sind, wohl aber im politischen Sinn: Sie sind *ein* Beispiel für Versuche der Institutionalisierung internationaler Kooperation zwischen (real)demokratischen[13] und autoritären politischen Regimen, wovon es, wie gesagt, eine ganze – intern durchaus heterogene – Klasse gibt.[14] Nur dass Russland zudem nach realistischen, vor allem militärischen Kriterien unter den autokratischen Systemen in einer Liga für sich spielt, was durch den jüngsten Georgienkonflikt spektakulär auch als innereuropäisches Sicherheitsproblem deutlich wurde, darüber hinaus jedoch für die kooperative Sicherheitspolitik auf globaler Ebene Russland vielfach unverzichtbar macht (etwa im Umgang mit

*Margin note:* Politisch intersystemare Beziehungen

---

[10] Zum „Projekt Putin" vgl. Baker/Glasser 2007: Kap. 2, sowie allgemein zur neueren Entwicklung in Russland Sakwa 2008 und Mommsen/Nußberger 2007; zur Analyse politischer Projekte im transnational-gesellschaftlichen Kontext als lohnenswerter neuer politikwissenschaftlicher Schwerpunkt der Analyse internationaler Politik aus historisch-soziologischer Perspektive vgl. List 2008.

[11] In Anlehnung an den Forschungsstrang über die „varieties of (liberal) capitalism" könnte man von „varieties of authoritarian capitalism" sprechen.

[12] Wie selbst ein kritischer Beobachter wie Lucas 2008, der diese Formulierung im Titel führt, einräumt (z. B. S. 17).

[13] Die Vorsilbe soll selbstkritisch einräumen, dass auch westliche (EU-)Demokratien das Lehrbuchideal der Demokratie vielfach verfehlen; was aber auch heißt, dass mehr oder minder mangelhafte Formen von Demokratie die einzig realen sind; was wiederum nicht den Vorwand liefern soll(te), die Unterschiede zu undemokratischen Herrschaftsformen zu verwischen.

[14] Bei der Gestaltung ihrer südlich-nachbarschaftlichen Beziehungen, neuerdings im Rahmen der Europäischen Nachbarschaftspolitik (oder auch der Politik der „Mittelmeer-Union"), trifft die EU ebenfalls auf dieses Problem der Gestaltung internationaler Kooperation mit autoritären Regimen.

dem iranischen Nuklearprogramm). Ein Hinweis darauf, dass die isolierte Betrachtung der EU-Russland-Beziehungen nur auf europäischer Ebene, gleichsam innerhalb des „gemeinsamen europäischen Hauses", nicht ausreicht. Ihr wollen wir uns dennoch als Nächstem zuwenden.

# 4 EU-Russland-Beziehungen – Grundstrukturen und -probleme im europäischen Haus

## 4.1 Strukturen institutionalisierter Kooperation

Die gorbatschowsche Formel vom „gemeinsamen Haus" lässt sich analytisch reformulieren als Bedingung der Interdependenz. Und diese, das ist gerade auch nach dem Georgienkonflikt zu betonen, ist faktisch zwischen Russland und der EU gegeben, auf mehreren Ebenen und in mehreren Bereichen. In Eurasien ist Sicherheit, soll sie mehr bedeuten als erfolgreiche Abschreckung, sicher nur mit-, nicht gegeneinander erreichbar. Ökologische Aspekte des Meeresumweltschutzes (Ostsee) wie der Luftreinhaltung sprechen für die Sinnhaftigkeit von Kooperation. Schließlich besteht zwischen dem hochindustriellen Wirtschaftspotenzial der EU-Ökonomien und der rohstoffbasierten, auf nachholende Modernisierung zielenden russischen Ökonomie vielfach Komplementarität, die – beidseitig – gute Geschäfte verheißt. Auf globaler Ebene gilt ebenfalls, dass Russland vielfach unverzichtbarer Kooperationspartner zur Bearbeitung drängender Probleme ist, vom Bereich der Sicherheit (iranisches Nuklearprogramm, Afghanistan) bis zum Klimawandel. Diese faktisch gegebene Interdependenz schränkt die (Erfolgs-)Möglichkeiten einer rein realistisch aus- und abgrenzenden Politik gegenüber Russland von vorn- herein ein – wie selbst George Bush in seiner gegenüber Russland recht milden Rede vor der UNO-Vollversammlung im September 2008 implizit anerkennen musste. Tatsächlich hat die EU sich um eine konstruktive Haltung gegenüber Russland und auch um deren Institutionalisierung frühzeitig bemüht. Trotz gegebener Interdependenzbedingung ist der Erfolg dieser Politik jedoch keinesfalls garantiert. Die innenpolitische Mechanik Russlands wie die der transatlantischen Politikabstimmung innerhalb des Westens bergen Risiken, die den erfolgreichen Übergang zur wirklichen, verhaltensleitend wirksamen Institutionalisierung der EU-Russland-Beziehungen bisher verhindert haben.

    Ein Blick auf die wesentlichen Schritte hin zur Institutionalisierung dieser Beziehungen stimmt zunächst optimistisch: Noch in der unmittelbaren Umbruchphase von der Sowjetunion zum neuen Russland begann die EU mit ihrem technologischen Hilfsprogramm TACIS. 1997 wurde zwischen der EU und Russland das bisherige Kronjuwel der institutionalisierten Kooperation, das Partnerschafts- und Kooperationsabkommen (PKA), geschlossen. Seine insgesamt 112 Artikel lassen kaum einen denkbaren Bereich der Kooperation unerwähnt, reformulieren zum Teil die oben getroffenen Aussagen über die Interdependenz und Komplementarität im beidseitigen Verhältnis. Als erste gemeinsame Strategie der GASP nach Einführung dieses Instruments der EU-Außenpolitik wurde 1999 von der EU eine gemeinsame Russlandstrategie beschlossen,

Interdependenz

Schritte der Institutionalisierung

die freilich weitgehend deklaratorisch die guten Absichten des PKA wiederholte. Als spezieller Ableger des PKA wurde ein Energiedialog mit Russland eröffnet, ein zweiter Versuch neben der von Russland zwar unterzeichneten, aber nicht ratifizierten Europäischen Energie-Charta, die Liefer- und Investitionsbedingungen im so wichtigen Energiebereich zu institutionalisieren. Hier fällt auf, dass die Energiereichen, neben Russland z. B. auch Norwegen, das die Charta ebenfalls nicht angenommen hat, an derartiger Einbindung offenbar nur begrenzt interessiert sind – ganz entsprechend realistischen Erwartungen: „It seems that Russia is not willing to enter into a multilateral setting where its power of command in the energy sector would be diminished", muss selbst Haghighi (2007: 349) in ihrer die Energie-Kooperationschancen auslotenden Arbeit feststellen.

Schließlich wurden auf dem 15. EU-Russland-Gipfel 2005 vier „Gemeinsame Räume" der Kooperation deklariert: in Sachen Wirtschaft; Freiheit, Sicherheit und Justiz; äußere Sicherheit und schließlich Forschung, Bildung und Kultur. Der Deklarationsgehalt der EU-Russland-Beziehungen ist also hoch. Darüber hinaus lässt sich ein gewisser Grad der Institutionalisierung zumindest auf Verfahrensebene feststellen, wie Moroff (2008: 185) ausführt:

> „Die gegenwärtige Frequenz von jährlich ca. 42 Treffen auf verschiedenen Ebenen und in wechselnden Formationen zwischen der EU und Russland ist höher als in allen formellen Beziehungen, die die Union mit anderen Drittländern unterhält, sie übertrifft sogar die Häufigkeit der formalen Kontakte zu den Vereinigten Staaten."

## 4.2 Problematische Aspekte

Einschränkungen

Allerdings muss man zu diesem zunächst optimistisch stimmenden Befund über das „goldene Zeitalter" der EU-Russland-Kooperation – so der russische EU-Botschafter Vladimir Shemiatenkov (zitiert in Moroff 2008: 182) – eine Reihe von Einschränkungen anbringen. *Erstens*: Die Grundlage dieser während der 1990er Jahre begründeten institutionalisierten Kooperation war ein durch Systemwechsel und Wirtschaftskrise geschwächtes Russland. Zumindest erscheint das rückblickend so. Wie Moroff (ebd.: 182) feststellt: „Alles, was die EU vorschlug, wurde früher oder später von der russischen Seite akzeptiert. [...] Die Schwäche des russischen Staates [...] (dürfte) es der EU [...] erleichtert haben, ihre Vorstellungen auch durchzusetzen." Ein wieder stärkeres Russland drängt nun auf „Neuverhandlung" der Vertragsbedingungen.

1. Basis war schwaches Russland

2. Osterweiterung von NATO und EU

*Zweitens* ist zu bedenken, was, insbesondere aus russisch-nationalistischer Sicht, in diesem Zeitraum parallel passiert ist. Hier ist vor allem die NATO-Osterweiterung, in zweiter Linie die der EU, zu nennen. Auch wenn von westlicher Seite argumentiert wird, dass diese sich gegen niemanden richteten, und zu Recht gesagt wird, dass Russland kein Veto über die außenpolitischen Gestaltungsmöglichkeiten nunmehr unabhängiger Staaten in Osteuropa beanspruchen kann, auch solcher, die vormals – nicht freiwillig – Teil der Sowjetunion waren: es bleibt ein Frustrationseffekt zumindest unter den sicherheitspolitischen Eliten Russlands, aber auch in Teilen der russischen Bevölkerung, die, das *ist* neu, nunmehr auch in Russland gezielt auf dieser nationalistischen Wellenlänge zu Wahlkampfzwecken angesprochen werden kann. Dieser Frustrationseffekt hat nicht nur das Projekt Putin (s. o.) der Erstarkung Russlands mitgetragen (neben der Sehnsucht nach Ordnung und Stabilität in Zeiten des gesellschaftlichen Um- und für viele ökonomischen Zusammenbruchs), sondern auch einen außen- und sicherheitspolitischen Revisionismus Russlands gegenüber den Entwicklungen der vergangenen fünfzehn Jahre genährt. Die unautorisierte Kriegsführung der NATO im Kosovo bzw. gegen Serbien, einem traditionellen Verbündeten Russ- lands, gehört ebenso hierher wie die jüngsten Pläne der USA für einen Raketen- abwehrschirm in Polen und Tschechien. Gerade die zuletzt erwähnten Entwick- lungen, von der NATO oder genauer der westlichen Führungsmacht USA allein betrieben, machen auch deutlich, dass die EU-Russland-Beziehungen nicht völ- lig losgelöst von den NATO-Russland-Beziehungen gesehen werden können bzw. dass hier eine Schnittstelle unseres Themas mit dem der Gestaltung der transatlantischen Beziehungen markiert ist. Das ist prinzipiell nichts Neues und galt zu Zeiten des Ost-West-Konfliktes für die EU-SU-Beziehungen erst recht. Dennoch ist der Hinweis darauf wichtig, dass die Institutionalisierung der EU- Russland-Beziehungen als Teil der (neuen) Ost-West-Beziehungen von deren Gesamtqualität nicht wirklich abkoppelbar ist.

*Drittens* ist auf eine Reihe von Schwächen in der bisherigen Institutionali- sierung der EU-Russland-Beziehungen hinzuweisen. Das Partnerschafts- und Kooperationsabkommen kam in der Zeit der Tschetschenienkriege (1994–96 und 1999–2002) zustande. Die Art der dortigen russischen Kriegführung löste zwar im EU-Parlament Kritik aus (vgl. Bastian 2006: 95 ff.), der Rat reagierte aber nur widerwillig auf die vorgetragene Kritik und bewertete den Fortgang der Institutionalisierung höher als den demonstrativen Abbruch. Auch wenn dies politisch-strategisch richtig gewesen sein mag und man – immerhin – die Artiku- lationsfunktion des EP hervorheben kann – wenn auch nicht in einer vereinbarten Rollenverteilung im Sinne einer Good-cop-bad-cop-Strategie –, es bleibt das Problem, wie die EU im Verhältnis zu einem autoritär handelnden Russland die selbstdeklarierte Wertebasis seiner Außenpolitik wahren kann. Tatsächlich durch ein „Weiter so" bzw. ein „Mehr vom selben" an institutionalisierter Kooperati- on? Der jüngste gewaltsame Konfliktaustrag zwischen Russland und Georgien hat diese Diskussion auf ganzer Breite erneut eröffnet – und immerhin zur vor- läufigen Aussetzung der Neuverhandlung des Partnerschafts- und Kooperations- abkommens geführt. Das PKA war nämlich 2007 ausgelaufen, bereits die Neuer- teilung eines Mandates zur Aushandlung eines neuen PKA war zuvor nur unter Überwindung des EU-internen Widerstands von Polen (wegen des Fleisch-ein- fuhrstreits mit Russland) und Litauen (wegen der geplanten Ostseepipeline sowie der schwelenden Konflikte in Georgien und Moldawien) erreicht worden. Auf diese EU-internen Differenzen wird zurückzukommen sein.

Was die Gemeinsame Russland-Strategie der EU anbelangt, stellt Bastian (2006: 264) hinsichtlich ihres Zustandekommens und Inhaltes fest: „Die Mit- gliedstaaten schmückten das Dokument nach dem Weihnachtsbaum-Prinzip mit ihren nationalen Präferenzen aus", und hinsichtlich der Wirkung der Strategie urteilt sie (ebd.), dass sie „zu einem großen Teil innenpolitische Funktionen" erfüllt habe, in der praktischen Wirkung auf das Verhältnis zu Russland jedoch begrenzt geblieben sei.

*3. Schwächen der Institutionalisierung*

4. Abhängigkeit im
Energiebereich

Dem steht *viertens* aufseiten Russlands gegenüber, dass der – vermeintliche oder reale – Hebel der Öl-und-Gas-Import-Abhängigkeit gegenüber einzelnen auch EU-Mitgliedstaaten angedroht bzw. angewandt worden ist. Es ist gerade die *Selektivität* dieses Vorgehens, die diese Politik der Nadelstiche effektiv macht (wie eine Studie des Forschungsinstituts des schwedischen Verteidigungsministeriums herausarbeitet; Larsson 2006). Denn während bei einer Gesamtbetrachtung der EU im Verhältnis zu Russland die einseitige Energieabhängigkeit der EU dadurch kompensiert wird, dass Russland auf die Erlöse aus dem Verkauf und den Import an Technologie aus der EU ja ebenfalls angewiesen ist – mithin Interdependenz gegeben ist, die beiden Seiten von maximaler Konfrontation abrät –, bedeutet der selektive Einsatz von Lieferunterbrechungen gegenüber kleineren Staaten zum einen, dass diesen auch akut ihre Abhängigkeit vor Augen geführt wird; zum anderen zielt solches russische Vorgehen genau auf die interne Kohärenz und Solidarität der EU, die so schwer zu erreichen und zugleich im Verhältnis gegenüber Russland eine so wichtige Erfolgsbedingung wäre und ist. Zumindest in der Abstimmung der Reaktion der EU auf den Gewalteinsatz in Georgien konnte eine nach außen einheitliche Stellungnahme der EU erreicht werden, obwohl auch hier im Vorfeld markante Akzentunterschiede unter den Mitgliedstaaten deutlich geworden waren. Allen beteiligten EU-Regierungen dürfte jedoch klar gewesen sein, dass in einem Moment, in dem sie weltpolitisch „allein zu Haus" sind (siehe Eingangszitat), nichts fataler gewesen wäre, als sich in der Reaktion gegenüber Russland auseinanderdividieren zu lassen.

5. Projekt Putin:
Konsequenzen für
Russlands internatio-
nale Beziehungen

*Fünftens* muss für die Frage nach der erfolgreichen Etablierung einer gesamteuropäischen Governance-Struktur im EU-Russland-Verhältnis auch das erwähnte Projekt Putin der äußeren und inneren Stärkung des russischen Staates in seinen Konsequenzen für die internationale Politik in Europa allgemein und darüber hinaus auf globaler Ebene bedacht werden. Hier gibt es starke Indizien dafür, dass Russland sich in der Verfolgung seiner so neu definierten Interessen eben nicht durch etablierte Normen und Institutionen einschränken lassen will, dass die verhaltensleitende Kraft etablierter Normen mithin äußerst begrenzt und damit der Grad der erreichten Institutionalisierung schwach ist – was alles gegen eine erfolgreiche Governance der EU-Russland-Beziehungen spricht. Hier ist der zunehmend instrumentelle Umgang Russlands mit der OSZE zu erwähnen, deren Wahlbeobachtung Russland lästig geworden ist (und unter den gewährten Bedingungen von der OSZE anlässlich der russischen Präsidentschaftswahl am 2. März 2008 nicht wahrgenommen wurde; FAZ 8. Februar 2008: 5). Die gelenkte Demokratie in Putins Russland hat dazu geführt, dass gegen Russland inzwischen die meisten Klagen vor dem Europäischen Gerichtshof für Menschenrechte anhängig sind. Allein 2007 wurden 192 Fälle verhandelt, in 175 davon wurde eine Verletzung von Grundrechten des europäischen Menschenrechtekataloges festgestellt. Zwar bezog sich dies häufig auf formale Verletzungen, etwa durch überlange Prozesszeiten[15], dennoch wird deutlich, dass Russland immer weniger geneigt ist, sich derart auf die Anklagebank gesetzt zu sehen. Während diese

---

[15] Vgl. den Jahresbericht des Europäischen Gerichtshofes für Menschenrechte unter: www.coe.int/t/dc/files/themes/cedh/1-2248184-Survey_of_activities.pdf; 29. September 2008.

innere politische Entwicklung Russlands seinen Status im Rahmen europäischer Kooperationsnetze, Governance-Strukturen, wie OSZE und Europarat, problematisch macht – in je unterschiedlicher Hinsicht, aber aus Sicht sowohl der EU wie Russlands –, lässt eine Reihe russischer Aktivitäten auf globaler Ebene erkennen, dass Russland nurmehr an Kooperation zu seinen Bedingungen interessiert ist: Strategische Flugzeuge patrouillieren wieder wie in Zeiten des Ost-West-Konfliktes; Russland versucht wieder ein Spieler in der Politik des Nahen und Mittleren Ostens zu werden, u. a. durch eine Politik der ambivalenten Kooperation in Sachen iranisches Nuklearprogramm (Zustimmung zu verurteilenden Sicherheitsratsbeschlüssen nur bei Abschwächung der beschlossenen Sanktionen); Versuch, die Schanghai-Kooperation-Organisation im Sinne eines antihegemonialen Bündnisses gegen die „einzige Supermacht" USA zu nutzen; geopolitische Ansprüche, wie etwa durch das Hissen einer russischen Flagge unter dem Nordpoleis; Ansprüche im Stil des 19. Jahrhunderts zu markieren, statt sie, den Governance-Erwartungen des beginnenden 21. Jahrhunderts entsprechend, durch einschlägige Gremien auf der Grundlage geltenden Seerechtes entscheiden zu lassen. Vieles davon mag als Reaktion auf die US-Politik insbesondere unter George W. Bush gesehen werden – was aber nur belegt, dass Russlands Außenpolitik einen klar „antihegemonialen" und also typischen Großmachtstil aufweist (vgl. Lo 2003 und 2007 sowie Ambrosio 2005). Die kooperativ-gleichberechtigte Einbindung in gesamteuropäische Governance-Strukturen gehört offenbar nur sehr bedingt dazu, und über die Rückwirkung der russischen globalen Ambitionen auf das westliche Bündnis wird auch der transatlantische Kontext für die Governance der EU-Russland-Beziehungen mit belastet. Aktuelles Beispiel für diese Verschränkung von globaler und europäischer Ebene ist Russlands Einspruch im UNO-Sicherheitsrat gegen die geplante EU-Polizei-Mission im Kosovo nach dessen erklärter Unabhängigkeit (International Herald Tribune, 16. Juni 2008: 1 und 3).

Während Russland also im Zuge des putinschen Erstarkungsprogramms zunehmend zu koordinierter und bewusst selektiv auch konfrontativer Handlungsfähigkeit zurückfindet, zeigt sich *sechstens*, dass die EU-interne Koordination in Sachen gemeinsame Außenpolitik, auch gegenüber Russland, nach wie vor schwierig ist. Neben den erwähnten rechtlichen Problemen der unterschiedlichen juristischen Handlungsgrundlagen und daraus resultierender unterschiedlicher EU-interner Akteurskonstellationen ist hier eine Reihe weiterer, eher politischer und zum Teil auch politisch motivierter Faktoren zu erwähnen, die ein EU-einheitliches Auftreten im Verhältnis zu Russland erschweren. Zum einen scheint es immer wieder im kurzfristigen politischen Interesse einzelner EU-Regierungschefs zu liegen, sich durch die besondere Qualität ihrer (persönlichen) Beziehungen zu Russland bzw. dessen Staatslenkern zu profilieren. Der deutsche Kanzler Schröder und auch Italiens Ministerpräsident Berlusconi spielten diese Karte – mit die EU-Einheit unterminierender Wirkung. Weniger personenbezogen, aber ähnlich spaltend wirkt sich der grassierende Bilateralismus von EU-Staaten in der Gestaltung ihrer je nationalen Beziehungen zu Russland aus. Selbst wo sich dies als im – jeweiligen! – guten nationalen Interesse liegend verkaufen lässt, ist die auf EU-Ebene spaltende Wirkung solchen Vorgehens deutlich erkennbar. Der deutsche Alleingang in Sachen Northstream-Ostsee-

6. Schwierige EU-interne Außenpolitikkoordination

pipeline, der national als Beitrag zur Erhöhung der Energieversorgungssicherheit dargestellt wird, indem eine direkte, nicht über andere (EU!-)Staaten laufende Transport-verbindung zu Russland hergestellt wird, stieß verständlicherweise kaum auf Begeisterung etwa in Polen, aus dessen Sicht dies einen entsolidarisierenden Effekt hat. Am tiefsten liegen jedoch die durch unterschiedliche historische Beziehungs-erfahrungen mit Russland gespeisten divergierenden Sichtweisen innerhalb der EU-Mitgliedschaft hinsichtlich der angemessenen Haltung gegenüber Russland, was auch in der Reaktion auf den Georgienkonflikt jüngst wieder zu beobachten war, auch wenn hier durch die französische außen-politische Führung ein offizielles Auseinanderfallen der EU-Staaten vermieden werden konnte. In ihrer Studie zum EU-Russland-Machtverhältnis haben Leonard und Popescu (2007) folgende Einteilung in fünf EU-Mitgliedstaatengruppen vorgenommen, je nach ihrer Haltung gegenüber Russland:

**Gruppierung der EU-Staaten und ihrer Haltung zu Russland**

Zu den *trojanischen Pferden*, also Staaten, die geneigt sind, EU-intern russische Positionen zu vertreten, rechnen sie Griechenland und Zypern; als *strategische Partner* zählen sie aufgrund ihres Selbstbildes wie des daraus (und aus nationalen Interessen, s. o.) folgenden Verhaltens Deutschland, Frankreich, Italien und Spanien; als *freundliche Pragmatiker* qualifizieren sie insgesamt zehn Staaten (Belgien, Bulgarien, Finnland, Luxemburg, Malta, Österreich, Portugal, die Slowakei, Slowenien und Ungarn); als *frostige Pragmatiker* rubrizieren sie neun EU-Mitglieder (Dänemark, Estland, Irland, Lettland, die Niederlande, Rumänien, Schweden, Tschechien und das Vereinigte Königreich); schließlich gelten ihnen Litauen und Polen als *neue kalte Krieger*. Dabei ist die Angemessenheit der zum Teil auch humorvoll gemeinten Gruppenbezeichnungen weniger wichtig als die Tatsache, dass eine solche Aufteilung in doch grundsätzlich recht unterschiedliche Haltungen gegenüber Russland erhebliche Plausibilität aufweisen kann. Auch fällt die Trennung zwischen dem Gros der „großen" EU-Mitglieder und etlichen kleineren zum einen sowie der Gruppe der (nord)westeuropäischen Skeptiker zum anderen auf. Genau an diesen internen Divergenzlinien setzt denn auch russische Spaltungstaktik an. Will die EU sich nicht auseinanderdividieren lassen, muss sie mit gewachsenen Sensibilitäten unter ihren Mitgliedern besser umzugehen lernen. Bisher gelingt ihr dies nur schlecht, und so ermöglichen der Bilateralismus einzelner EU-Staaten sowie ihre Divergenz hinsichtlich Einstellungen und Interessen nicht nur einen reziproken Bilateralismus aufseiten Moskaus; es wird zur taktisch-strategischen Nutzung dieser Divergenzen im Sinne einer Strategie des „divide et impera" (teile und herrsche) geradezu eingeladen. Hier liegt zum einen wegen der besonderen Herausforderung, die Russland für die EU bei der Gestaltung ihrer Beziehungen zu ihrer Nachbarschaft darstellt, und zum anderen auch im Hinblick auf EU-Ambitionen der gemeinsamen Mitgestaltung globaler Politik eine starke Herausforderung für die EU-Staaten.

## 5   Fazit

Aus den obigen Ausführungen zur Institutionalisierung der EU-Russland-Beziehungen soll nun abschließend ein doppeltes Fazit gezogen werden: fachlich hinsichtlich der Fruchtbarkeit einer Governance-Perspektive bei der Analyse dieser Beziehungen und im Licht der fachlichen Überlegungen politisch-praktisch.

Die Antwort auf die Frage, ob von (erfolgreicher) Governance der EU-Russland-Beziehungen gesprochen werden kann, hängt offenbar wesentlich auch vom zugrunde gelegten Governance-Verständnis ab – eingangs wurde ein weites soziologisches und ein engeres politikwissenschaftliches unterschieden. Ersteres zielt analytisch auf die Herausarbeitung und Untersuchung (welt)gesellschaftlicher Steuerungsmechanismen, auch und besonders solcher jenseits hierarchischer Steuerung. Aus dieser Perspektive ließe sich im Bereich der internationalen Politik leicht plausibilisieren, dass es sich bei der nuklearen Abschreckung der Supermächte im Ost-West-Konflikt durchaus um einen Governance-Mechanismus gehandelt hat, um einen Mechanismus der dezentralen, nicht hierarchischen Handlungskoordination zwischen beiden Supermächten aufgrund eines wechselseitigen Signalisierungsprozesses. Dieser Governance-Mechanismus, wenn man ihn denn so nennen will, kam mit minimaler Institutionalisierung aus. Erst im Gefolge der Kubakrise wurden zum Teil implizite, zum Teil explizite Regeln zur Vermeidung der Kriseneskalation eingeführt. Dies war sehr heikel, da im Fall des Scheiterns der Abschreckung wechselseitige Vernichtung drohte, aber, zumindest aus kaltschnäuzig-realistischer Sicht, gerade deshalb und rückblickend erfolgreich. Denn der Krieg wurde vermieden, der „nukleare Frieden" erkaufte die Zeit, die es brauchte, bis koordiniert abgestimmte kluge westliche Politik (der Mix aus Entspannung und Abschreckung) und interne Funktionsprobleme des Realsozialismus zum – glücklicherweise friedlichen – Ende dieses Systems führten. Man kann das alles so sehen, aber der Gebrauch des Begriffs Governance (im weiten Sinn) fügt hierbei der durchaus üblichen, überwiegend realistischen Lesart der Ereignisse kaum analytisch Neues hinzu.

Aufgrund dieses Ausgangs des Ost-West-Konfliktes, auch das wurde festgestellt, ist die heutige Lage, auch im Hinblick auf das EU-Russland-Verhältnis, eine erfreulich andere. Russland versteht sich, anders als die Sowjetunion, nicht mehr als gesellschaftssystemare Alternative zum Westen. Dennoch stellt dieser auch – und wieder – für das neue Russland bei seinem Prozess der zurzeit wieder und noch recht autoritär vorangetriebenen Selbstmodernisierung einen wichtigen Bezugspunkt wie eine Herausforderung dar. Mit Bezugspunkt ist noch immer und nur zum Teil eingestanden die maßstabsetzende Funktion des Westens vor allem im Bereich ökonomisch-technischer Entwicklung gemeint, zum anderen seine potenziell – auf der Basis von Geschäften zum wechselseitigen Nutzen – unterstützende Rolle bei Russlands Selbstmodernisierung. Dass es sich hierbei um eine *Selbst*-modernisierung außerhalb des unmittelbaren (z. B. kolonialen) Zugriffs der westlichen Modernisierungsvorreiter handelt, darin liegt vielleicht immer noch und wieder die Provokation des Falles Russland für den Westen.[16]

Zum weiten Governance-Verständnis

---

[16] Vgl. Poe 2003 für diese langfristige historische Perspektive; während Russland einen solchen eigenständigen Weg in die Moderne *noch und wieder* geht, unternimmt China seit nunmehr gut dreißig Jahren mit wachsendem Erfolg (und, wenn man so will, davor, seit 1949, mit eher geringem Erfolg) *erstmals* diesen Versuch, und diese Provokation und Herausforderung könnte sich als die größere für den Westen erweisen.

Dass dies nicht erneut zu Konfrontation und gar gewaltsamem Konfliktaustrag führt – darin liegt die politisch-praktische Herausforderung des Westens, als deren Teil die EU sich versteht und zu agieren gehalten ist. Hierzu wäre die Institutionalisierung von Kooperation derart, dass vereinbarte Normen das Verhalten beidseitig tatsächlich anleiten, hochwillkommen. So jedenfalls wurde hier, im Bereich der Analyse internationaler Politik, Governance im engeren Sinn im Wesentlichen verstanden.

**Zum engen Governance-Verständnis**

Die Bilanz zur Frage, ob Governance in diesem engeren Sinn hier vorliegt, fiel aber ernüchternd aus. Aus den genannten Gründen ist es allenfalls zu einer schwachen Institutionalisierung von Gesprächskanälen und -foren gekommen. In den harten Bereichen der Kooperation – das sind einerseits die strategisch wichtigen (wie aus EU-Sicht die Versorgungssicherheit), andererseits jedoch, wiederum aus EU-Sicht, die grundsätzlichen Fragen der Achtung von politischen und persönlichen Menschenrechten – ist die russische Kooperationsbereitschaft zwar deklarativ erreicht worden – in Zeiten russischer Schwäche –, sie ist jedoch kaum realisiert, und durch die inneren Aspekte der Staatserstarkung des Projektes Putin weitgehend unterminiert worden, während die außenpolitischen Aspekte dieses Projektes auf globaler wie europäischer Ebene erneut dem Westen und der EU Schwierigkeiten bereiten. Dabei lässt sich allenfalls im letzteren Bereich, der Sicherheitspolitik, anführen, dass Moskau in Reaktion auf westliche, vor allem US-amerikanische Provokationen (wie etwa die Stationierung eines Raketenabwehrschirms in Europa) agiert. Der komplexe Fall Kosovo (mit selbstmandatierter Kriegführung durch die NATO einerseits, einseitiger Anerkennung der deklarierten Unabhängigkeit durch einige, darunter führende Staaten des Westens, andererseits) zeigt aber, dass solche von Moskau empfundenen Provokationen nicht immer leicht zu vermeiden sind. Gerade im Umgang mit solchen kontroversen Fällen könnte sich die Robustheit institutionalisierter Kooperation und damit erfolgreiche Governance der EU-Russland-Beziehungen zeigen. Der Testfall hierfür – der Umgang mit der Georgienkrise – steht an. Die Vermeidung der Eskalation (in den Worten Sarkozys: Wollt ihr etwa Krieg?) darf als erster Erfolg gewertet werden, die prinzipielle Bereitschaft Russlands zum Rückzug als weiterer. Dem steht jedoch die nunmehr umgekehrt einseitige Anerkennung der Unabhängigkeit Abchasiens und Südossetiens durch Russland ebenso gegenüber wie der Ausschluss beider Republiken aus dem Zuständigkeitsbereich der OSZE-Beobachter (SZ, 19. September 2008: 5).

Neben der Institutionalisierung der Kooperation, die im Russland-EU-Verhältnis bisher also über die von Foren kaum hinausgekommen ist, wird gelegentlich die Beteiligung nichtstaatlicher Akteure an Beschluss- und Umsetzungsprozessen, zum Teil die Überantwortung der Regelung ganz an Private als Merkmal von (inter- bzw. transnationaler) Governance gesehen. Dem wurde hier nicht im Einzelnen nachgegangen, sodass es Folgendes nachzutragen gilt. Erstens ist die Gestaltung der Beziehungen zwischen Herrschaftsverbänden *als Ganzen* (und dies stand hier für die EU und Russland im wechselseitigen Verhältnis zur Debatte) offenbar noch immer ganz wesentlich eine intergouvernementale Angelegenheit – mit der Besonderheit im konkreten Fall, dass EU-seitig ein noch nicht immer harmonisch singender Chor von Regierungen antritt. Allenfalls als Akteure gezielten Lobbyings kommen – und dann noch immer stark auf nationaler Ebene – nichtstaatliche, näherhin ökonomische Akteure ins Spiel. Dies gilt vor allem für die Ausgestaltung strategischer Wirtschaftsbeziehungen, wo, etwa im Hinblick auf die deutsche Verflechtung großer Energiekonzerne (E-on, RWE) mit russischen Partnern, konkret vor allem dem einen Partner Gazprom, der zudem als Mega-staatskonzern der Orientierung nicht allein an wirtschaftlichen Interessen, sondern an russischen staatlich-politischen Interessen „verdächtig" ist, im Grunde, um einen gängigen politikwissenschaftlich-analytischen Begriff aufzugreifen, von einem energiewirtschaftlich-politischen Komplex (in Anlehnung an die Rede vom militärisch-industriellen Komplex) gesprochen werden kann. Dessen politische Feinmechanik zu untersuchen – bis hin zum partei- und regionalpolitischen innergesellschaftlichen Einfluss – wäre zweifellos lohnend. Einer Governance-Perspektive bedarf es dazu nicht. Es käme auch einer Verklärung von herben Interessenrealitäten gleich, den energiewirtschaftlich-politischen Komplex als Beitrag zu erfolgreicher Governance darstellen zu wollen.

Der andere nichtstaatliche Aspekt, auf den das Governance-Verständnis im Bereich der Analyse internationaler Politik gern rekurriert, ist die Rolle nicht ökonomischer, sondern zivilgesellschaftlicher Kräfte. Auch hierfür sind in Bezug auf das Thema EU-Russland-Beziehungen kaum Anzeichen vorhanden. EU-seitig beruht dies darauf, dass zivilgesellschaftliche Gruppen, die sich für (gute) Beziehungen zu Russland einsetzen, dies kaum EU-weit transnational tun, sondern im Rahmen nationaler Initiativen (wie etwa im deutschen Fall des sogenannten Petersburger Dialogs[17]). Aufseiten Russlands ist es dagegen wiederum die innenpolitische Seite des Projektes Putin, die auch die Rolle eigener wie westlicher zivilgesellschaftlicher Kräfte (etwa auch der deutschen Parteistiftungen) gerade eingeschränkt hat. Von einer effektiv (mit)gestaltenden, geschweige denn „transnational selbststeuernden" Rolle zivilgesellschaftlicher Kräfte im EU-Russland-Verhältnis kann also nicht die Rede sein.

Somit bleibt die Anwendung eines recht eingeschränkten Governance-Konzeptes, das kaum mehr als die Institutionalisierung internationaler Kooperation meint, auf die EU-Russland Beziehungen zwar möglich, ergibt jedoch beschreibend eben nur einen bescheidenen Erfolg in der Sache; analytisch fügt sie vertrauten Erklärungsstrategien wenig bis nichts hinzu. Diese vertrauten Analysestrategien können wahlweise dem realistischen Forschungsprogramm (Verhalten zum Teil hegemonial herausgeforderter Großmächte[18]) oder dem institutionalistischen Forschungsprogramm (Bedingungen der Institutionalisierung internationaler Kooperation) entnommen werden oder auch einer sinnvollen Kombination beider. Dabei ist im Rahmen des Institutionalismus als Besonderheit auf die Kooperationsbedingungen mit autoritären Systemen zu achten. Und

---

[17] Vgl. http://www.petersburger-dialog.de/
[18] Der intendierte Witz sei erläutert: Russland ist, sieht sich durch die US-Hegemonie herausgefordert; es ist aber vor allem *selbst* „hegemonial herausgefordert" in dem Sinn, wie dies in der Sprache der US political correctness neuerdings gebraucht wird: Es erfüllt selbst die Voraussetzungen für Hegemonie, insbesondere im weichen, gesellschaftskritischen Sinn dieses Begriffes, der auf freiwillige Folgebereitschaft abhebt, gar nicht. Russland mag einen selbständigen Weg in die Moderne verfolgen, Anklang außerhalb des Landes findet er kaum (nicht einmal in China).

dies verweist schließlich darauf, dass die Natur, die politische Mechanik der EU-Russland-Beziehungen nicht erfolgreich verstanden werden kann ohne eine analytisch angemessene Untersuchung der jeweils heimischen Bedingungen dieser Beziehungen. Damit ist im Fall Russland das mehrfach angesprochene Projekt Putin der Selbststerstarkung unter autoritären Vorzeichen gemeint, im Fall EU z. B. die Rolle energiewirtschaftlich-politischer Komplexe, aber auch der nach den Ländergruppen, die Leonard/Popescu gebildet haben, differierenden Einstellungssyndrome in den Bevölkerungen zu den Beziehungen zu Russland. Es sind also analytisch in der Tat mehrere Ebenen zu berücksichtigen: die tatsächliche Ebene der Wechselwirkungen im EU-Russland-Verhältnis, die Brüsseler Ebene der EU-internen Koordination und die heimische Ebene der Mitgliedstaaten in ihren gesellschaftlichen Bedingungen und bilateralen „Nebenaußenpolitiken" (relativ zur proklamierten gemeinsamen EU-Außenpolitik). Aber auch hier gilt: Dies sind unterschiedliche Ebenen von Kooperationsbedingungen, die es zu analysieren gilt. Es sind (noch) nicht die Ebenen erfolgreich institutionalisierter Governance. Zumindest im hier behandelten Zusammenhang der Analyse der EU-Russland-Beziehungen ist also zusammenfassend der Ertrag einer Governance-Perspektive gering.

Politisch-praktisches Fazit

Heißt das, abschließend ins Politisch-Praktische gewendet, dass Governance der EU-Russland-Beziehungen auch als pragmatisches Ziel unattraktiv wäre? Mitnichten. Nicht nur läge es, wie betont, im Interesse der EU, ihr internes Abstimmungs- und damit Governance-Problem bei der Gestaltung der Beziehungen mit Russland (und darüber hinaus ganz allgemein) in den Griff zu bekommen. Dies entspricht durchaus vertrauten Plädoyers für mehr Gemeinsamkeit in der gemeinsamen Außenpolitik. Es ist aber auch deutlich geworden, warum dies im Fall der Beziehungen zu Russland besonders schwer zu erreichen sein wird: wegen interner Interessen- und Einstellungsdifferenzen unter den EU-Mitgliedern sowie wegen einer gezielt auf Spaltung unter den EU-Mitgliedern setzenden Politik Moskaus. Der Moment des weltpolitischen „Alleinseins" der Europäer (siehe oben das vierte Eingangszitat) könnte hier eine positiv katalytische Wirkung entfalten. Über die Fragen der EU-internen Koordination hinaus läge es aber natürlich auch im Interesse der EU, wenn es ihr gelänge, Moskau auf den außenpolitischen EU-Stil der Selbstbindung durch Normentreue, der Institutionalisierung der Beziehungen im gehaltvollen, mit handlungsanleitender Wirkung versehenen Sinn zurückzuholen. Zwei Probleme stehen dem vor allem im Weg. Das Projekt Putin setzt darauf, Autonomie zu behalten, ja zurückzugewinnen bzw. auszubauen, und diese Autonomie, Möglichkeit der Selbststeuerung, fällt nicht an „Russland" abstrakt, sondern an die *derzeit dort herrschende Elite*, eine nicht unheikle Allianz alter Sicherheitsapparatschiks und neuer Reicher, die Marktwirtschaft à la Kreml spielen (und nicht wie der mittlerweile vom Kreml ins Gefängnis gebrachte Chodorkowski eigene politische Ambitionen verfolgen) und sich, das ist neu in Russland, allerdings über (eingeschränkt) freie Wahlen, staatsgelenkte Medien und etwa die Organisation staatstreuer Jugendbewegungen populäre Akklamation zu sichern verstehen. So gern die EU z. B. energiepolitisch mit den Vertretern dieses russischen Herrschaftssystems in stabile Lieferbeziehungen für Öl und Gas einträte, so wenig kann sie sich mit der politischen Entwicklung in Russland anfreunden und zufriedengeben (aber auch: so wenig kann sie, auch und gerade deshalb, darauf unmittelbar einwirken). Und um durch solche Russland (genauer: den gegenwärtig dort herrschenden Machtstrukturen) gegenüber kritische Bemerkungen nicht in westliche Selbstgefälligkeit zu verfallen – ein neuerdings wieder häufiger vorkommender Fehler –, sei als zweites Problem auf dem Weg zur erfolgreichen Erlangung von Governance der EU-Russland-Beziehungen darauf verwiesen, dass die EU Normentreue in dem Maß glaubwürdig einfordern kann, wie sie sie nicht nur selbst praktiziert, sondern als Teil des Westens auch in dessen (Gesamt-)Praxis durchzusetzen vermag – was sie gegenüber dem Unilateralismus der Ära Bush jr. eben nur sehr begrenzt vermochte. Auch diese – transatlantische – Dimension der durchaus wünschenswerten Governance in den EU-Russland-Beziehungen stellt zweifellos eine bleibende Herausforderung gemeinsamer EU-Außenpolitik dar. Und dies nicht zuletzt, weil, das sei abschließend betont, angesichts europäischer wie globaler Interdependenz ein echter Bedarf für einen EU-europäischen gestaltenden Beitrag besteht in jenem Beziehungs*dreieck*, für dessen gegenüberliegende Seite jüngst eine Gruppe US-amerikanischer und russischer Botschafter so zutreffend formulierte[19]:

> „In an ever more interdependent world, we have special responsibilities for leadership in critical international areas and [...] our capacity to work effectively together to deal with global, regional and bilateral issues can remain a positive force for global stability and well-being."

Wenn dies vermehrt auf beiden Seiten, in der EU/im Westen wie in Russland, so gesehen wird, bestehen Aussichten auf einen Ausbau der Governance der EU-Russland-Beziehungen.

---

[19] Offener Brief der Botschafter A. A. Bessmertnykh, J. F. Collins, Yuri V. Dubinin, A. A. Hartman, J. F. Matlock und Th. R. Pickering, International Herald Tribune, 27./28. September 2008: 8.

# Literatur

Ambrosio, Thomas, 2005: Challenging America's Global Preeminence. Russia's Quest for Multipolarity. Aldershot: Ashgate.

Baker, Peter/Glasser, Susan, 2007: Kremlin Rising. Vladimir Putin's Russia and the End of Revolution. Updated edition. Washington, D.C: Potomac Books.

Bastian, Katrin, 2006: Die Europäische Union und Russland. Multilaterale und bilaterale Dimensionen in der europäischen Außenpolitik. Wiesbaden: VS Verlag.

Efinger, Manfred/List, Martin, 1994: Stichwort „Ost-West-Beziehungen", in: Andreas Boeckh (Hrsg.), Lexikon der Politik, Bd. 6: Internationale Beziehungen. München: Beck, 381–396.

Europäische Kommission, 2007: Die Europäische Union und Russland: Enge Nachbarn, globale Akteure, strategische Partner, in: http://ec.europa.eu/external_ relations/russia/intro/index.htm; 16. Juni 2008.

Goldman, Marshall I., 2008: Petrostate. Putin, Power, and the New Russia. Oxford: Oxford UP.

Haghighi, Sanam S., 2007: Energy Security. The External Legal Relations of the European Union with the Major Oil and Gas Supplying Countries. Oxford/Portland, OR: Hart.

Hill, Christopher, 1993: The Capability-Expectation Gap, or Conceptualising Europe's International Role, in: Journal of Common Market Studies 31, 1, 305–328.

Larsson, Robert L., 2006: Russia's Energy Policy. Security Dimensions and Russia's Reliability as an Energy Supplier, in: http://www.foi.se; 29. September 2007.

Leonard, Mark/Popescu, Nicu, 2007: A Power Audit of EU-Russia Relations, in: http://ecfr.eu/; 11. Juni 2008.

List, Martin, 2007: Regimetheorie, in: Arthur Benz/Susanne Lütz/Uwe Schimank/Georg Simonis (Hrsg.), Handbuch Governance. Wiesbaden: VS Verlag, 226–239.

List, Martin, 2008: Historisch-soziologische Perspektive in der Analyse internationaler Politik, in: Stephan Bröchler/Hans-Joachim Lauth (Hrsg.), Politikwissenschaftliche Perspektiven. FS für Georg Simonis. Wiesbaden: VS Verlag für Sozialwissenschaften.

Lo, Bobo, 2003: Vladimir Putin and the Evolution of Russian Foreign Policy. Oxford: Blackwell.

Lo, Bobo, 2007: Evolution or Regression? Russian Foreign Policy in Putin's Second Term, in: http://www.chathamhouse.org.uk/pdf/research/rep/R0506LO.pdf; 27. Juni 2007.

Lucas, Edward, 2008: Der Kalte Krieg des Kreml. Wie das Putin-System Russland und den Westen bedroht. München: Riemann.

Mommsen, Margareta/Nußberger, Angelika, 2007: Das System Putin. München: Beck.

Moroff, Holger, 2008: Kohärenz in der Vielfalt? – Die Politik der EU gegenüber Russland, in: Mathias Jopp/Peter Schlotter (Hrsg.), Kollektive Außenpolitik – Die Europäische Union als internationaler Akteur. 2. unv. Auflage Baden-Baden: Nomos, 179–209.

Poe, Marshall T., 2003: The Russian Moment in World History. Princeton/Oxford: Princeton UP.

Sakwa, Richard, 2008: Putin. Russia's Choice. 2. Ausgabe. London/New York: Routledge.

Schuppert, Gunnar F./Zürn, Michael [Hrsg.], 2008: Governance in einer sich wandelnden Welt, PVS-Sonderheft 41. Wiesbaden: VS Verlag.

# Teil 4: Politikfelder

# Kapitel 9: Die Außenwirtschaftspolitik der Europäischen Union. Ein Vergleich mit den USA

*Maria Behrens*

## 1 Einleitung

Die Europäische Union hat sich in den letzten Jahrzehnten zu einer ökonomischen Macht entwickelt, die den USA ähnlich ist, militärisch hingegen als ein Zwerg gilt. Diese unterschiedliche Entwicklung in den Sachbereichen Wohlfahrt und Sicherheit hat bereits mit dem Zivilmachtskonzept von Duchêne (1973), wiederbelebt durch einen Beitrag von Manners (2002) die Frage aufgeworfen, inwieweit nicht nur das politische Institutionengefüge mit dessen innenpolitischen Entscheidungsprozessen als einzigartig zu bewerten ist, sondern es sich auch in der Außenpolitik bei dem Staatenverbund um einen Akteur sui generis handelt, der sich von Staaten wie den USA abgrenzt.

EU – ein Akteur sui generis?

Eine Einzigartigkeit der europäischen Außenwirtschaftspolitik als normative Macht, die im Mittelpunkt dieses Beitrags steht, kann nur durch eine vergleichende Perspektive erfasst werden. Im Beitrag wird die These vertreten, dass die EU ähnlich wie die USA auf Prozesse der Globalisierung reagiert und ihren außenwirtschaftspolitischen Kurs geändert hat. Mit ihrem Strategiewechsel seit Ende der 1990er Jahre vom Multilateralismus im Rahmen des Welthandelsregimes hin zu bilateralen Freihandelsabkommen vollziehen beide Handelsmächte einen Wandel vom nationalen Wettbewerbsstaat (Hirsch 1998) zum transnationalen Wettbewerbsstaat: Während der nationale Wettbewerbstaat der 1980er und 1990er um die wirtschaftliche Attraktivität seines nationalen Standorts mit anderen Staaten konkurrierte, befindet sich der transnationale Wettbewerbsstaat geostrategisch in einem Wettrennen mit anderen Wirtschaftsmächten um die Öffnung ausländischer Märkte für die heimischen Unternehmen. Der Multilateralismus wird dabei nicht durch den Bilateralismus gänzlich abgelöst, verliert aber an Bedeutung. Bei der Analyse des Strategiewechsels wird im Vergleich zu den USA deutlich, dass die EU keinen einzigartigen Weg einschlägt, sondern beide Handelsmächte mit bilateralen Freihandelsabkommen unter der Bedingung asymmetrischer Interdependenzbeziehungen auf das zunehmende Auseinanderdriften von wirtschaftlicher Effektivität und gesellschaftlicher Legitimation reagieren. Aus einer kritisch-realistischen Theorienperspektive, die sowohl strukturelle Veränderungen der Machtbeziehungen im internationalen System als auch das Aufbrechen des neoliberalen Konsenses als Erklärungsfaktoren berücksichtigt, wird zwar ein Wandel staatlicher Politik festgestellt, die liberal-institutionalistische Annahme einer Konstitutionalisierung der Weltpolitik oder die idealistische Annahme einer normativen Macht Europas jedoch nicht geteilt.

Klärung in einer vergleichenden Analyse

Zunächst geht der Beitrag kurz auf die aktuelle Global-Governance-Debatte über den Wandel von Staatlichkeit und die Konstitutionalisierung der Weltpolitik

Argumentationsgang

im Prozess der Globalisierung ein und überprüft, inwieweit die Annahmen auf das Welthandelsregime zutreffen (Abschnitt 2). Anschließend wird im dritten Abschnitt ausführlicher das Konzept der normativen Macht Europas dargestellt. Beide Konzepte ergänzen sich: eine globale Konstitutionalisierung setzt ein konstitutives Normenverständnis voraus, das auch für das Konzept einer normativen Macht Europas grundlegend ist. Im vierten Teil des Beitrags wird auf die Entwicklung des multilateralen Handelsregimes eingegangen, dessen neoliberale Ausrichtung seit Mitte der 1990er Jahre zunehmend auf gesellschaftliche Kritik stößt und zu einer Erosion des zwischenstaatlichen Konsenses vor allem der USA und der EU geführt hat. Bilaterale Freihandelsabkommen ermöglichen es, sowohl den Forderungen umweltpolitischer NGOs und Gewerkschaften nachzukommen, als auch Märkte für transnationale Unternehmen zu öffnen. Mit dem Strategiewechsel vom Multilateralismus zum Bilateralismus, der den transnationalen Wettbewerbsstaat kennzeichnet, beschäftigt sich abschließend der fünfte Abschnitt des Beitrags.

## 2    Wandel von Staatlichkeit

Seit Mitte der 1990er Jahre ist Globalisierung zum zentralen Schlagwort in der wissenschaftlichen wie öffentlichen Diskussion geworden. Für die Politikwissenschaft stellt sich die Frage, welchem Wandel Staaten im Prozess der Globalisierung ausgesetzt und ob sie weiterhin in der Lage sind, für ihre Gesellschaften die Versorgung mit Kollektivgütern zu sichern. Während Vertreter realistischer Ansätze nach wie vor von einem handlungsfähigen, souveränen Staat ausgehen, der von der Globalisierung nicht in seinen Grundfesten erschüttert wird (Gilpin 2001), sehen Vertreter liberal-institutionalistischer Ansätze die Tendenz einer zunehmenden Entgrenzung von Staatlichkeit. Transnationale Unternehmen und technologische Entwicklungen haben demnach die Interdependenzbeziehungen zwischen Staaten verdichtet (Keohane/Nye 1985). Hinzu kommen globale Probleme wie Umweltverschmutzung, Migration oder internationaler Terrorismus, zu deren Lösung Staaten zu Kooperationen verdammt sind.

*Der liberal-institutionalistische Erklärungsansatz*

Die zunehmende Institutionalisierung von Kooperationsbeziehungen zwischen staatlichen und nicht-staatlichen Akteuren, die in verschiedenen Interaktionsmustern von Governance Interdependenzprobleme bearbeiten, geht aus liberal-institutionalistischer Theorienperspektive einher mit der Stärkung rechtsstaatlicher Elemente in der internationalen Politik. In diesem Prozess findet eine „Zerfaserung" von Staatlichkeit statt, der durch einen Funktionswandel des Staates vom Herrschaftsmonopolisten zum Herrschaftsmanager gekennzeichnet ist. Der Staat managt demnach sektorspezifische, Komplementaritäts- sowie Komplexitäts-Probleme, verliert dabei zwar an Autonomie an neue nicht-staatliche Akteure, aber „gewinnt zugleich auch Einfluss auf sie, kann sie als Herrschaftsressource nutzen und wird dadurch stärker" (Genschel/Zangl 2007, 16).

Anhand einer Analyse von Streitschlichtungsmechanismen internationaler Organisationen wie der Welthandelsorganisation (WTO) und der Internationalen Arbeitsorganisation (ILO) stellt Zangl (2006, 148) fest:

„Die Souveränität der Staaten der OECD-Welt wird zu Beginn des 21. Jahrhunderts durch das Völkerrecht zunehmend eingeschränkt, immer stärker ausgehöhlt oder, besser, immer enger durch Verflechtung relativiert. In diesem Sinne gehört das Entstehen internationaler Rechtsstaatlichkeit zu den grundlegenden Transformationen moderner Staatlichkeit im 21. Jahrhundert."

und untermauert rechtlich argumentierend die Konstitutionalisierungthese im Rahmen der Global-Governance-Debatte (vgl. Überblick über die Debatte: Behrens 2010).

Zu dem zitierten Ergebnis kommt Zangl (2006), indem er als Indikatoren den jeweiligen Grad an Judizialisierung der Streitschlichtungsmechanismen, Nutzung der Verfahren durch klagende Streitparteien sowie die Anerkennung der Verfahren durch die Beklagten heranzieht. In der Feststellung eines hohen Grades an Judizialisierung im Falle der WTO ist Zangl (2006) zuzustimmen.

Die Analyse des Grades der Nutzung der Verfahren durch Klagen zeigt jedoch, dass die Anzahl der Streitfälle, die vor der WTO ausgetragen werden (vgl. Abbildung 9–1), kontinuierlich zurückgegangen sind, obgleich die Anzahl der Mitglieder der Organisation von 127 im Jahr 1995 auf 153 bis zum Jahr 2010[1] zugenommen hat. Vor allem Industriestaaten nutzen die WTO immer weniger als Forum zur Streitschlichtung.

*Abbildung 9–1*: Streitschlichtungsverfahren der WTO nach Klagen von Industrie- und Entwicklungsländern (1995 bis Mai 2010)

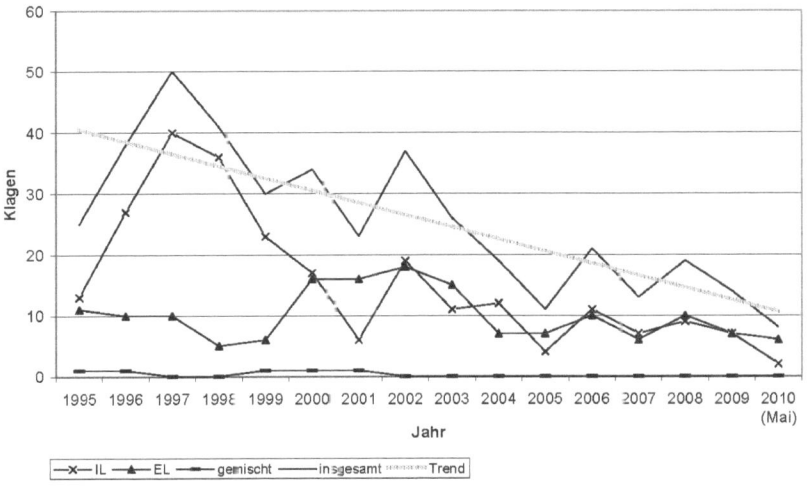

Quelle: eigene Darstellung, Berechnungen nach Daten der WTO, http://rtais.wto.org (Stand: 19. Mai 2010)

---

[1] Quelle: Welthandelsorganisation (WTO),
http://www.wto.org/english/thewto_e/whatis_e/tif_e/org6_e.htm (rev. 10. Juni 2010).

Diese Entwicklung kann mit dem Argument erklärt werden, dass Staaten laufende Verhandlungen durch Klagen nicht belasten wollen. Ein Argument, das bei einer zu erwartenden Dauer der im Jahr 2001 begonnenen Welthandelsrunde von Doha (Katar) von mindestens zehn Jahren und der Tatsache, dass die jetzige Form des Streitschlichtungsverfahrens der WTO erst seit 1995 besteht, schwerlich empirisch entkräftet werden kann. Eine andere Erklärung liefert aber der später im Beitrag behandelte und empirisch belegbare Strategiewechsel in der Außenwirtschaftspolitik in Richtung Bilateralismus. Bilaterale Freihandelsabkommen enthalten ebenfalls Streitschlichtungsmechanismen, die es gerade unter der Bedingung asymmetrischer Interdependenz den stärkeren Staaten erlaubt, die Strategie eines „forum shopping" (Busch 2007) zu verfolgen: Stärkere Staaten können durch überlappende Mitgliedschaften der Verhandlungspartner bestimmen, im Rahmen welcher Institution, multilateral oder bilateral, ein Streitfall behandelt wird. Schwächeren Staaten bietet allerdings das multilaterale Streitschlichtungsverfahren die Möglichkeit, gegen stärkere Staaten durch Allianzen quasi Sammelklagen einzureichen und damit die Legitimation ihres Anliegens zu erhöhen (Busch 2007). Das erklärt, warum der Streitschlichtungsmechanismus der WTO trotz Rückgang der Streitfälle im zeitlichen Verlauf ab dem Jahr 2000 stärker von den Entwicklungsländern im Verhältnis zu den Industrieländern in Anspruch genommen wird.

Alternative<br>Erklärung:<br>Strategiewechsel

Der Grad der Anerkennung als Ergebnis der WTO-Streitschlichtung als weiterer Indikator einer Transformation in Richtung globaler Rechtstaatlichkeit ist empirisch schwer zu erfassen, da auch innerstaatliche Faktoren dazu führen können, dass protektionistische Maßnahmen zurückgenommen werden (so die Stahlsubventionen unter der Administration Bush, vgl. Mildner 2008). Der Grad der Judizialisierung ist im Fall der WTO also hoch, das Streitschlichtungsverfahren wird jedoch immer weniger genutzt, was gegen die These einer Entstehung internationaler Rechtsstaatlichkeit spricht.

Sowohl die Frage der Nutzung als auch der Anerkennung des Streitschlichtungsverfahrens der WTO verweist auf eine weitere zentrale Annahme der Konstitutionalisierungsthese, wonach internationale Normen für Staaten einen konstitutiven Charakter haben. Aus konstruktivistischer Perspektive mögen Staaten zunächst Normen rhetorisch (Schimmelfennig 1997, 2003) zur Durchsetzung eigener Interessen nutzen. Nach Risse (2000) sind Staaten in Kooperationsverhandlungen jedoch auf das Argumentieren angewiesen. Die argumentative Rationalität von

EU als Vorreiterin<br>der Konstitutionali-<br>sierung<br>internationaler<br>Beziehungen?

Verhandlungen hat den Effekt, dass Akteure – deren Präferenzen nicht exogen festgelegt, sondern endogen gebildet werden – von den besseren Argumenten überzeugt werden können. In Kooperationsbeziehungen werden demnach rhetorische Normen durch Prozesse des Argumentierens auf Dauer internalisiert und somit konstitutiv (Risse 2003). Das Konzept einer normativen Macht Europa basiert ebenfalls auf der Annahme, dass gewisse Kernnormen konstitutive Bedeutung für die europäische Außenpolitik einnehmen. Durch Glaubwürdigkeit, die auf eine normativ ausgerichtete Außenpolitik basiert, sei die EU demnach in der Lage, auch andere Staaten von ihren Normen zu überzeugen. Damit würde die EU die Rolle einer quasi Vorreiterin im Prozess der Konstitutionalisierung der Weltpolitik einnehmen. Auch mit Begriffen wie modern und post-modern wird die EU von den USA abgegrenzt und damit eine gewisse Überlegenheit der EU zum Ausdruck gebracht.

## 3   Normative Power Europe

Die Beschreibung der EU erfolgt zumeist in Abgrenzung zu klassischen Formen von Staatlichkeit. Zu diesem Zweck sind verschiedene Typen von Staatlichkeit, die sich institutionell, funktional wie normativ unterscheiden, entwickelt worden.

Mit der Formulierung *forms of states* wird zum Ausdruck gebracht, dass sich historisch betrachtet unterschiedliche Strukturen von Staatlichkeit entwickelt haben. Mit den Begriffen *pre-modern* (Entwicklungsländer), *modern* (USA) und *post-modern state* (EU) werden verschiedene Formen von Staatlichkeit bezeichnet und Staatengruppen diesen Formen zugeordnet (vgl. Cooper 2003). Für die Analyse des Vergleichs außenwirtschaftspolitischer Strategien der EU und der USA sind hier vor allem die letzten beiden Formen von Bedeutung. Nach Caporaso (1996) sind die Merkmale des modernen Staates in Anlehnung an Weber das Monopol legitimer Gewalt, rationale Bürokratie und eine zentralstaatlich organisierte politische Autorität verbunden mit nationalstaatlicher Souveränität. Der postmoderne Staat wird wie folgt definiert:

EU als postmoderner Staat

> "The post-modern state corresponds to emerging forms of governance that are fractured, decentred, and often lacking in clear spatial (geographical) as well as functional (issue area) lines of authority" (ebd. 34).

Diese Merkmale postmoderner Staatlichkeit werden für das Institutionengefüge der EU als zutreffend erachtet, wenn nicht gar von ihr abgeleitet. Keohane (2002) behandelt vertiefend die funktionale Dimension von Souveränität und kommt zu dem Ergebnis, dass die USA und die EU unterschiedliche Konzeptionen von Souveränität vertreten. Die USA halten verstärkt nach den Angriffen auf das World Trade Center am 11. September 2001 am modernen Konzept äußerer Souveränität fest, das auf militärische Macht setzt und dem Zweck dient, den Interessen heimischer Wähler gerecht zu werden. Im Rahmen internationaler Kooperationen wird zwar staatliche Souveränität zusammengefasst, der moderne Staat behält jedoch die Kontrolle über intergouvernementale Verhandlungen. Die EU hingegen prägt vor dem Hintergrund ihrer Integrationserfahrungen das Konzept delegierter Souveränität, in dem aus einer neo-funktionalistischen Perspektive die Staaten bereit sind, bestimmte Kompetenzen an supranationale Institutionen abzugeben (vgl. Moravcsik 1993). Während also für den modernen Staat der Besitz hinreichender militärischer Ressourcen von geradezu existentieller Bedeutung ist, bezieht der postmoderne Staat seine Identität aus der Funktion als Vermittler und Modell einer zwischenstaatlichen friedlichen Koexistenz (Keohane 2002, 761). Damit ist normativ auf einen Unterschied im Selbstverständnis des postmodernen vom modernen Staat verwiesen.

Den normativen Prämissen postmoderner Staatlichkeit entspricht das Zivilmachtskonzept der EU, wonach Interessen mittels ökonomischer und diplomatischer Instrumente durchgesetzt werden und bewusst auf militärische

Drohgebärden und Gewaltanwendung einer klassischen Machtpolitik verzichtet wird. Bereits Anfang der 1970er Jahre bekannte sich die Europäische Gemeinschaft zum Leitbild einer „Zivilmacht Europa". Tatsächlich ist es im europäischen Integrationsprozess gelungen, durch Verdichtung wirtschaftlicher Beziehungen in Form transnationaler Kooperationen sowie durch die teilweise Übertragung von Souveränität auf eine supranationale Ebene die Gefahr militärischer Gewaltanwendung zwischen vormals verfeindeten Staaten innerhalb Europas zu minimieren. Damit kann nach Hill (1990, 50) das Zivilmachtskonzept der EU als Modell zur Befriedung internationaler Beziehungen betrachtet werden.

Ian Manners    Ian Manners hat, in Abgrenzung zum Zivilmachtskonzept, dessen Verständnis von Staatlichkeit noch dem westfälischen Staatensystem verhaftet ist, das Konzept „Normative Power Europe" entwickelt, das Manners (2002, 238) wie folgt definiert:

> "Thus my presentation of the EU as a normative power has an ontological quality to it – that the EU can be conceptualized as changer of norms in the international system; a positivist quality to it – that the EU acts to change norms in the international system; and a normative quality to it – that the EU should act to extend its norms into the international system."

EU als normative    Nach Manners ist die Außenpolitik der EU geprägt von historischen Erfahrungen
Macht    sowie ihren eigenen Systembesonderheiten als Hybridform mit supranationalen und intergouvernementalen Elementen und basiert auf rechtlichen Regelwerken (Manners 2002, 240). Daher fällt es der EU leichter als den USA, zu kooperieren und sich den Normen internationaler Regime zu beugen (Scheipers/ Sicurelli 2007). Die Glaubwürdigkeit, die die EU dadurch erlangt, macht sie zu einer normativen Macht, die nicht auf wirtschaftliche oder militärische Ressourcen angewiesen ist, sondern die Diffusion von Normen erfolgt durch Überzeugung.
Diffusion durch    Auch Adler und Crawford (2004) verweisen darauf, dass Normen und Regeln
Überzeugung    nicht allein über militärische Gewalt durchgesetzt werden können, sondern über Einfluss und Praxis Normen und Regeln erst als legitim betrachtet und anerkannt werden. Adler und Crawford (2004, 8) stellen die These auf, dass die EU in der Frage der Normensetzung – welche und wessen Normen konnten sich weitgehend als Teil eines Systems von Governance institutionalisieren – den USA sogar überlegen sei.
Fünf Kernnormen    Die normative Macht Europas basiert nach Manners (2002, 242–243) auf fünf Kernnormen, die in den verschiedenen Verfassungsverträgen im Prozess der europäischen Integration verankert wurden und Bestandteil des gemeinschaftlichen Besitzstandes (acquis communautaire) und der sicherheitspolitischen Interessenformulierung (aquis politique) sind: Frieden, Freiheit, Demokratie, Rechtsstaatlichkeit und Menschenrechte. Als Normen zweiter Ordnung gelten für die EU soziale Solidarität, Nichtdiskriminierung, nachhaltige Entwicklung und Good
Diffusionswege    Governance. Die Diffusion dieser Normen erfolgt über verschiedene Wege: z. B. informationell (offizielle Dokumente), prozedural (Verfahren), durch Übertragung im Rahmen z. B. von Entwicklungshilfe oder aber einfach auch durch ihre Vorbildfunktion für regionale Integrationsbemühungen (ebd. 244–245).
Kritik des Konzepts    Die Annahmen einer normativen Macht Europas wurden in vielen Beiträgen empirisch in Frage gestellt (vgl. Beiträge in Bendiek/Kramer 2009), aber auch

präzisiert. Für Diez (2005) können in einer historischen Perspektive die USA ebenfalls als eine normative Macht angesehen werden. Selbst der Irak-Krieg wurde von den USA mit dem Anspruch geführt, Demokratie in das Land bringen zu wollen. Auch in der Nationalen Sicherheitsstrategie (NSS) aus dem Jahre 2002 spielen Normen eine zentrale Rolle (Diez 2005, 621). Allerdings verfügten die USA im Unterschied zu der EU über den Willen und die Kapazitäten, militärische Mittel zur Durchsetzung ihrer Normen einzusetzen.

Nach Sjursen (2006) kann eine normative Macht nicht mit dem Verzicht des Einsatzes von militärischen Mitteln begründet werden. Wirtschaftsblockaden können brutalere Folgen mit sich bringen, als militärische Auseinandersetzungen. Wirtschaftliche Boykotte treffen wahllos unschuldige Zivilisten, vor allem Kinder (Sjursen 2006, 239). Zur Konkretisierung des Konzepts Normativ Power Europe sei es vielmehr notwendig, die Zielsetzung näher in den Blick zu nehmen. Eine normative Macht kennzeichnet für Sjursen (2006, 246–248) einen Staat, der sich für eine kosmopolitische Weltordnung einsetzt, die nicht wie das bestehende Völkerrecht auf die Rechte souveräner Staaten, sondern auf die Rechte des Individuums baut. Ob die EU diesem Kriterium genügt, sei noch zu überprüfen. Eine solche Überprüfung wird im vorliegenden Beitrag nicht vorgenommen, allerdings verweist die Betonung einer kosmopolitischen Ordnung auf eine multilaterale Ausrichtung außenwirtschaftspolitischer Strategien. Bilaterales Vorgehen hingegen scheint ein stärkeres Indiz für die Verfolgung von Eigeninteressen eines Landes zu sein. Auch hier kann der Einwand lauten, dass bilaterale Strategien die zweitbeste Lösung darstellen, um Normen, die multilateral nicht durchsetzbar waren, zum Durchbruch zu verhelfen.

*Probleme seiner Operationalisierung*

In diesem Zusammenhang kommt ein weiterer Einwand von Diez (2005) zum Tragen. Für Diez besteht ein zentrales Problem des Konzepts Normative Power Europe in einer Trennung von Normen und Interessen, die seines Erachtens nicht möglich ist:

> „The point is not that normative power is not strategic, but that strategic interests and norms cannot be easily distinguished and that the assumption of a normative sphere without interests is in itself nonsensical" (Diez 2005, 625).

In dem Punkt, dass Normen auch immer mit Interessen verbunden sind, ist Diez zuzustimmen. Des Weiteren kann die auf spezifische Systemmerkmale basierende Einzigartigkeit, die das Konzept Normative Power Europe für die EU feststellt, durch einen Vergleich mit den USA entkräftet werden. Ähnliche außenwirtschaftspolitische Reaktionen von Staaten auf Veränderungen in ihrer Umwelt deuten darauf hin, dass andere Faktoren (wie veränderte Machtbeziehungen, steigender gesellschaftlicher Legitimationsdruck) wirkungsmächtiger sind, als politische Systemmerkmale.

*Vergleiche*

Letztendlich ist es aber empirisch nicht möglich, zweifelsfrei zu belegen, dass (wirtschaftspolitische) Interessen das tatsächliche Ziel darstellen und die postulierten Normen nur einen instrumentellen Charakter zu deren Durchsetzung besitzen. So können die WTO-Verhandlungen der EU mit China scheinbar stärker durch wirtschaftliche Interessen, denn durch die Einhaltung von Menschenrechtsnormen motiviert sein, so das Ergebnis von Zimmermann (2007). Dennoch

*Grenzen des methodischen Ansatzes*

kann nicht ausgeschlossen werden, dass selbst bei Verhandlungen über eine Öffnung ausländischer Märkte das dahinter liegende Motiv darin besteht, mit einer wirtschaftlichen Liberalisierung zu einem Demokratisierungsprozess eines Landes beizutragen, wie es modernisierungstheoretische Ansätze nahelegen. Ein geostrategisches Wettrennen mit anderen Handelsmächten um die Öffnung von Märkten für die eigenen Unternehmen liefert jedoch ein starkes Indiz, dass wirtschaftliche Interessen dominieren.

**Legitimatorischer Diskurs?**    Es stellt sich allerdings die Frage, inwieweit Normative Power Europe tatsächlich ein reales Phänomen darstellt oder ob es sich dabei nicht vielmehr um einen legitimatorischen Diskurs zur Identitätsstiftung handelt. Nach Diez (2005, 626–627) ermöglicht Normative Power Europe als eine Analyse zweiter Ordnung eine Selbst- und Fremdkonstruktion, eine Abgrenzung von „wir" und die „anderen" – vor allem von den USA (vgl. auch Nicoloaïdis/Howse 2002). Die Interpretation von Normative Power Europe als ein Diskurs zur Identitätsstiftung kommt der Annahme einer Legitimationsfunktion in diesem Beitrag recht nahe. Letztere hat allerdings empirische Relevanz, da die EU ihre bilateralen Freihandelsabkommen mit der Diffusion von Normen wie Menschenrechten, Sozial- und Umweltstandards legitimatorisch absichert und daher an diesen selbst gesetzten Normen gemessen werden kann.

Der folgende Abschnitt widmet sich der Entwicklung von Normen und Regeln des Welthandelsregimes. Diese Entwicklung verdeutlicht, dass ein Strategiewechsel zum Bilateralismus der EU und der USA vor dem Hintergrund veränderter struktureller Machtbeziehungen und zunehmendem Legitimationsdruck zu sehen ist, die zusammen eine Transformation von Staatlichkeit in Richtung eines transnationalen Wettbewerbsstaats befördern.

## 4   Die Entwicklung des multilateralen Welthandelsregimes

**GATT: negative Regelsetzung**    Im Wesentlichen beschränkt sich das Welthandelsregime bis heute nur auf eine Norm, die Liberalisierung der Handelsbeziehungen. Diese Norm wurde mit dem GATT 1947 in Form negativer Regelsetzung institutionalisiert: die Zölle sollten lediglich gesenkt werden, es blieb den Staaten aber das Recht vorbehalten, innerhalb ihrer Grenzen ohne Einschränkung die Wirtschaft- und Sozialbeziehungen frei zu gestalten, solange keine Diskriminierung ausländischer Anbieter damit verbunden war. Mit dieser keynesianischen Ausrichtung des Welthandelsregimes war eine nach Innen sozialpolitisch abgefederte Liberalisierung der Außenhandelsbeziehungen möglich. Ruggie (1982) bezeichnet diese Phase der Welthandelspolitik als *embedded liberalism*, in der sich der nationale Wohlfahrtsstaat der 1950/1960er Jahre entwickeln konnte.

In den folgenden Jahrzehnten nach Inkrafttreten des GATT wurde das Zollniveau drastisch reduziert und die USA konnten bis in die 1970er Jahre ihre Position als stärkste Wirtschaftsmacht erfolgreich verteidigen. Der rasante Wirtschaftsaufschwung Japans in den 1970er/80er Jahren veränderte jedoch das wirtschaftliche Kräfteverhältnis (vgl. Hummel 2000). Durch Ausnutzung komparativer Kostenvorteile gelang es Japan, durch Massenproduktion zunehmend hochwertigere Produkte auf dem Weltmarkt abzusetzen. Zugleich schützte es seinen eigenen Markt vor Importen verarbeiteter Güter. Der gegenüber einem stark gestiegenen Dollarkurs unterbewertete Yen ermöglichte hohe Exportraten und Investitionen in die USA. Vor diesem Hintergrund diagnostizierten viele Wissenschaftler Ende der 1980er Jahre einen Niedergang US-amerikanischer Hegemonie (vgl. Corden 1990, Kupchan 1989). Um sich vor der japanischen Konkurrenz zu schützen, reagierten die westlichen Industriestaaten mit protektionistischen Maßnahmen in Form nicht-tarifärer Handelshindernisse, die vom GATT nicht erfasst waren. Mit dieser Form des Unilateralismus schwächten die USA und die Mitgliedstaaten der damaligen EG in den 1980er Jahren das GATT empfindlich.

Auf zunehmenden Druck der USA erklärte sich Japan im Plaza-Abkommen von 1985 schließlich bereit, seine Währung gegenüber dem Dollar aufzuwerten und seinen Markt für ausländische Anbieter zu öffnen (Katz 1998). Die japanische Exportwirtschaft wurde damit immens geschwächt, der japanische Herausforderer in seine Grenzen verwiesen. Vor diesem Hintergrund war es möglich, sich auf weitere Liberalisierungsschritte in der Welthandelspolitik zu verständigen und damit Märkte (wieder) zu öffnen. Mit der Verabschiedung des Welthandelsregimes WTO wurde die negative Regelsetzung nun durch eine positive Regelsetzung ergänzt, um auch die in den 1980er Jahren aufgebauten nicht-tarifären Handelshindernisse zu erfassen. Dymond und Hart (2000) sehen hier eine Wende von einer modernen zu einer post-modernen Handelspolitik. Das im Welthandelsregime verankerte TRIMS-Abkommen (Trade-Related Investment Measures) erschwert es den Vertragspartnern, Direktinvestitionen an Bedingungen wie Beteiligung einheimischer Unternehmen oder die Verwendung inländischer Produkte zu koppeln. Durch das TRIPS-Abkommen (Trade-Related Intellectual Property Rights) soll außerdem eine Harmonisierung von Eigentumsrechten und technischen Standards stattfinden. Durch diese positive Regelsetzung wird der innerstaatliche Gestaltungsfreiraum wirtschaftspolitischer Regulierung eingeschränkt (vgl. Ruggie 1997). Die Stärkung des Streitschlichtungsmechanismus um rechtlich-gerichtliche Elemente hat darüber hinaus die Durchsetzungsfähigkeit von Beschlüssen der WTO erhöht.

*WTO: positive Regelsetzung*

Auf der Ministerkonferenz in Singapur von 1996 wurden weitere Themen (Handelsvereinfachung, Investitions- und Wettbewerbsregeln, Transparenz bei öffentlichen Ausschreibungen) diskutiert, die das Spektrum positiver Regelsetzung erweitern sollten. Deren Institutionalisierung scheiterte bisher jedoch an dem Widerstand der Entwicklungsländer. Die Umsetzung der Singapur-Themen würde es diesen Ländern erschweren, ihre Wirtschaftssektoren und Unternehmen im Prozess nachholender Entwicklung zu schützen. Die positive Regelsetzung begrenzt innerstaatliche Gestaltungsfreiräume in der Wirtschaft- und Sozialgesetzgebung. Nicht-tarifäre Handelshindernisse, wie Subventionen oder technische Standards, gelten nur als Verstoß gegen die Normen und Regeln des Welthandelsregimes.

*Singapur-Themen*

Das auf neoliberalen Grundsätzen eines zurückhaltenden Staates („*minimal state*") basierende Welthandelsregime von 1994 löste in der Folgezeit innerhalb der Staaten Europas eine Deregulierungs- und Privatisierungsdynamik vormals staatlich regulierter Sektoren (Telekommunikation, Postwesen, Wasser- und Stromversorgung oder Bildungswesen) aus, deren Dienstleistungen nun im Prin-

*Liberalisierung*

zip der privaten Vermarktung zur Verfügung stand. Die positive Regelsetzung des Welthandelsregimes WTO sowie die Singapur-Themen beziehen sich allein auf die Norm der Liberalisierung, also auf wirtschaftliche Faktoren. Nationale rechtliche Regelungen im Bereich des Umwelt- und Verbraucherschutzes sind, wie der Konflikt zwischen den USA und der EU um gentechnisch hergestellte Nahrungsmittel zeigt, daher potentiell dem Vorwurf des Protektionismus ausgesetzt (vgl. Vogel 2001).

Dieser kurze historische Abriss zeigt, dass es keine kontinuierliche, bruchlose Entwicklung vom alten GATT 1947 zur WTO 1994 gegeben hat, sondern dass dazwischen eine Phase des Unilateralismus lag, der durch veränderte Kräfteverhältnisse in den Weltwirtschaftsbeziehungen ausgelöst wurde und zur Schwächung des GATT 1947 führte. In dieser Phase fand in Anlehnung an Hirsch (1998) in Deutschland wie in anderen europäischen Staaten eine Transformation zum nationalen Wettbewerbsstaat statt. Merkmal des nationalen Wettbewerbsstaates ist die Strategie, den heimischen Standort für ausländische Investoren möglichst attraktiv zu gestalten. Als Beleg sei an dieser Stelle nur an die Standortdebatten der 1980er/1990er Jahre erinnert.

Gegenbewegung      Die tiefgreifende Wirkung des multilateralen Welthandelsregimes auf innerstaatliche Angelegenheiten hat ab Ende der 1990er Jahre in den westlichen Industriestaaten eine Gegenbewegung, bestehend aus Gewerkschaften und NGOs, ausgelöst. Ministerkonferenzen im Rahmen der WTO sind seit Seattle 1999 mit massiven Protesten internationaler NGOs konfrontiert (Wilkinson 2001). Diese Proteste blieben nicht ohne Wirkung auf demokratisch verfasste Staaten. Dem Druck der Gewerkschaften nachgebend, forderte bereits der damalige Präsident Bill Clinton im Jahr 1999 auf der Ministerkonferenz in Seattle die Einbeziehung von Arbeitnehmerrechten in die Verhandlungen, scheiterte jedoch am Widerstand der Entwicklungsländer, die befürchteten, komparative Kostenvorteile zu verlieren (Elliott 2000).

Blockade      Auch zu Beginn der laufenden Welthandelsrunde, die im Jahr 2001 auf der WTO-Ministerkonferenz in Doha (Katar) beschlossen wurde, waren nicht direkt handelsbezogene Normen Gegenstand der Verhandlungen. Diesmal versuchte die EU, mit einem umfassenden Verhandlungsvorschlag Umwelt- und Sozialstandards auf die Agenda zu setzen, scheiterte jedoch wiederum am Widerstand der Entwicklungsländer, nun aber auch der USA. Ein zentraler Konfliktpunkt stellen die Agrarsubventionen der USA und der EU dar. Die Entwicklungsländer fordern den Abbau der Subventionen in einer Höhe, auf die sich die USA und die EU bisher nicht eingelassen haben. Umgekehrt verlangen die Industrieländer die weitere Öffnung der Märkte für ihre Güter sowie für Dienstleistungen. Auch die letzte Ministerkonferenz im Dezember 2009 in Genf führte zu keiner Einigung. Es wird davon ausgegangen, dass ein Abschluss vor dem Jahr 2011 nicht mehr möglich sein wird.[2]

---

[2] Quelle: WTO, Seventh Ministerial Conference, Chairman's Summary, WT/MIN(09)/18, 2 Dezember 2009

Der in den vergangenen fast zehn Jahren gescheiterte Versuch, ein Kompromisspaket auszuhandeln, wird aus einer optimistischen Perspektive lediglich als das Ergebnis üblicher Interessendivergenzen interpretiert, und es wird darauf verwiesen, dass bisher trotz vieler Konflikte (z. B. während der achtjährigen Uruguay-Runde) noch keine Welthandelsrunde gescheitert sei (Bhagwati/Panagariya 2008). Letztendlich wird davon ausgegangen, dass die verschiedenen Interessen doch noch vermittelt und ein gemeinsamer Kompromiss gefunden werden könne. Dieser Optimismus basiert auf einem funktionalen Denken, wonach Kooperationen eine Maximierung von Wohlfahrt, nach welcher die Staaten als rationale Akteure streben, für alle Beteiligten ermöglichen. „Optimistische"<br>Erklärung

Aus einer pessimistischen Perspektive hingegen ist die Doha-Runde gescheitert. Dafür werden unterschiedliche Ursachen ausgemacht: „Pessimistische"<br>Erklärung

1.  Strukturelle Veränderungen in den internationalen Beziehungen haben aus einer realistischen Theorieperspektive zu einer Schwächung der hegemonialen Position der Vereinigten Staaten geführt (Haass 2008). Durch die Osterweiterung ist die EU zu einer vergleichbar starken Wirtschaftsmacht geworden (vgl. McCormick 2007) und hat mittlerweile einen höheren Anteil am weltweiten Güterhandel als die USA (vgl. Abbildung 9–2). Da die EU in der Außenwirtschaftspolitik mit einer Stimme spricht, ist sie auch zu einem verhandlungspolitisch starken Akteur geworden.

*Abbildung 9–2*: Verteilung weltweiten Güterhandels nach Mitgliedstaaten der WTO im Jahr 2008 (ohne intraregionalem Handel der EU-27)

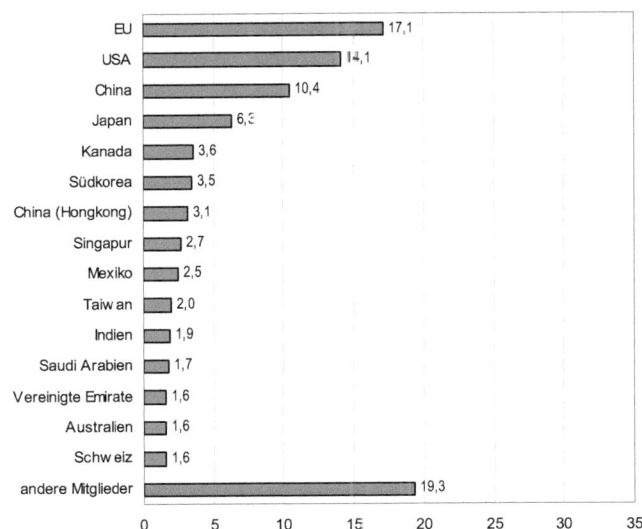

Quelle: WTO, http://www.wto.org/english/res_e/statis_e/its2009_e/charts_e/ chart07.xls, 27. November 2009 (rev. 5. Juni 2010)

2.  Durch den Wirtschaftsaufschwung Chinas zeichnet sich die Entwicklung von einem bipolaren zu einem multipolaren Weltwirtschaftssystems ab, das

auf struktureller Ebene sowohl die USA als auch die EU zunehmend einem Konkurrenzdruck aussetzt (Froese/Drache 2008).

3. Mit dem verstärkten Wettbewerbsdruck kann erklärt werden, warum die USA wirtschaftspolitisch nicht mehr zu relativ höheren Zugeständnissen gegenüber anderen Staaten zur Sicherung der institutionellen Stabilität des Welthandelsregimes bereit sind. Die strukturellen Veränderungen in der Machtverteilung im Weltwirtschaftssystem haben weiterhin dazu geführt, dass die EU nicht mehr länger bereit ist, die Rolle des Junior-Partners gegenüber den USA zu übernehmen. Im Gegenteil versucht die EU nun, unabhängig von den USA ihre Einflussmacht für die zukünftige Ausrichtung des Welthandelsregimes einzusetzen. Die USA und die EU scheinen somit nicht mehr länger in der Lage zu sein, sich über eine gemeinsame Position gegenüber den Entwicklungsländern zu verständigen (Falke 2005, 41).

4. Damit zusammenhängend wird als weitere Ursache für die Konflikte in der Welthandelsrunde das Problem der hohen Zahl an Mitgliedern der WTO genannt, die sich vom „*rich men club*" westlicher Industriestaaten zu einer globalen Organisation entwickelt hat. Verhandlungen werden aus einer realistischen Perspektive als umso schwieriger erachtet, je höher die Zahl von Verhandlungspartner ist (Haass 2008). Die Entwicklungsländer stellen nun die Mehrzahl der Mitglieder der WTO und können ihre Interessen machtvoller durch das *One-state-one-vote*-Prinzip der WTO vertreten oder, wie die G21 in Cacun 2003 gezeigt hat, sogar die Verhandlungen gänzlich blockieren.

Diese veränderten Verhältnisse der Verhandlungsmacht innerhalb der WTO zwischen entwickelten und entwickelnden Ländern sieht Balaam (2008) als das Hauptproblem für den Stillstand des Welthandelsregimes. Anhand der Verhandlungen über die Agrarpolitik kommt er zu dem Ergebnis:

> „In many ways the stalemate in the Doha Round reflects a rejection of the WTO as an institution commensurate with a major shift in global distribution of wealth and power favorable to many developing nations: one that is not likely to be given up or easily bargained away" (ebd. 37–38).

Fehlender Konsens zwischen USA und EU

Falke (2005) betont hingegen den fehlenden Konsens zwischen den Vereinigten Staaten und der EU als Ursache für das bisherige Scheitern der Verhandlungen. Mit Verweis auf den Begriff postmoderner Handelspolitik von Dymond und Hart (2000) analysiert er die unterschiedlichen Positionen der Vereinigten Staaten und der EU in der Welthandelsrunde von Doha. Er kommt zu dem Ergebnis, dass es der EU nicht allein darum gehe, wirtschaftliche Interessen durchzusetzen. Vielmehr verfolge die EU das Ziel der Diffusion idealer Normen (z. B. Umwelt- und Sozialstandards) in einer von ihr angestrebten umfassenderen Global-Governance-Struktur multilateraler Handelspolitik. Die EU wird somit zum Inbegriff post-moderner Handelspolitik, während die USA nach wie vor einem traditionellen interessengeleiteten Verständnis von Handelspolitik mit der Betonung der Aspekte Macht und staatlicher Souveränität verhaftet bleiben (Falke 2005, Cooper 2003). Bhagwati stellt hingegen eine solche gemeinwohlorientierte Ausrichtung der EU-Außenwirtschaftspolitik in Frage. Mit dem Begriff des Exportpro-

Erklärungsangebote

tektionismus bezeichnet er die Strategie der EU, innerstaatliche protektionisti-sche Interessen durch eine rhetorische Nutzung von Normen wie Umwelt- und Sozialstandards geschickt zu verteidigen und zugleich dabei auch noch die Un-terstützung von NGOs zu gewinnen.

Die Vermutung von Bhagwati wird durch Untersuchungen gestützt, welche über innerstaatliche Faktoren die Krise der WTO zu erklären versuchen. Dürr (2008) stellt fest, dass die aktuelle EU-Außenhandelspolitik von protektionistisch orientierten Unternehmensinteressen aus Produktion und Handel geprägt wird (vgl. auch Dürr/De Bièvre 2007, zur Rolle von NGOs vgl. Young 2007). In den Vereinigten Staaten hingegen ist es vor allem eine globalisierungskritische Hal-tung in der Bevölkerung, aber in den letzten Jahren auch in den Gewerkschaften, die den Kongress, nachdem die Demokraten im Jahr 2006 die Mehrheit in beiden Kammern erringen konnten, Handelskonzessionen ablehnen lässt (Mildner 2008). Bemerkenswerterweise werden innerstaatliche Faktoren auch aus realisti-scher Perspektive für die Krise der WTO genannt. So sieht Haass (2008) in der zunehmend geringeren sozialen Absicherung breiter Bevölkerungsschichten in den Vereinigten Staaten eine zentrale Ursache für die globalisierungskritische Haltung der Bevölkerung, die es der Regierung erschwert, Zustimmung für wei-tere Liberalisierungsschritte in der WTO innergesellschaftlich zu gewinnen. Der neoliberale Konsens (vgl. Gill 1990, Cox 1981) scheint brüchig geworden zu sein.

Innerstaatliche<br>Faktoren

Gemeinsam ist den vorgestellten Analysen zur Krise der WTO, dass sie sich auf das multilaterale Verhandlungssystem konzentrieren und bilaterale Außen-handelsstrategien entweder ganz ausblenden oder aber nur am Rande erwähnen (so bei Falke 2005). Der Fokus der meisten Untersuchungen liegt auf Kooperati-onen, nicht aber auf Macht. Eine Ausnahme bildet die Arbeit von Froese und Drache (2008). Unter Einbeziehung bilateraler Handelsabkommen aus einer regionalen Perspektive verbunden mit einer Analyse von Konfliktlinien inner-halb der WTO kommen sie sogar zu dem Ergebnis:

Strategiewechsel als<br>Erklärung

"It is, however, clear that multilateralism is in for a rough ride as the US, EU and other regional powers look for new frames within which to pursue their strategic in-terests. The golden era of postwar trade multilateralism is over" (ebd. 29).

## 5 Strategiewechsel in der Außenwirtschaftspolitik: bilaterale Freihandelsabkommen

In der Außenwirtschaftspolitik zeichnet sich eine abnehmende multilaterale Aus-richtung am Welthandelsregime bei gleichzeitiger zunehmender Hinwendung zu bilateralen Handelsabkommen ab. Unter den Bedingungen asymmetrischer In-terdependenzbeziehungen bei Verhandlungen der großen Handelsmächte mit Entwicklungsländern können bilaterale Verträge auch dem Unilateralismus zu-geordnet werden.

Der Strategiewechsel in der vormals im Wesentlichen multilateral ausge-richteten US-amerikanischen Außenwirtschaftspolitik setzt Ende der 1990er Jahre ein. Zunehmende innerstaatliche Proteste gegen eine weitere Liberalisie-

Ursachen

rung der Handelspolitik, ein verstärkter Konkurrenzdruck durch die Osterweiterung der EU sowie das Wirtschaftswachstum Chinas veranlassen die USA, verstärkt bilaterale Handelsabkommen abzuschließen. Bis Ende der 1990er Jahre
hatten die USA mit nur wenigen Ausnahmen bilaterale Handelsabkommen mit
dem Argument einer möglichen Schwächung der WTO abgelehnt und nur zwei
(Israel und Kanada) Freihandelsabkommen abgeschlossen (Schott 2004).

**Machtgewinn der EU**     Bei der EU hingegen lässt sich seit langem eine doppelte Strategie feststellen: sie engagiert sich im Rahmen des Welthandelsregimes, zugleich aber ver-
folgt sie mit dem Integrations- und Erweiterungsprozess eine regionale Strategie
der Außenwirtschaftspolitik. Während die USA dem Projekt der europäischen
Integration in Zeiten des Ost-West-Konflikts positiv gegenüberstanden, löste die
geplante Osterweiterung der EU in den USA die Befürchtung aus, die EU könne
die USA wirtschaftlich wie wirtschaftspolitisch abhängen (Fergusson 2006).[3]
Während der nächsten Jahre schlossen die USA eine Vielzahl von Freihandelsabkommen ab und verhandelten mit verschiedenen Staaten (Cooper 2006). Auf
die Aufholjagd der USA ab Ende der 1990er Jahre reagierte die EU ihrerseits
ebenfalls mit Verhandlungen zu bilateralen Handelsabkommen, die 2006 mit
dem Dokument *Global Europe* zur offiziellen außenhandelspolitischen Strategie
der EU geworden sind (EU-Commission 2006a).

"The Commission will propose a new programme of bilateral free trade agreements
with key partners in which economic criteria will be a primary consideration" (EU-
Commission 2006b).

**Stärker werdende**      Seitdem, wie in Abbildung 9–3 dargestellt, ist ein Wettrennen um die Marktöff-
**Konkurrenz**            nung zwischen den USA und der EU zu beobachten. Die hohe Zahl inaktiver
Freihandelsabkommen lassen sich mit dem Zusammenbruch der Sowjetunion
erklären, die zunächst Anfang der 1990er Jahre zu einer Auflösung, anschließend
jedoch wieder zu neuen Abkommen führte. Weiterhin wurde mit der EU-
Osterweiterung eine Vielzahl von Freihandelsabkommen inaktiv. Die Abbildung
verdeutlicht anschaulich anhand der kumulativen Kurve den Strategiewechsel in
der Außenwirtschaftspolitik: bis Anfang der 1990er Jahre wurden nur wenige
Freihandelsabkommen abgeschlossen, seit Mitte der 1990er Jahre nimmt die
Anzahl jedoch auch nach Abzug der inaktiven Freihandelsabkommen mit jedem
Jahr beachtlich zu. Neben Abkommen zwischen Transitionsländern in Osteuropa
werden die meisten Abkommen zwischen Industrie- und Entwicklungsländern
abgeschlossen, während die Verträge zwischen Industrieländern sowie zwischen
Entwicklungsländern jeweils untereinander in den 2000er Jahren stark abge-
nommen haben (vgl. Fiorentino u.a. 2006). Entsprechend werden die meisten
Freihandelsabkommen der EU und der USA mit Entwicklungsländern verhandelt.

---

[3] Vgl. auch „Free trade deals: is the United States losing ground as its trading partners move ahead?
Anhörung im US-amerikanischen Kongress am 29. März 2001,
http://waysandmeans.house.gov/legacy/trade/107cong/3-29-01/107-9final.htm (rev. 27. Mai 2009).

*Abbildung 9–3*: FTAs registriert bei der WTO bis einschließlich 2009

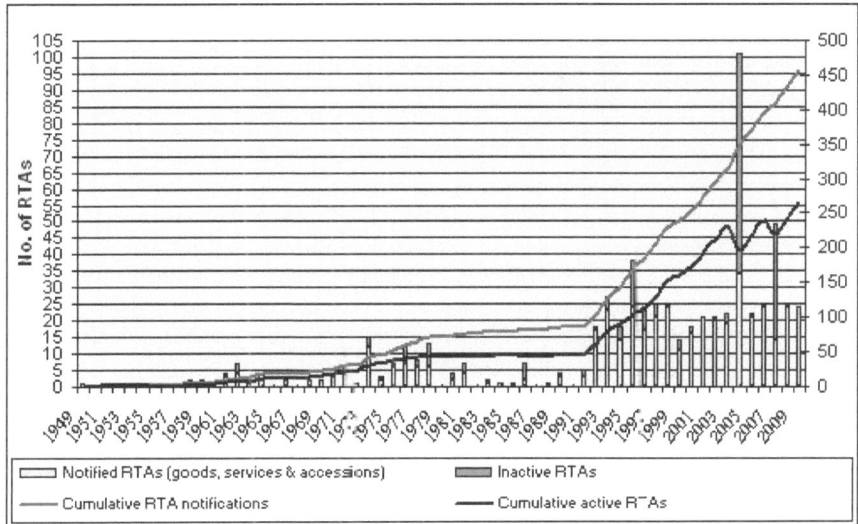

Quelle: WTO, http://www.wto.org/english/tratop_e/region_e/regfac_e.htm (rev. 4. Mai 2010)

Die vormals formulierte Begründung der EU, durch interregionale Abkommen regionale Integrationsprozesse zwischen Entwicklungsländern und damit Stabilität in den Regionen nach europäischem Vorbild fördern zu wollen, wird mit dem Beschluss, verstärkt bilaterale FTAs abzuschließen, zweifelhaft. Wie Studien zeigen, können bilaterale Freihandelsabkommen zur Erosion regionaler Integrationsprojekte führen (Ribeiro-Hoffmann/ Kfuri 2007, Dieter 2005).

Freihandelsabkommen, die die EU bereits abgeschlossen hat, konzentrierten sich zunächst auf Staaten im Mittelmeerraum (Tunesien 1998, Israel 2000, Marokko 2000, Jordanien 2002, Libanon 2003, Ägypten 2004, Algerien 2005). Weitere Verträge wurden mit Südafrika (2000) und Kroatien abgeschlossen. Auf den Vorstoß der USA unter der Regierung Clinton im Jahr 1998, eine gesamtamerikanische Freihandelszone zu verhandeln, reagierte die EU mit Freihandelsverträgen mit Mexiko (2000) und Chile (2005) und verhandelt seit 2007 mit den Staaten Zentralamerikas (Guatemala, El Salvador, Honduras Nicaragua, Costa Rica und Panama) sowie den Staaten der Andengemeinschaft (Bolivien, Kolumbien, Ecuador und Peru). Die Verhandlungen mit Peru und Kolumbien konnten im März 2010 erfolgreich abgeschlossen werden. Weiterhin strebt die EU seit 1999 ein interregionales Freihandelsabkommen mit den Mercosur-Staaten (Argentinien, Brasilien, Paraguay, Uruguay und Venezuela) an. Die Verhandlungen gestalten sich als langwierig, da seit 2001 parallel im Rahmen der Welthandelsrunde von Doha verhandelt wird und die lateinamerikanischen Staaten darauf setzen, in dieser Situation ihre jeweilige Verhandlungsposition zu verbessern und mehr Zugeständnisse der großen Handelsmächte zu erringen. Auf dem EU-

Lateinamerika-Gipfel in Madrid im Mai 2010 machte die EU-Kommission daher Druck auf die Staaten, endlich die Verhandlungen abzuschließen[4] – weitgehend ungeachtet der Menschenrechtssituation in Staaten wie Peru, Kolumbien oder Honduras (vgl. Freedom House 2010). Die geostrategischen wirtschaftspolitischen Einflussinteressen dominieren.

Die Bedeutung geostrategischer Interessen wird auch in dem Engagement der EU im asiatischen Raum deutlich: Im Wettrennen mit den USA werden Gespräche über Freihandelsabkommen mit Indien und Südkorea seit dem Jahr 2007 geführt.[5] Ebenfalls seit 2007 verhandelt die EU mit den ASEAN-Staaten (Brunei, Indonesien, Kambodscha, Laos, Malaysia, Myanmar, Philippinen, Singapur, Thailand, Vietnam), obwohl in einigen der Mitgliedstaaten ebenfalls beachtliche Menschenrechtsprobleme bestehen: Myanmar und Laos zählen zu den 17 Staaten der Welt, in denen am stärksten Menschenrechte verletzt werden – vergleichbar mit Chad oder Nordkorea. Auch Brunei, Kambodscha, Vietnam gelten nach dem Freedom-House-Index als nicht frei. Malaysia, Philippinen, Singapur und Thailand fallen in die Kategorie „teilweise frei". Nur Indonesien wird vom Freedom House (2010) als „frei" eingestuft. Da sich die interregionalen Verhandlungen zwischen der EU mit ASEAN als schwierig gestalten, hat EU-Handelskommissar Karel De Gucht nun einen Strategiewechsel beschlossen und mit Singapur im März 2010 Verhandlungen über ein Freihandelsabkommen begonnen. Auch mit Vietnam wurden bereits Freihandelsgespräche vereinbart. Die EU-Kommission hofft, durch diese bilateralen Abkommen einen Dominoeffekt zu erwirken und in absehbarer Zeit auch Abkommen mit den anderen ASEAN-Staaten abschließen zu können (Hauschild 2010, zur Dominotheorie vgl. Baldwin 2006).

Die *emerging markets* in Asien sind auch für die USA von besonderem Interesse. Das FTA mit Singapore besteht bereits seit 2004, seit 2006 verhandeln die USA mit Malaysia. Die seit 2007 geführten Gespräche über ein Freihandelsabkommen mit Südkorea sind abgeschlossen, das Abkommen wurde aber bis 2010 durch beide Staaten noch nicht ratifiziert. Die Gespräche über ein Freihandelsabkommen mit Thailand (seit 2003) wurden im Herbst 2006 nach dem Militärputsch eingestellt und bisher nicht wieder aufgenommen.[6]

Der Abschluss von Freihandelsabkommen in Südamerika steht für die USA jedoch an erster Stelle. Der Versuch, ein Abkommen über eine gesamtamerikanische Freihandelszone (Free Trade Area of the Americas, FTAA) zu verhandeln, scheiterte am Widerstand von Mercosur. Dennoch gelang es den USA, bilaterale Abkommen mit Chile (2004), Panama (2006), Peru (2006) und Kolumbien (2006) abzuschließen. Unter der Bezeichnung CAFTA-DR wurde 2004 weiterhin ein Abkommen zwischen den USA, Costa Rica, der Dominikanischen Republik, El Salvador, Guatemala, Honduras und Nicaragua unterzeichnet.

*Kampf um die neuen Märkte*

*Regionale Schwerpunkte*

---

[4] EU-Commission, Bilateral Trade Relations, http://ec.europa.eu/trade/creating-opportunities/ bilateral-relations/regions/mercosur (rev. 8. Juni 2010).
[5] EU-Commission, Bilateral Trade Relations, http://ec.europa.eu/trade/issues/bilateral/index_en.htm (rev. 24. Juli 2009).
[6] vgl. United States Trade Representative, Washington, http://www.ustr.gov/countries-regions/southeast-asia-pacific (rev. 8. Juni 2010).

Ein weiterer regionaler Fokus der USA liegt auf dem Nahen Osten. Bereits im Jahr 2001 konnte ein Abkommen mit Jordanien unterzeichnet werden. Besonders die erfolgreich abgeschlossenen Verträge mit Bahrain (2006) und Oman (2009) werden als ein Anker in der Region betrachtet, da die USA planen, bis zum Jahr 2013 ein Nahost-Freihandelsabkommen (MEFTA) mit allen in der Region angesiedelten Staaten abzuschließen (USTR 2007).

Die US-amerikanische Strategie bilateraler Handelsabkommen passt zur Kategorie moderner Staatlichkeit. Doch nicht nur die als normative Macht bewertete EU, sondern auch die USA realisieren ihre wirtschaftlichen Interessen mit Hilfe sozial- und umweltpolitischer Normen. Am 11. Mai 2007 präsentierten beide Parteien des Kongresses und die Administration einen gemeinsamen Vorschlag für eine neue Handelspolitik der USA. So sieht dieser Vorschlag ebenfalls eine Berücksichtigung von Sozial- und Umweltstandards in Verhandlungen über Freihandelsabkommen vor, die sich an internationalen Regimen orientieren (US-Congress 2007a).

*USA: verschleierter Protektionismus*

Frühere Verträge, vor allem mit Staaten Südamerikas, enthalten zwar bereits vereinzelt Arbeitsschutzklauseln, der US-amerikanische Kongress bestand jedoch auf eine systematische Einbeziehung in alle Freihandelsabkommen. Der Kongress stellte eine Verlängerung der Handelsvollmacht (*Trade Promotion Authority*) des US-amerikanischen Präsidenten, die Ende Juni 2007 auslief, nur unter der Bedingung in Aussicht, dass die Administration dem Vorschlag einer neuen Handelspolitik zustimmte. Weiterhin hat der Kongress mit folgendem Ziel die Handelsvollmacht mit wesentlichen Einschränkungen versehen:

"with more vigorous enforcement of laws and agreements, greater congressional consultation – so we can fight for workers and businesses back home – and better labor and environmental standards" (US-Congress 2007b)

Hier wird deutlich, dass es nicht in erster Linie um eine Diffusion von Arbeitnehmerrechten und Umweltweltstandards in die Staaten, mit denen Abkommen abgeschlossen werden, geht, sondern um den Schutz US-amerikanischer Arbeiter und Unternehmen vor Billigimporten.

Die EU begründete bis zum Strategiepapier *Global Europe* Handelsabkommen mit dem entwicklungspolitischem Argument, regionale Integrationsprojekte wie mit dem Cotonou-Abkommen oder der Europa-Mittelmeer-Partnerschaft fördern zu wollen. Dabei versucht die EU, ihre Normen durch positive Regelsetzung zu übertragen. Studien zu Regionalabkommen der EU zeigen, dass der Grad an Einflussmacht der EU mit den Faktoren Entwicklungsstand, ökonomische Stärke und Abhängigkeit vom europäischen Markt korreliert (Maur 2005, 1579).

*EU: verschleierter Expansionismus*

Hettne und Söderbaum (2005) kommen in ihrer Analyse regionaler Handelsstrategien zu dem Ergebnis, dass im Erweiterungsprozess die EU immer stärker dazu tendiert, ihre Normen und Regeln den möglichen Beitrittsländern vorzuschreiben. Bei Stabilisierungsabkommen im Rahmen der Europäischen Nachbarschaftspolitik versucht die EU, Normen wie Demokratie, Menschenrechte und Liberalisierung durchzusetzen. Bei Verhandlungen mit dem Ziel der Förderung regionaler Integration von Entwicklungsländern kommt das Ausmaß asymmetrischer Interdependenz besonders stark zur Geltung. Während die EU bei den vom europäischen Marktzugang stark abhängigen AKP-Staaten die Bedingungen regionaler Integration vorschreibt, zeigt sie sich bei den Verhandlungen innerhalb der ASEM-Gruppe stärker kompromissbereit. Zusammenfassend stellen Hettne und Söderbaum (2005, 549) fest, dass die EU zwar das Ziel proklamiere, durch regionale Abkommen die Werte der EU wie Menschenrechte, Demokratie, Recht und Good Governance in die Welt zu tragen, gerade in Verhandlungen mit schwächeren Vertragspartnern aber durch die Strategie eines *soft*

Soft imperialism    *imperialism* ihre eigenen Interessen verfolge.

Bei Verhandlungen mit einzelnen Entwicklungsländern im Rahmen bilateraler Freihandelsabkommen ist noch stärker zu erwarten, dass die EU ihre Normen und Regeln als Vehikel benutzt, um eigene wirtschaftliche wie geostrategische Interessen durchzusetzen. Neben den Singapur-Themen strebt die EU an, auch Arbeitnehmer- und Umweltstandards durchzusetzen:

"In considering new FTAs, we will need to work to strengthen sustainable development through our bilateral trade relations. This could include incorporating new cooperative provisions in areas relating to labour standards and environmental protection" (EU-Commission 2006a).

Freihandelsabkommen sind in der Außenwirtschaftspolitik der EU ein Bestandteil von Assoziationsabkommen (vgl. Fröhlich 2007), die ebenfalls den Politischen Dialog sowie Kooperationsvereinbarungen enthalten. Anders als im Fall der USA sind Umwelt- und Arbeitnehmerstandards nicht Bestandteil des Freihandelsabkommens, sondern den Kooperationsvereinbarungen zugeordnet und unterliegen somit auch nicht dem Streitschlichtungsmechanismus (Granger/ Siroën 2006, 833). Die Normen der Liberalisierung und des Schutzes geistigen Eigentums besitzen durch die Einbindung in das Freihandelsabkommen somit einen justiziablen Status, die Normen über Umwelt- und Sozialstandards stellen hingegen lediglich Absichtserklärungen dar. Sozial- und Umweltstandards werden nicht die Bedeutung eingeräumt, wie wirtschaftlichen Normen. Somit ist die These einer normativen Macht Europa bereits durch die Verträge in Frage gestellt und wird zusätzlich durch einen Vergleich mit den USA relativiert.

In qualitativen Interviews im Rahmen eines Forschungsprojektes wurden im Jahr 2009 erste Interviews geführt, deren Ergebnisse zu Chile und Mexiko ebenfalls die Einzigartigkeit der EU als normative Macht in Frage stellen (vgl. im Folgenden Behrens/Janusch 2009). In den genannten Ländern wurden in 18 Interviews Vertreter aus den zuständigen Ministerien befragt, die an den Verhandlungen über FTAs bzw. Assoziationsabkommen mit den USA und der EU beteiligt waren.[7] Sowohl in den Verträgen der EU als auch der USA sind Umwelt- und Arbeitnehmerstandards enthalten. Im Gegensatz zu Normen wie Liberalisierung der Märkte für den Handel mit Gütern und Dienstleistungen sowie dem Schutz geistigen Eigentums, die zu ständigen Konflikten führen, waren Umwelt- und Arbeitnehmerstandards kein Gegenstand weiterer Gespräche oder gar im Fall der USA eines Streitschlichtungsverfahrens. Somit bleiben diese Normen auf der programmatischen Ebene ohne operative Bedeutung. Im Fall Mexikos wurden zwar im Rahmen der Strategischen Partnerschaft Gespräche über Umweltnormen geführt, allerdings bezogen auf internationale Umweltregime. Die EU wollte Mexiko, das eine Schlüsselposition in Zentralamerika innehat, für eine Unterstützung in den Verhandlungen im Rahmen der Umweltkonferenz von Kopenhagen im Jahr 2009 gewinnen. Umweltprobleme in Mexiko selbst waren kein Gesprächsthema.

Normen auf der programmatischen Ebene

Der Verhandlungsstil der EU wurde in allen Interviews als angenehmer und entgegenkommender bezeichnet, als der der USA, die im *Tit-for-Tat*-Stil verhandelten. Von einigen Interviewpartnern wurde jedoch bemängelt, dass die EU ihre Karten nicht auf den Tisch legen und „nachkarten" würde. Als Beispiel wurde die 2006 eingeführte Verordnung zur geschützten Ursprungsbezeichnung[8] der EU genannt. Regional bedeutsame und traditionelle Produkte europäischer Mitgliedstaaten sollen nach dieser Verordnung vor Nachahmung geschützt werden. Als Beispiele lässt sich der Parmaschinken nennen, der nur diesen Namen tragen darf, wenn das Produkt in Parma erzeugt, verarbeitet und hergestellt wurde. Gleiches gilt für Champagner, der nur aus Frankreich stammen darf. Für Chile jedoch stellt die Verordnung zur geschützten Ursprungsbezeichnung eine protektionistische Maßnahme dar, um den europäischen Markt vor chilenischen Produkten abzuschotten. Chile stellt einen Sonderfall von Freihandelsabkommen der USA und der EU dar, da das Land niedrigere Zölle als die Verhandlungspartner hat und somit der Markt offener für Importe ist. Die EU habe dennoch ein Freihandelsabkommen mit Chile angestrebt, so die Interviewpartner, um über die chilenische Bande Einfluss auf Mercosur gewinnen zu können

---

[7] An dieser Stelle möchte ich mich herzlich bei Gerd Junne bedanken, der mit dem Satz „Wenn Du etwas über die Katze wissen willst, musst Du die Maus fragen" wesentlich zum Forschungsdesign des Projektes beigetragen.
[8] Verordnung (EG) Nummer 510/2006 des Rates vom 20. März 2006 zum Schutz von geografischen Ursprungsbezeichnungen für Agrarerzeugnisse und Lebensmittel (AB1. L93 vom 31. März 2006, S. 12)

Die befragten chilenischen Vertreter in den Verhandlungen über Freihandelsabkommen, als auch ihre mexikanischen Kollegen gaben an, dass sowohl für die EU als auch für die USA geostrategische Einflussmacht sowie wirtschaftspolitische Interessen an erster Stelle stehen, Umwelt- und Sozialstandards hingegen kaum eine Rolle spielten. Eine Ausnahme ist die Menschenrechtsklausel, auf die die EU in ihren Verträgen besteht. Hier gab es zum Teil heftige Auseinandersetzungen mit Chile, das sich mit dem Argument innerer Souveränität lange weigerte, diesen Artikel im Vertragswerk zu akzeptieren. Der Rückschluss, dass die Menschenrechtsklausel die EU als normative Macht gegenüber den USA auszeichnet, trägt jedoch nur bedingt. Im *Trade Act* 2005 (Artikel 14) der USA wird ausdrücklich formuliert, dass durch Freihandelsabkommen Demokratie und Menschenrechte in den Ländern der Verhandlungspartner gefördert werden sollen. Weder die EU noch die USA ergreifen in den Ländern jedoch konkrete Maßnahmen zur Umsetzung der jeweiligen vertraglichen Bestimmungen.

*Ausnahme Menschenrechtsklausel*

Die Annahme einer Einzigartigkeit der EU als normativer Macht in Abgrenzung zu den USA kann zusammengefasst nicht bestätigt werden. Vielmehr werden mit Freihandelsabkommen geostrategische und wirtschaftspolitische Interessen durchgesetzt. Dabei ergeben sich für die EU als auch für die USA folgende Vorteile durch bilaterale Freihandelsabkommen, die aber in weiteren empirischen Studien noch näher untersucht werden müssen:

*Vorteile bilateraler FTA*

- *Verhandlungspolitisch*: Für die USA und die EU ist es wesentlich einfacher, ihre Interessen in Verhandlungen mit einzelnen Staaten im Rahmen bilateraler Freihandelsabkommen durchzusetzen, als in Verhandlungen mit 153 Staaten im Rahmen des multilateralen Handelsregimes der WTO oder aber auch bei Verhandlungen mit regionalen Organisationen. Je stärker die asymmetrische Interdependenzbeziehung desto einfacher ist dabei für die EU und die USA, in Verhandlungen mit Entwicklungsländern ihre Bedingungen den Verhandlungspartnern zu diktieren.

- *Wirtschaftspolitisch*: Durch bilaterale Freihandelsverträge erschließen die USA und die EU mit Hilfe der Durchsetzung der Singapurthemen für ihre Unternehmen neue und relativ risikoarme Märkte. Die Dynamisierung bilateraler Freihandelspolitik ergibt sich aus dem *First-comer*-Effekt: Schließt beispielsweise die EU vor den USA mit einem anderen Staat einen bilateralen Handelsvertrag ab, so haben die europäischen Unternehmen bevorzugten Marktzugang gegenüber ihren US-amerikanischen Konkurrenten. Die Einbeziehung von Umweltstandards und Arbeitnehmerrechten – auch wenn sie in den untersuchten Fallbeispielen nicht implementiert wurden – liefern potentiell einen Schutz vor Importen aus Entwicklungsländern, die heimische Sektoren gefährden könnten.

- *Gesellschaftspolitisch*: Schließlich wird den Forderungen westlicher NGOs nach Berücksichtigung von Umweltstandards und Arbeitnehmerrechten in bilateralen Freihandelsverträgen entsprochen und die gesellschaftspolitische Kritik an einer neoliberalen Ausrichtung der Außenwirtschaftspolitik entkräftet. Durch die geringere Transparenz sind bilaterale Verhandlungen im Vergleich zu multilateralen Verhandlungen weniger einer kritischen Öffentlichkeit ausgesetzt. US-amerikanische NGOs haben bereits auf die fehlende

Transparenz reagiert und 2002 während der Verhandlungen mit Chile Klagen wegen Verstoßes gegen das *Freedom of Information Act* vor amerikanischen Gerichten eingereicht (Katt 2006). Seitdem sind alle Verträge der öffentlich zugänglich.

# 6 Fazit

Der vorliegende Beitrag kommt zu dem Ergebnis, dass durch strukturelle Veränderungen der Machtbeziehungen im internationalen System sowie das Aufbrechen des neoliberalen Konsenses seit Ende der 1990er Jahre durch gesellschaftliche Kritik ein Strategiewechsel in der Außenwirtschaftspolitik nicht nur der EU, sondern auch der USA vom Multilateralismus zum Bilateralismus stattgefunden hat. Eine Sonderstellung der EU als normativer Macht, die auf eine Diffusion ihrer Normen abzielt bzw. eine Vorbildfunktion für andere regionale Integrationsprojekte hat, lässt sich nicht nachweisen, da beide Handelsmächte Normen wie Umwelt- und Arbeitnehmerstandards in ihre Verhandlungen mit Entwicklungsländern einbeziehen. In den Vertragstexten sind die Normen zwar verankert, konkrete Maßnahmen zur Durchsetzung oder Überprüfung der Einhaltung dieser Normen werden, wie die Fallbeispiele Mexiko und Chile gezeigt haben, jedoch nicht ergriffen. Somit handelt es sich bei den Normen um Absichtserklärungen ohne konkrete Verbindlichkeiten. Im Fall der USA musste sich die Administration zur Einbeziehung von Umwelt- und Arbeitsstandards in Freihandelsabkommen bereit erklären, um die Handelsvollmacht im Kongress durchsetzen zu können. Im Fall der EU nimmt die vertragliche Berücksichtigung der Normen eine Legitimationsfunktion ein, die im Zusammenhang mit dem Diskurs über Normative Power Europe zur Identitätsstiftung in Abgrenzung zu den USA beitragen kann. In beiden Fällen werden die Normen Umwelt- und Arbeitnehmerstandards also strategisch genutzt und besitzen keinen konstitutiven Charakter. Damit konnten in diesem Beitrag die Annahmen einer Konstitutionalisierung der Weltpolitik im Rahmen der Global-Governance-Debatte sowie einer Einzigartigkeit der EU im Rahmen der Debatte über eine normative Macht Europas nicht bestätigt werden.

Die Analyse des Wettrennens um Freihandelsverträge zeigt vielmehr, dass die EU und die USA geostrategisch um die Öffnung ausländischer Märkte für die jeweils heimischen Unternehmen durch eine Diffusion wirtschaftsrechtlicher Bestimmungen konkurrieren. Empirisch ist noch näher zu untersuchen, ob *Firstcomer*-Vorteile durch einen frühen Abschluss eines Freihandelsabkommens gegenüber dem Konkurrenten erzielt werden können. Freihandelsverträge unter Einbeziehung von Umwelt- und Arbeitnehmerstandards ermöglichen es der EU und den USA erstens gesellschaftliche Legitimation zu gewinnen und zweitens wettbewerbsgefährdete Wirtschaftssektoren (z. B. Landwirtschaft) zu schützen. Gleichzeitig wird drittens für wettbewerbsfähige, transnationale Unternehmen der Zugang zu neuen Märkten erleichtert. Beide Handelsmächte beschränken sich also nicht mehr darauf, den nationalen Standort möglichst attraktiv für potentielle Investoren zu gestalten, sondern betreiben durch bilaterale Freihandelsabkommen eine transnationale Außenwirtschaftspolitik. Damit vollziehen die

EU und die USA einen Transformationsprozess vom nationalen zum transnationalen Wettbewerbsstaat. Die Wirkungen auf das multilaterale Welthandelsregime sind noch nicht absehbar. Der transnationale Wettbewerbsstaat droht aber das Welthandelsregime in seiner Bedeutung weiter auszuhöhlen und regionale Integrationsprojekte zu gefährden. Eine mögliche Folge wäre eine politische Schwächung der Entwicklungsländer, die sich auf die ökonomische Entwicklung negativ auswirkt und zu einer Zunahme bestehender asymmetrischer Interdependenzbeziehungen zwischen den Industrie- und Entwicklungsländern führen könnte.

## Literatur

Adler, Emanuel/Crawford, Beverly 2004: Normative Power: The European Practice of Region Building and the Case of the Euro-Mediterranean Partnership (EMP), Paper 040400, Berkeley: Institute of European Studies, University of California.

Balaam, David N. 2008: Deadlock at Doha: Why Stalemate over Agricultural Trade Policies Spells the End of the WTO. Papier präsentiert auf der ISA Annual Convention vom 26.–29. März 2008 in San Francisco, CA.

Baldwin, Richard E. 2006: Multilateralising Regionalism: Spaghetti Bowls as Building Blocs on the Path to Global Free Trade, in: The World Economy, 29(11), 1451–1518.

Behrens, Maria 2010: Global Governance, in: Arthur Benz/Nicolai Dose (Hrsg.), Governance – Regieren in komplexen Regelsystemen, 2. aktualisiert Aufl., Wiesbaden: VS Verlag 2010, 104–124.

Behrens, Maria/Janusch, Holger 2009: Klimawandel in der Welthandelspolitik, Papier präsentiert auf dem Kongress der Deutschen Vereinigung für Politische Wissenschaft: Politik im Klimawandel. Keine Macht für gerechte Lösungen?, vom 21.–25. September 2009 in Kiel.

Bendiek, Annegret/Kramer, Heinz 2009: Globale Außenpolitik der Europäischen Union. Baden-Baden: Nomos (Internationale Politik und Sicherheit, 63).

Bhagwati, Jagdish/Panagariya, Arvind 2008: Doha: The Last Mile, in: The Sun vom 21. August.

Busch, Marc L. 2007: Overlapping Institutions, Forum Shopping, and Dispute Settlement in International Trade, in: International Organization 61, 735–761.

Caporaso, James A. 1996: The European Union and Forms of States: Westphalian, Regulatory or Post-Modern?, in: Journal of Common Market Studies, 34(1), 29–51.

Cooper, Robert 2003: The Breaking of Nations, Order and Chaos in the Twenty-first Century. New York: Atlantic Monthly Press.

Cooper, William H. 2006 (1. August): Free Trade Agreements: Impact on U.S. Trade and Implications for U.S. Trade Policy, CRS Report for Congress, RL31356, Washington.

Corden, W. Max 1990: American decline and the end of hegemony, in: SAIS Review, 10(2), 13–26.

Cox, Robert W. 1981: Social Forces, States and World Orders: Beyond International Relations Theory, in: Millennium: Journal of International Studies, 10(2), 126–155.

Dieter, Heribert 2005: Bilateral Trade Agreements in the Asia-Pacific: Wise or Foolish Policies? CSGR Working Paper Nr. 183/05, University of Warwick: Center for the Study of Globalisation and Regionalisation.

Diez, Thomas 2005: Constructing the self and changing others: Reconsidering `normative power Europe', in: Millennium – Journal of International Studies, 33(3), 613–636.

Duchêne, François 1973: Die Rolle Europas im Weltsystem. Von der regionalen zur planetarischen Interdependenz, in: Max Kohnstamm/Wolfgang Hager (Hrsg.), Zivilmacht Europa – Supermacht oder Partner? Frankfurt am Main: Suhrkamp, 11–35.

Dürr, Andreas 2008: Bringing Economic Interests Back into the Study of EU Trade Policy-Making, in: British Journal of Politics & International Relations, 10, 27–45.

Dürr, Andreas/De Bièvre, Dirk: 2007. Inclusion without influence? NGOs in European trade policy, in: Journal of Public Policy, 27(1), 79–101.

Dymond, William A./Hart, Michael M. 2000: Post-Modern Trade Policy, Reflections on the Challenges to Multilateral Trade Negotiations After Seattle, Journal of World Trade, 34(3), 21–38.

Elliott, Kimberly Ann 2000: (Mis)Managing Diversity: Worker Rights and US Trade Policy, in: International Negotiation, 5(1), 97–121.

EU-Commission 2006a (4. Oktober): Global Europe, competing in the world, A Contribution to the EU's Growth and Jobs Strategy, Brüssel.

EU-Commission 2006b: Global Europe, Executive Summary, Brüssel.

Falke, Andreas 2005: EU-USA Trade Relations in the Doha Development Round: Market Access versus a Post-modern Trade Policy Agenda, in: European Foreign Affairs Review, 10, 339–357.

Fergusson, Ian F. 2006 (6. Juli): Trade Negotiations during the 109th Congress, CRS Report for Congress, RL33463. Washington.

Fiorentino, Roberto V./Verdeja, Luis/Toqueboeuf, Christelle 2006: The Changing Landscape of Regional Trade Agreements: 2006 Update, Discussion Paper 12, World Trade Organization: Genf.

Freedom House 2010: Freedom in the World 2010. Report abrufbar unter: http://www.freedomhouse.org (rev. 7. Mai 2010).

Froese, Marc/Drache, Daniel 2008: Omens and Threats in the Doha Round: The Decline of Multilateralismus? Papier präsentiert auf der ISA Annual Convention vom 26. bis 29. März 2008 in San Francisco, CA.

Fröhlich, Stefan 2008: Die Europäische Union als globaler Akteur. Wiesbaden: VS-Verlag.

Genschel, Philipp/Zangl, Bernhard 2007: Die Zerfaserung von Staatlichkeit, aus: Aus Politik und Zeitgeschichte (APuZ), 20–21, 14. Mai, Beilage zur Wochenzeitung Das Parlament, Bundeszentrale für Politische Bildung: Bonn, 10–16.

Gill, Stephen 1990: American Hegemony and the Trilateral Commission. Cambridge: Cambridge University Press.

Gilpin, Robert 2001: Global Political Economy: Understanding the International Economic Order. Princeton/Oxford: Princeton Univ. Press.

Granger, Clotilde/Siroën, Jean-Marc 2006: Core Labour Standards in Trade Agreements: From Multilateralism to Bilateralism, in: Journal of World Trade, 40(5), 813–836.

Haass, Richard N. 2008: The Age of Nonpolarity, in: Foreign Affairs 87(3), 44–56.

Hauschild, Helmut 2010: EU-Kommission treibt Freihandelsgespräche voran, in: Handelsblatt vom 8. März.

Hettne, Björn/Söderbaum, Fredrik (2005): Civilian Power or Soft Imperialism? The EU as a Global Actor and the Role of Interregionalism, in: European Foreign Affairs Review, 10(4), 535–552.

Hill, Christopher 1990: European Foreign Policy: Power Bloc, Civilian Model – or Flop? in: Reinhardt Rummel (Hrsg.), The Evolution of an International Actor. Western Europe's New Assertiveness, Colorado and Oxford: Westview Press, 31–55.

Hirsch, Joachim 1998: Vom Sicherheits- zum nationalen Wettbewerbsstaat. Berlin: ID-Verlag.

Hummel, Hartwig 2000: Der neue Westen. Der Handelskonflikt zwischen den USA und Japan und die Integration der westlichen Gemeinschaft. Münster: agenda.

Kagan, Robert 2002: Power and Weakness, Policy Review, 113, http://www.hoover.org/publications/policyreview/3460246.html	(rev.	22. März 2010).

Katt, William J. 2006: The New Paper Chase: Public Access to Trade Agreement Negotiating Documents, in: Columbia Law Review, 106(3), 679–707.

Katz, Richard 1998: Japan: The System that Soured: The Rise and Fall of the Japanese Economic Miracle. Armonk, London: M.E. Sharpe.

Keohane, Robert O. 2002: Ironies of Sovereignty: The European Union and the United States, in: Journal of Common Market Studies, 40(4), 743–765.

Keohane, Robert O./Nye, Joseph 1985: Macht und Interdependenz, in: Karl Kaiser/Hans Peter Schwarz (Hrsg.), Weltpolitik. Strukturen, Akteure, Perspektiven, Stuttgart: Klett-Cotta, 74–88.

Kupchan, Charles A. 1989: Empire, military power, and economic decline, in: International Security, 13(4), 36–53.

Manners, Ian 2002: Normative Power Europe: A Contradiction in Terms? in: Journal of Common Market Studies, 40(2), 235–258.

Maur, Jean-Christophe 2005: Exporting Europe's Trade Policy, in: The World Economy, 28(11), 1565–1590.

McCormick, John 2007: The European Superpower. Basingstoke (u.a.): Palgrave Macmillan.

Mildner, Stormy. 2008 (Februar). Handelspolitik unter der Bush-Administration. Grenzen der Gestaltungsfreiheit eines Präsidenten. S3, Stiftung Wissenschaft und Politik, Deutsches Institut für Internationale Politik und Sicherheit, Berlin.

Moravcsik, Andrew 2003: Striking a New Transatlantic Bargain, in: Foreign Affairs, 82(4), 74–89.

Moravcsik, Andrew 1993: Preferences and Power in the European Community: A Liberal Intergovernmentalist Approach, in: Journal of Common Market Studies 31 (4), 473–524.

Nicolaïdis, Kalypso/Howse, Robert 2002: 'This is my EUtopia …': Narrative as Power, in: Journal of Common Market Studies, 40(4), 770–771.

Ribeiro-Hoffmann, Andrea/Kfuri, Regina 2007: The role of external actors upon regional integration: the US, the EU and Mercosur", Papier präsentiert auf den ECPR Joint Workshops in Helsinki vom 7.–12. Mai 2007.

Risse, Thomas 2000: 'Let's Argue!' Communicative Action in World Politics, in: International Organization 54(1), 1–39.

Risse, Thomas 2003: Konstruktivismus, Rationalismus und Theorien Internationaler Beziehungen – warum empirisch nichts so heiß gegessen wird, wie es theoretisch gekocht wurde, in: Gunther Hellmann/Klaus Dieter Wolf/Michael Zürn (Hrsg.), Die neuen Internationalen Beziehungen. Forschungsstand und Perspektiven in Deutschland. Baden-Baden: Nomos, 99–132.

Ruggie, John G. 1982: International Regimes, Transactions and Change: Embedded Liberalism in the Postwar Economic Order, in: International Organization, 36, 379–415.

Ruggie, John G. 1997: Globalization and the Embedded Liberalism. Compromise: The End of an Era?, Working Paper 1, Max-Planck-Institut für Gesellschaftsforschung: Köln.

Scheipers, Sibylle/Sicurelli, Daniela 2007: Normative Power Europe: A Credible Utopia? in: Journal of Common Market Studies, 45(2), 435–457.

Schimmelfennig, Frank 2003: The EU, NATO and the integration of Europe. Rules and rhetoric. Cambridge: Cambridge University Press.

Schimmelpfennig, Frank 1997: Rhetorisches Handeln in der internationalenPolitik, in: Zeitschrift für Internationale Beziehungen, 4(2), 219–254.

Schott, Jeffrey J. 2004: Assessing US FTA Policy, in: Jeffrey J. Schott (Hrsg.), Free Trade Agreements, US Strategies and Priorities. Washington, DC: Institute for International Economics, 359–381.

Sjursen, Helene 2006: The EU as a 'normative' power: how can this be?, in: Journal of European Public Policy, 13(2), 235–251.

US-Congress, House Committee on Ways and Means 2007a (11. Mai): Congress and Administration Announce New Trade Policy, http://waysandmeans. house.gov/ Media/eNewsLetter/5-11-07/07%2005%2010%20New%20Trade%20Policy%20 Outline.pdf (rev. 22. Juli 2007).

US-Congress, House Committee on Ways and Means 2007b (30. Januar): Baucus, Rangel Comment on Trade Promotion Authority, http://waysandmeans. house.gov/ press/PRArticle.aspx?NewsID=5131 (rev. 16. Juli 2007)

USTR 2007 (März): 2007 Trade Policy Agenda and 2006 Annual Report of the President of the United States on the Trade Agreements Program, United States Trade Representative: Washington.

Vogel, David 2001: Ships Passing in the Night: The Changing Politics of Risk Regulation in Europe and the United States, RCS Nr. 2001/16, San Domenico di Fiesole: Robert Schuman Centre for Advanced Studies.

Wilkinson, Rorden 2001: "The WTO in Crisis, Exploring the Dimensions of Institutional Inertia", in: Journal of World Trade, 35(3), 397–419.

Young, Alasdair R. 2007: Trade Politics Ain't What It Used to Be: The European Union in the Doha Round, in: Journal of Common Market Studies, 45(4), 789–811.

Zangl, Bernhard 2006: Die Entstehung internationaler Rechtsstaatlichkeit? in: Stephan Leibfried/Michael Zürn (Hrsg.), Transformationen des Staates? Frankfurt am Main: Suhrkamp, 123–149.

Zimmermann, Hubert 2007: Realist power Europe? The EU in the negotiations about China's and Russia's WTO accession, in: Journal of Common Market Studies, 45(4), 813–832.

# Kapitel 10: Entwicklungsgovernance

*Wolfgang Hein und Sören Turm*

## 1  Einleitung

Entwicklungspolitik und Friedenspolitik hängen in zweierlei Weise zusammen. Das ist zunächst einmal auf der rein diskursiven Ebene der Fall: Friedenssicherung findet sich verbreitet unter den Argumenten, mit denen Ausgaben in der Entwicklungspolitik begründet werden. Zum anderen gilt das für die Ebene der Wirkungen: „Negativer Frieden" ist natürlich auch eine Voraussetzung für Entwicklung, doch tritt hier der Aspekt des globalen sozialen Ausgleichs als Element des „positiven Friedens" in den Vordergrund, d. h. des Abbaus struktureller Gewalt. Diese Begriffe wurden in der Friedensforschung der späten 1960er und frühen 1970er Jahre eingeführt, auch wenn man sagen kann, dass der Zusammenhang zwischen diesen Konzepten und dem Begriff „Frieden" als „Abwesenheit von Krieg" (durchaus auch im Sinne der „neuen Kriege") bis heute nicht zufriedenstellend geklärt ist. In diesem zweiten Sinn geht es aber um die effektiven Wirkungen von Entwicklungspolitik und damit auch um den Zusammenhang zwischen entwicklungspolitischer „Intervention" und der historischen Entwicklung der Weltgesellschaft. Damit stellt sich die Frage der Governance: Welche Wirkungen entstehen durch die Interaktion einer Vielzahl von Akteuren im Hinblick auf das Ziel „Entwicklung"? Im Mittelpunkt dieses Papiers werden die diesbezüglichen relevanten Politiken der Europäischen Union (EU) stehen – und zwar auf der Ebene sowohl der Gemeinschaftspolitik als auch der Politik der einzelnen Mitgliedstaaten. Zusammen betrachtet, stellen die Leistungen der einzelnen Mitgliedstaaten und der Europäischen Union die im internationalen Vergleich größte Quelle von ODA-Zahlungen dar; darüber hinaus ist die EU insgesamt der wichtigste Handelspartner der Entwicklungsländer. Ihr fällt also eine Schlüsselrolle dabei zu, internationalen Entwicklungszielen, wie sie beispielsweise in den Millenium Development Goals (MDGs) und auch in der *Paris Declaration on Aid Effectiveness* formuliert worden sind, zum Durchbruch zu verhelfen.

Dieser Beitrag wird zunächst kurz auf das Governance-Konzept eingehen, dann die Besonderheiten der EU-Strukturen (vor allem Koordination der Politik auf der Ebene der Mitgliedstaaten sowie der Gemeinschaft) und etwas ausführlicher die historische Dynamik des Politikfeldes „Entwicklung" sowie die Strukturen und Ziele der EU-Entwicklungspolitik hin zu den drei Ks des Maastricht-Vertrages darstellen, d. h. die Gebote der Komplementarität, der Koordination und der Kohärenz. Diese Konzepte bieten einen guten Ansatzpunkt für die kritische Auseinandersetzung mit den komplexen Prozessen der Steuerung der Entwicklungspolitik sowohl durch die Institutionen der EU als auch die Interaktion mit anderen Akteuren.

Die Probleme der Umsetzung der drei Ks und die diesbezüglichen Governance-Strategien verschiedener Akteure werden zunächst innerhalb der EU un-

Analyse der Wirkungen der EU-Entwicklungspolitik

Ebene der Mitgliedstaaten

tersucht, d. h. in Bezug auf die Entwicklungspolitik einzelner Mitgliedstaaten und deren Komplementarität, Koordination und Kohärenz mit der Politik auf EU-Ebene und den erklärten Zielen der EU-Entwicklungspolitik. Ausgehend von der Entwicklungspolitik Frankreichs, wird verdeutlicht, dass die Interessen einzelner Mitgliedstaaten für die Entwicklungsgovernance im europäischen Rahmen weiterhin ein zentrales Element darstellen und den Bemühungen um eine kohärente Entwicklungszusammenarbeit (EZA) häufig im Weg stehen. Dieser Sachverhalt ist trotz der erreichten Integrationstiefe weiter konstitutiv für dieses Politikfeld, zumal die bilaterale Entwicklungspolitik, die primär den Einzelinteressen der Mitgliedstaaten folgt, weiterhin in quantitativer Hinsicht dominiert und über Machtstrukturen die Kooperation auf EU-Ebene auch beeinflusst. Der Konflikt zwischen den erklärten Zielen der EU-Entwicklungspolitik und spezifischen Zielen in anderen Politikbereichen kann so letztlich über drei politische Arenen zu einer Instrumentalisierung dieser Hilfe als Interessenpolitik führen: (a) Politik in den Einzelstaaten; (b) Politik auf EU-Ebene; (c) Einfluss einzelstaatlicher Politikergebnisse auf EU-Entwicklungsgovernance.

Ebene der Gemeinschaft

In einem zweiten Schritt geht es dann um Governance-Prozesse auf der inter-/transnationalen Ebene, und zwar (a) um die Effekte der Beziehungen zwischen Entwicklungspolitik und anderen Politiken in den betroffenen Entwicklungsländern und (b) um die Beziehungen zur globalen Entwicklungsgovernance[1], die sowohl in der internationalen Entwicklungskoordination als auch im Instrument der Economic Partnership Agreements (EPAs) zum Ausdruck kommen. Gerade am Beispiel der EPAs steht die Frage im Raum, ob sie ein Instrument der Integration von EU- und globaler Ebene darstellen oder ob sie letztlich als Aufgabe der Entwicklungsziele zugunsten übergreifender europäischer Ziele in einer integrierten Weltwirtschaft zu sehen sind? Während zivilgesellschaftliche Akteure häufig die Inkohärenz wirtschafts- und handelspolitischer Aktivitäten der EU mit ihren entwicklungspolitischen Zielen beklagten (Oxfam 2008; VENRO 2008) und dabei grundsätzlich letztere Ziele unterstützten, sind im Fall der EPAs offenbar von der Entwicklungspolitik die aus NGO-Sicht eher „entwicklungsfeindlichen" wirtschafts- und handelspolitischen Ziele übernommen worden. In diesem Zusammenhang werden wir abschließend etwas ausführlicher auf die Rolle der Zivilgesellschaft(en) in der europäischen Entwicklungsgovernance eingehen.

Rolle der Zivilgesellschaft

---

[1] Dies betrifft die Entwicklungskonzepte und -strategien internationaler Organisationen, vor allem der Weltbank, sowie die Rolle der Welthandelsorganisation (WTO, hier vor allem der dort vertretenen Positionen wichtiger Industrieländer) und Ansätze der Koordination von Entwicklungspolitik auf übergreifender Ebene wie die Paris Declaration on Aid Effectiveness (vgl. Hein 2007).

## 2   Zum Governance-Konzept

Der Governance-Begriff hat in den letzten Jahren einen rasanten Aufstieg hinter sich, sodass mittlerweile in allen möglichen Politikbereichen von Governance gesprochen wird. Aus der unendlichen Literatur zu Governance lassen sich zwei grundsätzlich unterschiedliche Ansätze destillieren

1. Governance als Politik der Zielverfolgung spezifischer Akteure, seien es Regierungen, internationale Organisationen oder auch Unternehmen: Hier wird der Begriff häufig synonym mit „governing" verwendet, wobei die Frage im Vordergrund steht, wie bestimmte politisch (einschließlich unternehmenspolitisch) legitimierte Ziele in Kooperation und im Konflikt mit anderen Akteuren sowie in Anpassung an und/oder Beeinflussung von Rahmenbedingungen realisiert werden. Dies entspricht auch dem Begriff der Weltbank von „good governance" im Sinne „guter Regierungsführung" (World Bank 1992). Spezifische Akteure
2. Governance als Steuerung eines spezifischen Politikbereiches durch eine Vielfalt von Akteuren: Dieses Verständnis hat sich in Bezug auf Global Governance weitgehend durchgesetzt (vgl. Rosenau 2002; Mayntz 2004), da zunehmend transnationale Prozesse zwischen unterschiedlichen Typen von Akteuren intergouvernementale Organisationen bei der Bestimmung politischer Ziele verdrängt haben. Hier spielen jeweils sektorspezifische Akteurskonstellationen eine wichtige Rolle. Dies gilt im Prinzip auch für den Bereich der Global Governance von Entwicklung, wobei allerdings das Politikfeld „Entwicklung" die Eigenart besitzt, praktisch alle anderen Politikfelder einzuschließen (vgl. Hein 2007). In diesem Sinn überwindet der Governance-Begriff die kategoriale Trennung zwischen innerstaatlicher und internationaler Politik, zwischen nationaler Hierarchie und internationaler Anarchie (Börzel 2005: 74 f.). Spezifischer Politikbereich

Die Europäische Union stellt zunächst einmal eine politische Einheit dar, deren Institutionen durch die europäischen Verträge legitimiert sind, Ziele der EZA festzulegen (Europäischer Rat/Kommission), dabei aber auf die Kooperation und Koordination mit den Mitgliedstaaten angewiesen sind. Im Hinblick auf die vertikale Dimension könnte die EU ihre Kapazität zur hierarchischen Steuerung gegenüber den Mitgliedstaaten ausbauen, ohne dass auf der horizontalen Dimension die zwischenstaatliche Kooperation als wichtigste nichthierarchische Steuerungsform verdrängt worden ist. Von daher macht es Sinn, zunächst einmal den ersten Ansatz zu Governance als institutionalisiertem Prozess der Zielsetzung und -verfolgung im Rahmen der EU zu bearbeiten. EU als Mehrebenenakteur

Die EU stellt ein politisches System sui generis dar. Sie ist ein Mehrebenenverhandlungssystem, welches eine Kombination verschiedener Steuerungsstrukturen sowohl supranationaler als auch klassisch intergouvernementaler Natur umfasst. Hier spielen Ansätze der Mehrebenengovernance eine zentrale Rolle, die typischerweise auch primär am Beispiel der EU entwickelt worden sind: Allerdings ist gerade der Bereich der Entwicklungskooperation durch sehr vielfältige Formen von Entscheidungsprozessen gekennzeichnet, die von der „open coordination" im Hinblick auf die Abstimmung zwischen nationalen Entwicklungspolitiken und Gemeinschaftspolitiken bis hin zu qualifizierten Mehrheitsentscheidungen zu entwicklungspolitischen Maßnahmen auf der Gemeinschaftsebene reichen (vgl. EU-Vertrag in der Fassung von Dezember 2002; vgl. auch Scharpf 2002).

EU im Kontext mit anderen Akteuren

Andererseits muss bei der Analyse der Zielverfolgung aber berücksichtigt werden, dass es um „Entwicklung" von bzw. in Regionen geht, die außerhalb der EU liegen, und damit um einen Politikbereich, bei dessen Steuerung eine Vielzahl anderer Akteure eine wichtige Rolle spielt. Das bedeutet, dass die „EU" auch als ein Akteur (bzw. als ein Kompositum von Akteuren) im Rahmen von Governance im zweiten Sinne gesehen werden muss. Wir werden in diesem Beitrag versuchen, beide Aspekte miteinander zu verknüpfen, dabei allerdings mehr auf die substanziellen Koordinations- und Kohärenzprobleme eingehen als auf die Strukturen des politischen Entscheidungsprozesses innerhalb der EU.

## 3  Historische Hintergründe der europäischen Entwicklungszusammenarbeit

Die Entwicklungspolitik der Europäischen Union ist prinzipiell immer im Kontext seiner kolonialen Vergangenheit und der daraus erwachsenden besonderen historischen Beziehungen Europas zu vielen der heute „unterentwickelten" Staaten, der Peripherie, zu betrachten. Die Etablierung einer weltweit ungleichen Arbeitsteilung mit den Kolonien als Absatzmärkten für industrielle Fertigwaren und als Lieferanten billiger Rohstoffe für die Kolonialmächte und die fortbestehende Abhängigkeit der Peripherie von den Metropolen kennzeichnen dieses (Abhängigkeits-)Verhältnis bis heute. Ihren Ausdruck finden diese besonderen Bedingungen, welche oftmals als die große historische Verantwortung Europas für seine ehemaligen Kolonien, insbesondere für jene Afrikas, bezeichnet werden, in der gesonderten Zusammenarbeit der EU mit der zahlenmäßig recht beträchtlichen Gruppe der AKP-Staaten. Diese Kooperation bzw. Vorzugsbehandlung in der EU-AKP-Partnerschaft geht zurück auf den EWG-Vertrag von 1957, wo bereits Regelungen für eine wirtschaftliche Assoziierung mit den außereuropäischen Ländern vereinbart wurden (Assoziierung der überseeischen Hoheitsgebiete), mit welchen die Mitgliedstaaten besondere, d. h. kolonial geprägte Beziehungen unterhielten (vgl. Monar 2002: 119).

Die EWG betrat also schon mit ihrer Gründung die Bühne als eigenständiger entwicklungspolitischer Akteur. Das 1963 abgeschlossene Yaoundé-Abkommen (vorwiegend mit ehemaligen französischen Kolonien) umfasste dann erstmals aus dem Europäischen Entwicklungsfonds (EEF) finanzierte Entwicklungsmaßnahmen auf einer multilateralen Basis (vgl. ebd.). Die Gelder für die assoziierten Staaten im Bereich der EU-EZA werden nämlich durch den EEF bereitgestellt, der außerhalb des normalen Budgets der EU steht und dessen finanzielle Mittel durch Beiträge der Mitgliedstaaten finanziert und in separaten Verhandlungsrunden ausgehandelt werden. Durch den Beitritt Großbritanniens im Jahr 1973 erweiterte sich die Gruppe dieser Staaten um eine große Zahl ehemaliger britischer Kolonien, und das Yaoundé-Abkommen wurde 1975 durch das dann diese Staaten mitumfassende Lomé-Abkommen ersetzt. Dies führte zum Begriff AKP-Staaten, da sich die heterogene Gruppe aus Staaten Afrikas, der Karibik sowie Ländern des pazifischen Raumes zusammensetzte. Die Begünstigung durch Handelspräferenzen (meist in der Form von Zollpräferenzen) verschaffte den AKP-Staaten einen vereinfachten Zugang zum europäischen Binnenmarkt, wodurch ihre Entwicklung und ihre Integration in die Weltwirtschaft gefördert werden sollten. In diesem Zusammenhang war von Bedeutung, dass es sich um nichtreziproke Präferenzen handelte, es den AKP-Ländern also erlaubt war, einseitig protektionistische politische Maßnahmen zu ergreifen. Lomé IV gewährte schließlich 99 Prozent der Produkte aus AKP-Staaten einen zollfreien Zugang zum europäischen Binnenmarkt (vgl. Monar 2002: 120).

Die Wirkung dieser Handelspräferenzen blieb jedoch äußerst begrenzt, schon aufgrund der Tatsache, dass der überwiegende Teil der AKP-Staaten nicht in der Lage war, Industrieprodukte zu exportieren, weshalb veränderte Protokolle für bestimmte Waren wie Bananen oder Rindfleisch von größerer Bedeutung waren (vgl. Nuscheler 2005: 527). Insgesamt hatte sich die Wirkung der AKP-Präferenzen – infolge des Abbaus von Handelsschranken auch für andere Staaten – im Rahmen von GATT und WTO im Lauf der Zeit allerdings reduziert. Darüber hinaus war mit dem STABEX-Fonds eine Institution eingerichtet worden, die durch eine Stabilisierung von Exporterlösen einen gewissen Schutz vor den Auswirkungen der Volatilität der Rohstoffmärkte gewährleistete; dazu kam SYSMIN (Système Minière) zur Stabilisierung des Bergbausektors in den AKP-Staaten.[2]

*Marginalien (rechter Rand):* Yaoundé-Abkommen · EEF · Lomé-Abkommen · Handelspräferenzen · STABEX · SYSMIN

---

[2] Das STABEX-System garantiert den AKP-Staaten ein Mindesteinkommen: Sobald die Exporteinnahmen eines der fünfzig im Lomé-Vertrag deklarierten landwirtschaftlichen Grundstoffe (Kakao, Kaffee, Erdnüsse u. a.) einen bestimmten Grenzwert unterschreiten, kompensiert die EU den Verlust durch entsprechende Zahlungen aus ihrem Haushalt. Das SYSMIN-System ergänzt STABEX im Bereich mineralischer Rohstoffe und leistet entsprechende Ausgleichszahlungen an Bergbauunternehmen. Im Gegensatz zum STABEX-System, bei dem die EU automatisch interveniert, muss hier jedoch ein AKP-Land, dessen Produktionskapazitäten bedroht sind, bei der Gemeinschaft einen Finanzierungsantrag stellen; die EU nimmt Einfluss auf eine effiziente Verwendung der Mittel (vgl. Holz 2003; auch: Nuscheler 2005: 527 f.).

In diesen zwanzig Jahren wurde das Lomé-Abkommen verschiedentlich überarbeitet; die letzte Version, die Revision von Lomé IV, trat schließlich 1995 in Kraft. Aus verschiedenen Gründen (u. a. die Anpassung an WTO-Bestimmungen; s. u. Kapitel 7) beschloss die EU, in der folgenden Verhandlungsrunde die Kooperation mit den AKP-Ländern auf eine neue Basis zu stellen. Das 2000 unterzeichnete und 2003 in Kraft getretene (zunächst für einen Zeitraum von zwanzig Jahren) Cotonou-Abkommen impliziert im Wesentlichen reziproke Handelspräferenzen zwischen den Partnerregionen, wobei verlorene Handelsvorteile durch eine Erhöhung von Entwicklungshilfeleistungen ausgeglichen werden sollen. Grundsätzlich wird angestrebt, mit allen AKP-Staaten *Economic Partnership Agreements* abzuschließen, die die Kooperation stärker auf die individuellen Bedürfnisse abstimmen sollen. Außerdem wurde den Least Developed Countries (LLDC), zu denen auch 39 AKP-Staaten zählen, durch die im Jahr 2001 beschlossene *Everything But Arms Initiative (EBA)* ein ungehinderter Zugang für sämtliche Produkte, ausgenommen Waffen, bis spätestens 2005 sowie weitere zeitlich befristete Ausnahmen bis 2009 garantiert. Auf diese Veränderungen durch Cotonou, EPAs und EBA wird im Kapitel 7 genauer eingegangen werden.

Parallel zu diesen institutionellen Veränderungen sind allerdings auch Verschiebungen in den europäischen Handelsinteressen (vor allem auf die ASEAN-Länder, aber auch den Mercosur) sowie den regionalen Prioritäten der EU-Entwicklungspolitik nach dem Ende des Ost-West-Konfliktes festzustellen. Vom Schwerpunkt der Südzusammenarbeit, insbesondere der EZA mit den AKP-Staaten, welche, um mit Nuscheler (2005: 526) zu sprechen, mittlerweile eher einen postkolonialen Klotz am Bein der ehemaligen Kolonialmächte auszumachen scheint, fanden Verlagerungen hin zu verstärkten Anstrengungen im Mittelmeerraum, zu den ehemaligen Ostblockstaaten und vor allem auch auf den Balkan statt (Europäische Nachbarschaftspolitik [ENP], Vorbereitung der EU-Osterweiterung). Die Veränderung der Interessenlagen spiegelt sich entsprechend in der regionalen Verteilung der ODA-Zahlungen wider. Während im Kalten Krieg noch über sechzig Prozent der ODA-Zahlungen an die AKP-Staaten gingen, folgte ein recht dramatischer Einbruch auf nur noch ca. 34 Prozent (siehe Tabelle 10–1; vgl. Olsen 2005: 574).

*Cotonou-Abkommen*

*Bilaterale EPAs*

*Wandel der Interessenlage*

*Tabelle 10–1*: wichtigste Empfängerregionen europäischer Entwicklungshilfe (in Prozent der gesamten ODA).

| Recipient region | 1980–81 | 1990–91 | 2000–1 | 2005–6 |
|---|---|---|---|---|
| Sub-Saharan Africa | 60,4 | 59,4 | 33,6 | 36,6 |
| Middle East and North Africa | 8,5 | 15,4 | 15,9 | 15,6 |
| Europe* | 3,5 | 5,0 | 26,9 | 13,1 |
| South and Central Asia | 17,2 | 5,5 | 7,4 | 9,0 |
| Far East Asia and Oceania | 5,0 | 5,6 | 5,9 | 6,2 |
| North, Central and South America | 5,4 | 9,1 | 10,3 | 8,9 |
| Unspecified | | | | 10,7 |

Quelle: OECD (2003: 305; 2008: 221).

Hinweis: *Europa = Albanien, Bosnien, Kroatien, Mazedonien, Jugoslawien (beachte Veränderung des Staatsgebietes, jetzt Serbien und Montenegro), Slowenien, Malta (Malta und Slowenien wurden am 1. Januar 2003 von der ODA-Empfängerliste des DAC gestrichen).

Wesentlicher Grund für die Interessenverlagerung waren die aus einer möglichen Destabilisierung dieser Nachbarregionen resultierenden Sicherheitsbedrohungen im Vergleich zu den eher weitentfernten Armuts- und Krisenregionen (vgl. Nuscheler 2005: 527). So dient vor allem die Fokussierung auf die östlichen Nachbarn der erweiterten EU von nun mittlerweile 27 Mitgliedstaaten letztlich dazu, weitere potenzielle Beitrittskandidaten an die Union heranzuführen und einen Ring oder Zirkel stabiler und befreundeter Staaten um die Union herum aufzubauen. Letzter sichtbarer Ausdruck dieser Bemühungen ist das Kooperationsabkommen mit Serbien, dem trotz des immer noch schwelenden Kosovokonfliktes und weiterhin bestehender Probleme bei der Kooperation mit dem Internationalen Strafgerichtshof in Den Haag langfristig eine Beitrittsperspektive eingeräumt werden soll – wie im Übrigen sämtlichen anderen Staaten des Balkans auch. Die EU-Erweiterung machte dann aus einem großen Teil der ehemaligen „Zweiten Welt", aus der zwischenzeitlich Empfängerländer geworden waren, wieder Geberländer von Entwicklungshilfe. Die ehemaligen Ostblockstaaten mussten sich daher auch im Bereich der Entwicklungspolitik im Prozess der Vorbereitung ihres Beitritts zur EU an den bestehenden Acquis communautaire anpassen und begannen wieder mit eigenen Aktivitäten im Rahmen ihrer Möglichkeiten. Insgesamt lässt sich hier von einem Interessenkonflikt zwischen der Erweiterungspolitik und der Entwicklungspolitik der EU sprechen (vgl. Monar 2002: 121). Weiterhin wurden die bisherigen Ziele der europäischen Entwicklungspolitik ausgeweitet, sodass neben die Förderung wirtschaftlicher und sozialer Entwicklung mit hoher Priorität auch die Schaffung von Stabilität, Sicherheit und Demokratie in den Fokus rückte (vgl. Olsen 2005: 576 f.).

Die Daten für 2005/6 (Tabellen 10–1 und 10–2) zeigen, dass der besagte Trend in der regionalen Verteilung der europäischen Entwicklungshilfe grund-

*(Marginalien:)* Erweiterung des Zielespektrums

Balkan

Faktor EU-Osterweiterung

Interessenkonflikt

sätzlich Bestand hat, wobei sich lediglich der Anteil Europas durch die vollzogene EU-Erweiterung deutlich verringert hat.

*Tabelle 10–2*: die zehn wichtigsten Empfängerländer von ODA der EU

| Rang | 2000/01 | Mio. US-$ | 2005/06 | Mio. US-$ |
|---|---|---|---|---|
| 1 | Polen | 691 (OA) | Türkei | 402 |
| 2 | Exjugoslawien | 543 | Marokko | 319 |
| 3 | Rumänien | 384 (OA) | Sudan | 256 |
| 4 | Tschechien | 372 (OA) | Ägypten | 250 |
| 5 | Ungarn | 286 (OA) | Serbien | 246 |
| 6 | Türkei | 192 | Afghanistan | 239 |
| 7 | Bosnien-H. | 175 | Palästina | 233 |
| 8 | Tunesien | 151 | Dem. R. Kongo | 218 |
| 9 | Marokko | 142 | Indien | 199 |
| 10 | Bulgarien | 135 (OA) | Äthiopien | 183 |

Quellen: OECD (2003: 99); OECD (2008: 79).

Insgesamt ist die EU, wie eingangs erwähnt, die größte Geberquelle von ODA-Zahlungen, wenn auch die bilateralen Zahlungen der einzelnen Mitgliedstaaten bei weitem überwiegen (Beispiel: Deutschland im Jahr 2006: insgesamt 10,4 Mrd. US$; knapp über 7 Mrd. bilaterale, 3,4 Mrd. multilaterale Hilfe, davon 2,15 Mrd. US$ über die EU). Die Europäische Kommission ist allerdings mittlerweile der drittgrößte DAC-Geber (vgl. Tabelle 10–3) – mit einem stetigen Anstieg seit Anfang der 1990er Jahre (Tabelle 10–4).

*Tabelle 10–3*: Geberländer mit den höchsten ODA-Leistungen.

| 2006 | Mio. US-$ | ODA % GNI | 2007 | Mio. US-$ | ODA % GNI |
|---|---|---|---|---|---|
| USA | 23.532 | 0,18 | USA | 21.753 | 0,16 |
| UK | 12.459 | 0,51 | Germany | 12.267 | 0,37 |
| Japan | 11.187 | 0,25 | EC | 11.771 | / |
| France | 10.601 | 0,47 | France | 9.940 | 0,39 |
| Germany | 10.435 | 0,36 | UK | 9.921 | 0,37 |
| EC | 10.245 | / | Japan | 7.691 | 0,17 |

Quelle: OECD (http://stats.oecd.org).

*Tabelle 10–4*: ODA From the European Community, Selected Years (Mio. US-$, Current Prices).

| Years | 1990/91 | 1998 | 1999 | 2004 | 2005 | 2006 |
|---|---|---|---|---|---|---|
| Total ODA | 3.343 | 5.140 | 4.937 | 8.704 | 9.390 | 10.245 |
| Grants and grant-like contributions | 3.032 | 4.462 | 4.514 | 7.794 | 8.539 | 9.367 |

Quelle: OECD 2003+2008.

Die multilaterale Hilfe der EU ist zusätzlich zu unterteilen in Mittel des EU-Budgets (also Haushaltsmittel) und Mittel des EEF. Der mittlerweile zehnte EEF für den Zeitraum von 2008 bis 2013 beläuft sich auf einen Betrag von 22,7 Mrd. Euro (vgl. Molt 2007: 35). Zum ersten Mal beteiligen sich diesmal auch die zwölf neuen Mitglieder der EU an der Finanzierung des Fonds, sodass Anteile anderer Staaten wie Deutschland zurückgehen. Im Gegensatz zum neunten EEF mit einem Umfang von 13,5 Mrd. Euro ist eine Anhebung der eingesetzten Mittel zu verzeichnen. In 44 Ländern wird nun Budgethilfe[3] gewährt (ungefähr 45 Prozent der Gesamtmittel). Zudem werden zwölf Prozent der EEF-Mittel konditionell gebunden[4] an bestimmte Governance-Maßnahmen, die im Rahmen bestimmter von der EU erstellter Governance-Profile bewertet werden sollen (vgl. Molt 2007: 364).

*Budgethilfe*

*Konditionalität*

## 4 Die Entwicklungspolitik der EU – Ziele und Aufbau

Anhand der historischen Entwicklung und der Veränderung der regionalen Schwerpunkte der EU-Entwicklungspolitik lassen sich spezifische Ausgangspositionen und Interessenverschiebungen der EU verfolgen. Was aber sind die politisch legitimierten Ziele der Governance von Entwicklung der Europäischen Union? Im Jahr 1993 wurde mit der Verabschiedung des Maastricht-Vertrages erstmals das Ziel einer gemeinsamen Entwicklungspolitik in den Verträgen festgeschrieben; die gemeinschaftliche Entwicklungspolitik erhielt damit erstmals eine rechtlich verbindliche Grundlage. Der Vertrag formuliert allgemeine Zielsetzungen der Entwicklungspolitik und legt generelle Prinzipien fest. Im Artikel

*Ziele und Perspektiven im Vertrag von Maastricht*

---

[3] Budgethilfe bedeutet, dass Mittel nicht zweckgebunden für ausgewählte Vorhaben oder Programme vergeben werden, sondern in den nationalen Haushalt des Partnerlandes eingestellt werden. Das setzt voraus, dass die entsprechenden Länder gewisse Kriterien von „good governance" erfüllen, d. h., dass eine verantwortliche Haushaltsführung erwartet werden kann.

[4] Konditionalität bedeutet, dass finanzielle Leistungen der Entwicklungskooperation mit Auflagen verbunden sind, so etwa die Strukturanpassungskredite von IWF und Weltbank mit vertraglich vereinbarten Anpassungsmaßnahmen. Beim EEF handelt es sich im Wesentlichen um politische Konditionalität, d. h. die Umsetzung von Maßnahmen zur Verbesserung von Governance (Demokratisierung, Korruptionsbekämpfung) und die Einhaltung grundlegender Menschenrechte.

177 EGV[5] werden Ziele formuliert, die in ihrer Allgemeinheit einen relativ breiten internationalen Konsens formulieren, wie er in etwa auch die Grundlage der auf der UN-Konferenz über Umwelt und Entwicklung 1992 verabschiedeten Agenda 21 bildet.

---

### Artikel 177 EGV

(1) Die Politik der Gemeinschaft auf dem Gebiet der Entwicklungszusammenarbeit, die eine Ergänzung der entsprechenden Politik der Mitgliedstaaten darstellt, fördert
- die nachhaltige wirtschaftliche und soziale Entwicklung der Entwicklungsländer, insbesondere der am meisten benachteiligten Entwicklungsländer;
- die harmonische, schrittweise Eingliederung der Entwicklungsländer in die Weltwirtschaft;
- die Bekämpfung der Armut in den Entwicklungsländern.

(2) Die Politik der Gemeinschaft in diesem Bereich trägt dazu bei, das allgemeine Ziel einer Fortentwicklung und Festigung der Demokratie und des Rechtsstaats sowie das Ziel der Wahrung der Menschenrechte und Grundfreiheiten zu verfolgen.

(3) Die Gemeinschaft und die Mitgliedstaaten kommen den im Rahmen der Vereinten Nationen und anderer zuständiger internationaler Organisationen gegebenen Zusagen nach und berücksichtigen die in diesem Rahmen gebilligten Zielsetzungen.

---

**EZA Teil der ersten (supranationalen) Säule**

Bezogen auf das typische Säulenmodell der EU, ist die EZA der supranationalen ersten Säule zuzuordnen. Die Kommission hatte im Vorweg des Maastricht-Vertrages eine Abkehr von der bilateralen Zusammenarbeit gefordert und eine gemeinsame Entwicklungspolitik vorgeschlagen, was sie im Dokument „Entwicklungszusammenarbeit bis zum Jahre 2000" darlegte. Der Europäische Konsens zur Entwicklungspolitik von 2005 (Link s. Anhang „Dokumente"), der unter der britischen Präsidentschaft, die auf die Erhöhung der Mittel für Entwicklungspolitik ein besonderes Gewicht legte, verabschiedet wurde, bestätigte die Grundlage des Artikels 177 und der dort festgelegten zentralen Ziele. Bezug genommen wird in diesem Zusammenhang auf die Millennium Development Goals sowie eine Reihe allgemeiner Prinzipien (Eigenverantwortung und Partnerschaft, vertiefter politischer Dialog, Partizipation der Zivilgesellschaft, Gleichstellung der Geschlechter sowie ein anhaltendes Engagement, um der Fragilität von Staaten entgegenzuwirken). Der zweite Teil verspricht mehr und

**Konsens zur Entwicklungspolitik**

---

[5] Die hier angeführten Artikel des EGV beziehen sich jeweils auf die aktuell gültige Fassung der Europäischen Verträge, den Vertrag von Nizza. Artikel 177 EGV entspräche Artikel 130u des Vertrages von Maastricht.

effektivere Hilfe, die den Grundsätzen der Koordination, der Komplementarität und der *policy coherence for development* entsprechen soll. Diese Konzepte sind bereits im Vertrag von Maastricht enthalten und werden unten im Kapitel 5 ausführlicher behandelt. Im Zusammenhang mit dem Kohärenzanspruch wird formuliert: „The EU strongly supports a rapid, ambitious and pro-poor completion of the Doha Development Round and EU-ACP Partnership Agreements (EPAs). Developing countries should decide and reform trade policy in line with their broader national development plans" (Artikel 36).

Mit der Ablehnung des Konzeptes einer umfassenden supranationalen Entwicklungspolitik durch den Rat behielt die Politik der Gemeinschaft auf diesem Gebiet den Status einer Ergänzung der Politik der Mitgliedstaaten, das heißt, im Bereich der Entwicklungspolitik wird grundsätzlich der Bilateralismus fortgesetzt (Nuscheler 2005: 525). Seit Mitte der 1990er Jahre werden eine vertiefte Integration und Harmonisierung zwar diskutiert (s. u. Kapitel 5 zu den drei Ks), jedoch stand das Politikfeld nicht im Zentrum der Integrationsdebatte (Dialer 2007: 14). Auch der Vertrag von Amsterdam, der eine Stärkung der Gemeinsamen Außen- und Sicherheitspolitik (GASP) mit Entwicklungspolitik als einem wesentlichen Element erreichen wollte, beseitigte nicht die nationalen Sonderwege. Bis heute hat sich in der rechtlichen Verankerung der Entwicklungspolitik gegenüber dem Vertrag von Maastricht nur wenig verändert. Der Vertrag von Lissabon wird nun allerdings die Entwicklungspolitik als einen relativ eigenständigen Bereich in die GASP integrieren; dabei werden in einigen Bereichen die Zuständigkeiten der Union gestärkt (vor allem im Feld der humanitären Hilfe), doch bleibt Entwicklungspolitik grundsätzlich ein Bereich paralleler Zuständigkeit.

Ergänzung des Bilateralismus

Parallele Zuständigkeit

Die aktuelle Situation der europäischen Entwicklungspolitik ist insgesamt von der Politik der 27 Einzelstaaten und der Europäischen Kommission als 28. Akteur gekennzeichnet. Der Kommission unterstehen Generaldirektionen für die jeweiligen Politikbereiche, die Zuständigkeit hinsichtlich des Cotonou-Abkommens liegt auf der Programmebene der DG Development (DG Dev) und auf der Durchführungsebene beim Amt für Zusammenarbeit (Europe Aid). Hier liegt eine Kompetenzzersplitterung vor, die zu erheblichen Zeit- und Reibungsverlusten führt (Nuscheler 2005: 531). Hinzu kommt das Problem, dass die Zuständigkeiten für entscheidende entwicklungspolitische Bereiche wie Handels- oder Umweltpolitik bei verschiedenen Kommissariaten liegen, die durchaus unterschiedliche Interessen verfolgen können (Nuscheler 2005: 531).

Kompetenz-zersplitterung

Im Bereich der Finanzierung ist die besondere Rolle des EEF zu beachten. Der EEF (aus dem auch die Mittel für STABEX und SYSMIN abgezweigt wurden) wird, wie bereits angesprochen, nicht aus dem EU-Haushalt gespeist, sondern durch Beiträge der einzelnen Mitgliedstaaten finanziert.

## 5   Die drei Ks von Maastricht und das Kohärenzgebot

Auch wenn der kurze historische Überblick ebenso wie die institutionellen Entwicklungen vermuten lassen, dass es keine *europäische* Entwicklungspolitik gibt, die dem gesammelten Gewicht der EU als Geberregion entspricht, besteht seit dem Vertrag von Maastricht zumindest eine normative Grundlage, die geradezu dazu herausfordert, die Wirkung der EU-Süd-Beziehungen in allen Politikbereichen zur Basis einer kritischen Bewertung zu machen. Dies sind die drei Ks, die Teil der vertraglichen Grundlage für die Entwicklungspolitik der EU sind, Komplementarität in Artikel 181a[6], Koordination in Artikel 180[7] und Kohärenz in Artikel 178 EGV[8]. Diese Normen wurden allerdings lange Zeit eher wenig beachtet, und es fanden sich zunächst kaum Fortschritte in ihrer praktischen Umsetzung.

Komplementarität   Der Grundsatz der *Komplementarität* besagt, dass die EU-Politik im Politikfeld der Entwicklungspolitik lediglich eine Ergänzung der jeweiligen Politik der Mitgliedstaaten darstellt, also eine gemeinsame Kompetenz von EU und Staaten existiert. Diese Festlegung kann nach Stefan Brüne grundlegend auch als Anwendung des in den Verträgen verankerten Subsidiaritätsprinzips gesehen werden (vgl. Brüne 2005: 35), wonach Maßnahmen auf der jeweils angemessenen untersten politischen Ebene zu treffen sind. Allerdings wird hier auch die Ansicht vertreten, dass sich Subsidiarität und Komplementarität voneinander unterscheiden, da Kommission und Mitgliedstaaten als entwicklungspolitische Geberinstitutionen Aufgaben und Kompetenzen auf gleicher Ebene besitzen und diese sich zu größerer Wirksamkeit ergänzen sollen. Komplementarität hängt also entscheidend davon ab, dass Kommission und Mitgliedstaaten eine abgestimmte Zielkonzeption haben (vgl. Lawo/Scheidhauer 2005: 2) und letztlich Synergieeffekte durch diese Maßnahmen erzielt werden.

Koordination   Ein weiterer Grundsatz des Vertrages ist die Forderung an die Mitgliedstaaten nach *Koordination* ihrer entwicklungspolitischen Programme. Als Definition von Koordination kann man die Harmonisierung von Politiken, Programmen usw. durch zwei oder mehr Partner begreifen, die zu einer größeren Effektivität der eingesetzten Ressourcen bzw. zu einem maximalen Output führt (vgl. Hoebink 2004: 5). Im Sinne von Scharpf (2000: 192–195, 225–229) bedeutete dies den Übergang von einer negativen Koordination – wo die Mitgliedsländer lediglich darauf achten, dass den besonderen Interessen anderer Mitglieder kein Schaden zugefügt wird – zu einer positiven Koordination, die die kollektive Effektivität der gemeinsamen Politik erhöht. Tatsächlich hat eine solche (positive) Koordination bei internationalen Verhandlungen eine eher begrenzte Rolle gespielt

Positive Koordination

Vereinfachung
der Verfahren

---

[6] „Diese Maßnahmen [der wirtschaftlichen, finanziellen und technischen Zusammenarbeit] ergänzen die Maßnahmen der Mitgliedstaaten und stehen im Einklang mit der Entwicklungspolitik der Gemeinschaft."
[7] „Die Gemeinschaft und die Mitgliedstaaten koordinieren ihre Politik auf dem Gebiete der Entwicklungszusammenarbeit und stimmen ihre Hilfsprogramme, auch in internationalen Organisationen und auf internationalen Konferenzen, ab."
[8] „Die Gemeinschaft berücksichtigt die Ziele des Artikels 177 bei den von ihr verfolgten Politiken, welche die Entwicklungsländer berühren können."

(mit Ausnahme des Handelsbereiches, wo ja eine supranationale Zuständigkeit der EU besteht) und im Hinblick auf bilaterale Entwicklungspolitik erst seit der Paris Declaration on Aid Effectiveness von 2005 an Bedeutung gewonnen. Diese vor allem durch OECD und Weltbank initiierte Erklärung verlangt eine bessere Harmonisierung und Vereinfachung der Prozeduren aufseiten der Geberländer und -organisationen. Entwicklungshilfe soll verstärkt in Form von Budgethilfe und Sektorhilfe gegeben und ein höheres Niveau an Ownership der Entwicklungsländer erreicht werden. Das setzt allerdings eine verbesserte Fähigkeit der Empfängerstaaten voraus, die Mittelverwendung effektiv zu kontrollieren und Korruption weitestgehend auszuschließen. Diese veränderte Politik der Mittelvergabe ist daher an eine Kooperation bei der Stärkung der entwicklungspolitischen Kapazitäten sowie der Managementfähigkeiten der Partnerländer (sogenanntes Capacitybuilding), vor allem im Bereich der öffentlichen Finanzen, gekoppelt. Im Besonderen strebt die Erklärung die Stärkung von Institutionen und Governance-Strukturen fragiler Staaten an (Hein 2007: 473).

Als ein wichtiger Schritt zur besseren Koordinierung der bilateralen Hilfe innerhalb der EU kann der EU Code of Conduct on Complementarity and Division of Labour in Development Policy (Link s. Anhang Dokumente) angesehen werden. Dies ist ein Verhaltenskodex für die entwicklungspolitische Arbeitsteilung, der in elf Leitprinzipien unterer anderem festlegt, dass jeder Staat der EU sich jeweils nur in drei Sektoren eines Partnerlandes engagieren soll, und die Gesamtzahl der EU-Akteure in einem Sektor auf höchstens fünf begrenzt. Des Weiteren soll jedes Land sich auf eine beschränkte Zahl von Partnerländern konzentrieren. Einige Staaten wie Deutschland haben die Zahl ihrer Partnerländer bereits deutlich reduziert. Diese stärkere Arbeitsteilung soll der Zersplitterung in kleine und nichtvernetzte Projekte und dem Problem der Fragmentierung entgegenwirken. Dies macht verstärkte Bemühungen hinsichtlich einer (Geber-) Harmonisierung erforderlich, wie sie die Paris-Deklaration vorsieht.

Das dem Anspruch nach weitreichendste „K" stellt allerdings als Ziel die Schaffung von *Kohärenz* dar, das heißt, bei prinzipiell allen Entscheidungen, welche Auswirkungen auf die Entwicklungsländer haben können, müssten gemäß Artikel 178 EGV die entwicklungspolitischen Ziele beachtet werden. Der Kohärenzanspruch ist international auch über die EU hinaus anerkannt und hat Eingang in die Millenniumserklärung der UN[9] gefunden. Die Durchsetzung von Kohärenz könnte zweifellos einen entscheidenden Beitrag zur Umsetzung entwicklungspolitischer Ziele leisten. Auch die OECD hat in ihren Erklärungen auf die Bedeutung von Kohärenz aufmerksam gemacht. Wie aber z. B. an der Problematik von Agrarsubventionen und -protektionismus, aber auch an anderen handelspolitischen Fragen deutlich wird, ist dieses Kohärenzgebot bisher wenig beachtet worden. Es bietet allerdings einen wichtigen Ansatzpunkt für Kritik und ist daher gerade von zivilgesellschaftlichen Organisationen, aber auch in der

*Marginalien:*
EU Code of Conduct
Arbeitsteilung
Kohärenz
Ansatzpunkt für Kritik

---

[9] Die Vereinten Nationen verabschiedeten zum Abschluss des sogenannten Millenniumsgipfels (6.-8. September 2000) eine Erklärung zu den zentralen Zielen der Völkergemeinschaft (Armutsbekämpfung, Frieden und Umwelterhaltung). Diese verlangte die Aufstellung einer Liste konkreter Ziel- und Zeitvorgaben, um das übergeordnete Ziel, die Armut in der Welt bis zum Jahr 2015 zu halbieren, zu erreichen (Millennium Development Goals, verabschiedet 2001).

Wissenschaft immer wieder in den Mittelpunkt der Auseinandersetzungen mit der EU-Politik gestellt und damit zu einem Schlüsselbegriff geworden (s. u. Kapitel 8).

Hoebink führt zwei Definitionen an, die unterschiedlich weit gefasst sind.

*Konsistenz* Die erste, weniger weit gefasste („schwache") Definition von Kohärenz lässt sich mit Konsistenz innerhalb eines Politikfeldes gleichsetzen, besagt demzufolge, dass Aktivitäten innerhalb eines Politikfeldes nicht gegenläufig zu anderen Handlungen laufen sollen (vgl. Hoebink 2005: 37 f.). Eine weitergehende Definition weitet den Kohärenzbegriff auf andere Politikfelder aus, das heißt, Aktivitäten etwa der Handelspolitik sollten die Ziele der Entwicklungspolitik nicht konterkarieren (vgl. Hoebink 2005: 37 f./Ashoff 2007: 17 ff.). Dies trägt dem Umstand Rechnung, dass Entwicklungspolitik eine Querschnittsaufgabe ist. Die Analyse der Wechselwirkungen zwischen Politiken unterschiedlicher Politikfel-

*zwischen Politikfeldern* der ist allerdings aufgrund der hohen Komplexität eine schwierige Aufgabe (vgl. Ashoff 2007: 21). Eine stärkere Sensibilisierung gegenüber bestehenden Interdependenzen zwischen entwicklungspolitischen Angelegenheiten und anderen Politikbereichen und eine größere Ressortabstimmung sind sicherlich nötig. Dabei gilt es aber auch zu beachten, dass häufig handelspolitische Interessen gut organisiert sind und nur eine starke öffentliche Unterstützung für entwicklungspolitische Ziele hier ein effektives Gegengewicht schaffen kann (vgl. Ashoff 2007: 22). Prominente Beispiele sind hier die eben genannten Agrarsubventionen im Rahmen der Gemeinsamen Agrarpolitik (GAP) oder auch die Fischereiabkommen der EU, die FPAs, welche dem Ziel, die Entwicklungsländer besser in die Weltwirtschaft zu integrieren, zuwiderlaufen.

Generell ist also zwischen Mängeln in der Kohärenz zwischen den Entwicklungspolitiken der Gemeinschaft und der einzelnen Mitgliedstaaten einerseits und der mangelnden Kohärenz zwischen der Entwicklungspolitik und anderen Politikbereichen andererseits zu unterscheiden (vgl. Brüne 2005: 35); Ersteres wäre nach Hoebink jedoch eher eine Frage der Komplementarität. Hier wird die Problematik der drei ähnlichen K-Begriffe deutlich und die Notwendigkeit, sie klar voneinander abzugrenzen. Auf der Ebene der Mitgliedstaaten führt eine Beteiligung vielfältiger Fachministerien mit wenig Bezug zur Entwicklungsproblematik nicht unbedingt zu sachgerechten Entscheidungsprozessen (vgl. Hein 2007: 468). Hier müssten eine übergeordnete Zielkonzeption und ein effektives interministerielles Kooperationskonzept vorliegen, um eine effektive Zielerreichung in einem übergreifenden Politikfeld wie „Entwicklung" zu gewährleisten. Die stringente Beachtung von Politikkohärenz ist also schon auf nationaler Ebe-

*Effektivität von EZA nicht allein eine Frage der ODA-Quote* ne schwer zu erreichen. Die Kohärenzthematik macht deutlich, dass die Effektivität von EZA nicht nur an der jeweiligen ODA-Quote eines Landes bemessen werden kann, sondern Maßnahmen in der Gestaltung anderer Politiken eine entscheidende Rolle spielen. Dabei stellt sich allerdings die Frage, inwieweit hier Governance durch Kooperation und Koordination erreicht werden kann oder ob es nicht primär Konflikte und Formen ihrer Austragung sind, die Kohärenz ermöglichen oder aber auch verhindern.

*Drei Handlungsebenen* Zusammenfassend sind also drei Handlungsebenen für das Kohärenzgebot zu beachten. Neben der globalen Ebene und der Ebene der Partnerländer ist auch die Bearbeitung von Konflikten zwischen Entwicklungspolitik und anderen Politikbereichen zwischen den einzelnen Mitgliedstaaten und der EU von Bedeutung, um Inkohärenzen zu überwinden (vgl. Ashoff 2007: 17). Im Folgenden soll zunächst einmal die Problematik der drei Ks im Rahmen des europäischen Mehrebenensystems untersucht werden, wobei exemplarisch die Entwicklungspolitik Frankreichs im Mittelpunkt stehen soll. Daran anschließend wird vor allem am Beispiel der Konflikte um die EPAs auf die Frage von Kohärenz in der Beziehung zwischen der EU-Entwicklungspolitik und ihrem externen Umfeld eingegangen werden.

# 6   Entwicklungspolitik einzelner EU-Staaten

Die Entwicklungszusammenarbeit der einzelnen EU-Staaten zeichnet sich durch erhebliche Unterschiede aus. Im Folgenden soll vor allem die besondere Rolle Frankreichs infolge seiner historischen Bindungen an seine Kolonien herausgestellt werden, die erhebliche Konsequenzen für die ursprünglichen Strukturen der europäischen Entwicklungspolitik hatte.

In den Gründungsjahren der EWG besaß Frankreich das zweitgrößte Kolonialreich und war nach innen noch stark agrarisch geprägt. Frankreich war zwar einerseits zusammen mit (West-)Deutschland ein Motor des europäischen Integrationsprozesses, trat aber in vieler Hinsicht auch als Bremsklotz aufgrund seiner skeptischen Einstellung hinsichtlich der Übertragung hoheitlicher Befugnisse auf die supranationale europäische Ebene und des damit verbundenen Souveränitätsverlustes auf. Vielfach wird der Widerspruch zwischen den massiv vertretenen Eigeninteressen (gerade im Agrarbereich – mit erheblichen Auswirkungen auf die Beziehungen zu den Entwicklungsländern) und dem Versuch, Europa zu einem starken, handlungsfähigen Akteur einer multipolaren Weltordnung zu machen, deutlich. Das Selbstbild Frankreichs war immer davon geprägt, auch als europäische Mittelmacht noch große Weltpolitik zu machen und die kulturellen und sprachlichen Einflüsse der Frankophonie zu erhalten.

Die bilaterale Hilfe wird vor allem in der französischen Afrikapolitik als geopolitische Strategie auch zur Stärkung kultureller Einflusssphären genutzt. Trotzdem muss man konstatieren, dass Frankreich in seinen traditionellen Einflusssphären, der arabischen Welt, den Maghrebstaaten und dem subsaharischen Afrika, an Gewicht verloren hat (vgl. Kolboom/Stark 2005: 366). Man sollte seinen Einfluss jedoch auch nicht unterschätzen. Frankreich verfügt trotz des Verlustes seines Status als imperialer Macht mit seinen überall verteilten Überseedepartements und -gebieten und dem Frankophonienetzwerk, seinem Platz im Sicherheitsrat der Vereinten Nationen und seinem Status als Nuklearmacht weiterhin über vielfache Einflussmöglichkeiten und stellt daher auch einen besonderen Akteur für die EZA im europäischen Rahmen dar (vgl. ebd.: 366 f.).

Bezüglich der EU-Osterweiterung war kaum ein Land der EU so kritisch wie Frankreich eingestellt (ebd.: 373). Im Gegenzug zur Akzeptanz der Erweiterung wurde jedoch die Absicht verfolgt, durch eine aktive EU-Mittelmeerpolitik die Gewichtsverlagerung zugunsten Deutschlands auszugleichen, was kürzlich seinen Ausdruck im Beschluss zur Gründung der Mittelmeerunion fand, der im Wesentlichen auf Drängen des französischen Präsidenten Sarkozy herbeigeführt

*Selbstbild Frankreichs*

*Frankophonie*

*Machtressourcen*

wurde. Im arabischen Raum bzw. im Nahen und Mittleren Osten gelang es Frankreich, durch seine Rolle im Vorfeld des letzten Irakkrieges und seine Unterstützung der Palästinenser wieder Sympathien zu sammeln, nachdem es dort eigentlich keine eigenständige Politik mehr verfolgte und keine besondere Rolle mehr spielte (vgl. Kolboom/Stark 2005: 374 f.).

Einflusszone in Afrika

Am entscheidendsten, sowohl für Frankreichs Einfluss als auch für die europäische Entwicklungspolitik, ist jedoch die Beziehung zum frankophonen Teil Afrikas, der wie erwähnt einen großen Teil der AKP-Gruppe ausmacht. Afrika stellt die größte zusammenhängende Einflusszone für Frankreich dar, sowohl in wirtschaftlicher, politischer wie auch kultureller Hinsicht (vgl. Kolboom/Stark 2005: 376 f.). Es hat neben älteren, teilweise noch in die Kolonialzeit zurückreichenden bilateralen Instrumenten auch neue auf multilateraler Basis aufgebaut;

OIF

so existieren franko-afrikanische Gipfeltreffen und Frankophoniegipfel, die zur Gründung der Organisation Internationale de la Francophonie (OIF) führten (vgl. Kolboom/Stark 2005: 376 f.). Auch das französische Militär spielt in Afrika weiter eine wichtige Rolle, was unter anderem durch die Konflikte in der Elfenbeinküste und im Rahmen der EU-Militäroperation „EUFOR RD Congo" deutlich wird. Längerfristig ist aber auch die Erosion französischen Einflusses angesichts der Überforderung der französischen Möglichkeiten unübersehbar, weshalb Frankreich verstärkt auf multilaterales Vorgehen setzt, in dessen Rahmen es eine Führungsrolle einzunehmen versucht (vgl. Kolboom/Stark 2005: 377).

Besonderes Profil der EZA

Das in vielerlei Hinsicht besondere Profil der französischen EZA, geprägt durch die Bindungen zu seinen früheren Kolonien, weist eine privilegierte Stellung der frankophonen Länder auf. Hier stellt sich die Frage, ob es sich bei der verfolgten Entwicklungspolitik um eine Kontinuität der Kolonialpolitik mit anderen Mitteln handelt. Ähnlich wie die auf europäischer Ebene zweigeteilte EZA (AKP-Staaten und andere) praktiziert die französische Entwicklungszusammenarbeit eine Aufteilung in drei Ländergruppen (Überseedepartements und – territorien, frankophone Staaten Subsaharaafrikas, andere Entwicklungsländer), für die es jeweils eigene Strategien, Instrumente und Strukturen gibt (vgl. Claus/Weidnitzer 1996: 98 ff.). Die französische ODA war von einer starken

Starke Lieferbindung

Lieferbindung gekennzeichnet, um die gewährte Hilfe wieder zu rentabilisieren (vgl. Claus/Weidnitzer 1996: 102). Ab 1990 setzte Frankreich neue Prioritäten in

Ab 1990 neue Prioritäten

seiner EZA, indem diese an die Rechtsstaatlichkeit und den Anstoß von Demokratisierungsprozessen gebunden werden sollte. Es kam so zu einer Annäherung an die von Deutschland verfolgten Ziele, wie eine größere Effizienz und Transparenz von administrativen Strukturen und die Förderung von NGOs. Auch das spätere Hauptziel der europäischen Entwicklungspolitik, jenes der Armutsbekämpfung, tauchte als Priorität auf (vgl. Claus/Weidnitzer 1996: 104 f.).

Sicherung der Einflusszone

Wie auch in anderen klassisch nationalstaatlichen Politikbereichen werden Tendenzen der Kommission, ihre Kompetenzzuständigkeiten auszubauen, kritisch betrachtet. So vertritt man den Standpunkt, dass die Kommission jedenfalls nicht die bilateralen Entwicklungspolitiken der Mitgliedsländer koordinieren sollte, und tritt für eine politische Rolle der Kommission ein, wohingegen die Durchführung auf mitgliedstaatlicher Ebene verbleiben soll (vgl. Gillet 2005: 456 f.). Die vorhandene Zweiteilung in EEF und EU-Haushalt, die Frankreich zunächst unterstützte, um Mindesthilfen für seine Einflusszonen zu sichern, wird mittlerweile als nicht mehr zeitgemäß betrachtet. Der EEF sollte in den Haushalt integriert werden, auch vor dem Hintergrund, dass Afrika ohnehin im Fokus der europäischen EZA steht und der französische Beitrag särke (vgl. Gillet 2005: 458).

Im Vergleich zu anderen ehemaligen Kolonialmächten der EU fand in Frankreich insgesamt weniger eine Anpassung an die postkolonialen Realitäten statt. Belgien beispielsweise hat mittlerweile einen starken Bruch in seiner Entwicklungspolitik vollzogen, seine ursprünglich vor allem nach Zentralafrika fließenden bilateralen Entwicklungsgelder sehr weit aufgeteilt und die multilaterale Komponente gestärkt (vgl. Holvoet/Renard 2005: 158). Die ehemals vor allem begünstigten Staaten (Kongo, Ruanda, Burundi) sind in den 1990er Jahren durch ihre krisenhafte Entwicklung etwas aus dem strategischen Fokus gerückt, und die Hilfe wurde zum Teil zeitweise suspendiert (vgl. Holvoet/Renard 2005: 136 ff.). Die Vergabe von Hilfe wird nun auch verstärkt an die Beachtung von Menschenrechten und Governance-Normen geknüpft (vgl. Holvoet/Renard 2005: 158). Die stark gestreute Aufteilung der Hilfe macht aus Belgien einen für Einzelempfängerstaaten eher weniger bedeutenden Geber, weshalb besondere Einflussinteressen als Ziel kaum vermutet werden können.

Großbritannien ist die zweite große ehemalige Kolonialmacht in der EU, hat aber durch seinen späteren (und von Frankreich lange blockierten) Beitritt keinen Einfluss mehr auf die ursprüngliche Struktur der europäischen entwicklungspolitischen Institutionen nehmen können. Der britische EU-Beitritt war allerdings mit der Ausweitung der assoziierten Staaten im Süden auf die ehemals britischen Kolonien verbunden, wodurch die Gruppe der AKP-Staaten überhaupt erst entstand. Durch das Commonwealth hatte Großbritannien allerdings seine Rolle unter den ehemaligen Kolonialgebieten lange vor der Entwicklung der EWG organisiert. Während die britische Entwicklungspolitik in der Thatcher-Ära stark mit der neoliberalen Strukturanpassungspolitik von IWF und Weltbank kooperierte, hat New Labour wesentliche Veränderungen durchgeführt, eine Abkehr von der Verfolgung kommerzieller und politischer Interessen vollzogen und seine Hilfe verstärkt auf die weltweit ärmsten Staaten insbesondere in Afrika konzentriert (vgl. Morrissey 2005: 179 f.). Großbritannien könnte hier eine Rolle spielen, den Blick der EU wieder mehr von (Ost-)Europa und den Mittelmeeranrainern weg hin zu einer noch stärker forcierten Armutsbekämpfung in den ärmsten Staaten zu richten (vgl. Morrissey 2005: 181), und damit die von der EU seit Maastricht stärker betonte Priorität der Armutsbekämpfung mit mehr Inhalt füllen. Begleitet wurden diese Veränderungen in der britischen Entwicklungspolitik auch von einem signifikanten Anstieg der britischen ODA und institutionellen Erneuerungen.

Schweden als Beispiel für die meist als vorbildlich dargestellten skandinavischen Staaten und als weitgehend integrationskritisches EU-Mitglied ohne vorbelastende koloniale Vergangenheit hat der Entwicklungspolitik einen hohen Rang in seiner Außenpolitik zugestanden (vgl. Lembke 1996: 191). Schweden war zur Zeit des Kalten Krieges noch ein neutraler Staat, der international oft in einer Vermittlerrolle agierte; das Land musste sich mit seinem EU-Beitritt 1995 allerdings in die Vorgaben der Entwicklungspolitik innerhalb der EU integrieren. Die Entwicklungspolitik Schwedens hatte den Anspruch, frei zu sein von wirt-

*Marginalien:*
Belgien

Großbritannien

Verstärkte Armutsbekämpfung

Schweden

schaftlichen und geopolitischen Interessen, und auch deshalb einen anderen ideologischen Hintergrund als die meisten anderen Staaten (vgl. Lembke 1996: 191 f.). Die schwedischen ODA-Zahlungen lagen seit Mitte der 1970er Jahre konstant in der Spitzengruppe der DAC-Geberländer, und Lieferbindungen spielten eine relativ geringe Rolle (vgl. ebd.). Schweden hat bei der EZA einen guten Ruf und verfolgt als maßgebliches Ziel die Armutsbekämpfung, hat jedoch eine skeptische Einstellung bezüglich der AKP-Partnerschaft, was sich auch in der recht geringen Beteiligung am EEF widerspiegelt (vgl. Schieder/Folz/Musekamp 2008: 20). Wie sich der Beitritt auf die schwedische Entwicklungspolitik ausgewirkt hat und ob die schwedischen Erfahrungen positive Effekte auf die anderen Mitglieder hatten, ist schwer zu beantworten (vgl. Danielson/Wohlgemuth 2005: 527 ff.).

Die europäischen Entwicklungspolitiken sind zweifelsohne sehr heterogen ausgestaltet und haben sich in unterschiedlichem Umfang von der Verfolgung spezifischer Eigeninteressen gelöst. Die Einstellung zur gesonderten AKP-Zusammenarbeit, speziell hinsichtlich der Etablierung von Sanktionsklauseln, ist da keine Ausnahme. So unterstützt vor allem Frankreich die Aufrechterhaltung des Sonderstatus, Deutschland und Schweden dagegen plädieren für eine Integration der Gruppe in die allgemeine EU-Südpolitik (vgl. Schieder/Folz/ Musekamp 2008: 18); letztlich handelt es sich in diesen Interessendivergenzen auch darum, eigene entwicklungspolitische Schwerpunkte erfolgreich durchzusetzen. Von einer Umsetzung der drei Ks, also der Ausrichtung auf eine europäische konsistent abgestimmte Politik der Einzelstaaten, kann jedenfalls bis heute kaum die Rede sein – auch wenn eventuell in den letzten Jahren vermehrte Koordinationsanstrengungen zu beobachten sind. Wieweit das zu einem integrierten Profil europäischer Entwicklungspolitik führen wird, ist kaum feststellbar.

*Unterschiedliche entwicklungspolitische Schwerpunkte*

# 7 Globale Regeln und europäische Konzepte: die Economic Partnership Agreements

Als Teil einer globalen Governance von „Entwicklung" muss sich die Entwicklungspolitik der EU jedoch auch mit den Politiken anderer Akteure globaler Entwicklungspolitik auseinandersetzen. Das betrifft etwa die Ziele der Weltbank, möglichst alle relevanten Träger von Entwicklungspolitik in ein umfassendes System der Konditionalität im Zusammenhang mit Strukturanpassungsabkommen zu integrieren (Rodríguez/Griffith-Jones 1992; Tetzlaff 1996), aber natürlich auch vielfältige Verträge und Konventionen internationalen Rechtes, die auch Anpassungsleistungen vonseiten der EU verlangten. Schließlich haben nichtstaatliche Akteure in den vergangenen Jahrzehnten einen zunehmenden Einfluss auf den Prozess der Entwicklungsgovernance genommen – sowohl durch konkrete Lobby-arbeit bei allen diesbezüglich relevanten Entscheidungen wie auch durch Advocacy-Aktivitäten, die in wachsendem Maß den Prozess des kommunikativen „framing" von entwicklungsrelevanten Problemen in der Weltgesellschaft beeinflussen, etwa durch die Weltsozialforen (O'Brien et al. 2000; Khagram et al. 2002; Tarrow 2005). Diese umfangreichen Zusammenhänge können hier nicht im Einzelnen diskutiert werden, zumal die wissenschaftliche

*Einbettung der EU-Entwicklungspolitik*

*Beispiel Cotonou-Abkommen*

Aufarbeitung dieser Thematik – trotz aller Diskurse über die Rolle von NGOs, Zivilgesellschaft etc. – noch sehr zu wünschen übriglässt. Das Cotonou-Abkommen und das darin entwickelte Konzept der Economic Partnership Agreements bietet allerdings einen geeigneten Ansatzpunkt für die Diskussion dieser Problematik. Ausgangspunkt war hier vor allem die WTO als internationales Regelwerk, wobei dies ökonomischen Interessen der EU durchaus entgegenkommt.

Das Cotonou-Abkommen ersetzt die vormals unilateralen Handelspräferenzen von Lomé mit dem Abschluss wirtschaftlicher Partnerschaftsabkommen, den EPAs, durch reziproke, mit der WTO-Handelsordnung konform gehende Obligationen, sodass die Entwicklungsländer ihre Märkte für Exporte der EU ebenfalls von Handelsrestriktionen befreien müssen (vgl. Hein 2007: 468). Die bisherige nicht WTO- konforme Ausnahmeregelung für die Sonderbeziehung der EU zu der AKP-Gruppe, vereinbart durch einen sogenannter Waiver (Ausnahmegenehmigung), lief eigentlich zum 1. Januar 2008 aus. Generell sind ansonsten gemäß dem bestehenden Diskriminierungsverbot als einem wichtigen Element des WTO-Rechtes, dem sogenannten Meistbegünstigungsprinzip, bestehende Handelsvorteile, die einem Land eingeräumt werden, auch allen anderen Mitgliedsländern zu gewähren. Es gibt lediglich zwei Ausnahmen von dieser Regel. Zum einen können allgemeine Handelspräferenzen für Entwicklungsländer gewährt werden, wie dies z. B. auch durch das Allgemeine Präferenzsystem der EU (APS) der Fall ist, und ebenso besondere Präferenzen für die am wenigsten entwickelten Länder, die Least Developed Countries (LLDCs). Für diese hat die EU im Rahmen des Programms *Everything But Arms* (s. Anhang, Dokumente) eine gesonderte Gewährung von Präferenzen vorgesehen. Weiterhin gibt es für regionale Integrationsabkommen oder Freihandelsabkommen eine Ausnahmeregelung, da sie als der weltweiten Liberalisierung des Handels förderlich angesehen werden.

Das Auslaufen der bisherigen Ausnahmeklausel für die EU-AKP-Beziehungen hat zu einem vielfach kritisierten Aufbau von Druck in den EPA-Verhandlungen durch die Kommission geführt, was bei den AKP-Staaten an der immer wieder als Kernziel der EPAs deklarierten Förderung von Entwicklung hat Zweifel aufkommen lassen. Vor allem wird neben der Bedingung einer nahezu völligen Abschaffung von Zöllen innerhalb eines Zeitraumes von zehn Jahren auch die Aufnahme von Themenkomplexen, welche die Entwicklungsländer in die Verhandlungen der Doha-Runde nicht einbeziehen wollten, kritisiert (vgl. Küblböck/Strickner 2005: 57). Die Abkommen sind prinzipiell Freihandelsabkommen gemäß dem GATT, in deren Rahmen in einer gewissen Zeit ein wesentlicher Teil der Handelsströme liberalisiert werden muss. Eine genaue Regel für den Umfang existiert hier nicht; es wäre deshalb auch möglich, im Rahmen der Abkommen eine begrenzt asymmetrische Reziprozität festzulegen mit beispielsweise völlig liberalisierten Möglichkeiten des Exports der AKP-Staaten in den EU-Binnenmarkt und einem für achtzig Prozent der EU-Güter gewährten freien Marktzugang in den AKP-Staaten (vgl. Grimm/Brüntrup 2006: 93).

Allgemeines Präferenzsystem der EU

Beendigung unilateraler Handelspräferenzen (EPA)

Freihandelsabkommen

Möglichkeit der asymmetrischen Reziprozität

Zugunsten der EU-Position kann man anführen, dass sich auch das alte System für die AKP-Staaten als nicht besonders entwicklungsfördernd erwiesen hat; im Gegenteil ist das Gewicht Afrikas im Welthandel stark zurückgegangen. Damit hat auch das Gewicht der AKP-Exporte auf den europäischen Märkten dramatisch abgenommen (vgl. Olsen 2005: 595), während gleichzeitig die Abhängigkeit Afrikas vom Handelspartner Europa gestiegen ist. Als Voraussetzung

Konditionalität

für die versprochene Aufstockung der Entwicklungshilfe verpflichtet das neue Abkommen die AKP-Staaten zur Achtung der Menschenrechte und zu vermehrten Anstrengungen auf dem Weg zu Good Governance, d. h. vor allem zu demokratischen Prinzipien, Rechtsstaatlichkeit und Maßnahmen zur Bekämpfung von Korruption (vgl. Nuscheler 2005: 530), sowie zu einer konsequenten Politik der Armutsbekämpfung. Wesentlich ist auch die Verankerung von Migrationsfragen

Migrationsfragen

in Artikel 13 des Abkommens, woran die EU ein besonderes Interesse hat (vgl. Olsen 2005: 596). Im Gegenzug sagt die EU neben einer Erhöhung der Hilfeleis-

Gegenleistungen der EU

tungen eine Vereinfachung der Vergabeverfahren zu (vgl. Molt 2007: 33) – hier spielen auch zunehmend die in der Paris Declaration for Development Effectiveness vereinbarten Prinzipien der verbesserten Koordination zwischen Geberinstitutionen und Empfängerländern einschließlich einer Stärkung der Verantwortlichkeit für einen effektiven Einsatz der Mittel durch eine Verbesserung der entsprechenden Institutionen in den Entwicklungsländern selbst eine zentrale Rolle. Schließlich setzt das Cotonou-Abkommen auf eine verstärkte Einbeziehung nicht-staatlicher Akteure. Hier sind unter anderem die Nutzung von Public-Private-Partnerships bei Projektplanungen und -finanzierungen und ein Einsatz von NGOs bei der Aktivierung zivilgesellschaftlicher Selbsthilfeorganisationen anzuführen (vgl. Nuscheler 2005: 531).

Im Unterschied zu den vorherigen Abkommen gibt es keine allgemeinen Regelungen der Wirtschaftsbeziehungen zwischen EU- und AKP-Staaten, viel-

Stärkung der regionalen Integration

mehr sollen die genannten EPAs möglichst als Abkommen einzelner Regionen mit der EU vereinbart werden, was gleichzeitig die regionale Integration in den Entwicklungsregionen stärken soll. Die „Wirtschaftspartnerschaftsabkommen"

WTO-konform

als Teil des Cotonou-Abkommens sind WTO-konforme Vereinbarungen. Die Europäische Kommission scheint die EPAs allen Skeptikern zum Trotz (auch aus der EU bzw. ihren Mitgliedstaaten selbst; vgl. Grimm/Brüntrup 2006: 95 f.) jedoch auch als einzigen Weg für eine bessere Entwicklung zu betrachten. Man muss erwähnen, dass keine Verpflichtung der Staaten besteht, ein EPA-Abkommen zu unterzeichnen; die Beziehungen zu diesen Staaten sollen dann durch andere institutionelle Arrangements der EU abgedeckt werden (vgl. Bilal 2002: 205). Allerdings können klare Nachteile für Staaten auftreten, die kein EPA mit der EU abschließen. Die Abkommen sollen den Regionalhandel, eine bessere Integration in den Welthandel sowie ausländische Direktinvestitionen fördern, um einen Beitrag zu Armutsbekämpfung und nachhaltiger Entwicklung zu leis-

Interim-EPAs

ten. Die Verhandlungen dauern noch an; es sind jedoch schon EPAs ab Januar 2008 in Kraft getreten, und mit einigen AKP-Staaten wurden Interimsabkommen vereinbart. Der Widerstand hat allerdings u. a. seinen Ausdruck in der äußerst überschaubaren Zahl an bisher voll ausgehandelten bzw. vereinbarten sogenannten Interim-EPAs gefunden.

Die bisherige Bilanz hinsichtlich der „neuen" Art der Zusammenarbeit durch EPA-Abkommen verweist auf eine Reihe von Problemen. So ist ein ganz wesentliches Ziel die Förderung regionaler Integrationsbemühungen, um unter anderem regionale Märkte als Vorbereitung zum Eintritt in den globalen Wettbewerb zu schaffen. Daher sollen die EPA-Abkommen eigentlich nicht mit einzelnen Ländern, sondern mit Regionen abgeschlossen werden. Die einzige der sechs für die Verhandlungen gebildeten Regionen mit einem flächendeckenden EPA-Abkommen ist zurzeit die Karibikregion (CARIFORUM). In den anderen Regionen kann von einer einheitlichen Basis und der Förderung regionaler Integrationsbemühungen keine Rede sein. Die unübersichtliche Zugehörigkeit einzelner Staaten zu verschiedenen regionalen Organisationen hat dazu geführt, dass einige Staaten der gleichen Organisation unterschiedlichen Verhandlungsgruppen zugeordnet wurden. Die EU sieht hier allerdings die Chance, die Strukturen regionaler Wirtschaftsintegration möglicherweise nachhaltiger zu gestalten (vgl. Grimm/Brüntrup 2006: 94). Das Ziel, bzw. die Vision, eine kohärente Entwicklungspolitik hinsichtlich einer Politikfelder übergreifenden Konzeption so erreichen zu können, ist aber zumindest zu bezweifeln. Eine Kohärenz der EPA-Verhandlungen mit der Förderung regionaler Integration ist zumindest zurzeit nicht vorhanden. Des Weiteren wird die Gruppe der AKP-Staaten zusätzlich auch noch durch die EBA-Initiative geteilt; die LLDCs haben bereits einen freien Zugang zum europäischen Markt, während die Länder mit mittlerem Einkommen in dieser Hinsicht eventuell noch gewisse Vorteile erreichen können. Diese Differenzierung erschwert die Kohärenz in den EPA-Verhandlungen noch mehr (vgl. Bilal 2002: 203 f.).

Die EU sieht aber trotzdem in der Verzahnung von Handelspolitik und Entwicklungspolitik durch die EPAs eine Möglichkeit, größere Kohärenz zu erreichen (vgl. Grimm/Brüntrup 2006: S.94). Es ist fraglich, ob es sich überhaupt für Staaten, die unter die EPA-Initiative fallen, lohnt, ein EPA-Abkommen abzuschließen, da ja prinzipiell für sämtliche Güter bis auf Waffen ab 2009 ein zollfreier Zugang zu den EU-Märkten garantiert wird (s. o.). Die LLDCs öffneten also dem Abschluss eines EPA entsprechend ihre Märkte für EU-Güter, obwohl sie bereits über einen ungehinderten Zugang zum EU-Binnenmarkt verfügen. Als Gründe, trotzdem ein EPA abzuschließen, werden vor allem der im Vergleich zu EBA vorhandene sichere Rechtsstatus und die daraus resultierende Planungssicherheit genannt.[10] Außerdem ist gegebenenfalls auch der im Gegensatz zu EBA vorhandene Miteinbezug von Dienstleistungen in die Präferenzvereinbarungen vorteilhaft. Die Attraktivität dürfte hier für einzelne Länder sehr unterschiedlich ausfallen (vgl. Grimm/Brüntrup 2006: 94). Daneben sind bei EPA-Abkommen stärker gelockerte Ursprungslandregeln als bei EBA vorhanden, was zu einem effektiv vorteilhafteren EU-Marktzugang führen könnte (vgl. Bilal 2002:

*Umsetzungsprobleme*

*Fehlende Kohärenz*

*Gründe für ein EPA-Abkommen*

*Rechtsstatus*

*Dienstleistungen*

*Ursprungslandregeln*

---

[10] Bei den durch die EBA-Initiative gewährten Handelspräferenzen handelt es sich um eine unilaterale Gewährung durch die EU ohne vertragliche Verpflichtung. Eine Sicherheit für die betreffenden Staaten, diese Handelspräferenzen auch in der Zukunft eingeräumt zu bekommen, existiert daher nicht (vgl. Bilal 206). Sollte die EU irgendwann EBA aussetzen, erhielten die Staaten ohne EPA lediglich Präferenzen über APS und bekämen im schlimmsten Fall, sollte die EU auch dieses aussetzen, gemäß GATT nur noch die standardmäßige MFN-Prinzip-Behandlung.

207 ff.). Ein Beispiel dafür sind die im Interim-EPA-Abkommen mit einigen Staaten der Ost- und auch der Südafrikagruppe vereinbarten Ursprungslandregeln im Textilbereich, nach denen Stoffe weltweit eingekauft, weiterverarbeitet und dann frei in die EU exportiert werden dürfen. Hinsichtlich des Kohärenzgebotes zeigen sich hier inhärente Mängel im Politikfeld der Entwicklungspolitik selbst und zusätzlich übergreifende Zielkonflikte mit der Handelspolitik, deutlich werdend an den Übergangsfristen für sensible Rohstoffprodukte.

Dringend notwendig erscheint jedenfalls eine genaue regelmäßige Überprüfung der Wirkung von EPA-Abkommen. Die Abkehr von der Lomé-Kultur mit den EPAs als neuem Rahmen kann nur eine neue Perspektive für Entwicklung eröffnen, wenn jene Hand in Hand gehen mit Reformen in den Entwicklungsländern selbst und weiteren verbundenen Maßnahmen (vgl. Bilal 2002: 209 f.). Die Ambitionen, mehr Verantwortung und Ownership der Partnerländer einzufordern, müssten stärker forciert werden. Entscheidend ist aber vor allem die konsequentere Beachtung des Kohärenzgebotes, welches auch bei den Verhandlungen über die EPAs nicht stringent eingehalten zu werden scheint. Die Kritik und Bedenken aus den AKP-Staaten sollten ernst genommen werden. In der Kigali-Deklaration aus 2007 (s. Anhang, Dokumente), verabschiedet durch die Parlamentarische Versammlung AKP-EU, wird gefordert sicherzustellen, dass kein Land nach Ablauf der Verhandlungsfrist schlechtergestellt ist als bisher. Der Aufbau von Verhandlungsdruck seitens der Kommission wird als Verstoß gegen die AKP-EU-Partnerschaft kritisiert und eine Reform der Gemeinsamen Agrarpolitik der EU unter Berücksichtigung des Kohärenzgebotes angemahnt. Bisher haben die Einwände die Kommission aber nicht dazu bewegen können, näher auf die Kritik einzugehen und sich intensiv damit auseinanderzusetzen. Um die Auswirkungen der Implementierung solcher Abkommen einschätzen zu können, sollte den AKP-Staaten mehr Zeit gegeben werden. Nuscheler betont, die Rhetorik von Partnerschaft und Partizipation könne nicht darüber hinwegtäuschen, dass sich die EU-Bürokratie alle wichtigen Entscheidungen vorbehalte; hier könne weder von gleichberechtigter Partnerschaft noch von Transparenz oder demokratischer Kontrolle die Rede sein (2005: 531). Dies wäre umso wichtiger, als die verschiedenen in diesem Abschnitt dargestellten Aspekte von Cotonou und den EPAs eine Verzahnung von Außen-, Sicherheits- und Entwicklungspolitik und damit eine Politisierung der AKP-EU-Partnerschaft erkennen lassen (Dialer 2007: 62).

Es gibt aber auch durchaus positive Stimmen, die von einem Paradigmenwechsel sprechen und einen Beitrag zu einer kohärenteren Handels- und Entwicklungspolitik in den Beziehungen zu den AKP-Staaten ausmachen (vgl. Grosse-Wiesmann/Hoffman 2007: 50 ff.). Grundsätzlich lässt sich die These vertreten, die Strategie der EU ziele letztlich darauf ab, die AKP-Staaten an den globalen Wettbewerb heranzuführen, um ihre Wettbewerbsfähigkeit zu stärken. So gesehen wird die Anpassung an die WTO-Regeln von der EU nicht als notwendiges Übel, sondern als eine insgesamt sinnvolle Strategie dargestellt. Damit droht die EU allerdings in die gleiche Falle einer Freihandelsideologie zu tappen, wie sie der WTO weitgehend zugrunde liegt, kurz gesagt des Problems der Gleichbehandlung Ungleicher.

*Marginalien:*

Kigali-Deklaration

Rhetorik von Partnerschaft

Stärkung der Wettbewerbsfähigkeit

Falle der Freihandelsideologie

# 8 Zivilgesellschaft, EPAs und europäische Entwicklungsgovernance

Die Diskussion über die EU-Entwicklungspolitik bezieht sich im Allgemeinen auf das Dreieck der Beziehungen zwischen den einzelnen EU-Mitgliedstaaten, den Institutionen der EU sowie den AKP-Staaten. Während die Yaounde-, Lomé- und Cotonou-Abkommen selten im Mittelpunkt zivilgesellschaftlichen Interesses standen, war das bei einer Reihe von Konflikten, die die Frage der Kohärenz zwischen Entwicklungspolitik und anderen Politikbereichen betreffen (etwa: EU-Agrarpolitik, Migrationspolitik), ganz anders. Robert Picciotto, ehemaliger Generaldirektor des World Bank Evaluation Department (1992–2002), weist auf die Rolle von NGCs in den OECD- und EU-Staaten bei der Förderung von Politikkohärenz hin:

*Rolle der Zivilgesellschaft*

> „As part of the grand debate on globalization, civil society organizations have played a leading role in sensitzing public opinion with respect to the development incoherence of OECD policies. They have also helped to mobilize political support for specific policy reforms. In 1994, an NGO campaign decried the impact of European beef export subsidies on West Africa's rural welfare. In 1996, NGOs lobbied against a fisheries policy that allocated fishing rights and subsidies without regard to the impact on the coastal fisheries of developing countries. A year later a proposed lift of the ban on cocoa butter alternatives faced strong opposition from development NGOs.
> Similarly, the Highly Indebted Poor Countries debt relief initiative would not have been born without the Jubilee campaign. More recently, the international trade agreement on generic drugs in the run up to the Cancun meeting would not have materialized without the skillful work of major advocacy NGOs. No reform of OECD agricultural trade and subsidy policies is likely without continued, evidence-based civil society activism.
> Equally, with respect to foreign direct investment, NGOs are likely to remain instrumental in sustaining the momentum of the corporate social responsibility movement and the harmonization of social and environmental safeguard policies by international development and commercial credit and guarantee agencies" (Picciotto 2004: 5.)

Mit den EPAs wendete sich der Fokus der Kritik von NGOs (z. B. Oxfam) nun den entwicklungspolitischen Auseinandersetzungen direkt zu – wobei zivilgesellschaftliche Organisationen an der Kritik aus den AKP-Staaten selbst anknüpfen konnten. NGOs forderten verbreitet die Entwicklungsländer auf, EPAs nicht in der vorliegenden Form zu unterzeichnen.[11] Die neuen Konfliktlinien, die dadurch entstehen, dass nicht primär einzelne Aspekte von Protektionismus und Handelsbeziehungen als inkohärent mit den generellen Zielen der EU-Entwick-

*Kritik der NGOs an den EPAs*

*Neue Konfliktlinien*

---

[11] Oxfam (2008) fordert die Verhandlungspartner: „Before taking any more stepts to turn the deals into legally binding instruments [das richtet sich vor allem an die 35 AKP-Staaten, die die Verträge bereits paraphiert haben, W. H.], it is imperative that the EU and ACP countries carefully evaluate the consequences for development." Ähnliche Positionen vertritt eine Reihe von Organisationen in einer VENRO-Dokumentation 2007.

lungspolitik kritisiert, sondern dass zentrale Instrumente eben dieser Politik angegriffen werden, können unter dem Gesichtspunkt betrachtet werden, dass das Cotonou-Abkommen ein Schritt hin zu mehr Kohärenz darstellt. Dies geschieht allerdings nicht in dem von NGOs geforderten Sinn einer Orientierung handelspolitischer Strategien an den grundlegenden Entwicklungszielen des oben zitierten Artikels 177 EGV, sondern vielmehr im Sinne einer Orientierung entwicklungspolitischer Prinzipien an Normen des internationalen Handels. Weltwirtschaftliche Integration durch Handelsliberalisierung als Voraussetzung für Armutsbekämpfung – unter bestimmten theoretischen Annahmen könnte das als ein kohärenter Ansatz angesehen werden, wobei der verbleibende EU-Agrarprotektionismus weiterhin einen Widerspruch darstellt. Was die Angelegenheit zusätzlich kompliziert, ist die EU-Strategie, andere europäische Interessen (Migration und Sicherheit) in diese Verhandlungen einzubeziehen.

**Stärkung der Verhandlungsposition der AKP-Staaten**

Zweifellos teilen die meisten zivilgesellschaftlichen Organisationen diese Position nicht. Die Frage ist, inwieweit hier ein zivilgesellschaftlicher Druck aufgebaut werden kann, der die Governance der europäischen Entwicklungspolitik entscheidend beeinflussen könnte – wie dies zumindest in einzelnen Aspekten von Global Governance geschehen ist (Landminenabkommen, Zugang zu Medikamenten etc.). Dies betrifft zum einen eine Stärkung der Verhandlungsposition der betroffenen AKP-Staaten durch konkrete Unterstützung in den Verhandlungen, aber auch durch eine Gegenöffentlichkeit innerhalb der EU. Ein weiterer Aspekt wäre – wenn man die Welthandelsordnung grundsätzlich als ein globales Normenwerk akzeptiert, das auch schwächere Partner gegen eine Willkür der stärkeren schützt – die systematische Nutzung der vorhandenen Flexibilitäten der WTO-Verträge im Sinne der Partnerländer. Dies wäre dann glaubhaft, wenn auch in weiteren WTO-Verhandlungen entsprechende Positionen vertreten werden und kein Zweifel aufkommt, dass die EU in den EPAs keine bi-/multilateralen Freihandelsabkommen zur Durchsetzung von WTO+-Konditionen[12] sieht. Schließlich macht zwar eine Good-Governance-Konditionalität in diesem Zusammenhang grundsätzlich Sinn, aber nicht die Verknüpfung mit anderen europäischen Interessen.

**VENRO-Manifest**

In den vergangenen Jahren ist eine Vielzahl von Texten zivilgesellschaftlicher Organisationen erschienen, die eine kompromissbereitere Haltung der EU bzw. grundsätzlich andere Verträge für die Umsetzung der entwicklungspolitischen Ziele forderten (etwa VENRO 2007; Oxfam 2008). VENRO hat gemeinsam mit afrikanischen Organisationen auch ein Manifest zu den EPA-Verhandlungen anlässlich der deutschen EU-Ratspräsidentschaft vorgelegt. Dennoch ist die Resonanz in der Öffentlichkeit bisher relativ bescheiden geblieben. Es liegt nahe, dass bestimmte Themen, wie etwa die Frage des Zugangs zu Medikamenten (zumindest im Fall HIV/AIDS), des Agrarprotektionismus oder Aspekte der Katastrophenhilfe, in den Medien leichter zu vermitteln sind als komplexere Themen wie die EPA-Verhandlungen.

---

[12] Die EPAs (wie das mit der karibischen Ländergruppe initialisierte) sehen Handelsregelungen vor, die – unter der Perspektive von Entwicklungsländerinteressen – zum Teil ungünstiger sind als die WTO-Abkommen, d. h. bestimmte Flexibilitäten ausschließen oder Regeln einschließen, gegen die sich Entwicklungsländer in WTO-Verhandlungen gewehrt haben (Oxfam 2008; Weed online 2008).

Auch wenn zivilgesellschaftliche Organisationen in den Auseinandersetzungen um die EU-Politik gegenüber Entwicklungsländern eine wichtige Rolle
spielen und vor allem immer wieder einzelne Themen aufgenommen haben, die
in den Beziehungen zwischen der EU und den Ländern des Südens eine zentrale
Rolle spielen, blieben die Rolle der Zivilgesellschaft und ihr Einfluss auf konkrete Aspekte von Governance-Prozessen in der wissenschaftlichen Auseinandersetzung mit der EU-Entwicklungspolitik eher unterbelichtet. Auch die Frage der
stärkeren Partizipation nationaler Zivilgesellschaften in den Ländern des Südens
wurde stärker im Zusammenhang mit der Armutsreduktionsstrategie der Weltbank diskutiert als im Zusammenhang mit der Good-Governance-Konditionalität
der EU. *(Wissenschaftlich unterbelichtet)*

Grundsätzlich ist zu beachten, dass Zivilgesellschaft mehr ist als die Aktivitäten von NGOs. Die Rolle von NGOs in der Durchführung konkreter Entwick-
lungsprojekte, ihre zunehmende Expertenrolle in vielen Bereichen der Entwicklungspolitik und auch ihre advokative Rolle in politischen Zusammenhängen
sind wichtig, vergessen wird aber häufig die Tatsache, dass – im Sinne einer
konstruktivistischen Analyse von Entwicklungspolitik (Ziai 2006) – Zivilgesellschaft eine ganz zentrale Rolle beim Framing entwicklungspolitischer Konzepte
und Problemstellungen spielt. Zweifellos ist es schwierig, zu unterscheiden,
welchen Anteil an der Durchsetzung welcher Ideen welche Akteure haben, und
auch überhaupt etwa wissenschaftliche und zivilgesellschaftliche Diskurse voneinander abzugrenzen, doch liegen zumindest einzelne Untersuchungen vor, die
sich mit den Wechselwirkungen von Protestbewegungen und der Akzeptanz
politischer Ziele und Normen beschäftigen (etwa O'Brien et al. 2000; Tarrow
2005). *(Framing-Funktion der Zivilgesellschaft)*

## 9 Stand der Umsetzung der drei Ks von Maastricht, eine europäische Entwicklungspolitik und ein Beitrag zum Frieden?

Das European Centre for Development Policy Management (ECDPM) war von
der EU-Kommission und den Evaluierungsinstanzen der Entwicklungszusammenarbeit in den Mitgliedstaaten beauftragt worden, die Umsetzung der drei Ks
in der EU-Entwicklungspolitik zu analysieren; im November 2007 wurde ein
zusammenfassender Bericht vorgelegt (EUHES 2007). Es zeigt sich, dass Bemühungen zur Koordination bei den einzelnen Entwicklungsagenturen zugenommen haben, sich dies aber meist eher auf den Austausch von Informationen und
Dokumenten beschränkt. Die Koordination soll die Realisierung der beiden anderen Ks unterstützen, die bisherigen Bemühungen reichen aber nicht aus. Weiterhin sind Effizienz und Wirkung der EU-EZA nicht zufriedenstellend. In den
Zielländern selbst ist ebenfalls kein wesentlicher Fortschritt zu erkennen. Entscheidungen werden nicht vor Ort, sondern in Brüssel bzw. anderenorts gefällt,
und der Informationsaustausch lässt zu wünschen übrig. Eine Koordinierung, die
zu alle Parteien involvierenden Entscheidungen führt, ist nicht erkennbar. *(Bericht des ECDPM)* *(Nach wie vor Koordinationsdefizite)*

Weiterhin hat sich gezeigt, dass unter den einzelnen Mitgliedstaaten nicht ganz klar ist, was genau unter Komplementarität zu verstehen ist. Die Kommission und die Mitgliedstaaten sind aber dabei, gemeinsame Vereinbarungen für die Planung zu erarbeiten, was zu einer erheblichen Verbesserung beitragen könnte. Eine stärkere Harmonisierung könnte die EU auf dem Weg zu einer verbesserten Koordination voranbringen. Die EU-Entwicklungspolitik hat die Ziele der Paris Declaration on Aid Effectiveness verinnerlicht, muss aber stärkere Anstrengungen bei der praktischen Umsetzung unternehmen, um die Basis für weitere Fortschritte beim nächsten OECD-High-Level-Forum in Ghana im September 2008 zu legen. Das Instrument der Country Strategy Papers soll hier länderspezifische Ziele und Maßnahmen erarbeiten und so durch die Ausarbeitung von Strategien mehr Zielgenauigkeit und Effizienz erreichen; aus den ausbleibenden Erfolgen und geäußerter Kritik wurden also durchaus Lehren gezogen (Tannous 2007: 21 f.).

*Stärkere Harmonisierung* (margin note)

*Country Strategy Papers* (margin note)

Eine solche kritische Auseinandersetzung mit grundsätzlich akzeptierten Normen wie den drei Ks ist sicherlich ein sinnvolles Unterfangen, liefert aber meist nur begrenzte Antworten, wenn sie sich nicht intensiver mit der Frage beschäftigt, wie eigentlich politische und gesellschaftliche Resultate durch das Aufeinandertreffen unterschiedlicher und häufig konfliktiver Interessen entstehen. „Entwicklung" ist ein Thema, das gesellschaftlichen Wandel insgesamt betrifft, das also auch durch das Aufeinandertreffen unterschiedlichster Interessen gekennzeichnet ist. Hinter der Konzipierung der drei Ks steht ein Verständnis der Governance von Entwicklung, die dem eingangs gekennzeichneten ersten Ansatz von Governance entspricht, d. h. im Sinne einer optimalen Steuerung zur Verfolgung der im Maastricht-Vertrag festgelegten (und später modifizierten) Ziele. Das Problem fängt aber damit an, dass es vielleicht einen Konsens über die Ziele gibt, keineswegs aber einen solchen über die Strategien der Zielerreichung. Unterschiedliche Strategien sind mit unterschiedlichen Interessen verknüpft, wobei wiederum als Folge gesellschaftlicher Diskurse den jeweiligen Strategien auch eine unterschiedliche Plausibilität zugeschrieben wird, zur Zielerreichung beizutragen.[13] Dies schafft ein komplexes Feld gesellschaftlicher Auseinandersetzungen nicht erst um die konkrete Koordination von Politiken, sondern bereits um das Verständnis von Strategien und ihren möglichen Folgen.

*Konfligierende Interessen* (margin note)

*EU-Verständnis der Governance von Entwicklung* (margin note)

---

[13] Während etwa im Mainstream der Wirtschaftswissenschaften und im Management transnationaler Unternehmen die These, dass Freihandel die Voraussetzungen für Armutsbekämpfung verbessert, kaum einer Erläuterung bedarf, herrscht im Diskurs der Globalisierungskritiker die gegenteilige Annahme vor. Typischerweise nehmen Letztere u. a. Bezug auf den Verlust von Arbeitsplätzen durch den Globalisierungsprozess, und es finden sich Allianzen etwa zwischen Attac und wichtigen Gewerkschaften.

In diesem Sinn lässt sich gar nicht vermeiden, dass Governance von Entwicklung durch die Austragung von Konflikten um Bedeutungen, um Ressourcen, um Verfahren und um Normsetzungen stattfindet. Dies macht eine kohärente, koordinierte und komplementäre Politik von „Entwicklung" auch im Sinne eines „aufgeklärten Eigeninteresses" schwierig, aber letztlich – auf der Basis von Kriterien globaler Gerechtigkeit sowie der Annahme, dass nur eine breite Akzeptanz entsprechender Normen eine Grundlage für Friedenspolitik schaffen kann – ist eine kritische Auseinandersetzung mit Strategien nötig, bei denen auch nur der Verdacht besteht, dass sie bestehende Ungleichheiten verstärken könnten. So gesehen ist es erst einmal entscheidend, „Kohärenz" aus der Sicht der Unterprivilegierten zu sehen und, wenn schon die Akzeptanz gewisser globaler Handelsnormen sinnvoll sein mag, dann primär darüber nachzudenken, wie sicherzustellen ist, dass wirtschaftlicher Austausch auch primär den Armen zugutekommt (s. etwa Kwakye 2008: 47 f.). In diesem Zusammenhang sollte Skepsis gegenüber einem Zuviel an Koordination und Komplementarität bestehen bleiben, denn das erschwert gegebenenfalls auch die Korrektur von Fehlern (bzw. den Widerstand gegen Konzepte, die eher die Interessen von Privilegierten reflektieren).

*Austragung von Konflikten unvermeidlich*

*Skepsis gegenüber einem Zuviel an Koordination*

Angesichts dieser Überlegungen bleibt die Frage, in welcher Hinsicht eigentlich die Konsolidierung einer EU-Entwicklungspolitik (im Unterschied zu einer Summe von Entwicklungspolitiken der Einzelstaaten mit der Kommission als zusätzlichem Akteur) wünschenswert ist. Macht es Sinn, eine bessere Umsetzung der drei Ks von Maastricht und eine Entwicklungspolitik als Gemeinschaftspolitik im Sinne einer weiteren, vertieften Integration des Politikfeldes und der EU selbst, also auch einer Weiterentwicklung des Acquis communautaire, anzustreben? Diese Frage lässt sich eigentlich nur vor dem Hintergrund der Rolle der EU als Akteur im Rahmen von Global Governance beantworten. Ist es zu erwarten, dass eine integrierte EU-Entwicklungspolitik hier eine signifikante Rolle bei der Durchsetzung einer gerechteren Weltordnung spielen wird? Ist es zu erwarten, dass die Kooperation mit der EU eine Alternative für arme Länder gegenüber einer Kooperation mit den USA oder auch mit China darstellen wird? Vielleicht besteht die Gefahr, dass eine effektive Koordination der gesamten Entwicklungspolitik auf EU-Ebene eher die progressiven (was immer das im Einzelnen bedeutet) Ansätze der skandinavischen Länder in den Hintergrund drängt.

*Rolle der EU im Rahmen von Global Governance?*

## Abkürzungsverzeichnis

| | |
|---|---|
| ACP (deutsch: AKP) | African, Caribbean and Pacific Group of States |
| AKP-Staaten | Staaten in Afrika (A), der Karibik (K) und im Südpazifik (P) |
| APS | Allgemeines Präferenzsystem |
| ASEAN | Association of South-East Asian Nations |
| CARIFORUM | Für die EPA-Verhandlungen geschaffene Staatengruppe, bestehend aus der Karibik (CARICOM) und der Dominikanischen Republik |
| DAC | Development Assistance Committee |
| DG Dev | Directorate General for Development |
| EBA-Initiative | Everything But Arms Initiative |
| ECDPM | European Centre for Development Policy Management |
| EEF | Europäischer Entwicklungsfonds |
| EGV | Vertrag zur Gründung der Europäischen Gemeinschaft |
| ENP | Europäische Nachbarschaftspolitik |
| EPAs | Economic Partnership Agreements |
| EU | Europäische Union |
| EWG | Europäische Wirtschaftsgemeinschaft |
| EZA | Entwicklungszusammenarbeit |
| FPAs | Fisheries Partnership Agreements |
| GAP | Gemeinsame Agrarpolitik |
| GASP | Gemeinsame Außen- und Sicherheitspolitik |
| GATT | General Agreement on Tariffs and Services |
| GNI | Gross National Income |
| IWF | Internationaler Währungsfonds |
| LLDCs | Least Developed Countries |
| MDGs | Millennium Development Goals |
| Mercosur | Mercado Común del Sur (Gemeinsamer Markt des Südens) |
| MFN-Prinzip | Most Favoured Nation (Meistbegünstigungsprinzip) |
| NGOs | Non-Governmental Organizations |
| OA | Official Aid |
| ODA | Official Development Assistance |
| OECD | Organisation für wirtschaftliche Zusammenarbeit und Entwicklung |
| OIF | Organisation Internationale de la Francophonie |
| STABEX | Système de Stabilisation des Recettes d´Exportation |
| SYSMIN | Système Minière |
| UN | United Nations |
| VENRO | Verband Entwicklungspolitik deutscher Nichtregierungsorganisationen |
| WTO | World Trade Organisation |

# Literatur

Ashoff, Guido, 2007: Entwicklungspolitischer Kohärenzanspruch an andere Politiken, in: APUZ 48/2007, Bonn. 17–22. Link: http://www.bpb.de/files/2FLK35.pdf (Stand: 29. September 2008).

Bilal, Sanoussi, 2002: ACP-EU negotiations on Economic Partnership Agreements and EBA – A dual relationship, in: Martin Holland, The European Union and the third world. New York.

Börzel, Tanja, 2005: European Governance – nicht neu, aber anders, in: Gunnar Folke Schuppert (Hrsg.), Governance-Forschung. Vergewisserung über Stand und Entwicklungslinien. Baden-Baden. 72–94.

Brüne, Stefan, 2005: Europas Außenbeziehungen und die Zukunft der Entwicklungspolitik, 1. Auflage. Wiesbaden.

Claus, Burghard/Weidnitzer, Eva, 1996: Frankreich – Der Löwenanteil für die Länder der Frankophonie, in: Reinhold E. Thiel (Hrsg.), Entwicklungspolitiken – 33 Geberprofile. Schriften des Deutschen Übersee-Instituts Hamburg. Hamburg.

Danielson, Anders/Wohlgemuth, Lennart, 2005: Swedish Development Co-operation in Perspective, in: Pau. Hoebink/Olav Stokke, Perspectives on European Development Co-operation – Policy and performance of individual donor countries and the EU. London, 518–545.

Dialer, Doris, 2007: Die EU-Entwicklungspolitik im Brennpunkt: eine Analyse der politischen Dimension des Cotonou-Abkommens, 1. Auflage. Frankfurt am Main.

EUHES 2007: Evaluating Coordination, Complementarity and Coherence in EU development policy: a synthesis. Studies in European Development Co-operation Evaluation Nr. 8. Amsterdam (European Union). Link: http://www.three-cs.net/content/download/548/5660/file/CCC_8.pdf (Stand 29. September 2008).

Gillet, Nathalie, 2005: Pariser Perspektiven, in: E+Z, H.12, 456–458. Link: http://www.inwent.org/E+Z/content/archiv-ger/12-2005/schwer_art3.html (Stand: 29. September 2008).

Grimm, Sven/Brüntrup, Michael, 2006: EU-Wirtschaftsabkommen (EPAs) mit AKP-Regionen, in: Klingebiel, Stefan, Afrika-Agenda 2007 – Ansatzpunkte für den deutschen G8-Vorsitz und die EU-Ratspräsidentschaft. Bonn.

Grosse-Wiesmann, Gudrun/Hoffman, Birgit, 2007: Handelspolitischer Paradigmenwechsel – Zur entwicklungspolitischen Bedeutung der Wirtschaftspartnerschaftsabkommen, in: Entwicklungspolitik, H. 1, 50–52.

Hein, Wolfgang, 2007: Entwicklung, in: Arthur Benz/Susanne Lütz/Uwe Schimank/Georg Simonis (Hrsg.), Handbuch Governance. Wiesbaden, 462 bis 475.

Hoebink, Paul, 2004: Evaluating Maastricht's Triple C: An introduction to the development paragraphs of the Treaty on the European Union and suggestions for its evaluation, in: Paul Hoebink (Hrsg.), The Treaty of Maastricht and Europe's Development Co-operation – Studies in European Development Co-operation Evaluation No 1. Brüssel, 25–62.

Hoebink, Paul, 2005: Coherence and Development Policy: An autopsy with some European examples, in: Österreichische Forschungsstiftung für Entwicklungshilfe (ÖFSE), EU-Entwicklungspolitik – Quo vadis? Wien, 37–50.
Link: http://www.oefse.at/Downloads/publikationen/oeepol/oepol05.pdf (Stand: 29. September 2008).

Holvoet, Nathalie/Renard, Robrecht, 2005: Belgian Aid Policies in the 1990s, in: Paul Hoebink/Olav Stokke, Perspectives on European Development Co-operation – Policy and performance of individual donor countries and the EU. London, 136–160.

Holz, Isabella, 2003: Die Instrumente der Entwicklungspolitik, in: Europa Digital. Das Dschungelbuch/Entwicklungspolitik/Instrument. Link: http://www.europa-digital.de/dschungelbuch/polfeld/entwicklung/instrum.shtml (Stand: 23. September 2008).

Khagram, Sanjeev/Riker, James V./Sikkink, Kathryn (Hrsg.), 2002: Restructuring World Politics. Transnational Movements, Networks, and Norms. Minneapolis.

Kolboom, Ingo/Stark, Hans, 2005: Frankreich in der Welt. Weltpolitik zwischen Anspruch und Wirklichkeit, in: Adolf Kimmel/Henrik Uterwedde (Hrsg.), Länderbericht Frankreich. Bundeszentrale für politische Bildung. Bonn.

Küblböck, Karin/Strickner, Alexandra, 2005: Die EU-Handelspolitik und ihre Auswirkungen auf Entwicklungsländer, in: Österreichische Forschungsstiftung für Entwicklungshilfe (ÖFSE), EU-Entwicklungspolitik – Quo vadis? Wien, 51–64. Link: http://www.oefse.at/Downloads/publikationen/oeepol/oepol05.pdf (Stand: 23. September 2008).

Kwakye, Britta, 2008: Das Cotonou-Abkommen als Ausdruck des neuen entwicklungspolitischen Konsens? Bachelor-Abschlussarbeit, Fernuniversität Hagen.

Lawo, Thomas/Scheidhauer, Fritz, 2005: Die Bedeutung der Kohärenz in der Europäischen Entwicklungszusammenarbeit (Vortrag Universität Bonn, 14. Dezember). Link: http://www.edc2010.net/pubs/pdf/Kohaerenz.pdf (Stand: 22. April 2008).

Lembke, Hans H., 1996: Schweden – Befürworter des „Dritten Weges" reformiert seine EZ, in: Reinhold E. Thiel (Hrsg.), Entwicklungspolitiken – 33 Geberprofile. Hamburg, 191–198.

Mayntz, Renate, 2004: Governance im modernen Staat, in: Arthur Benz (Hrsg.), Governance – Regieren in komplexen Regelsystemen. Eine Einführung. Wiesbaden, 65–76.

Molt, Peter, 2007: Zur Afrikastrategie der Europäischen Union, in: APUZ 48/2007. Bonn, 33–38. Link: http://www.bpb.de/files/2FLK35.pdf (Stand: 29. September 2008).

Monar, Jörg, 2002: Entwicklungspolitik, in: Werner Weidenfeld/Wolfgang Wessels (Hrsg.),: Europa von A bis Z. Bonn, 119–121.

Morrissey, Oliver, 2005: British Aid Policy in the „Short-Blair" Years, in: Paul Hoebink/Olav Stokke, Perspectives on European Development Co-operation – Policy and performance of individual donor countries and the EU. London, 161–183.

Nuscheler, Franz, 2005: Entwicklungspolitik, 6. Auflage. Bonn.

O´Brien, Robert/Goetz, Anne Marie/Scholte, Jan Aart/Williams, Marc, 2000: Contesting Global Governance. Multilateral Economic Institutions and Global Social Movements. Cambridge.

OECD Development Co-operation – 2002 – Efforts and Policies of the Members of the Development Assistance Commitee, in: OECD Journal on Development, Vol. 4, No. 1, 2003, 1–322.

OECD: Development Co-operation – 2007 Report, in: OECD Journal on Development, Vol. 9, No. 1, 2008, 1–242.

Olsen, Gorm Rye, 2005: The European Unions Development Policy: Shifting Priorities in a Rapidly Changing World, in: Paul Hoebink/Olav Stokke, Perspectives on European Development Co-operation – Policy and performance of individual donor countries and the EU. London, 573–608.

Oxfam: Partnership or Power Play? – How Europe should bring development into its trade deals with African, Caribbean, and Pacific countries (April 2008). Link: http://www.oxfam.org/en/files/bp110_europe_EPAs_trade_deals_with_acp_countrie s_0804.pdf/download (Stand: 7. Juni 2008).

Picciotto, R., 2004: Policy Coherence and Development Evaluation, Contribution to the OECD Policy Workshop, Institutional Approaches to Policy Coherence for Development – 18-19 May 2004. Link: www.oecd.org/dataoecd/43/35/31659358.pdf (Stand: 22. September 2008).

Rodríguez, Ennio/Griffith-Jones, Stephany, 1992: Cross Conditionality, Banking-Regulation and Third World Debt. Basingstoke.

Rosenau, James N., 2002: Governance in a New Global Order, in: David Held/Anthony McGrew (Hrsg.), Governing Globalization. Cambridge, 70–85.

Schieder, S./Folz, R./Musekamp, S., 2008: Solidarität und internationale Gemeinschaftsbildung, in: APUZ 21/2008. Bonn, 15–20. Link:
http://www.bpb.de/files/1XOLT3.pdf (Stand: 29. September 2008).

Scharpf, Fritz W., 2000: Interaktionsformen. Akteurszentrierter Institutionalismus in der Politikforschung. Opladen.

Scharpf, Fritz W., 2002: Regieren im europäischen Mehrebenensystem. Ansätze zu einer Theorie, in: Leviathan 30/1: 65–92.

Tannous, Isabelle, 2007: Schnittstellen von Entwicklung und Sicherheit der Europäischen Union – Strategien und Mechanismen für mehr Politikkohärenz. Bonn (BICC). Link:        http://www.bicc.de/uploads/pdf/publications/concept_papers/esdp/esdp_schnittstellen_tannous.pdf (Stand: 29. September 2008).

Tarrow, Sidney, 2005: The New Transnational Activism. Cambridge.

Tetzlaff, Rainer, 1996: Weltbank und Weltwährungsfonds – Gestalter der Bretton-Woods-Ära. Opladen.

VENRO: David gegen Goliath? Die entwicklungspolitische Kohärenz zukünftiger Freihandelsabkommen zwischen Afrika und der EU (August 2007), von:
http://www.afrikas-perspektive.de/fileadmin/user_upload/downloads/Publikationen/        david_goliath_web.pdf (Stand: 7. Juni 2008).

WEED online: Global Europe konkret, Newsletter, Nr. 4, Juli 2008. Link:
http://www.weed-online.org/themen/1479824.html (Stand: 23. September 2008).

World Bank, 1992: Governance and Development. Washington D.C.

Ziai, Aram, 2006: Zwischen Global Governance und Post-Development, Entwicklungspolitik aus diskursanalytischer Perspektive. Münster.

## Anhang: Weiterführende Links


## Institutionen

Homepage der ACP-EU Parliamentary Assembly:
http://www.europarl.europa.eu/intcoop/acp/10_01/default_en.htm

Homepage der DG Development der Europäischen Kommission:
http://ec.europa.eu/development/index_en.cfm

Homepage der Generaldirektion Europe Aid der Europäischen Kommission:
http://ec.europa.eu/europeaid/index_de.htm

Homepage des European Centre for Development Policy Management:
http://www.ecdpm.org

Homepage der Organisation für wirtschaftliche Zusammenarbeit und Entwicklung:
http://www.oecd.org/

Homepage des Verbandes Entwicklungspolitik deutscher Nichtregierungsorganisationen e.V.: http://www.venro.org/

Homepage der Vereinten Nationen zu den Millennium Development Goals:
http://www.un.org/millenniumgoals/

**Dokumente**

Cotonou-Abkommen (revidierte Fassung):
http://www.auswaertiges-amt.de/diplo/de/Europa/Aussenpolitik/Regionalabkommen/
CotonouAbkPDF.pdf

Der Europäische Konsens zur Entwicklungspolitik (deutsche Fassung):
http://eur-lex.europa.eu/LexUriServ/LexUriServ.do?uri=OJ:C:2006:046:0001: 0019:
    DE:PDF
EU Code of Conduct on Complementarity and Division of Labour in Development Pol-
    icy: http://register.consilium.europa.eu/pdf/en/07/st09/st09558.en07.pdf
EU-Vertrag in der Fassung von Dezember 2002: http://eur-
lex.europa.eu/de/treaties/dat/12002M/pdf/12002M_DE.pdf
Everything But Arms (EBA)
http://ec.europa.eu/trade/issues/global/gsp/eba/index_en.htm (Erläuterung)
http://trade.ec.europa.eu/doclib/docs/2003/june/tradoc_113135.pdf (Text der Verordnung)
Kigali Declaration der ACP-EU Parliamentary Assembly:
http://www.europarl.europa.eu/intcoop/acp/60_14/pdf/kigali_declaration_en.pdf
Millenniumerklärung der Vereinten Nationen (deutsche Fassung):
http://www.unric.org/html/german/mdg/millenniumerklaerung.pdf
Paris Declaration On Aid Effectiveness (deutsche Fassung):
http://www.oecd.org/dataoecd/37/39/35023537.pdf
Vertrag von Lissabon:
http://www.auswaertiges-amt.de/diplo/de/Europa/LissabonVertrag/vertrag-von-
    lissabon.pdf

# Kapitel 11: Migrationsgovernance in der EU

*Franz Nuscheler*

## 1 Problemlage

Die Wohlstandsregion der EU wurde zu einem Brennpunkt des globalisierten Migrationsgeschehens. Nicht nur der Migrationsdruck aus nahen und fernen Konflikt- und Armutsregionen in Gestalt erzwungener Flucht und irregulärer Migration, sondern auch der Eigenbedarf an Zuwanderung im Gefolge des demographischen Wandels konfrontierte den Rechts- und Wirtschaftsraum der EU mit vielfältigen Herausforderungen. Sie machten bei abgeschafften Binnengrenzen und porösen Außengrenzen, die nach der Erweiterung weit nach Osten vorgeschoben wurden, den Bedarf an gemeinschaftlichem Handeln offensichtlich, konnten aber einzelstaatliche Interessen nur schrittweise zurückdrängen. Die Migrationspolitik war und blieb eingekeilt in den Widerstreit zwischen den drei Säulen des EU-Vertragswerkes, also zwischen supranationaler Vergemeinschaftung und intergouvernementaler Kooperation, in der die Einzelstaaten ihre jeweils spezifischen Interessen zu behaupten versuchten und noch immer durchzusetzen versuchen.

Aufgrund der von außen kommenden Herausforderungen mit ihren unterschiedlichen Rückwirkungen auf die Problemlösungsfähigkeit der nationalen Migrationspolitiken stand das komplexe Politikfeld der Migration seit Ende der 1990er Jahre ganz oben auf der Agenda vieler EU-Gipfelkonferenzen. Das Politikfeld war zwar institutionell im Bereich von Justiz und Inneres angesiedelt und deshalb ein Spielfeld des Intergouvernementalismus, erwies sich aber zunehmend als Querschnittaufgabe, die den EU-Institutionen, vor allem der EU-Kommission, Koordinationsleistungen abverlangte und die Kompetenzverteilung zwischen EU-Organen und -Mitgliedstaaten schrittweise veränderte (vgl. Bendel 2009; Angenendt 2008: 39 ff.).

## 2 Von der intergouvernementalen Kooperation zur supranationalen Vergemeinschaftung

Der Vertrag von Maastricht wies zwar der EU schon zahlreiche migrations- und asylpolitische Aufgaben zu, aber er sah noch in erster Linie intergouvernementale Kooperationsverfahren außerhalb der EG vor, die lediglich zu regelmäßigen Konsultationen verpflichteten und die Problemlösung weitgehend den Mitgliedstaaten überließen. Mit der Unterzeichnung des Schengen-Abkommens (1985), das den Abbau der EG-internen Grenzkontrollen und eine Harmonisierung der Visavorschriften beschloss und durch Schengen II ergänzt wurde, das innerhalb der inzwischen erweiterten Schengengruppe die Zusammenarbeit bei der Kontrolle der Außengrenzen und bei der Zuwanderung aus Drittstaaten vertraglich regelte, fanden erste Schritte zu einer zunächst noch partiellen Vergemein-

*1980er Jahre: Schengen-Abkommen*

schaftung statt, deren Initiative noch nicht von der EU-Kommission, sondern von interessierten Einzelstaaten ausging.

Es war der durch die Öffnung des Eisernen Vorhangs verstärkte Migrationsdruck nun auch aus dem Osten, der die durch Zuwanderung besonders belasteten Mitgliedstaaten dazu bewog, eine Europäisierung des Problems zu fordern. Nun profilierte sich die EU-Kommission mit einer Vielzahl von Berichten, Mitteilungen und gesetzgeberischen Initiativen als Motor und als *agenda setting institution* einer stärker vergemeinschafteten Asyl- und Migrationspolitik. Eingeleitet durch den Vertrag von Amsterdam (1999), der die Vergemeinschaftung der Asyl- und Flüchtlingspolitik ermöglichte, entwickelte sich im vergangenen Jahrzehnt schrittweise, aber immer wieder durch einzelstaatliche Reservatansprüche *(domaines réservés)* verzögert oder gar ausgebremst, was die EU-Kommission in ihren jüngsten Jahresberichten programmatisch „A Common Policy of Asylum and Migration in the European Union" nannte.

„Common Policy" erhebt den keineswegs unumstrittenen Anspruch, dass inzwischen nicht nur die Asyl- und Flüchtlingspolitik, sondern auch andere Dimensionen und Probleme der Migrationspolitik wie die Steuerung der legalen Arbeitsmigration oder die ausländerrechtliche Behandlung von Drittstaatangehörigen aus der „dritten Säule" der intergouvernementalen Kooperation in den supranationalen Kompetenzbereich der „ersten Säule" überführt werden sollten. Was hier noch auf den andauernden Widerstand einzelner Mitgliedstaaten stieß, war inzwischen bei der Sicherung der gemeinsamen Außengrenzen und bei der Bekämpfung der irregulären Migration und des Menschenhandels schon zur unumstrittenen Gemeinschaftsaufgabe befördert worden. Es war immer der die Problemlösungsfähigkeit von Mitgliedstaaten überfordernde Problemdruck, der die Bereitschaft, Aufgaben und Kompetenzen an „Brüssel" abzutreten, steigerte und die „Europäisierung" eines Problems beförderte. Und es gab immer Widersprüche zwischen faktischen Regelungsbedürfnissen und rechtlichen Grenzen (vgl. ter Steeg 2005).

Die Komplexität der europäischen Migrationspolitik manifestierte sich nicht nur in der Vieldimensionalität der regelungsbedürftigen Bereiche, sondern auch in dem Dauerkonflikt zwischen den supranationalen Regelungsambitionen der EU-Kommission und den durch das Subsidiaritätsprinzip untermauerten Souveränitätsansprüchen der großen und kleinen, alten und neuen Mitgliedstaaten, die sich nur dann mit einer (ohnehin längst) „geteilten Souveränität" abzufinden gewillt waren, wenn – wie bei der kollektiven Sicherung der Außengrenzen – die Vorteile der Supranationalität, vor allem bei der Verteilung von Kosten, offensichtlich waren. Auch die intergouvernementale Kooperation wird durch verschiedenartige Interessenkonflikte zwischen den Mitgliedstaaten erheblich erschwert, sodass die Delegation von Kompetenzen an die EU sogar einen bequemeren Weg der Konfliktlösung darstellen kann.

# 3 Der Vertrag von Amsterdam: supranationale Wendemarke mit intergouvernementalen Rückversicherungen

Der Vertrag von Amsterdam (1999), der die Vergemeinschaftung der Asyl- und Flüchtlingspolitik beschloss, leitete schrittweise die Kompetenzausweitung der EU in der Migrationspolitik ein (vgl. ter Steeg 2005; Hofmann/Löhr 2008). Der ihm im Oktober 1999 folgende EU-Gipfel im finnischen Tampere konkretisierte im „Tampere-Programm" die Schritte zu dieser Vergemeinschaftung und beschloss unter anderem, dass die Genfer Flüchtlingskonvention von 1951, die als völkerrechtlich bindender Vertrag schon vorher alle EU-Staaten verpflichtet hatte, die gemeinsame Grundlage der europäischen Asylpolitik bilden sollte. Erst das vom Brüsseler EU-Gipfel im November 2004 für die Jahre 2005 bis 2010 verabschiedete „Haagener Programm" sah die Harmonisierung des Asylrechtes bis zum Jahr 2010 vor.

*Kompetenzausweitung für die EU*

Aber weder die Beschlüsse von Tampere noch dieses Programm konnten die italienische Regierung davon abhalten, unter dem Druck des wachsenden Zustroms von Bootsflüchtlingen aus Nordafrika die Schutzgarantien der Genfer Flüchtlingskonvention auszuhebeln. Die Proteste von Menschenrechtsorganisationen gegen dieses sowohl dem Völkerrecht als auch dem EU-Recht widersprechende Verhalten an den Grenzen der „Festung Europa" verhallten im EU-Rechtsraum ziemlich folgenlos, was die Glaubwürdigkeit der vergemeinschafteten Asylpolitik beschädigte. Hier zeigt das in Sonntagsreden beschworene „Europa des Asyls" ein ziemlich hässliches Gesicht.

*Italien hebelt die Regeln aus*

Der Vertrag von Amsterdam bildete zwar einen migrationspolitischen Wendepunkt, demonstrierte aber zugleich in institutionellen Arrangements die Zählebigkeit nationalstaatlicher Interessenpolitik. Er rückte zwar die Asyl- und Flüchtlingspolitik als den ersten vergemeinschafteten Politikbereich in den Kernbereich des europäischen Gemeinschaftsrechtes, das der gerichtlichen Kontrolle des Europäischen Gerichtshofes (EuGH) unterliegt, aber sein neuer Titel IV gruppierte den Bereich „Freier Personenverkehr, Asylrecht und Einwanderung", also auch das Asylrecht, in die „dritte Säule" des EU-Vertragswerkes ein, in der weiterhin im intergouvernementalen Entscheidungsverfahren das Prinzip der Einstimmigkeit gilt, das jedem Mitgliedstaat eine (nominell) gleichgewichtige Vetoposition einräumt, die EU-Kommission ihr Initiativrecht mit dem Ministerrat teilen muss, der unliebsame gesetzgeberische Initiativen verzögern oder gar blockieren kann, und das Europäische Parlament im Konsultationsverfahren nur angehört werden musste, aber Entscheidungen nicht verhindern konnte.

*Supranationalität vs. nationalstaatliche Interessenpolitik*

Dies bedeutet im Klartext: Der Amsterdamer Vertrag wagte in der Migrationspolitik einen kühnen Schritt voraus, baute aber institutionelle Bremsklötze ein. Es fiel vielen Mitgliedstaaten weiterhin schwer, Regelungskompetenzen in sensiblen Bereichen wie dem Zugang zu nationalen Arbeitsmärkten an die EU abzutreten. Intergouvernementale Kooperation in der „dritten Säule" bedeutet Kooperation auf dem kleinsten gemeinsamen Nenner, der sich bei kollektiven Problemlagen, wie der Sicherung der Außengrenzen und der Abwehr irregulärer Migration, aufdrängte. Auch das „Haagener Programm" konnte sich auf Drängen einiger Mitgliedstaaten (wobei Deutschland immer eine Bremserrolle spielte) nicht zu qualifizierten Mehrheitsentscheidungen im Rat und zur Mitentscheidung des Europäischen Parlaments in migrationspolitischen Kernfragen durchringen.

**Vertrag von Nizza**

Der Vertrag von Nizza (2003) schwächte zwar diese intergouvernementalen Elemente des Titels IV ab und stärkte die migrationspolitischen Kompetenzen der EU, aber sein Artikel 63 Absatz 1 und 2, der die qualifizierte Mehrheitsregel auch auf die Migrationspolitik anwenden sollte, stieß auf den massiven Widerstand einiger Mitgliedstaaten – allen voran Deutschland –, die nicht bereit waren, zum Beispiel bei der Familienzusammenführung auf das Einstimmigkeitsprinzip im Ministerrat zu verzichten.

**Vertrag von Lissabon**

Hier konnte der noch zur Ratifizierung anstehende Vertrag von Lissabon wichtige Änderungen bringen. Er enthält die sogenannte *Passerelle*-Klausel, die es erlaubt, diejenigen Bereiche der Justiz- und Innenpolitik zu vergemeinschaften, die sich noch in der dem Intergouvernementalismus reservierten „dritten Säule" befinden, und die qualifizierten Mehrheitsbeschlüsse auf weitere Bereiche der Generaldirektion „Justiz, Freiheit und Sicherheit" auszudehnen: „Diese Regelung verbessert in jedem Fall die Handlungsfähigkeit der EU und vermeidet Blockaden im Ministerrat [...], erhöht aber die Gefahr von ‚package deals' über Politikfelder hinweg, die sachlich nicht miteinander verbunden sind" (Bendel 2009: 133). Die starke Rolle der Innen- und Justizminister in allen relevanten Bereichen der Asyl- und Migrationspolitik wird zunehmend durch die Kompetenzen, die Kommission und Parlament hinzugewannen, sowie durch die Rückbildung des Einstimmigkeitsprinzips unterhöhlt. Darin liegt eine Chance für eine fortschreitende Vergemeinschaftung.

## 4   Anspruch und Realität des „kohärenten und bereichsübergreifenden Ansatzes" in der europäischen Migrationspolitik

**Kohärenz in der EU-Migrationspolitik**

Unter dem Problemdruck der anwachsenden irregulären Zuwanderung aus Nordafrika, das eine Transitregion für MigrantInnen aus dem subsaharischen Afrika bildet, forderten die Staats- und Regierungschefs der EU auf einem informellen Treffen in Hampton Court (Oktober 2005) der Kommission ein umfassendes Konzept für die Lösung von Migrationsproblemen ab, das auch sicherheits- und entwicklungspolitische Aspekte einbeziehen sollte. Die Kommission legte die Mitteilung KOM (2005) 621 vor, die auch die Empfehlungen der *Global Commission on International Migration* (2005) aufgriff. Seitdem wurde „kein relevantes Dokument zur EU-Asyl- und -Migrationspolitik veröffentlicht, das nicht Bezug auf diesen Gesamtansatz nehmen würde" (Angenendt 2008: 45). Kohärenz bildete hier und in vielen EU-Dokumenten einen Auftrag. Sie sollte als vertikale Kohärenz die Willensbildung auf den verschiedenen Entscheidungsebenen besser koordinieren, als horizontale Kohärenz die verschiedenen Politikfelder besser miteinander verknüpfen und als innere Kohärenz gemeinsame Zieldefinitionen befördern.

**Skepsis gegenüber Kohärenzansatz**

Steffen Angenendt schränkte sein Lob für den „kohärenten Gesamtansatz" durch die Skepsis ein, dass dieses neue Mantra tatsächlich die EU-Politik verändern kann. Dazu sei die angesichts der nationalstaatlichen Interessenunterschiede schwer zu erreichende Zustimmung der Mitgliedstaaten notwendig. Außerdem seien an dem „bereichsübergreifenden Gesamtansatz" verschiedene EU-Generaldirektionen beteiligt, die ebenfalls selten an demselben Strang zögen. Also sollte sich der *Global Approach to Migration* doch wieder als Rhetorik erweisen, die die migrationspolitische Handlungsfähigkeit der EU vortäuschen sollte? Die zivilgesellschaftliche Advocacy-Lobby kommentierte den „Gesamtansatz" mit Lob und Skepsis (vgl. Collet 2007).

Der Problemdruck könnte ein solches Spiel verhindern. Der Europäische Rat verabschiedete unter der französischen Präsidentschaft am 16. Oktober 2008, eine Mitteilung der EU-Kommission vom 17. Juni 2008 aufgreifend, den *Europäischen Pakt zu Einwanderung und Asyl*, der diesem „kohärenten Gesamtansatz" verpflichtet war und vor allem auf die stärkere Verknüpfung einer zunehmend vergemeinschafteten Asyl- und Migrationspolitik mit der Außen-, Sicherheits- und Entwicklungspolitik abzielte. Der Pakt konzentrierte sich auf die folgenden Schwerpunkte, deren Wiedergabe aufschlussreich ist, weil sie auch die fortwirkenden nationalstaatlichen Vorbehalte erkennen lässt[1]: *(Randbemerkung: Kohärenz und nationalstaatliche Vorbehalte ...)*

- Gestaltung der legalen Einwanderung unter Berücksichtigung der selbstbestimmten Prioritäten, Bedürfnisse und Aufnahmekapazitäten jedes Mitgliedstaates und Förderung der Integration; *(Randbemerkung: ... im Europäischen Pakt zu Einwanderung und Asyl)*
- Bekämpfung der illegalen Zuwanderung, indem insbesondere sichergestellt wird, dass illegal anwesende Ausländer in ihre Herkunftsländer zurückkehren oder sich in ein Transitland begeben;
- Stärkung der Wirksamkeit der Grenzkontrollen;
- Schaffung eines „Europas des Asyls", das dem Negativimage der „Festung Europa" entgegenwirken sollte und bei der transnational vernetzten Asyl- und Menschenrechtsloby hohe Erwartungen, aber angesichts der Behandlung von Bootsflüchtlingen, die an den Südrändern der Union (Italien, Spanien, Griechenland und Malta) landeten, auch erhebliche Skepsis auslöste. Was das *Haager Programm* schon bis 2010 verwirklichen sollte, nämlich die Schaffung eines Gemeinsamen Europäischen Asylsystems, wurde bis 2012 verschoben. Der Amsterdamer Vertrag hatte also die Vergemeinschaftung der Asylpolitik erst ermöglicht, aber die nationalstaatlichen Widerstände noch nicht überwunden;
- Aufbau einer umfassenden Partnerschaft mit den Herkunfts- und Transitländern, die Synergien zwischen Migration und Entwicklung fördern soll. Dieser Programmpunkt griff die internationale Diskussion über die wünschenswerte Inwertsetzung der Migration für Entwicklung auf, die darauf verweisen konnte, dass inzwischen der Umfang der Geldüberweisungen von MigrantInnen an ihre zurückgebliebenen Familien ungefähr bzw. zumindest den dreifachen Umfang der öffentlichen „Entwicklungshilfe" (ODA) erreichte (vgl. Nuscheler 2009).

---

[1] Vgl.:http://register.consilium.europa.eu/pdf/de/08/st13/st13440.de08 (geprüft. 11.09.2010)

Einordnung des
Paktes

Der Pakt war zwar nicht rechtsverbindlich und mag „wenig Mehrwert für das entstehende europäische Migrationsregime" erbracht haben (so Bendel 2009a: 13), gab aber, ausgestattet mit dem auf höchster EU-Ebene gefundenen Konsens und unter dem Problemdruck, der eine handlungsfähigere Gemeinschaft erforderte, allen beteiligten Staaten und Institutionen orientierende Verhaltensnormen vor. Er war also mehr als eine Absichtserklärung ohne Wirkungsmächtigkeit. Allerdings betonte der Europäische Rat vorsichtshalber, dass die vollständige Umsetzung des Paktes in einigen Punkten „möglicherweise eine Weiterentwicklung des Rechtsrahmens und besonders der vertraglichen Grundlagen erfordern wird".

Weiterentwicklung
des Rechtsrahmens

Diese Weiterentwicklung des Rechtsrahmens stand nicht „möglicherweise", sondern notwendigerweise an. Der Entwurf des Lissabon-Vertrages wollte dann die vertraglichen Grundlagen verändern, indem er das „gemeinsame europäische Asylsystem" (Art. 78) und die „gemeinsame Einwanderungspolitik" (Art. 79) dem ordentlichen Gesetzgebungsverfahren von Rat und Parlament unterwerfen und damit dessen Status im EU-Institutionensystem deutlich aufwerten wollte. Neu war auch, dass die Rechte von Drittstandangehörigen, die sich legal in einem Mitgliedstaat aufhalten, und ihre Bewegungsfreiheit im grenzenlosen EU-Raum von der EU geregelt werden sollten. Der Vertrag nahm aber weiterhin die Arbeitsmigration, wie im Pakt vorgesehen, aus dem Kompetenzbereich der EU heraus und beließ ihr auch in der Integrationspolitik nur die Aufgabe der „Unterstützung" der von den Mitgliedstaaten verfolgen Ziele und Maßnahmen.

Mehrebenen-
problematik

Es scheint so, als habe sich die EU schrittweise einer Vergemeinschaftung der Asyl- und Migrationspolitik angenähert. Aber eine genauere Analyse fördert zutage, dass es noch viele Stolpersteine gibt, die ihr vor allem die Souveränitätsansprüche der Mitgliedstaaten in den Weg legen. Die EU ist ein Paradebeispiel für ein komplexes Mehrebenen-Entscheidungssystem und für ein „Regieren in komplexen Regelsystemen". Steffen Angenendt (2008: 58) erkannte im Rückblick eine Prävalenz nationalstaatlicher Interessen, welche die Versuche der EU-Kommission, sich zum Motor einer vergemeinschafteten Migrationspolitik zu machen, blockierten:

> „Was für die nationale Migrationspolitik gilt, hat zwangsläufig auch für die europäische Migrationspolitik Gültigkeit. Es gab zwar in den vergangenen Jahren immer wieder Phasen, in denen die Kommission – innerhalb des von den Mitgliedstaaten erteilten Auftrags – eine treibende Kraft hin zu einer gemeinschaftlichen Migrationspolitik war, und es gab auch Phasen, in denen einzelne Mitgliedstaaten die europäische Ebene genutzt haben, um durch diese Verlagerung nationaler Entscheidungsdilemmas zu entkommen. Insgesamt aber stellen die nationalen Interessenunterschiede bis heute Hindernisse auf dem Weg zu einer gemeinschaftlichen Migrationspolitik dar."

Wesentlich kritischer beurteilte Petra Bendel, die sich in mehreren Studien und in ihrer Habilitationsschrift mit der Entwicklungsgeschichte und dem Zustand der europäischen Migrationspolitik beschäftigt hat, den migrationspolitischen Entscheidungsprozess und die Fähigkeit der EU-Kommission, die auch vom

Europäischen Rat abgesegnete „common policy" gegen nationale Widerstände durchzusetzen (hier 2009: 134):

> „Europäische Migrationspolitik ist Dienerin vieler Herren, die, ihren nationalen Traditionen und Interessen folgend, nur bedingt willens sind, eine gemeinsame Linie zu verfolgen, Souveränität abzutreten, noch so gut vorbereitete Initiativen der Kommission zu akzeptieren und die einmal beschlossenen Richtlinien in den Mitgliedstaaten auch konsequent umzusetzen. Zwar hat das Europäische Parlament mehr Kompetenzen in der Migrationspolitik errungen, doch zeichnen sich deutliche Tendenzen des Rates ab, es zu umgehen. Damit entsteht statt einer Öffnung der Einwanderungspolitik ein Transparenz- und letztlich ein Legitimationsdefizit, das eine weitere Vergemeinschaftung zumindest fraglich erscheinen lässt."

*Bendels kritische Sichtweise*

## 5  Was bedeutet „europäische Migrationspolitik"?

Das von Petra Bendel gezogene kritische Fazit wirft die Frage auf, ob überhaupt im Singular von einer „europäischen Migrationspolitik" gesprochen werden kann, der – wie der von der EU-Kommission propagierte „kohärente und bereichsübergreifende Gesamtansatz" – eben einen solchen Gesamtansatz suggeriert. Wenn aber ihre Teilbereiche unterschiedlich geregelt sind und erst partiell, obgleich in schrittweiser Annäherung, im keineswegs exklusiven Kompetenzbereich der supranationalen EU-Institutionen (Kommission, Parlament, Gerichtshof) liegen, dann kann schwerlich schon von einer gemeinschaftlichen Migrationspolitik gesprochen werden.

*Frage*

Petra Bendel zerkleinert deshalb den Singular der „europäischen Migrationspolitik", die einen „kohärenten Gesamtansatz" suggeriert, indem sie einzelne Teilbereiche unterscheidet, die in unterschiedlich verpflichtende Normsetzungen und Entscheidungsverfahren eingebunden sind, je nachdem, welche Aufgaben die Mitgliedstaaten für gemeinsam regelungsbedürftig halten, weil sie ihre eigene Problemlösungsfähigkeit überfordern:

*Teilbereiche*

Erstens wurde bereits dargestellt, dass der Vertrag von Amsterdam die Vergemeinschaftung der Asyl- und Flüchtlingspolitik ermöglichte und schrittweise einleitete, aber Verzögerungstaktiken dazu führten, dass die vom *Haager Programm* vorgesehene Harmonisierung des Asylrechtes auf das Jahr 2012 verschoben werden musste. Die Mitgliedstaaten einigten sich zwar in den beiden Dublin-Abkommen von 1999 und 2005 darauf, welcher Staat für die Behandlung eines Asylbegehrens zuständig sein sollte, vereinbarten gemeinsame Aufnahmebedingungen und Voraussetzungen für die Asylgewährung und richteten einen finanziellen Ausgleichsfonds ein, der ungleiche Belastungen ausgleichen sollte, der UNHCR (2007) und Menschenrechtsorganisationen kritisierten jedoch Vereinbarungen des Ministerrates auf dem kleinsten gemeinsamen Nenner, die Absenkung von Mindestnormen und des Schutzniveaus für schutzbedürftige Flüchtlinge. Auch die Asylverfahren wurden weiterhin unterschiedlich durchgeführt, was sich auch in unterschiedlichen Anerkennungsquoten niederschlug.

*1. Asylrecht*

Fazit: Trotz der Verheißungen des Amsterdamer Vertrages, des *Tampere-Programms* für die Jahre 1999 bis 2004 und des ihm folgenden *Haager Programms* war die EU von einer gemeinsamen Asylpolitik und von einem vergemeinschafteten Asylsystem noch weit entfernt. Den Beleg lieferten menschenunwürdige Aufnahmelager auf Lampedusa, auf Malta und in Griechenland, die der „Festung Europa" auch schon vorher unrühmliche Konnotationen beschert hatten (vgl. Geddes 2000). Europa ist auch noch weit entfernt von dem im „Europäischen Pakt zu Asyl und Einwanderung" verheißenen „Europa des Asyls", das neben den elementaren Normen der Genfer Flüchtlingskonvention auch die Menschenrechte respektiert, als deren Hort sich Europa versteht.

Im Juni 2008 legte die EU-Kommission eine renovierte Asylstrategie vor, die auf die Kritik des UNHCR reagierte und durch eine neue Agentur die unterschiedlich gehandhabten Verfahren zu vereinheitlichen und die Schutzstandards zu verbessern versuchte. Besonders in der Asylpolitik müssen sich die EU-Institutionen mit einer transnational organisierten Zivilgesellschaft wie dem *European Council on Refugees and Exiles (ECRE)* und dem UNHCR als Hüter der Genfer Flüchtlingskonvention auseinandersetzen. Es scheint so, dass sie eher auf Kritik reagieren als der für die Asylpolitik zuständige Rat der Innenminister, der sich häufig als Bremser und Blockierer durchaus progressiver Initiativen aus der Kommission und dem Parlament betätigte. Zuhause muss dann die EU als Sündenbock herhalten, um die Kritik von Menschenrechtsorganisationen abzuwälzen. Die EU muss häufig für das Politikversagen auf nationalstaatlicher Ebene geradestehen.

2. Irreguläre Migration
Zweitens erzeugten die anwachsende irreguläre Migration über das Mittelmeer und über die vorgeschobenen Ostgrenzen und nach dem 11. September 2001, dem die Terroranschläge in Madrid und London folgten, die Gefährdung durch den internationalen Terrorismus einen hohen kollektiven Regelungsbedarf zur Sicherung der Außengrenzen. Aus der Not geboren, bestand hier große Übereinstimmung. Wenn es um die Sicherung der Außengrenzen, die Eindämmung der irregulären Migration und die grenzüberschreitende Bekämpfung des Menschenhandels ging, wurde schnell ein Konsens erreicht. Es war im Besonderen die irreguläre Migration an den Brennpunkten des internationalen Migrationsgeschehens, welche die Handlungsfähigkeit auch gutorganisierter Staatswesen überforderte (vgl. Westermann 2009).

Im Jahr 2005 gründete die EU auf dem Verordnungsweg die „Europäische Agentur für die operative Zusammenarbeit an den Außengrenzen der Mitgliedstaaten der EU", kurz FRONTEX, der sie außerdem die schnell einsetzbaren *Rapid Border Intervention Teams (RABITs)* aus Angehörigen nationaler Grenzschutzagenturen zur technischen und operativen Unterstützung zur Seite stellte. FRONTEX, das Mediterraneum Coastal Patrols Network (MEDSEA) und diese RABITs bilden den Grundstein eines sich herausbildenden Grenzregimes, das trotz eines raschen personellen Ausbaus noch überfordert ist, die langen See- und Landgrenzen zu überwachen. Seine Operationen gerieten vor allem deshalb in

3. Arbeitsmigration
die Kritik, weil sie das fundamentale Recht des „non-refoulment" unterlaufen, wenn sie auf See oder zu Land den Zugang zum Asylverfahren verhindern (vgl. Weinzierl/Lisson 2007). Die Grenzsicherung hat erhebliche flüchtlings- und menschenrechtliche Defizite, die auch das Europäische Parlament (2008) beschäftigten.

Drittens scheiterten bisher die Versuche der EU-Kommission, den nationalen Regierungen auch eine Regelungskompetenz für die Steuerung der Arbeitsmigration abzuringen. Die Entscheidung über Zahl und Auswahl der Zuwanderer in die Arbeitsmärkte verblieb in der exklusiven Kompetenz der Mitgliedstaaten, sodass es in diesem Bereich allenfalls in Ansätzen, z. B. durch das Diskriminierungsverbot, eine europäische Migrationspolitik gibt. Sollte sich die EU zu dem vom deutschen Innenminister propagierten Instrument der zirkulären Migration durchringen, müsste sie doch eine Vereinheitlichung der Bedingungen anstreben. Im weltweiten Wettbewerb um die „besten Köpfe", für die Steffen Angenendt (2008: 61) den roten Teppich auszurollen empfahl, muss sich die EU als attraktiver Wirtschafts- und Rechtsraum anbieten. Es geht in der EU eben nicht nur um die Abschottung der „Festung Europa" gegenüber unerwünschter Zuwanderung, sondern im Gefolge des demographischen Wandels und schrumpfender Arbeitskräftepotenziale auch um die Öffnung für nachgefragte Zuwanderer mit höherer Qualifikation (vgl. Liebig 2005).

Viertens setzte der von der EU-Kommission im Jahr 2005 vorgestellte *Global Approach to Migration* auf die migrationspolitische Zusammenarbeit mit den Herkunftsländern. Was im EU-Jargon „externe Dimension der Migration" genannt wird, meint nichts anderes, als der unerwünschten Migration bereits vor Ort vorzubeugen, sei es durch Aufklärung, durch die Finanzierung von Kontrollen oder durch das Abwälzen von Problemen auf Transitländer, also durch die Externalisierung oder „Extraterritorialisierung" des Migrationsproblems. Kritische Stimmen entdeckten in dieser Externalisierung den wenig noblen Versuch, Transitländern oder Nachbarstaaten die Drecksarbeit aufzubürden (vgl. Human Rights Watch 2006). Wie menschenfeindlich diese „Drecksarbeit" verrichtet wird, belegten Berichte über die Behandlung von Flüchtlingen in libyschen Auffanglagern, in die sie von der italienischen Marine zwangsweise zurückbefördert wurden, ohne ihnen einen Zugang zum Asylverfahren zu ermöglichen.

*4. Migrationspolitische Zusammenarbeit mit Herkunftsländern*

Der *Global Approach to Migration* propagierte aber auch den sinnvollen Versuch, durch Entwicklungspolitik, Handel und Direktinvestitionen die Lebensbedingungen in den Herkunftsländern zu verbessern und auf diese Weise die Push-Faktoren von Migration zu verringern. Schon in einer Mitteilung vom 1. September 2005 [KOM (2005) 390] über „Migration und Entwicklung" hatte die Kommission konkrete Leitlinien vorgeschlagen, um Migration stärker für Entwicklung in Wert zu setzen. Diesem Ziel dienten auch die vom französischen Staatspräsidenten vorangetriebene Mittelmeerunion und der von der EU für das subsaharische Afrika vorgeschlagene Aktionsplan *Africa-EU Partnership on Migration, Mobility and Employment*. Es gab schon früher Resolutionen des Europäischen Parlaments, welche mit der Maxime „Nicht die Flüchtlinge, sondern die Fluchtursachen bekämpfen" die Entwicklungspolitik stärker zur Prävention von Fluchtbewegungen einsetzen wollten. Aber es war wieder der Problemdruck, der solchen Forderungen und Absichtserklärungen mehr Nachdruck verlieh: Die Not macht erfinderisch und die EU zur Nothelferin.

Fünftens verblieben die Integrationspolitik wie die Steuerung der Arbeitsmigration in der exklusiven Kompetenz der Mitgliedstaaten. Deren unterschiedliche Traditionsbestände, Staats- und Gesellschaftsphilosophien erschwerten eine Koordinierung oder gar Fernsteuerung. Dennoch leitete Petra Bendel (2009a: 12) aus den EU-Richtlinien zur Antidiskriminierung im Arbeitsleben, zur umstrittenen Familienzusammenführung und zur Rechtstellung von Drittstaatangehöri-

*5. Integrationspolitik*

gen, die ihnen annähernd gleiche Rechte und Pflichten zusicherte, die Schluss-
folgerung ab, dass es auch in der Integrationspolitik zu einer „schleichenden
Harmonisierung einer, wenn auch erst allmählich sich abzeichnenden Konver-
genz nationaler Politiken" kam. Für diese Tendenz sprachen die vom Rat für
Justiz und Inneres 2004 verabschiedeten *Common Basis Principles (CBPs)* für
die Migrations- und Integrationspolitik, die einen gemeinsamen EU-Handlungs-
rahmen für Integration schufen.

     Fazit: Es gibt also keine einheitliche „europäische Migrationspolitik", son-
dern auch nach dem Versuch von EU-Kommission und Europäischem Rat, die
Teilbereiche in einen „kohärenten und bereichsübergreifenden Gesamtansatz"
einzufügen, ein Nebeneinander von supranationalen, intragouvernementalen,
exklusiv nationalstaatlichen und gemischt geregelten Politikbereichen. Europäische Migrationspolitik ist das Produkt eines komplexen Mehrebenen-Entschei-
dungssystems, inhaltlich komplex und in ständiger Bewegung mit fließenden
Übergängen von einer zur anderen Kompetenzverteilung. Die „europäische Migrationspolitik" ist ein Mixtum compositum, die *Common Policy of Asylum and
Migration in the European Union* mehr Ziel als schon Realität.

## 6 Was kann europäische „Migrationsgovernance" bedeuten?

Kann man mit Bedacht von einer europäischen „Migrationsgovernance" sprechen, wenn schon der Singular „europäische Migrationspolitik" infrage steht?
Der dem Beitrag vorgegebene Titel ist eine Hagener Kreation, die der Autor
auch in seinem Hagener Studienbrief über internationale Migration nicht ge-
brauchte. Gegen begriffliche Neuschöpfungen ist nichts einzuwenden, sofern sie
einen Sachverhalt besser erfassen als vertraute Begriffe. Es hängt also davon ab,
wie Governance definiert wird, ob man überhaupt von einer europäischen „Migrationsgovernance" sprechen kann.

     Legte man zugrunde, wie das Hagener „Handbuch Governance" (2007) –
freilich in verschiedenen Variationen nach disziplinärer Herkunft der Autoren –
das Erkenntnisinteresse des Governance-Ansatzes definiert, nämlich an einer
Stelle (S. 18) als Analyse und Verstehen von „Strukturen und Mechanismen der
Regelung kollektiver Sachverhalte" oder des „Zusammenwirkens unterschiedlicher Formen und Mechanismen der Koordination und der daraus resultierenden
Folgen" oder an anderer Stelle (S. 20) als Erkennen „unterschiedlicher Formen
und Mechanismen der Bewältigung von Problemen kollektiven Handelns", dann
böte sich die europäische Migrationspolitik geradezu als Lehrstück für Governance an. Sie soll unterschiedliche Probleme kollektiven Handelns bewältigen
und praktiziert dabei unterschiedliche Formen und Mechanismen der Koordination und kollektiven Entscheidungsfindung. Hier findet das „Regieren in komplexen Regelsystemen", wie der Untertitel eines von Arthur Benz (2004) herausgegebenen Sammelbandes über Governance lautet, in geradezu paradigmatischer
Weise statt. Zuständig für die EU-Migrationspolitik sind

- erstens der Europäische Rat, der über die Fünfjahreprogramme des Tampere- und Haager Programms Leitlinien für die anderen beteiligten Institutionen vorgab;

- zweitens die Europäische Kommission, die als supranationale Institution die vom Europäischen Rat vorgegebenen Leitlinien in Gesetzesvorhaben umsetzt;

- drittens der Rat der Innen- und Justizminister (Ministerrat), der einen ausgeprägten Intergouvernementalismus praktiziert, durch den die Interessen der Mitgliedstaaten wirksam in den migrationspolitischen Entscheidungsprozess eingebracht werden;

- viertens das Europäische Parlament, das bis 2005 in wichtigen migrationspolitischen Fragen nur konsultiert werden musste, seit 2005 in der vergemeinschafteten Asyl- und Flüchtlingspolitik im Gesetzgebungsverfahren mitentscheiden und seitdem auch überall dort mitentscheiden durfte, wo der Rat mit qualifizierter Mehrheit entscheidet;

- fünftens der Europäische Gerichtshof, dessen Zuständigkeit seit dem Vertrag von Amsterdam auch auf die in den EG-Vertrag überführten Bereiche der Justiz- und Innenpolitik, also die Asyl- und Einwanderungspolitik, ausgeweitet wurde.

Die EU-Kommission erhielt erst 2004 die alleinige legislative Initiativfunktion für die vergemeinschafteten Bereiche der Migrationspolitik, die sie nach dem Amsterdamer Vertrag zunächst noch mit dem Ministerrat teilen musste. Dieser sicherte sich als Sachwalter nationaler Interessen seine Dominanz vor allem durch das Einstimmigkeitsprinzip, das jedem Mitgliedstaat eine Vetoposition einräumte. Erst die in den Lissabon-Vertrag eingebaute *Passerelle*-Klausel wird es erlauben, qualifizierte Mehrheitsbeschlüsse auch in den bereits vergemeinschafteten Bereichen der Justiz- und Innenpolitik zu treffen die sich noch in der intergouvernementalen „dritten Säule" befinden.

Diese komplizierte Kompetenzverteilung, die das Regelwerk und das Institutionengefüge der EU schwer durchschaubar macht, wird noch durch einige Verfahrenstricks und Umwegstrategien kompliziert. Die europäische Migrationspolitik liefert in der Tat kein „stimmiges Bild" (so Bendel 2008). So gelang es den Innenministern einiger „Kernstaaten", Vereinbarungen außerhalb des EU-Rahmens zu treffen, die sie dann ohne Kontrolle durch das Parlament und den EuGH durch die Hintertür in das EU-Vertragswerk einlotsten. So geschah es beim im Jahr 2005 abgeschlossenen Vertrag von Prüm über die Vertiefung der grenzüberschreitenden Zusammenarbeit, insbesondere zur Bekämpfung des Terrorismus, der grenzüberschreitenden Kriminalität und der illegalen Migration, also über Sachverhalte, die im Kompetenzbereich von Kommission und Parlament lagen (vgl. Kietz/Maurer 2006).

Dem Ministerrat fielen immer wieder taktische Winkelzüge oder „package deals" ein, um das zustimmungspflichtige Parlament zu umgehen. Dies erschwert die Transparenz politischer Entscheidungen, beschädigt die Autorität und Legitimationskraft des gewählten Parlaments und verstärkt das Negativimage der EU. Die Verantwortung für solche taktische Manöver liegt allerdings beim Ministerrat und hier vor allem bei einigen mit Einfluss und Haushaltsmit-

Zuständigkeiten in der EU-Migrationspolitik

Sonderregelungen

Taktische Manöver

teln ausgestatteten Wortführern (wie den deutschen und französischen Innenministern, welche die engere deutsch-französische Zusammenarbeit auch für gemeinsame Initiativen zu nutzen verstanden).

*Hoffnung:*
*Lissabon-Vertrag*

Es besteht zumindest die Hoffnung, dass der Lissabon-Vertrag, falls er gültig werden sollte, die Kompetenzen klarer regelt, den Intergouvernementalismus zurückdrängt, das blockierende Einstimmigkeitsprinzip durch qualifizierte Mehrheiten ersetzt und den Prozess der Vergemeinschaftung durch die Stärkung der supranationalen Institutionen (Kommission und Parlament) erleichtert und vorantreibt.

## 7 Governance hat eine zivilgesellschaftliche und normative Komponente

*Frage*

Nach diesem Interludium zur Kompetenzverteilung und zum Entscheidungsprozess auf EU-Ebene bleibt die Frage zu klären, ob das politische System der EU nach den Regeln von Governance funktioniert. Legt man eine Definition von Renate Mayntz (2004: 66) zugrunde, die auf das in der Governance-Forschung zentrale neue Verhältnis zwischen staatlichen und zivilgesellschaftlichen Akteuren abhebt, dann wird auf EU-Ebene trotz der Massierung von Interessengruppen und zivilgesellschaftlichen Organisationen in Brüssel ein höchst bürokratisch organisierter und wenig transparenter Entscheidungsprozess sichtbar. Petra Bendel (2009: 134) unterstellt ihm mit guten Gründen ein „Transparenz- und letztlich ein Legitimationsdefizit". Im Kontext des Governance-Diskurses ist noch gewichtiger, dass der migrationspolitische Entscheidungsprozess im Europäischen Rat, im Ministerrat und in der EU-Kommission allenfalls sehr verkümmert dem Inhalt von Governance entspricht, wie ihn die *Commission on Global Governance* (1995: 4) in ihrem Bericht „Nachbarn in Einer Welt" definiert:

*Governance:*
*1. Definition*

„Der Begriff umfasst sowohl formelle Institutionen und mit Durchsetzungsmacht versehene Herrschaftssysteme als auch informelle Regelungen, die von Menschen und Institutionen vereinbart oder als im eigenen Interesse angesehen werden."

*Europäische*
*Migrationspolitik*
*funktioniert anders ...*

So funktioniert die europäische Migrationspolitik nicht. Hier geht es um die Verteilung von Kompetenzen zwischen Staaten und supranationalen Institutionen zur „Bewältigung von Problemen kollektiven Handelns", aber nicht um „new government-society interactions", wie Ewald Kooiman (1993) die Quintessenz von moderner Governance umschrieb. Die transnational organisierte Zivilgesellschaft wie der *European Council on Refugees and Exiles* (ECRE) ist zwar in Brüssel präsent und begleitet sehr aktiv und kritisch die EU-Politik, wird aber nur sporadisch von den Generaldirektionen und den Parlamentsfraktionen in Konsultationen einbezogen. Es sind aber vor allem die zivilgesellschaftlichen Lobby-gruppen, die Transparenz über einen besonders im intergouvernementalen Ministerrat wenig transparenten Entscheidungsprozess herstellen und auf diese Weise auch Druck erzeugen können. Aber dieses Arrangement ist weit entfernt von „new government-society interactions", also auch von einem Kernelement von Governance.

Die „Migrationsgovernance" macht begrifflich nur dann einen Sinn, wenn sie auf „Strukturen und Mechanismen der Regelung kollektiver Sachverhalte", also auf den migrationspolitischen Entscheidungsprozess, verengt wird. Dann geht allerdings ein Systemelement von Governance verloren, wie sie Renate Mayntz (2004: 66) definierte, nämlich als die Gesamtheit

> „aller nebeneinander bestehenden Formen der kollektiven Regelung gesellschaftlicher Sachverhalte: von der institutionalisierten zivilgesellschaftlichen Selbstregelung über verschiedene Formen des Zusammenwirkens staatlicher und privater Akteure bis hin zu hoheitlichem Handeln staatlicher Akteure".

Governance: 2. Definition

In der EU bestehen zwar verschiedene Formen der kollektiven Regelung migrationspolitischer Probleme nebeneinander, aber das Zusammenwirken staatlicher und privater Akteure wäre nur dann gegeben, wenn zu diesem „Zusammenwirken" der massive Einfluss von Interessengruppen und zivilgesellschaftlichen Organisationen auf den Meinungs- und Willensbildungsprozess innerhalb und zwischen den EU-Institutionen gerechnet würde. Was sich in Brüssel abspielt, ist eine bürokratisch strangulierte Governance, die weit von dem entfernt ist, was sich Hagener Governance-Forscher an klugen Definitionen ausgedacht haben. Die sich häufenden Analysen des politischen Systems der EU verwenden den Begriff wohlweislich nicht. Deshalb kann dieser Sammelband eine neue Deutung der Politik- und Entscheidungsprozesse in der EU eröffnen.

... aber auch nicht nach diesem Modell

## 8 Zum Schluss: Die „Migrationsgovernance" der EU hat eine ungewisse Zukunft und bleibt ein wissenschaftliches Explanandum

Steffen Angenendt (2008) und Petra Bendel (2009a) beschließen ihre Analyse der europäischen Migrationspolitik mit einer Reihe von Reformvorschlägen. Beide setzen ihre Hoffnung auf veränderte Kompetenzverteilungen und eine Stärkung der supranationalen Systemelemente, die der Vertrag von Lissabon verspricht. Während Bendel (2009: 134) aber aus der sich abzeichnenden Tendenz, dass der Ministerrat den Kompetenzzugewinn des Europäischen Parlaments in der Migrationspolitik durch Umgehungsstrategien aushebeln könnte, die Folgerung ableitet, dass eine „weitere Vergemeinschaftung zumindest fraglich" erscheint, plädiert Angenendt (2008: 59) dafür, das Faktum des Intergouvernementalismus zu akzeptieren. Er setzt deshalb die „europäische Migrationspolitik" mit Bedacht in Anführungszeichen:

Reformvorschläge

> „Eine ‚europäische Migrationspolitik' sollte sich auf einen gemeinsamen Handlungsrahmen, auf Normen und Mindeststandards konzentrieren und Raum für nationalstaatliche Differenzierungen lassen. Die unterschiedliche Betroffenheit der Mitgliedstaaten, ihre jeweils spezifischen Wanderungstraditionen als Aus- oder als Einwanderungsländer und die Art und Dringlichkeit der migrationspolitischen Probleme unterscheiden sich deutlich."

Einer weiteren Vergemeinschaftung der Migrationspolitik dürfte aber nicht so sehr der Intergouvernementalismus des Ministerrates, sondern eher Tendenzen der „Renationalisierung" in vielen Mitgliedstaaten, die vor den Wahlen zum Europäischen Parlament im Juni 2009 populistische Anti-EU-Kampagnen nährten, entgegenwirken (vgl. Parkes/Angenendt 2009). Solche Tendenzen und die wachsende Kritik an „Brüssel" schlagen dann auch auf die auf EU-Ebene agierenden nationalen Akteure durch.

Transparenz- und Legitimationsproblem

Die weitere Vergemeinschaftung der Migrationspolitik mag dem kollektiven Problemdruck geschuldet sein, der eine hohe Zustimmung zur Sicherung der Außengrenzen und zur Eindämmung der irregulären Zuwanderung verspricht, aber wer in Brüssel was entscheidet, interessiert die EU-BürgerInnen weit weniger als die Frage, wie wirksam FRONTEX die „Festung Europa" gegen unerwünschte „Eindringlinge" absichern kann (vgl. Boeri/Brücker 2005). Die von der EU in komplizierten Entscheidungsverfahren organisierte Migrationspolitik hat ein Transparenzproblem, aber auch ein Legitimationsproblem, das auch die aufgewertete Rolle des Europäischen Parlaments nur schwer beheben kann. Die „Migrationsgovernance", wie sie in der EU praktiziert wird, hat auch ein ethisches Defizit.

„Migrationsgovernance": Hagener Spezifikum

Die Geheimnisse der europäischen „Migrationsgovernance" beschäftigen rechts-, verwaltungs- und politikwissenschaftliche Experten, wie man sie in Hagen findet, aber der großen Mehrheit der EU-BürgerInnen bleiben sie verschlossen. Dies ist aber nicht nur ein Problem der Migrationspolitik, sondern aller an die EU ausgelagerten Politikbereiche. Die „Migrationsgovernance" ist ein begriffliches Ungetüm, aber noch mehr ein wissenschaftliches Explanandum und ein Hagener Spezifikum.

# Literatur

Angenendt, Steffen, 2008: Die Zukunft der europäischen Migrationspolitik. Triebkräfte, Hemmnisse und Handlungsmöglichkeiten. Heinrich Böll Stiftung/Schriften zu Europa, Band 4. Berlin.

Bendel, Petra, 2008: Europäische Migrationspolitik: Ein stimmiges Bild?, in: Aus Politik und Zeitgeschichte B 35–36, 14–19.

Bendel, Petra, 2009: Die Migrationspolitik der Europäischen Union. Inhalte, Institutionen und Integrationsperspektiven, in: Christoph Butterwegge/Gudrun Hentges (Hrsg.), Zuwanderung im Zeichen der Globalisierung, 4. Auflage. Wiesbaden, 123–135.

Bendel, Petra, 2009a: Europäische Migrationspolitik. Bestandsaufnahme und Trends. Friedrich-Ebert-Stiftung. Bonn.

Benz, Arthur (Hrsg.), 2004: Governance – Regieren in komplexen Regelsystemen. Wiesbaden.

Benz, Arthur/Lütz, Susanne/Schimank, Uwe/Simonis, Georg (Hrsg.), 2007: Handbuch Governance. Wiesbaden.

Boeri, Tito/Brücker, Herbert, 2005: Why are Europeans so Tough on Migrants?, in: Economic Policy, Nr. 44, 629–703.

Collet, Elizabeth, 2007: The „Global Approach to Migration": Rhetoric or Reality? European Policy Centre. Brüssel.

Commission on Global Governance, 1995: Nachbarn in Einer Welt. Texte der Stiftung Entwicklung und Frieden. Bonn.

Europäisches Parlament, 2008: Bericht über die Evaluierung und künftige Entwicklung der Agentur FRONTEX und des Europäischen Grenzüberwachungssystems (EUROSUR), 200/2157 (INI).

Geddes, Andrew, 2000: Immigration and European Integration: Towards Fortress Europe? Manchester.

Hofmann, Rainer/Löhr, Tillmann (Hrsg.), 2008: Europäisches Flüchtlings- und Einwanderungsrecht. Eine kritische Zwischenbilanz. Baden-Baden.

Human Rights Watch, 2006: Getting the Neighbours to do the Dirty Work, in: European Voice, 19. Oktober 2006.

Kietz, Daniela/Maurer, Andreas, 2006: Der Vertrag von Prüm: Vertiefungs- und Fragmentierungstendenzen in der Justiz- und Innnenpolitik der EU, in: Integration 29 (3), 201–212.

Kooiman, Ewald (Hrsg.), 1993: Modern Governance: New Government-Society Interactions. London.

Liebig, Thomas, 2005: A New Phenomenon: The International Competition for Highly-Skilled Migration and its Consequences for Germany. Bern.

Mayntz, Renate, 2004: Governance im modernen Staat, in: Benz, Arthur (Hrsg.), Governance – Regieren in komplexen Regelsystemen, Wiesbaden, 63–76.

Nuscheler, Franz, 2009: Internationale Migration und Entwicklung, in: Globale Trends 2010 (i. E.).

Parkes, Rodrick/Angenendt, Steffen, 2009: The re-nationalisation of migration policy-making? EU cooperation after the Immigration Pact. Stiftung Wissenschaft und Politik, Working Paper FG 1, 2009/02 und FG 8, 2009/05. Berlin.

Steeg, Marcus ter, 2005: Das Einwanderungskonzept der EU. Zwischen politischem Anspruch, faktischen Regelungsbedürfnissen und primärrechtlichen Grenzen in Titel IV des EG-Vertrages. Baden-Baden.

Weinzierl, Ruth/Lisson, Urszula, 2007: Grenzschutz und Menschenrechte. Eine europäische und seerechtliche Studie. Berlin.

Westermann, Sophie, 2009: Irreguläre Migration – ist der Nationalstaat überfordert? Staatliches Regieren auf dem Prüfstand. Marburg.

Davon sind die folgenden, leicht zugänglichen Titel zur weiterführenden Lektüre besonders geeignet:

Angenendt, Steffen, 2008: Die Zukunft der europäischen Migrationspolitik. Triebkräfte, Hemmnisse und Handlungsmöglichkeiten. Heinrich Böll Stiftung/Schriften zu Europa, Band 4. Berlin.

Bendel, Petra, 2009: Die Migrationspolitik der Europäischen Union. Inhalte, Institutionen und Integrationsperspektiven, in: Butterwegge, Christoph/Hentges, Gudrun (Hrsg.), Zuwanderung im Zeichen der Globalisierung, 4. Auflage. Wiesbaden, 123–135.

Hofmann, Rainer/Löhr, Tillmann (Hrsg.), 2008: Europäisches Flüchtlings- und Einwanderungsrecht. Eine kritische Zwischenbilanz. Baden-Baden.

Nuscheler, Franz, 2009: Internationale Migration und Entwicklung, in: Globale Trends 2010 (i. E.).

Parkes, Rodrick/Angenendt, Steffen, 2009: The re-nationalisation of migration policymaking? EU cooperation after the Immigration Pact. Stiftung Wissenschaft und Politik, Working Paper FG 1, 2009/02 und FG 8, 2009/05. Berlin.

Steeg, Marcus ter, 2005: Das Einwanderungskonzept der EU. Zwischen politischem Anspruch, faktischen Regelungsbedürfnissen und primärrechtlichen Grenzen in Titel IV des EG-Vertrages. Baden-Baden.

Westermann, Sophie, 2009: Irreguläre Migration – ist der Nationalstaat überfordert? Staatliches Regieren auf dem Prüfstand. Marburg

.

# Kapitel 12: EU-Klimagovernance –
# Die EU als klimapolitische Vorreiterin

*Judith Kuhn und Jenny Tröltzsch*

## 1 Einleitung: Klimagovernance als Teilbereich der EU-Außenpolitik

Die durch den globalen Klimawandel verursachten Probleme beinhalten ökologi-          Problemstruktur
sche, soziale, ökonomische und politische Dimensionen. Sie treten grenzüberschreitend, mit großer zeitlicher Verzögerung und nicht zwangsläufig verursa-
chergebunden auf, also dort, wo der Wandlungsprozess durch die überhöhte
Emission von Treibhausgasen (THG) verursacht wurde. Schon jetzt sind vor
allem Regionen in Entwicklungsländern, auch wegen ihrer begrenzten Adapti-
onsmöglichkeiten, stärker von den negativen Auswirkungen des globalen Klimawandels betroffen als die nördlichen Industriestaaten, die durch die Verbren-
nung fossiler Brennstoffe etwa achtzig Prozent des im letzten Jahrhundert freige-
setzten Kohlendioxids ($CO_2$) verursachten (WRI 2001, zitiert nach Brouns
2004). Vor allem die kleinen Insel- und Küstenstaaten sowie die ressourcen-
schwachen Entwicklungsländer sehen sich existenziellen Bedrohungen ausgesetzt. Als Folge werden sich Nordamerika und Europa mit einer verstärkten Migration durch den Klimawandel motivierter Umweltflüchtlinge aus Zentralamerika und Nordafrika konfrontiert sehen (vgl. Jacobeit/Methmann 2007). Der globale Klimawandel verschärft die ohnehin schon bestehende Ungleichheit zwischen
Nord und Süd und wirkt konfliktverstärkend (vgl. Santarius 2007; Tho-
mas/Twyman 2005).

Diese Problemstruktur gestaltet sich vor allem durch die grenzüberschreitende Wirkung des Klimawandels, sodass der Verständigungsprozess über Lö-
sungsansätze nicht allein auf nationalstaatlicher Ebene erfolgen kann. Notwendig
sind Aushandlungsprozesse zwischen verschiedenen kollektiven Akteuren auf
verschiedenen politischen Ebenen, da rein nationalstaatliche Regelungen bei
globalen Problemlagen mit erhöhter transnationaler Problemdichte und Komplexität wie dem globalen Klimawandel oftmals zu kurz greifen. Lösungen werden
vielmehr im Rahmen problemspezifischer Multi-Level-Governance-Systeme
gesucht, wo Governance[1] im Zusammenspiel verschiedener autonomer Akteure
und Ebenen entsteht (Zürn 2005: 572). Die Problemstruktur des globalen Klimawandels impliziert, dass Klimagovernance, also *koordiniertes kollektives*          Definition von
*Handeln, das sich mit Mitigation und Adaption an den globalen Klimawandel*          Klimagovernance

---

[1] Der hier verwendete Governance-Begriff orientiert sich an Benz et al. und meint die verschiedenen
Formen und Mechanismen der Koordination kollektiven Handelns (Benz et al. 2007: 14).

*befasst*, ein Bestandteil von Außen- und Sicherheitspolitik[2] und Verhandlungs-
gegenstand des Internationalen Systems bzw. internationaler Organisationen,
beispielsweise der Vereinten Nationen (United Nations, UN), wird. Dort verhandeln Staaten gemeinsam mit nichtstaatlichen Akteuren über mögliche Lösungs-
ansätze und entwickeln und implementieren verschiedene Maßnahmen. Klimaschutz bzw. Klimagovernance wird zum wichtigen Gegenstand der Außenbeziehungen.

Klimaaußenpolitik
der EU

Die Europäische Union (EU) hat inzwischen die politische Brisanz des
Themas erkannt und die Auseinandersetzung mit dem globalen Klimawandel in
ihrer politischen Agenda verankert. Dabei begreift sie klimapolitische Fragen als
wichtigen Teilbereich ihrer Außenpolitik. Der Arbeitskreis Europa redet von der
ambitionierten „Klimaaußenpolitik" der EU und hebt deren Bedeutung für die
internationale Klimapolitik hervor (Arbeitskreis Europa 2007). Der politische

Institutionelle
Regelungen

Wille zur Auseinandersetzung der EU mit dem Klimawandel als außenpolitische
Herausforderung lässt sich auch in bestimmten institutionellen Regelungen der
EU erkennen. Beispielsweise gründeten im Jahr 2003 die EU-Mitgliedstaaten
das Green Diplomacy Network, das die Einbeziehung von für die Außenbeziehungen relevanter Umweltthemen wie dem Klimawandel in die EU-Außenpolitik fördert. Auch auf nationalstaatlicher Ebene wird die Notwendigkeit der
Verknüpfung von klima- und außenpolitischen Fragestellungen gesehen und
aktiv vorangetrieben. So meint etwa das Auswärtige Amt in Deutschland: „Ener-
gie- und Klimapolitik sind grundlegende außenpolitische Herausforderungen:
Der Klimawandel lässt sich nur in internationaler Zusammenarbeit begrenzen"
(Auswärtiges Amt 2007). Die Bedrohung der internationalen Sicherheit durch
den globalen Klimawandel thematisiert das Auswärtige Amt beispielsweise im
Rahmen des Forums Globale Fragen, wo im Juni 2007 über die mögliche Desta-
bilisierungs- und Konfliktwirkung des Klimawandels diskutiert wurde. Die Erkenntnis, dass eine effektive Klimapolitik nicht im rein nationalen Rahmen erreicht werden kann und einer Verankerung in den Außenpolitikstrategien bedarf,
scheint auf den europäischen und nationalen Entscheidungsebenen angekommen
zu sein.

Thematik: Wird die
EU ihrem Ruf als
Vorreiterin der Kli-
mapolitik gerecht?

Kriterien/Indikator:
überdurchschnittli-
ches Engagement

Die EU, die seit geraumer Zeit den Ruf als klimapolitische Vorreiterin ge-
nießt und sich auch selbst in einer Vorreiterrolle sieht, ist als Verbund von mittlerweile 27 Staaten formal berechtigt, ihre Mitgliedstaaten auf internationaler
Ebene in der Klimapolitik zu vertreten. Im Rahmen der internationalen Klimaverhandlungen vertritt die EU grundsätzlich progressive Positionen, denen jedoch erst durch die Umsetzung interner Zielvorgaben und Regelungen Glaubwürdigkeit verliehen werden kann. Der vorliegende Beitrag thematisiert die
Klimagovernance der EU und zeigt auf, inwiefern die EU ihrem Ruf als Vorreiterin der Klimapolitik gerecht wird. Der Erfolg einer Vorreiterrolle wird in diesem Beitrag an einem überdurchschnittlichen Engagement sowohl auf internationaler als auch auf subnationaler klimapolitischer Ebene festgemacht. Innerhalb

---

[2] Mit der Erweiterung des Sicherheitsbegriffs zielt Sicherheitspolitik heute neben der militärischen
Sicherheit auch auf wirtschaftliche, soziale, ökologische und menschenrechtliche Aspekte (vgl. u. a.
Czempiel 1991).

der internationalen Klimapolitik sind darunter ein Vorantreiben von gemeinschaftlichen Abkommen mit verbindlichen ambitionierten Zielfestlegungen und das Unterstützen von Betroffeneninteressen im internationalen Klimaregime zu verstehen. Eine fortschrittliche internationale Klimapolitik ist aber nur glaubhaft, wenn innerhalb der EU die Umsetzung von international vereinbarten Zielen ernsthaft verfolgt wird und bereits langfristige ehrgeizige Ziele[3] zur Reduktion von Treibhausgasemissionen für die EU verbindlich festgelegt wurden. Zusätzlich wird aufgezeigt, wann die EU in Beziehung zu anderen Staaten tritt, um gemeinsam Lösungsstrategien für das Klimaproblem zu erarbeiten.[4]

Im Folgenden wird das Governance-Konzept als Analyseperspektive verwendet, um verschiedene Koordinationsstrukturen im Bereich der Klimapolitik zu untersuchen und zu systematisieren. Dabei wird sowohl das Agieren der EU im Rahmen internationaler Governance-Strukturen skizziert als auch verschiedene Governance-Prozesse innerhalb der EU beleuchtet.[5] Das in theoretischer Hinsicht auf ein dynamisches Zusammenwirken zwischen Strukturen und Prozessen, zwischen Institutionen und Akteuren sowie zwischen Regeln und Regelanwendungen verweisende Governance-Konzept (Benz 2004: 21) stellt sich für die Untersuchung des komplexen Gebildes EU-Klimagovernance als besonders geeignet dar. Das Lernziel dieses Beitrags besteht darin nachzuvollziehen, wie in Multi-Level-Governance-Systemen nach Lösungen für globale Probleme gesucht wird und welche Wechselwirkungen zwischen den verschiedenen politischen Ebenen entstehen. Dafür wird exemplarisch dargestellt, wie der globale Klimawandel als komplexe Problemstruktur von der EU bearbeitet wird. Es geht darum zu verstehen, warum Staaten in bestimmten institutionellen Gefügen eine Vorreiterrolle in der Problembearbeitung übernehmen und mithilfe welcher Maßnahmen sie diese umsetzen.

Governance-Konzept als Analyseperspektive

Das Vorgehen des vorliegenden Beitrags gliedert sich wie folgt: Kapitel 2 befasst sich mit der Rolle der EU in der internationalen Klimapolitik, wobei zunächst die relevanten Rahmenbedingungen klimapolitischer Entscheidungsprozesse der EU sowie das Agieren von EU und deren Mitgliedstaaten während der internationalen Klimaverhandlungen beleuchtet werden. Wie sich die Abstimmungs- und Umsetzungsprozesse international ausgehandelter Klimapolitikziele innerhalb der EU gestalten, wird in Kapitel 3 erläutert. Dabei werden die Institutionen der EU, welche für den Entscheidungsprozess relevant sind, beschrieben. Darüber hinaus werden die klimapolitischen Programme und Beispiele für Maßnahmen der EU erläutert, die von der EU zur Umsetzung ihrer Klimaschutzziele ergriffen werden. In Kapitel 4 wird das Fazit des Beitrags gezogen und ein Ausblick auf die zukünftige klimapolitische Performance der EU gewagt.

Argumentationsgang

---

[3] Langfristig bedeutet dabei Zielfestlegungen über den Zeitraum des Kyoto-Protokolls hinaus.
[4] Für die Untersuchung wurde auf aktuelle Fachliteratur und Studien zurückgegriffen sowie verschiedene Dokumente wie EU-Verordnungen, Richtlinien, Mitteilungen und Programme analysiert.
[5] Jachtenfuchs zeigt am Beispiel der EU, wie es gegebenenfalls zu Wechselwirkungen zwischen den Strukturen, Inhalten und Prozessen von Governance kommt (Jachtenfuchs 2008).

## 2    Die Rolle der EU in der internationalen Klimapolitik

Internationale Klimapolitik fokussiert im Kontext dieses Beitrags hauptsächlich auf die Governance-Prozesse des unter dem Dach der United Nations (UN) angesiedelten Klimaregimes, in dem 196 Staaten[6] gemeinsam über klimapolitische Möglichkeiten und Maßnahmen verhandeln. Das UN-Klimaregime basiert auf den beiden völkerrechtlich verbindlichen Dokumenten der Klimarahmenkonvention (United Nations Framework Convention on Climate Change, UNFCCC), die die grundlegenden Prinzipien definiert, und des Kyoto-Protokolls, welches die konkreten Verpflichtungen der Staaten festlegt. In diesem Kapitel wird zunächst ein Überblick darüber geschaffen, welche Rahmenbedingungen die klimapolitischen Positionen der EU grundsätzlich prägen. Daran anschließend wird in Kapitel 2.2 erläutert, wie sich die EU während der internationalen Klimaverhandlungen bisher positioniert hat und welche verhandlungsstrategischen Erklärungsmuster dabei zu erkennen sind.

### 2.1  Relevante Rahmenbedingungen der EU

*Einflussfaktoren*  Wie eine Staatengruppe wie die EU sich auf internationaler Ebene zum Thema Klimapolitik bzw. Klimaschutz positioniert, kann von einer Vielzahl, zum Teil zueinander in Beziehung stehender Faktoren abhängen. Dass die EU bisher ein großes Interesse an proaktiver Klimapolitik gezeigt und eine tragende Führungsrolle im Klimaregime der UN eingenommen hat, lässt sich anhand einer Reihe grundlegender Rahmenbedingungen erklären (vgl. Oberthür/Ott 2000: 40 ff.; Kuhn 2008: 17 ff.). Die verschiedenen Faktoren sind dem wirtschaftlichen und politischen Bereich genauso zuzurechnen wie dem gesellschaftlichen und werden im Folgenden kurz skizziert, ohne dabei einen Anspruch auf Vollständigkeit erheben zu wollen.

*EU drittgrößte Emittentin*  Zunächst sei darauf hingewiesen, dass die EU derzeit die drittgrößte Emittentin des klimaschädlichen Treibhausgases $CO_2$ ist[7] (vgl. Abbildung 12–1) und sich für einen relativ hohen Anteil der historischen THG-Emissionen seit Beginn der Industrialisierung verantwortlich zeigt. Die EU trägt also einen großen Teil *Historische Verantwortung* der Verantwortung für den anthropogen, hauptsächlich durch den verstärkten Ausstoß an THG in der zweiten Hälfte des 20. Jahrhunderts verursachten Klimawandel. Legt man das Verursacherprinzip zugrunde, ergibt sich daraus ein Handlungsbedarf der EU, an der Lösung des Klimaproblems maßgeblich mitzuwirken.

---

[6] Diese bestehen aus den 192 Mitgliedstaaten der UN, dem Heiligen Stuhl, der einen Beobachterstatus in der UN besitzt, sowie den Cookinseln, Niue und der Republik Somaliland als Staaten, die nur von einer Minderheit der Staaten weltweit anerkannt werden.
[7] Mit einem Anteil der EU von über 14 Prozent an den weltweiten $CO_2$-Emissionen im Jahr 2004 verursachen lediglich die USA und China mehr $CO_2$ (vgl. United Nations Statistics Division 2008).

*Abbildung 12–1*: die zehn größten CO$_2$-Emittenten im Jahr 2004.

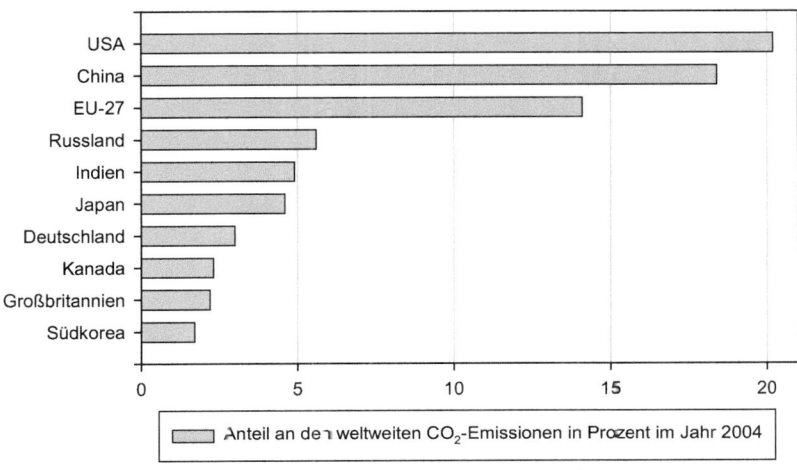

Quelle: eigene Darstellung, basierend auf United Nations Statistics Division 2008.

Die relativ hohe Abhängigkeit Europas vom Import vor allem fossiler Energieträger lässt sich als eine erklärende Variable für das Eintreten der EU für eine aktive Klimapolitik sehen. Die EU deckt ihren derzeitigen Energiebedarf zu ca. fünfzig Prozent durch Energieeinfuhren, und wenn die heimische Energieerzeugung nicht weiter ausgebaut wird, wird dieser Anteil in zwanzig bis dreißig Jahren siebzig Prozent erreicht haben (Kommission der Europäischen Gemeinschaften 2006). Da mit einem weiteren Anstieg der Preise für fossile Brennstoffe gerechnet werden muss und die Energiesicherheit in Europa in hohem Maß vom Import abhängt, besteht ein prinzipielles Interesse, den Energieverbrauch und besonders den der fossilen Brennstoffe zu senken und so mehr Unabhängigkeit im Energiesektor zu erlangen. Der politische Wille, weniger CO$_2$-intensive Energieträger einzusetzen und in klimafreundliche Energien zu investieren, begünstigt die Entwicklung einer klimaschutzorientierten Politikstrategie.

Verschiedene politische Faktoren wirken sich ebenfalls auf die klimapolitische Position der EU aus. Generell hat die Umweltpolitik in Europa seit den letzten dreißig Jahren an Bedeutung gewonnen, und grüne Parteien haben mittlerweile eine recht starke Tradition. Bereits in den 1980er Jahren zogen verschiedene grüne Parteien in die nationalen Parlamente Europas ein, und die europäischen Grünen, die European Free Alliance (EFA), sind heute mit vierzig Sitzen im EU-Parlament vertreten. Auch die Positionen der Regierungen der einzelnen Mitgliedstaaten fließen in die klimapolitische Strategie der EU ein. So wirkte sich der Regierungswechsel in den Mitgliedstaaten Frankreich und Großbritannien im Jahr 1997 begünstigend auf die Entwicklung einer proaktiven Klimapolitikstrategie der EU aus. Beide Länder wurden zuvor von konservativen Regierungen regiert, die einer proaktiven europäischen Klimapolitik skeptisch

*Randnotizen:* Hohe Importrate fossiler Energieträger / Gefährdete Energiesicherheit / Steigerung der Energieeffizienz / Politische Faktoren / Grüne Parteien / Parteienkonstellation

gegenüberstanden. Unter den neuen Regierungen (in Großbritannien New Labour mit Blair und in Frankreich die Sozialistische Partei mit Jospin) entwickelten beide Staaten progressivere Strategien und brachten diese in die EU sowie in
die internationalen Klimaverhandlungen ein.

**Verletzlichkeit und Bewusstseinswandel**

Darüber hinaus ist Europas Vulnerabilität gegenüber dem globalen Klimawandel in den letzten Jahren sichtbarer geworden, genauso wie das Bewusstsein
bzw. die Aufmerksamkeit für das Thema in der Gesellschaft gewachsen ist: Die
Auswirkungen des globalen Klimawandels bringen auch in Europa bereits heute
starke Beeinträchtigungen mit sich, die sich in den kommenden Jahrzehnten
noch verstärken werden (vgl. IPCC 2007a). So sieht sich Nordeuropa mit weit-
aus mehr Niederschlägen konfrontiert, während der Süden Europas vermehrt mit
Trockenperioden rechnen muss. Generell steigt das Risiko von Hitzeperioden
und Winterhochwasserereignissen. Europas Küstengebiete sind durch das An-
steigen der Meeresspiegel und die zunehmenden Sturmrisiken zusätzlich gefährdet und sehen sich immer öfter Küstenüberflutungen und Stranderosionen ausgesetzt.[8] Derartige Klimaänderungen bedrohen nicht nur Pflanzen- und Tierarten
und schädigen Ökosysteme, sie führen außerdem zur Beeinträchtigung zahlreicher Wirtschaftssektoren in Europa. Als Beispiel sei hier der durch den Rückgang von Gletschern und Schneedecke gefährdete Wintertourismus in europäischen Gletschergebieten genannt.

**Klimadebatte**

Einen weiteren begünstigenden Faktor für die Unterstützung einer progressiven Klimapolitik seitens der EU stellt die Tatsache dar, dass die Themen Klimawandel und Klimapolitik mittlerweile in breiten Teilen der europäischen Ge-

**Medienberichte**

sellschaft Aufmerksamkeit erregen. In der letzten Zeit hat sich das Interesse der
europäischen Öffentlichkeit an der Klimadebatte durch die intensive Medienberichterstattung zum Thema Klimawandel weiter verstärkt. Veröffentlichungen
wie der Fourth Assessment Report (FAR) des Intergovernmental Panel on
Climate Change (IPCC) oder die Stern Review on the Economics of Climate
Change spielten dabei gewiss genauso eine Rolle wie die steigende Wahrnehmung von Europas Vulnerabilität gegenüber dem globalen Klimawandel. Verstärkt wird sie durch die Medienberichterstattung, welche die jüngsten extremen
Wetterereignisse, wie etwa den Orkan Kyrill im Januar 2007 oder die Über-
schwemmungen in Großbritannien im Juli 2007, in Beziehung zum globalen
Klimawandel setzte. Auch das stark ausgeprägte Umweltbewusstsein in Europa[9]
begünstigt die öffentliche Aufmerksamkeit für die Themen Klimawandel und
Klimapolitik.

In Europa agiert außerdem eine Reihe nichtstaatlicher Akteure, die auf politische EntscheidungsträgerInnen Einfluss ausüben können und deren Einstellungen eine Rolle bei klimapolitischen Entscheidungsprozessen spielen. Neben den
bereits erwähnten Massenmedien, die Aufmerksamkeit für Problemlagen bei der
breiten Öffentlichkeit zu schaffen bzw. zu schärfen vermögen, agiert in der EU

---

[8] Besonders gefährdet sind beispielsweise die Niederlande, deren Landesfläche zu über einem Viertel
unter dem Meeresspiegel liegt.
[9] Laut einer im Auftrag der Generaldirektion Umwelt durchgeführten Studie halten 96 Prozent der
EuropäerInnen Umweltschutz für persönlich wichtig, und für 57 Prozent stellt der Klimawandel die
größte Umweltsorge dar (Europäische Kommission 2008).

eine Vielzahl proaktiver umweltorientierter NGOs, die als bedeutende Akteure in der Klimadebatte auftreten. Dazu gehören zum einen Umweltorganisationen wie der World Wide Fund For Nature (WWF), Greenpeace und Friends of the Earth und zum anderen forschungsorientierte Einrichtungen wie das Potsdam-Institut für Klimafolgenforschung (PIK) oder das Institute for Atmospheric and Climate Science der Eidgenössischen Technischen Hochschule Zürich (IACETH). Sie erregen beispielsweise durch medienwirksame Kampagnen Aufmerksamkeit für das Thema Klimawandel und Klimaschutz, bringen durch ihre Forschung wichtige Expertisen in die Entscheidungsprozesse ein und betreiben aktives Lobbying während der internationalen Klimaverhandlungen. Die Mitgliedstaaten der EU und die Europäische Kommission greifen oft auf die Kompetenzen und Expertisen dieser NGOs zurück, etwa indem sie deren RepräsentantInnen in ihre Verhandlungsdelegationen auf den Weltklimakonferenzen aufnehmen.[10]

*Rolle der NGOs*

*Rolle der Wissenschaft*

Auch die europäische Wirtschaft zeigt mittlerweile ein wachsendes Interesse an der internationalen Klimapolitik, vor allem seit Beginn des europäischen Emissionshandelssystems (Emission Trading System, ETS) im Jahr 2005. Zunächst waren es überwiegend „graue" Wirtschaftsorganisationen (Business and Industry Non-Governmental Organizations, BINGOs), die vor allem als VertreterInnen der Kohle- und Erdölindustrie die Entscheidungsprozesse im UN-Klimaregime zu beeinflussen versuchten, etwa um Restriktionen im Gebrauch von fossilen Energieträgern zu verhindern.[11] Mittlerweile sind es vor allem grüne BINGOs aus Branchen, für die der globale Klimawandel eine ernstliche Gefahr darstellt, wie etwa für die Versicherungsbranche, oder Wirtschaftszweige, die im globalen Klimawandel eine Chance sehen, wie die Hersteller von Technologien zur Nutzung erneuerbarer Energien, die aktiv an den internationalen Klimaverhandlungen teilnehmen. Grüne Industriezweige sind in Europa bereits seit längerer Zeit stark vertreten. Im Jahr 2004 erwirtschafteten sie bereits mehr als zwei Prozent des Bruttoinlandsproduktes der EU und wiesen eine jährliche Wachstumsrate von fünf Prozent auf (European Commission DG Environment 2006). Vertreten werden sie in Europa beispielsweise durch den European Business Council for Sustainable Energy (e5) und den European Renewable Energy Council (EREC).

*Entstehung grüner BINGOs*

In der EU existiert somit eine Reihe von Rahmenbedingungen, die darauf hindeuten, dass die EU als Fürsprecherin einer progressiven Klimapolitik auftritt. Neben energiepolitischen Überlegungen spielen auch der generell hohe Stellenwert von Umweltpolitik in Europa und der Einfluss einzelner klimapolitisch ambitionierter Regierungen der Mitgliedstaaten eine Rolle. Auch das durch-

---

[10] Beispielsweise waren auf COP-12, CPM-2 2006 in Nairobi VertreterInnen des WWF in den Delegationen aus Österreich, Finnland und Italien vertreten. Die deutsche Delegation wurde auf COP-13, CPM-3 2007 auf Bali durch den Klimaschutzbeauftragten der Bundesregierung und Leiter des PIK, Hans Joachim Schellnhuber, unterstützt.

[11] Eine der einflussreichsten grauen BINGOs im Kyoto-Prozess war die Global Climate Coalition, ein Zusammenschluss US-amerikanischer Unternehmen, der jedoch im Zuge der Veröffentlichung des IPCC Third Assessment Report (TAR) 2001 einen hohen Mitgliederschwund zu verzeichnen hatte und seit 2002 nicht mehr aktiv ist.

schnittlich hohe Umweltbewusstsein der europäischen BürgerInnen sowie die gestiegene öffentliche Aufmerksamkeit für die mit dem globalen Klimawandel verbundenen Problemlagen können die Klimapolitik der EU prägen. Darüber hinaus vermögen nichtstaatliche Akteure, wie die in Europa stark vertretenen umweltorientierten NGOs und die wachsenden grünen Industriezweige Europas, ihre Interessen in klimapolitische Entscheidungsprozesse einzubringen.

## 2.2 Die Position der EU in den internationalen Klimaverhandlungen

Wie in Kapitel 2.1 gezeigt, existiert eine Vielzahl von Faktoren, die zu einer progressiven Haltung der EU in Fragen der Klimapolitik geführt haben. Wie sich diese auf das bisherige Agieren der EU im Rahmen der Governance-Prozesse des UN-Klimaregimes auswirkten und welche Position die EU und deren Mitgliedstaaten dort vertreten, wird im Folgenden dargestellt.

*Entstehung einer gemeinsamen Politik 1990*

Der Beginn einer gemeinsamen Linie in der Klimapolitik der EU kristallisierte sich im Zuge der Vorbereitungen der Klimarahmenkonvention (United Nations Framework Convention on Climate Change, UNFCCC) für die Konferenz der Vereinten Nationen über Umwelt und Entwicklung 1992 (United Nations Conference on Environment and Development, UNCED) heraus. Bereits im Oktober 1990 erklärte sich die EU als Staatenverbund bereit, ihre $CO_2$-Emissionen auf dem Stand von 1990 zu stabilisieren. Durch dieses Auftreten als Einheit aus damals fünfzehn Staaten erhielt die EU mehr Verhandlungsmacht während der internationalen Klimaverhandlungen als die einzelnen Mitgliedstaaten und wurde so zu einem Schlüsselakteur im UN-Klimaregime (Pallemaerts/ Williams 2006: 45). Zu den vorantreibenden Kräften innerhalb der EU gehörten in dieser Zeit nach der UNCED neben Deutschland auch die Niederlande, Dänemark und Österreich.

*Stabilisierungsziel*

*Rahmenkonvention 1992*

Die Klimarahmenkonvention wurde 1992 in New York verabschiedet. Mit ihr wurden allgemeine Ziele formuliert, eine gefährliche anthropogene Störung des Klimasystems zu verhindern, die globale Erwärmung zu verlangsamen und deren Folgen zu mildern (UNFCCC 1992 Art. 2). Nachdem die EU und ihre damaligen Mitgliedstaaten 1992 auf der UNCED in Rio de Janeiro die UNFCCC unterzeichnet hatten[12], ohne dass sich die Mitgliedstaaten auf eine konkrete interne klimapolitische Strategie geeinigt hatten, verpflichteten sich die Mitgliedstaaten, nationale Klimaprogramme zu entwickeln und der Kommission über ihre Fortschritte Bericht zu erstatten. Nachdem die UNFCCC am 21. März 1994 in Kraft getreten war, wurde schnell klar, dass deren Ziele nicht ausreichten, um den anthropogen verursachten Klimawandel zu bekämpfen, und ein Zusatzprotokoll mit völkerrechtlich verbindlichen Verpflichtungen benötigt wurde. Die höchst vulnerablen Staaten der Alliance of Small Island States (AOSIS) waren die Ersten, die den Vorschlag einer verbindlichen $CO_2$-Reduktion für Industrie-

*Nationale Klimaprogramme*

*Ad-hoc Group on Climate Change*

---

[12] Die Europäische Kommission verfügt als regionale Organisation für wirtschaftliche Integration insofern über einen Sonderstatus im UN-Klimaregime, als sie eine eigene Vertragspartei der Klimarahmenkonvention und des Kyoto-Protokolls darstellt, sie also zusätzlich zu ihren Mitgliedstaaten UNFCCC und Kyoto-Protokoll unterschreiben und ratifizieren kann, ohne jedoch eine eigene Stimme im Abstimmungsverfahren zu erhalten.

länder auf der ersten Vertragsstaatenkonferenz der UNFCCC (Conference of the Parties, COP) 1995 in Berlin vorbrachten.[13] Der Vorschlag fand Unterstützung bei der EU und wurde wenig später von Deutschland aufgegriffen und weiterentwickelt. Um einen aktiven Gegenpart zu den JUSSCANNZ Staaten[14] zu bilden, die während der Verhandlungen um das Kyoto-Protokoll aktiv als Blockierer auftraten (Oberthür/Ott 2000: 44 ff.), schloss die EU sich auf COP-1 in Berlin mit einem Großteil der Entwicklungsländer[15] zu der sogenannten Green Group zusammen. Nach COP-1 gründete die EU außerdem ihre eigene Ad-hoc Group on Climate Change, die in regelmäßigen Treffen bereits existierende klimapolitische Maßnahmen prüfte und weitere Handlungsmöglichkeiten diskutierte.

Im Gegensatz zu der Verhandlungsposition der USA, die sich strikt gegen verbindliche Reduktionsziele aussprachen, bestand die EU auf verbindliche Verfahren und Maßnahmen und formulierte 1997 einen gemeinsamen Vorschlag zur verbindlichen Reduktion von drei THG für Industrieländer bis zum Jahr 2010 um fünfzehn Prozent im Vergleich zum Stand des Jahres 1990. Allerdings gilt es zu berücksichtigen, dass es der EU insofern leichtfiel, sich für verbindliche Reduktionsziele einzusetzen, da ihre Mitgliedstaaten zu Beginn der 1990er Jahre einen relativ starken Rückgang an THG zu verzeichnen hatten[16] (vgl. Abbildung 12–2). Gegensätzliche Ansichten zu den USA und Australien entwickelte die EU auch in der Frage der verbindlichen Verpflichtungen für Entwicklungsländer, welche die EU für die erste Verpflichtungsperiode des Kyoto-Protokolls strikt ablehnte. Manche Mitgliedstaaten der EU sahen in der taktischen Gegenpositionierung zu den USA eine Möglichkeit, die JUSSCANNZ-Staaten und insbesondere die USA unter Druck zu setzen (Lacasta et al. 2007: 222).

*EU für verbindliche internationale Maßnahmen*

*Gegenposition zu den USA*

---

[13] Die AOSIS forderte eine $CO_2$-Reduktion um zwanzig Prozent bis zum Jahr 2005 auf der Basis von 1990.

[14] JUSSCANNZ steht für Japan, USA, Switzerland, Canada, Australia, Norway, New Zealand und bezeichnet einen losen Zusammenschluss von Industrieländern, die nicht der EU angehören, der sich nach der Verabschiedung des Kyoto-Protokolls formierte. Aus der JUSSCANNZ Group ging die sogenannte Umbrella Group hervor. Obwohl keine offizielle Mitgliederliste existiert, zählt man zur Umbrella Group in der Regel Australien, Kanada, Island, Japan, Neuseeland, Norwegen, die Russische Föderation, die Ukraine und die USA.

[15] Nicht einbezogen waren allerdings die Staaten der Organization of Petroleum Exporting Countries (OPEC), die zwar ebenfalls zur Gruppe der Entwicklungsländer (G 77) gehören, jedoch in der Regel stark unterschiedliche Ansichten bezüglich der Mitigation des globalen Klimawandels vertreten.

[16] Diese THG-Reduktion in Europa rührte weniger aus der Umsetzung wirksamer klimapolitischer Maßnahmen her, sondern eher aus ökonomischen Entwicklungen wie den Zusammenbruch der ostdeutschen Wirtschaft zu Beginn der 1990er Jahre und der Privatisierung der Energieindustrie in Großbritannien mit einem Wechsel von der Kohle zum Erdgas.

*Abbildung 12–2*: THG-Entwicklung in der EU 27 seit 1990.

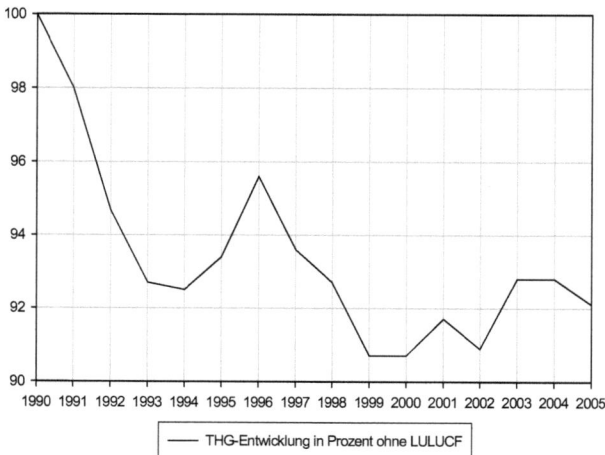

Quelle: eigene Darstellung, basierend auf EEA 2007.

Das 1997 auf COP-3 in Kyoto beschlossene Kyoto-Protokoll stellt einen Kompromiss der verschiedenen Positionen dar: Es schreibt differenzierte Reduktionsziele für Industrieländer von insgesamt 5,2 Prozent innerhalb einer fünfjährigen Verpflichtungsperiode (2008 bis 2012) vor. Dabei zielt es nach einem Vorschlag der US-Delegation auf sechs THG[17] und bezieht sich auf den Stand von 1990, was von der EU als Basis präferiert wurde. Vor allem die Festlegung verbindlicher Reduktionsverpflichtungen war ein Erfolg der EU. Sie konnte sich insbesondere gegen die USA durchsetzen, die sich für THG-Reduktionen in Form von freiwilligen Selbstverpflichtungen ausgesprochen hatten, und machte aus dem Kyoto-Protokoll ein internationales Klimaschutzabkommen, das auch die Unterstützung der Schwellen- und Entwicklungsländer erfährt. Auf Wunsch der EU beinhaltet das Kyoto-Protokoll ebenfalls das Prinzip des Burdensharing, das von den JUSSCANNZ-Staaten als unfair empfunden wurde. Das Burdensharing ermöglicht, dass eine Gruppe von Vertragsstaaten des Kyoto-Protokolls ihre Reduktionsziele gemeinsam erfüllen kann, und wird von der EU als sogenanntes Bubble genutzt. Die EU hat sich als Staatenverbund insgesamt zu einer THG-Reduktion um acht Prozent verpflichtet, wobei intern unterschiedliche Reduktionsziele für die einzelnen Mitgliedstaaten ausgehandelt wurden (ausführlicher zum Burdensharing innerhalb der EU siehe Kapitel 3.2). Ebenfalls im Kyoto-Protokoll festgeschrieben sind drei flexible Mechanismen, die den Vertragsparteien die Möglichkeit bieten, gemeinsam THG-Emissionen zu reduzieren: der

*(Randnotizen: Burdensharing / EU-Bubble / Anerkennung der flexiblen Mechanismen)*

---

[17] Die Kyoto-Treibhausgase sind Kohlendioxid ($CO_2$), Methan ($CH_4$), Distickstoffoxid ($N_2O$), Schwefelhexafluorid ($SF_6$), teilhalogenierte Fluorkohlenwasserstoffe (H-FKW) und perfluorierte Kohlenwasserstoffe (FKW).

internationale Emissionshandel, die Joint Implementation (JI) und der Clean Development Mechanism (CDM). Standen die EU und ihre Mitgliedstaaten zu Beginn der internationalen Klimaverhandlungen noch skeptisch dem vor allem von den USA favorisierten Prinzip der flexiblen Mechanismen gegenüber, änderte sich diese Einstellung relativ schnell im Verlauf der Verhandlungen.[18]

Im Jahr 2001 zogen sich die USA endgültig aus dem Kyoto-Protokoll zurück. Danach entwickelte die EU eine stärker nach außen und nach vorn gewandte Klimapolitikstrategie und schaffte eine größere interne Politikkohäsion. Bestand die klimapolitische Strategie der EU zuvor überwiegend aus einer Mischung von Anreizen, informativen und koordinierenden Maßnahmen, so entwickelte die EU nun progressivere interne Strategien sowie stringente Standards und Rechtsvorschriften (Lacasta et al. 2007: 223). Im Jahr 2002 wurde das Kyoto-Protokoll durch die EU ratifiziert. Während der Verhandlungen um die Marrakesh Accords, in denen konkrete Regelungen zur Ausgestaltung des Kyoto-Protokolls formuliert wurden, trat die EU 2002 auf COP-7 als treibende Kraft auf. Schließlich dürfte neben der großzügigen Anrechnung von Senken für Russland die Verpflichtung der EU, Russland bei seinen Verhandlungen mit der World Trade Organization (WTO) zu unterstützen, eine ausschlaggebende Rolle gespielt haben, um Russland von der Ratifikation des Protokolls am 18. November 2004 zu überzeugen. Damit hatten mehr als 55 Staaten ratifiziert, die zusammengerechnet erstmals mehr als 55 Prozent der $CO_2$-Emissionen des Jahres 1990 verursachten, und das Kyoto-Protokoll konnte 90 Tage später, am 16. Februar 2005, in Kraft treten.

Seither zeigen sich die EU und ihre Mitgliedstaaten als aktive und engagierte Akteure im Bereich der drei flexiblen Kyoto-Mechanismen. So konnten durch die Einführung eines eigenen ETS der EU im Jahr 2005 bereits wertvolle Erfahrungen mit diesem relativ neuen marktwirtschaftlichen Instrument für den internationalen Emissionshandel unter dem Kyoto-Protokoll gesammelt werden (siehe Kapitel 3.2). Auch die Möglichkeit, Projekte im Rahmen der JI und des CDM durchzuführen, wird von den EU-Mitgliedstaaten rege genutzt. Beispielsweise wurden 68,5 Prozent der 1057 im Mai 2008 beim UN-Klimasekretariat registrierten CDM-Projekte von EU-Staaten initiiert (UNFCCC 2008).

Nachdem das Kyoto-Protokoll in Kraft getreten ist, arbeitet die EU aktiv an der Vorbereitung eines Folgeabkommens für das 2012 auslaufende Kyoto-Protokoll. Durch ihre Ankündigung, den Ausstoß von Treibhausgasen bis 2020 auf jeden Fall um zwanzig Prozent senken zu wollen und das Reduktionsziel auf dreißig Prozent zu erhöhen, wenn andere Industrieländer ihrem Beispiel folgen, hat die EU auch in den Verhandlungen um ein Post-Kyoto-Abkommen eine Führungsrolle übernommen. Ebenfalls zeichnet sich bereits die Bereitschaft der EU ab, mit anderen Staaten an ambitionierten Lösungsansätzen noch offener Verhandlungspunkte zu arbeiten. In der derzeit rege diskutierten Frage der Integ-

*Marginalien:*
Ratifizierung des Kyoto-Protokolls 2002

Verhandlungen mit Russland

Einführung eines EU-weiten ETS 2005

Nutzung des CDM

Führungsrolle in der Vorbereitung eines Nachfolgeabkommens

---

[18] Die EU unterstützte damals einen Einsatz von flexiblen Mechanismen nicht, da diese aus ihrer Sicht die Möglichkeit schufen, sich von Reduktionsverpflichtungen freizukaufen. Die EU-Kommission plante lange Zeit die EU-weite Einführung einer Steuer auf Treibhausgasemissionen. Ein Vorschlag zur Besteuerung von $CO_2$ in Kombination mit Energie fand allerdings innerhalb der EU keine Mehrheit und konnte somit nicht umgesetzt werden (Krämer 2006: 286).

ration von Regelungen zur vermiedenen Entwaldung in ein Folgeabkommen unterstützt die EU die Vorschläge einiger Regenwaldstaaten.

G-8-Verhandlungen

Auch im Rahmen der G-8-Verhandlungen bemühen sich die EU bzw. deren Mitgliedstaaten, die internationale Klimapolitik voranzubringen. So wurde 2005 im Rahmen des G-8-Gipfels in Gleneagles der sogenannte Gleneagles-Dialog über „Klimawandel, saubere Energie und nachhaltige Entwicklung" unter der G-8-Präsidentschaft Großbritanniens angestoßen. Durch den Dialog sollen Fort-

Gleneagles-Dialog seit 2005

schritte bei den UN-Klimaverhandlungen unterstützt werden.[19] Während des G-8-Gipfels in Heiligendamm 2007 konnten die USA vor allem durch das Engagement Bundeskanzlerin Merkels, die zu dem Zeitpunkt sowohl die G-8- als auch die EU-Ratspräsidentschaft innehatte, wieder stärker in die internationalen Klimaverhandlungen involviert werden. Gemeinsam mit den anderen G-8-Staaten erklärten sie, dass „we will consider seriously the decisions made by the European Union, Canada and Japan which include at least a halving of global emissions by 2050" (G 8 2007: 2). Außerdem waren sich alle TeilnehmerInnen

Unter dem Dach der UN

einig, dass die Klimaverhandlungen in erster Linie unter dem Dach der UN ablaufen sollten, was einen Gegensatz zu der bisherigen Haltung der US-Regierung darstellt. Auch auf der kurz danach auf Bali stattfindenden Vertragsstaatenkonferenz zeigten die USA sich nach langer und zermürbender Diskussion kompromissbereit.

Heterogenität der EU

Obwohl die EU auf den bisherigen internationalen Klimaverhandlungen relativ geschlossen auftrat, soll an dieser Stelle darauf hingewiesen werden, dass die EU hier natürlich keine homogene Akteursgruppe darstellt. Teilweise bestehen schwerwiegende interne Differenzen: Generell lässt sich eine Spaltung zwischen nördlichen und südlichen EU-Staaten betrachten. Während südeuropäische Länder wie Portugal und Spanien sich gegen eine Begrenzung ihrer Treibhausgasemissionen aussprechen (Staaten, die trotz ihres im Rahmen des Burdensharings innerhalb der EU gestatteten Anstiegs von Treibhausgasemissionen große Probleme im Erreichen dieser Verpflichtung haben), zählen Staaten wie Großbritannien, die Niederlande, Dänemark und Deutschland eher zu den Vorreiterstaaten innerhalb Europas.

Geschlossenes Auftreten nach außen

Die Mitgliedstaaten der EU entschlossen sich früh zu einer gemeinsamen Linie in der Klimapolitik, und durch ihr geschlossenes Auftreten bei den internationalen Klimaverhandlungen gelang es ihnen als einem der Schlüsselakteure von Anfang an, die Entwicklung des UN-Klimaregimes voranzubringen. Gemeinsam mit ihren Mitgliedstaaten hat die EU die beiden grundlegenden Regelwerke des UN-Klimaregimes, Klimarahmenkonvention und Kyoto-Protokoll, von Beginn an unterstützt, und sie bemüht sich derzeit aktiv um die Vorbereitung eines Nachfolgeabkommens für das 2012 auslaufende Kyoto-Protokoll. Im Zuge der Verhandlungen bemühen sich die EU und ihre Mitgliedstaaten, andere Staatengruppen in die Prozesse einzubinden und Bremserstaaten zu Verhaltensänderungen zu bewegen. Wie die EU die auf internationaler Ebene vertretenen Positi-

---

[19] TeilnehmerInnen des Gleneagles-Dialogs sind die Energie- und UmweltministerInnen aus den G-8-Staaten einschließlich der EU-Kommission sowie aus China, Indien, Südafrika, Brasilien, Mexiko, Australien, Indonesien, Nigeria, Polen, Spanien und Südkorea. Sie tagen einmal jährlich.

onen und die von ihr vorangetriebenen Zielvereinbarungen im Klimaschutz intern umsetzt und ob sie auch in den internen Governance-Prozessen eine progressive Klimapolitik betreibt, wird im folgenden Kapitel gezeigt.

# 3 Interne Abstimmungsprozesse und Umsetzung der EU-Klimaschutzziele

Das vorliegende Kapitel beschäftigt sich mit der klimapolitischen Umsetzung innerhalb der EU und fokussiert diesbezüglich auf verschiedene Governance-Prozesse innerhalb der EU sowie auf die klimarelevanten Governance-Inhalte: Zunächst werden die an klimapolitischen Entscheidungen beteiligten EU-Institutionen betrachtet und anschließend die klimapolitischen Programme und Maßnahmen der EU analysiert.

## 3.1 EU-Institutionen in klimapolitischen Entscheidungsprozessen

Auf EU-Ebene sind die Organe Europäisches Parlament, Rat der Europäischen Union und Europäische Kommission für die Gestaltung klimapolitischer Maßnahmen zuständig. Die Klimapolitik tangiert dabei als Querschnittsbereich mehrere EU-Politikfelder. Neben der Energiepolitik, der Transportpolitik wie auch der Umweltpolitik wären Regulierungen und Maßnahmen in weiteren Bereichen, wie Landwirtschaft, Finanzen oder Handel, notwendig. Allerdings liegen die Entscheidungen in einigen Bereichen, z. B. in der Energiepolitik, nicht im Hoheitsbereich der EU, sodass sich die Klimapolitik im Bereich der Umweltpolitik etabliert hat. Die Umweltpolitik ist unter dem ersten Pfeiler der Europäischen Union, in dem am meisten vergemeinschafteten Bereich, gefasst. Mit den Verträgen von Maastricht und Amsterdam wurden die Kompetenzen der Europäischen Gemeinschaft (EG) im Umweltbereich deutlich erweitert.

  Um Rechtsvorschriften im klimapolitischen Bereich auf EU-Ebene zu beschließen, muss damit von der Europäischen Kommission ein Vorschlag für eine Verordnung, Richtlinie usw. erarbeitet werden. Das Europäische Parlament sowie der Rat können inhaltliche Impulse setzen; das Parlament kann z. B. die Erarbeitung von Vorschlägen durch die Kommission verlangen. Allerdings wird in den meisten Fällen die Notwendigkeit einer Rechtsvorschrift in den Generaldirektionen der Kommission erkannt; für die Klimapolitik kommen die meisten Vorschläge aus der Generaldirektion Umwelt. Des Weiteren muss für das Politikfeld der Umweltpolitik sowohl der Rat der Europäischen Union als auch das Europäische Parlament die Rechtsvorschriften verabschieden (Mitentscheidungsverfahren). Im Rahmen des Rates der Europäischen Union werden die meisten klimapolitischen Entscheidungen im Rat für Umwelt, der sich aus den UmweltministerInnen der Mitgliedstaaten zusammensetzt, getroffen. Da der Umweltministerrat gegenüber anderen Ministerräten eine eher untergeordnete Bedeutung hat, besteht das Problem, dass umweltpolitische Beschlüsse in anderen Generaldirektionen oft nicht mit dem nötigen Nachdruck umgesetzt werden.

*Marginalien:* Querschnittsbereich · Im Umweltbereich · Im ersten Pfeiler · Mitentscheidungsverfahren · Umweltministerrat

Rolle der
Kommission

Im Gesetzgebungsprozess der Europäischen Union hat die Europäische Kommission ein großes Gewicht bzw. einen großen Gestaltungsspielraum, da sie die Vorschläge für Rechtsvorschriften einbringt. Allerdings auch im Europäischen Rat können von dem jeweiligen Mitgliedstaat, welcher die EU-Ratspräsidentschaft innehat, Schwerpunkte gesetzt und diese auf die Agenda der EU gebracht werden. Im Bereich Klimapolitik ist dies gut an der Ratspräsidentschaft Deutschlands im ersten Halbjahr 2007 zu erkennen, in welcher das Thema Klimaschutz aktiv vorangetrieben wurde (Krämer 2006: 280 f.)

EU-Ratspräsident-
schaft

Eine Verschiebung von Entscheidungskompetenzen lässt sich nicht nur von den Mitgliedstaaten hin zur Kommission beobachten, sondern ebenfalls zugunsten verschiedener Expertengremien (Braun/Santarius 2008: 11). Die Arbeit der Kommission wird durch drei Expertengruppen unterstützt, welche die Kommission zur Unterstützung ihrer täglichen Arbeit eingerichtet hat. Eine Gruppe befasst sich mit dem European Climate Change Programme, die beiden anderen mit der Anpassung an Klimaauswirkungen. Des Weiteren existiert ein Komitologieausschuss für Klimaänderungen, welcher der Kommission bei der Anwendung der Durchführungsbefugnisse zur Durchsetzung von Rechtsvorschriften helfen soll.

Komitologie

Klimaverhandlungen

Im UN-Klimaregime wird die EU[20] durch die Europäische Kommission vertreten. Im Lauf der internationalen Klimaverhandlungen tritt das Land, das die EU-Ratspräsidentschaft innehat, als Sprecher der EU auf. Zusammen mit der Europäischen Kommission treffen sich die EU-Mitgliedstaaten untereinander, um sich auf gemeinsame Positionen während der Verhandlungen zu verständigen.

## 3.2 Klimapolitische Programme und Maßnahmen der EU

Bei der Aushandlung des Kyoto-Protokolls hat die Europäische Union[21] darauf gedrängt, dass mehrere Vertragsparteien gemeinsame Ziele festlegen können, damit die unterschiedliche wirtschaftliche und industrielle Situation in den EU-Mitgliedstaaten in ihren Reduktionsverpflichtungen berücksichtigt werden. Im Kyoto-Protokoll haben sich die Europäische Union und alle Mitgliedstaaten auf ein gemeinsames Reduktionsziel der sechs Kyoto-Gase von acht Prozent von 2008 bis 2012 auf der Basis 1990 verpflichtet. Diese Vereinbarung ist bekannt als EU-Bubble. Nach internen Aushandlungen hat die EU bereits im Juni 1998 die EU-interne Lastenverteilung (Burden Sharing Agreement) beschlossen. Mit der Entscheidung des Rates vom 25. April 2002 über die Genehmigung des Kyoto-Protokolls (2002/358/EG) wurden die Reduktionsziele der verschiedenen EU-Staaten verbindlich festgelegt (vgl. Abbildung 12–3).

Reduktionsverpflich-
tung 2008–2012

EU-Bubble

---

[20] Es sei darauf hingewiesen, dass korrekterweise von der Europäischen Gemeinschaft (EG) gesprochen werden müsste, da sich im Sprachgebrauch jedoch die Bezeichnung EU durchgesetzt hat, schließen sich die Autorinnen dem an.
[21] Damals EU der 15 Mitgliedstaaten.

*Abbildung 12–3*: Reduktionsziele der Treibhausgasemissionen der Europäischen
Union nach dem Kyoto-Protokoll.

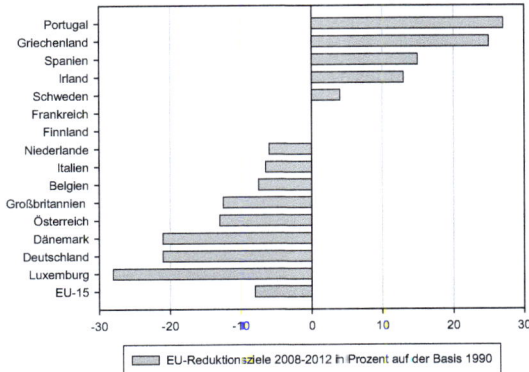

Quelle: Rat der Europäischen Union (2002).

Die Realisierung der Kyoto-Ziele wurde nach der Ratifizierung des Kyoto-
Protokolls sowohl auf der EU-Ebene als auch von den jeweiligen Mitgliedstaaten
vorangetrieben. Wie die Umsetzung auf EU-Ebene erfolgte, wird in diesem Kapitel dargestellt. Dabei wird auf die Erarbeitung klimapolitischer Programme und
die Einführung von Maßnahmen eingegangen.

### 3.2.1    Klimapolitische Programme der EU

Im Folgenden werden die von der EU verabschiedeten Programme, welche sich
auf den Klimaschutz beziehen, untersucht. Dabei werden die beiden European
Climate Change Programme betrachtet. Es werden der Bereich Klimaänderungen
des Sixth Environment Action Programme of the European Community und das
Maßnahmenpaket „20 und 20 bis 2020" analysiert.

*European Climate Change Programme (ECCP)*
In den frühen 2000er Jahren zeichnete sich ab, dass der Fortschritt beim Erreichen der Kyoto-Ziele nach dem Burdensharing zwischen den EU-Mitgliedstaaten sehr stark divergiert. Die meisten Reduktionen der Treibhausgasemissionen sind auf Großbritannien und Deutschland zurückzuführen, und selbst in
diesen beiden Ländern hatte sich der Rückgang Ende 1990 verlangsamt. Bei
weiteren Staaten wie Portugal, Spanien oder Griechenland waren die THG-
Emissionen um bis zu vierzig Prozent gestiegen, und sie hatten damit ihre Möglichkeiten der begrenzten Steigerung, welche ihnen unter dem Lastenausgleich
innerhalb der EU eingeräumt wurden, bereits ausgeschöpft. Als Konsequenz aus
diesen Entwicklungen beschloss die EU im Jahr 2000 das European Climate
Change Programme, welches die Einführung zusätzlicher Politikmaßnahmen
vorantreiben sollte. Bis zu diesem Programm bestand die Klimapolitik der EU
vor allem aus den einzelnen nationalen Klimaschutzprogrammen (Michaelowa
2006: 171 ff.).

*Divergenzen inner-
halb der EU*

Erstes ECCP 2000     Das erste ECCP wurde im Sommer 2000 aufgelegt. Dabei stand die Arbeit in folgenden Arbeitsgruppen im Vordergrund: Flexible Mechanismen, Energieversorgung und Energienutzung, Transport, Industrie sowie Forschung. Aufbauend auf der Arbeit in diesen Arbeitsgruppen, wurden drei Maßnahmen ergriffen. Es wurde eine Mitteilung der Kommission KOM(2001)580 verfasst, welche einen Aktionsplan mit den von der Kommission geplanten Maßnahmen in den Jahren 2002 und 2003 beinhaltet.[22] Des Weiteren wurde eine Vorlage für die Ratifizierung des Kyoto-Protokolls beim Europäischen Rat eingereicht, welche 2002 vom Rat beschlossen wurde. Als letzte Maßnahme entwickelte die Kommission einen Vorschlag für eine Richtlinie zur Einführung eines EU-weiten Emissionshandels. In der zweiten Phase des ersten European Climate Change Programme von 2002 bis 2003 wurden einige Maßnahmen aus der Mitteilung der Kommission KOM(2001)580 umgesetzt, z. B. ein Vorschlag für eine Richtlinie zur Verbreitung von Biokraftstoffen. Des Weiteren wurden diverse Arbeitsgruppen gegründet, welche u. a. zu Landwirtschaft und Senkenpotenzial von EU-Wäldern arbeiteten.

Zweites ECCP 2005     Im Oktober 2005 startete das zweite European Climate Change Programme, welches folgende Aktionsschwerpunkte setzt: Luftfahrt, $CO_2$-Emissionen und leichte Nutzfahrzeuge, Kohlenstoffabscheidung und -speicherung, Adaption sowie Weiterentwicklung des EU-Emissionshandels. Die Aktivitäten zu den fünf Schwerpunkten werden im Kapitel 3.2.2 näher betrachtet.

*Sixth Environment Action Programme of the European Community 2002–2012*

6. EAP 2002–2012     Das Sixth Environment Action Programme of the European Community 2002–2012 wurde im Sommer 2002 vom Europäischen Parlament und dem Rat der Europäischen Union verabschiedet und fokussiert neben Klimaänderungen auf die Bereiche Natur und biologische Vielfalt; Umwelt, Gesundheit und Lebensqualität sowie natürliche Ressourcen und Abfälle (vgl. Europäisches Parlament und Rat der Europäischen Union 2002). Die EU hatte sich zum Ziel gesetzt, ein Inkrafttreten des Kyoto-Protokolls zu fördern, bis 2005 Fortschritte bei der Erfüllung des EU-Kyoto-Ziels nachzuweisen und eine Position für den Post-Kyoto-Prozess vorzubereiten. Dabei ist zu erkennen, dass die EU die Bedeutung des Themas Klimaschutz bereits zu Beginn der 2000er Jahre erkannt und intern umgesetzt hatte.

Maßnahmen der
Umsetzung     Hinsichtlich der Aktionen für die Umsetzung wird u. a. vorgeschlagen, einen EU-Emissionshandel für $CO_2$-Emissionen zu entwickeln und kohlenstoffärmere Brennstoffe zur Stromversorgung sowie die Kraft-Wärme-Kopplung zu fördern. Des Weiteren soll die Reduzierung von Treibhausgasemissionen im Verkehrsbereich (Luftfahrt, Seeschifffahrt, Kraftfahrzeuge), in der industriellen Produktion sowie in anderen Sektoren, wie der Gebäudebewirtschaftung oder der Abfallwirtschaft, vorangetrieben werden.

---

[22] Bei der Umsetzung aller dieser Aktionen lägen Einsparungen von 122 bis 178 Mio. t $CO_2$-Äquivalenten vor.

Im April 2007 wurde von der EU-Kommission die Halbzeitbewertung des Sechsten Umweltaktionsprogramms der Gemeinschaft vorgelegt (vgl. Commission of the European Communities 2007). Bilanz und Neuausrichtung für den Bereich Klimaschutz stellen sich in drei Herausforderungen im Bereich Klimaschutz dar. Die Reduktion von Treibhausgasemissionen innerhalb der EU und damit die Erreichung des Kyoto-Ziels stellt die erste Herausforderung dar. Dafür wird notwendig sein, den EU-Emissionshandel weiterzuentwickeln und z. B. auf weitere Sektoren und Gase zu erweitern, die erneuerbaren Energien auszubauen, neue Technologien wie die Kohlenstoffabscheidung und -speicherung, die Nutzung von Wasserstoff als Kraftstoff bzw. die Biokraftstoffe der zweiten Generation weiterzuentwickeln. Die zweite Herausforderung besteht darin, den globalen Ausstoß von Treibhausgasemissionen zu stabilisieren. Unter dem Oberbegriff Klimadiplomatie strebt die EU an, ein Post-Kyoto-Abkommen voranzutreiben und in dieses Vorhaben auch die Entwicklungsländer einzubeziehen. Die EU möchte dabei anderen Staaten deutlich machen, dass es von Vorteil ist, als Vorreiter im Kampf gegen den Klimawandel aufzutreten. Dabei wird es notwendig sein, die Entwicklungsländer mit technologischem Transfer zu unterstützen. Die Aktionen sollen in verschiedenen Feldern, wie Energie, Forschung, Transport bzw. Gesundheit, erfolgen: „Climate change, in all its dimensions (energy, development, transport, health), is increasingly part of the EU's core external policy" (Commission of the European Communities 2007: 7). Die dritte Herausforderung ist die Anpassung an den Klimawandel. Dabei sollen Auswirkungen des Klimawandels, wie die Erhöhung des Meeresspiegels, stärkere Wetterextremereignisse und die Veränderung der Temperatur, in der Gesetzgebung der EU und der Mitgliedstaaten berücksichtigt werden.

*Maßnahmenpaket der Europäischen Kommission „20 und 20 bis 2020 – Chancen Europas im Klimawandel"*

Der Europäische Rat hat im März 2007 das erste Mal verbindliche Ziele zur Reduktion von THG-Emissionen auf EU-Ebene und zum Ausbau der erneuerbaren Energien über das Jahr 2012 hinaus festgelegt. Für die Treibhausgasemissionen wurde eine Reduktion von zwanzig Prozent bis 2020 (auf der Basis 1990) beschlossen.[23] Als weiteres verbindliches Ziel wurde der Ausbau der Deckung des Energieverbrauchs mit erneuerbaren Energien bis 2020 auf zwanzig Prozent festgelegt (Rat der Europäischen Union 2007: 11 f., 20 f.). Diese Vereinbarung wurde vom Europäischen Rat, also den Staats- und RegierungscheflInnen der EU-Staaten, getroffen und sollte damit in alle Generaldirektionen der EU-Kommission hineinwirken.

---

[23] Falls im Rahmen eines internationalen Abkommens sich andere Industrieländer zu einer vergleichbaren Reduktion von THG-Emissionen und sich auch Schwellenländer zu einem Beitrag verpflichteten, wäre die EU bereit, ihre THG-Emissionen sogar um dreißig Prozent zu reduzieren.

Maßnahmenpaket        Die Europäische Kommission wurde daraufhin zur Erarbeitung von Maßnahmen zur Realisierung dieser Ziele aufgefordert. Das Maßnahmenpaket „20
und 20 bis 2020 – Chancen Europas im Klimawandel" orientiert sich an den
Grundsätzen einer kosteneffizienten Umsetzung der Ziele und der Gewährleis-
tung der fairen Lastenverteilung zwischen den verschiedenen Mitgliedstaaten
Weiterentwicklung    und verschiedenen Sektoren (vgl. Kommission der Europäischen Gemeinschaf-
des ETS              ten 2008a). Eine Maßnahme zur Umsetzung der EU-Zielvorgaben ist dabei die
Weiterentwicklung des EU-Emissionshandelssystems, welches in Fragen der
Allokation stärker harmonisiert werden soll; damit werden Verantwortlichkeiten
Weitere Sektoren     von den EU-Mitgliedstaaten auf die EU-Ebene verlagert. Außerdem soll eine
Ausweitung auf weitere Treibhausgase und Branchen[24] erfolgen. Einen weiteren
Schwerpunkt sieht die EU in der Senkung von THG-Emissionen in Sektoren,
welche nicht in den Emissionshandel integriert sind. Die EU-Kommission
schlägt eine Reduktion um zehn Prozent in diesen Sektoren vor, welche auch
durch CDM-Gutschriften gedeckt werden können. Darüber hinaus soll die Quote
des Energieverbrauchs durch erneuerbare Energien erhöht werden. Um den un-
Flexible Umsetzung   terschiedlichen Möglichkeiten der Nutzung der erneuerbaren Energien in den
einzelnen Mitgliedstaaten Rechnung zu tragen, schlägt die EU-Kommission vor,
die Zielvorgaben sowohl zu gleichen Teilen als auch nach wirtschaftlichen Faktoren[25] auf die verschiedenen Mitgliedstaaten zu verteilen. Auch hier ermöglicht
die EU-Kommission die Flexibilisierung der Maßnahmenumsetzung. Ähnlich
wie bei den flexiblen Kyoto-Mechanismen CDM und JI können EU-Mitgliedstaaten in anderen EU-Staaten Maßnahmen zur Erhöhung der Stromerzeugung
aus erneuerbaren Energien ergreifen, wobei die erreichte Energieleistung auf die
eigene Quote erneuerbarer Energien anrechenbar ist. Ebenfalls sollen Anstrengungen unternommen werden, um die Energieeffizienz zu erhöhen und die technologische Entwicklung auf dem Gebiet Klimawandel und Energie voranzutreiben.

### 3.2.2    Klimapolitische Maßnahmen der EU
Um die von der EU festgelegten Ziele bis 2012 und darüber hinaus zu realisieren, wurden die im letzten Abschnitt erläuterten Programme entwickelt. In diesem Kapitel wird die Umsetzung dieser Vorhaben anhand der fünf Schwerpunkte
des Environmental Climate Change Programme (ECCP) dargestellt.[26]

---

[24] Es ist eine Erweiterung auf alle großen industriellen Verursacher von Treibhausgasemissionen
geplant.
[25] Nach Bruttoinlandsprodukt (BIP) pro Kopf.
[26] Über diese fünf Bereiche hinaus wurden in der EU noch weitere klimapolitische Aktivitäten initiiert. Als Beispiele können die Bestrebungen im Bereich der erneuerbaren Energien und der Energieeffizienz sowie die Verbesserung der Kraftstoffqualität genannt werden, die an dieser Stelle nicht
weiter erläutert werden.

*Luftfahrt*

Im Rahmen des Kyoto-Protokolls wurden die Treibhausgasemissionen des Flugverkehrs ausgeschlossen; sie sind damit nicht im EU-Kyoto-Ziel enthalten. Die Internationale Zivilluftfahrt-Organisation (International Civil Aviation Organization, ICAO) hat im Kyoto-Protokoll die Aufgabe übertragen bekommen, Maßnahmen zur Verringerung des Ausstoßes von Treibhausgasemissionen im Luftverkehr zu ergreifen. Da innerhalb der ICAO keine Einigung über eine Vorgehensweise erzielt werden konnte, hat sich die EU angesichts der steigenden Treibhausgasemissionen aus dem Sektor des Luftverkehrs entschieden, eigene Maßnahmen voranzutreiben.

Eigene Maßnahmen

Im September 2005 veröffentlichte die EU-Kommission eine Mitteilung, welche die Eingrenzung der Klimaauswirkungen im Luftverkehr zum Thema hatte (vgl. Kommission der Europäischen Gemeinschaften 2005). In dieser Mitteilung analysiert die Kommission Maßnahmen und Instrumente, welche zu einer Verringerung der Treibhausgasemissionen beitragen könnten. Dabei werden die Intensivierung der Forschung, eine Verbesserung des Luftverkehrsmanagements[27], die langfristige Veränderung der Besteuerung des Flugtreibstoffs und eine Sensibilisierung der Öffentlichkeit vorgeschlagen. Als konkrete Maßnahme empfiehlt die Kommission die Einbeziehung des Luftverkehrs in den EU-Emissionshandel. Der Vorteil des Emissionshandels liegt in der Vereinbarkeit mit dem internationalen rechtlichen Rahmen, der Anreizwirkung zur Reduzierung von Emissionen und der Minimierung der Kosten für die einzelnen Unternehmen.[28]

Mitteilung der Kommission 2005

Einbeziehung in das ETS

Aufbauend auf dieser Mitteilung, wurde eine Arbeitsgruppe der Kommission eingesetzt, die in einem Dialog mit den Mitgliedstaaten, der Industrie, den KonsumentInnen und den Umweltorganisationen eine detaillierte Ausgestaltung der Einbeziehung des Luftverkehrs in den EU-Emissionshandel erarbeiten sollte. Im Dezember 2006 veröffentlichte die EU-Kommission einen Richtlinienvorschlag zur Einbeziehung des Luftverkehrs in das System für den Handel mit Treibhausgasemissionszertifikaten (vgl. Kommission der Europäischen Gemeinschaften 2006). Dabei ist eine zweistufige Einführung ab 2011 geplant. In der ersten Stufe sollen nur EU-interne Flüge einbezogen werden. In der zweiten Stufe ab 2012 werden auch alle internationalen Flüge von und in Städte der EU integriert. Im Gegensatz zum bereits bestehenden EU-Emissionshandel soll im Luftverkehrsbereich die Allokation der Zertifikate EU-weit einheitlich erfolgen und nicht in der Zuständigkeit der Mitgliedstaaten liegen. Die Kommission unterstreicht innerhalb des Vorschlags ihre Absicht, als Modell für andere nationale bzw. regionale Emissionshandelssysteme zu dienen. Ebenfalls ist geplant, langfristig das EU-Handelssystem mit anderen Systemen zu verknüpfen, sodass die EU als Basis für globale Aktionen in diesem Bereich dienen kann.

Richtlinienvorschlag 2006

Zweistufige Einführung

---

[27] Darunter ist vor allem die Einrichtung eines „einheitlichen europäischen Luftraumes" zu verstehen.
[28] Von der Kommission wurden ebenfalls die Besteuerung von Flugtickets und sonstige Emissionsgebühren untersucht; diese Möglichkeiten wurden aber aus diversen Gründen nicht weiterverfolgt.

*CO$_2$-Emissionen leichter Nutzfahrzeuge*

Die von der EU-Kommission bis 2007 verfolgte Strategie zur Reduzierung von
CO$_2$-Emissionen leichter Nutzfahrzeuge basierte auf der Selbstverpflichtung der
Automobilhersteller zur Reduktion der CO$_2$-Emissionen, der Information der
VerbraucherInnen über den Kraftstoffverbrauch von Fahrzeugen und auf steuer-
lichen Maßnahmen, die Anreize zum Erwerb kraftstoffeffizienterer Autos geben

*Ziele der Selbstver-*
*pflichtung 2007 nicht*
*erreicht*

sollten. Im Rahmen der Überprüfung dieser Strategie stellte die EU-Kommission
im Jahr 2007 fest, dass die in der Selbstverpflichtung festgelegten Ziele von den
Automobilherstellern nicht erreicht wurden (vgl. Kommission der Europäischen
Gemeinschaften 2007a). Die Kommission änderte daraufhin ihre Strategie und

*Verbindliche*
*Regulierung*

setzt jetzt auf verbindliche Regulierungen zur Erreichung des Ziels einer Verrin-

*Ziel: 120 g/km im*
*Durchschnitt*

gerung der CO$_2$-Emissionen auf durchschnittlich 120 g/km. Dabei soll der rechtliche Rahmen auf der Ebene der EU und der Mitgliedstaaten geschaffen werden,
um eine Verbesserung der Fahrzeugmotortechnologie bei Neuwagen, den erhöh-
ten Einsatz von Biokraftstoffen und weitere technische Verbesserungen zu erreichen. Die Kommissionsstrategie soll des Weiteren bei anderen Straßenverkehrs-
benutzerInnen (z. B. Schwerlasttransport) in den Mitgliedstaaten und seitens der
KonsumentInnen weitere Anstrengungen auslösen.

*Flottenbezogene*
*Regulierung ab 2012*

Als erste Maßnahme auf der Basis dieser Strategie hat die EU-Kommission
im Dezember 2007 den Vorschlag zu einer Verordnung zur Festsetzung von
Emissionsnormen für neue Personenkraftwagen angenommen (vgl. Kommission
der Europäischen Gemeinschaften 2007b). Die Kommission geht damit vom
Instrument der Selbstverpflichtung zu rechtlich-verbindlichen Maßnahmen, im
Speziellen zur Festlegung von Grenzwerten, über. Ebenfalls wird deutlich, dass
die EU-Kommission zurzeit keine Anwendung marktorientierter Instrumente,
wie des Emissionshandels, im Straßenverkehrsbereich plant.[29]

*Verbesserung der*
*Verbraucher-*
*information*

Zur Verbesserung der Verbraucherinformation hat die EU-Kommission eine
Überarbeitung der Richtlinie über die Bereitstellung von Verbraucherinformatio-
nen über den Kraftstoffverbrauch und CO$_2$-Emissionen beim Marketing für neue
Personenkraftwagen begonnen.

---

[29] Im Rahmen der Verordnung soll der flottenbezogene CO$_2$-Ausstoß auf Neuwagen ab 2012 pro
Hersteller auf 130 g/km begrenzt werden. Die Automobilhersteller können zur Erfüllung einen
Verbund bilden, welcher gemeinsam die Grenzwerte erreichen muss.

*Kohlenstoffabscheidung und -speicherung*

Im Januar 2007 gab die EU-Kommission eine Mitteilung zur Stromversorgung mithilfe der emissionsfreien Kohlenutzung nach 2020 heraus (vgl. Kommission der Europäischen Gemeinschaften 2007c). Darin wird das geplante Vorgehen der EU-Kommission bezüglich der Kohlenstoffabscheidung und -speicherung (Carbon capture and storage, CCS) von 2007 bis ca. 2010 vorgestellt. Die Motivation der EU bei der Unterstützung von CCS wird in der Verbindung der Gewährleistung von Energiesicherheit und der Reduktion von Treibhausgasemissionen gesehen. Ebenfalls spielt die Förderung des Exports entsprechender Technologien der EU-Wirtschaft vor allem in Entwicklungs- und Schwellenländer eine Rolle. Im Zentrum der Mitteilung stehen die Schaffung rechtlicher Rahmenbedingungen und ökonomischer Anreize zur Installation von CCS in der EU und das Voranbringen des Baus von Demonstrationsanlagen mit der CCS-Technologie in der EU und in ausgewählten Drittländern. Die EU beschäftigt sich darin auch mit einer zwingenden Nutzung von CCS-Technologien bei neuen Kraftwerksbauten. Bis die Technologie standardmäßig eingesetzt werden kann, soll bei neuen Kraftwerken die Nachrüstung von CCS-Anlagen möglich sein. Es sollen CCS behindernde rechtliche Regulierungen beseitigt und ein stimmiger rechtlicher Rahmen erarbeitet werden; u. a. soll der EU-Emissionshandel auf eine Integration der CCS-Technologie vorbereitet werden. Die EU-Kommission möchte CCS als Element in die internationalen Klimaverhandlungen einbringen und setzt sich für die Anerkennung von CCS-Anlagen als CDM-Projekte ein.

Im Januar 2008 wurde von der EU-Kommission der Vorschlag für eine Richtlinie des Europäischen Parlaments und des Rates über die geologische Speicherung von Kohlendioxid vorgelegt (vgl. Kommission der Europäischen Gemeinschaften 2008b). Die Richtlinie befasst sich u. a. mit der Auswahl der Speicherstätten, der Vergabe der Speichergenehmigungen, den Nachsorgepflichten und der Überwachung. Auf die Festlegung einer verpflichtenden Einführung von CCS bei Kraftwerksneubauten wurde in der Richtlinie verzichtet. Die Einbeziehung in den EU-Emissionshandel soll sich ab 2013 so gestalten, dass $CO_2$-Emissionen, welche mit CCS-Technologien gespeichert werden, als nicht ausgestoßen gelten.

Zur Förderung der CCS-Technologie hat der Europäische Rat bereits Sofortmaßnahmen eingeleitet, um die Technologie in Zukunft als Standard in allen neuen mit fossilen Energieträgern befeuerten Kraftwerken einsetzen zu können; enthalten ist darin u. a. die Einrichtung von bis zu zwölf Demonstrationsanlagen bis 2012 (Kommission der Europäischen Gemeinschaften 2008a). Zu diesen Demonstrationsanlagen zählen u. a. zwei deutsche Projekte von RWE bzw. Vattenfall.

*Adaption*

Nach den IPCC-Szenarien, welche von keinen weiteren klimaschützenden Aktivitäten ausgehen, sind nahezu alle europäischen Regionen vom Klimawandel bis 2080 negativ betroffen, und bis zur Hälfte der europäischen Pflanzenarten sind in ihrem Bestand bis 2080 gefährdet (EU 2008). Um diesen Auswirkungen entgegenzutreten, hat die EU als weiteres Aufgabengebiet neben der Reduktion von

Nutzung der CCS-Technologien

Motive

Rechtliche Rahmenbedingungen

Ökonomische Anreize

Richtlinienentwurf 2008

Speicherung

Einbeziehung in den ETS ab 2013

Sofortmaßnahmen

Treibhausgasemissionen die Anpassung an zu befürchtende Klimaveränderungen erkannt.

In den letzten Jahren hat die EU mehrere Forschungsprojekte zu den Aus-wirkungen des Klimawandels finanziert, welche die Effekte speziell für den

*Grünbuch 2007* europäischen Kontinent analysieren und die Folgen für einzelne Branchen bzw. Sektoren ableiten, z. B. für den Tourismussektor oder die Landwirtschaft. Im Juni 2007 wurde als großer Baustein das Grünbuch der EU-Kommission zur „Anpassung an den Klimawandel in Europa – Optionen für Maßnahmen der EU" veröffentlicht (vgl. Kommission der Europäischen Gemeinschaften 2007d). Das Grünbuch umfasst mögliche Verfahrensweisen auf EU-Ebene und soll einen Diskussionsprozess um das Thema Anpassung anstoßen. Die vier im Grünbuch

*Vier Arbeitsbereiche* enthaltenen Arbeitsbereiche umfassen als Erstes das frühzeitige Handeln in der EU. Dabei sollen Anpassungsmaßnahmen in geltende und zukünftige Rechtsvor-schriften, z. B. in Teilen der Gesundheits-, Wasser-, Agrar- und Verkehrspolitik, eingearbeitet werden. Innerhalb des zweiten Pfeilers legt die EU einen Schwer-punkt auf die Einbeziehung der erforderlichen Anpassung an den Klimawandel in außenpolitische Maßnahmen der EU. Die EU möchte prüfen, inwieweit die Zusammenarbeit zwischen der EU und den Entwicklungsländern durch eine „globale Allianz" gefördert werden kann. Des Weiteren arbeitet die EU-Kommission am Aufbau eines globalen Marktes für Umwelttechnologien, wel-cher den Technologietransfer und den Handel mit nachhaltigen Gütern und Dienstleistungen zwischen Industrie- und Entwicklungsländern begünstigen soll. Die Basis der wissenschaftlichen Erkenntnisse über die Auswirkungen des Kli-mawandels soll im Rahmen des dritten Pfeilers erweitert werden. Die Forschung soll auf Europa fokussieren und einen integrierten, sektorübergreifenden Ansatz verfolgen, welcher über die naturwissenschaftlichen Erkenntnisse hinaus auch volkswirtschaftliche Kostenabschätzungen u. Ä. vornimmt. Dem vierten Pfeiler liegt das Ziel des Aufbaus eines strukturierten Dialogs zugrunde, durch den die europäische Gesellschaft, die Wirtschaft und der öffentliche Sektor in die Ent-wicklung von Anpassungsstrategien einbezogen werden.

*Weißbuch* Die Bedeutung, welche die EU dem Thema Anpassung zuspricht, ist an der Entscheidung zu erkennen, dass die EU-Kommission, aufbauend auf dem Grün-buch, ein Weißbuch zur Anpassung an den Klimawandel verfasste, das voraus-sichtlich bis Herbst 2008 angenommen werden sollte.

*Weiterentwicklung des EU-Emissionshandels*

Die EU, die im Kyoto-Prozess lange Zeit eine Besteuerung von $CO_2$-Emissionen den marktwirtschaftlichen Instrumenten vorgezogen hatte, unternahm im Jahr 2000 erste aktive Schritte zur Einführung eines EU-internen Emissionshandels. Die EU-Kommission stellte in diesem Zusammenhang das Grünbuch zum Handel mit Treibhausgasemissionen in der Europäischen Union vor. Die anschließenden Diskussionen führten 2001 zum Vorschlag einer Rahmenrichtlinie, welche im Oktober 2003 als Richtlinie 2003/87/EG verabschiedet wurde (vgl. Europäisches Parlament und Rat der Europäischen Union 2003). Die Richtlinie begrenzt den EU-Emissionshandel in der ersten Handelsperiode von 2005 bis 2007 auf $CO_2$-Emissionen und auf die Branchen Energiewirtschaft, Eisenmetallerzeugung und -verarbeitung, mineralienverarbeitende Industrie sowie Zellstoff- und Papierindustrie. In der zweiten Handelsperiode von 2008 bis 2012 gab es die Möglichkeit, den Handel auf andere Treibhausgasemissionen und Branchen auszudehnen.[30] Im Gegensatz zum Emissionshandel des Kyoto-Protokolls erfolgt der EU-Emissionshandel auf Unternehmensebene. Die Verantwortlichkeit zur Festlegung der Allokation der Zertifikate hat die EU den einzelnen Mitgliedstaaten übertragen. Es werden für jede Handelsperiode „nationale Allokationspläne" verfasst, welche die Allokationsregeln und die Gesamtzahl der auszugebenden Zertifikate enthalten. Die EU hat allerdings eine Kontrollfunktion; sie muss die Allokationspläne genehmigen und kann im Rahmen dieses Prozesses Veränderungen verlangen. In der Richtlinie wurden des Weiteren finanzielle Sanktionen festgelegt, die auf Unternehmen angewandt werden, wenn diese nicht genügend Zertifikate für ihre Emissionen verweisen können.

Eine Weiterentwicklung des EU-Emissionshandels steht in den nächsten Jahren durch die Überarbeitung der Richtlinie zum EU-Emissionshandel, den Einbezug des Luftverkehrs in den Handel und die Internationalisierung des Systems an.

Bereits in der 2003 verabschiedeten Richtlinie war deren Überarbeitung nach der ersten Handelsperiode, welche auch als Pilotphase gesehen wurde, vorgesehen. Im März 2007 wurde mit diesem Reviewprozess begonnen. Die Erfahrungen zeigen, dass eine Überarbeitung in mehreren Bereichen notwendig ist. Ein Hauptaugenmerk wird auf der Harmonisierung der Allokationsmethode und der zentralen Allokationsregeln liegen. Durch die bisherige Praxis hat sich die Verteilung der Zertifikate zwischen den Mitgliedstaaten sehr stark differenziert. Es wird erwartet, dass hier zukünftig mehr Kompetenzen zentral bei der EU liegen werden. Ebenfalls ist ein weiterer Bereich der Veränderung die Abschaffung von Sonderregelungen, welche das System transparenter und weniger komplex gestalten soll. Die EU-Kommission strebt darüber hinaus an, den Emissionshandel auf alle großen industriellen Verursacher und auf weitere Treibhausgase auszuweiten, und ab 2013 eine vollständige Versteigerung der Zertifikate für den Energiesektor. Die Versteigerungsrate der anderen Sektoren soll schritt-

*Marginalien rechts:*
ETS

Rahmenrichtlinie 2003

2005 bis 2007

2008 bis 2012

Auf Unternehmensebene

Nationale Allokationspläne

Reviewprozess 2007

Harmonisierungsbedarf

Versteigerung der Zertifikate

---

[30] Dies ist in der Realität in nur sehr eingeschränktem Umfang erfolgt. Zum Beispiel werden in den Niederlanden seit 2008 auch $N_2O$-Emissionen aus der Produktion von Salpetersäure einbezogen.

weise erhöht werden (Schafhausen 2007: 384 f.; Kommission der Europäischen Gemeinschaften 2008a).

**Einbeziehung des Luftverkehrs**

Die Auswirkungen der Einbeziehung des Luftverkehrs in den EU-Emissionshandel sind momentan noch nicht abzusehen, da die Ausgestaltung noch nicht abschließend geklärt ist (vgl. Kapitel 3.2.2, Luftfahrt). Es bleibt allerdings festzuhalten, dass die $CO_2$-Emissionen des Luftverkehrs spätestens ab 2012 mittels eines Emissionshandels reguliert werden. Über eine Anbindung an den bestehenden EU-Emissionshandel wird momentan noch diskutiert. Bis jetzt steht fest, dass die Zertifikate des Luftverkehrs nicht von TeilnehmerInnen am bereits bestehenden EU-Emissionshandel erworben werden können; dies ist auf den Ausschluss des Luftverkehrs im Kyoto-Protokoll zurückzuführen. Eine Konsequenz, die sich nach dem Beginn des Emissionshandels im Luftverkehr abzeichnet, ist die Nachfrage nach Emissionsgutschriften aus CDM, welche natürlich eine Rückwirkung auf das Handelssystem der industriellen Sektoren hätte.

**Internationalisierung des ETS**

Im Rahmen der Internationalisierung hat die Europäische Kommission im Oktober 2007 eine Zusammenarbeit mit Norwegen, Liechtenstein und Island auf dem Gebiet des EU-Emissionshandels beschlossen (EU 2007). Die EU diskutiert momentan eine stärkere Verlinkung mit weiteren Systemen, u. a. dem RGGI – The Regional Greenhouse Gas Initiative – im Nordosten der USA, dem australischen nationalen Emissionshandel oder Systemen in Japan und Kanada.

**Tendenzielle Stärkung der flexiblen Instrumente**

Abschließend kann zu den von der EU herausgegebenen Programmen und Maßnahmen angeführt werden, dass diese über die letzten Jahre konsequent weiterentwickelt und intensiviert wurden. So war es nach recht allgemeinen Vorgaben innerhalb des ersten European Climate Change Programme, welches nur Handlungsvorschläge enthielt, inzwischen möglich, verbindliche Ziele zur Reduktion von Treibhausgasemissionen zu beschließen. Im Rahmen der Maßnahmen war die EU in allen genannten Bereichen in den letzten Jahren aktiv. Zu erkennen ist ein deutlicher Wechsel der EU-Position bezüglich der klimapolitischen Instrumente zur Verwirklichung der Reduktion von Treibhausgasemissionen. Aus einer Ablehnung der flexiblen Mechanismen wurde die Einführung des größten Emissionshandels weltweit mit der Absicht, weitere Sektoren einzubeziehen. Ebenfalls setzt die EU inzwischen auf die Anwendung flexibler Instrumente auch innerhalb anderer Maßnahmen. Zum Beispiel kommen in allen drei wichtigen Bereichen des Maßnahmenpaketes – „20 und 20 bis 2020" – Emissionssenkung, Erhöhung der Energieeffizienz sowie Verringerung des Energieverbrauchs flexible Instrumente zum Einsatz. Zum Teil werden dafür Kyoto-Mechanismen genutzt, aber auch eigene Instrumente entwickelt.

# 4  Fazit und Ausblick

Zusammenfassend lässt sich der EU eine klimapolitische Vorreiterrolle innerhalb der internationalen Governance-Strukturen attestieren, die durch die stringente Umsetzung ambitionierter Klimaschutzziele innerhalb der EU Glaubwürdigkeit erhält. Nach außen nimmt die EU eine Vorreiterrolle ein, indem sie im Rahmen der internationalen Klimaverhandlungen Agendasetting betreibt, Koalitionen mit anderen Vorreiterstaaten eingeht oder Bremserstaaten stärker in die Prozesse einzubinden versucht. Das klimapolitische Engagement der EU war einer der maßgeblichen Erfolgsfaktoren im Kyoto-Prozess und scheint sich auch in der Vorbereitung eines Post-Kyoto-Abkommens weiter fortzusetzen. Mit der Option der EU zur Erhöhung ihrer Reduktionsverpflichtungen für den Fall, dass weitere Indus-triestaaten mitziehen, gibt sie anderen Staaten einen Anreiz, ebenfalls ambitionierte Ziele innerhalb eines Kyoto-Nachfolgeabkommens einzugehen. Auf EU-Ebene wird diese proaktive Klimaschutzstrategie durch eine Vielzahl von Programmen und Maßnahmen weitergeführt. Die EU hat bislang zwei klimapolitische Programme aufgelegt und im sechsten Umweltaktionsprogramm ebenfalls einen Schwerpunkt auf den Klimabereich gelegt. Des Weiteren wurden nach langen Verhandlungen im Jahr 2007 konkrete Ziele zur Reduktion von THG-Emissionen bis zum Jahr 2020 und zum Ausbau der erneuerbaren Energien festgelegt und Anfang 2008 ein Maßnahmenpaket für die Umsetzung dieser Ziele vorgelegt. Ebenfalls führte die EU etliche klimapolitische Maßnahmen ein bzw. brachte Verordnungen und Richtlinien auf den Weg. Vor allem ist dabei der EU-Emissionshandel zu nennen, aber auch weitere Aktivitäten in den weiteren Bereichen des European Climate Change Programme, der THG-Emissionen der Luftfahrt, der $CO_2$-Emissionen von PKW und leichten Nutzfahrzeugen, der Kohlenstoffabscheidung und -speicherung und im Bereich der Anpassung an Klimaveränderungen. Mit diesen Aktivitäten wird die in der internationalen Klimapolitik von der EU vertretene Rolle als Vorreiterin auch mithilfe EU-interner Maßnahmen gestärkt.

Bei der Betrachtung der klimapolitischen Programme und Maßnahmen der EU fällt auf, dass in den Mitteilungen der Kommissionen, den Vorschlägen für Richtlinien und Verordnungen bzw. im Grünbuch für Anpassung direkt auf außenpolitische Aspekte Bezug genommen wird. Die Ausstrahlungskraft des EU-Emissionshandels ist dabei unumstritten. Das EU-System umfasst eine bisher einmalige Menge an $CO_2$-Emissionen sowie emittierenden Anlagen und hat demonstriert, dass dieses Instrument in solchen Ausmaßen praktikabel ist. Als Konsequenz haben sich in den letzten Jahren mehrere Staaten bzw. Regionen entschieden, einen Emissionshandel einzuführen, oder planen dies. Die EU strebt in diesem Zusammenhang eine aktive Kooperation mit anderen Emissionshandelssystemen an. Ebenfalls wird die Anwendung flexibler Mechanismen, welche sich in immer mehr klimapolitischen Bereichen widerspiegeln, einen Vorbildcharakter für andere Staaten, vor allem für Schwellen- und Entwicklungsländer, haben. Die EU setzt sich in verschiedenen klimapolitischen Bereichen stark für eine Zusammenarbeit mit Entwicklungsländern ein. Hinweise sind z. B. im Sixth Environment Action Programme of the European Community zu finden, in welchem Klimadiplomatie als wichtiges Feld der Klimapolitik genannt wird, wobei

*Marginalia (rechte Randspalte):*

Vorreiterrolle

Agendasetting

Vorbereitung Post-Kyoto-Abkommen

Ambitionierte Reduktionsziele

Ausstrahlungskraft

Emissionshandel

Zusammenarbeit mit Entwicklungsländern

darunter die Zusammenarbeit mit den Entwicklungsländern bei klimapolitischen Themen zu verstehen ist. Im Rahmen der Klimadiplomatie stellt Klimaschutz ein Themenfeld der Außenpolitik dar, das seinen Einfluss noch vergrößern wird. Ein weiteres Beispiel ist das Grünbuch zur Anpassung an den Klimawandel in Europa, in welchem eine globale Allianz mit Entwicklungsländern gefördert wird und ein Technologietransfer stattfinden soll. Im Rahmen des EU-Emissionshandels ist es den teilnehmenden Unternehmen möglich, einen Teil ihrer Zertifikate über CDM-Projekte zu decken, sodass auch über dieses Instrument neue Technologien in Entwicklungsländern gefördert werden.

*Klimadiplomatie*

Die EU strebt an, mit ihren Entscheidungen eine Vorbildrolle einzunehmen und damit ein Modell vor allem für die Schwellen- und Entwicklungsländer zu sein:

*Modellregion?*

„Angesichts der großen und sich in Zukunft wohl deutlich verschärfenden globalen Herausforderungen der Energieversorgungssicherheit und des Klimawandels ist die EU mit ihren energie- und klimapolitischen Grundsatzbeschlüssen auf dem besten Weg, im internationalen Kontext zu einer Modellregion zu werden" (Arbeitskreis Europa 2007: 3).

Mit Blick auf ihre zukünftige Klimagovernance ist anzunehmen, dass die EU weiterhin als Vorreiterin in der Klimapolitik agieren und sich für progressive Klimaschutzziele einsetzen wird. Dafür sprechen unter anderem die Erfahrung, dass die EU durch ihr proaktives Auftreten in den vergangenen internationalen Klimaverhandlungen zu einem Schlüsselakteur im UN-Klimaregime wurde, und die Erkenntnis, dass Klimaschutzmaßnahmen eine wirtschaftsfördernde Wirkung entfalten können.[31] Gerade bezüglich der zukünftigen Verhandlungen um ein Post-Kyoto-Abkommen ruhen große Hoffnungen auf der Führungsrolle der EU. So soll sie Vorreiterallianzen etwa mit den besonders vulnerablen Staaten bilden, um gemeinsam den Druck auf andere Vertragsstaaten zu erhöhen und so ein progressives Post-2012-Klimaregime voranzubringen. Allerdings bleibt abzuwarten, ob es der EU gelingen wird, gemeinsam mit den USA und Schwellenländern wie China und Mexiko eine konsensfähige Lösung zu erarbeiten, durch die die globale Erwärmung auf maximal 2,4 Grad Celsius begrenzt wird.[32] Ergänzt werden sollte die Führungsrolle Europas in der internationalen Klimapolitik durch eine Reihe weiterer bilateraler Initiativen mit anderen Staaten. Denkbar wären beispielsweise eine Energiepartnerschaft zwischen der EU und den Staaten Nordafrikas, die dem Aufbau eines langfristig auf Solarenergie basierenden

*Wirtschaftsfördernde Wirkung*

*Effektive Führungs-rolle?*

*Bilaterale Initiativen*

---

[31] Aktuelle Forschungsergebnisse deuten darauf hin, dass sich ambitionierter Klimaschutz langfristig kostengünstiger als klimapolitische Untätigkeit gestaltet (vgl. Stern 2007) oder sogar Chancen für die Wirtschaft bietet. So kommt eine Studie im Auftrag des Bundesumweltministeriums zu dem Ergebnis, dass durch Klimaschutzmaßnahmen Arbeitsplätze geschaffen und Investitionen angekurbelt werden und das Bruttoinlandsprodukt gesteigert wird. Der Studie zufolge wird das Klimapaket der deutschen Bundesregierung, das eine $CO_2$-Reduktion um 40 Prozent bis 2020 im Vergleich zu 1990 vorsieht, im selben Zeitraum mindestens 500.000 Arbeitsplätze schaffen (BMU 2008).
[32] Um den Anstieg der globalen Durchschnittstemperatur unterhalb der Grenze von 2,4 Grad Celsius zu halten, ist eine weltweite THG-Reduktion um 50 bis 80 Prozent bis 2050 im Vergleich zum Stand von 1990 notwendig (IPCC 2007b), wobei die THG-Emissionen der Industrieländer um mindestens 80 Prozent reduziert werden müssten (UBA 2005: 17).

Energiesystems dient, und eine Zusammenarbeit mit China, die den Transfer effizienter Klimaschutztechnologien forciert.

Bei der Betrachtung der EU-internen Klimapolitik ist ein Prozess der Vergemeinschaftung der Regulierung zu erkennen (vgl. auch Braun/Santarius 2008; Geden/Fischer 2008: 118), das heißt, es findet eine Verschiebung der Festlegung von nationalen Klimapolitiken in den Mitgliedstaaten hin zu einer EU-weit gleichen Regulierung statt. Dies wird momentan bei der Weiterentwicklung des EU-Emissionshandels deutlich. Im Rahmen der Überarbeitung der Emissionshandelsrichtlinie ist geplant, zentrale Kompetenzen bei der Zuteilung der Zertifikate, wie die Festlegung der Gesamtanzahl der verteilten Zertifikate pro Mitgliedstaat, der EU-Kommission zu übertragen. Bei der Einführung des EU-Emissionshandels im Luftverkehr wird von vornherein die Allokation der $CO_2$-Zertifikate von der EU-Kommission durchgeführt. In anderen Bereichen wie der Erhöhung der Energieeffizienz und des Anteils der erneuerbaren Energien haben die Mitgliedstaaten allerdings große Freiheiten bei der Erreichung der vorgegebenen Ziele.

*Prozess der Vergemeinschaftung nach innen*

Auch die Frage, ob es der EU gelingen wird, die notwendigen Reduktionen ihrer Treibhausgasemissionen zu realisieren, ist weiterhin offen. Zwar scheint die Erreichung des Kyoto-Ziels der EU von acht Prozent $CO_2$-Reduktion bis 2012 möglich, wenn weiterhin ernsthafte Anstrengungen unternommen werden, doch die notwendige THG-Reduktion um achtzig Prozent bis 2050 stellt die EU vor eine große Herausforderung und scheint mit einer Reduktion der THG um zwanzig Prozent bis 2020 nur schwer zu erreichen zu sein (vgl. Abbildung 12–4).

*Abbildung 12–4*: bisherige THG-Entwicklung in der EU und zukünftige Reduktionsziele.

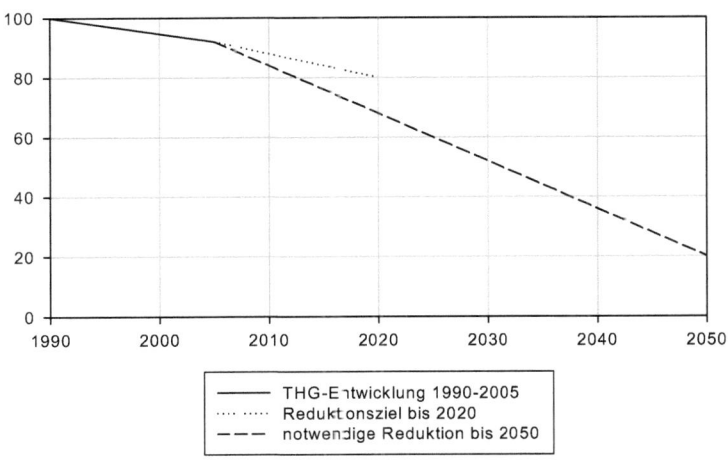

Quelle: eigene Darstellung.

Es wird notwendig sein, weitere Maßnahmen und Gesetzgebungsprozesse anzu-
stoßen und die bereits angegangenen Regulierungen, z. B. das Maßnahmenpaket
„20 und 20 bis 2020", konsequent umzusetzen. Außerdem wird dem EU-Emissionshandel mit der Erweiterung auf weitere Sektoren und in der Kooperation
mit anderen Handelssystemen eine noch größere Bedeutung zukommen. Um die
Effizienz des Systems noch zu verbessern, muss die Weiterentwicklung des EU-
internen Emissionshandels vorangetrieben werden. Nicht zu vergessen ist, dass
ebenfalls verstärkt Aktivitäten in anderen, nicht vom EU-Emissionshandel abge-
deckten Sektoren, wie Haushalten oder Teilen des Verkehrs, notwendig sind.[33]

## Literatur zur Vertiefung

Braun, Marcel/Santarius, Tilman, 2008: Climate Politics in the Multi-Level Governance
    System. Emission Trading and Institutional Changes in Environmental Policy-
    Making. Wuppertal Papers.
Geden, Oliver/Fischer, Severin, 2008: Die Energie- und Klimapolitik der Europäischen
    Union. Bestandsaufnahme und Perspektiven. Baden-Baden: nomos Verlagsgesell-
    schaft.

## Literatur

Arbeitskreis Europa, 2007: Auf dem Weg zu einer integrierten Energie- und Klimaaußen-
    politik der EU. Berlin: Friedrich-Ebert-Stiftung.
Auswärtiges Amt, 2007: Außenpolitik im Monatsüberblick. August 2007. Berlin: Presse-
    referat des Auswärtigen Amtes.
Benz, Arthur, 2004: Einleitung: Governance – Modebegriff oder nützliches sozialwissen-
    schaftliches Konzept?, in: Arthur Benz (Hrsg.): Governance – Regieren in komple-
    xen Regelsystemen. Eine Einführung. Wiesbaden: VS Verlag: 11–28.
Benz, Arthur/Lütz, Susanne/Schimank, Uwe/Simonis, Georg, 2007: Einleitung, in: Arthur
    Benz/Susanne Lütz/Uwe Schimank/Georg Simonis: Handbuch Governance – Theo-
    retische Grundlagen und empirische Anwendungsfelder. Wiesbaden: VS Verlag: 9–
    25.
BMU, 2008: Investitionen für ein klimafreundliches Deutschland. Zwischenbericht. Pots-
    dam/Karlsruhe.
Braun, Marcel/Santarius, Tilman, 2008: Climate Politics in the Multi-Level Governance
    System. Emission Trading and Institutional Changes in Environmental Policy-
    Making. Wuppertal Papers.
Brouns, Bernd, 2004: Was ist gerecht? Nutzungsrechte an natürlichen Ressourcen in der
    Klima- und Biodiversitätspolitik. Wuppertal Papers.
Commission of the European Communities, 2007: Communication from the Commission
    to the European Parliament, the Council, the European Economic and Social Com-
    mittee and the Committee of the Regions on the Mid-term review of the Sixth
    Community Environment Action Programme. COM(2007)225 vom 30. April 2007,
    in:
    http://eur-lex.europa.eu/LexUriServ/LexUriServ.do?uri=COM:2007:0225:FIN:
    DE:PDF, 23.05.2008.

---

[33] Dieses Kapitel ist Ende 2008 abgeschlossen worden.

Czempiel, Ernst-Otto, 1991: Weltpolitik im Umbruch. Das internationale System nach dem Ende des Ost-West-Konflikts. München: C. H. Beck.

EEA, 2007: Annual European Community greenhouse gas inventory 1990–2005 and inventory report 2007. Submission to the UNFCCC Secretariat. European Environment Agency Report 7/2007. Kopenhagen.

EU, 2007: Emissionshandel: Kommission kündigt Verknüpfung des EU-Emissionshandelssystems mit den Systemen in Norwegen, Island und Liechtenstein an. IP/07/1617. Pressemitteilung vom 26. Oktober 2007, in: http://europa.eu/rapid/pressReleasesAction.do?reference=IP/07/1617&format=HTML&aged=1&language=DE&guiLanguage=en, 13.06.2008.

EU, 2008: Living with climate change in Europe, in: http://ec.europa.eu/ environment/climat/adaptation/index_en.htm, 13.06.2008.

Europäische Kommission, 2008: Einstellungen der europäischen Bürger zur Umwelt. Spezial Eurobarometer 295. Brüssel.

Europäisches Parlament und Rat der Europäischen Union, 2002: Beschluss Nr. 1600/2002/EG des Europäischen Parlaments und des Rates vom 22. Juli 2002 über das sechste Umweltaktionsprogramm der Europäischen Gemeinschaft. in: Amtsblatt der Europäischen Union, Jg. 45, Nr. L242, 10.09.2002: L242/1–15.

Europäisches Parlament und Rat der Europäischen Union, 2003: Richtlinie 2003/87/EG des Europäischen Parlaments und des Rates vom 13. Oktober 2003 über ein System für den Handel mit Treibhausgasemissionszertifikaten in der Gemeinschaft und zur Änderung der Richtlinie 96/61/EG des Rates. 2003/87/EG, in: Amtsblatt der Europäischen Union, Jg. 46, Nr. L275: L275/32–46.

European Commission DG Environment, 2006: Eco-industry, its size, employment, perspectives and barriers to growth in an enlarged EU. Final Report. Brüssel.

Geden, Oliver/Fischer, Severin, 2008: Die Energie- und Klimapolitik der Europäischen Union. Bestandsaufnahme und Perspektiven. Baden-Baden nomos Verlagsgesellschaft.

G 8, 2007: G 8 Summary 2007. Heiligendamm.

IPCC, 2007a: Summary for Policymakers, in: Martin L. Parry/Osvaldo F. Canziani/Jean P. Palutikof/Paul J. van der Linden/Clair E. Hanson (Hrsg.): Climate Change 2007: Impacts, Adaptation and Vulnerability. Contribution of Working Group II to the Fourth Assessment Report of the Intergovernmental Panel on Climate Change. Cambridge: Cambridge University Press: 7–22.

IPCC, 2007b: Summary for Policymakers, in: Bert Metz/Ogunlade R. Davidson/Peter R. Bosch/Rutu Dave/Leo A. Meyer (Hrsg.): Climate Change 2007: Mitigation. Contribution of Working Group III to the Fourth Assessment Report of the Intergovernmental Panel on Climate Change. Cambridge/New York: Cambridge University Press.

Jachtenfuchs, Markus, 2008: Institutionelle Struktur und Governance in der EU, in: Gunnar f. Schuppert/Michael Zürn (Hrsg.): Governance in einer sich wandelnden Welt. PVS-Sonderheft 41/2008. Wiesbaden: 383–400.

Jacobeit, Cord/Methmann, Chris, 2007: Klimaflüchtlinge. Studie im Auftrag von Greenpeace. Hamburg.

Kommission der Europäischen Gemeinschaften, 2005: Mitteilung der Kommission an den Rat, an das Europäische Parlament, an den Europäischen Wirtschafts- und Sozialausschuss und an den Ausschuss der Regionen – Verringerung der Klimaauswirkungen des Luftverkehrs. KOM/2005/0459 vom 27. September 2005, in: http://eur-lex.europa.eu/LexUriServ/LexUriServ.do?uri=COM:2005:0459:FIN:DE:HTML, 05.06.2008.

Kommission der Europäischen Gemeinschaften, 2006: Vorschlag für eine Richtlinie des Europäischen Parlaments und des Rates zur Änderung der Richtlinie 2003/87/EG

zwecks Einbeziehung des Luftverkehrs in das System für den Handel mit Treibhausgasemissionszertifikaten in der Gemeinschaft. KOM(2006)818 vom 20. Dezember 2006, in:
http://eur-lex.europa.eu/LexUriServ/site/de/com/2006/com2006_0818de01.pdf,
19.03.2007.

Kommission der Europäischen Gemeinschaften, 2007a: Mitteilung der Kommission an
den Rat und das Europäische Parlament – Ergebnisse der Überprüfung der Strategie
der Gemeinschaft zur Minderung der $CO_2$-Emissionen von Personenkraftwagen und
leichten Nutzfahrzeugen. KOM/2007/0019 vom 7. Februar 2007, in: http://eur-
lex.europa.eu/LexUriServ/LexUriServ.do?uri=COM:2007:0019:FIN:DE:HTML,
05.06.2008.

Kommission der Europäischen Gemeinschaften, 2007b: Vorschlag für eine Verordnung
des Europäischen Parlaments und des Rates zur Festsetzung von Emissionsnormen
für neue Personenkraftwagen im Rahmen des Gesamtkonzepts der Gemeinschaft zur
Verringerung der $CO_2$-Emissionen von Personenkraftwagen und leichten Nutzfahrzeugen. KOM(2007)856 vom 19. Dezember 2007, in:
http://eur-lex.europa.eu/LexUriServ/LexUriServ.do?uri=COM:2007:0856:FIN:DE:PDF,
05.06.2008.

Kommission der Europäischen Gemeinschaften, 2007c: Mitteilung der Kommission an
den Rat und das Europäische Parlament – Nachhaltige Stromerzeugung aus fossilen
Brennstoffen – Ziel: Weitgehend emissionsfreie Kohlenutzung nach 2020.
KOM(2006)843 vom 10. Januar 2007, in: http://eur-lex.europa.eu/LexUri Serv/
LexUriServ.do?uri=COM:2006:0843:FIN:DE:PDF, 29.05.2008.

Kommission der Europäischen Gemeinschaften, 2007d: Grünbuch der Kommission an
den Rat, das Europäische Parlament, den Europäischen Wirtschafts- und Sozialausschuss und den Ausschuss der Regionen – Anpassung an den Klimawandel in Europa – Optionen für Maßnahmen der EU. KOM(2007)354 vom 29. Juni 2007, in:
http://eur-lex.europa.eu/LexUriServ/LexUriServ.do?uri=COM:2007:0354:FIN:
DE:PDF, 30.05.2008.

Kommission der Europäischen Gemeinschaften, 2008a: Mitteilung der Kommission an
das Europäische Parlament, den Rat, den Europäischen Wirtschafts- und Sozialausschuss und den Ausschuss der Regionen: 20 und 20 bis 2020 – Chancen Europas im
Klimawandel. KOM(2008)30 vom 23. Januar 2008, in:
http://eur-lex.europa.eu/LexUriServ/LexUriServ.do?uri=COM:2008:0030:FIN:DE
:html, 15.05.2008.

Kommission der Europäischen Gemeinschaften, 2008b: Vorschlag für eine Richtlinie des
Europäischen Parlaments und des Rates über die geologische Speicherung von Kohlendioxid und zur Änderung der Richtlinien 85/337/EWG und 96/61/EG des Rates
sowie der Richtlinien 2000/60/EG, 2001/80/EG, 2004/35/EG, 2006/12/EG und der
Verordnung (EG) Nr. 1013/2006. KOM(2008)18 vom 23. Januar 2008, in:
http://eur-lex.europa.eu/LexUriServ/LexUriServ.do?uri=COM:2008:0018:FIN:DE:
PDF, 29.05.2008.

Krämer, Ludwig, 2006: Some reflexions on the EU mix of instruments on climate change,
in: Marjan Peeters/Kurt Deketelaere (Hrsg.): EU Climate Change Policy – The Challenge of New Regulatory Initiatives. Cheltenham: Edward Elgar: 279–296.

Kuhn, Judith, 2008: Die wichtigsten Akteure im Klimaregime und ihre Interessen, in:
Brigitte Biermann/Judith Kuhn (Hrsg.): Klimafolgenforschung. Interdisziplinärer
Reader im Interdisziplinären Fernstudium Umweltwissenschaften. Hagen.

Lacasta, Nuno S./Dessai, Suraje/Kracht, Eva/Vincent, Katherine, 2007: Articulating a
Consensus: The EUs Position on Climate Change, in: Paul G. Harris (Hrsg.): Europe
and Global Climate Change Politics, Foreign Policy and Regional Cooperation.
Cheltenham: Edward Elgar: 211–231.

Michaelowa, Axel, 2006: Kann die EU ihre Vorreiterrolle in der internationalen Klimapolitik glaubhaft fortsetzen?, in: Peter-Chistian Müller-Graff/Eckhard Pache/Dieter H. Scheuing (Hrsg.): Die Europäische Gemeinschaft in der internationalen Umweltpolitik. Baden-Baden: nomos Verlagsgesellschaft: 169–184.

Oberthür, Sebastian/Ott, Hermann E., 2000: Das Kyoto-Protokoll. Internationale Klimapolitik für das 21. Jahrhundert. Opladen: Leske und Budrich.

Pallemaerts, Marc/Williams, Rhiannon, 2006: Climate change: The international and European policy framework, in: Marjan Peeters/Kurt Deketeleare (Hrsg.): EU Climate Change Policy – The Challenge of New Regulatory Initiatives. Cheltenham: Edward Elgar: 22–50.

Rat der Europäischen Union, 2002: Entscheidung des Rates vom 25. April 2002 über die Genehmigung des Protokolls von Kyoto zum Rahmenübereinkommen der Vereinten Nationen über Klimaänderungen im Namen der Europäischen Gemeinschaft sowie die gemeinsame Erfüllung der daraus erwachsenden Verpflichtungen. 2002/358/EG, in: Amtsblatt der Europäischen Union, Jg. 45, Nr. L130: L130/1–3.

Rat der Europäischen Union, 2007: Europäischer Rat (Brüssel) 8./9. März 2007. Schlussfolgerungen des Vorsitzes, in: http://www.consilium.europa.eu/ ueDocs/cms_Data/ docs/pressData/de/ec/93139.pcf, 23.05.2008.

Santarius, Tilman, 2007: Klimawandel und globale Gerechtigkeit, in: Aus Politik und Zeitgeschichte B24, 18-24.

Schafhausen, Franz, 2007: Der Emissionshandel, das unbekannte Wesen, in: Michael Müller/Ursula Fuentes/Harald Kohl (Hrsg.): Der UN-Weltklimareport. Berichte über eine aufhaltsame Katastrophe. Köln: KiWi Paperback: 377–386.

Stern, Nicholas, 2007: The Economics of Climate Change: The Stern Review. New York: Cambridge University Press.

Thomas, David S. G. and Twyman, Chasca, 2005: Equity and justice in climate change adaptation amongst natural-resource-dependant societies, in: Global Environmental Change A, 15(2), 115-124.

UBA, 2005: Die Zukunft in unseren Händen. 21 Thesen zur Klimaschutzpolitik des 21. Jahrhunderts und ihre Begründungen. Dessau.

United Nations Statistics Division, 2008: Millennium Development Goals Indicators, in: http://mdgs.un.org/unsd/mdg/Data.aspx; 06.05.2008.

UNFCCC, 2008: Statistics of Registered CDM Projects, in: http://cdm.unfccc.int/Statistics/Registration/RegisteredProjAnnex1PartiesPieChart.html; 20.05.2008.

Zürn, Michael, 2008: Governance in einer sich wandelnden Welt – eine Zwischenbilanz, in: Gunnar f. Schuppert/Michael Zürn (Hrsg.): Governance in einer sich wandelnden Welt. PVS-Sonderheft 41/2008. Wiesbaden: 553–580.

# Autorinnen und Autoren

*Prof. Dr. Georg Simonis:* Professor i. R. für Internationale Politik an der Fern-Universität in Hagen

*Prof. Dr. Maria Behrens:* Professorin für Politikwissenschaft an der Bergischen Universität Wuppertal

*Dr. Helmut Elbers:* Freier Politikwissenschaftler, Schwerte

*Carina Fiebich-Dinkel M.A.:* Doktorandin der Politikwissenschaft an der Fern-Universität in Hagen

*Prof. Dr. Wolfgang Hein:* GIGA Institut für Lateinamerika-Studien, Hamburg

*Prof. Dr. Gerd Junne:* Professor für Internationale Beziehungen an der Universität Amsterdam

*Dipl.-Soz.-Wiss. Judith Kuhn:* Fachhochschule Eberswalde, Fachbereich Wald und Umwelt

*Dr. Martin List:* Akademischer Oberrat, FernUniversität in Hagen, Lehrgebiet Internationale Politik

*Arne Niemann PhD:* Assistant Professor an der Universität Amsterdam

*Prof. Dr. Franz Nuscheler:* Emeritierter Professor für Internationale und vergleichende Politik an der Universität Duisburg-Essen

*Dipl.-Soz.Wiss. Camelia Elena Ratiu:* Wissenschaftliche Mitarbeiterin und Doktorandin an der Westfälischen Wilhelms-Universität Münster

*Prof. Dr. Hajo Schmidt:* Apl. Professor für Philosophie, FernUniversität in Hagen. Wissenschaftlicher Direktor des Instituts für Frieden und Demokratie der FernUniversität in Hagen

*Prof. Dr. Heinz-Günter Stobbe:* Professor für Katholische Theologie an der Universität Siegen

*Dipl. Wirt.-Ing. Jenny Tröltzsch:* Researcherin am Ecologic Institut Berlin

*Dipl.-Pol. Tunn, Sören:* Politikwissenschaftler, Buchholz i.d.N.

# Neu im Programm
# Politikwissenschaft

Gerhard Bäcker / Gerhard Naegele /
Reinhard Bispinck / Klaus Hofemann /
Jennifer Neubauer

## Sozialpolitik und soziale Lage
## in Deutschland

Band 1: Grundlagen, Arbeit, Einkommen
und Finanzierung
5., durchges. Aufl. 2010. 622 S. Geb.
EUR 34,95
ISBN 978-3-531-17477-8

Band 2: Gesundheit, Familie, Alter
und Soziale Dienste
5., durchges. Aufl. 2010. 616 S. Geb.
EUR 34,95
ISBN 978-3-531-17478-5

Das zweibändige Hand- und Lehrbuch
bietet einen breiten empirischen Überblick
über die Arbeits- und Lebensverhältnisse
in Deutschland und die zentralen sozialen
Problemlagen. Im Mittelpunkt der Darstellung stehen Arbeitsmarkt, Arbeitslosigkeit
und Arbeitsbedingungen, Einkommensver-
teilung und Armut, Krankheit und Pflege-
bedürftigkeit sowie die Lebenslagen von
Familien und von älteren Menschen.
Das Buch gibt nicht nur den aktuellen Stand
der Gesetzeslage wieder, sondern greift
auch in die gegenwärtige theoretische und
politische Diskussion um die Zukunft des
Sozialstaates in Deutschland ein. Es wendet sich an Studierende und Lehrende an
Hochschulen, Schulen, Bildungseinrichtun-
gen sowie an Experten in Verwaltungen,
Verbänden und Gewerkschaften.

Erhältlich im Buchhandel oder beim Verlag.
Änderungen vorbehalten. Stand: Juli 2010.

Schmidt, Manfred G.
## Demokratietheorien
Eine Einführung
5. Aufl. 2010. 571 S. Br. EUR 19,95
ISBN 978-3-531-17310-8

Dieses Buch führt in klassische und moderne Demokratietheorien ein. Es schlägt
einen Bogen von der Staatsformenlehre
des Aristoteles bis zu den Demokratietheorien der Gegenwart und erörtert
dabei auch den neuesten Stand der international vergleichenden Demokratiefor-
schung. Der Band stellt zudem die wichtigsten Demokratietypen und die leis-
tungsfähigsten Demokratiemessungen
vor. Ferner erkundet er die Funktionsvor-
aussetzungen der Demokratie, klärt die
Bedingungen für erfolgreiche und erfolg-
lose Demokratisierungsvorgänge und
geht der Frage nach, ob die Europäische
Union an einem strukturellen Demokratiedefizit laboriert. Überdies handelt das
Werk sowohl von den Stärken der Demokratie wie auch von ihren Schwächen.
Außerdem prüft es die Leistungskraft der
Demokratie im Vergleich mit Nichtdemokratien. Auf diesen Grundlagen wird
abschließend die Zukunft der Demokratie
prognostiziert. Das vorliegende Werk ist
die fünfte – mittlerweile mehrfach erweiterte – Auflage des erstmals 1995 erschienenen Buches.

**www.vs-verlag.de**

**VS VERLAG**

Abraham-Lincoln-Straße 46
65189 Wiesbaden
Tel. 0611.7878-722
Fax 0611.7878-400

MIX
Papier aus verantwortungsvollen Quellen
Paper from responsible sources
FSC® C105338

If you have any concerns about our products,
you can contact us on
ProductSafety@springernature.com

In case Publisher is established outside the EU,
the EU authorized representative is:
Springer Nature Customer Service Center GmbH
Europaplatz 3, 69115 Heidelberg, Germany

Printed by Libri Plureos GmbH
in Hamburg, Germany